한국산업인력관리공단 국가공인전문자격

해설강의 제공
기출문제 10회분

한국어 교육능력 검정시험

TOPIK KOREA 한국어평가연구소 저

'한국어교원 3급 합격을 위한 길라잡이'

첫째. 기출문제 10회분을 총 망라한 유형별 개념확장 해설!
둘째. 출제빈도 통계분석을 통한 높은 적중률!
셋째. 출제의도와 기초이론 정립을 위한 대표문제 수록!

도서출판 참
참 좋은 책, 참 좋은 사람, 참 좋은 미래

한국어교육능력검정시험

개요
한국어교육능력검정시험은 국어기본법 제19조에 근거하여 재외동포나 외국인을 대상으로 한국어를 가르치고자 하는 자에게 자격을 부여하기 위하여 문화체육관광부장관이 실시함

소관부처명
문화체육관광부(국어민족문화과), 국립국어원(한국어교육진흥과)

취득방법
재외동포나 외국인을 대상으로 한국어를 가르치고자 하는 자에게 한국어교원 연수과정을 먼저 이수하고, 동 시험에 합격하면 소정의 심사과정을 거쳐 한국어교원자격 3급을 부여함

응시자격
응시자격은 제한이 없음(단, 한국어교원자격 3급을 취득하고자 하는 자는 먼저 한국어교원 양성과정을 이수한 후 동 시험에 합격하여야 함)

시험시기
연 1회 – 1차 필기 8월 말~9월 초, 2차 면접 11월 초

시험영역(국어기본법 시행령 제14조 2항) 및 시험시간

구분	교시	교시	입실완료	시험시간	배점 및 문제수	시험방법
필기시험	1	① 한국어학 ② 일반언어학 및 응용언어학	09:00	09:30~11:10 (100분)	① 90점, 60문제 ② 30점, 20문제	4지택일형
		휴식시간 11:10 ~ 12:00(50분)				
	2	③ 외국어로서의 한국어교육론 ④ 한국문화	12:00	12:10~14:40 (150분)	③ 150점, 93문제 ④ 30점, 20문제	4지택일형, 주관식(1문항) 4지택일형
		① 면접시험	–	1인당 10분 내외	–	면접

※ 면접시험 평가영역: ① 전문지식의 응용능력, ② 한국어능력
③ 교사의 적성 및 교직관 · 인성 및 소양 등

문항수 및 배점

교시	영역	문항수 객관식	문항수 주관식	주관식
1교시	한국어학	60문항	–	90점
	일반언어학 및 응용언어학	20문항	–	30점
2교시	외국어로서의 한국어교육론	92문항	1문항	150점 (객관식1.5점 / 주관식 12점)
	한국문화	20문항	–	30점
계		193문항		300점

시험
정보
안내

첫째 마당 — 한국어학

둘째 마당 — 일반언어학 및 응용언어학

한국어
교육능력
검정시험
해 설 강 의

첫째
마당

한국어교육능력검정시험

제1교시 제1영역 한국어학

한국어
교육능력
검정시험

한국어교육능력검정시험
제1영역 한국어학

해 설

제1강 **음운론 I**

001 한국어의 표준 단모음 체계에 관한 설명으로 옳지 <u>않은</u> 것은? (7회 4번)

① 단모음 중에는 평순모음이 원순모음보다 많다.
② 'ㅣ:ㅡ', 'ㅔ:ㅓ'의 대립은 전설과 후설의 대립이다.
③ 'ㅡ'와 'ㅜ'는 입술 모양과 혀의 높이에서 차이를 보인다.
④ 모음은 혀의 높이, 혀의 앞뒤 위치, 입술 모양을 기준으로 나눌 수 있다.

평가 요소 한국어 표준 단모음 체계의 특성 이해

개념 확장

전후 고저	전설		후설	
	평순	원순	평순	원순
고	ㅣ	ㅟ	ㅡ	ㅜ
중	ㅔ	ㅚ	ㅓ	ㅗ
저	ㅐ		ㅏ	

▶ **001** 답 ③

정답 풀이

'ㅡ'와 'ㅜ'는 아래 단모음 체계에서도 볼 수 있듯 같은 후설모음, 고모음이다. 오직 입술 모양에 있어서 대립 관계를 가지므로 선택지의 기술은 잘못된 것이다.

오답 풀이

① 아래 단모음 체계에서도 알 수 있듯, 원순모음은 저모음 계열이 비어 있어서 평순모음에 비해 그 수가 적다.
② 'ㅣ, ㅡ'는 고모음, 평순모음이고, 'ㅔ, ㅓ'는 중모음, 평순모음으로 같다. 이들의 차이는 오직 전설, 후설 뿐이다.
④ 한국어 단모음은 혀의 높이, 혀의 전후 위치, 입술을 둥글게 하는가의 여부에 따라 아래와 같은 체계를 형성한다.

---

002 한국어 모음에 관한 설명으로 옳은 것은? (6회 28번)

① 단모음의 수가 이중모음의 수보다 더 적다.
② 한국어의 모든 모음은 평순모음과 원순모음의 짝을 형성한다.
③ 저모음의 수가 고모음의 수보다 더 많다.
④ 한국어의 이중모음은 대부분 활음이 모음의 뒤에 위치한다.

평가 요소 한국어 모음의 특성 이해

▶ **002** 답 ①

정답 풀이

한국어 단모음은 10개, 이중모음은 y계 6개(ㅑ, ㅕ, ㅛ, ㅠ, ㅖ, ㅒ), w계 4개(ㅘ, ㅝ, ㅞ, ㅙ), 그리고 'ㅢ'까지 합쳐서 11개이다.

오답 풀이

② 한국어 모음체계의 저모음 서열에는 원순모음이 없어서 동일 서열의 평순모음과 짝을 이루지 못한다.
③ 저모음 서열에 원순모음이 없으므로 그 수가 고모음보다 2개 적다.
④ 한국어 이중모음은 활음(y, w)이 모음 앞에 오는 상향이중모음이 대부분이다.

▶ 003 답 ①

정답 풀이

전설모음은 ㅣ, ㅔ, ㅐ, ㅟ, ㅚ 등 5개, 후설모음은 ㅡ, ㅜ, ㅓ, ㅗ, ㅏ 등 5개이다.

오답 풀이

② 원순모음은 'ㅟ, ㅚ, ㅜ, ㅗ'로 저모음에 해당하는 것이 없다.
③ 'ㅚ'와 'ㅔ', 그리고 'ㅟ'와 'ㅣ'의 대립은 입술 모양이 둥근가 그렇지 않은가에 따른 것이다.
④ 일상생활에서 'ㅔ'와 'ㅐ'는 합류되어 소리 나는 경향이 있으나 현재 10 단모음 체계를 그대로 유지하고 있다.

▶ 004 답 ③

정답 풀이

/ㄹ/, /ㅅ/, /ㅌ/은 모두 '치조음(齒槽音, alveola)'에 해당한다. /ㄴ/과 /ㄷ/ 계열 역시 이에 속한다. '/ /'은 음소 표기에 쓰는 기호이다.

오답 풀이

① /ㅇ/은 연구개음(軟口蓋音, velar), /ㅎ/은 후음(喉音, glottal)에 해당한다.
② /ㅊ/은 경구개음(硬口蓋音, palatal), /ㅍ/은 양순음(兩脣音, bilabial)에 해당한다.
③ /ㅁ/, /ㅃ/은 양순음, /ㅇ/은 연구개음이므로 서로 다르다.

▶ 005 답 ③

정답 풀이

음운론은 기본적으로 소리를 다루는 분야이므로, 표기가 아니라 실제 발음하는 음성형을 대상으로 접근하여야 한다. '다락방'은 [다락빵]인데, 'ㄷ, ㄱ, ㅃ'은 무성자음이고, 'ㅇ'만 유성자음이므로 그 수가 3개이다.

오답 풀이

① [배콰점] - 무성자음은 'ㅂ, ㅋ'의 둘이고, 유성자음은 'ㅈ, ㅁ'의 둘이다. 'ㅈ'은 모음 사이에서는 유성음화된 변이음으로 실현되므로 무성자음으로 판단해서는 안 된다.

---

003 표준어의 단모음에 관한 설명으로 옳지 <u>않은</u> 것은? (10회 6번)

① 전설모음이 후설모음보다 많다.
② 원순모음인 저모음은 존재하지 않는다.
③ 'ㅚ'와 'ㅔ', 그리고 'ㅟ'와 'ㅣ'의 대립은 원순성 유무에 의한 것이다.
④ 'ㅔ'와 'ㅐ'의 합류는 반영되지 않고 있다.

평가 요소 한국어 표준 단모음 체계

004 조음 위치가 같은 것들로만 묶인 것은? (6회 29번)

① /ㅇ/, /ㅎ/
② /ㅊ/, /ㅍ/
③ /ㄹ/, /ㅅ/, /ㅌ/
④ /ㅁ/, /ㅃ/, /ㅇ/

평가 요소 한국어 자음 체계의 조음 위치별 자음 분류

개념 확장 ※ 한국어의 표준어 자음 체계

조음 방법		조음 위치	양순음	치조음 (치경음)	경구개음	연구개음	후(두)음
장애음	폐쇄음 (파열음)	평 음	ㅂ(/p/)	ㄷ(/t/)		ㄱ(/k/)	
		유기음	ㅍ(/pʰ/)	ㅌ(/tʰ/)		ㅋ(/kʰ/)	
		경 음	ㅃ(/pˀ/)	ㄸ(/tˀ/)		ㄲ(/kˀ/)	
	마찰음	평 음		ㅅ(/s/)			
		유기음					ㅎ(/h/)
		경 음		ㅆ(/sˀ/)			
	파열음	평 음			ㅈ(/č/)		
		유기음			ㅊ(/čʰ/)		
		경 음			ㅉ(/čˀ/)		
공명음	비음		ㅁ(/m/)	ㄴ(/n/)		ㅇ(/ŋ/)	
	유음			ㄹ(/l/)			

005 무성음으로 소리나는 자음이 가장 많이 들어 있는 단어는? (4회 6번)

① 백화점   ② 당분간   ③ 다락방   ④ 중국인

평가 요소 분포 환경에 따른 무성자음의 유성음화 이해

개념 확장 - 유성음 환경: '모음과 모음 사이', 또는 '모음과 유성자음(역순도 마찬가지) 사이'의 분포 환경을 말한다. 무성자음이 이 환경에 놓이면 발음의 경제성 원리에 따라 유성음화된다.

006 한국어의 운율적 요소에 관한 설명으로 옳지 <u>않은</u> 것은? (5회 9번)

① 모음에 얹힌 장음은 비어두에 나타나지 않는다.
② 현대 한국어는 일부 방언에만 성조가 있다.
③ 억양은 단어보다 큰 단위에 얹힌다.
④ 중의성 해소를 위하여 강세를 활용하기도 한다.

평가 요소 한국어 운율적 요소(음장, 성조, 억양, 강세)의 특성 이해

007 동화의 정도와 방향의 측면에서 '난로'와 그 양상이 같은 것은?
(7회 9번)

① 국민　　② 심리　　③ 맏이　　④ 밥물

평가 요소 동화의 유형 판별

개념 확장 ※ 동화의 유형
동화는 '동화주(동화를 일으키는 분절음)', '피동화주(동화를 입는 분절음)'의 '상대적 위치(동화의 방향)', '동화 정도', '거리'에 따라 다음과 같이 분류할 수 있다.

상대적 위치	동화주→피동화주	순행동화
	피동화주→동화주	역행동화
동화 정도	동화주와 동일	완전동화
	동일 ×	부분동화
피동화주와 동화주의 거리	인접	인접동화
	인접 ×	원격동화

008 '밥만'이 [밤만]으로 소리 나는 현상과 관계있는 자질은? (4회 2번)

① 긴장성　　② 비음성　　③ 공명성　　④ 유기성

해설

② [당분간 ~ 당붕간] – 무성자음은 'ㄷ' 하나이고, 나머지는 전부 유성자음이다. 'ㅂ, ㄱ'은 유성자음인 'ㅇ(ㄴ)'과 모음 사이에서 유성화된 변이음으로 실현된다.
④ [중구긴] – 무성자음은 'ㅈ' 하나이고, 나머지는 전부 유성자음이다. 'ㄱ'은 유성음화된 변이음이다.

▶ **006** 답 ①

정답 풀이

모음에 얹힌 장음은 비어두(단어나 어절의 첫음절을 제외한 나머지 음절)에서 그 분포가 제한적이기는 하나, [매캐:하다]와 같이 '하~' 앞에서 쓰이는 '표현적 장음'이 존재하므로 전혀 불가능한 것은 아니다.

오답 풀이

② 경상도 지역, 강원도 영동 및 남부 일부 지역, 그리고 함남 정평 이북의 함경도 지역 방언에서 성조의 존재를 확인할 수 있다.
③ 억양은 구, 절, 문장 등 단어 내지 어절보다 더 큰 단위에 얹히는 운율 요소이다.
④ 통사 구조의 중의성 해소에 강세를 활용할 수 있다. 예를 들어 '아버지는 어머니보다 나를 더 사랑하신다'라는 문장에서 초점 강세를 '아버지'에 두면 '나를 사랑하는 두 존재 중 아버지의 사랑이 더 강하다'라는 뜻이고, '나'에 두면 '아버지가 사랑하는 두 대상 중 나를 더 사랑한다'라는 뜻이 된다.

▶ **007** 답 ④

정답 풀이

피동화주 'ㅂ'이 후행하는 동화주 'ㅁ'에 의해 'ㅁ'이 된 것이므로, 방향으로는 '역행동화', 정도로는 '완전동화', 거리로는 '인접동화'이다.

오답 풀이

① [궁민] – 'ㄱ'이 후행하는 'ㅁ'에 의해 'ㅇ'이 되므로 역행동화, 부분동화, 인접동화이다.
② [심니] – 'ㄹ'이 선행하는 'ㅁ'에 의해 'ㄴ'이 되므로 순행동화, 부분동화, 인접동화이다.
③ [마지] – 'ㄷ'이 후행하는 모음 'ㅣ'에 의해 'ㅈ'이 되므로 역행동화, 부분동화, 인접동화이다.

▶ 008 답 ②

정답 풀이

ㅂ과 ㅁ은 같은 양순음으로 대부분의 자질을 공유하지만, [비음성] 자질의 유무에서 차이가 난다. ㅁ은 '공명음(共鳴音, sonorant)'으로 분류되는데, 이것은 '비강'의 울림을 통해 가능한 것이어서 [비음성] 자질을 갖는 것으로 본다.

오답 풀이

① [긴장성]은 성대 주위 근육이 긴장과 관련된 자질로, 경음, 격음(유기음)에 속하는 자음이 이 자질을 갖는다.

③ [공명성]은 장애음, 공명음을 구별해 주는 자질로, 'ㅁ, ㅂ' 역시 이것으로 변별이 가능하나 [비음성] 자질은 자연스럽게 [공명성] 자질을 갖는 것으로 예측할 수 있다. 따라서 둘의 차이를 더 직접적으로 드러내는 자질이라는 점에서 [비음성]이 적합하다.

④ [유기성]은 성문에서 공기의 흐름이 강한 정도(기식성)를 자질화한 것으로, 격음(유기음)을 평음, 경음과 구별해 준다.

개념 확장 ※ 한국어 자, 모음의 자질 – 배주채 (2011), 개정판 국어음운론 개설, 신구문화사.

1. 자음자질(필수자질)

	ㅂ	ㅃ	ㅍ	ㄷ	ㄸ	ㅌ	ㅅ	ㅆ	ㅈ	ㅉ	ㅊ
순음성	+	+	+	-	-	-	-	-	-	-	-
전설성	-	-	-	+	+	+	+	+	+	+	+
공명성											
비음성	-	-	-	-	-	-	-	-	-	-	-
치찰성	-	-	-	-	-	-	+	+	+	+	+
폐쇄성	+	+	+	+	+	+	-	-	+	+	+
긴장성	-	+	+	-	+	+	-	+	-	+	+
유기성	-	-	+	-	-	+	-	-	-	-	+

	ㄱ	ㄲ	ㅋ	ㅎ	ㅁ	ㄴ	ㅇ	ㄹ
순음성	-	-	-	-	+	-	-	-
전설성	-	-	-	-	+	+	-	+
공명성		-		-	+	+	+	+
비음성		-			+	+	+	-
치찰성								
폐쇄성	+	+	+	-	+	+	+	-
긴장성	-	+	+					
유기성	-	-	+	+	-	-	-	-

2. 모음자질(필수자질)

	ㅣ	ㅐ	ㅔ	ㅟ	ㅚ	ㅡ	ㅓ
순음성	-	-	-	+	+	-	-
전설성	+	+	+	+	+	-	-
고설성	+	-	-	+	-	+	-
저설성	-	-	+	-	-	-	-

	ㅏ	ㅜ	ㅗ	y	w
순음성	-	+	+	-	+
전설성	-	-	-	+	-
고설성	-	+	-	+	+
저설성	+	-	-	-	-

해 설

009 다음 중 옳지 <u>않은</u> 설명은? (2회 10번)

① '여덟하고'를 발음할 때 격음화(유기음화)가 일어나지 않는다.
② '읽는다'에서는 'ㄹ'이 탈락하는 현상과 비음화 현상이 일어난다.
③ '넓다, 밟다, 얇다' 등에서 받침 'ㄹ'과 'ㅂ'을 모두 발음하는 경우도 있다.
④ '흙이'를 [흘기]로 발음하거나 [흐기]로 발음하거나 여기에 붙은 조사의 형태는 똑같다.

▶ **009** 답 ②

정답 풀이

비음화는 맞지만 음절말 'ㄹㄱ' 자음군이 'ㄹ 탈락'으로 'ㄱ'이 되는 '자음군단순화'가 일어나므로 잘못된 설명이다.

오답 풀이

① 자음군단순화로 'ㄹ'이 남아서 [여더라고]로 발음되므로 ㅎ이 탈락하는 현상만 볼 수 있다.
③ 음절말자음군은 모음으로 시작하는 형태가 후행(뒤에 이어짐)하면 두 자음 중 뒤의 것이 후행 음절의 음절초(초성, 음절두음) 자음으로 실현될 수 있다.
④ 둘 다 주격조사 '이'가 붙어 있다는 점에서는 같다.

평가 요소 음절말자음군 관련 음운현상의 이해

010 다음 문장을 읽을 때 나타나는 음운 현상이 <u>아닌</u> 것은? (7회 2번)

> 서울역은 사람이 너무 많아서 약속 장소로는 적합하지 않다.

① ㄴ 첨가   ② ㅎ 탈락   ③ 유음화   ④ 자음군단순화

평가 요소 문장 단위 발화의 음운현상 판별

개념 확장 ※ 자음군단순화와 'ㅎ' 탈락

연구자에 따라 음절말 자음군 중 하나의 자음만 남게 되는 현상을 다루면서, 그 원인인 '자음 탈락'에 비중을 두는 경우도 있고 그 결과인 '자음군단순화'에 비중을 두는 경우도 있다. 다만 'ㄴㅎ', 'ㄹㅎ' 등이 음절말 자음군을 형성할 때, 그 뒤에 VX류(모음으로 시작하는) 형태가 계기적으로(중간에 다른 요소가 끼어들지 않고) 이어지면 'ㅎ'이 탈락하여 자연스럽게 자음군단순화가 되기는 하나, 그 자음군단순화의 원인이 곧 'ㅎ 탈락'이고 음절말에 'ㅎ'만 있는 경우와 그 동기나 조건 환경이 같다는 점에서 이 문장에서는 '많아서[마나서]'를 'ㅎ 탈락'으로 보는 것이 더 적합하다.

▶ **010** 답 ④

정답 풀이

[서울려근 사라미 너무마나서 약쏙짱소로는 저카파지안타]에서, '많+아서'의 연쇄에서 보이는 [마나서]는 'ㄴㅎ'의 두 번째 자음 'ㅎ'이 탈락한 결과로 자음군단순화가 된 것이다.

오답 풀이

'서울+역'의 연쇄에서 보이는 [서울력]은 우선 'ㄴ' 첨가로 '서울녁'이 된 후 유음화로 [서울력]이 된 것이다.

▶ 011 답 ③

정답 풀이

한국어의 파열음(폐쇄음)은 평음, 경음, 격음(유기음)이 각각 대립 관계를 이룬다.

오답 풀이

① 한국어이 마찰음은 'ㅅ, ㅆ, ㅎ'의 셋이고, 비음은 'ㅁ, ㄴ, ㅇ'의 셋이므로 그 수가 같다.
② 단모음이 10개, 이중모음이 11개이다.
④ 음장은 단어의 의미 변별에 쓰이지만, 강세는 문장 내에서 화자가 강조하고 싶은 대상을 나타내는 데에 쓰이거나 일부 통사구성의 중의성 해소를 위해 쓰일 뿐이다.

▶ 012 답 ③

정답 풀이

활음 y는 단모음 'ㅣ'와 유사한 성격을 가지는데, 'ㅣ'는 고모음이므로 그 혀 높이도 같다. 단모음 체계상 고모음보다 더 혀 높이가 높은 모음 부류는 존재하지 않는다. 따라서 y계 이중모음의 발음에서는 혀 높이가 같거나(ㅢ, ㅠ), 혀 높이의 하강(ㅐ, ㅖ, ㅕ, ㅑ, ㅛ)만 보일 뿐, 혀 높이의 상승이 나타나지 않는다.
⇒ 활음 w는 단모음 'ㅜ(고모음), ㅗ(중모음)'와 유사한 성격을 가지는데, 현행 표준어 발음의 이중 모음 목록 상 w와 고모음이 결합한 이중모음은 없다. 그러므로 w계 이중모음 역시 적어도 혀 높이의 상승이 나타나지 않는다.

오답 풀이

① 고모음 계열인 'ㅡ, ㅜ'에 대응되는 y계 이중모음 'ㅢ, ㅠ'는 개구도의 변화가 없는 이중모음이다. 개구도(開口度)는 '혀 높이'와 반비례하는 개념의 술어이지만, '혀 높이'와 마찬가지로 동일한 계열에 속하는 모음들끼리는 그 개구도가 같다. 활음 'y'는 'ㅣ'와 그 개구도가 같으므로, 개구도가 같은 활음 'y'와 고모음 계열의 단모음이 결합하여 만들어진

011 한국어 음운의 특징에 관한 설명으로 옳은 것은? (7회 1번)

① 비음이 마찰음보다 적다.
② 단모음이 이중모음보다 많다.
③ 파열음은 평음, 경음, 격음의 대립을 보인다.
④ 음장과 강세가 의미 변별에 쓰인다.

> 평가 요소 한국어 음운의 전반적 특징 이해

012 한국어의 이중모음에 관한 설명으로 옳은 것은? (8회 5번)

① 모든 이중모음은 발음하는 도중에 개구도가 달라진다.
② 'ㅘ'의 첫소리는 음운론적으로 'ㅗ'와 같은 모음이다.
③ 모든 상승이중모음은 발음하는 과정에서 혀 높이의 상승이 나타나지 않는다.
④ 표준 발음의 이중모음은 11개가 원칙이나, 'ㅟ, ㅚ'를 이중모음으로 발음하는 경우에는 13개로 늘어난다.

> 평가 요소 이중모음의 음운론적 특성 이해

> 개념 확장 ※ w계 이중모음의 개구도 문제
> ⇒ 활음 w는 y와 달리 개구도 변화가 없는 이중모음의 존재 여부를 명확하게 결론짓기 어렵다. w는 후설 원순모음 'ㅜ, ㅗ'와 유사한 성격을 지니는 것으로 알려져 있는데, 'ㅜ'와 'ㅗ'는 각각 고모음, 중모음 계열에 속하기 때문에 그 개구도가 다르다. w가 이들 중 어느 쪽과 유사한 것인가를 음운론적으로 특정할 수 없는 이상, 개구도의 변화가 없는 w계 이중모음이 무엇이라고 단정할 수는 없다. 특히 'ㅞ, ㅝ' 등 중모음 'ㅔ, ㅓ'에 대응되는 w계 이중모음의 경우, w가 'ㅗ'와 동일한 개구도를 갖는다고 볼 수 없는 이상 이들을 개구도 변화가 없는 이중모음이라고 규정하는 것은 잘못이다.

013 표준어 '무릎, 여덟, 젖, 흙'이 조사와 결합한 말을 어떤 화자가 실제로 발음한 대로 적은 자료이다. 이에 관한 분석으로 옳지 않은 것은? (8회 6번)

	+이	+도	+만	+은
무릎	무르비	무릅또	무름만	무르븐
여덟	여더리	여덜도	여덜만	여더른
젖	저시	젇또	전만	저슨
흙	흐기	흑또	흥만	흐근

해　설

① [무르비]로 발음된 것은 '무릎' 이 '무릅' 으로 재구조화되었기 때문이다.

② '여덟' 에는 음운론적 교체가 나타나지 않는다.

③ '젖' 의 기저형을 '젓' 으로 설정하면 음운론적 교체를 쉽게 설명할 수 있다.

④ [흐기]로 발음된 것은 'ㄱ' 앞에서 'ㄹ' 이 탈락하는 음운현상 때문이다.

평가 요소　음절말 자음의 교체와 재구조화, 기저형 개념 이해

개념 확장　※ **재구조화**

⇒ 언어적 구조가 바뀌는 현상으로, 음운론에서는 기저형이 바뀌는 역사적인 변화를 가리킨다(배주채, 2011:217)[1]. 위 설명의 '흙' 에서도 보듯 어떤 단어나 형태소의 기저형이 음운론적(또는 형태론적) 조건 환경에 따라 그 이형태를 달리하다가, 그 중 어느 한 환경의 이형태로 단일화됨으로써 결과적으로 그 이형태가 새로운 기저형이 되는 것을 말한다.

※ **음운론적 교체(음운론적 조건에 따른 교체)**

⇒ 이형태의 분포를 음운단위의 관점에서 기술할 수 있는 교체(배주채, 2011:213). 즉 이형태를 이루는 한 음소가 다른 음소로 교체되는 것을 이들이 분포하는 음운론적 조건 환경으로 기술할 수 있을 때, 이를 '음운론적 교체' 라고 한다.

※ **기저형**

⇒ 생성문법에서, 어떤 언어단위가 기저층위에서 가지는 형태(배주채, 2011:197). 생성문법에서는 이것이 해당 언어가 갖는 일련의 음운 규칙의 적용을 거쳐 '표면형' 으로 도출됨으로써 우리가 실제로 관찰할 수 있는 발음으로 실현된다고 본다. 이는 그 분포 환경을 이루는 조건(음운론적, 형태론적 조건)에 따라 달리 나타나는데, 이를 '이형태' 라고 한다.

---

1) 배주채(2011), 《개정판 국어음운론 개설》, 신구문화사.

014　다음 단어의 발음에서 자음의 조음위치가 가장 다양하게 나타나는 것은? (8회 9번)

① 다듬잇돌　　　　　② 볼품없다

③ 태백산맥　　　　　④ 행동주의

평가 요소　조음위치에 따른 자음 부류 판별

오답 풀이　① '다듬잇돌[다드미똘]' – 'ㄷ, ㄸ(이상 경구개음), ㅁ(양순음)' 으로 총 두 부류이다.

② '볼품없다[볼품업따]' – 'ㅂ, ㅍ, ㅁ(이상 양순음), ㄹ, ㄸ(이상 치조음)' 으로 총 두 부류이다.

③ '태백산맥[태백싼맥]' – 'ㅁ, ㅂ(이상 양순음), ㅌ, ㄴ, ㅆ(이상 치조음), ㄱ(연구개음)' 으로 총 세 부류이다.

이중모음은 개구도의 변화가 없다.

② 'ㅘ' 는 w계 상승 이중모음인데, 이를 구성하는 활음 'ㅜ' 는 단모음 'ㅗ' 와 별개의 범주이다. 활음은 모음과 달리 스스로 음절을 이루지 못하기 때문이다. 따라서 그 음운론적 성격이 같다고 판단하는 것은 잘못이다.

④ 'ㅟ, ㅚ' 는 발음 과정에서 각각 [wi], [we~wɛ] 로 발음하기도 하나, 이는 음성 실현형일 뿐이다. 현행 표준 발음법 및 학교 문법에서 'ㅟ, ㅚ' 는 단모음 체계에 속하며, 이중모음 체계와는 무관하다.

▶ **013**　**답** ④

정답 풀이

표준 발음법에 따르면 '흙' 의 음절말 자음군인 'ㄹㄱ' 은 어말 또는 자음 앞에서 자음군 단순화에 의해 'ㄱ' 만 남지만, 모음 앞에서는 'ㄱ' 이 후행 음절 초성으로 발음되므로 자음군 단순화가 일어나지 않아야 한다. 그런데 보기에 따르면 모음 앞에서도 자음군 단순화의 결과인 '흑' 이 나타나고 있다. 이는 해당 화자의 '흙' 이 '어말 또는 자음 앞 분포 환경' 의 음운론적 이형태인 '흑' 으로 재구조화되었기 때문이다.

'자음군 단순화' 는 음운현상의 유형 중에서 '탈락' 에 속하기는 하지만, 이는 해당 자음군의 어느 한 자음에 의해 다른 자음이 탈락하는 것이 아니라 '개별 음절의 종성에는 오직 한 자음만 허용' 하는 한국어의 '음절 구조 제약' 에 따른 것이다. 그러므로 음절말 자음군 'ㄹㄱ' 에서 'ㄹ' 이 'ㄱ' 앞에서 탈락하는 것으로 기술하는 것은 잘못이다.

▶ **014**　**답** ④

정답 풀이

'행동주의[행동주의~행동주이]' 를 이루는 자음은 'ㅎ(후음), ㅇ(연구개음), ㄷ(치조음), ㅈ(경구개음)' 으로 총 네 부류이다. 표기형이 아닌 발음형, 특히 표준 발음형을 기준으로 판단한다는 점에 유의한다.

▶ 015 답 ②

정답 풀이

한글 맞춤법은 표준어를 소리대로 적되 어법에 맞도록 함을 원칙으로 한다. 이 조항은 한글 맞춤법의 대상이 표준어임을 분명히 하고 있고, 이 표준어의 표기 방식이 들리는 대로 적는 것(표음주의)과 들리는 소리와는 다소 멀어지더라도 의미가 잘 드러나도록 적는 것(표의주의)임을 말한다. 즉 표음주의는 소리와 표기가 일치하는 방식이며, 표의주의는 소리와 표기가 다른 형태를 말한다.

'널따란'과 '더우니'는 소리와 표기가 일치하므로 표음주의에 따른 표기이다.

오답 풀이

'국물[궁물]'과 '웃음[우슴]'은 표의주의에 따른 표기이다.

▶ 016 답 ②

정답 풀이

한자어는 순행, 역행 모두 유음화가 일어나지만, 고유어와 외래어는 역행적 유음화가 거의 일어나지 않고 치조비음화(ㄴㄹ → ㄴㄴ)가 일어난다.

오답 풀이

① 피동화주인 'ㄴ'이 동화주인 'ㄹ'이 되므로 완전동화에 속한다.
③ '놀-(遊戱) + -는 → 노는' 등의 예에서 볼 수 있다.
④ '신라 → [실라]'처럼 유음화가 일어나거나, '결단력 → [결딴녁]'처럼 후행하는 'ㄹ'이 'ㄴ'으로 바뀌는 치조비음화가 일어난다.

▶ 017 답 ③

정답 풀이

구개음화란 끝소리가 'ㄷ', 'ㅌ'인 형태소가 모음 'ㅣ'나 반모음 'ㅣ[j]'로 시작되는 형식 형태소와 만나면 그것이 구개음 'ㅈ', 'ㅊ'이 되거나, 'ㄷ' 뒤에 형식 형태소 '히'가 올 때 'ㅎ'과 결합하여 이루어진 'ㅌ'이 'ㅊ'이 되는 현상을 말한다. 따라서 구개음화는 형태소 내부에서 일어나는 것이 아니라 형태소끼리 결합하는 과정에서 일어난다. 또한 'ㅂ'은 구개음화의 대상이 아니다.

---

015 다음 중 표음주의 표기 방식으로 묶은 것은? (10회 3번)

> ㄱ. '궁물'로 적지 않고 '국물'로 적는다.
> ㄴ. '넓다란'으로 적지 않고 '널따란'으로 적는다.
> ㄷ. '덥으니'로 적지 않고 '더우니'로 적는다.
> ㄹ. '우슴'으로 적지 않고 '웃음'으로 적는다.

① ㄱ, ㄴ　② ㄴ, ㄷ　③ ㄷ, ㄹ　④ ㄱ, ㄹ

평가 요소 표기 방식을 이해한다.

---

016 유음화에 관한 설명으로 옳지 않은 것은? (9회 28번)

① 유음화는 동화의 유형 가운데 완전동화에 속한다.
② 역행적 유음화는 주로 고유어, 외래어에서 일어난다.
③ 어간 말음이 'ㄹ'인 용언 어간 뒤에 'ㄴ'이 이어지면 유음화가 일어나지 않고 'ㄹ'이 탈락한다.
④ 종성이 'ㄴ'인 음절 뒤에 초성이 'ㄹ'인 음절이 연결되면 유음화 또는 치조비음화가 일어난다.

평가 요소 유음화의 음운론적 특성 이해

---

017 현대국어의 구개음화에 관한 설명으로 옳은 것을 <u>모두</u> 고른 것은? (10회 9번)

> ㄱ. 모음이 자음에 동화되는 현상이다.
> ㄴ. 형태소 내부에서는 일어나지 않는다.
> ㄷ. '같이, 굳히다, 맞히다'를 발음할 때 나타난다.
> ㄹ. 'ㅂ'은 구개음화되지 않는다.

① ㄱ, ㄴ　② ㄱ, ㄷ　③ ㄴ, ㄹ　④ ㄷ, ㄹ

평가 요소 구개음화

오답 풀이

ㄱ. 모음 'ㅣ'가 경구개 위치인 고모음, 전설모음인데 ㄷ, ㅌ은 모음 'ㅣ'에서 다소 떨어진 윗잇몸에서 나기 때문에 모음 'ㅣ'쪽으로 당겨 와서 소리를 낸다. 따라서 이것은 오히려 자음이 모음에 동화되는 현상으로 볼 수 있다.
ㄷ. '굳히다'는 음운 축약으로 [구티다]로, 구개음화로 [구치다]로 소리 난다. 그러나 '맞히다' 음운 축약으로 [마치다]로 소리 난다.

음운론Ⅱ, 어문규범Ⅰ

001 음소에 대한 설명으로 옳은 것은? (4회 13번)

① 음소는 어떤 특정 언어와는 관련이 없다.

② 음소는 의미의 분화를 일으키지 않는다.

③ 한 음소의 변이음들은 출현 환경이 같은 것이 원칙이다.

④ 음소가 위치에 따라 최소대립쌍을 구성하지 못하는 경우도 있다.

평가 요소 음소, 변이음, 분포 환경의 개념 이해

개념 확장 ※ **최소대립쌍(minimal pair)**

단어나 형태소의 다른 음운론적 조건이 같고, 오직 특정 환경 하나에서만 서로 다른 두 음성이 분포할 때(대립적 관계를 가질 때) 이들의 차이가 곧 해당 단어나 형태소의 의미 차이로 나타난다면 이들 두 음성은 '최소대립쌍'의 관계에 있다고 한다. 음소는 의미변별의 최소 단위이므로, 어떤 음성이 음소인가를 판별하기 위한 가장 기본적 방법이 최소대립쌍의 존재를 확인하는 것이다.

002 두 음소 이상 차이가 나는 단어의 쌍은? (3회 8번)

① 개관, 객원 ② 약값, 약밥

③ 인격, 인력 ④ 지갑, 직업

평가 요소 최소대립쌍의 개념 이해

003 한국어의 음절에 관한 설명으로 옳지 않은 것은? (7회 3번)

① 음절초에 자음이 두 개 이상 올 수 없다.

② 'ㅈ, ㅉ, ㅊ' 뒤에 이중모음이 연결될 수 없다.

③ 음절말에 올 수 있는 자음의 수는 7개이다.

④ 앞음절의 종성이 비음일 때 뒤음절의 초성으로 유음이 올 수 없다.

평가 요소 한국어 음절 관련 제약의 이해

해설

▶ **001** 답 ④

정답 풀이

옳은 기술이다. 예를 들면, 음절말 평폐쇄음화(평파열음화)로 인해 'ㄷ, ㅅ, ㅈ' 계열의 자음들은 음절말 위치에서 모두 [tˀ]이 되므로 최소대립쌍을 이루지 못한다.

오답 풀이

① 음소는 개별 언어에 따라 그 목록과 체계가 달라진다. 예를 들면 한국어 모어 화자들은 순치마찰음(labio-dental fricative) [f]를 음소로 인식하지 않지만, 영어 모어 화자들은 이를 별개의 음소로('fan' : 'pan') 인식한다.

② 음소는 단어의 의미 변별을 가능하게 하는 최소의 단위이다.

③ 한 음소의 조건 변이음들은 서로 분포(출현) 환경이 다르다. 이를 '상보적 분포(배타적 분포, complementary distribution)'라고 한다.

▶ **002** 답 ③

정답 풀이

[잉격] : [일력]의 차이이므로 '/ㅇ/ : /ㄹ/', '/ㄲ/ : /ㄹ/'의 두 가지 대립 관계가 확인된다.

오답 풀이

① [개관] : [개권]의 차이이므로 '/ㅘ/ : /ㅝ/'의 대립 관계가 유일하다.

② [약깝] : [약빱]의 차이이므로 '/ㄲ/ : /ㅃ/'의 대립 관계가 유일하다.

④ [지갑] : [지겁]의 차이이므로 '/ㅏ/ : /ㅓ/'의 대립 관계가 유일하다.

▶ **003** 답 ②

정답 풀이

y계 이중모음(ㅑ, ㅕ, ㅛ, ㅠ)은 불가능하나, '좌, 줘, 춰' 등에서 보듯 w계 이중모음의 연결은 문제가 되지 않는다.

오답 풀이

① 한국어는 음절초(초성, 음절두음)에 자음군을 허용하지 않는 언어이다.
③ 음절말(종성)에 올 수 있는 자음은 'ㄱ, ㄴ, ㄷ, ㄹ, ㅁ, ㅂ, ㅇ'의 7개이다.
④ 앞음절 음절말(종성)이 'ㄴ, ㅁ, ㅇ' 등의 비음이면, 후행음절 음절초 'ㄹ'은 'ㄴ'으로 교체되거나 선행하는 'ㄴ'을 'ㄹ'로 동화시키므로 음절 연결상의 제약이 있다.

개념 확장 ※ 한국어의 음절 관련 제약

1. 분포 제약
1) 음절초(초성) 제약
① 한국어의 음절초에는 'ㅇ'이 분포할 수 없다. 따라서 분포 가능한 자음은 18자음이다.
② 한국어의 음절초에는 자음군이 분포할 수 없다.
2) 음절핵(중성) 제약 – 한국어의 활음 y는 고모음과 연결될 수 없고, w는 원순모음 및 'ㅡ'와 연결될 수 없다.
3) 음절말(종성) 제약 – 'ㄱ, ㄴ, ㄷ, ㄹ, ㅁ, ㅂ, ㅇ'의 7자음만 허용한다.

2. 음절성분 연결 제약
음절초–음절핵(초–중성) 연결 제약 – 경구개파찰음(ㅈ, ㅉ, ㅊ)과 y계 이중모음은 연결될 수 없다.

3. 음절 연결 제약
1) 음절말–음절초(종–초성) 연결 제약
① 음절말 비음과 음절초 유음은 계기적 연접이 불가능하다.
② 음절말 유음과 음절초 'ㄴ'은 계기적 연접이 불가능하다.
2) 음절간 자음 연쇄 제약 – 음절핵과 다음 음절의 음절핵 사이에는 3자음이 연쇄될 수 없다.

▶ 004   **답** ④

정답 풀이

ㄱ. 한국어의 초성(음절초)에는 'ㅇ'을 제외한 18개 자음이 분포할 수 있다.

004 한국어에서 이론적으로 생성 가능한 음절에 관한 설명으로 옳은 것을 모두 고른 것은? (6회 14번)

> ㄱ. 초성에는 19개 자음을 사용할 수 있다.
> ㄴ. 중성에는 21개 모음을 사용할 수 있다.
> ㄷ. 종성에는 7개 자음을 사용할 수 있다.
> ㄹ. 음절 구조는 V, VC, CV, CVC 유형을 설정할 수 있다.

① ㄱ, ㄴ, ㄷ   ② ㄱ, ㄴ, ㄹ
③ ㄱ, ㄷ, ㄹ   ④ ㄴ, ㄷ, ㄹ

평가 요소 음절 구조 유형 이해

개념 확장 ※ 한국어의 음절 구조
1) 약어 설명: V – 모음(Verb), C – 자음(Consonant)
2) 음절 구조 유형
V(모음 단독 음절), VC(음절핵–음절말),
CV(음절초–음절핵), CVC(음절초–음절핵–음절말)

▶ 005   **답** ②

정답 풀이

강세는 단어 차원은 아니지만 구나 절, 문장 등의 중의성 해소를 위한 초점 표시 기능을 수행하므로 의미 분화에 기여하는 것은 맞다. 다만 단어 차원의 의미 변별과는 무관하다.

오답 풀이

① 물론 조음위치별 자음의 분포(양순음 4 – 치조음 7 – 경구개 3 – 연구개음 4 – 후음 1)를 따지면 그러하나, 한국어의 전체 자음 19개 중 치조음이 차지하는 비중은 7개에 불과하므로 가장 많다고 하기는 어렵다. 다만 선택지의 기술 자체가 모호한 것은 맞다.
③ 음절말 자음은 7개만 허용한다.
④ 모음과 모음 사이에 올 수 있는 자음의 최대 수는 2개이다.

005 한국어의 음운과 음절에 대한 설명으로 옳은 것은? (4회 4번)

① 자음은 조음 위치상 치조음이 가장 많다.
② 모음의 강세가 의미 분화에 기여한다.
③ 음절 끝소리로 8개의 자음이 나타난다.
④ 모음과 모음 사이에 올 수 있는 자음의 최대 수는 3개이다.

평가 요소 한국어 음운, 음절에 대한 전반적 이해

해 설

006 사이시옷 표기와 관련한 다음 설명 중 옳은 것은? (7회 56번)

① 해님 : 고유어 명사 '해'와 고유어 명사 '님'이 합쳐진 말이므로 '햇님'으로 쓰는 것이 옳지만 달님에 준하여 해님으로 표기한다.

② 해콩 : 고유어 명사 '해'와 고유어 명사 '콩'이 합쳐진 말이므로 '햇콩'으로 쓰는 것이 맞지만 '콩'이 이미 된소리로 표기되어 있으므로 사이시옷을 쓰지 않는다.

③ 해거름 : 고유어 명사 '해'와 고유어 명사 '거름'이 합쳐진 합성어라고 하더라도 발음상 [해꺼름]이 아닌 [해거름]이므로 된소리가 나지 않아 사이시옷 표기를 하지 않는다.

④ 해맞이 : 고유어 어원을 가진 '해', '맞', '이' 세 개의 형태소로 이루어진 말로서, 직접구성성분 분석을 하면 '해맞-'과 '-이'로 분석되므로 파생어로 분류되어 사이시옷을 쓰지 않는다.

평가 요소　사이시옷 표기 규정 및 조건의 이해

007 사이시옷의 사용이 잘못된 것은? (6회 58번)

① 셋방　　② 예삿일　　③ 윗층　　④ 북엇국

평가 요소　사이시옷 표기 규정과 그 예외의 이해

오답 풀이　① '세(貰) + 방(房)'의 합성어 구성으로 고유어가 없지만, 사이시옷 표기를 허용한다. '찻간', '곳간', '셋방', '숫자', '횟수', '툇간'은 한자어로만 된 합성어임에도 사이시옷 표기를 허용하는 예외들이다.

② '예사(例事) + 일'의 합성어 구성이며 '일'이 고유어이다. 선행어간이 모음으로 끝나고 [예산닐]에서 보듯 중간에 'ㄴㄴ' 발음이 확인되므로 사이시옷을 표기하여야 한다.

④ '북어(北魚) + 국'의 합성어 구성이며 '국'이 고유어이다. 선행어간이 모음으로 끝나고 후행어간의 음절초 자음 'ㄱ'이 [ㄲ]으로 경음화되므로 사이시옷을 표기하여야 한다.

▶ **006**　**답** ③

정답 풀이

선택지의 해설 그대로이다. 경음(된소리)이 나지 않으면 사이시옷 표기가 필요하지 않다.

오답 풀이

① '-님'은 접미사이므로 사이시옷 표기의 조건이 되지 못한다.

② '해-'는 '햇-'과 더불어 '그 해에 난 것'을 뜻하는 접두사이므로 사이시옷 표기의 조건이 되지 못한다.

④ '-맞이'가 '어떠한 날이나 일, 사람, 사물 따위를 맞는다는 뜻을 더하는 접미사'이므로 직접구성성분 분석을 하면 '해-맞이'가 된다. 파생어여서 사이시옷을 쓰지 않는 것은 맞다.

※ **사이시옷 표기의 조건**

1) 형태론, 어휘론적 조건: 합성어 구성으로, 어근 중 어느 하나가 고유어이어야 한다.

2) 음운론적 조건

ㄱ. '경음화'의 경우
　① 선행 어근이 모음으로 끝나야 한다.
　② 후행 어근의 음절초(초성) 자음이 무성 장애음 평음(ㄱ, ㄷ, ㅂ, ㅅ, ㅈ)이어야 한다.
　③ 후행 어근 음절초 자음이 경음화되어야 한다.

ㄴ. 'ㄴ 삽입'의 경우
　① 선행 어근이 모음으로 끝나야 한다.
　② 후행 어근의 음절초(초성)가 유성자음이거나 아예 없어야 한다.
　③ ㄴ 삽입이 일어나야 한다.

3) 의미론적 조건: 이 현상에 따른 뜻의 분화가 고려되어야 한다.
　例 나뭇집(나무를 파는 집), 나무집 (나무로 지은 집)

⇒ 다만 『인사말』, 『머리말』처럼 예외들이 있으므로 유의할 것.

▶ **007**　**답** ③

정답 풀이

'위 + 층(層)'의 합성어 구성이며 '위'가 고유어이므로 형태론, 어휘론적 조건은 만족한다. 그러나 후행 어근 음절초 자음이 격음(유기음) 'ㅊ'이므로 음운론적 조건에 맞지 않다.

⇒ 다만 『인사말』, 『머리말』처럼 예외들이 있으므로 유의할 것.

▶ 008   답 ④

정답 풀이

'-을게'는 종결어미이므로 어간에 붙여 쓰지만, '갈 테야'는 '가(동사 어간)-ㄹ(관형사형 어미) 터(의존명사)-이(계사, 서술격조사)-야(종결어미)'로 분석되는 구성이므로 의존명사 '터' 앞에서 띄어쓰기를 하여야 한다.

오답 풀이

① 종결어미 '-을게'를 분리하여 띄어쓰기를 하였으므로 옳지 않다.
② '테야' 앞에서 띄어쓰기를 하지 않았으므로 옳지 않다.
③ '-을게'는 분리하고 '테야'는 붙여 썼으므로 옳지 않다.

▶ 009   답 ②

정답 풀이

'만'은 '동안이 얼마간 계속 되었음'을 뜻하는 의존명사이므로 그 앞에서 띄어쓰기를 하여야 한다.

오답 풀이

① '지'는 '어떤 일이 있었던 때로부터 지금까지의 동안'을 뜻하는 의존명사이므로 그 앞에서 띄어쓰기를 하여야 한다.
③ '명'은 사람의 수를 세는 단위명사이므로 그 앞에서 띄어쓰기를 하여야 한다.
④ '듯'은 '그런 것 같기도 하고 그러지 아니한 것 같기도 함'을 뜻하는 의존명사이므로 그 앞에서 띄어쓰기를 하여야 한다. 그러나 '듯하다'는 보조형용사로 쓰이는 한 단어이므로 띄어쓰기를 할 수 없다.

▶ 010   답 ③

정답 풀이

어근이 명사인 '틈'의 반복형이므로 '-이'로 적어야 한다.

오답 풀이

① '꼼꼼하-'의 부사형으로 보므로 '꼼꼼히'로 적어야 한다.
② 어근이 명사인 '간(間)'의 반복형이므로 '-이'로 적어야 한다.
④ 어근이 명사인 '번(番)'의 반복형이므로 '-이'로 적어야 한다

---

008 띄어쓰기가 바른 것은? (6회 57번)

① 내가 갈 게, 내가 갈 테야.
③ 내가 갈 게, 내가 갈테야.
② 내가 갈게, 내가 갈테야.
④ 내가 갈게, 내가 갈 테야.

평가 요소 띄어쓰기의 기준 및 조건의 이해

009 밑줄 친 부분의 띄어쓰기가 옳은 것은? (7회 57번)

> "㉠나간지 세 ㉡시간 만에 돌아왔더니 교실 안에는 ㉢서너명의 학생들만 ㉣남은듯 했다."

① ㉠   ② ㉡
③ ㉢   ④ ㉣

평가 요소 띄어쓰기의 기준 및 조건의 이해

010 밑줄 친 단어가 맞춤법에 맞는 것은? (7회 58번)

① 어머니는 늘 용돈을 꼼꼼이 챙겨 주셨다.
② 아이 울음소리가 간간히 들려왔다.
③ 바쁜 일정에도 틈틈이 노모의 집을 들여다 보았다.
④ 그는 번번히 예선에서 탈락했다.

평가 요소 한글맞춤법 규정 제51항의 숙지

개념 확장 ※ 부사형 '-이', '-히'의 구별

딱 떨어지는 기준이 있는 것은 아니나, 대개 다음과 같은 경향성을 지닌다.
1) 어근이 '하다'가 붙은 용언으로 쓰일 때에는 '-히'로 적는 경우가 많다.
   예 꼼꼼히(꼼꼼하다), 솔직히(솔직하다), 고요히(고요하다) 등
      ⇒ 그러나 '깨끗이, 반듯이, 느긋이, 의젓이' 등의 예외가 있다.
2) 직관상 분명히 '-히'로 소리 나는 것은 '-히'로 적는다.
   예 급히, 딱히, 작히, 족히 등
3) 어근이 명사일 때에는 '-이'로 적는다.
   예 겹겹이, 집집이, 일일이 등 (대개 반복형인 경우가 많다)
4) 용언의 기본형이 '-하다'로 끝나지 않거나 'ㅂ 활용' 용언인 경우에는 '-이'로 적는다.
   예 헛되이, 가까이(가깝-), 깊이, 가벼이(가볍-) 등

해 설

011 두 표준어 사이의 관계가 같은 것끼리 묶인 것은? (8회 58번)

> ㄱ. 시장에 가서 {먹을거리/먹거리}를 장만했다.
> ㄴ. 사방에 {허섭스레기/허접쓰레기}가 널려 있다.
> ㄷ. 너는 시험이 코앞인데 {만날/맨날} 놀기만 하니?
> ㄹ. 창밖에서 풍겨오는 꽃 {냄새/내음} 좀 맡아 봐.

① ㄱ, ㄴ - ㄷ, ㄹ   ② ㄱ, ㄹ - ㄴ, ㄷ
③ ㄷ - ㄱ, ㄴ, ㄹ   ④ ㄹ - ㄱ, ㄴ, ㄷ

평가 요소 복수표준어의 개념 이해

▶ **011** **답** ②

정답 풀이

2011년 8월 31일의 표준어 개정 사항에 대한 정확한 이해를 묻는 문제이다.

⇒ '먹거리(사람이 살아가기 위하여 먹는 온갖 것)'와 '내음(코로 맡을 수 있는 나쁘지 않거나 향기로운 기운)'은 '먹을거리', '냄새'와 별개의 의미를 갖는 말로 보아 별도의 표준어로서 올린 것이다. **복수표준어가 아니다.** 유의하기 바란다.

⇒ '허접쓰레기', '맨날'은 원래 표준어로 인정하지 않았던 어형들이었으나, 언중들이 널리 사용하고 있는 현실을 반영하여 종래의 '허접스레기', '만날'과 더불어 허용하는 **복수표준어**가 된 것이다. 종래의 표준어 어형과 그 의미 내항이 동일하다는 점에서 앞서의 '먹거리', '내음'과는 그 성격이 다르다. 유의하기 바란다.

012 띄어쓰기가 모두 옳게 된 것은? (8회 59번)

① 나는 그 사람을 만난 지 삼년 쯤 되었다.
② 빨리는 커녕 천천히도 못 걷겠다.
③ 인터넷 상에서 떠도는 소문 중에는 확인되지 않은 것이 많다.
④ 너의 죄가 큰바 응당 벌을 받아야 한다.

평가 요소 형태가 같은 의존명사, 단위명사, 조사, 어미, 접사의 판별과 띄어쓰기 규정 이해

오답풀이 ① '만난 지'의 '지'는 의존명사이므로 문제가 없으나, '삼년'의 경우 고유어로 표기한 수사 '삼'은 단위명사 '년'과 붙여 쓸 수 없으므로 '삼 년'으로 띄어쓰기를 해야 한다. 또한 '정도'를 뜻하는 '-쯤'은 접미사이므로 '년'에 붙여 쓴다.
② 'ㄴ커녕' 및 그 이형태들은 조사이므로 어간에 붙여 쓴다.
③ '-상'은 '그것과 관계된 입장', '그것에 따름', '추상적인 공간에서의 한 위치'를 뜻하는 접미사이므로 선행 어근에 붙여 쓴다.

▶ **012** **답** ④

정답 풀이

'큰바'는 '크- + -ㄴ바'로 분석할 수 있으며, 이때의 '-ㄴ바'는 **연결어미**이다. 그러므로 띄어쓰기를 하지 않는다.

1) 분포 조건: 받침 없는 동사 어간, 'ㄹ' 받침인 동사 어간 또는 어미 '-으시-' 뒤
2) 용법: 후행절에서 어떤 사실을 제시하기 위하여 그 사실과 관련된 과거의 어떤 상황을 선행절에서 미리 제시하며, 선행절의 상황이 이미 이루어졌음을 나타냄.

⇒ 의존명사 '바'와 혼동하기 쉬운데, '-ㄴ바'는 어미이므로 다음의 판별기준을 활용할 수 있다.
1) 조사가 붙을 수 있는가의 여부
2) 다른 의존명사인 '것, 곳' 등과 대치하여 쓸 수 있는가의 여부

조사가 붙고 다른 의존명사와 대치 가능한 점은, 체언으로서의 의존명사가 갖는 문법적 특성이다.

▶ 013 답 ③

표준 발음으로 발화했을 때 ㄴ첨가 현상이 나타나지 않는 것은?
(9회 26번)

① 극영화 ② 연이율 ③ 악영향 ④ 야금야금

정답 풀이

'악영향'은 '표준 발음법 제29항'의 [붙임 2]에 있는 '육이오[유기오]', '삼일절[사밀쩔]', '등용문[등용문]', '송별연[송:벼련]'과 마찬가지로 중간에 ㄴ첨가가 되지 않은 발음이 표준 발음이다. 이들은 모두 해당 조항의 예외이므로 별도로 정리해두기 바란다.

➡ 나머지는 각각 [긍녕화], [연니율], [야금냐금]처럼 중간에 ㄴ첨가가 이루어진다.

평가 요소 표준 발음법 규정 중 ㄴ첨가 발음 규정의 이해

개념 확장 ※ **표준발음법 제29항**

합성어 및 파생어에서, 앞 단어나 접두사의 끝이 자음이고 뒤 단어나 접미사의 첫음절이 '이, 야, 여, 요, 유'인 경우에는, 'ㄴ'음을 첨가하여 [니, 냐, 녀, 뇨, 뉴]로 발음한다.

솜-이불[솜:니불]	홑-이불[혼니불]	막-일[망닐]	삯-일[상닐]
맨-입[맨닙]	꽃-잎[꼰닙]	내복-약[내:봉냑]	한-여름[한녀름]
남존-여비[남존녀비]	신-여성[신녀성]	색-연필[생년필]	직행-열차[지캥녈차]
늑막-염[능망념]	콩-엿[콩녇]	담-요[담:뇨]	눈-요기[눈뇨기]
영업-용[영엄뇽]	식용-유[시굥뉴]	국민-윤리[궁민뉼리]	밤-윷[밤:뉻]

다만, 다음과 같은 말들은 'ㄴ'음을 첨가하여 발음하되, 표기대로 발음할 수 있다.

이죽-이죽[이중니죽/이주기죽]	야금-야금[야금냐금/야그먀금]
검열[검:녈/거:멸]	욜랑-욜랑[욜랑뇰랑/욜랑욜랑]
금융[금늉/그뮹]	

[붙임 1] 'ㄹ' 받침 뒤에 첨가되는 'ㄴ'음은 [ㄹ]로 발음한다.

들-일[들:릴]	솔-잎[솔립]	설-익다[설릭따]	물-약[물략]
불-여우[불려우]	서울-역[서울력]	물-엿[물렫]	휘발-유[휘발류]
유들-유들[유들류들]			

[붙임 2] 두 단어를 이어서 한 마디로 발음하는 경우에도 이에 준한다.

한 일[한닐]	할 일[할릴]
옷 입다[온닙따]	잘 입다[잘립따]
서른여섯[서른녀섣]	스물여섯[스물려섣]
3 연대[삼년대]	1 연대[일련대]
먹은 엿[머근녇]	먹을 엿[머글렫]

다만 다음과 같은 단어에서는 'ㄴ(ㄹ)'음을 첨가하여 발음하지 않는다.

6 · 25[유기오],   3 · 1절[사밀쩔],
송별-연[송:벼련],   등-용문[등용문]

014 다음 중 쉼표의 쓰임이 어문 규정에 맞는 문장끼리 묶인 것은? (9회 58번)

> ㄱ. 첫째 몸이 튼튼해야 한다. 둘째는, 공부를 열심히 해야 한다.
> ㄴ. 아파트 건설 현장에서 청동기 시대 유물이 7, 8개나 출토되었다.
> ㄷ. 문학은 언어로 음악은 소리로, 생각이나 감정을 표현한다.
> ㄹ. 아, 내가 오늘 너하고 영화관에 가기로 했다는 걸 잊고 있었구나.

① ㄱ, ㄷ   ② ㄱ, ㄹ   ③ ㄴ, ㄷ   ④ ㄴ, ㄹ

평가 요소 문장 부호의 올바른 쓰임에 대한 이해

개념 확장 (1) 같은 자격의 어구를 열거할 때 그 사이에 쓴다.
 예 근면, 검소, 협동은 우리 겨레의 미덕이다.
 예 충청도의 계룡산, 전라도의 내장산, 강원도의 설악산은 모두 국립 공원이다.
 예 집을 보러 가면 그 집이 내가 원하는 조건에 맞는지, 살기에 편한지, 망가진 곳은 없는지 확인해야 한다.
 예 5보다 작은 자연수는 1, 2, 3, 4이다.

다만, (가) 쉼표 없이도 열거되는 사항임이 쉽게 드러날 때는 쓰지 않을 수 있다.
 예 아버지 어머니께서 함께 오셨어요.
 예 네 돈 내 돈 다 합쳐 보아야 만 원도 안 되겠다.

 (나) 열거할 어구들을 생략할 때 사용하는 줄임표 앞에는 쉼표를 쓰지 않는다.
 예 광역시: 광주, 대구, 대전……

(2) 짝을 지어 구별할 때 쓴다.
 예 닭과 지네, 개와 고양이는 상극이다.

(3) 이웃하는 수를 개략적으로 나타낼 때 쓴다.
 예 5, 6세기   예 6, 7, 8개

(4) 열거의 순서를 나타내는 어구 다음에 쓴다.
 예 첫째, 몸이 튼튼해야 한다.
 예 마지막으로, 무엇보다 마음이 편해야 한다.

(5) 문장의 연결 관계를 분명히 하고자 할 때 절과 절 사이에 쓴다.
 예 콩 심은 데 콩 나고, 팥 심은 데 팥 난다.
 예 저는 신뢰와 정직을 생명과 같이 여기고 살아온바, 이번 비리 사건과는 무관하다는 점을 분명히 밝힙니다.
 예 떡국은 설날의 대표적인 음식인데, 이걸 먹어야 비로소 나이도 한 살 더 먹는다고 한다.

(6) 같은 말이 되풀이되는 것을 피하기 위하여 일정한 부분을 줄여서 열거할 때 쓴다.
 예 여름에는 바다에서, 겨울에는 산에서 휴가를 즐겼다.

(7) 부르거나 대답하는 말 뒤에 쓴다.
 예 지은아, 이리 좀 와 봐.   예 네, 지금 가겠습니다.

(8) 한 문장 안에서 앞말을 '곧', '다시 말해' 등과 같은 어구로 다시 설명할 때 앞말 다음에 쓴다.

▶ 014 **답** ④

정답 풀이

'ㄴ'은 '이웃하는 수를 개략적으로 나타내는 경우'이며, 'ㄹ'은 '부르거나 대답하는 말' 뒤에 쓴 경우이므로 둘 다 한글 맞춤법의 쉼표 표기 규정에 부합한다.

오답 풀이

ㄱ. '열거의 순서'를 나타내는 경우인데, '첫째'에 쉼표가 없다. 참고로 '첫째는, 둘째는'으로 통일하든가, 아니면 '첫째, 둘째'로 통일하여야 한다.
ㄷ. '같은 자격의 어구를 나열'하는 경우인데, '문학은 언어로' 뒤에 쉼표가 없다.

(예) 책의 서문, 곧 머리말에는 책을 지은 목적이 드러나 있다.

(예) 원만한 인간관계는 말과 관련한 예의, 즉 언어 예절을 갖추는 것에서 시작된다.

(예) 호준이 어머니, 다시 말해 나의 누님은 올해로 결혼한 지 20년이 된다.

(예) 나에게도 작은 소망, 이를테면 나만의 정원을 가졌으면 하는 소망이 있어.

(9) 문장 앞부분에서 조사 없이 쓰인 제시어나 주제어의 뒤에 쓴다.

(예) 돈, 돈이 인생의 전부이더냐?

(예) 열정, 이것이야말로 젊은이의 가장 소중한 자산이다.

(예) 지금 네가 여기 있다는 것, 그것만으로도 나는 충분히 행복해.

(예) 저 친구, 저러다가 큰일 한번 내겠어.

(예) 그 사실, 넌 알고 있었지?

(10) 한 문장에 같은 의미의 어구가 반복될 때 앞에 오는 어구 다음에 쓴다.

(예) 그의 애국심, 몸을 사리지 않고 국가를 위해 헌신한 정신을 우리는 본받아야 한다.

(11) 도치문에서 도치된 어구들 사이에 쓴다.

(예) 이리 오세요, 어머님.　　　(예) 다시 보자, 한강수야.

(12) 바로 다음 말과 직접적인 관계에 있지 않음을 나타낼 때 쓴다.

(예) 갑돌이는, 울면서 떠나는 갑순이를 배웅했다.

(예) 철원과, 대관령을 중심으로 한 강원도 산간 지대에 예년보다 일찍 첫눈이 내렸습니다.

(13) 문장 중간에 끼어든 어구의 앞뒤에 쓴다.

(예) 나는, 솔직히 말하면, 그 말이 별로 탐탁지 않아.

(예) 영호는 미소를 띠고, 속으로는 화가 치밀어 올라 잠시라도 견딜 수 없을 만큼 괴로웠지만, 그들을 맞았다.

[붙임 1] 이때는 쉼표 대신 줄표를 쓸 수 있다.

(예) 나는 ― 솔직히 말하면 ― 그 말이 별로 탐탁지 않아.

(예) 영호는 미소를 띠고 ― 속으로는 화가 치밀어 올라 잠시라도 견딜 수 없을 만큼 괴로웠지만 ― 그들을 맞았다.

[붙임 2] 끼어든 어구 안에 다른 쉼표가 들어 있을 때는 쉼표 대신 줄표를 쓴다.

(예) 이건 내 것이니까 ― 아니, 내가 처음 발견한 것이니까 ― 절대로 양보할 수가 없다.

(14) 특별한 효과를 위해 끊어 읽는 곳을 나타낼 때 쓴다.

(예) 내가, 정말 그 일을 오늘 안에 해낼 수 있을까?

(예) 이 전투는 바로 우리가, 우리만이, 승리로 이끌 수 있다.

(15) 짧게 더듬는 말을 표시할 때 쓴다.

(예) 선생님, 부, 부정행위라니요? 그런 건 새, 생각조차 하지 않았습니다.

[붙임] '쉼표' 대신 '반점'이라는 용어를 쓸 수 있다.

해설

제3강　형태론 I

001 다음 설명 중 옳은 것은? (4회 16번)

① '날씨가 좋다' 에서 실질 형태소는 1개이다.
② '하늘이 푸르다' 에서 자립 형태소는 2개이다.
③ '밥을 먹는다' 와 '녹차를 마신다' 에서 '을' 과 '를' 은 상보적 분포를 보인다.
④ '먹어라, 잡아라, 하여라' 에서 명령형 어미 '-어라, -아라, -여라' 는 음운론적 이형태이다.

평가 요소　형태소의 유형, 이형태의 개념 이해

개념 확장　※ 형태소 관련 주요 개념

1. 형태소 – 의미(뜻)을 가지는 최소의 문법 단위.
   ⇒ 문법 단위 : 의미를 가지는 단위를 통칭하며, 형태소, 어절, 단어, 구, 절, 문장 등이 있다.
2. 이형태 – 형태소는 그것이 놓이는 조건 환경에 따라 그 모습이 달리 실현되기도 한다.
   1) 음운론적 이형태 : 이형태의 상보적 분포가 음운론적 조건에 따라 결정될 때
   2) 형태론적 이형태 : 이형태의 상보적 분포가 형태론적 조건에 따라 결정될 때
   3) 상보적 분포 : 음운론의 음소, (변)이음 관계와 마찬가지로, 한 형태소의 이형태들은 동일한 음운론, 형태론적 조건에서 함께 분포할 수 없다.
3. 형태소의 종류
   1) 문장에서 단독으로 쓰일 수 있는가의 여부
      ① 자립형태소 : 문장 내에서 다른 형태소와 통합하지 않고 단독으로 쓰일 수 있다.
         예 체언 어간(명사, 대명사, 수사), 관형사, 부사, 감탄사
      ② 의존형태소 : 문장 내에서 다른 형태소와 통합하여야 쓰일 수 있다.
         예 용언 어간(동사, 형용사), 조사, 어미, 접사
   2) 형태소의 의미가 실질적 개념을 나타내는가의 여부
      ① 실질형태소(어휘형태소) : 구체적 대상, 동작, 상태 등의 어휘적 의미를 나타냄
         예 체언 어간, 용언 어간, 관형사, 부사, 감탄사
      ② 형식형태소(문법형태소) : 실질형태소와 통합하여 의미 단위 사이의 관계나 기능을 나타냄
         예 조사, 어미, 접사
   3) 유의점 : 용언 어간은 의존형태소인 동시에 실질형태소이므로 개념상 혼동을 일으키기 쉽다. 형태소의 분류 기준에 따라 그 개념 이해를 분명히 해 두어야 한다.

▶ 001　**답** ③

정답 풀이

대격(목적격) 조사 '을', '를' 은 각각 선행 어간 말음이 자음인가, 모음인가에 따라 달리 분포하는 음운론적 이형태이므로 상보적 분포가 맞다.

오답 풀이

① 실질 형태소는 명사인 '날씨', 형용사인 '좋-' 이므로 2개이다.
② 자립 형태소는 명사인 '하늘' 이 유일하므로 1개이다.
④ '-어라', '-아라' 는 각각 선행 어간 모음이 음성 모음, 양성 모음인가의 여부에 따라 달리 분포하는 음운론적 이형태가 맞으나, '-여라' 는 선행 어간이 '하-(爲)' 일 때에만 분포하는 것이므로 음운론적 조건과 무관하다.

▶ 002 **답** ④

정답 풀이

단어는 최소의 자립적 의미 단위이므로 분리가 불가능하다. 따라서 휴지 삽입이나 다른 단어의 중간 삽입이 안 되는 것이 당연하다.

오답 풀이

① 형태소 분석을 하면 각각 '엇-비슷-하-다(4개)', '깨끗-하-다(3개)'로 그 수가 다르다.
② 단어는 형태소와 달리 실질적 의미를 갖는 자립적 의미 단위이므로, 형태소가 이 조건을 만족한다면 단어가 될 수도 있다. 그러나 형태소인 어미, 접사 등은 그렇지 못하고 단어나 어절의 구성 요소로 쓰이므로 단어보다 더 작은 단위이다.
③ 띄어쓰기의 단위는 '어절'이다. 어절은 단어와 같을 수도 있지만, 대개 '단어+형식 형태소'의 구성으로 이루어지므로 단어보다 더 큰 단위이다.

---

002 다음 설명 중 옳은 것은? (2회 17번)

① '엇비슷하다' 와 '깨끗하다' 의 형태소 수는 똑같다.
② 단어는 형태소와 같거나 형태소보다 작은 문법 단위이다.
③ 단어는 띄어쓰기의 단위와 같거나 띄어쓰기의 단위보다 크다.
④ 단어 내부에는 휴지(休止)를 둘 수 없고 다른 단어를 끼워 넣을 수도 없다.

평가 요소 형태소 분석, 의미 단위의 위계 및 그 각각의 속성 이해

개념 확장 ※ 의미 단위의 위계 :
　　형태소 – 단어 – 어절 – 구 – 절 – 문장

---

003 다음 예에서 쓰인 형태소와 단어의 수를 순서대로 올바르게 짝지은 것은? (7회 11번)

> 아름다운 하늘을 마음껏 날 수 없어.

① 11 – 7　　　　　　　　② 11 – 8
③ 12 – 7　　　　　　　　④ 12 – 8

평가 요소 형태소, 단어의 분석

개념 확장 ※ 단어가 될 수 있는 형태소
⇒ 체언 어간(명사, 대명사, 수사), 용언 어간(동사, 형용사), 관형사, 부사, 감탄사, 조사

⇒ 특히 '조사' 가 현행 학교문법에서 '단어'로 분류된다는 점에 유의한다

▶ 003 **답** ③

정답 풀이

위 문장의 형태소 분석 결과를 보이면 아래와 같다.

'아름–다우–ㄴ 하늘–을 마음–껏 날(–ㄹ) 수 없–어'

여기에서 주의할 점이 바로 **'날–' 뒤에 관형사형 어미 '–ㄹ'이 또 있다**는 점이다. 동사 어간이 관형사형 어미와 통합하지 않고 직접 명사를 수식하는 것은 불가능하다. 우연히 동사 어간 말음이 'ㄹ'로 끝나는 바람에 관형사형 어미 '–ㄹ'이 음성적으로 실현되지 않았을 뿐이다. '갈 수(가–ㄹ 수)', '올 수(오–ㄹ 수)'를 보면 이를 쉽게 알 수 있다.
⇒ 단어의 수는 실질 형태소와 조사의 수를 합하면 된다. 따라서 **'아름다우–, 하늘, 을, 마음, 날–, 수, 없–'의 7개이다.**

---

004 명사의 전형적인 문법적 특성에 가장 부합하는 예는? (5회 26번)

① 최신　　　② 형편　　　③ 화려　　　④ 긴급

평가 요소 명사의 문법적 특성 이해

005 한국어 대명사에 대한 설명으로 옳은 것은? (5회 37번)

① 한국어 대명사 중에는 조사가 융합되어 있어 분리가 쉽지 않은 예가 있다.
② 한국어의 인칭 대명사는 영어의 인칭 대명사에 비해 자주 사용되는 특징을 보인다.
③ 한국어는 높임법이 발달하여 높임의 대명사가 따로 존재하며 활발한 쓰임을 보인다.
④ 1인칭, 2인칭, 3인칭 대명사의 복수형은 단수형에 복수 접미사 '-들'이 결합되어 형성된다.

평가 요소 한국어 대명사의 문법적 특성

오답 풀이 ② 한국어는 대명사가 그리 발달한 언어가 아니다. 특히 인칭 대명사는 영어와 달리 성(性)에 따른 구별이 별도로 없어서 그 종류나 수가 적고, 사용 빈도도 높다고 할 수 없다. 이를테면 3인칭 대명사인 '그녀'는 소설가 김동인이 일본어의 '彼女' 개념을 들여와 우리말로 옮겨쓴 것인데, 주로 문학 작품 등의 문어에 국한되어 쓰이는데다 그 역사도 백 년이 채 되지 않는다.
③ 높임의 대명사(당신, 자네, 그대, 그분, 저분), 겸양의 대명사(저, 저희)가 따로 존재하는 것은 맞지만, 그 쓰임이 제한적인데다 '자네, 당신' 등은 점차 그 쓰임이 줄어들고 있다.
④ 3인칭 대명사(그-그들)를 제외하면 '나-우리, 저-저희, 너-너희'처럼 '-들'과 무관한 복수형이 쓰인다.

006 고유어 의존명사 중 그 앞에 올 수 있는 관형사형 어미가 같은 것끼리 짝지어진 것은? (7회 23번)

① 수 – 줄　　② 뿐 – 따름
③ 바람 – 적　　④ 김 – 지

평가 요소 의존명사 구성의 관형사형 어미 통합 제약

오답 풀이 ① '수'는 '-을/ㄹ, 는'이 가능하나, '줄'은 '-을/ㄹ, 는, -은/ㄴ'이 가능하므로 차이가 있다.
③ '바람'은 '-은/ㄴ, -는'이 가능하나, '적'은 '-은/ㄴ'만 가능하므로 차이가 있다.
④ '김'은 '-은/ㄴ, -던'이 가능하나, '지'는 '-는, -ㄴ, -을/ㄹ'이 가능하므로 차이가 있다.'

오답 풀이 형태소를 11개로 세었다면 겉으로 보이지 않는 관형사형 어미 '-ㄹ'을 빠뜨렸기 때문이다.
⇒ 단어의 수를 8개로 세었다면 부사 파생 접미사 '-껏'이나, 종결어미 '-어' 등을 포함하여 세었기 때문이다.

▶ **004 답** ②

정답 풀이 명사의 전형적인 문법적 특성은 아래와 같다.
1) 문장 내에서 주어, 목적어, 보어 위치에 분포한다.
2) 관형어의 수식을 받는다.
3) 뒤에 조사를 취할 수 있다.
따라서 이 조건을 모두 만족하는 것은 '형편'이다.

오답 풀이 ① '최신'은 대개 관형사로 쓰이는 일이 많아서 주어, 목적어, 보어 위치에 분포하는 것이 어색하며, 관형사의 수식을 받지 못하고, 서술격조사 등의 일부 조사를 제외하면 조사를 취하는 것이 어색하다.
③ '화려'는 단독으로 쓰이기보다는 대개 '-하다'와 통합하여 서술어로 쓰이는 일이 많다.
④ '긴급' 역시 관형사로 쓰이거나, '-하다'와 통합하여 서술어로 쓰이는 일이 많다.

▶ **005 답** ①

정답 풀이 '내', '네'는 각각 '나-의', '너-의'로 분석되는데, 여기에 통합한 '-의'는 관형격(속격) 조사이지만 특히 주격 조사 '-가' 앞에서는 통합형 그대로 쓰인다.

▶ **006 답** ②

정답 풀이 '뿐'과 '따름'은 공통적으로 앞에 '-을/ㄹ'만 올 수 있어서 같다.

▶ 007 답 ①

정답 풀이

형용사가 명령문에서 그 쓰임이 제한 적이기는 하나, 아예 쓰일 수 없는 것은 아니다.
1) 한자어계 어근과 통합한 '–하다' 가 형용사로 쓰일 때는 명령형이 가능하다.
    예) 성실해라, 건강해라 등
2) 금지 명령형 '–지 마라' 는 일부 형용사와의 통합이 가능하다.
    예 아프지 마라 등
청유문에서는 어느 경우든 쓰일 수 없다.

오답 풀이

②, ③ 동사는 현재시제 선어말어미 '–느–' 와 통합할 수 있으나 형용사는 그럴 수 없다. 그러므로 옳은 기술이다.
④ 동사 어간의 음운론적 조건에 따라 다른데, 어간이 모음으로 끝나면 '–ㄴ다', 자음으로 끝나면 '–는다' 가 쓰인다.

▶ 008 답 ③, ④

정답 풀이

'늙다' 는 동사이고, '밝다' 는 형용사로도 쓰이지만 '날이 밝다' 의 의미일 때 동사가 되므로 같다. '어리다' 는 '幼' 의 뜻일 때는 형용사이지만, '눈에 눈물이 조금 고이다' 등의 뜻일 때는 동사이므로 '어떤 물건을 액체에 담가 맛이나 빛깔 따위의 성질이 액체 속으로 빠져나오게 하다' 의 뜻을 갖는 동사 '우리다' 와 품사가 같다.
⇒ 원래는 3번만을 정답으로 하였을 것이나, '어리다' 의 의미를 출제자가 분명하게 제시하지 않았으므로 복수 정답이 된 것이다.

오답 풀이

① 없다(형용사) – 업다(동사)
② 젊다(형용사) – 삶다(동사)

---

007 동사와 형용사를 구분하는 기준으로 적절하지 <u>않은</u> 것은? (1회 17번)

① 모든 형용사는 명령문에 쓰일 수 없다.
② 동사 어간 뒤에는 감탄형어미 '–는구나' 가 붙는다.
③ 형용사의 현재 시제 관형사형 어미로는 '–(으)ㄴ' 이 쓰인다.
④ 현재 시제를 나타내는 동사 어간의 평서형에는 '–다' 가 아니라 '–ㄴ/는 다' 가 쓰인다.

평가 요소 동사와 형용사의 판별 기준

008 다음 짝지어진 단어의 품사가 같은 것은? (3회 18번)

① 없다 – 업다   ② 젊다 – 삶다
③ 늙다 – 밝다   ④ 어리다 – 우리다

평가 요소 동사와 형용사의 판별

009 다음 밑줄 친 것 중 관형사가 <u>아닌</u> 것은? (3회 15번)

① <u>예쁜</u> 꽃이 많이도 피었다.
② <u>이런</u> 집에서는 더 이상 못 산다.
③ <u>다른</u> 사람은 다 가고 나만 남았다.
④ <u>갖은</u> 수단을 써 가며 목표에 도달하였다.

평가 요소 관형사형과 관형사의 판별

오답 풀이 ② '이런' 은 동사 '이러–(이렇게 하–)' 에 관형사형 어미 '–ㄴ' 이 통합하여 나온 형태이지만, '이런 사람' 이 '이렇게 하는 사람' 의 의미가 아니므로 '이러–' 와 관계없는 고유의 의미를 갖는다.
③ '다른' 은 형용사 '다르–' 에 관형사형 어미 '–ㄴ' 이 통합하여 나온 형태이지만, '다른 사람' 은 '누군가와 다른 사람' 이 아니라 '딴 사람' 의 뜻이므로 '다르–' 의 원 의미와 관계없는 고유의 의미를 갖는다.
④ '갖' 은 동사 '갖–' 에서 나온 것이 아니라 '가지[類]' 의 축약형인 명사 '갖' 에서 나온 것이므로 이를 관형사형 어미 '–ㄴ' 의 통합형으로 볼 수 없다. 그러므로 관형사로 판별하여야 한다.

010 다음 밑줄 친 단어 중 품사가 <u>다른</u> 하나는? (3회 24번)

① 차 <u>한</u> 대 사야 할 것 같아.
② 일곱에 <u>셋</u>을 더하면 열이지.
③ <u>첫째</u>는 공부요, 둘째도 공부다.
④ 잠을 못 잔 사람이 <u>한둘</u>이 아니다.

평가 요소 수사와 수관형사의 판별

---

011 '조건'의 연결어미가 사용된 문장은? (8회 10번)

① 배가 아파서 아침 일찍 병원에 갔다.
② 이야기를 찬찬히 들어보니 이해가 되었다.
③ 사람들이 지나갈 수 있게 길을 비켜 주었다.
④ 오늘까지 보고서를 제출해야 성적으로 인정받을 수 있다.

평가 요소 종속적 연결어미의 의미와 그 문법적 기능 이해.

오답 풀이 ① '아파서' : 연결어미 '-아서'를 분석해낼 수 있으며, 이는 선행절이
후행절의 '이유, 원인'이 될 때 쓰인다.
② '들어보니' : 연결어미 '-(으)니'를 분석해낼 수 있으며, 역시 선행절
이 후행절의 '이유, 원인'이 될 때 쓰인다.
③ '있게' : 연결어미 '-게'를 분석해낼 수 있으며, 이는 선행절이 후
행절의 결과를 유도할 때 쓰인다. 동사나 형용사 어간에 붙는 '-
게'가 서술어를 수식하는 부사적 기능을 수행하기도 하므로, 종
속적 연결어미 '-게'의 판별을 위해 '-도록'으로 대치하는 방법
을 쓰기도 한다(고영근 · 구본관, 2008:175)[2].

2) 고영근 · 구본관(2008), 《우리말 문법론》, 집문당

개념 확장 ※ 종속적 연결어미의 분류

⇒ 연구자에 따라 선행절, 후행절의 의미 관계를 파악하는 방법이 약간
씩 다르므로, 그 분류 역시 부분적으로 차이가 있을 수 있다. 최근의 고
영근 · 구본관(2008:192)에서는 다음과 같이 분류하고 있다.

(1) 조건이나 가정을 보이는 것: -(으)면, -(으)라면, -거든, -더라도
(2) 이유나 원인을 보이는 것: -(으)니까, -(으)므로, -어서/아서/러서
(3) 어떤 일의 결과나 상태의 지속을 보이는 것: -어서/아서/러서
(4) 한 가지 일이 다른 일로 바뀌는 것을 보이는 것: -다가
(5) 다른 일이 더 보태지거나 점점 더해감을 보이는 것: -(으)ㄹ뿐더러,
-(으)ㄹ수록
(6) 의도를 보이는 것: -(으)려고, -고자
(7) 목적을 나타내는 것: -(으)러
(8) 어느 쪽이나 상관이 없음을 보이는 것: -거나, -든지
(9) 반드시 그래야 함을 보이는 것: -어야/아야
(10) 어떤 일의 배경을 보이는 것: -는데, -(으)ㄴ데
(11) 어떤 행위가 어떤 정도까지 이름을 보이는 것: -도록

▶ **009** 답 ①

정답 풀이

형용사 '예쁘-'에 관형사형 어미
'-ㄴ'이 통합한 활용형이며 그 의미도
다르지 않으므로 그 품사는 형용사이
지 관형사가 아니다. 관형사로 판별하
려면 해당 관형사 고유의 의미를 갖고
있는가를 확인하여야 한다.

▶ **010** 답 ①

정답 풀이

후행하는 단위명사 '대'를 수식할 뿐,
독자적으로 쓰일 수 없으므로 이는 수
관형사이다.

오답 풀이

② 뒤에 조사 '-에'가 통합하므로 이는
체언이며, '수'를 나타내는 의미를
가지므로 수사이다.
③ 뒤에 조사 '-는'이 통합하므로 체언
이며, '순서'를 나타내는 의미를 가
지므로 수사이다.
④ '한'만 보면 수관형사처럼 보이나,
'한둘'은 합성어이고 그 뒤에 조사
'-이'가 통합하므로 이는 체언이며,
수사이다.

▶ **011** 답 ④

정답 풀이

'제출해야'에서 연결어미 '-어야'를
분석해낼 수 있으며, 이는 선행절이
후행절의 '조건'이 될 때 쓰인다.

▶ 012 답 ②

정답 풀이

'-더-'는 보통 '회상법' 선어말어미로 분류하며(고영근·구본관, 2008:179), 화자가 경험하거나 인식한 시점의 정보를 발화 시점으로 가져와 제시하는 경우에 사용한다. 대개 경험의 시점이 과거인 경우가 많지만, '미래'의 상황에 대한 정보에도 쓸 수 있다.
예 날씨를 보니 내일 비가 **오겠더라.**

오답 풀이

① '-겠-'이나 '-았/었-'과 함께 쓰이는 경우라면 가능하다(고영근·구본관, 2008:389).
예 나도 이번에 승진하**겠더**라.
나도 어제 너와 같은 식당에서 밥을 먹**었더**라.

▶ 013 답 ①

정답 풀이

이들은 모두 보조사로 쓸 수 있는 형태들이다. 그런데 의존명사는 체언에 속하므로 관형어의 수식을 받을 수 있으나, 보조사는 그렇지 않다. 따라서 이러한 특성을 활용하여 해당 형태의 의존명사 여부를 판별할 수 있다.

ㄱ. 데 – 그는 점심을 먹으러 그가 늘 가던 **데로** 발길을 옮겼다.
ㄴ. 대로 – 철수가 도착하는 **대로** 바로 출발합시다.
ㄹ. 만큼 – 네가 먹을 수 있을 **만큼** 만 식판에 옮겨 담아라.

▶ 014 답 ②

정답 풀이

'달-(甘, 형용사 어간) + -ㄴ(관형사형 어미) + 팥(명사 어근) + 죽(명사 어근)'으로 분석할 수 있으므로 형태소의 수는 총 4개이다.

---

012 밑줄 친 부분에 사용된 어미에 관한 설명으로 옳지 <u>않은</u> 것은? (8회 12번)

> ㄱ. 어제 돌이가 도서관에서 혼자 공부**하던데.**
> ㄴ. 제주도는 여전히 날씨가 덥**더라.**
> ㄷ. 그 영화배우 실물로 보니까 더 멋있**는데.**
> ㄹ. 선생님은 그 자리에 아직 계시**던걸.**

① ㄱ: 특정한 조건에서는 일인칭 주어도 실현될 수 있다.
② ㄴ: 미래에 일어날 일을 말할 때는 사용할 수 없다.
③ ㄷ: 지각하지 않은 내용에 대해서는 사용할 수 없다.
④ ㄹ: 상대방이 이미 알고 있는 것 혹은 기대한 것에 반하는 사실을 말할 때 사용할 수 있다.

평가 요소 선어말어미 '-더-'의 문법적 특성 이해

---

013 의존명사로 쓰이는 것을 <u>모두</u> 고른 것은? (8회 25번)

> ㄱ. 데   ㄴ. 대로   ㄷ. 처럼   ㄹ. 만큼   ㅁ. 부터

① ㄱ, ㄴ, ㄹ
② ㄱ, ㄷ, ㅁ
③ ㄴ, ㄷ, ㄹ
④ ㄴ, ㄷ, ㅁ

평가 요소 의존명사와 보조사의 판별

오답 풀이 ⇒ '처럼, 부터'는 보조사로만 쓰이므로 주의하여야 한다.

ㄷ. 처럼 – 너**처럼** 잘생긴 사람은 아마 이 세상에 없을 거야.
ㅁ. 부터 – 오늘**부터** 우리와 함께 일합시다.

---

014 밑줄 친 단어의 형태소 수가 가장 많은 것은? (8회 26번)

① 그 사람은 <u>큰아버지</u>를 모시고 산다.
② 내일은 <u>단팥죽</u>을 먹고 싶다.
③ 연신 <u>헛손질</u>만 하게 되었다.
④ 연못가에 <u>고추잠자리</u>가 많다.

해 설

평가 요소 복합어의 형태소 분석, 특히 관형사형과 접사의 구별 가능 여부

개념 확장 ※ '큰아버지, 작은아버지'의 문법적 처리

⇒ 현행 학교 문법에서는 이를 형용사의 관형사형 활용 형태가 굳어진 어근으로 보아 합성어로 처리하고 있다. 그러나 국립국어원의 《표준국어대사전》에서는 '큰, 작은'과 '아버지' 사이에 다른 요소가 끼어들지 못하는 제약으로 인해 '큰아버지, 작은아버지'를 '큰-, 작-'의 관형사형을 포함하는 수식 구성('큰 아버지')으로 환원할 수 없다는 점 등을 고려하여 이들을 접두사로 처리하고 있다. 이는 '활용형이 굳어진 어근'과 '접두사'의 판별이 문법적으로 선명하지 못한 경우가 많기 때문이다. 활용형의 '어휘화' 내지 '접사화' 정도, '생산성(새로운 복합어 형성에 참여)' 정도, 원 통사 구성으로의 환원 가능성 등을 고려한 판별 기준 마련을 두고 연구자에 따라 견해를 달리한다는 점을 염두에 둘 필요가 있다.

본문의 해설은 일단 학교 문법의 견해를 따랐음을 밝혀둔다. 다만 어근, 접두사 중 어느 쪽으로 판별하여도 이를 하나의 형태소로 분석한다는 점에서, '큰아버지, 작은아버지'를 구성하는 전체 형태소의 수는 같다.

① '큰(어근) + 아버지(명사 어근)'으로 분석할 수 있으므로 형태소의 수는 2개이다. 친족어에 붙는 '큰, 작은'은 기원적으로는 관형사형이기는 하나, 그 자체가 어근(또는 접두사)으로 굳어진 형태이므로 '크- + -ㄴ'으로 분석하지 않음에 유의한다.

③ '헛-(접두사) + 손 + -질(접미사)'로 분석할 수 있으므로 형태소의 수는 3개이다.

④ '고추(명사 어근) + 잠자리(명사 어근)'으로 분석할 수 있으므로 형태소의 수는 2개이다.

▶ **015** **답** ①

정답 풀이

ㄱ. 전성 어미(명사형, 관형사형, 부사형 어미)와 통합하여 해당 품사 범주의 문장 성분(주어, 목적어, 보어, 관형어, 부사어 등)으로 기능할 수 있다.

ㄴ. 관형사, 부사에는 어미가 통합하지 않는다.

ㄹ. 자립성이 낮고, 문장 내에서 선행 어간의 문법 기능을 나타낸다는 점에서 연구자에 따라 조사를 품사 분류의 기준이라 할 '단어'로 볼 수 있는가에 대한 이견이 있기는 하다. 그러나 보조사와 같이 선행 어간에 나름의 고유한 의미를 부가하기도 하고, 어간이 되는 명사와의 분리 가능성을 무시할 수 없다는 점에서 현행 학교 문법에서는 조사를 '관계언'으로 분류하여 별개의 품사 범주로서 설정하고 있다.

---

015 한국어 품사에 관한 설명으로 옳은 것을 <u>모두</u> 고른 것은?
(8회 16번)

> ㄱ. 동사와 형용사는 서술어뿐만 아니라 다른 문장 성분으로도 기능할 수 있다.
> ㄴ. 관형사와 부사는 활용하지 않는다는 공통점이 있다.
> ㄷ. 수량을 나타내는 수사와 순서를 나타내는 수사는 형태적으로 구별되지 않는다.
> ㄹ. 조사는 명사와의 분리 가능성을 고려하여 독립된 하나의 품사로 설정하기도 한다.
> ㅁ. 감탄사는 문장의 맨 앞부분에 위치하여 문장 전체를 꾸며 준다.

① ㄱ, ㄴ, ㄹ
② ㄱ, ㄷ, ㄹ
③ ㄴ, ㄷ, ㅁ
④ ㄴ, ㄹ, ㅁ

평가 요소 각 품사 범주의 문법적 특성과 기능 이해

ㄷ. 수량을 나타내는 '양수사(하나, 둘, 셋, 넷)', 순서를 나타내는 '서수사(첫째, 둘째, 셋째, 넷째)'의 구별이 존재한다(고영근·구본관, 2008:78~79).

ㅁ. 감탄사는 문장 내에서 자유롭게 분포한다. 흔히 볼 수 있는 문장 첫 부분은 물론, 중간(예. '그건 말이지, 음, 생각 좀 해 봐야겠어.'), 끝(예. '차 조심하고, 끼니는 꼭 챙겨 먹어, 응?')에서도 쓰일 수 있다.

---

016 한국어의 형태·통사적 특징에 관한 설명으로 옳지 <u>않은</u> 것은?
(8회 19번)

① "왜 왔니?", "밥 먹으러 왔다." 등에서와 같이 주어를 비롯한 필수 성분을 실현시키지 않고 대화하는 것이 가능한 것으로 볼 때 담화 중심적인 언어라고 할 수 있다.

▶ 016 **답** ③

정답 풀이

한국어는 수식어가 피수식어 왼쪽에 오는 것이 일반적이며, 특히 명사의 수식어는 반드시 명사 왼쪽에 와야 한다. 또한 해당 수식 구성에서 핵(head)이 되는 것은 피수식어이며 여기에 수식어가 왼쪽에 부가되어 전체 구성을 형성한다. 따라서 한국어는 '좌분지(左分枝) 구조'를 갖는 언어로 분류할 수 있다.

오답 풀이

① 한국어는 문장을 구성하는 필수 성분이 담화 맥락상 화자와 청자가 공유하는 정보일 때, 이를 화ㆍ청자의 발화에서 생략할 수 있는 언어이다.
② 한국어의 부사격조사는 그 선행 어간의 의미적 속성에 따라 분포에 제약을 받기도 한다. 이를테면 '-에'는 무정명사 어간에만 붙을 수 있고, '-에게'는 유정명사 어간에만 붙을 수 있다.
④ 한국어는 체언 어간 등에 붙는 조사(특히 격조사)에 따라 해당 어간이 문장 내에서 갖는 문법적 기능과 역할이 결정된다. 또한 용언 어간은 반드시 어미가 붙어야 자립적 어절 단위를 형성하여 서술어로 쓰일 수 있다.

② "바둑이에게 물을 주어라."와 "꽃밭에 물을 주어라."에서처럼 선행 명사에 따라 부사격조사가 다르게 실현될 수 있다.
③ "예쁜 동생이 있다.", "매우 예뻐."와 같이 피수식어가 수식어 오른쪽에 오는 것이 일반적이므로 우분지 언어라고 할 수 있다.
④ "철수가 역시 빠르네."에서와 같이 '철수'라는 명사에 조사 '가', '빠르-'라는 용언에 어미 '-네'가 붙어서 하나의 문장성분을 이룰 수 있다.

평가 요소 한국어의 형태ㆍ통사론적 특징 이해

개념 확장 ※ 한국어의 형태ㆍ통사적 특징(고영근ㆍ구본관, 2008:13~19)

  1) 형태적 특징
   (1) 교착어
    ⇒ 어간과 어미의 형태가 투명하여 하나의 형태에 하나의 기능이 일대일로 대응된다.
   (2) 조사와 어미 풍부
    ⇒ 체언, 용언에 붙는 조사, 어미가 풍부하며, 대부분의 문법적 관계는 조사와 어미에 의하여 표시된다.
   (3) 의존명사, 단위성 의존명사 발달
   (4) 유정 명사(감정을 나타내는, 사람이나 동물을 가리키는 명사), 무정 명사(감정을 나타내지 못하는, 식물이나 무생물을 가리키는 명사)가 형태론적으로 구분됨
   (5) 특이한 단어 형성법
    ⇒ 비통사적 합성어 형성 등이 대표적 예이다.
   (6) 상징부사와 색채어의 특이한 형성법
    ⇒ 자음 교체(깜깜하다~캄캄하다), 모음 교체(반짝반짝~번쩍번쩍)에 의한 형성이 보인다.

  2) 통사적 특징
   (1) 주어-목적어-동사(SOV) 언어
   (2) 대격언어(자동사와 타동사의 주어 형태가 같음)로 분류하기도 함
    ⇒ 경우에 따라 능격언어(주어 명사구가 목적어 명사구의 기능을 표시)적 특징을 갖기도 한다.
   (3) 조사와 어미는 문장 형성의 기능을 가짐
    ⇒ 단어는 물론 구나 절에 붙어 해당 요소의 문장 내 기능이나 역할을 표시한다.
   (4) 어순이 비교적 자유로움
    ⇒ 일정한 문법적 기능을 띠는 조사, 어미가 풍부하므로, 어순이 해당 문장의 기본적 의미 해석에 영향을 미치지 않는다.
    ⇒ 다만 수식 구성에서는 피수식어 앞에 수식어가 놓이는 것이 일반적이며, 특히 명사는 반드시 그 수식어가 명사 앞에 놓인다. 따라서 한국어는 좌분지 언어로 분류할 수 있다.
   (5) 공대법(경어법, 존대법) 발달
   (6) 주어 명사구, 목적어 명사구가 한 문장 안에서 동시에 둘 이상 출현하는 경우가 많음
    ⇒ 주격 중출문 **예** 코끼리는 코가 길다.
    ⇒ 대격 중출문 **예** 철수는 사과를 열 개를 먹었다.
   (7) 문장에서 주어, 목적어 등 주성분이 나타나지 않는 경우가 많음
    ⇒ 화자, 청자가 담화 맥락상 서로 공유하는 정보이거나, 혹은 특정 주어를 설정하기 어려운 무주어문에서 이러한 현상이 두드러진다. 이로 인해 한국어를 '사건 중심의 언어', 또는 '담화 중심의 언어'라 부르기도 한다.

해설

제4강 형태론 II

001 다음에서 밑줄 친 단어의 품사가 서로 다른 문장으로만 이루어진 것은? (7회 17번)

> ㄱ. 그녀는 젊어서 남편을 잃었다.
> 그동안 무엇을 하고 지냈기에 이렇게 늙었니?
> ㄴ. 불빛이 어두워 책을 읽지 못했다.
> 날이 밝기도 전에 길을 떠났다.
> ㄷ. 이상하게도 그날따라 계산이 자꾸 틀렸다.
> 그 친구는 분위기에 맞게 말을 잘한다.
> ㄹ. 나는 선생님이 너무 어려워서 그 앞에서는 말도 제대로 못한다. 이렇게 하다
> 가는 제 시간에 끝내기 힘들겠다.

① ㄱ, ㄴ   ② ㄴ, ㄷ   ③ ㄷ, ㄹ   ④ ㄱ, ㄹ

평가 요소 형용사와 동사의 구별

002 다음 중 한국어 격조사의 특징으로 옳은 것은? (1회 35번)

① 격조사는 언제나 보조사에 선행한다.
② 격조사는 구 이상 단위의 격을 표시하지는 못한다.
③ 격을 나타내기 위해서는 격조사가 표면적으로 실현되어야 한다.
④ 선행어가 자음으로 끝나느냐 모음으로 끝나느냐에 따라 변이형이 존재
하기도 한다.

평가 요소 한국어 격조사의 문법적 특성 이해

▶ **001** 답 ①

정답 풀이

'ㄱ'의 '젊다'는 형용사, '늙다'는 동사이며, 'ㄴ'의 '어둡다'는 형용사, '밝다'는 동사이므로 그 품사가 각각 다르다.
⇒ '늙다'가 동사라는 점, 그리고 '밝다'가 '밤이 지나고 환해지며 새 날이 오다.'의 뜻일 때는 앞서 3강 8번의 해설과 마찬가지로 동사라는 점에 유의한다.

오답 풀이

ㄷ. '틀리다', '맞다'는 둘 다 동사이다.
ㄹ. '어렵다', '힘들다'는 둘 다 형용사이다.

▶ **002** 답 ④

정답 풀이

주격 조사, 목적격 조사(대격 조사)는 선행어간말의 음운론적 조건(자음, 모음)에 따라 각각 '이/가', '을/를'의 이형태가 존재한다. 그러므로 옳은 기술이다.

오답 풀이

① 보조사는 '주격 조사, 목적격조사(대격 조사), 관형격 조사'에 선행할 수 있다.
　예 너+만(보조사)+이(주격 조사), 너+만+을(목적격 조사), 너+만+의(관형격 조사)
② 구나 절이 문장 성분으로 쓰일 때에는 그 문장 내 기능을 표시하기 위하여 격조사가 결합할 수 있다.
　예 너는 그의 죽음을 슬퍼하느냐?
③ 한국어의 격조사는 쉽게 생략되는 특징이 있다.
　예 이건 누구 차냐?(관형격 생략) / 눈 온다.(주격 생략) / 밥 줘. (목적격 생략)

► 003 　답 ①

정답 풀이

'은/는'는 주제 보조사로, 화자와 청자가 이미 알고 있는 '구정보(舊情報)'를 나타낼 때 쓰인다. 그러므로 옳은 기술이다.

오답 풀이

② '이/가'는 '신정보(新情報)'를 나타내므로 서로 설명이 뒤바뀌었다.

③ '이/가'는 주격 조사이므로 문장 내에서 주로 주어, 보어의 뒤에 위치하여 그 쓰임이 비교적 제한적이다. 그러므로 상위문을 이끌기 위한 내포문 구성에 있어서도 해당 내포문이 주어, 보어 등의 위치에 분포한다는 제약이 따른다. '은/는'은 보조사이므로 그 쓰임과 분포가 격조사에 비해 자유롭고, 그 내포문의 문장 내 분포나 쓰임이 더 자유롭다. 따라서 상위문을 이끄는 데 더 적절하다.

► 004 　답 ①

정답 풀이

보조사는 의미를 덧붙이는 기능을 하므로 그 분포 제약이 적다. 그러므로 부사는 물론, 용언(용언+연결어미)과도 결합할 수 있다.

　예　노래를 잘은 못한다. (부사+보조사)
／ 먹어는 봤는데, 맛은 잘 모르겠다.
(용언 어간+연결어미+보조사)

오답 풀이

② '요, 마는, 그려, 그래' 등의 종결 보조사는 '요'를 제외하면 주로 문장 종결형 뒤에 결합할 뿐 그 분포가 자유롭지 않다. 그러므로 통사적 제약이 전혀 없다는 말은 지나친 기술이다.

③ '너-마저-도', '너-까지-만' 등의 예에서 보듯 보조사끼리의 결합도 가능하다.

④ 파생 접미사는 품사 범주, 통합 어근의 의미 등에 따라 그 결합이 제한적이지만, 보조사는 종결 보조사를 제외하면 그 결합 대상에 크게 구애받지 않으므로 분포 제약이 더 적다.

---

003 다음에 나타난 '이/가'와 '은/는'에 관한 설명으로 옳은 것은? (단, *는 부적절함을 나타냄) (6회 7번)

> 갑 : 귤은 어디 있지? 누가 먹었니?
> 을 : 철수가 먹었어요.
> 　　*철수는 먹었어요.

① '은/는'은 청자가 알고 있을 것으로 가정하는 말에 붙인다.
② '이/가'는 이미 알려진 정보를 나타낼 때 쓰이나 '은/는'은 새 정보를 나타낼 때 쓰인다.
③ '이/가'는 '은/는'보다 상위문을 이끄는 데 적절하다.
④ '이/가', '은/는'은 모두 주격 조사이다.

평가 요소　주격 조사, 주제 보조사의 문법적 속성 구별

004 보조사에 관한 설명으로 옳은 것은? (5회 24번)

① 체언뿐 아니라 부사 및 용언에도 결합한다.
② 의미를 덧붙이는 기능을 할 뿐 통사적 제약은 없다.
③ 격조사와 보조사는 연이어 쓰일 수 있지만 두 개의 보조사는 연이어 쓰일 수 없다.
④ 파생 접미사와 기능이 유사한 점이 있지만 분포 제약이 더 심하다.

평가 요소　한국어 보조사의 문법적 특성 이해

005 한국어의 어미에 관한 설명으로 옳지 않은 것은? (7회 28번)

① 선어말어미는 하나의 용언에 여러 개 나올 수 있으며, 그 순서가 유동적이다.
② 하나의 용언에는 하나의 어말어미가 반드시 나타나야 한다.
③ 선어말어미는 파생접사보다는 뒤에, 어말어미보다는 앞에 위치한다.
④ 전성어미는 안긴문장을 만들지만 모든 안긴문장이 전성어미에 의해 이루어지는 것은 아니다.

평가 요소　한국어 어미의 종류와 그 문법적 특성 이해

해 설

006 어미 결합의 제약에 관한 설명으로 옳지 <u>않은</u> 것은? (6회 12번)

① '-고서'는 과거시제의 선어말어미 '-었-', '-게'는 미래시제의 선어 말어미 '-겠-'과 결합하지 못한다.
② '-(으)러'와 '-자'는 선행절과 후행절의 주어가 항상 같아야 한다.
③ '-거든'은 평서문이나 의문문이 뒤에 이어지지 못한다.
④ '-(으)러'와 '-느라고'는 동사와만 결합한다.

평가 요소 한국어의 어미 결합 제약 이해

007 다음 파생 접사에 대한 설명으로 적절하지 <u>않은</u> 것은? (3회 21번)

① '먹이다, 먹히다'에서 '-이-, -히-'는 통사적 접미사이다.
② '놀이'에서 접미사 '-이'는 어근의 품사를 바꾸지 못한다.
③ '무덤'에서 접미사 '-엄'과 같이 생산성이 낮은 접미사도 있다.
④ '맨얼굴'에서 접두사 '맨-'은 어근에 새로운 의미를 더해준다.

평가 요소 한국어 파생 접사의 유형과 그 문법적 속성 이해

008 다음 파생어들에 한정하여 탐구한 결과로 옳은 것은? (6회 33번)

> 개구리, 개떡, 너희, 넓이, 맏이, 물음, 억대(億臺), 있이, 작히, 잠보, 저희, 좋이,
> 짝눈, 참깨, 첫째

① 접두사가 들어간 용례가 모두 체언은 아니다.
② 사람을 가리키는 접미사는 '-희'에 국한된다.
③ 파생부사는 '-이, -히' 접미사를 붙인 것만 나타난다.
④ 용언 어간에 접미사를 붙여서 만든 파생어는 모두 부사이다.

평가 요소 파생어의 형태소 분석 및 그 문법적 특성 분석

▶ **005** 답 ①

정답 풀이

선어말어미는 각각 고유의 문법적 기능과 의미를 갖고 있으므로 하나의 용언 어간에 여러 개가 나올 수 있는 것은 맞다. 그러나 그 범주별 통합 순서가 정해져 있다. 이를테면 '-시(주체존대)-았/었/는(과거/현재)-겠(추측)-' 등을 들 수 있다.

▶ **006** 답 ②

정답 풀이

'-(으)러'는 선, 후행절 주어가 같아야 한다는 제약을 갖지만, '-자'는 그렇지 않다.
예 *그는 일을 하러 내가 들로 나갔다.
비가 그치자 우리는 밖으로 나갔다.

▶ **007** 답 ②

정답 풀이

'-이'는 명사 파생 접미사이므로 동사 '놀-'을 명사로 파생하는 기능을 갖는다. 파생에 의해 '놀이'는 명사가 되므로 품사를 바꾸지 못한다는 것은 잘못된 기술이다.

오답 풀이

① 사, 피동 접미사는 문장 차원의 변동, 즉 '능동문 ⇒ 피동문', '주동문 ⇒ 사동문'의 변동을 초래하므로 통사적 접미사가 맞다.

▶ **008** 답 ③

정답 풀이

'있-이, 작-히, 좋-이'는 모두 형용사에 '-이, -히'를 붙여서 부사로 파생된 것들이다.

해 설

오답 풀이

① 접두사가 들어간 것은 '개떡, 짝눈, 참깨' 뿐인데, 이들 모두 명사이므로 체언이다.
② '너희, 저희'는 '-희'가 붙어 있지만, '맏이'는 '-이', '잠보'는 '-보'가 붙어 있다.
④ '있이, 작히, 좋이'는 모두 부사이지만, '넓이, 물음'은 명사로 파생된 것이다.

▶ 009 답 ①

정답 풀이

'들것'은 동사 '들-'과 명사 '것'의 결합에 의한 합성어이다. 이들 사이에는 다른 요소가 끼어들어 결합할 수 없다.

▶ 010 답 ①

정답 풀이

'늦잠'는 형용사 '늦-'이 명사 '-잠'과 바로 통합한 합성어이지만, 나머지는 모두 용언 '보-, 젊-, 크-'에 관형사형 어미가 통합한 후 다시 명사와 통합한 합성어이다. 한국어는 용언에 관형사형 어미가 통합한 후에야 체언을 수식하는 통사 구성이 가능하므로, '늦잠'은 이에 부합하지 않는 비통사적 합성어이다.

▶ 011 답 ④

정답 풀이

'절름발이'는 직접 구성 요소에 따르면 '절름발+이'로 분석되어 명사 '절름발'에 접미사 '이' 결합한 형태이다.

오답 풀이

① '옷걸이'는 '옷걸+이'로 분석되어 '옷에 걸-'에 명사화 접미사 '이'가 결합한 형태이다.
② '젖먹이'는 '젖먹+이'로 분석되어 '젖을 먹-'에 명사화 접미사 '이'가 결합한 형태이다.
③ '가슴앓이'는 '가슴앓+이'로 분석되어 '가슴을 앓-'에 명사화 접미사 '이'가 결합한 형태이다. 즉 위 세 경우는 문장 구성형에 접미사가 결합하여 단어를 형성했다는 공통점을 지니고 있다.

첫째 마당

009 합성어와 구에 대한 설명으로 적절하지 <u>않은</u> 것은? (3회 22번)

① '환자를 옮길 들것을 준비해라.'에서 '들것'은 구이다.
② 따로 살림하는 아들이나 아우의 집을 가리키는 '작은집'은 합성어이다.
③ 구성 요소 사이에 다른 말을 끼워 넣어 말이 되면 구일 가능성이 높다.
④ 의미 변화 유무를 확인하여 의미가 변화한 경우 합성어일 가능성이 높다.

평가 요소 합성어와 구의 구별

010 다음 합성 명사들 중 유형이 <u>다른</u> 하나는? (5회 30번)

① 늦잠
② 볼일
③ 젊은이
④ 큰소리

평가 요소 합성 명사의 유형 판단 – 통사적 합성어, 비통사적 합성어

011 밑줄 친 접미사와 결합한 어근의 종류가 <u>다른</u> 것은? (10회 16번)

① 옷걸이   ② 젖먹이   ③ 가슴앓이   ④ 절름발이

평가 요소 단어의 형성

해설

제5강 **통사론 I**

001 밑줄 친 부분의 문장 성분이 다른 하나는? (5회 21번)

① 고래는 분류학상 물고기가 아니다.
② 우리나라에서 G20 정상 회의를 개최한다.
③ 날씨가 추워서 겨울이 나는 싫다.
④ 할머니도 오랜만에 서울에 가셨다.

평가 요소 문장 성분(주어, 보어)의 판별

002 밑줄 친 성분 중에서 필수적인 요소가 아닌 것은? (10회 14번)

① 요즘 몸이 예전과 다르다.
② 나는 영수를 친구로 삼았다.
③ 아이들이 마당에서 뛰놀고 있다.
④ 나는 친구와의 약속을 소중히 여긴다.

평가 요소 문장의 필수 성분

개념 확장 서술어의 자릿수: 서술어는 그 성격에 따라서 필요로 하는 문장 성분의 개수가 다른데, 이를 서술어의 자릿수라고 한다.

- 한 자리 서술어('주어'만 요구하는 서술어)
  예) 그녀는 예뻤다.
- 두 자리 서술어('주어와 목적어', 혹은 '주어와 보어'를 요구하는 서술어)
  예) 그는 연극을 보았다. 우정은 보석과 같다. 물이 얼음이 되었다.
- 세 자리 서술어('주어', '목적어', '부사어'를 요구하는 서술어)
  예) 할아버지께서 우리들에게 세뱃돈을 주셨다.

▶ **001** 답 ①

정답 풀이

'고래는(주어) 분류학상(부사어) 물고기가(보어) 아니다(서술어)'로 분석할 수 있다. '아니다', '되다'는 보어를 취한다.

오답 풀이

② 서술어 '개최하다'의 주어가 '우리나라에서'이다. 단체나 기관의 경우에는 '에서'를 주격 조사로 쓸 수 있으므로 유의하여야 한다.
③ 서술어 '싫다'의 주어가 '나는'인데, 어순이 재배열된 경우이다.
④ 서술어 '가셨다'의 주어가 '할머니도'이다. '이/가'가 쓰이지 않았다고 해서 기계적으로 주어 여부를 판단하면 안 된다.

▶ **002** 답 ③

정답 풀이

문장의 주성분에는 주어, 목적어, 보어, 서술어 등이 있다. 그런데 부속 성분인 부사어의 경우, 특정 서술어 때문에 반드시 문장 성분으로 쓰이는데 이것을 '필수 부사어'라고 한다. 이 문제에서는 필수 부사어가 아닌 것을 고르면 되는데, 일반적으로 장소를 나타내는 부사어는 수의적이다. ③의 '마당에서'가 여기에 해당한다.

오답 풀이

'다르다', '삼다', '여기다' 등은 필수 부사어를 필요로 하는 서술어이다. 이와 같은 서술어에는 '마주치다, 만나다, 부딪히다, 싸우다, 닮다, 참석하다, 변하다, 되다, 가다, 다니다, 비슷하다, 똑같다, 같다, 속다, 적합하다' 등이 있다.

해설

▶ **003** 답 ①

003 문장에서 쓰인 서술어의 자릿수가 <u>다른</u> 하나는? (6회 2번)

① 종합운동장에서 체육대회를 열었습니다.
② 사장님이 우수 사원들에게 상장을 수여했습니다.
③ 이 예문들은 학생들의 글에서 추출했어요.
④ 내 친구는 친구의 딸을 며느리로 삼았어.

평가 요소 서술어의 자릿수 판단

개념 확장 ※ 논항과 자릿수의 개념

● 논항   문장에서 서술어로 기능하는 요소(주로 동사, 형용사)가 해당 문장을 구성하기 위하여 반드시 필요로 하는 성분. 이에 따라 서술어의 자릿수가 결정된다.
⇒ 자릿수 판단은 해당 서술어가 완전한 문장을 이루기 위하여 필수적으로 요구하는 문장 성분의 수를 중심으로 해야 한다. 실제 문장에서 생략된 성분, 수의적 성분(관형어, 부사어 등)에 속아 잘못된 판단을 하지 않도록 유의하고, 특히 위 풀이에서도 보듯 서술어가 반드시 필요로 하는 '필수적 부사어'가 있을 수 있다는 점을 기억하여야 한다.

정답 풀이

'열다'는 '누가 무엇을 열다'처럼 주어, 목적어의 두 성분을 필요로 하므로 두 자리 서술어이다. '종합운동장에서'는 수의적 생략이 가능한 부사어이므로 자릿수에 넣지 않는다.

오답 풀이

② '수여하다'는 '누가 누구에게 무엇을 수여하다'처럼 주어, 부사어, 목적어의 세 성분을 필요로 하므로 세 자리 서술어이다.
③ '추출하다'는 '누가 어디에서 무엇을 추출하다'처럼 주어, 부사어, 목적어의 세 성분을 필요로 하므로 세 자리 서술어이다.
④ '삼다'는 '누가 누구를 무엇으로 삼다'처럼 주어, 부사어, 목적어의 세 성분을 필요로 하므로 세 자리 서술어이다.

▶ **004** 답 ④

004 (   )에 들어갈 주어로 동작주만 가능한 표현은? (7회 20번)

① (   ) 머리를 염색한다.
② (   ) 이를 뺀다.
③ (   ) 사진을 찍는다.
④ (   ) 차를 멈춘다.

평가 요소 동작주, 피동작주의 개념과 능격문 구조의 의미적 해석

정답 풀이

'멈추다'는 동작주가 차를 몰고 있다는 전제 하에 동작주가 직접 멈추는 동작을 해야 하므로 항상 동작주만 주어가 될 수 있다. 다시 말하면 주어 이외의 제3의 동작주를 설정하여 **'X가 Z를 멈춘다'** ⇒ 'Y가 X의 Z를 멈춘다' 식의 변형이 불가능하다.

오답 풀이

① 주어로 '그'를 설정한다면, 그가 동작주로서 직접 머리를 염색할 수도 있지만 누군가(이를테면 이발사)가 피동작주인 그의 머리를 염색해 줄 수도 있다. 어느 경우이건 주어 '그가' 형태가 가능하다.
② 마찬가지로, 그가 동작주로서 직접 이를 뺄 수도 있지만, 누군가가(이를테면 치과의사)가 피동작주인 그의 이를 빼 줄 수도 있다. 역시 주어는 둘 다 '그가'이다.
③ 마찬가지로, 그가 동작주로서 직접 사진을 찍을 수도 있지만, 누군가가(이를테면 사진사)가 피동작주인 그의 사진을 찍어줄 수도 있다. 역시 주어는 둘 다 '그가'이다.

※ 즉 위 세 문장은 어떤 논항 X가 외형상 주어이지만, 목적어 명사구의 관형 구성으로 들어갈 수 있어서 피동작주로도 해석이 가능하다. '능격구성(ergative construction)'으로서의 성격이 나타나는 예라 하겠다.

005 한국어의 부정문에 대한 설명으로 옳은 것만 짝지은 것은? (5회 19번)

(가) 부정 극어가 부정소와 호응하는 문장은 부정문이다.
(나) 서술어의 종류에 따라 긴 부정문은 허용하지만 짧은 부정문은 불가능한 경우도 있다.
(다) '말다' 부정문은 명령문과 청유문에만 쓰일 수 있고, '안' 부정문과 '못' 부정문은 모든 문장 유형에 쓰일 수 있다.
(라) '못'은 형용사와는 어울리지 못하고 동사와만 어울린다.
(마) 수량 표현이 들어 있는 문장을 부정문으로 바꾸면 중의성이 발생하기 쉽다.

① (가), (다)   ② (나), (라)
③ (가), (나), (마)   ④ (다), (라), (마)

▶ 005   답 ③

정답 풀이

(가) '결코, 절대로' 등과 같이 부정문에만 어울려 쓰이는 말(주로 부사)을 '부정 극어'라 한다.
(나) 용언이 파생어, 합성어인 경우에는 짧은 부정문을 허용하지 않는 경우가 있다.
　例 **사람답다 ⇒ 사람답지 않다** (O), 안 사람답대(×)
(마) 예를 들어 '모든 사람은 바보가 아니다'에서 수량 표현 '모든'이 '아니다'의 부정 영역에 들어오는가의 여부에 따라 중의성이 발생한다.
　ㄱ) 바보인 사람은 한 명도 없다. ⇒ '모든'이 '아니다'의 부정 영역에 포함되지 않음
　ㄴ) 일부 사람은 바보일 수 있다. ⇒ '모든'이 '아니다'의 부정 영역에 포함됨

평가 요소　한국어 부정문의 문법적 특성 이해

오답 풀이　(다) '안', '못' 부정문은 명령문, 청유문에는 잘 쓰이지 않는다. 또한 '말다' 부정문이 명령문, 청유문이 아닌 문장에서 쓰이는 경우도 있다.
　例 그 물을 마시지 말기를 바란다.
　(라) '못'은 동작주의 '능력 부정'이어서 형용사와는 잘 어울리지 못하지만, 긴 부정문(장형 부정문)의 경우에는 어울려 쓰일 수도 있다.
　例 그 학생은 우수하지 않다/못하다.

---

006 밑줄 친 단어가 피동사와 사동사의 짝으로 이루어지지 <u>않은</u> 것은? (6회 20번)

① ㄱ. 내 눈에도 그 별이 <u>보여요</u>.
　ㄴ. 여러분에게 별을 <u>보여</u> 드리겠습니다.
② ㄱ. 요즘 무슨 책이 많이 <u>읽히나요</u>?
　ㄴ. 요즘 댁의 자녀들에게 무슨 책을 많이 <u>읽히나요</u>?
③ ㄱ. 아이가 엄마 품에 <u>안겼습니다</u>.
　ㄴ. 그는 민지 품에 선물을 <u>안겨</u> 주었다.
④ ㄱ. 산길이 어둠 속에 <u>묻혀서</u> 잘 보이지 않았다.
　ㄴ. 그 사건은 아직 의문에 <u>묻혀</u> 있다.

평가 요소　피동, 사동 구문의 차이 구별

▶ 006   답 ④

정답 풀이

둘 다 피동문이다. 사동문이라면 '주어 부사어 목적어 동사어간-사동접미사(이/히/리/기)-어말어미' 구성을 따랐을 것이다.
피동문의 구성은 '주어 부사어 동사어간-피동접미사-어말어미'이다.

오답 풀이

모두 '주어(A가) 부사어(B에게) 목적어(C을/를) 동사어간-사동접미사(이/히/리/기)-어말어미' 구성을 따랐다.
① ㄴ. '(제가) 여러분에게 별을 보-이-어 드리겠습니다'
② ㄴ. '(여러분은) 댁의 자녀들에게 무슨 책을 읽-히-나요?'
③ ㄴ. '그는 민지 품에 선물을 안-기-어 주었다'

⇒ 사동접미사와 피동접미사는 그 목록으로 '-이, -히, -리, -기'를 공유한다. 그러므로 사동문과 피동문의 차이를 이해하기 위해서는 사동, 피동 접사 목록을 단순히 암기하는 것보다 사동 구문과 피동 구문의 통사 구조 차이로 접근하는 것이 보다 유리하다.

---

007 다음 피동 구문 또는 피동사가 포함된 문장의 의미 해석이 <u>다른</u> 하나는? (3회 39번)

① 장작을 팼더니 손에 못이 <u>박혔다</u>.
② 날씨가 차가워져서 감기가 <u>걸렸어요</u>.
③ 범인은 범행 한 달이 넘도록 <u>잡히지</u> 않았다.
④ 요즘에는 '한국어 교육' 관련 책이 잘 <u>팔린다</u>.

평가 요소　능동문 환원이 어색하거나 불가능한 피동 구문의 이해

오답 풀이　① 이를 능동문으로 굳이 바꾸면 '장작을 팼더니 X가 손에 못을 박았다'가 되는데, 동식수인 'X'를 설정하는 것이 불가능하므로 능동문 환원 역시 불가능하다.
② 이를 능동문으로 굳이 바꾸면 '날씨가 차가워져서 X가 감기를 걸었어요'가 되는데, 역시 동작주 'X'가 분명하지 않아서 능동문 환원이 불가능하다.
④ 이를 능동문으로 굳이 바꾸면 '요즘에는 X가 '한국어 교육' 관련 책을 잘 판다'가 되는데, 동작주인 'X'를 특정할 수 없으므로 능동문 환원이 불가능하다

▶ 007   답 ③

정답 풀이

능동문 '(경찰이) 범행 한 달이 넘도록 범인을 잡지 않았다'의 피동형으로 이해할 수 있다.

▶ 008 답 ②

오답 풀이

① 능동과 피동이 대응하지 않는 경우도 있다.
예 능동문 : 구름이 걷혔다.
피동문 : * X가 구름을 걷혔다.(비문임)
③ 형용사나 동사에 '-어지다'가 결합하면 피동문을 구성한다.
예 구로구에 초고층 빌딩이 지어진다고 한다.
④ 단형 피동이 가능한 동사의 경우에 '-어지다'에 의한 장형 피동이 나타나기도 한다.
예 인부들에 의해 나무가 잘렸다.
인부들에 의해 나무가 잘라졌다.

▶ 009 답 ④

정답 풀이

청자인 '선생님'이 높임의 대상이므로 상대 높임법의 '-습니다'를 사용하였다. 이 문장에서의 '말씀'이나 '드리다'는 모두 화자인 자신의 말을 겸양하여 쓰는 말로, 객체 높임법(겸양법, 겸손법)에 해당한다.

▶ 010 답 ①

정답 풀이

상대 높임법: '-ㅂ니다/습니다'(합쇼체의 평서법 종결형)
주체 높임법: 주어인 '어머니'에 조사 '-께서'가 통합, 서술어에 주체 존대(높임) 선어말어미 '-시-'가 통합
객체 높임법: 객체인 목적어 '외할머니'에 대하여 보충법의 특수 어휘 '모시다'를 사용

오답 풀이

② 어머니가 객체 높임의 대상이 아니므로 객체 높임법이 쓰이지 않았다. 객체 높임의 판단 기준은 주체가 행동주이면서 주체보다 객체의 상대적 지위가 더 높아야 한다.
③ 주어 '어머니'에 조사 '-께서'가 통합하지 않았고, 서술어에 '-시-'가 없으므로 주체 높임법이 쓰이지 않았다.
④ 역시 어머니가 객체 높임의 대상이 아니므로 객체 높임법이 쓰이지 않았다.

---

008 피동문에 관한 설명으로 옳은 것은? (10회 19번)

① 모든 피동문에는 대응하는 능동문이 있다.
② 능동문의 주어는 피동문에서 대개 부사어로 표현된다.
③ 형용사에 '-어지다'가 결합하면 피동문을 구성한다.
④ 단형 피동이 가능한 동사의 경우는 '-어지다'에 의한 장형 피동이 나타나지 않는다.

평가 요소 피동문의 특성

정답 풀이 피동문은 피동의 주체가 주어가 되는 문장이므로, 일반적으로 행위나 작용을 능동적으로 수행하는 능동의 주체를 주어로 하는 능동문이 대응하는 것이 일반적이다. 이렇게 볼 경우 능동문의 주어는 피동문의 부사어로, 능동문의 목적어는 피동문의 주어로 바뀐다.

예 능동문 : 주어 + 목적어 + 능동사   사냥꾼이 토끼를 잡았다.
피동문 : 주어 + 부사어 + 피동사   토끼가 사냥꾼에게 잡혔다.

009 다음 문장의 높임법에 관한 설명으로 옳지 않은 것은? (7회 16번)

> ㄱ. 세종대왕이 훈민정음을 창제하였다.
> ㄴ. 선생님은 키가 크십니다.
> ㄷ. 제가 직접 선생님을 뵙겠습니다.
> ㄹ. 선생님, 드릴 말씀이 있습니다.

① ㄱ에서는 '세종대왕'의 업적을 객관적으로 기술하는 것이어서 주체를 높이지 않았다.
② ㄴ에서는 '키'를 높여 대우함으로써 결과적으로 높임의 대상인 '선생님'을 간접적으로 높였다.
③ ㄷ에서는 '선생님'이 높임의 대상이므로 객체를 높여서 대우하는 특수 어휘 '뵙다'를 사용하였다.
④ ㄹ에서는 '선생님'이 높임의 대상이므로 청자를 높여서 대우하는 특수 어휘 '드리다'를 사용하였다.

평가 요소 높임법의 정오 판단 및 주체, 객체, 상대 높임법의 내용 숙지 확인

010 주체와 객체, 상대를 모두 높이는 것은? (4회 19번)

① 어머님께서는 외할머니를 모시고 사십니다.
② 할머님께서는 어머니를 아주 좋아하십니다.
③ 어머니는 할머님께 재미있는 이야기를 들려 드립니다.
④ 할머님께서는 어머니에게 아름다운 한복을 지어 주셨습니다.

평가 요소 주체, 객체, 상대 높임법의 특성 숙지

011 다음 설명 중 옳은 것만을 짝지은 것은? (5회 20번)

> (가) '-었겠-'은 미래의 한 시점을 기준으로 그 이전에 사건이 발생했음을 표시한다.
>
> (나) '-었었-'은 영어의 과거 완료를 단순히 번역한 것으로 '-었-'과 의미 차이가 없다.
>
> (다) '-더-'는 말하는 사람이 과거에 경험한 것을 현재 시점에서 회상하여 말할 때 사용된다.
>
> (라) 관형사형 어미 '-은'은 동사에 결합할 때와 형용사에 결합할 때 서로 다른 시제를 나타낸다.

① (가), (나)　　② (나), (다)　　③ (다), (라)　　④ (마), (바)

평가 요소　시제 표현 관련 선어말 어미의 의미와 용법 이해

---

012 밑줄 친 부분에 관한 설명으로 옳지 <u>않은</u> 것은? (7회 18번)

> ㄱ. 밖에 나가 보니 바람이 몹시 <u>불었다.</u>
>
> ㄴ. 아이가 어머니를 <u>닮았다.</u>
>
> ㄷ. 봄이 <u>왔다.</u>
>
> ㄹ. 순희는 노란 원피스를 <u>입었다.</u>
>
> ㅁ. 돈을 서랍에 <u>감추다가</u> 동생한테 들켰다.
>
> ㅂ. 김무길 선수가 금메달을 땄다. 그런데 이 선수는 지난 대회에서는 동메달을 <u>땄었다.</u>

① ㄱ과 ㄴ은 과거시제로 표현되어 있으나 현재의 상태를 나타낸다.

② ㄷ과 ㄹ은 과거시제로 표현되어 있으나 현재의 상태를 나타낼 수도 있다.

③ ㅁ은 현재시제로 표현되어 있으나 과거에 일어난 일을 나타낸다.

④ ㅂ은 앞 문장의 일이 일어난 시점을 기준으로 과거에 일어난 일을 나타낸다.

평가 요소　시제 표현과 동작상 의미의 상관관계 이해

개념 확장　－ **발화시**: 화자가 사건에 대한 발화를 하는 시점
－ **사건시(상황시)**: 사건이 일어나는 시점. 발화시와의 상대적 선후 관계에 따라 절대시제가 결정됨
－ **인식시**: 사건이나 사실을 화자가 직접 인식한 시점

---

013 문장을 구성하는 절의 수가 가장 적은 것은? (8회 11번)

① 그날은 너무 힘들고 지쳐서 모임에 나갈 생각을 하지 못했다.

② 그가 보낸 편지를 보고 내가 그에게 실수했음을 깨닫게 되었다.

③ 어제 저녁부터 오늘 점심까지 나는 아무 일도 하지 않고 잠만 잤다.

④ 처음 봤을 때부터 사모해 온 그녀가 내일 다른 사람에게 시집을 간다.

평가 요소　내포문, 접속문 구조 분석

해설

▶ **011**　**답** ③

정답 풀이

둘 다 옳은 기술이다. 특히 관형사형 어미 '-은'은 동사에 결합할 때는 과거 시제, 형용사에 결합할 때는 현재 시제를 나타낸다.
예 **간 사람 / 예쁜 집**

오답 풀이

(가) '-었겠-'은 과거의 한 시점을 기준으로 어떤 사건의 발생을 추측함을 표시한다.

(나) 과거 시제 선어말어미의 중첩인 '-었었-'은 과거보다 더 이전 시기에 발생한 사건의 확인 기능을 수행하므로, '-었-'과 의미 차이가 없다는 기술은 잘못된 것이다.

▶ **012**　**답** ①

정답 풀이

ㄱ은 '상황시'가 '발화시'인 현재보다 앞서는 절대 시제 '과거'이지만, ㄴ은 아이가 어머니를 닮은 상태로 완료된 상태로 현재까지 지속되고 있고 이를 인식하여 발화한 것으로 볼 수 있으므로 '완료상'에 해당한다.

오답 풀이

② ㄷ은 봄이 온 상태의 완료를 현재에 인식한 것이므로 '완료상'이 맞다. ㄹ은 시제로만 보면 '과거'일 수도 있지만 원피스를 입고 난 상태의 완료를 현재에 인식한 것으로 보아 '완료상'으로 처리할 수도 있다.

③ 이어진문장(접속문)의 시제는 연결어미의 성격에 따라 결정된다. 연결어미 '-다가'는 그 선, 후행문의 두 상황이 동일한 '상황시'로 해석되므로 후행문의 서술어에만 시제 관련 형태소를 통합시키면 된다.

④ 앞 문장의 기준시가 과거이고, 후행 문장의 사건이 그보다 더 과거이므로 과거 시제 선어말 어미의 중첩을 통해 이를 명확하게 표현할 수 있다.

▶ 013 **답** ③

정답 풀이

해당 문장을 구성하는 절의 수를 세기 위해서는, '주어 + 서술어' 관계가 몇 번 나타나는가를 파악하는 것이 가장 쉽다. 우선 서술어가 될 수 있는 '용언 활용형', '체언 어간 + 서술격조사 통합형' 등을 찾고, 이들이 논항으로서 필요로 하는 주어 등의 필수 성분을 찾아 완결된 문장으로 정리하는 것이다. 수식 성분은 그것이 내포문이 아닌 이상 별개의 절을 이룰 수 없으므로 셈에서 제외한다.
⇒ 위 문장에서는 '하지 않-'과 '잤다'의 두 서술어만 보이므로, 위 문장을 각각의 절로 나누면 아래와 같다.

ㄱ. 나는 (어제 저녁부터 오늘 점심까지) 아무 일도 하지 않았다.
ㄴ. 나는 (어제 저녁부터 오늘 점심까지) 잠만 잤다.

▶ 014 **답** ①

정답 풀이

상황에 대한 화자의 추측, 의지 등에 따라 아래와 같이 둘로 나눌 수 있다.
1) ㄱ('-아 하다', **의지**), ㄷ('척하다', **의지**)
   : '화자 자신의 행위와 관련한 태도'
   ☞ **의무양태**
2) ㄴ('알다', **추측**), ㄹ('-겠-, -아 싶다', 추측), ㅁ(-아 보다, 추측)
   : '주어진 상황에 대한 화자의 인식이나 판단'
   ☞ **인식양태**

---

1) Lyons, J.(1977), *Semantics vol. 2*, Cambridge University Press.
2) Palmer, F.(1986/2001), *Mood and Modality*, Cambridge University Press.

오답 풀이 ① 생략된 주어는 화자 자신이므로 '나'로 환원할 수 있고, 해당 문장 내에 '힘들-, 지치-. 나가-, 하지 못했다'의 네 서술어가 보인다. 따라서 아래와 같이 총 4개의 절로 분석할 수 있다.

ㄱ. 나는 힘들었다.
ㄴ. 나는 지쳤다.
ㄷ. 나는 모임에 나갔다.
ㄹ. 나는 [[모임에 나갈] 생각]을 하지 못했다.

② 해당 문장 내에 '보내-, 보-, 실수하-, 깨닫게 되었다'의 네 서술어가 보이며, 내포문 주어 '그'와 호응하는 '보내-'를 제외하면 모두 보문 주어 '나'와 호응한다. 따라서 아래와 같이 총 4개의 절로 분석할 수 있다.

ㄱ. 그가 편지를 나에게 보냈다.
ㄴ. 내가 편지를 보았다.
ㄷ. 내가 그에게 실수하였다.
ㄹ. 내가 그에게 실수했음을 깨닫게 되었다.

④ 해당 문장 내에 '보-, 사모해 오-, 간다'의 세 서술어가 보이며, 모문의 주어 '그녀'와 호응하는 '간다'를 제외한 나머지는 생략된 주어 '나'와 호응한다. 따라서 아래와 같이 총 3개의 절로 분석할 수 있다.

ㄱ. 내가 그녀를 (처음) 보았다.
ㄴ. 내가 그녀를 사모해 왔다.
ㄷ. 그녀가 (내일 다른 사람에게) 시집을 간다.

014 **다음 문장에 사용된 양태 표현을 범주에 따라 두 부류로 나누었을 때 적절한 것은?** (8회 14번)

> ㄱ. 오늘은 피곤해서 그냥 쉴까 한다.
> ㄴ. 네가 나보다 먼저 도착할 줄 알았다.
> ㄷ. 화가 났지만 겉으로는 태연한 척했다.
> ㄹ. 마음이 바뀌어 다시 돌아오지 않겠나 싶다.
> ㅁ. 일요일이라서 시내가 이렇게 한산한가 보다.

① ㄱ, ㄷ - ㄴ, ㄹ, ㅁ   ② ㄱ, ㄹ - ㄴ, ㄷ, ㅁ
③ ㄱ, ㄷ, ㅁ - ㄴ, ㄹ   ④ ㄱ, ㄹ, ㅁ - ㄴ, ㄷ

평가 요소 의미에 따른 양태 범주 판별

개념 확장 ※ 양태의 개념과 유형

1) 양태(modality)
   ⇒ **'명제에 대한 화자의 태도**(Lyons, 1977:452)[1]'로 정의하며, 주어진 상황에 대한 화자의 심리적 태도를 나타내는 문법 범주이다. 한국어에서는 시제나 서법 등의 다른 문법 범주가 양태적 의미와 결부되어 나타나기도 한다.

2) 양태의 유형
   ⇒ Lyons(1977)에서 '명제의 진리성에 대한 화자의 지식 또는 믿음(인식양태)'과 '도덕적 책임을 갖는 행위자의 행위가 갖는 당위성, 규범성(의무양태)'으로 분류한 바 있으며, 연구자에 따라서는 의미를 보다 세분하여 그 체계를 달리 설정하기도 한다.

해 설

▶ 015　답 ③

정답 풀이

①, ②와 마찬가지로 '-히-' 파생의 단형 사동문과 '-게 하' 장형 사동문의 짝이지만, 이들은 통사 구조의 차이일 뿐 그 의미 해석은 동일하다. 어느 쪽이든 책을 읽는 행위의 동작주가 '철수'로만 해석되는 '간접 사동'이기 때문이다.

오답 풀이

① '가'에서 '아이'가 서술어 '입다'의 동작주일 때에는, '나'와 마찬가지로 그 입는 행위를 아이가 직접 하고 어머니는 이를 방관한다는 의미이므로 양자가 '간접 사동'이 되어 그 의미 해석이 같다. 그러나 '가'에서 '입히-' 자체의 동작주가 어머니로 해석될 때에는 '직접 사동'이 되므로 '간접 사동'인 '나'와 의미 해석이 달라진다.

② 위와 마찬가지로, '가'에서 '동생'이 서술어 '자다'의 동작주일 때에는, '나'와 동일하게 동생이 자는 행위를 직접 한다는 점에서 '간접 사동'의 의미 해석이 이루어진다. 그러나 '가'에서 '재우-'의 동작주가 철수일 때에는, '철수가 동생과 방에 함께 들어가 동생이 잠들 수 있도록 돌보다'의 의미로 해석되므로 '직접 사동'이 되어 '간접 사동'인 '나'와 의미 해석이 달라진다.

④ '가'는 '만들어 보-' 구성 전체에 '-게 하-'가 붙어 장형 사동이 된 경우이고, '나'는 '만들-'에 '-게 하-'가 붙은 이후 여기에 보조용언 '-어 보-'가 다시 통합한 경우이다. 이 때 '시행'을 뜻하는 '보조용언 '-어 보-'와 호응하는 주어가 각기 다른데, '가'는 '만들-'의 주어이자 동작주인 '철수'이지만 '나'는 '영희'이다.

---

015 **(가)와 (나)의 의미가 다르게 해석될 수 <u>없는</u> 것은?** (8회 44번)

① 가. 어머니가 아이에게 빨간 옷을 입혔다.
　　나. 어머니가 아이에게 빨간 옷을 입게 하였다.
② 가. 철수가 동생을 자기 방에서 재웠다.
　　나. 철수가 동생을 자기 방에서 자게 하였다.
③ 가. 선생님이 철수에게 책을 읽히셨다.
　　나. 선생님이 철수에게 책을 읽게 하셨다.
④ 가. 영희는 철수에게 음식을 만들어 보게 하였다.
　　나. 영희는 철수에게 음식을 만들게 해 보았다.

평가 요소 ｜ '직접 사동'과 '간접 사동'의 개념 및 용법 이해

▶ 016　답 ④

정답 풀이

외적 상황이라는 것은 문장의 주어에 해당하는 행위자의 내적 의지와 무관한 외부적 요인을 뜻하므로, 이에 의한 부정을 나타낼 때에는 '능력부정'에 해당하는 부정부사 '못'을 써야 한다.

---

016 **제시된 문장의 밑줄 친 부분에 관한 설명으로 옳지 <u>않은</u> 것은?**
(9회 15번)

> 내 손자라서 자랑하는 것은 아닌데, <u>저리</u> <u>잘</u> <u>안</u> 우는 아이는 본 적이 없다.

① 성분부사가 연속해서 쓰일 때는 일정한 순서가 있다.
② '저리'는 상태, 모양, 성질 따위가 서러한 보양임을 가리키는 지시부사이다.
③ '잘'은 주로 동사의 의미를 수식하는 성상부사에 해당된다.
④ '안'은 외적 상황에 의한 부정을 뜻하는 부정부사이다.

평가 요소 ｜ 부사의 문법적 특성 이해

해 설

① 성분부사가 연속해서 쓰일 때에는 '지시부사(저리)', '성상부사(잘)', '부정부사(안)'의 순서이다.

▶ 017   답 ①

용언 어간의 기본형에 바로 '-(으)라'가 붙을 때 이를 '간접 명령법'이라 하는데, 이는 불특정 다수나 집단, 또는 문어체에서 사용한다. 그러니 용언 어간의 기본형에 '-아/어라'가 붙은 '직접 명령법'은 해당 문장의 서술어에 대응하는 주어가 '너, 당신' 등 구체적 행위자로 한정된다. '써라'는 '직접 명령법'에 해당하므로 '간접 명령법'과 관계가 없다.

▶ 018   답 ①

선택 의문문은 'A 또는 B'에 대한 선택을 묻는 의문문으로 '네/아니요'의 대답이 필요가 없다.
예 "너 밥 먹을래 아니면 빵 먹을래?"

017 제시된 문장에 대한 설명으로 옳지 <u>않은</u> 것은? (9회 19번)

① "물음에 알맞은 답을 써라."에 쓰인 명령형 '써라'는 '쓰라'와 달리 불특정 다수에게 사용하는 명령형이다.
② "손에 못이 박힐 정도로 일했다."의 '손에 못이 박히다'는 피동 표현으로서, 대응되는 능동 표현을 상정하기 어렵다.
③ "제주도에 한번 갔으면 좋겠다."의 선행절은 '-었-'이 쓰였지만 발화 시 이후의 상황을 표현하고 있다.
④ "아빠가 엄마에게 아기를 안겼다."는 접미사 '-기-'가 쓰여 직접 사동의 의미를 표현하고 있다.

평가 요소   '간접 명령문과 직접 명령문의 차이', '사동문과 피동문', '시제 표현'의 문법적 특성 이해

018 의문문에 관한 설명으로 옳지 <u>않은</u> 것은? (10회 25번)

① 선택의문문은 '네/아니요'와 같은 대답이 필요하다.
② 가부(찬부)의문문은 의문사가 없고 상승 문미 억양을 갖는다.
③ 해체와 해요체는 평서문과 의문문에 동일한 어미가 쓰여서 억양으로 평서문이냐 의문문이냐가 결정된다.
④ 수사의문문이 속담이나 격언에서 자주 쓰이는 것은 긍정이나 부정의 효과를 강화하기 위한 것이다.

평가 요소   의문문의 문법적 특성에 대한 이해

제6강 **통사론 Ⅱ**

019 다음에 밑줄 친 연결어미에 관한 설명으로 옳지 <u>않은</u> 것은? (7회 8번)

○ 시험 <u>공부하느라</u> 밤을 새웠다.
○ <u>걸어가면서</u> 음악을 들었다.
○ 차가 <u>막혀서</u> 약속에 늦었다.
○ <u>도착하자마자</u> 잠부터 잤다.

① 선행절과 후행절의 주어가 같아야 하는 연결어미가 있다.
② 과거시제 선어말어미와 결합될 수 없는 연결어미가 있다.
③ 형용사와 결합될 수 없는 연결어미가 있다.
④ 의문문이 후행절로 올 수 없는 연결어미가 있다.

평가 요소 연결어미의 문법적 특성 및 제약 이해

020 <u>연결어미의 성격이 같은 것끼리 묶인 것은?</u> (6회 18번)

ㄱ. 사과는 좋아하지만, 배는 안 좋아해요.
ㄴ. 열심히 노력했지만, 결과가 별로 안 좋았어요.
ㄷ. 이 집은 값도 싸지만, 물건도 좋다.
ㄹ. 서둘러 갔지만, 버스는 이미 떠났어요.

① ㄱ, ㄴ   ② ㄴ, ㄷ   ③ ㄴ, ㄹ   ④ ㄷ, ㄹ

평가 요소 대등적 연결어미, 종속적 연결어미의 구분

개념 확장 ※ 대등적 연결어미(대등 접속문), 종속적 연결어미(종속 접속문)의 구별 방법
1) 선, 후행절의 도치 배열 – 대등 접속문의 경우에는 의미 차이가 없으나, 종속 접속문은 비문이 되거나 원래의 문장과 의미 해석이 달라진다.
예 서둘러 갔지만, 버스는 이미 떠났어요. ≠ 버스는 이미 떠났지만, 서둘러 갔어요.
2) 후행절 요소의 선행절 대명사, 재귀 대명사 대치 – 대등 접속문은 불가능하나, 종속 접속문은 가능하다.
예 *그는 외교관이고, 명수의 동생은 사법 고시에 합격했다.
자기 일이 너무 잘 되어서 지후는 입가에서 웃음이 떠나지 않았다.
3) 주제 보조사 '-은/는'의 결합 – 대등 접속문은 선, 후행절 모두 가능하나, 종속 접속문은 불가능하다.
예 *바람은 불면 내 마음이 쓸쓸하다.
바람이 불면 내 마음이 쓸쓸하다

▶ 019 **답** ④

정답 풀이

의문문이 후행절로 올 수 없는 연결어미는 '-거든, -느니, -으나, -지만, -되' 등이 있다. 문제의 예문들에서 후행절을 의문문으로 바꾸어 보면 모두 올바른 문장이 됨을 알 수 있다.

오답 풀이

① '-느라(고)', '-고서', '-려고' 등의 연결어미는 선, 후행절의 주어가 같아야 한다. 이들은 선, 후행절의 행동이나 상태가 선행절 주어에 모두 해당하는 것임이 분명하거나, 후행절의 행동이 선행절 주어의 의지에 의한 것이므로 다른 주어를 후행절에 쓸 수 없다.
② '-고서, -아/어서, -은들, -건대, -면서, -자, -을수록, -자마자' 등은 선, 후행절의 시간 순서가 명확하거나 혹은 동시에 일어나는 사건을 나타내므로 해당 연결 어미에 시제 표현 선어말어미가 결합하지 않는다.
③ '-면서, -고서, -자, -자마자, -다가, -려고, -러' 및 '-고 있-' 구성의 '-고' 등은 형용사와 결합할 수 없거나 그 쓰임이 매우 제한적이다.

▶ 020 **답** ③

정답 풀이

ㄴ, ㄹ의 '-지만'은 선행절의 행위에도 불구하고 후행절이 그 기대와 반대되는 결과를 도출하였음을 뜻하는 구성에 쓰이므로 '양보'에 해당하는 종속적 연결어미이다.

오답 풀이

ㄱ, ㄷ은 대등적 연결어미이다.

4) 선행절의 후행절 내 이동 – 대등 접속문은 불가능하나, 종속 접속[문]
은 가능하다.
> 예) *사과는, 배는 안 좋아하지만, 좋아해요.
> 버스는, 서둘러 갔지만, 이미 떠났어요.

▶ 021 답 ③

021 다음 진술에 대한 설명으로 옳은 것은? (5회 16번)

> (가) 종결 어미는 완료상과 같은 동작상을 표현하는 기능을 한다.
> (나) 종결 어미는 일반적으로 평서문, 의문문 등 문장의 종류를 표시해 준다.
> (다) 종결 어미는 청자에 대한 높임의 태도를 표현하는 기능을 한다.
> (라) 종결 어미 뒤에는 다른 형태소가 결합할 수 없다.

① (라)만 잘못된 진술이다.
② (가), (나)만 올바른 진술이다.
③ (가), (라)는 잘못된 진술이다.
④ (나), (다), (라)는 올바른 진술이다.

정답 풀이

(가) 완료상 등의 동작상을 표현하는 기능은 '-아 있-' 등의 보조 동사 구성이나 그 축약형인 '-았/었-' 등의 형태가 수행하므로 잘못된 진술이 맞다.
(라) 종결 어미 뒤에도 보조사, 연결 어미 등의 다른 형태소가 결합할 수 있다.
> 예) 네 결혼식에 꼭 가고 싶다만, 공교롭게도 다른 일이 겹쳐서 어렵겠다.

평가 요소 종결 어미의 통사적 특성 및 기능 이해

▶ 022 답 ④

022 다음 밑줄 친 부분이 가리키는 행위자의 인칭이 <u>다른</u> 하나는? (3회 35번)

① <u>형</u>이 네 대신 가 주마.
② 순희는 <u>선생님</u>이 너무 보고 싶어요.
③ <u>선생님</u>이 다 알아서 해 줄게, 걱정하지 마.
④ <u>철수</u>도 언어학 박사를 따서 교수를 하고 있더라고요.

정답 풀이

나머지 문장에서는 '행위자(동작주, agent)'로 쓰인 주어가 모두 화자 자신을 가리키므로 1인칭이지만, 4번의 '철수'는 화자 자신이 아닌 제3의 인물이므로 3인칭이다.

평가 요소 의미역 논항의 통사적 속성 파악

개념 확장 ※ **의미역의 개념**
의미역 : 서술어에 대하여 논항이 갖는 의미적 기능 내지 역할을 범주화한 것. 다음과 같은 몇 가지가 주로 쓰인다.
① **행위주**(동작주, Agent) – 동사의 동작, 행위를 지배하는 논항
② **경험주**(Experiencer) – 인지, 지각 등을 나타내는 용언이 있을 때 이를 경험하는 논항
③ **대상**(Theme) – 용언의 동작이나 과정의 영향을 받되, 이를 지배하지 못하는 논항

④ **장소**(Location) – 행위주(동작주)나 대상이 놓이는 위치를 나타내는 논항
⑤ **도착점**(Goal) – 용언이 물리적 이동의 의미를 가질 때, 그 이동의 종단점을 나타내는 논항
⑥ **출발점**(Source) – 용언이 물리적 이동이나 상태 변화를 의미할 때, 그 변화나 이동의 시작점을 나타내는 논항
⑦ **도구**(Instrument) – 용언이 동작, 행위, 이동의 의미를 가질 때, 그 방법이나 경로, 재료 등을 나타내는 논항
⑧ **피동작주**(경험주, Patient) – 용언의 동작, 행위를 받는 대상이 되는 논항

---

023 술어 기능을 담당하지 <u>못하는</u> 것은? (3회 33번)

① 무슨 그런 선물을 <u>다</u>!
② 증시 회복 아직 <u>불투명</u>!
③ 김철수, 미국 유학 후, <u>함흥차사</u>!
④ 국회, 회계 처리 여전히 <u>어영부영</u>!

▷ 023   **답** ①

정답 풀이

'다'는 부사이므로 뒤에 '주십니까' 정도의 서술어를 필요로 한다. 또한 논항 구조를 가질 수 없으므로 서술어의 기능도 없다.

오답 풀이

② 명사 '불투명'은 논항으로 경험주인 '무엇이'를 필요로 하므로 서술 명사이다. 뒤에 '하다'가 붙으면 그 속성이 더욱 잘 드러난다.
③ 명사 '함흥차사'도 논항으로 역시 경험주인 '무엇이'를 필요로 하므로 서술 명사이다. 뒤에 '이다'가 붙으면 그 속성이 더욱 잘 드러난다.
④ 명사 '어영부영'은 논항으로 동작주(행위주)인 '무엇이'를 필요로 하므로 서술 명사이다. 뒤에 '하다'가 붙으면 그 속성이 더욱 잘 드러난다.

평가 요소   서술 명사의 판단

개념 확장   ※ **서술 명사와 기능 동사**
1) **서술 명사** – 품사로는 명사이지만, 의미 구성상 논항을 취하는 서술적 성격을 띤 명사. '하다', '이다'가 결합하여 쓰일 수 있다.
   예 고려, 학습, 일 등
2) **기능 동사** – 서술 명사의 뒤에서 해당 서술 명사의 구체적 문법 형태소(시제 등) 실현 및 문장 내 서술어 실현에만 쓰이는 동사. 논항 구조 선택은 서술 명사에 국한되므로 기능 동사는 논항을 선택할 수 없다. '하다, 이다' 등이 대표적이나, 일반 동사도 서술 명사 뒤에서 기능 동사로서 쓰일 수 있다

---

024 다음 중 넓은 의미의 서술 명사와 기능 동사의 연어 구성이 <u>잘못된</u> 것은? (3회 31번)

① 이 사항을 반드시 <u>고려에 넣어야</u> 할 것이다.
② 옆집 남자는 아내가 죽자 <u>넋을 놓아</u> 버렸다.
③ 10시간 동안 <u>바둑을 두어도</u> 다리 아픈 줄 모르겠다.
④ 결혼을 앞둔 네가 혼수도 <u>염두를 하면</u>, 너무 골치가 아파진다.

▷ 024   **답** ④

정답 풀이

명사 '염두'와 어울려 쓰이는 동사는 '두다, 나다, 없다' 등이며, 이 연어 구성의 명사에 결합하는 조사 역시 '에, 가, 를' 정도로 한정된다.

평가 요소   '서술 명사 – 기능 동사' 연어 구성의 적합성 판단

개념 확장   ※ **연어(collocation)**
1) **개념** – 다른 어휘와 의미적으로 공기 관계, 즉 서로 어울려 쓰이는 어휘의 결합 관계
2) **관용어구와의 차이** – 관용어구 역시 서로 어울려 쓰이는 말이라는 점에서는 같지만, 그 어울려 쓰이는 말이 정해져 있다. 연어는 의미적 맥락만 통한다면 그 결합 관계가 비교적 자유롭다는 점에서 관용어구와 다르다.

▶ 025   답 ④

정답 풀이

'선택 제약' 이란 서술어가 택하는 논항의 어휘 범주가 해당 서술어에 따라 일정 범위로 제한되는 경우를 가리킨다. 그러나 '코가 길다' 의 논항으로 굳이 '코끼리' 만 가능한 것이 아니라, '코를 가진 동물' 이나 '코라는 명칭을 가진 부분을 갖는 무생물' 이라도 논항이 될 수 있으므로 선택 제약을 갖는다고 단정 짓기는 어렵다.

오답 풀이

① 주격 중출문(서술절 내포문)에 대한 설명이므로 옳다.
② 주격 중출문에서는 모문(안은문장)의 주어를 '대주어(간접주어)', 내포문(안긴문장)의 주어를 '소주어(직접주어)' 라 부르므로 옳다.
③ 이 문장은 의미관계상 '대주어-소주어' 를 '전체-부분' 으로 해석할 수 있다.

▶ 026   답 ③

정답 풀이

'ㄱ, ㄴ, ㄹ' 은 수식받는 명사가 본래 관형절의 논항이었던 '관계 관형절' 이지만, 'ㄷ, ㅁ' 은 수식받는 명사가 관형절의 논항으로 해석되지 않는 '동격 관형절(보문 관형절)' 이다.
ㄱ. 항간에 떠도는 소문 → 소문이 항간에 떠돈다(주어).
ㄴ. 철수에게서 받은 것 → 철수에게서 (그)것을 받았다(목적어).
ㄹ. 직접 확인한 사실 → 사실을 직접 확인하였다(목적어).

▶ 027   답 ②

정답 풀이

연결어미 '-지만' 으로 이어진 대등 접속문이다.

---

025 '코끼리는 코가 길다.' 라는 문장에 대한 설명으로 옳지 <u>않은</u> 것은?
(6회 25번)

① 한국에는 주어가 두 개 이상인 특이한 문장이 있어요.
② '코끼리는' 은 대주어, '코가' 는 소주어라고 할 수도 있지요.
③ '코끼리' 와 '코' 는 전체−부분의 관계로도 설명할 수가 있죠.
④ 서술어의 기능을 하는 '코가 길다' 는 선택 제약을 갖지요.

평가 요소 주격 중출문(서술절 내포문)의 통사적 특성 이해

026 밑줄 친 관형절과 피수식명사의 관계에 따라 두 부류로 바르게 나눈 것은?
(7회 10번)

> ㄱ. 항간에 떠도는 <u>소문</u>을 모두 믿을 필요는 없다.
> ㄴ. 철수에게서 받은 <u>것</u>은 작은 상자였습니다.
> ㄷ. 선생님, <u>이번 방학</u>에 어디 다녀오실 <u>계획</u>은 없으세요?
> ㄹ. 직접 확인한 <u>사실</u>만 말씀 드리겠습니다.
> ㅁ. <u>아침을 굶고 출근하는</u> 일은 없을 것입니다.

① ㄱ, ㄴ − ㄷ, ㄹ, ㅁ   ② ㄱ, ㄷ − ㄴ, ㄹ, ㅁ
③ ㄱ, ㄴ, ㄹ − ㄷ, ㅁ   ④ ㄱ, ㄷ, ㄹ − ㄴ, ㅁ

평가 요소 관형절 수식 구성의 통사적 성격 이해

개념 확장 ※ 관형절의 종류
  1) 관계 관형절 − 수식받는 명사(관계명사)가 수식하는 관형절의 논항인 경우.
  2) 동격(보문) 관형절 − 수식받는 명사가 수식하는 관형절의 논항이 아닌 경우. 이때의 피수식명사(보문명사)는 선행 관형절의 내용과 동격이 됨.
  3) 연계 관형절 − 수식받는 명사가 관형절의 논항도 아니고 그 내용과 동격도 아닌 경우. 일부 명사와 더불어 선, 후행절을 연결해주는 기능을 함.
     예) <u>내가 저녁 준비를 하는</u> 대신 당신은 청소를 맡아줘요.

027 문장의 확대 방식이 다른 하나는? (4회 21번)

① 나는 지붕이 열리는 차를 샀다.
② 창호는 왔지만 영희는 안 왔다.
③ 영미가 나에게 같이 가자고 했다.
④ 나는 크리스마스에 눈이 오기를 간절히 빌었다.

평가 요소 접속문(이어진문장)과 내포문(안은문장-안긴문장)의 판단

028 다음의 해석으로 옳지 않은 것은? (6회 11번)

> ㄱ. 어디가 도서관이에요?   *저기 도서관이에요.
>   언제가 생일이에요?   *다음 일요일 생일이에요.
> ㄴ. *이 옷은 친구 나에게 사 준 거야.
>   농부들이 비 오기를 기다린다.
> ㄷ. *친구 선물을 주었어요.
>   *형 때렸어요.
> ㄹ. 한국이 월드컵에서 우승했다며?
>   *아니, 브라질 우승했어.

① ㄱ : 의문사가 주어로 쓰일 때 그 대답의 주어는 주격 조사를 생략하기 어렵다.
② ㄴ : 안긴 문장의 주어에 쓰인 주격 조사는 생략이 되는 경우도 있고 나타나는 경우도 있다.
③ ㄷ : 서술어가 요구하는 필수 성분 중 다른 성분이 생략되었을 때는 주격 조사를 생략할 수 없고 필수 성분이 모두 있으면 주격 조사를 생략할 수 있다.
④ ㄹ : 의문문에 대한 대답에서 주어가 새로운 정보를 나타내는 경우에는 주격 조사가 생략되기 어렵다.

평가 요소 문장의 통사론적 분석

029 연결어미 '-(으)면'과 '-거든'에 관한 설명으로 옳은 것은?
(9회 12번)

① '-거든'은 동작성이 있는 선행 사건과 후행 사건 간의 시간적 계기성을 드러내지 않는다.
② '-(으)면'과 '-거든'은 결합하는 서술어에 제약이 없다.
③ '-거든'은 후행절의 문장 유형에 제약을 받지 않는다.
④ '-(으)면'과 '-거든'은 자유롭게 대체할 수 있다.

평가 요소 '조건'의 종속적 연결어미 '-(으)면', '-거든'의 문법적 특성

오답 풀이
① '지붕이 열리다'가 모문의 관형절 기능을 하는 내포문이다.
③ '같이 가자'가 모문의 간접 인용절 기능을 하는 내포문이다.
④ '크리스마스에 눈이 오다'가 모문의 명사절(목적어절) 기능을 하는 내포문이다.

▶ 028 답 ③

정답 풀이
ㄷ. '때리다'는 '누가(주어)', '누구(무엇)를(목적어)'의 두 성분을 필요로 하는데, 목적어가 생략되었으므로 주격 조사 생략형이 비문이라는 진술은 옳다.
ㄴ. '주다'는 '누가(주어)', '누구에게(필수적 부사어)', '무엇을(목적어)'의 세 성분을 필요로 하는데, 화자가 부사어와 동일인이므로 생략 가능하다는 점을 감안하면 이 역시 서술어가 필요로 하는 성분을 다 갖추고 있다. 그럼에도 비문인 이유는 주어인 '친구'에 주격 조사가 생략되었기 때문이다.

▶ 029 답 ②

정답 풀이
이들 어미는 동사, 형용사 및 '이다' 결합형과 자유롭게 결합할 수 있다.

오답풀이
① '-거든'으로 연결된 문장은 조건에 해당하는 선행절의 동작이나 상황이 먼저 이루어진 후 후행절의 동작이나 상황이 이어지는 것이므로, 시간적 계기성(선후 관계로 이어짐)을 갖는다.
③ '-거든'은 선행절의 동작이나 상황이 사실로 나타났을 때 후행절의 상황이나 동작이 이어지는 것이므로, 후행절에 '의지'의 의미를 담지 않은 평서문이나 의문문이 올 수 없다.

cf) 단, 후행절의 당위성을 강조하기 위하여 선행절에 제시된 사실과의 비교를 보이는 경우에도 '-거든'이 쓰이며, 이 경우 후행절은 대개 의문문의 형식으로 나타난다.
예) 짐승도 길러준 은혜를 알거든, 하물며 사람이겠느냐?

그러나 이는 '조건'을 뜻하는 연결 어미 부류의 전형적 용법과는 차이가 있는 예스러운 표현이므로 위 ③의 해설과는 직접적 관련이 없다.

④ 이들은 '조건'의 연결 어미라는 점은 같지만 아래와 같이 그 용법과 의미에서 차이가 있으므로 자유롭게 대체하여 쓸 수 없다.

　가) '-(으)면'의 용법
　　ㄱ. 선행절의 동작이나 상황이 불확실하거나 아직 이루어지지 않은 사실을 가정
　　ㄴ. 일반적으로 분명한 사실(선행절)이 어떤 일(후행절)에 대한 조건이 됨을 보임
　　ㄷ. 현실과 다르거나 일어날 가능성이 거의 없는 상황(선행절)을 가정

　나) '-거든'의 용법
　　ㄱ. 후행절의 동작, 상황의 조건이 선행절의 사실로 실현되는 경우를 가정

▶ 030 　답 ③

정답 풀이

'잘, 더, 빨리'의 품사는 모두 부사이다. 그러나 '늦게'는 문장 성분으로는 부사어의 역할을 하고 있지만, 어간 '늦-'에 어미 '-게'가 결합한 것으로 품사로는 형용사이다.

▶ 031 　답 ②

오답 풀이

①과 ③은 부사격 조사와 결합하는 부사성 의존명사이고, ④는 서술격 조사가 결합하여 문장 내에서 서술어의 역할을 할 수 있는 서술성 의존명사이다.

030 　밑줄 친 부사가 수식하는 단어의 품사가 다른 것은? (10회 27번)

① 영희는 피아노를 매우 잘 친다.
② 조금 더 새것은 없어요?
③ 어제는 집에 너무 늦게 들어갔다.
④ 그 친구는 걸음을 아주 빨리 걷는다.

평가 요소　단어의 품사와 문장 성분에 대한 이해

031 　밑줄 친 말이 주어성 의존명사인 것은? (10회 28번)

① 그때 나는 될 대로 되라는 심정이었다.
② 순희가 우리 집에 온 지 얼마나 되었지?
③ 시험에 합격한 영희가 천하라도 얻은 양 기뻐하고 있다.
④ 나는 묵묵히 내 일을 할 뿐 남의 일에 간섭하고 싶지 않다.

평가 요소　의존명사의 종류와 기능에 대한 이해

개념 확장　※ 의존명사의 종류
　1) 보편성 의존명사: 결합하는 조사와 수식하는 관형어에 대한 제약이 없는 의존명사로 자립성이 없는 성격 이외에는 자립 명사와 큰 차이가 없는 의존명사.
　　예 것, 바, 분, 데, 따위, 이

　2) 주어성 의존명사: 주격 조사가 결합하며, 문장 내에서 주어의 역할을 하는 의존명사.
　　예 나위, 리, 수, 지,

　3) 부사성 의존명사: 부사격 조사와 결합하며, 문장 내에서 부사어로만 쓰이는 의존명사.
　　예 대로, 듯, 만, 만큼, 양, 줄, 채

　4) 서술성 의존명사: 서술격 조사 '-이다'와 결합하여 문장 내에서 서술어의 기능만 하는 의존명사.
　　예 따름, 때문, 뿐, 터

해설

제7강 의미론

001 다음 반의어 중 상보 대립어는? (7회 31번)

① 죽다 / 살다 　　　② 많다 / 적다

③ 길다 / 짧다 　　　④ 팔다 / 사다

평가 요소 반의 관계의 유형 및 상보 대립어의 개념 이해

002 의미 변화의 결과로 의미가 확대된 경우가 <u>아닌</u> 것은? (7회 37번)

① 겨레 　　② 건달 　　③ 왕초 　　④ 오랑캐

평가 요소 의미 변화의 유형 중 의미 확대 개념 이해

개념 확장 ※ 의미 변화의 유형
  1. 의미 적용 범위의 변화
    1) 의미축소: 의미의 지시 범위가 좁아진 것
      예 얼굴 – 형체 전부 〉 안면
    2) 의미확대: 의미의 지시 범위가 확대된 것
      예 겨레 – 혈연 〉 민족
  2. 대상 어휘에 대한 감정적 변화
    1) 경멸적 의미 변화(의미타락): **'중립적, 긍정적 ⇒ 부정적'** 으로 의미가 변하는 것
      예 선생님 – 스승의 존칭 〉 교사
    2) 개량적 의미 변화(의미향상): **'부정적, 중립적 ⇒ 긍정적'** 으로 의미가 변하는 것
      예 장인(匠人) – 신분상의 천대계급 〉 전문 기술자

003 중의성이 없는 문장은? (6회 44번)

① 형님이 아들과 손자를 찾고 있다.

② 선생님은 영희보다 철수를 더 좋아한다.

③ 키가 큰 아버지와 아들이 함께 걷고 있다.

④ 이순신 장군은 자신의 죽음을 알리지 말라 하셨다.

▶ **001** **답** ①

정답 풀이

죽다' 와 '살다' 는 중간 개념의 의미가 존재하지 않으므로 **'상보 대립어'** 관계로 분류할 수 있다.

오답 풀이

② 많지도 적지도 않은 중간 개념의 의미가 존재할 수 있으므로 **'반의 대립어'** 이다.
③ 길지도 짧지도 않은 중간 개념의 의미가 존재할 수 있으므로 **'반의 대립어'** 이다.
④ '팔다' 는 '상인 → 손님' 의 방향이고, '사다' 는 '손님 → 상인' 의 방향이므로 서로 반대이다. 따라서 **'방향 대립어'** 이다.

▶ **002** **답** ②

정답 풀이

'건달' 은 '건달파(乾闥婆, Gandharva)', 즉 '간다르바' 에서 온 말이다. 간다르바는 불교 팔부중의 하나로 음악을 맡아보는 신을 의미하는데, 이것이 '경멸적 의미변화' 를 경험하여 오늘날처럼 '하는 일 없이 빈둥거리는 게으른 사람' 의 뜻을 갖게 된 것이다.

오답 풀이

① '겨레' 는 원래 '혈연관계가 있는 사람' 을 뜻하는 말이었으나 그 의미가 확대되어 '민족' 을 뜻하게 된 것이다.
③ '왕초' 는 원래 '거지의 두목' 을 뜻했으나 그 의미가 확대되어 '직장 상사, 폭력배의 두목' 을 뜻하게 된 것이다.
④ '오랑캐' 는 원래 두만강 유역에 살던 여진족의 한 부족 이름이었으나, 그 의미가 확대되어 '이민족 (비칭)' 을 뜻하게 된 것이다.

▶ **003** **답** ④

정답 풀이

수식 관계, 호응 관계의 측면에서 두 가지 구조로 해석될 가능성이 없다.

오답 풀이

① 서술어 '찾다'와 호응하는 주어의 범위가 분명하지 않다. 즉, '형님이 아들과 함께 손자를 찾고 있는 것인지' 아니면 '형님이 아들, 손자를 모두 찾고 있는 것인지'를 판단하기 어렵다.
② 역시 서술어 '좋아하다'와 호응하는 주어의 범위가 분명하지 않다. '선생님'만인지, 아니면 '선생님과 영희'양쪽인지에 따라 그 의미가 달라진다.
③ 수식 관계 및 그 범위가 분명하지 않다. 즉 '키가 큰'의 수식 범위가 아버지까지인지, 아니면 아들까지 포함하는지에 따라 그 의미가 달라진다.

▶ 004 답 ③

정답 풀이

앞의 '잡다'는 '붙들어 손에 넣다'의 뜻이고, 뒤의 '잡다'는 '계획, 의견 따위를 정하다'의 뜻으로 둘 다 '손에 넣거나 상태를 유지하다'의 측면에서 의미적 연관성을 지닌다. 그러므로 **다의 관계**이다.

오답 풀이

① 앞의 '쓰다'는 '苦', 뒤의 '쓰다'는 '用'의 뜻이므로 서로 의미적 연관성이 없는 **동음 관계**이다.
② 앞의 '감다'는 '洗', 뒤의 감다는 '捲'의 뜻이므로 의미적 연관성이 없는 **동음 관계**이다.
④ 앞의 '빨다'는 '吸', 뒤의 '빨다'는 '洗濯'의 뜻이므로 역시 **동음 관계**이다.

▶ 005 답 ②

정답 풀이

공기관계는 해당 통사 구성(주로 문장)을 이루는 각 형태소, 단어 사이에 의미적 상관성이 어색하지 않고 자연스럽게 연결되는(호응하는) 관계를 말한다. 특히 결합관계의 하위 유형인 '관용어'나 '연어'의 경우 이 공기관계가 매우 중요하다.

오답 풀이

①, ③, ④ – 모두 계열관계의 하위 유형이다.

평가 요소 구조적 중의성 여부 판단

개념 확장 ※ 중의성 유형

1. 어휘적 중의성 – 문장 속에 쓰인 어휘의 특성(다의어, 동음어)에 의한 중의성
2. 구조적 중의성 – 문장 성분들의 통사적 관계에 의한 중의성
   1) 수식 관계 – 수식의 범위와 대상이 분명하지 않음
      예 늙은 아버지와 딸
   2) 서술어와 호응하는 주어의 범위
      예 아버지는 어머니보다 나를 더 사랑하신다.
   3) 호응 명사의 불분명
      예 어머니는 웃으면서 들어오는 아들에게 심부름을 시켰다.
   4) 접속 구성
      예 병헌이와 민정이는 입씨름을 했다.
3. 영향권(범위, 작용역) 중의성 – 수량사, 부정의 범위에 의한 중의성
   1) 수량사
      예 모든 남자는 한 여자를 사랑한다.
   2) 부정문
      예 나는 그를 죽이지 않았다.

---

004 밑줄 친 단어들이 다의 관계를 보여주는 것은? (5회 36번)

① 입맛이 몹시 썼다. – 돈을 물 쓰듯 썼다.
② 샴푸로 머리를 감았다. – 얼레에 연줄을 감았다.
③ 경찰이 도둑을 잡았다. – 송년회 날짜를 잡았다.
④ 아기가 손가락을 빨았다. – 세탁기로 옷을 빨았다.

평가 요소 다의 관계와 동음 관계의 구별

---

005 의미관계를 크게 계열관계와 결합관계로 나눌 때 의미관계가 다른 하나는? (7회 43번)

① 동의관계　　　　　　　② 공기관계
③ 상하관계　　　　　　　④ 대립관계

평가 요소 의미관계의 유형 분류 이해

개념 확장 ※ 의미관계의 유형

1. 계열관계 – 어휘소가 종적으로 서로 대치되는 관계.
   ⇒ 동의관계, 상하관계(하의관계), 대립관계, 부분관계
2. 결합관계 – 어휘소가 횡적으로 서로 만나 이루는 관계.
   ⇒ 대등합성어, 혼종어(대구마산 – 구마, 여수순천 – 여천 등), 관용어, 연어

006 다음 중에서 의미관계가 다른 하나는? (7회 38번)

① 방 / 창문   ② 나무 / 뿌리

③ 시계 / 바늘   ④ 가방 / 손잡이

[평가 요소] 부분 관계의 유형 파악

007 다음 유의어의 쌍 중에서 그 관계가 다른 것은? (3회 44번)

① 말 : 말씀   ② 범 : 호랑이

③ 책방 : 서점   ④ 화병 : 꽃병

[평가 요소] 유의어의 하위 유형 판단 방법 이해

[개념 확장] ※ 동의어의 검증 방법

1. 교체 검증법 – 특정 맥락(문맥) 내에서 한 어휘소를 다른 어휘소로 바꾸어 보는 방법
2. 대립 검증법 – 각 어휘소의 대립어를 파악함으로써 두 어휘소의 의미적 차이를 확인하는 방법
3. 배열 검증법 – 동의성의 정도가 모호한 어휘소들을 하나의 계열로 배열하는 방법

例 셋 : 세 ⇒ 하나 – 둘 – 셋 / 한 – 두 – 세

008 의미 해석의 투명성이 가장 높은 것은? (6회 41번)

① 뜬구름을 잡다   ② 학을 떼다

③ 어처구니가 없다   ④ 수작을 걸다

[평가 요소] 의미적 투명성의 개념 이해 및 그 정도성 파악

[오답 풀이] ② '학'은 '학질(瘧疾)'을 뜻하는데, '매우 치료하기 어려운 병'의 의미에서 파생되어 **'괴롭거나 어려운 상황을 벗어나기 위해 매우 고생함'**의 뜻이 되었다. 그러나 이 관용어를 사용하는 언중들이 이 말의 생성 배경을 잘 모르므로 투명도가 상대적으로 낮다.
③ '어처구니'는 궁궐의 지붕 추녀마루에 두던 **잡상**을 뜻하는데, 궁궐 지붕에 당연히 있어야 할 이것이 없어진 것이니 **'너무 엄청나거나 뜻밖이어서 기가 막히다'**의 의미가 파생된 것이다. 역시 언중들이 이 말의 생성 배경을 잘 모르므로 투명도가 상대적으로 낮다.
④ '수작(酬酌)'은 **'서로 술잔을 주고받다'**라는 뜻으로, 사람들이 대개 술잔을 건네면서 이야기를 주고받거나 안면을 트기 때문에 '수작을 걸다'는 **'말을 붙이다'**의 뜻이 되었다. 역시 언중들이 이 말의 생성 배경을 잘 모르므로 투명도가 상대적으로 낮다.

▶ **006** 답 ②

[정답 풀이]

'뿌리'는 '나무'라는 전체 식물의 한 부분이므로 부분관계는 맞지만, 이를 조립하여 전체를 완성하는 부품이 아닌 생물체의 한 기관이라는 점에서 나머지와 그 의미관계가 다르다.

[오답 풀이]

나머지는 모두 부분관계에서 **'전체 – 부품, 구성품'**의 관계로 해석된다.

▶ **007** 답 ①

[정답 풀이]

교체 검증법을 적용해보면 '말씀'은 문장의 존대법, 겸양법의 맥락에서 쓰이므로 이를 '말'로 교체하면 한국어의 높임법 맥락에 적절하지 못하다. **'문체적 유의어'**에 속한다고 볼 수 있다.
例 할아버지의 말씀을 잘 새겨들어라.
할아버지의 말을 잘 새겨들어라.

[오답 풀이]

나머지는 모두 교체 검증법을 적용해 보면 같은 맥락에서 무리 없이 교체가 가능하므로 동의어 관계로 파악할 수 있다.

▶ **008** 답 ①

[정답 풀이]

의미 해석상 투명성이 높다는 것은 관용어를 이루는 각 요소의 의미를 합성한 것이 그대로 해당 관용어의 의미로 해석될 때를 말한다. '뜬구름'은 말 그대로 '하늘에 떠 있는 구름'이고 여기에서 '덧없는 것'이라는 비유적 의미가 파생되었는데, 이러한 비유적 의미는 언중들이 쉽게 알아낼 수 있다. 또한 전체 관용어의 의미 해석 역시 이를 합성함으로써 비교적 쉽게 파악할 수 있다. 따라서 그 의미적 투명성이 제일 높다.

▶ 009 답 ④

정답 풀이

의미의 계열 관계 확인을 위해 쓰는 **'대립 검증법'**이다. '남다(餘)'의 대립어는 '모자라다'가 맞지만, '넘다(越)'의 대립어는 '미흡하다'가 아니라 '불과(不過)하다'이다.

▶ 010 답 ②

정답 풀이

지시 표현은 언어 표현이 쓰이는 장면, 상황에 따라 그 지시 대상이 달라진다. 대개 지시 표현은 화자 중심이므로, 청자에게 가까이 놓인 대상은 '그'로 지시한다.

오답 풀이

① '이'는 화자에게 가까운 대상을 지시한다.
③ '저'는 화, 청자에게서 모두 멀리 떨어져 있는 대상을 지시한다.
④ 구체적인 소유주(청자)와 소유 대상을 명시한 것이지 화, 청자의 상대적 거리에 따른 지시 표현이 아니다. '네 것'의 대상은 '이것', '그것', '저것' 모두가 가능하다.

▶ 011 답 ④

정답 풀이

제시문의 '타다(乘, 탈것이나 짐승의 등 따위에 몸을 얹다)¹⁾ : 타다(便乘, 어떤 조건이나 시간, 기회 등을 이용하다)'는 후자가 전자의 의미에서 파생되어 나온 다의어 관계이다.
⇒ 4번의 '머리'는 둘 다 '사람이나 동물의 목 위의 부분'을 뜻하는 '머리(頭)'에서 나온 말이며, 서로 의미적 연관성이 있으므로 다의어이다. '의미적 연관성' 여부를 염두에 두고 이들의 의미 관계를 파악하여야 한다.

ㄱ. 머리(頭腦): 중추 신경 계통 가운데 머리뼈 안에 있는 부분. 대뇌, 사이뇌, 소뇌, 중간뇌, 다리뇌, 숨뇌로 나뉜다. 근육의 운동을 조절

---

009 유사 어휘들의 의미 차이를 각각의 대립어를 통해 확인하는 예로 적절하지 <u>않은</u> 것은? (5회 40번)

〈유사 어휘〉	〈유사 어휘의 대립어〉
① 작다 : 적다	크다 : 많다
② 얕다 : 옅다	깊다 : 짙다
③ 맑나 : 묽다	흐리다: 되다
④ 남다 : 넘다	모자라다 : 미흡하다

평가 요소 대립 검증법의 적용

---

010 화자에게서는 멀고, 청자에게는 가까이 놓여 있는 대상을 가리키는 말은? (4회 46번)

① 이것   ② 그것
③ 저것   ④ 네 것

평가 요소 지시(직시, deixis) 표현의 용법 이해

---

011 밑줄 친 부분의 의미 관계가 다음 예의 '타다'와 같은 것은? (8회 32번)

> ㄱ. 그는 말을 <u>타</u>고 사냥을 나갔다.
> ㄴ. 부동산 경기를 <u>타</u>고 건축 붐이 일었다.

① ㄱ. 새로 산 운동화가 <u>발</u>에 꼭 맞았다.
　ㄴ. 여름에는 문에 <u>발</u>을 늘어뜨리고 지낸다.
② ㄱ. 그는 요즘 <u>눈</u>이 나빠져서 안경을 낀다.
　ㄴ. <u>눈</u> 덮인 시골길을 하염없이 걸었다.
③ ㄱ. 넘어지는 바람에 안경의 <u>다리</u>가 부러졌다.
　ㄴ. 중간에 <u>다리</u>를 놓아 두 사람을 맺어 주었다.
④ ㄱ. 책을 읽었는데도 <u>머리</u>에 남는 것이 없다.
　ㄴ. 그는 우리 모임에서 <u>머리</u> 노릇을 하고 있다.

평가 요소 다의어, 동음어의 판별

① 동음어 관계
ㄱ. 발(足): 사람이나 동물의 다리 맨 끝 부분
ㄴ. 발(簾): 가늘고 긴 대를 줄로 엮거나, 줄 따위를 여러 개 나란히 늘어뜨려 만든 물건
② 동음어 관계
ㄱ. 눈(眼): 빛의 자극을 받아 물체를 볼 수 있는 감각 기관
ㄴ. 눈(雪): 대기 중의 수증기가 찬 기운을 만나 얼어서 땅 위로 떨어지는 얼음의 결정체
③ 동음어 관계
ㄱ. 다리(脚): 물체의 아래쪽에 붙어서 그 물체를 받치거나 직접 땅에 닿지 아니하게 하거나 높이 있도록 버티어 놓은 부분
ㄴ. 다리(橋): 두 사물이나 사람 사이를 이어 주는 역할을 하는 것
⇒ '물을 건너거나 또는 한편의 높은 곳에서 다른 편의 높은 곳으로 건너다닐 수 있도록 만든 시설물'을 뜻하는 '다리(橋)'에서 의미 파생

012 '들다'의 용례를 의미에 따라 바르게 묶은 것은? (8회 33번)

> ㄱ. 예를 들어 설명해 봅시다.
> ㄴ. 음식에 간이 제대로 들었구나.
> ㄷ. 낫이 안 들어 벼를 베는 데 힘이 든다.
> ㄹ. 목격자의 증언을 증거로 들어야 해요.
> ㅁ. 설악산에 단풍이 들어 장관을 이루었다.
> ㅂ. 빨래를 잘못하여 윗옷에 파란 물이 들었다.

① ㄱ - ㄴ, ㅁ - ㄷ, ㄹ, ㅂ
② ㄱ, ㄹ, ㅂ - ㄴ - ㄷ, ㅁ
③ ㄱ, ㄹ - ㄴ, ㅁ, ㅂ - ㄷ
④ ㄱ, ㅂ - ㄴ, ㄷ, ㄹ - ㅁ

동음어 용례 분류

013 부분 관계에 관한 설명으로 옳은 것은? (8회 45번)

① '탈것'과 '자동차'는 부분 관계이다.
② '신장, 체중, 부피'는 '몸'의 부분어이다.
③ '시계'와 '시침'은 단층으로 구성된 부분 관계이다.
④ 부분어/전체어 문장 사이의 함의 관계가 유동적이다.

부분 관계의 특성 이해 및 실제 용례의 의미 관계 파악
① '탈것(상위어): 자동차(하위어)'인 상하관계이다.
② '신장, 체중, 부피'는 '몸'을 설명하는 데 필요한 속성이지 그 일부분이 아니다. '전체가 부분을 갖는다'는 틀에 넣어 보면 *몸은 신장을 갖는다', *몸은 체중을 갖는다', *몸은 부피를 갖는다'가 부자연스럽다는 점에서도 이를 알 수 있다.
③ '시침'은 '시계'의 부분어이다. 상하 관계와 같이 집합적 개념에 따른 '포함(inclusion)-함의'를 바탕으로 한 계층적 구조를 형성하는 것은 아니지만, 시계와 시침 사이에는 중간에 일련의 부

하고 감각을 인식하며, 말하고 기억하며 생각하고 감정을 일으키는 중추가 있다.
ㄴ. 머리(頭目): 어떤 일이나 단체에서 으뜸인 사람

---

1) 이하의 뜻풀이는 모두 국립국어원 ≪표준국어대사전≫에서 인용한 것임을 밝혀둔다.

▶ 012 **답** ③

1) 들다(據, 설명하거나 증명하기 위하여 사실을 가져다 대다) - ㄱ, ㄹ
2) 들다(染, 빛, 빛, 별, 물 따위가 안으로 들어오다) - ㄴ, ㅁ, ㅂ
3) 들다(銳利, 날이 날카로워 물건이 잘 베어지다) - ㄷ

▶ 013 **답** ④

부분 관계는 '전체어가 부분어를 갖는다(임지룡, 1992:147)[6]'는 소유 관계 개념이므로 상하 관계와 달리 분류에 따른 집합적 개념으로 해석할 수 없다. 상하 관계에서는 하위어가 상위어에 포함되므로, 하위어는 상위어를 함의하나 그 역은 가능하지 않다. 따라서 하위어와 상위어의 함의 관계가 유동적이지 않다. 이와 달리 부분 관계는 부분어와 전체어의 함의 관계가 없다. 그러므로 이들을 포함하는 문장 사이의 함의 관계 역시 불분명하므로 맥락적 정보에 따라 그 해석이 유동적일 수 있다.

 장미(하위어): 꽃(상위어)
· 장미 → 꽃(장미는 꽃이다): 함의 관계
· *꽃 → 장미(꽃은 장미다): 함의 관계 X
 시침(부분어): 시계(전체어)
· 시침에 녹이 슬었다 → 시계에 녹이 슬었다: 함의 관계 불분명
· 시계에 녹이 슬었다 → 시침에 녹이 슬었다: 함의 관계 불분명

2) 임지룡(1992), 《국어 의미론》, 탑출판사

▶ 014 답 ①

정답 풀이

상하 관계(하의 관계)에 있는 하위어는 상위어에 포함될 수 있지만, 부분 관계에 있는 부분어와 전체어는 그렇지 못하다. 즉, '장미'는 '꽃'의 속성을 가지고 있으므로 ①은 하위어와 상위어 관계에 속한다. 그러나 부분어 '손잡이', '주머니', '바퀴'는 전체어 '문', '바지', '자동차'의 속성을 포함하지 않는다. 그렇기 때문에 ②, ③, ④는 부분어와 전체어 관계에 해당한다.

▶ 015 답 ①

정답 풀이

'환유'는 '어떤 사물을 그것의 속성과 밀접하게 연관된 다른 말을 빌어서 표현하는 것'으로, '의미의 근접에 의한 변이'에 해당한다. '세자가 거처하는 장소'인 '동궁'이 '세자'의 개념으로 쓰이게 된 것은 '환유'의 원리에 따른 의미 변화이다.

오답 풀이

② 인간의 신체에서 오른팔이 갖는 중요도를 사람에게 빗대어 표현한 것으로, '의미의 유사성에 의한 변이'인 '은유'의 원리에 의한 의미 변화이다.
③ 굼벵이가 갖는 속성인 '느릿느릿함'과 '행동이 느린 사람'과의 유사성을 고려한 것이므로 역시 '은유'의 원리에 의한 의미 변화이다.
④ 가늘고 길어 별 쓸모가 없는 쥐꼬리의 속성을 돈의 액수나 물건의 수량이 매우 적다는 상황에 빗대어 표현한 것이므로 역시 '은유'의 원리에 의한 의미 변화이다.

▶ 016 답 ①

정답 풀이

호랑이의 완곡 표현이 산신령이다.

평가 요소 부분 관계의 특성 이해 및 실제 용례의 의미 관계 파악

오답풀이 분관계가 연속된 계층적 구조를 상정할 수 있으므로 이를 단층적으로 보는 것은 잘못이다.

예 팔은 손을 갖는다./손은 손가락을 갖는다./손가락은 손톱을 갖는다.(임지룡, 1992:147)2)

014 단어의 의미 관계가 <u>다른</u> 것은? (10회 37번)

① 꽃 – 장미 ② 문 – 손잡이 ③ 바지 – 주머니 ④ 자동차 – 바퀴

평가 요소 의미관계의 유형 중 계열관계에 대한 이해

015 환유의 원리에 따라 의미가 변화한 예는?(9회 41번)

① 동궁: [세자가 사는 궁] 〉 [세자]
② 오른팔: [오른쪽에 달린 팔] 〉 [가장 믿고 의지하는 사람]
③ 굼벵이: [매미의 애벌레] 〉 [동작이 느린 사람]
④ 쥐꼬리: [쥐의 꼬리] 〉 [매우 적은 것]

평가 요소 '환유'의 개념 이해

016 제시한 단어를 완곡 표현으로 바꾼 것 중 옳지 <u>않은</u> 것은? (10회 34번)

① 산신령 → 호랑이   ② 천연두 → 마마
③ 변소 → 화장실   ④ 도둑 → 밤손님

평가 요소 금기어에 대한 완곡 표현(완곡어)의 이해

제8강 **화용론**

001 사실 전제를 포함하고 있지 <u>않은</u> 것은? (7회 46번)

① 그는 그녀와의 결혼을 후회하고 있다.

② 난 네가 아픈지 몰랐어.

③ 그는 자기 선생님이 훌륭하다고 믿었다.

④ 그 일이 끝나서 정말 기뻐.

평가 요소 전제의 개념과 그 하위 유형의 이해

개념 확장 ※ 전제의 개념과 유형

1) 전제 – 하나의 문장이 의미적 정당성을 갖기 위해서 이미 참임이 보장된 다른 문장

2) 전제(논리적 전제)의 하위 유형

① 존재적 전제 – 어떤 대상의 존재 자체가 전제가 되는 경우

예 프랑스 왕은 대머리이다.

⇒ 프랑스 왕이 존재하여야 가능한 진술

② 사실 전제 – 내포문 구성에서 모문에 쓰인 동사가 사실 동사(**후회하다, 기억하다, 깨닫다, 고맙다, 슬프다, 모르다** 등)이면 내포문이 전제가 됨

③ 어휘적 전제 – 전제임을 보여주는 특정 어휘나 형태소(보조사 '–도' 등)가 쓰이는 경우

예 너도 영희를 좋아하는구나.

⇒ 제3의 인물이 영희를 좋아한다는 사실이 전제됨

④ 의문문 전제 – 의문문의 내용 속에 이미 해당 상황의 전제가 포함됨

예 네가 철수를 때렸느냐?

⇒ '네가 때리는 행위를 했다' 가 전제됨

⑤ 분열문 전제 – 시간의 순서, 인과 관계인 두 문장을 서로 뒤바꾸게 되면 그 선행문이 전제가 됨

예 내가 그녀를 만난 것은 3년 전의 일이었다.

⇒ '3년 전에 내가 그녀를 만났다' 의 도치문인데, '3년 전의 일' 이 뒤에 오면서 '내가 그녀를 만나다' 가 전제가 된 것임

002 '을' 의 화자가 의도적으로 위반하고 있는 격률은? (6회 46번)

> 갑 : 동규하고 미연이는 잘 지내고 있을까?
>
> 을 : 동규는 잘 있겠지.

① 질의 격률

② 양의 격률

③ 관련성의 격률

④ 태도의 격률

평가 요소 대화 격률의 개념과 그 하위 유형의 이해

▶ **001** **답** ③

정답 풀이

내포문 '선생님이 훌륭하다' 는 명제가 항상 참이라고 할 수 있는 발화가 아니므로 사실 전제를 포함하지 않는다. '믿다, 생각하다' 등의 동사는 화자의 내적 판단을 반영하는데, 화자의 내적 판단이 항상 사실에 근거하는 것은 아니다. 그러므로 이러한 동사가 쓰일 때에는 사실 전제를 포함하지 않는다고 판단한다.

오답 풀이

① '후회하다' 는 모문의 사실 동사이다. 결혼을 후회하고 있다는 것은 결국 '그는 그녀와 결혼하였다' 라는 사실을 전제하여야 한다.

② '모르다' 는 모문의 사실 동사이다. '몰랐어' 는 사실 확인 이후 해당 상황 발생 시기에는 그 사실을 인지하지 못했다는 맥락이므로, '네가 아팠다' 는 사실을 전제하는 것이다.

④ '기쁘다' 는 사실 동사이다. '기쁘다' 는 감정 표현은 '그 일이 끝났다' 라는 사실 전제가 원인이 되어야 가능하다.

▶ **002** **답** ①, ②, ③, ④

정답 풀이

① 을은 '있겠지' 라는 추측성 발화를 하고 있는데, 이는 동규가 잘 지낸다는 확신이나 증거가 없다는 뜻이므로 '**질의 격률**' 을 위반하였다고 볼 수 있다.

② 갑이 원하는 것은 동규, 미연 모두에 대한 정보인데, 을은 동규의 정보만 제공하므로 '**양의 격률**' 을 위반하였다.

③ 을은 동규의 근황에 대한 추측만 제시할 뿐 미연은 언급하지 않았으므로, 갑이 원하는 대화와 관련성이 낮은 말을 함으로써 '**관련성의 격률**' 을 위반하였다고 볼 수 있다.

④ 을은 동규에 대한 정보만 제공함으로써, 은연중에 동규와 미연이 서로 사이가 좋지 않다는 느낌을 주고 있다. 이는 갑에게 둘의 관계에 대한 모호한 판단을 하게 만든다는 점에서 '**태도의 격률**' 을 위반하였다고 볼 수 있다.

오답 풀이

※ 대화 격률의 개념과 유형

1. 대화 격률 – 대화 참여자들이 서로 협조하면서 주어진 규칙을 준수한 다는 약속

2. 대화 격률의 하위 유형(Grice)

① 양의 격률 – 대화의 목적에 필요한 만큼의 정보를 제공하고, 그 목적에 필요한 것 이상의 정보를 제공하지 말아야 한다.

② 질의 격률 – 거짓이라고 믿는 것은 말하지 말고, 적절한 증거가 없는 것은 말하지 말아야 한다.

③ 관련성의 격률 – 대화와 관련성이 있는 말을 해야 한다.

④ 태도(방법)의 격률
– 모호한 표현을 피하여야 한다.
– 중의성을 피하여야 한다.
– 간결하게 말하여야 한다.
– 순서를 지켜서 말하여야 한다.

▶ 003 답 ①

정답 풀이

'발화'는 '구체적인 상황을 배경으로 사용된 말'을 가리키므로, '화자'와 '청자', '장면'에 대한 정보가 있어야 그 상황이 구체적으로 드러나게 된다.

▶ 004 답 ③

정답 풀이

맥락(문맥, context)은 문장이나 발화의 구성 요소 사이에 성립하는 의미적, 논리적 관계를 일컫는 개념이다. 특히 발화의 경우, 대개 화자와 청자가 대화의 화제로 등장하는 대상 및 그 상황에 대한 정보를 동등하게 공유하고 있지 못하다. 그러므로 이들은 상호 대화 도중 끊임없이 상대의 발화 속에 나타나는 어휘, 상대방의 어조나 대상에 대한 태도 등을 탐색하면서 화제에 대한 정보의 이해나 공유 정도를 맞추어가게 되는 것이다. 즉, 맥락은 발화 상황 이전에 주어지는 것이 아니다.

---

003 '발화(utterance)'와 '문장'을 구별할 때 '발화'에 관한 설명으로 옳은 것은? (7회 48번)

① 발화는 화자와 청자, 장면까지 고려한다.

② 발화는 통사론적 단위이다.

③ 발화는 주술구조가 한 번만 나타난다.

④ 발화는 문어에는 적용되지 않는다.

평가 요소 '발화'와 '문장'의 개념 및 그 차이 이해

오답풀이 ② 통사론적 단위는 **'문장'**이다

③ '발화'는 주술구조의 수와 관계가 없다. '문장' 역시 하나의 완결된 의미를 표현하기 위하여 접속문, 내포문 등의 복합문 구성을 택할 수 있으므로 역시 옳지 않다.

④ 문어에서도 발화 개념이 고려될 수 있다. 예를 들어 '청자높임법'의 경우 글 속의 화자, 청자 및 그 상황에 대한 맥락적 정보가 있어야 이해할 수 있다. 다만 구어에 비해 다양한 발화 상황을 보여주는 데에 한계가 있을 뿐이다.

---

004 '맥락'에 대한 설명으로 적절한 내용끼리 모은 것은? (2회 50번)

> 가. 맥락은 이미 주어진 것이다.
>
> 나. 맥락은 선택되고 탐색되는 것이다.
>
> 다. 맥락은 대화가 진행되는 동안 변화한다.

① 가, 나 　　　　　　　② 가, 다

③ 나, 다 　　　　　　　④ 가, 나, 다

평가 요소 맥락의 개념 이해

---

005 공손한 표현을 만들어 주는 화법의 장치가 들어 있지 않은 것은? (3회 49번)

① 선생님, 같이 가요.

② 말씀 좀 여쭙겠습니다.

③ 근데요, 여기가 어딘가요?

④ 죄송하지만, 지금 몇 시쯤 되었나요?

평가 요소 공손 어법의 격률 이해

개념 확장 ※ 공손 어법의 격률

1) 요령의 격률 – 청자의 부담을 최소화하고, 청자의 이익을 최대화하여야 한다.
  ⇒ 간접적, 우회적 표현으로 상대의 감정적 부담을 덜어주는 것
  예 오늘 날씨가 무척 덥네(더우니까 에어컨 좀 틀어 줘).

2) 관용의 격률 – 청자에게 부담이 되는 표현은 최소화하고, 화자에게 부담이 되는 표현은 최대화하여야 한다.
  예 내가 머리가 나빠서 이해력이 부족한 모양이야. 이 문제 좀 다시 풀어 줘.

3) 칭찬의 격률 – 청자에 대한 비판은 최소화하고, 칭찬은 최대화하여야 한다.
  예 요리를 정말 잘하시네요. 레스토랑 내셔도 되겠는데요.

4) 겸양의 격률 – 화자에 대한 칭찬은 최소화하고, 겸손한 표현은 최대화하여야 한다.
  예 내가 뭘 도와준 게 있다고 그래. 친구로서 당연한 일이지.

5) 동의의 격률 – 청자와 불일치하는 표현은 최소화하고, 일치하는 표현은 최대화하여야 한다.
  예 네가 하는 말이 맞아. 그런데 이런 부분은 달리 생각할 수도 있지 않을까?

6) 동정의 격률 – 화, 청자 사이의 악감정을 최소화하고, 좋은 감정을 최대화하여야 한다.
  예 네가 화를 내는 건 당연한 거야. 나라도 그 상황에서는 그러겠다.

7) 표현 형식의 격률 – 상대의 발화를 방해하지 않고, 상대의 발화에 적절히 대응하여야 한다.

▶ **005** **답** ①

정답 풀이

공손 어법의 격률에 해당하는 요소가 들어 있지 않으므로 정답이다.

오답 풀이

② '말씀, 여쭙다' 등의 어휘를 사용하고 있으므로 '**겸양의 격률**'을 따른 것이다.

③ '여기가 어딘지 가르쳐 줘'라는 명령문 형식이 아닌 의문문 형식을 취함으로써 상대의 기분이나 감정의 부담을 최소화하려 하고 있으므로 '**요령의 격률**'을 따른 것이다.

④ '죄송하다'라는 표현과 의문문 형식을 쓰고 있으므로 '**요령의 격률**'과 '**관용의 격률**'을 따른 것이다.

---

006 다음 담화에서 글자 그대로 해석되지 <u>않은</u> 것만 묶은 것은? (5회 49번)

> (도서관 앞에서 영희와 철수가 우연히 만났다.)
> 영희: 야, 오랜만이다. ㉠어디 가니?
> 철수: 반갑다. ㉡점심 먹었어?
> 영희: 나 이사했는데, ㉢한번 놀러 와.
> 철수: ㉣어디로 갔어?
> 영희: ㉤엎어지면 코 닿을 데야.
> 철수: ㉥가까워져서 좋겠네.

① ㉠, ㉡, ㉤　　　　　　　② ㉠, ㉢, ㉣
③ ㉡, ㉣, ㉥　　　　　　　④ ㉢, ㉤, ㉥

평가 요소 담화 내 언어 표현의 의미 해석 특성 이해

▶ **006** **답** ①

정답 풀이

한국어의 '친교적 기능'에 해당하는 표현은 글자 그대로의 의미 해석이 오히려 부자연스럽다. 이는 의문형의 해당 표현에 대한 대화 상대의 구체적 정보 제시 요청이나 사실 확인이 없다는 점을 보면 쉽게 알 수 있다. 위 대화에서 '친교적 기능'에 해당하는 표현은 '㉠, ㉡, ㉢, ㉤'이고, 있는 그대로의 의미 해석이 필요한 것은 '㉣, ㉥'이다.

▶ 007 답 ②

정답 풀이

화행이론상 이것은 '간접 화행', 즉 종결어미의 형태와 기능이 일치하지 않는 경우이다. 명령문으로 나와야 할 발화임에도 평서법을 사용함으로써 그 공손함의 정도를 높여 청자가 심리적 거부감 없이 그 요청을 수용하게 하는 것이다.

오답 풀이

① 정중한 표현의 정도를 높여가고 있으므로 의미 차이가 전혀 없다는 것은 잘못된 진술이다.
③ 명령의 의도를 갖고 있음에도 문장 종결법상 명령법을 사용하지 않았으므로 직접 화행으로 볼 수 없다.
④ 정중한 표현의 정도가 더해갈수록 화자는 청자를 대우하는 정도가 높거나, 혹은 그 장면의 공식성 정도가 더 높다는 뜻이므로, 그 심리적 거리감은 비례한다.

---

007 다음 발화들에 대한 설명으로 옳은 것은? (4회 47번)

> ㄱ. 여기에 앉아 주시면 좋겠습니다.
> ㄴ. 여기에 앉아 주시면 감사하겠습니다.
> ㄷ. 여기에 앉아 주시면 대단히 감사하겠습니다.
> ㄹ. 죄송하지만 여기에 앉아 주시면 대단히 감사하겠습니다.

① 위 발화들은 표현은 다르지만 의미 차이는 전혀 없다.
② 위 발화들은 평서형이지만 진술이 아닌 요청의 기능을 수행한다.
③ 위 발화들은 특정 청자를 대상으로 한 직접 화행의 전형적인 예들이다.
④ 위 발화들에서 발화의 길이와 화청자 간의 심리적 거리감은 반비례한다.

평가 요소 화행 표현의 개념 및 특성 이해

개념 확장 ※ 화행이론
1) 화행(발화행동) – 언어를 통해 이루어지는 행위. 즉 발화를 단순한 상황의 진술이 아니라, 이를 통해 어떤 구체적 행위가 이루어진다고 보는 것임.
2) 화행의 유형(J. Searle)
  ① 단정 – 화자가 청자에게 어떤 명제가 참임을 알려 줌(**진술, 보도, 보고** 등)
  ② 지시 – 청자의 행동을 통하여 어떤 효과를 가져오게 하는 시도(**명령, 요청** 등)
  ③ 언질 – 화자가 청자에게 어떤 미래 행동에 대한 실마리를 줌(**약속, 제안, 맹세** 등)
  ④ 선언 – 명제 내용과 현실 사이의 상응을 유발(**선고, 해고, 파문, 사임** 등)
  ⑤ 표출 – 화자의 심리적 상태를 겉으로 드러냄(**사과, 환영** 등)
3) 화행의 방식
  ① 직접 화행 – 종결어미의 형태와 기능이 일치하는 경우. 서법과 화행이 일치함
  ② 간접 화행 – 종결어미의 형태와 기능이 불일치하는 경우. 서법과 화행이 불일치함

▶ 008 답 ③

정답 풀이

'거절 이유 제시'와 '대안 제시'라는 두 가지 전략을 이용하고 있다. 특히 '대안 제시'에 있어서는 상대가 원하는 바(백화점)를 벗어나지 않음으로써 상대의 감정적 부담감을 최소화하는 전략을 택하고 있다.

오답 풀이

① '유감 표현'만 있고, '대안 제시'는 없다.
② '유감 표현'은 없고, '대안 제시' 역시 상대가 원하는 바를 벗어난다.
④ 공손 어법의 '요령의 격률'을 활용하나, 그 '대안 제시'는 상대가 원하는 바를 벗어난다.

---

008 다음의 제안에 '거절'을 하기 위한 '대안 제시 전략'으로 적절한 것은? (7회 49번)

> 나랑 백화점 갈래?

① 아, 미안해. 오늘은 좀 바빠서.
② 오늘 쉰대. 동대문 시장 가는 건 어때?
③ 나 오늘 바쁜데. 참, 미경이가 백화점 간다던데.
④ 요즘, 백화점 물건이 너무 비싸던데.

해 설

평가 요소 거절 화행의 특징과 전략 이해

개념 확장 ※ **거절 화행의 발화 전략**
  – 예비 단계: 시간 끌기, 주저하는 표현
  – 거절 단계: 직접, 간접적 거절 표현
  – 보충 단계: **'유감 표현', '대안 제시', '거절 이유 제시', '다음으로 연기하기'** 등의 전략을 선택적으로 사용

009 다음 발화와 관련된 적정성 조건(felicity conditions)이 <u>아닌</u> 것은?
(6회 48번)

> 피고인 김영수에게 3년 형을 선고합니다.

① 발화 장소가 적법한 곳이어야 한다.
② 발화자의 발화는 주관적이어야 한다.
③ 발화를 위한 일정한 절차가 선행되어야 한다.
④ 발화자가 발화를 위한 자격을 갖춘 인물이어야 한다.

평가 요소 발화 맥락과 적정성 조건의 이해

개념 확장 ※ **적정성 조건(felicity conditions)**
  1) 발화 상황의 참여자와 맥락이 적절하여야 한다.
  2) 발화 상황에 모든 참여자가 참여하고 있어야 한다.
  3) 발화 상황에 대한 참여자의 참여 및 순응 의지가 있어야 한다.

▶ **009** 답 ②

정답 풀이

위 발화 맥락은 법정의 최종 판결 선고이므로, 발화자인 판사의 발화는 법적 판단에 입각한 객관적 성격이어야 한다.

▶ **010** 답 ③

정답 풀이

인칭, 시간, 공간에 대한 일체의 직시소가 없다.

오답 풀이

① '인칭 지시'에 해당하는 2인칭 대명사 주격형 '네'가 포함되어 있다.
② '시간 지시'에 해당하는 '어제'가 포함되어 있다.
④ '공간 지시'에 해당하는 지시대명사 '거기'가 포함되어 있다.

⇒ 구체적 시간, 장소의 명칭, 고유명사(인명)이 제시되는 순간 지시(직시)의 조건과 대상이 사라진다는 점에 유의한다.

010 상황 지시적인 기능을 갖는 직시소(화시소)가 포함되지 <u>않은</u> 문장은?
(5회 2번)

① 네가 도서관에 있을 줄은 몰랐다.
② 어제가 친한 친구의 생일이었다.
③ 순이가 웃는 모습이 참 예쁘다.
④ 밥을 먹기에는 거기가 제일 좋다.

평가 요소 직시소의 개념, 상황 지시 기능 직시소의 판별

해설

▶ 011   답 ②

정답 풀이

방향 직시 '오다'의 방향성 설정 기준점이 청자인 인칭 직시 '너(생략된 주어)'에 있으므로, 이 발화는 청자 중심의 직시 표현이다.

오답 풀이

나머지 발화는 방향 직시 '오다'의 방향성 설정 기준점이 화자인 인칭 직시 '나(생략)'에 있으므로, 모두 화자 중심의 직시 표현이다.

---

011   '오다'의 용법이 청자 중심의 직시 표현으로 사용된 것은? (8회 46번)

① 밤늦게 돌아다니지 말고 집에 일찍 오너라.
② 그런 기회가 온다면 절대 놓치지 마라.
③ 지금 파리에 특파원으로 와 있어요.
④ 아까부터 기다렸는데 기차가 안 오네요.

평가 요소 직시 표현, 특히 인칭 직시와 관련한 화용석 의미 해석

▶ 012   답 ④

정답 풀이

담화 직시는 화자의 발화에서 담화 상황 전체를 지시하는 것으로 ①, ②, ③의 '이것', '이건', '저렇게'는 각각 '인간은 생각하는 갈대.', '철수가 이번에는 합격할 거야.', '사람 살려 주세요!'를 지시하는 담화 직시로 사용된 것이다. 그러나 ④의 '그것'은 이미 언급된 사물인 '귀걸이'만을 지시하는 직시 표현의 비직시적 용법인 조응을 위해 사용된 것이다.

---

012   밑줄 친 말이 담화 직시로 사용되지 <u>않은</u> 것은? (10회 50번)

① 인간은 생각하는 갈대다. <u>이것</u>은 파스칼이 한 말입니다.
② <u>이건</u> 내가 자신 있게 하는 말이야. 철수가 이번에는 합격할 거야.
③ ('사람 살려 주세요!'라는 외침을 듣고) <u>저렇게</u> 소리쳐도 돌아보는 사람이 없네.
④ 철수한테 하트 모양의 귀걸이를 선물로 받았어요. <u>그것</u>이 제가 제일 아끼는 거예요.

평가 요소 담화 직시와 조응에 대한 이해

개념 확장 ※ 담화 직시와 조응

1) 담화 직시: 담화 상황에서 담화 내의 언어적 표현 자체를 지시하는 것. 직시에는 인칭 지시, 시간 지시, 공간 지시가 있다.
2) 조응: 담화 직시와는 다르게 담화 내의 언어적 표현 자체를 지시하지 않고 앞에 나온 표현만을 대신함(=대용(代用)). 즉, 조응은 비직시적 용법이라 할 수 있다.

▶ 013   답 ①

정답 풀이

'설마'는 '부정적 상황의 실현을 믿지 않으면서도 이를 가정하는 부정적 추측'을 암시하는 의미로 쓰인다. 이는 부사 '설마'가 사용되는 발화 맥락의 관습적 성질에서 비롯되는 것으로, 항상 해당 발화 맥락에서 동일한 의미로 쓰이게 된다. 해당 표현이 갖는 암시적 의미 해석이 일정하다는 점에서 '고정 함축(관습적 함축)'에 속한다.

---

013   밑줄 친 단어가 등급 함축을 나타내지 <u>않는</u> 것은? (8회 50번)

① <u>설마</u> 그 사람이 나를 속였을라고?
② 김 선생은 요즘도 <u>가끔</u> 산에 간다.
③ 가을이 되니 밤공기가 <u>아주</u> 시원하지요?
④ 이 병원을 찾는 사람들은 <u>대부분</u> 감기 환자다.

평가 요소 고정 함축과 등급 함축의 개념 이해

개념 확장 ※ 함축의 유형

1) 고정 함축: 발화에 사용된 단어 내지 형태소, 구문이 특정 맥락에서 관습적으로 굳어진 의미로 쓰일 때, 해당 발화가 갖는 암시적 의미를 가리킨다. 해당 표현의 암시적 의미 해석이 관습적으로 일정하고, 계량적 정보 및 정도성과 무관하다.

2) 등급 함축: 발화에 사용된 단어 내지 형태소, 구문이 맥락의 계량적 정보와 연계되어 등급성(척도화)을 띨 때, 이에 따라 해석되는 발화의 암시적 의미를 가리킨다. 문장의 암시적 의미 해석은 정도성의 등급과 연계하여 달라질 수 있다.

> 예 가을이 되니 밤공기가 아주 시원하지요?
>
> 가을이 되니 밤공기가 약간 시원하지요?

3) 대화 함축: 화자가 대화의 격률을 위반하여 해당 발화의 의미 해석을 위한 정보를 청자에게 불충분하게 제공했을 때, 청자가 추론을 통해 그 정보의 결손을 메움으로써 해석하는 해당 발화의 암시적 의미를 가리킨다.

> 예 철수: 오늘 저녁에 술 한 잔 어때?
>
> 영수: 오늘 아버지 제사야.

⇒ 영수는 술자리 참석 여부에 대한 정보를 철수에게 제공하지 않고, 겉보기에는 화제와 무관한 정보를 제공하고 있으므로 '관련성의 격률'을 위반하고 있다. 그러나 대화를 거부하고 있는 것은 아니다.

⇒ 철수는 영수가 '협력 원리(화자와 청자는 대화의 진행에 성실하게 임하여야 함)'를 준수하고 있다고 믿고, 해당 발화에서 누락된 정보를 추론한다. 즉 아버지 제사에 참석하는 것이 영수의 의무이므로, 이에 따라 술자리 참석이 불가능하다는 의미가 암시되어 있음을 추론해내는 것이다.

014 '나 먼저 원리(Me-first principle)'에 해당하지 <u>않는</u> 것은?
(9회 51번)

① 처녀총각, 암수
② 이리저리, 이것저것
③ 자타가 공인하다, 한일 월드컵
④ 이 설움 저 설움 해도 배고픈 설움이 제일

평가 요소 '나 먼저 원리'의 언어적 실현 양상 이해

개념 확장 ※ '나 먼저 원리(Me-first principle)'

⇒ '나 먼저 원리'는 화자 자신을 기준으로 하여 심리적, 문화적으로 가깝다고 여기는 대상 및 그 해당 어휘를 어순 배열에서 먼저 배치하는 것을 가리킨다. 범언어적으로 공통인 어순도 있으나, 해당 언어의 특수성이 반영되기도 한다. 이를테면 '화자 자신의 소속 집단(학교, 직장, 단체, 국가 등)', '공간적 근접성(이것, 이쪽 등)' 등은 범언어적이지만, '성별'이나 '색채어', '감각어' 등의 경우는 해당 언어 내지 문화권의 속성에 따라 달리 나타나기도 한다.

오답 풀이

② '가끔'은 '김 선생이 산에 가는 빈도의 정도성'과 연계하여 해석할 수 있으므로 '등급 함축'에 속한다.
③ '아주'는 '가을 밤 공기의 시원한 정도'와 연계하여 해석할 수 있으므로 '등급 함축'에 속한다.
④ '대부분'은 '이 병원의 외래 환자 중 감기 환자가 차지하는 양적 비율의 정도성'과 연계하여 해석할 수 있으므로 '등급 함축'에 속한다.

▶ **014**   **답** ①

정답 풀이

'성별'의 경우 남성을 어순 배열상 우선적으로 놓지 않고 여성을 먼저 놓았기 때문에 일반적인 '나 먼저 원리'에 해당하지 않는다.

오답 풀이

② 공간적으로 보다 가까운 느낌을 주는 부사 '이리', 대명사 '이것'이 먼저 나왔으므로 '나 먼저 원리'와 부합한다.
③ 자신, 또는 자신이 속한 집단을 우선시하는 것이므로 역시 '나 먼저 원리'와 부합한다.
④ 공간적으로 보다 가까운 느낌을 주는 관형사 '이'가 먼저 나왔으므로 '나 먼저 원리'와 부합한다.

해설

▶ **001** 답 ①

정답 풀이

한국어는 용언을 제외하면 실질형태소가 형태 변화를 보이는 경우는 없다. 특히 명사는 체언이므로 인구어(인도·유럽어족에 속하는 언어)와 달리 문법 범주(격, 수, 인칭 등)에 따른 형태 변화가 일어나지 않는다.

오답 풀이

② 학술 용어, 전문어 등에 한자어가 많이 쓰인다. 참고로 ≪표준국어대사전≫ 초판(1999) 기준으로 볼 때 한자어의 비율은 약 **57%**를 차지한다. 이는 다시 말하면 한국어 고유어의 경우 개념어가 발달하지 않았다는 뜻이다.

③ 한국어는 높임법이 발달한 언어이므로 이를 표현하기 위한 어휘 역시 발달하였다. 특히 겸양을 나타내는 일부 인칭대명사(저, 저희 등)나 '진지' 등의 보충법 어휘가 눈에 띈다.

④ 의성어, 의태어에서 양성모음, 음성모음의 교체를 통한 어감의 차이를 볼 수 있다.

▶ **002** 답 ②

정답 풀이

점쟁이들이 예전에 점을 칠 때 쓰기 위하여 나무통(산통)에 산대를 넣고 흔든 다음 뽑으면서 점을 쳤는데, 그 나무통을 깨버리면 아예 점을 칠 수 없게 된다는 데에서 유래한 말이다. 여기에서 **'다 잘되어 가던 일을 이루어지지 못하게 뒤틀다'**의 뜻이 나온 것이다. 관용표현을 이루는 어휘의 어원, 배경 문화에 대한 언중들의 지식이나 인식 정도가 낮을수록 그 관용표현의 투명도가 낮다.

▶ **003** 답 ④

정답 풀이

'우레'는 15세기 어형 '울에'의 후대형으로, 고유어이다. 이를 한자어 '우뢰(雨雷)'에서 온 것으로 잘못 알고 있는 경우가 있으므로 주의할 필요가 있다.

제9강 | **어휘론, 한국어사**

001 한국어 어휘의 특성이 <u>아닌</u> 것은? (7회 32번)

① 명사가 격에 따라 형태가 바뀐다.
② 개념어로는 한자어가 많이 쓰인다.
③ 높임이나 겸양을 나타내는 어휘가 발달하였다.
④ 음운교체에 의한 어감의 차이를 보이는 어휘가 많다.

평가 요소 한국어 어휘의 특성 이해

002 다음 중 관용표현에 나타난 한국 문화에 대한 배경지식을 설명한 것으로 옳지 <u>않은</u> 것은? (1회 41번)

① 감투를 쓰다 – 옛날에는 벼슬을 하게 되면 머리에 감투를 썼다.
② 산통을 깨다 – 옛날에 상인들은 장사가 망하면 빈 돈을 넣어 두었던 산통을 깼다.
③ 마당을 빌리다 – 옛날에 가난한 집에서는 마당이 좁아서 부잣집의 마당을 빌려서 혼례식을 치렀다.
④ 머리를 올리다 – 옛날에 처녀들은 머리를 길게 땋았으나 시집을 가게 되면 머리를 올려 쪽을 지었다.

평가 요소 관용표현의 생성과 그 한국문화적 배경 이해

003 밑줄 친 단어 중 기원적으로 다른 언어로부터 차용한 말이 <u>아닌</u> 것은? (6회 38번)

① 아이에게 줄 <u>타락죽</u>을 만들었다.
② <u>냄비</u>가 엎어져 물이 쏟아졌다.
③ 사람은 <u>빵</u>만 먹고 살 수 없다.
④ <u>우레</u>와 같은 박수가 쏟아졌다.

평가 요소 차용어의 판별

004 어원이 한자어와 관련이 <u>없는</u> 것은? (4회 39번)

① 차라리
② 심지어
③ 어차피
④ 기필코

평가 요소 한자어계 어휘의 판별

① 타락죽 – '타락'은 '짐승의 젖'을 뜻하는 몽골어 '타라크(taraq)'를 차용한 말이다.
② 냄비 – 일본어 '나베(なべ, 鍋)'를 차용한 말이다.
③ 빵 – 포르투갈어 '팡(pao)'을 차용한 말이다.

▶ **004** 답 ①

정답 풀이

'차라리'는 고유어 부사이다. 15세기 어형 '출하리'의 후대형이다.

005 '전문어'에 대한 설명으로 옳지 <u>않은</u> 것은? (4회 41번)

① 다의어인 경우가 많지 않다.
② 외국에서 차용된 어휘가 많다.
③ 의미가 문맥의 영향을 많이 받는다.
④ 의미를 의도적으로 제한한 경우가 많다.

평가 요소 전문어의 특성 이해

오답 풀이

② 심지어(甚至於)
③ 어차피(於此彼)
④ 기필(期必)코

▶ **005** 답 ③

정답 풀이

전문어는 사용 맥락과 이를 사용하는 언어 집단이 정해져 있으므로 문맥에 따라 그 의미가 달라지는 일이 거의 없다.

▶ **006** 답 ④

006 높임법과 관련된 어휘 중 성격이 나머지 셋과 다른 것은? (10회 35번)

① 뵙다 　② 드리다 　③ 여쭙다 　④ 잡수시다

평가 요소 어휘적 높임법인 보충법에 대한 이해

정답 풀이

①은 '보다', ②는 '주다', ③은 '묻다'를 어휘적으로 높인 표현들로 보충법의 예에 해당한다. 그러나 ④는 '먹다'를 어휘적으로 높인 '잡수다'의 어간 '잡수-'에 형태론적 높임법 중 주체 높임의 형태소 '-시-'가 결합한 것이다.

▶ **007** 답 ④

007 밑줄 친 단어 중에서 한자어를 <u>모두</u> 고른 것은? (10회 38번)

> ㄱ. <u>서슬</u>이 퍼렇다　ㄴ. <u>수발</u>을 들다　ㄷ. <u>수작</u>을 부리다　ㄹ. <u>하자</u>가 있다

① ㄱ, ㄴ 　② ㄴ, ㄷ 　③ ㄴ, ㄹ 　④ ㄷ, ㄹ

평가 요소 고유어와 한자어에 대한 이해

정답 풀이

ㄱ, ㄴ은 고유어이고 ㄷ, ㄹ은 한자어이다. 서슬은 쇠붙이로 만든 연장이나 조각 따위의 날카로운 부분을 뜻하는 고유어이고, 수발은 신변 가까이에서 여러 가지 시중을 든다는 의미를 가진 고유어이다. 반면, 수작(酬酌)은 남의 말이나 행동, 계획을 낮잡아 이를 때 쓰는 한자어이고, 하자(瑕疵)는 옥의 얼룩진 흔적이라는 뜻으로 흠집과 유사한 의미로 쓰이는 한자어이다.

▶ **008** 답 ②

정답 풀이

야반도주(夜半逃走)는 남의 눈을 피하여 한밤중에 도망한다는 뜻의 사자성어이다. 이와 관련한 속담은 무엇을 피하여 몰래 달아남을 비유적으로 이르는 '굴뚝 보고 절한다'이다.

오답 풀이

① 달 보고 짖는 개:
 ㄱ. 남의 일에 대하여 잘 알지도 못하면서 떠들어 대는 사람을 비유적으로 이르는 말.
 ㄴ. 대수롭지도 않은 일에 공연히 놀라거나 겁을 내서 떠들썩하는 싱거운 사람을 비유적으로 이르는 말.
② 도둑 맞고 사립 고친다: 평소 대비를 하지 않으면 훗날 후회하게 된다는 말.
 =소 잃고 외양간 고친다.
④ 불 없는 화로 딸 없는 사위: 직접적인 인연이나 관계가 끊어져 쓸데없거나 긴요하지 않게 된 것을 비유적으로 이르는 말.
 = 딸 죽은 사위 불 꺼진 화로.

▶ **009** 답 ①

정답 풀이

① 톳: 김을 묶어 세는 단위로 한 톳은 김 백 장.
② 쾌: 북어 또는 엽전을 세는 단위로 북어의 경우 한 쾌는 스무 마리, 엽전 한 쾌는 열 냥.
③ 쌈: 바늘을 묶어 세는 단위로 한 쌈은 바늘 스물네 개.
④ 두름: 조기 따위의 물고기를 짚으로 한 줄에 열 마리씩 두 줄로 엮은 것을 세는 단위. 조기 한 두름은 열 마리.

---

008 '야반도주(夜半逃走)'와 관련 있는 속담은? (10회 39번)

 ① 달 보고 짖는 개
 ② 굴뚝 보고 절한다
 ③ 도둑 맞고 사립 고친다
 ④ 불 없는 화로 딸 없는 사위

 평가 요소 사자성어와 속담의 의미적 유사성에 대한 이해

009 밑줄 친 단위 명사 중 수량이 가장 많은 것은? (10회 40번)

 ① 김 한 톳
 ② 북어 한 쾌
 ③ 바늘 한 쌈
 ④ 조기 한 두름

 평가 요소 고유어 수량 단위 의존명사에 대한 이해

010 다음에 제시된 훈민정음과 관련된 서술 중 사실에 부합하는 것은? (7회 54번)

 ① 훈민정음이 창제되기 전 우리나라 사람들의 언어 생활은 한자어만으로 이루어졌다.
 ② 훈민정음의 글자 중에는 어금니의 모양을 본떠서 만들어진 글자가 있다.
 ③ 훈민정음이 창제된 직후부터 공식문서들은 훈민정음으로 기록되었다.
 ④ 훈민정음 제작의 원리는 핸드폰의 한글 자판에도 반영되어 있다.

 평가 요소 훈민정음 창제의 원리와 한국어사적 의의

 개념 확장 ※ 훈민정음 제자 원리
 1. 자음 – 기본자는 조음 위치에 따라 '牙, 舌, 脣, 齒, 喉'의 다섯 부류로 나누고, 여기에 조음 기관 상형의 원리를 더하여 각각의 제자 원리를 아래와 같이 밝혀 놓았다.
  牙(아) – ㄱ, 象舌根閉喉之形(상설근폐후지형) ⇒ 혀뿌리가 목구멍을 막는 모양. 설배(舌背)가 연구개(어금니 근처)쪽으로 꺾이게 되므로 측면에서 보면 'ㄱ'의 모양이 됨.
  舌(설) – ㄴ, 象舌附上齶之形(상설부상악지형) ⇒ 혀가 윗잇몸에 닿는 모양. 설첨(舌尖)이 위로 솟아 치조 위치에 닿게 되므로 측면에서 보면 'ㄴ'의 모양이 됨.
  脣(순) – ㅁ, 象口形(상구형)
  齒(치) – ㅅ, 象齒形(상치형)
  喉(후) – ㅇ, 象喉形(상후형)

2. 모음 – 기본자는 동양적 세계관의 3대 요소(삼재)인 **천(ㆍ), 지(ㅡ), 인(ㅣ)**을 상형한 것이고, 여기에서 각 소리의 관계를 고려한 기본자 합성으로 다시 **초출자(ㅗ, ㅏ, ㅜ, ㅓ), 재출자(ㅛ, ㅑ, ㅠ, ㅕ)** 가 나온 것이다.

011 '무춤내제쁘들시러펴디몯홇노미하니라 (훈민정음 언해본)'에 대한 설명으로 옳지 않은 것은? (5회 50번)

① '무춤내'는 현대 한국어의 '마침내'에 해당하므로 음운 변화가 형태 변화에 영향을 준 것을 알 수 있다.

② '시러'의 현대 맞춤법에 따른 표기는 '싫어'이다.

③ '놈'은 현대에는 비칭으로 쓰이지만 당시에는 평칭으로 쓰었다.

④ '하니라'를 현대 한국어로 옮기면 '많으니라'가 된다.

평가 요소 《훈민정음》 언해본의 형태 분석 및 의미 풀이

012 다음 단모음 체계들을 시대순으로 나열한 것은? (5회 51번)

(가)	ㅣ	ㅡ	ㅜ		(나)	ㅣ	ㅜ	ㅗ
		ㅓ	ㅗ				ㅓ	ㅡ	ㆍ
		ㅏ	ㆍ					ㅏ

(다)	ㅣ	ㅟ	ㅡ	ㅜ		(라)	ㅣ	ㅡ	ㅜ
		ㅔ	ㅚ	ㅓ	ㅗ			ㅔ	ㅓ	ㅗ
		ㅐ		ㅏ				ㅐ		ㅏ

① (가) – (나) – (다) – (라)   ② (나) – (가) – (라) – (다)

③ (다) – (나) – (라) – (가)   ④ (라) – (가) – (나) – (다)

평가 요소 한국어 단모음 체계의 변화

개념 확장 ※ '(나) 〉 (가)'의 변화를 해석하는 관점
① 추진 연쇄(push chain)적 모음추이: 'ㅓ'의 중설화로 인해 'ㅡ, ㅜ, ㅗ, ㆍ'가 순차적으로 밀려난 것으로 보는 견해
② 견인 연쇄(drag chain)적 모음추이: 'ㆍ'의 저모음화로 인해 'ㅓ, ㅡ, ㅜ, ㅗ'가 순차적으로 당겨온 것으로 보는 견해

⇒ 어느 경우이건 (가) 체계의 성립을 '모음추이'의 결과로 보는 것은 같다.

해 설

▶ 010 답 ④

정답 풀이

삼성에서 나온 '천지인 한글 자판 입력 체계'가 바로 훈민정음 모음의 'ㆍ, ㅡ, ㅣ' 및 이들의 조합으로 만들어진 '초출자', '재출자' 개념을 반영한 것이다.

오답 풀이

① 우리말 표기를 위해 향찰, 이두 등의 한자 차자 표기를 사용하기는 하였으나, 언어 생활이 한자어만으로 이루어졌다는 것은 지나친 기술이다.
② 치음은 《훈민정음 해례(訓民正音解例)》 '제자해(制字解)'에 '齒音ㅅ 象齒形'이라고 기술되어 있다. 어금니를 뜻하는 '牙'가 아니므로 선택지는 잘못된 기술이다
③ 훈민정음 창제 이후에도 공식문서는 여전히 한자로 기록되었다.

▶ 011 답 ②

정답 풀이

문제의 부분은 해례본의 **終不得伸其情者多矣**에 해당하며, '시러'는 한자 '得(시러곰 득)'을 풀이한 것이어서 형용사 '싫-'과는 관계가 없다.

오답 풀이

① 'ㆍ'의 음운 변화(ㆍ 〉 ㅏ)에 따른 형태 변화이다.
④ 15세기 당시 '하-'는 '多', 'ㅎㆍ-'는 '爲'의 뜻으로 쓰였으므로 옳은 기술이다.

▶ 012 답 ②

정답 풀이

(나)는 전기 중세 국어 시기인 13세기 경의 모음 체계를 재구한 것.
(가)는 훈민정음 창제 당시인 15세기의 단모음 체계를 재구한 것.
(라)는 'ㆍ'의 소실과 하향 이중모음 'ㅔ, ㅐ'의 단모음화를 겪고 난 뒤인 19세기 초의 모음 체계를 재구한 것.
(다)는 전설 원순모음 계열의 'ㅚ, ㅟ'가 생겨난 20세기 초 이후의 표준어 모음 체계이다.

▶ 013　답 ①

모음추이는 전기 중세 국어에서 후기 중세 국어로 넘어가는 시기에 발생한 것이다. 앞의 문제 12번 모음 체계를 보면 이를 확인할 수 있다.

▶ 014　답 ①

후기 중세국어 시기에는 '믈(水)', '플(草)'과 같이 원순모음화가 적용되지 않았지만, 근대국어 시기부터 순자음 뒤 평순모음 'ㅡ'가 'ㅜ'로 변화하는 원순모음화 현상이 나타났다.

② 근대국어 시기 단모음 체계에서 가장 두드러진 변화는 전설 모음 계열 'ㅔ, ㅐ, ㅟ, ㅚ'의 음운화이다. 그러나 현재 서울 지역에서는 'ㅔ'와 'ㅐ'가 합류하였고, 전설 원순 단모음 'ㅟ, ㅚ'는 모두 각각 'ㅣ, ㅔ'로 변화하여 모음 체계에 나타나지 않는다. 즉, 'ㅔ, ㅐ'가 하나의 음소로 줄어들고, 'ㅟ, ㅚ'는 나타나지 않으므로 단모음의 수가 줄어든 것이다.
③ 'ㆍ'는 근대국어 시기 어두 위치에서는 'ㅏ'로, 비어두 위치에서는 'ㅡ'로 변화하였다. 근대국어 문헌 자료에는 'ㆍ' 표기가 나타난다. 즉, 표기는 존재했지만 음가만 사라진 것이다.
④ 후기 중세국어 시기에 존재했던 어두의 자음군은 근대국어 시기에 어두의 된소리로 변화하였다.

▶ 015　답 ③

ㄱ. 구결(口訣)은 한문 문장의 우리말 해석을 위하여 그 뜻풀이 순서를 점 등의 기호로 표시하거나 토(우리말 조사, 어미 등)를 한자나 그 약자 형태를 빌어 적은 표기 체계이다. 석독구결(釋讀口訣), 음독구결(音讀口訣)로 크게 나누어 볼 수 있다. 중요한 점은 **한문 문장의 원래 어순을 바꾸지 않았다**는 것이다.

---

013 근대 국어 시기에 관한 설명 중 사실과 거리가 <u>먼</u> 것은? (6회 53번)

① 'ㅓ, ㅡ, ㅜ, ㅗ, ㆍ'의 조음 위치가 변한 모음추이가 있었다.
② 이중모음 'ㅐ, ㅔ'가 단모음 'ㅐ, ㅔ'로 단모음화한 시기이다.
③ '믈(水), 블(火)'이 '물, 불'과 같이 되는 원순모음화가 일어난 시기이다.
④ 모음 'ㅣ' 앞의 'ㄷ, ㅌ'이 'ㅈ, ㅊ'으로 변한 구개음화가 일어난 시기이다.

근대 국어 시기의 음운론적 특성 이해

014 국어사적 사실로 옳은 것은? (10회 54번)

① 근대국어 시기에 원순모음화 현상이 일어났다.
② 근대국어 이후에는 단모음의 수가 변하지 않았다.
③ 근대국어 시기에 'ㆍ'의 표기와 음가가 함께 없어졌다.
④ 근대국어 시기에 어두의 된소리가 자음군으로 변화하였다.

근대국어 시기의 음운 변화에 대한 이해

015 한국어 표기에 사용되었던 문자 체계에 관한 설명으로 옳은 것을 <u>모두</u> 고른 것은? (6회 54번)

> ㄱ. 구결은 한문 문장의 이해를 돕기 위하여 한문에 토를 단 것이다.
> ㄴ. 이두는 한자로 표기하되 한국어의 어순을 취하고 있다.
> ㄷ. 향찰은 한자를 빌어 표기한 것으로 의미부는 정자(正字)로 쓰고, 문법부는 약자(略字)로 썼다.
> ㄹ. 훈민정음은 소리글자이나 모아쓰기를 하여 표의문자가 가지고 있는 장점도 아울러 취하고자 하였다.

① ㄱ, ㄴ, ㄷ
② ㄴ, ㄷ, ㄹ
③ ㄱ, ㄴ, ㄹ
④ ㄱ, ㄷ, ㄹ

한국어 표기법의 한국어사적 특성 이해

ㄷ. 향찰은 한자 차자 표기법이 맞지만, 의미와 소리를 모두 정자 형태의 한자로 표기하였다. 문법 형태소에 해당하는 조사, 어미 등을 한자의 약자 형태로 표기한 것은 구결이다.

016 받침 표기에서 형태음소적 표기가 들어 있지 <u>않은</u> 것은? (10회 53번)

① 곶 됴코 여름 하ᄂᆞ니

② 빈이 디여 뵈니 衆賊이 좇거늘

③ 쪼 菩薩이 智慧깁고 뜨디 구더

④ 각시 쾨노라 늣 고비 빗여 드라

평가 요소 음소적 표기와 형태음소적 표기에 대한 이해

017 밑줄 친 단어 중 중세국어 어두자음군의 일부 음가가 현대국어에서 종성으로 실현된 예가 <u>아닌</u> 것은? (8회 52번)

① 추석에는 <u>햅쌀</u>로 밥을 지어 차례를 지냈다.

② 그 사람은 <u>접때</u>보다 더 건강해진 것 같다.

③ 칡은 <u>곱씹</u>을수록 단맛이 난다.

④ 바람이 마당으로 <u>휩쓸</u>고 지나갔다.

평가 요소 중세국어 ㅂ계 합용병서 표기의 음가와 화석형의 상관성 이해

오답풀이 ① '쌀(米)'의 중세국어 어형은 ㅂ계 합용병서 표기 'ㅄ'을 초성으로 하는 'ᄡᆞᆯ'이다. 아래의 예에서도 볼 수 있듯 중세국어 시기에 'ᄡᆞᆯ'이 복합어를 형성한 뒤, 이 'ㅄ'의 'ㅂ'이 선행 음절 종성으로 실현된 형태로 현대국어에 일부 남아 있는 경우가 있다. 이처럼 'ㅂ'이 선행 음절 종성에 남은 화석형의 존재는, 중세국어 시기의 ㅂ계 합용병서 표기 'ㅄ'의 음가가 **ㅅ의 된소리가 아닌 어두자음군이었음**을 보여주는 증거이다. ≪표준국어대사전≫의 처리에서도 확인할 수 있는 것처럼, 현대국어에서는 공시적으로 이들의 형태소 분석을 하지 않는다.

  예 '좁쌀(〈 조ㅎ + ᄡᆞᆯ)', '찹쌀(〈 ᄎᆞᆯ − ᄡᆞᆯ)' 등

② '때(時)'의 중세국어 어형은 ㅂ계 어두자음군 'ㅄ'을 초성으로 하는 'ᄢᅴ'이다. 역시 화석형으로서 현대국어에 일부 남아 있는 경우를 볼 수 있다. 그 음가 해석은 위와 동일하다.

  예 '입때(〈 이 + ᄢᅴ)'

④ '쓸−(掃)'의 중세국어 어형은 ㅂ계 어두자음군 'ㅄ'을 초성으로 하는 'ᄡᅳᆯ−'이다. '휩쓸'은 중세국어 시기에 '휘− + ᄡᅳᆯ−'의 결합으로 만들어진 합성어가 화석형으로서 현대국어에 남아 있는 어형이다. 역시 그 음가 해석은 위와 동일하다.

ㄴ. 이두(吏讀)는 한문을 우리말 어순으로 바꾸어 배열하고 필요한 경우 우리말 조사, 어미 등을 한자의 음을 빌어 적은 표기 체계이다. 주로 각 관청의 하급 관리(아전)들에 의해 많이 쓰였다.

ㄹ. 모아쓰기를 했다는 것은 음절 단위별로 초성, 중성, 종성을 모아서 표기하였다는 말이다. 훈민정음은 음절과 형태를 고려하여 모아쓰기를 함으로써 **형태소, 단어 등의 의미 단위를 사용자들이 직관적으로 이해할 수 있도록 한 표기 방식**을 택하였다. 한자도 각각의 글자가 곧 의미 단위이기 때문에 해당 한자를 알고 있으면 띄어쓰기를 하지 않더라도 그 의미를 직관적으로 이해할 수 있다. 영어와 같은 인구어는 알파벳을 옆으로 풀어쓰므로 단어 경계나 어절 경계를 띄어쓰기로 보여주지 않으면 표기만으로는 의미 단위를 구별하기가 힘들다.

▶ **016** 답 ③

정답 풀이

형태음소적 표기는 해당 형태소의 기본형(기저형)을 밝혀 적는 방식으로 ①의 '곶', ②의 '좇거늘', ④의 '빗여'는 각각 형태소의 음절말음 'ㅈ, ㅊ, ㅿ'이 표기에 나타나므로 형태음소적 표기가 반영된 것이다. 그러나 ③의 '깁다'는 형태소의 기본형인 '깊다'의 음절말음 'ㅍ'이 'ㅂ'으로 교체된 음운 현상(음절말 평폐쇄음화 또는 음절말 중화)을 표기에 반영한 것으로 음소적 표기에 해당한다.

▶ **017** 답 ③

정답 풀이

'씹−(嚼)'의 중세국어 어형은 '십−'이다. 이후 ㅅ의 어두 경음화를 거쳐 '씹−'이 되고 이것이 '거듭 되풀이함'을 뜻하는 명사 '곱(倍)'과 결합하여 만들어진 합성어가 '곱씹다'로서, 공시적 형태소 분석(곱 + 씹−)도 가능하다. 따라서 '곱씹다'는 ㅂ계 어두자음군과 무관한 어형이다.

▶ 018 답 ①

정답 풀이

'다의성'을 기반으로 하여 '기초 어휘부'를 담당하고 있는 것은 '고유어'이다. 고유어가 갖는 다의성으로 인해, 하나의 고유어가 갖는 각각의 의미에 대응하는 한자어가 여럿이 됨으로써 '일대다'의 대응 관계가 나타나게 되는 것이다.

▶ 019 답 ①

정답 풀이

이두는 이미 삼국시대에 발달하기 시작하여, 통일신라시대에 표기법이 완성되어 19세기 말까지 계승되어 왔다. 훈독자(訓讀字)는 한자 본래의 의미를 살려 음이나 새김을 차용했고, 음독자(音讀字)는 한자 본래의 의미와는 상관 없이 음이나 새김의 발음만 빌려서 우리말을 표기한 것인데, 그 어순이 한국어와 동일하다. 조선시대의 이두문은 주로 왕이 신하에게 내리는 글, 신하나 백성이 왕에게 올리는 상소문, 관(官)과 관 사이의 관문(關文) 등의 문자로 쓰였다.

오답 풀이

② 구결은 한자 어순을 따랐고, 문법적 요소는 음을 빌려 적음으로써 한문 원전을 편리하게 해석하도록 도와주는 표기였다.
③ 향찰은 가장 완성된 차자표기법으로, 어근은 뜻을 빌려 적고 조사와 어미는 음을 빌려 적는 방식을 취하였고, 향가 표기의 수단이었다.
④ '夜音'에서 '音'은 받침 'ㅁ'을 나타내는 음독 표기로 볼 수 있다.

---

018 고유어와 한자어가 '일대다'로 대응하는 현상이 발생하는 원인이 아닌 것은? (9회 33번)

① 한자어는 다의성을 기반으로 하여 기초 어휘부를 담당해 왔다.
② 고유어와 한자어가 부담하고 있는 의미 영역상의 차이로 인해 상호 보완의 필요성이 컸다.
③ 다수의 한자어들이 하나의 고유어에 집중되는 형식으로 유의 관계를 형성하는 경우가 많다.
④ 국어의 어휘부가 기원과 기능을 달리하는 고유어와 한자어에 의해 이중 체계를 형성하고 있다.

평가 요소 고유어와 한자어의 대응 관계 이해

개념 확장 ※ 기초 어휘의 개념(김광해, 1993:48~56[1] 참조)

1) 기초 어휘
  ⇒ 일상 언어생활에 있어서 필수적인 단어 1천 개 내지 2천 개를 최소한으로 선정한 뒤, 이를 계통적으로 분류하여 제시한 체계

2) 기초 어휘의 조건
  ① 그 어휘를 사용하지 않고 다른 단어를 대용하는 일이 불가능하여, 문장을 작성하는 일이 불가능해지며, 다른 단어를 대용한다고 하더라도 오히려 그것이 더 불편해진다.
  ② 그 단어들을 서로 조합하여 다른 복잡한 개념이나 새로운 명이 필요한 개념 등을 나타내는 단어를 쉽게 만들 수 있다.
  ③ 기초 어휘에 속하지 않은 단어를 설명하는 경우 결국에는 기초 어휘의 범위에 들어 있는 단어들에 의지하는 일이 대개 가능하다.
  ④ 그 단어들의 많은 것은 오랜 옛날부터 사용되어 오던 것이며, 앞으로도 계속 사용될 가능성이 크다.
  ⑤ 여러 방면의 화제에 흔하게 사용된다.

019 차자 표기에 관한 설명으로 옳지 않은 것은? (10회 4번)

① 이두는 신라 초기부터 조선 전기까지 사용한 표기 방식으로, 한국어의 어순대로 표기하였다.
② 구결은 한문 원전을 읽을 때 그 뜻을 편리하게 해석하기 위해 사용하였다.
③ 향찰은 한자를 빌려 한국어를 표기한 것으로, 향가 표기에 사용하였다.
④ '밤'을 표기한 '夜音'에서 '音'은 받침 'ㅁ'을 나타내는 음독 표기이다.

평가 요소 표기의 역사

---

1) 김광해(1993), 《국어 어휘론 개설》, 집문당.

해 설

001 밑줄 친 단어가 표준어가 **아닌** 것은? (7회 55번)

① 너무 까탈스럽게 굴지 않았으면 좋겠어요.
② 점심을 짜장면 한 그릇으로 때웠다.
③ 못자리라도 봐 놓고 덤비는 게냐?
④ 글씨를 개발새발 아무렇게나 써놓았다.

평가 요소 2011년 개정 표준어 숙지 여부

개념 확장 ※ **2011년 8월 31일 표준어 개정 내용**

– 현재 표준어와 같은 뜻으로 추가로 표준어로 인정한 것(11개)

추가된 표준어	현재 표준어
간지럽히다	간질이다
남사스럽다	남우세스럽다
등물	목물
맨날	만날
묫자리	묏자리
복숭아뼈	복사뼈
세간살이	세간
쌉싸름하다	쌉싸래하다
토란대	고운대
허접쓰레기	허섭스레기
흙담	토담

– 현재 표준어와 별도의 표준어로 추가로 인정한 것(25개)

추가된 표준어	현재 표준어	뜻 차이
~길래	~기에	**~길래**: '~기에'의 구어적 표현.
개발새발	괴발개발	**'괴발개발**'은 '고양이의 발과 개의 발'이라는 뜻이고, **'개발새발**'은 '개의 발과 새의 발'이라는 뜻임.
나래	날개	**'나래**'는 '날개'의 문학적 표현.
내음	냄새	**'내음**'은 향기롭거나 나쁘지 않은 냄새로 제한됨.
눈꼬리	눈초리	· **눈초리**: 어떤 대상을 바라볼 때 눈에 나타나는 표정. · **눈꼬리**: 눈의 귀 쪽으로 째진 부분.
떨구다	떨어뜨리다	**'떨구다**'에 '시선을 아래로 향하다'라는 뜻 있음.
뜨락	뜰	**'뜨락**'에는 추상적 공간을 비유하는 뜻이 있음.
먹거리	먹을거리	**먹거리**: 사람이 살아가기 위하여 먹는 음식을 통틀어 이름.
메꾸다	메우다	**'메꾸다**'에 '무료한 시간을 적당히 또는 그럭저럭 흘러가게 하다.'라는 뜻이 있음
손주	손자(孫子)	· **손자**: 아들의 아들. 또는 딸의 아들. · **손주**: 손자와 손녀를 아울러 이르는 말.
어리숙하다	어수룩하다	**'어수룩하다**'는 '순박함/순진함'의 뜻이 강한 반면에, **'어리숙하다**'는 '어리석음'의 뜻이 강함.
연신	연방	**'연신**'이 반복성을 강조한다면, **'연방**'은 연속성을 강조.
휭하니	힁허케	**힁허케**: '휭하니'의 예스러운 표현.

▶ 001 **답** ①

정답 풀이

'까탈스럽다'는 2011년 8월 31일의 표준어 개정에 포함되지 않았다. '까다롭게'로 고쳐야 한다.

추가된 표준어	현재 표준어	뜻 차이
걸리적거리다	거치적거리다	
끄적거리다	끼적거리다	
두리뭉실하다	두루뭉술하다	
맨숭맨숭/ 맹숭맹숭	맨송맨송	
바동바동	바동바동	
새초롬하다	새치름하다	자음 또는 모음의 차이로 인한 어감 및 뜻 차이 존재
아옹다옹	아웅다웅	
야멸차다	야멸치다	
오손도손	오순도순	
찌뿌둥하다	찌뿌듯하다	
추근거리다	치근거리다	

– 두 가지 표기를 모두 표준어로 인정한 것(3개)

추가된 표준어	현재 표준어
택견	태껸
품새	품세
짜장면	자장면

▶ 002　**답** ③

오답 풀이

① '머리말'이 표준어이다. 머릿말 →
머리말
② 뒤에 결합하는 실질 형태소의 초
성(음절 두음)이 평음이 아니면 사
이시옷을 쓸 수 없다.
윗쪽 → 위쪽, 뒷풀이 → 뒤풀이
④ 두 실질 형태소가 모두 한자인 경
우에 예외로 인정한 표기는 '곳간
(庫間), 셋방(貰房), 숫자(數字), 찻
간(車間), 툇간(退間), 횟수(回數)'이
다. 촛점 → 초점(焦點)

002 사이시옷의 사용이 옳은 것끼리 묶인 것은? (10회 56번)

① 최솟값, 맥줏집, 장맛비, 머릿말　② 윗쪽, 뒷풀이, 쳇바퀴, 툇간
③ 멧나물, 아랫니, 빗물, 뒷윷　　　④ 곳간, 숫자, 촛점, 횟수

평가 요소　한글 맞춤법의 사이시옷 규정에 대한 이해

개념 확장　※ 사이시옷 규정(한글 맞춤법 4장 4절 30항 사이시옷 규정 참고)

1) 순 우리말로 된 합성어로서 앞말이 모음으로 끝난 경우
　ㄱ. 뒷말의 첫소리가 된소리로 나는 것 예) 귓밥, 나룻배, 나뭇가지,
　　냇가
　ㄴ. 뒷말의 첫소리 'ㄴ, ㅁ' 앞에서 'ㄴ' 소리가 덧나는 것
　　예 아랫니, 텃마당, 아랫마을
　ㄷ. 뒷말의 첫소리 모음 앞에서 'ㄴㄴ' 소리가 덧나는 것
　　예 뒷윷, 두렛일, 뒷일

2) 순 우리말과 한자어로 된 합성어로서 앞말이 모음으로 끝난 경우
　ㄱ. 뒷말의 첫소리가 된소리로 나는 것
　　예 아랫방(一房), 자릿세(一貰), 전셋집(傳貰一)
　ㄴ. 뒷말의 첫소리 'ㄴ, ㅁ' 앞에서 'ㄴ' 소리가 덧나는 것
　　예 제삿날(祭祀一), 훗날(後一), 툇마루(退一一)
　ㄷ. 뒷말의 첫소리 모음 앞에서 'ㄴㄴ' 소리가 덧나는 것
　　예 예삿일(例事一), 훗일(後一)

3) 두 음절로 된 다음 한자어
곳간(庫間), 셋방(貰房), 숫자(數字), 찻간(車間), 툇간(退間),
횟수(回數)

003 다음 중 표준 발음이 아닌 발음 표시가 포함된 것은? (7회 59번)

① 다쳐[다처/다쳐]　　　　② 계시다[게:시다/계:시다]
③ 피어[피어/피여]　　　　④ 주의[주의/주이]

> **평가 요소** 모음의 표준 발음 규정 이해

004 표준어에 대한 설명으로 옳지 <u>않은</u> 것은? (6회 59번)

① '설거지하다'를 표준어로 삼은 것은 '설겆다'가 사어(死語)가 되었기 때문이다.

② '게을러빠지다'를 표준어로 삼은 것은 '게을러터지다'보다 널리 쓰이기 때문이다.

③ '강낭콩'을 표준어로 삼은 것은 어원에서 멀어진 형태이기는 하나 널리 쓰이기 때문이다.

④ '깡충깡충'을 표준어로 삼은 것은 '충'이 '충'으로 되어 굳어진 형태가 널리 쓰이기 때문이다.

> **평가 요소** 표준어 설정의 기준에 대한 이해

> **오답 풀이** ① 한글맞춤법과 표준어 규정의 대원칙은 '소리대로 적되 어법에 맞도록 한다'라는 점이다. 이를 다시 말하면, **현대 국어의 문법으로 분석이 가능하고 언중들의 모국어적 직관에 근거하여 해당 형태의 어원과 유래가 공시적으로 살아있으면 형태소의 기본형을 중심으로 표기**하고, 그것이 불가능하면 소리대로 적으라는 것이다. 이에 따르면 '설겆다'는 현대 국어 문법적 직관으로 볼 때 이미 '사어'가 되어 어원이 불분명하므로 그 형태 분석의 근거가 없다. 따라서 소리대로 적는다.
> ③ 표준어 사정, 특히 매회의 개정에서 상당한 비중을 차지하는 기준이 바로 '언중들이 널리 써서 굳어진 형태인가'의 문제이다. 최근 2011년 8월 31일의 개정에서도 그 영향이 적지 않았음을 알 수 있다.
> ④ 18세기 말부터 발생한 비어두 음절의 'ㅗ → ㅜ' 교체가 그 음운론적 영향력을 확대하여, 20세기 중반을 넘어서면서부터는 심지어 의성어, 의태어까지도 모음조화를 따르지 않은 형태가 등장하게 되었다. '깡충깡충'은 이러한 이유로 언중들의 인식에서 완전히 굳어진 모음조화 파괴 형태를 표준어로 수용한 결과이다.

해 설

▶ **003** 답 ①

정답 풀이

표준발음법 제5항의 부속조항인 '다만 1'에 따르면 용언의 활용형에 나타나는 '져, 쪄, 쳐'의 'ㅕ'는 이중모음으로 발음하지 않는다.

오답 풀이

② 표준발음법 제5항 '다만 2'에 따르면 '예, 례' 이외의 'ㅖ'는 'ㅔ'로도 발음한다.
③ 표준발음법 제22항의 예이다. 모음 'ㅣ' 뒤에 바로 모음이 이어지는 경우, 모음충돌을 회피하기 위하여 음성학적으로 모음 사이에 활음 y가 삽입되는데 이를 허용 발음으로 인정한 것이다. 그러나 표기에서는 인정하지 않는다.
④ 표준발음법 제5항 '다만 4'에 따른 것이다. 원칙적으로 'ㅢ'는 이중모음으로 발음하되, 단어 첫음절 이외의 'ㅢ'는 [ㅣ]로 발음할 수 있고, 조사로 쓰인 '의'는 [ㅔ]로 발음하는 것을 허용한다.

▶ **004** 답 ②

정답 풀이

둘 다 표준어로서 사전에도 등재되어 있으나, '게을러빠지다'의 표준어 선정에 '게을러터지다'와의 상대적 빈도차가 영향을 미쳤는가는 분명하지 않다. 현행 규정에서는 한 가지 의미를 나타내는 형태 몇 가지가 널리 쓰이면 이들을 모두 표준어로 삼는다.

▶ 005 답 ①

정답 풀이

'ㄼ'은 어말 또는 자음 앞에서 [ㄹ]로
발음하므로 옳다. 주의할 점은, '넓–'
은 '넓죽하다, 넓둥글다'의 경우 [넙]
으로 발음한다는 것이다.

---

005 표준 발음을 모두 바르게 제시한 것은? (5회 55번)

① 여덟[여덜], 넓다[널따]

② 읊고[을꼬], 맑게[말께]

③ 밟다[발:따], 넓죽하다[넙쭈카다]

④ 티읕이[티으치], 히읗을[히으슬]

평가 요소　받침(음절말 자음)의 표준 발음법 규정 이해

오답 풀이　② 'ㄺ, ㄻ, ㄼ'은 어말 또는 자음 앞에서 '[ㄱ, ㅁ, ㅂ]'으로 발음하
므로, 이에 따라 '읊고[읍꼬]'로 발음한다. 다만 'ㄺ'은 ㄱ 앞에
서는 'ㄹ'로 발음하므로 '맑게[말께]'는 바른 발음이다.

③ '밟–'은 다른 'ㄼ'계 어휘들과 달리 자음 앞에서 [밥:]으로 발음
하므로 밟다[밥:따]이다.

④ 한글 자모의 이름은 받침소리를 연음하나, 'ㄷ계(ㄷ, ㅌ), ㅈ계
(ㅈ, ㅊ), ㅎ'은 [ㅅ]으로, 'ㅋ'은 [ㄱ], 'ㅍ'은 [ㅂ]으로 발음한다.
그러므로 '티읕이[티으시]'로 발음하여야 한다.

▶ 006 답 ④

정답 풀이

외래어 표기법 제3항에 따라, 마찰음
'[ʃ]'는 어말에서 '시'로 적는다.

---

006 외래어 표기가 올바른 것은? (6회 60번)

① 케잌　　　　　　② 삿뽀로

③ 텔레비젼　　　　④ 리더십

평가 요소　외래어 표기 규정의 이해

오답 풀이　① 영어 단모음 뒤 또는, 영어 단모음과 유음([l], [r])·비음([m], [n])
이외의 자음 사이에 오는 어말 무성 파열음([p], [t], [k])는 받침
으로 적고, 그 나머지는 모두 그 뒤에 '으'를 붙여 적는다.
'cake'는 'ㅋ'을 받침으로 적는 규정에 해당하지 않으므로 '케
이크'로 적는다. 'make(메이크)'와 같은 구조이므로 연관하여
기억하면 쉬울 것이다.

② 일본어의 지명이나 인명의 경우, 발음상 '격음(거센소리) ~ 경음
(된소리)'으로 들리는 소리의 경우 어두에서는 평음(예사소리)
으로만 적고, 어두 이외의 위치에서 나오는 표기는 경음 표기를 하
지 않고 격음으로만 적는다. 이는 외래어 표기법 제1장 제4항에
따른 것으로, **파열음, 파찰음, 마찰음 표기에는 된소리를 쓰지 않
는 것**을 원칙으로 하기 때문이다. 그러므로 **'삿포로'**이다.

③ 영어의 '[ʒ]'은 자음 앞에서는 '지'로, 모음 앞에서는 'ㅈ'으로
적는다. 그러므로 **'텔레비전'**이다.

007 다음 외래어의 표기 원칙에 따라 인정되는 올바른 표기는? (2회 57번)

> 이미 굳어진 외래어는 관용을 존중하되,
> 그 범위와 용례는 따로 정한다.

① 잠바   ② 째즈

③ 터미날   ④ 화이팅

평가 요소 관용적 외래어 표기 대상 숙지

---

008 로마자 표기법에 어긋난 것은? (5회 57번)

① 경복궁   Gyeongbokgung

② 독도   Dokdo

③ 신촌   Shinchon

④ 제주   Jeju

평가 요소 로마자 표기법의 이해와 활용

개념 확장 ※ 로마자 표기법

1. 표기 일람
   1) 모음
      ① 단모음: ㅣ(i), ㅔ(e), ㅐ(ae), ㅟ(wi), ㅚ(oe), ㅡ(eu), ㅓ(eo), ㅏ(a), ㅜ(u), ㅗ(o)
      ② 이중 모음
         - y계: ㅑ(ya), ㅕ(yeo), ㅛ(yo), ㅠ(yu), ㅒ(yae), ㅖ(ye)
         - w계: ㅘ(wa), ㅝ(wo), ㅙ(wae), ㅞ(we)
         - ㅢ(ui)

   2) 자음
      ① 파열음
         - 어두 예사소리(평음): ㄱ(g), ㄷ(d), ㅂ(b)
         - 어두 거센소리(격음): ㅋ(k), ㅌ(t), ㅍ(p)
         - 어두 된소리(경음): ㄲ(kk), ㄸ(tt), ㅃ(pp)
         - 음절말(자음 앞, 어말): ㄱ(k), ㄷ(t), ㅂ(p)
            ⇒ **음절말평폐쇄음화의 적용 결과**
      ② 파찰음
         - 어두 예사소리(평음): ㅈ(j)
         - 어두 된소리(경음): ㅉ(jj)
         - 어두 거센소리(격음): ㅊ(ch)
         - 음절말(자음 앞, 어말): ㅈ(t)
            ⇒ **음절말평폐쇄음화의 적용 결과**

▶ **007** **답** ①

정답 풀이

영어의 'jumper'는 '점퍼'가 원칙이나, 언중들이 오랜 기간 써서 굳어진 '잠바' 역시 인정한다. 여기에 해당하는 예들이 '**빵, 껌, 샤쓰, 카메라, 라디오**' 등이다.

오답 풀이

② 영어의 파찰음 표기에 경음(된소리)을 쓰지 않으므로 '재즈'로 적는다.

③ 'terminal'에서 'nal'의 영어 발음이 [nəl]이므로 'ə'의 대응 표기인 'ㅓ'로 적는다. 그러므로 '터미널'이다.

④ 외래어의 1음운은 1표기로 적는다는 원칙에 따라, 'ㅎ'은 'h'의 대응 표기이므로 'f'는 'ㅍ'으로만 적는다. 그러므로 '파이팅'이다.

▶ **008** **답** ③

정답 풀이

한국어의 'ㅅ'은 's'로만 적으므로, 'Sinchon'으로 적어야 한다.

③ 마찰음
- 어두 예사소리(평음): ㅅ(s)
- 어두 된소리(경음): ㅆ(ss)
- 음절말(자음 앞, 어말): ㅅ(t)
⇒ **음절말평폐쇄음화의 적용 결과**
④ 비음 – ㄴ(n), ㅁ(m), ㅇ(ng)
⑤ 유음 – 어두 ㄹ(r), 음절말 ㄹ(l), ㄹㄹ(ll)

2. 유의점
1) **한국어의 음운 변동이 적용된 결과**를 로마자로 표기한다. 단, **경음화(된소리되기)**는 표기에 반영하지 않는다.
2) 발음상 혼동의 우려가 있을 때는 붙임표(–)를 쓸 수 있다.
3) 고유명사는 첫 글자가 대문자이다.
4) 인명(人名)에서 일어나는 음운 변동은 표기에 반영하지 않는다.
5) 행정구역 단위명(도, 시, 군, 구, 읍, 면, 리, 동)의 행정 단위와 거리에 붙는 '가(ga)', 새주소의 '길(gil)'은 붙임표(–) 다음에 쓴다.

▶ 009 **답** ①

정답 풀이

'성분부사'는 문장의 특정 성분 하나를 수식하는 역할을 하므로 그 분포에 제약이 따른다. 대개 용언 바로 앞에 분포할 때 의미해석의 오류나 모호성이 가장 적다. 특히 부정부사는 반드시 수식 대상 성분 앞에 위치해야 한다.
성분부사의 종류: 성상부사(매우, 잘 등), 지시부사(이리, 저리 등), 부정부사(안, 못)

009 한국어에 관한 설명으로 옳지 <u>않은</u> 것은? (7회 26번)

① 성분부사는 문장 내에서 위치를 바꾸는 데 제약이 없다.
② 품사를 바꾸는 접사는 어근 뒤에 오는 것이 일반적이다.
③ 한 문장에 주어나 목적어가 둘 이상 나타나는 일이 있다.
④ 유성과 무성의 대립이 의미 변별에 사용되지 않는다.

평가 요소 다른 언어와 구별되는 한국어의 특성 이해

▶ 010 **답** ④

정답 풀이

파생 접미사는 형태론 문제 풀이에서 이미 배운 것처럼 단어의 품사를 바꾼다.

오답 풀이

③ '후치사적 언어'라는 말은 한국어의 문법 형태소가 항상 어간 내지 어근의 뒤에 놓이는 특성을 가리키는 말이다. 영어의 전치사 'in, of, for' 등이 항상 명사류의 앞에 놓이는 것을 보면 이해가 빠를 것이다.

010 한국어의 특징에 관한 설명으로 옳지 <u>않은</u> 것은? (5회 3번)

① 장애음에서 유성성(voicing)의 대립은 변별적이지 않다.
② 한자어가 고유나 외래어보다 많다.
③ 후치사적 언어이다.
④ 접미사가 단어의 품사를 바꾸지 않는다.

평가 요소 다른 언어와 구별되는 한국어의 특성 이해

011 한국의 방언에 관한 설명으로 옳지 <u>않은</u> 것을 <u>모두</u> 고른 것은?
(7회 29번)

> ㄱ. 한국의 방언권은 문화권과 일치하는 경향이 있다.
> ㄴ. 음운 현상에서의 차이가 방언 경계를 결정짓는 가장 중요한 요소이다.
> ㄷ. 한국의 방언은 사회적 요인보다 지리적 요인에 따라 더 큰 차이를 보인다.
> ㄹ. 서울 방언이 표준어가 된 것은 언어학적으로 우위에 있는 방언이라는 점이 작용하였다.
> ㅁ. 한국의 방언구획은 동남방언, 서남방언, 동북방언, 서북방언의 네 방언권으로 보는 것이 일반적이다.

① ㄱ, ㄴ, ㄷ   ② ㄴ, ㄷ, ㄹ
③ ㄴ, ㄹ, ㅁ   ④ ㄱ, ㄹ, ㅁ

평가 요소 한국어 방언의 특성 이해

▶ 011 **답** ③

정답 풀이

ㄴ. 한국어 방언 구획에서는 음성, 음운, 형태, 통사, 의미적 차이를 모두 고려한다. 참고로 서구의 Chambers & Trudgill(1980)에서는 음운 현상보다 형태, 통사, 의미적 차이를 보이는 등어선에 보다 높은 가중치를 주어 지리방언학적 구획에 활용할 것을 제안한 바도 있다.

ㄹ. 한 언어를 이루는 각 방언 사이에는 계층적 위계 관계를 설정하지 않는다. 특히 언어학적으로 우위에 있다는 것은 있을 수 없는 기술이다.

ㅁ. 한국의 방언구획, 특히 대방언권 구획은 연구자에 따라 다른데, 위 기술에서 나오는 방식을 따르더라도 '**동남**(경상도 지역), **서남**(전라도 지역), **동북**(함경도 지역), **서북**(평안도 지역), **중부**(경기도, 황해도, 충청도, 강원도 지역), **제주**'의 6대 방언권으로 구획한다. 한편 도 단위로 대방언권을 구획하는 경우도 있다.

012 한국의 방언에 관한 설명으로 옳지 <u>않은</u> 것은? (9회 3번)

① 중부 방언과 서북 방언(평안도 방언)은 구개음화가 없다.
② 동남 방언(경상도 방언)과 동북 방언(함경도 방언)은 성조를 가진다.
③ 서남 방언(전라도 방언)과 동남 방언은 통시적인 변화 결과에는 공통점이 많으나, 어미에서는 차이가 크다.
④ 중부 방언은 서울, 경기도, 강원도, 황해도, 충청남북도의 대부분 지역 방언을 묶어 이야기하기도 한다.

평가 요소 대방언권 구획에 따른 한국어 개별 방언의 문법적 특징 이해

▶ 012 **답** ①

정답 풀이

서북 방언은 구개음화(ㄷ, ㄱ, ㅎ)가 존재하지 않는다고 기술하는 것이 옳다. 그러나 중부 방언은 방언권 전체적으로 볼 때 구개음화(ㄷ, ㄱ, ㅎ)를 확인할 수 있으므로 구개음화가 없다고 기술하는 것은 잘못이다.

오답 풀이

③ 서남 방언과 동남 방언은 '움라우트'나 '구개음화'의 발생, 확산과 같은 통시적 음운 변화 면에서 공통점이 많다. 그러나 종결 어미, 특히 상대경어법 등급에 따른 종결 어미의 형태 차이가 두드러진다. 이를테면 서남방언 아주높임의 명령법 종결어미는 '-(으)씨요'인데, 동남 방언은 '-(으)이소'로 나타나는 것이 한 예이다.

한국교육능력검정시험　**한국어학 문제 분석표**

	1회(가형)		2회(가형)		3회(가형)		4회(A형)		5회(A형)		6회(A형)		7회(A형)	
1	음운론	비음동화	계통론	한국어 친족관계어	계통론	한국어 문장의 문법적 특성	규범	사잇소리 표기와 발음	형태론	단어구성 형태소 수	통사론	한국어 문장의 특성	음운론	한국어 음운의 특징
2	형태론	품사	방언학	대방언권 방언구획	계통론	한국어의 특성	음운론	비음동화	화용론	상황 지시 직시소	통사론	자릿수 판별	음운론	음운 현상 판별
3	통사론	관계화	계통론	한국어의 특성	의미론	의미 관계 개념, 예	음운론	단모음의 분류 – 계열	계통론	한국어의 특성	음운론	음운 현상 판별	음운론	한국어 음절 구조 제약
4	의미론	의미 확대	음운론	음소 수 문자 수	음운론	한국어 자음의 음운적 특질	음운론	한국어 음운, 음절의 특성	형태론	동사어간 활용 유형	음운론 규범	음절말 자음 관련	음운론	단모음 체계
5	음운론	단모음체계	음운론	경음화	음운론	자음의 조음 위치	음운론	구개음화	음운론	한국어 음운의 특징	음운론	유성음	음운론	경음화
6	음운론	음절수	음운론	유음화	음운론	양순음의 판별	음운론	자음의 유성, 무성 구별	음운론	자음의 변이음	음운론	음운 변동 판별	음운론	자음의 조음 위치분류
7	음운론	연음현상	음운론	한국어 허용음절	음운론	비음동화	음운론	자음의 조음 위치	음운론	음운 현상 판별	형태론	주격조사/ 주제보조사	음운론	음운 변동 판별
8	음운론	음절말 중화	형태론	명사형 – 파생명사형 구별 (-음)	음운론	최소 대립쌍	음운론	모음의 분류 및 특성	음운론	서열에 따른 모음 부류	형태론	'-기'의 용법	통사론	연결 어미 문법 특성
9	음운론	ㄹ 탈락	음운론 형태론	ㅌ 말음 조음 /이형태 개념	음운론	이중모음	통사론	부사 수식의 범위	음운론	장음, 성조, 강세, 억양	음운론	자음의 변이음	음운론	동화의 유형 (완전, 역행)
10	형태론	활용	음운론	격음화, 비음화, 자음군단순화	음운론	개별 음운 현상의 판별	국어사	훈민정음 제자 원리	음운론	유기음화	통사론	시간 표현	통사론	관형절의 유형
11	음운론	모음조화 (의성, 의태어)	음운론	한자음	음운론 형태론	곡용, 활용의 발음, 규칙	계통론	한국어의 특질	음운론	음운 현상의 판단	통사론	비문의 통사적 이유	형태론	형태소 수
12	형태론	형태소	음운론 형태론	규칙, 불규칙 활용의 발음	음운론	표현적 장음의 성격	방언학	방언학 일반	음운론	음절 구조 제약	형태론	어미 결합 제약	통사론	연결 어미 의미 기능
13	형태론	활용	형태론	서술격 조사 '-이'의 활용	음운론	의태부사의 발음과 어감	방언학	음소의 개념	통사론	높임법	형태론	어미의 성격	형태론	불규칙 활용 유형
14	통사론	문장 오류	형태론	분류사	형태론	합성어 구성의 성격	통사론	관형절의 성격	통사론	연결 어미 (주어 일치)	음운론	한국어 음절 구조와 제약	형태론	품사 판별
15	통사론	호응 관계	형태론	수사	형태론	관형사 판별	형태론	어미의 범주별 판별	통사론	사동, 피동	계통론	한국어의 특성	형태론	동족목적어 동사
16	형태론	명사 특징	형태론	합성어 판별	형태론	공동격조사 '-와'	형태론	형태소, 이형태, 분포	통사론	종결어미	통사론	관형어의 성격	통사론	높임법
17	형태론	동사, 형용사 판별	형태론	단어, 형태소의 개념	형태론	종속 합성어 판별	형태론	합성어 어형성 유형	통사론	연결 어미 '-고'	통사론	부정 표현	형태론	품사 판별
18	형태론	존재사 '있다'	형태론	형태소의 종류 및 특징	형태론	동사, 형용사 판별	통사론	문장의 분석	통사론	관형사절의 유형 파악	통사론	연결어미의 성격	통사론	시제
19	형태론	합성어	형태론	이형태 개념	형태론	규칙 활용	통사론	높임법 유형 판별	통사론	부정문의 특성	통사론	피동문– 능동문	통사론	문장 성분
20	형태론	파생어	형태론	통사적 비통사적 합성어	형태론	형태소와 이형태	통사론	필수 성분	통사론	시제와 상	통사론	사동–피동	통사론	동작주 주어

21	형태론	대명사 특징	형태론	불규칙 활용	형태론	파생 접사의 의미와 기능	통사론	문장의 확대 방식	통사론	문장 성분	통사론	문장 성분	형태론	문법형태소
22	통사론	호응 관계	형태론	관형사	형태론	합성어와 구 구성의 판별	통사론	주제화, 초점화	통사론	문장 성분	통사론	주어 관련 문법 현상	형태론	복합어
23	통사론	어순	형태론	동사·형용사의 구분	형태론	명사의 종류	통사론	주어와 보어의 구별	통사론	문장 구조와 성분의 속성	형태론	보조 용언의 특성	형태론	의존명사 구성
24	통사론	높임법	형태론	부사	형태론	수사, 수관형사	형태론	불규칙 용언 기본형	형태론	보조사의 특성	통사론	높임법	형태론	형용사 파생 접미사
25	통사론	조사, 부사어	형태론	감탄사	형태론	보조사의 문법적 기능	형태론	'-음'의 용법	형태론	조사 '-와/과'의 용법	통사론	주격중출문	형태론	의문대명사
26	통사론	문장확대 방식	통사론	문장성분 -주성분	형태론	'-았/었'의 의미	형태론	합성 동사/본-보조 구성	형태론	명사의 문법적 특성	형태론	'-에서'의 용법	계통론	한국어의 특성
27	통사론	문형 정보	통사론	의문문의 종류 구분	통사론	호응 관계	형태론	시제, 상	형태론	품사 판별	음운론	장음	계통론	한글의 특성
28	통사론	'-더-'의 용법	통사론	주어	통사론	복합문 계층 구조 분석	통사론	'-어서', '-느라고' 용법	통사론	자릿수 판별	음운론	한국어 모음의 특성	형태론	어미의 문법적 특성
29	형태론	종결어미 기능	통사론	'-음' 선택 상위문 서술어	통사론	속격 조사 '-의' 용법	형태론	품사 통용	형태론	주체높임법 선어말어미	음운론	자음의 조음위치부류	방언학	방언학 일반
30	형태론	종결어미 의미	통사론	어미의 의미 기능	통사론	'-겠-'의 의미 기능	음운론	사잇소리	형태론	합성 명사의 유형	형태론	대명사의 종류	의미론	의미 관계 판별
31	통사론	높임법-보충법	통사론	선어말어미의 범주 구분	통사론	의미론 연어 구성	어휘론	한국어 어휘의 특질	형태론	품사 통용 수사-관형사	형태론	불규칙 활용 유형	의미론	상보 대립어
32	통사론	사·피동	통사론/형태론	청유문 상대높임법	통사론	이중 주어 구문의 구조	형태론	파생어 형성 유형	의미론	형용사의 의미 유형	형태론	통사적 합성어 판별	어휘론	한국어 어휘의 특성
33	통사론	부정문	통사론	연결어미의 의미 기능	통사론	명사의 서술 기능 여부	형태론	합성어 형성 유형	의미론	'들다'의 의미	형태론	파생어의 특성	어휘론	어휘력의 구성 요소
34	통사론	연결어미	통사론	주체높임법	통사론	어말 어미의 통합 관계	어휘론	차용어 판별	의미론	동의어 검증 방법	형태론	형태소의 수	형태론/어휘론	조어 방식
35	형태론	격조사 특징	통사론	상대높임법 -격식, 비격식	통사론	주어의 인칭 - 화자 일치	통사론	높임법 - 보충법	의미론	의미 관계 유형	의미론	속담의 의미	형태론/어휘론	어휘적 범주
36	의미론	유의어	통사론	시제, 상	통사론	재귀사의 용법	의미론	연어 구성의 의미	의미론	다의 관계	규범	올바른 높임 표현	형태론/어휘론	의성어 판별
37	의미론	대립어	통사론	사동문	통사론	조사 생략 구문의 성격	어휘론/국어사	어휘의 어원, 사적 변화	형태론	한국어 대명사	의미론	'우리'의 의미 내항	의미론	의미 확대
38	의미론	의미 관계 판별	통사론	'-으로'의 의미 기능	통사론	접사 '-들'의 용법	어휘론/국어사	어휘의 사적 변화 양상	형태론	합성 동사/본-보조 구성	어휘론	차용어	의미론	의미 관계
39	어휘론	의성, 의태어	통사론	피동문	통사론	피동 구문의 의미 해석	어휘론	한자어계 어휘의 판별	의미론	상징 범주	어휘론	한국어 어휘의 특성	어휘론	차용어
40	의미론	직시표현	통사론	'N-의 N' 의미 관계	형태론	형태소와 이형태	어휘론	제시 속담의 의미	의미론	유사 어휘의 의미 차이	의미론	의미중복의 성격	어휘론	관용 표현 (한강)
41	어휘론	관용표현	통사론	장형부정문 의미해석	통사론	높임법 (주체, 객체)	어휘론	전문어의 개념	의미론	반의 관계 유형	의미론	의미 해석의 투명성	의미론	동의어 경쟁 우열 요인
42	화용론	관습적 인사, 칭찬 표현	통사론	합성어의 의미 구조	어휘론	어휘의 의미적 범주	어휘론	한자어의 특질	의미론	중의성 유형	의미론	고유어-한자어 관계	의미론	구조적 중의성

43	화용론	경어법 선택 조건	어휘론	관용어구 -관용화정도	어휘론	어휘의 등급별 범주	통사론	중의성 판별	의미론	의미 범주	의미론	단어의 의미 관계	의미론	문법형태소 계열 관계 결합 관계
44	화용론	전제 의미	의미론	상하관계	의미론	유의어의 관계 판별	의미론	반의 관계의 유형 판별	화용론	언표 내적 효력	의미론	중의성 판단	의미론	요리 동사의 의미차
45	화용론	공손화법 언어적 장치	의미론	중의성 판단	의미론	다의어 '손'의 의미	의미론	어휘의 의미 축소	화용론	텍스트 해석 배경지식	의미론	반의 관계 판별	화용론	맥락적 해석
46	국어사	하향 이중모음	화용론	담화의 결속 장치	화용론	화맥의 요소	의미론	지시어와 대상의 관계	화용론	담화 해석과 한국 문화	화용론	격률의 유형	화용론	사실 전제
47	국어사	훈민정음 제자 원리	화용론	담화 응대	화용론	전제 의미	화용론	화행의 의미 유형	화용론	화자의 심리 상태	화용론	발화 행위의 성격	화용론	지시(직시) 표현
48	국어사	시대 구분	화용론	진술의 적정조건	화용론	대화 협력의 원리	화용론	담화의 개념	화용론	'전제'의 개념	화용론	발화의 적정성 조건	화용론	발화와 문장의 차이
49	규범	띄어쓰기	화용론	호칭어의 서열 등급	화용론	공손 표현	화용론	문장의 담화 구조	화용론	담화 해석	화용론	문장, 발화, 명제의 개념	화용론	거절의 대안 제시 전략
50	규범	사잇소리 표기	화용론	맥락	화용론	공손 응대 표현	화용론	의미 격률의 개념 이해	국어사	훈민정음 언해본	화용론	맥락의 의미 관계	화용론	문어 대비 구어의 특징
51	규범	표준어 표기	화용론	담화 응대의 대응 속성	화용론	거절 표현	화용론	한국어 담화의 특성	국어사	모음 체계의 사적 변화	화용론	맥락적 어휘 의미 해석	화용론	언어 행위의 성격
52	규범	'넓-'의 표기	국어사	음운 변화 – 중세, 현대	국어사	훈민정음 제자 원리	국어사	15세기 문헌 표기법	국어사	차자 표기법	국어사	훈민정음 언해본	국어사	근대 한국어의 특성
53	규범	로마자 표기법	국어사	문법 변화 – 중세, 현대	국어사	중세 국어 이중 모음	국어사	중세국어 일반	방언학	방언 자료와 국어사 연구	국어사	근대국어	음운론 국어사	소실 문자 관련 어형
54	규범	축약형 표기	규범	든/던 길래/기에 등	국어사	화석형의 판별	국어사	훈민정음 일반	규범	맞춤법 일반	국어사	표기 체계의 특성	국어사	훈민정음의 특징
55	주관식 음운론	동화의 분류	국어사	중세 국어 분철 표기법	규범	부사형 '-이, -히'의 구별	규범	사이시옷 표기	규범	표준발음법 음절말 자음	규범	한글 맞춤법 규범 숙지	규범	표준어 규정
56	주관식 의미론	'당신'의 용법	규범	사잇소리, 두음법칙	규범	표준어 판별	규범	맞춤법 일반	규범	외래어 표기	규범	자음의 명칭, 배열 순서	규범	사이시옷
57	주관식 화용론	'-아서', '-니까'의 용법	규범	외래어 표기	규범	띄어쓰기	규범	표준발음법 일반	규범	로마자 표기	규범	띄어쓰기	규범	띄어쓰기
58	없음	없음	규범	문장 오류	규범	외래어 표기	규범	표준어 판별	규범	문장 화법의 오류 판별	규범	사이시옷	규범	맞춤법 일반
59	없음	없음	규범	축약형 표기	규범	사이시옷 표기 규정	규범	띄어쓰기	규범	띄어쓰기	규범	표준어 규정 일반	규범	표준 발음법(모음)
60	없음	없음	규범	표준 발음법	규범	표준 발음법 자음군단순화	규범	외래어 표기	규범	남·북한 언어 규범 차이	규범	외래어 표기	규범	-마는 -만은

1. 음운론 출제 비율(영역 중복 포함)

	1회	2회	3회	4회	5회	6회	7회
문항/전체	8/57(14%)	8/60(13.3%)	10/60(16.7%)	9/60(15%)	8/60(13.3%)	9/60(15%)	8/60(13.3%)

2. 형태론 출제 비율(영역 중복 포함)

	1회	2회	3회	4회	5회	6회	7회
문항/전체	13/57(22.8%)	17/60(22.8%)	15/60(25%)	10/60(16.7%)	11/60(18.3%)	11/60(18.3%)	14/60(23.3%)

3. 통사론 출제 비율(영역 중복 포함)

	1회	2회	3회	4회	5회	6회	7회
문항/전체	14/57(24.6%)	17/60(22.8%)	14/60(23.3%)	11/60(18%)	12/60(20%)	13/60(21.7%)	7/60(11.7%)

4. 의미론(어휘론 포함) 출제 비율(영역 중복 포함)

	1회	2회	3회	4회	5회	6회	7회
문항/전체	8/57(14%)	3/60(5%)	6/60(8.3%)	12/60(18.3%)	10/60(16.7%)	10/60(16.7%)	15/60(25%)

5. 화용론 출제 비율(영역 중복 포함)

	1회	2회	3회	4회	5회	6회	7회
문항/전체	5/57(8.8%)	6/60(10%)	6/60(10%)	5/60(8.3%)	7/60(11.7%)	6/60(10%)	7/60(11.7%)

6. 한국어사 출제 비율(영역 중복 포함)

	1회	2회	3회	4회	5회	6회	7회
문항/전체	3/57(5.3%)	3/60(5%)	3/60(5%)	6/60(10%)	3/60(5%)	3/60(5%)	3/60(5%)

7. 어문규범 출제 비율(영역 중복 포함)

	1회	2회	3회	4회	5회	6회	7회
문항/전체	6/57(10.5%)	6/60(10%)	6/60(10%)	7/60(11.7%)	7/60(11.7%)	8/60(13.3%)	6/60(10%)

8. 계통론, 방언학 출제 비율(영역 중복 포함)

	1회	2회	3회	4회	5회	6회	7회
문항/전체	0/57(0%)	3/60(5%)	2/60(3.3%)	2/60(3.3%)	2/60(3.3%)	1/60(1.7%)	3/60(5%)

9. 100문제 기준 영역별 문제 배분표

영역	음운론	형태론	통사론	의미론	어휘론	화용론	한국어사	어문규범	계통론	방언학
문항 수	15	20	20	10	5	10	5	12	2	1

10. 동영상 강의

강의회차	1강	2강	3강	4강	5강	6강	7강	8강	9강	10강
내용	음운론(I)	음운론(II) 어문규범(I)	형태론(I)	형태론(II)	통사론(I)	통사론(II)	의미론	화용론	어휘론 한국어사	어문규범(II) 계통론, 방언학
문항 수	10	10	10	10	10	10	10	10	10	10

한국어
교육능력
검정시험

해 설 강 의

둘째

마당

한국어교육능력검정시험

제2교시 제2영역 일반언어학 및
응용언어학

한국어
교육능력
검정시험

해설

제1강 **언어학개론**

• 언어학개론 / 언어의 특성

001 언어의 본질적 특성이 <u>아닌</u> 것은? (6회 69번)

① 유한수의 규칙에 지배를 받는다.
② 추상적 대상에 관해 얘기할 수 있다.
③ 무한수의 문장을 만들어 쓸 수 있다.
④ 형식과 의미 사이에는 필연적 관계가 있다.

평가 요소 언어의 특성

개념 확장 ※ 언어의 특성
-기호성: 모든 언어는 '의미'와, 그 의미를 나타내는 '기호(형식)'
의 결합으로 이루어져 있다.
-자의성: 언어의 '형식'과 '의미' 사이에는 필연적인 관계가 없다
(임의적이다).
   예 '☀'에 해당하는 형식은? ⇒ 해
      왜 꼭 '☀'를 '해'라고 불러야 하는가?
      ⇒ 필연적인 이유 없음, 우연히 그렇게 부르기로 사람들이
        정한 것.
-사회성(불역성): 언어는 사회적 도구·사회적 제도이다. 처음 정
해질 때에는 자의성에 의해 임의적으로 정해지더라도, 일단 정해
진 후에는 그 언어를 사용하는 사회의 사람들은 모두 정해진 약
속을 따라야 하고, 개인이 마음대로 바꿀 수 없다.
   예 ☀를 나 혼자 '달'이라고 부른다면? ⇒ 의사소통 불가능!
      모든 사람들이 ☀를 '해'라고 부르므로, 그 약속을 따라야 함.
-창조성(개방성): 인간의 언어는 무한한 수의 새로운 말을 만들어
낼 수 있고, 실제로 경험하지 않은 사건들에 대해서도 얼마든지
말할 수 있다.
-규칙성: 언어마다 말을 만들어 내는 일정한 규칙이 정해져 있다.
-체계성: 언어는 구조와 체계를 지니고 조직되어 있다.
-역사성: 언어는 시간이 흐르면서 변화할 수 있다.
-추상성: 언어가 표현하고자 하는 대상의 수많은 특징들 중 일부
만을 뽑아내어 개념을 형성한다.
   예 ○, °,, ◯, ◌, O, ●... 이들의 공통점은?
      ⇒ '동그라미'
        서로 조금씩 다른 대상들 중에서 공통적인 점을 뽑아내
        어(추상화하여) 표현
-분절성 : 언어는 실제로 연속적인 개념을 끊어서(분절하여) 표현한다.
   예 그제–어제–오늘–내일–모레–글피
      시간은 연속적인 것, 그것을 특정 단위로 끊어서 표현

관련문제 2회 61번, 3회 62번

▶ 001 **답** ④

정답 풀이

형식과 의미 사이에는 필연적인 관계
가 없다. – 언어의 '자의성'

오답 풀이

① 언어의 규칙성
② 언어의 창조성
③ 언어의 창조성

해설

▶ 002 답 ③

정답 풀이

'언어능력'은 자신의 모국어에 대해 사람들이 내재적으로 가지고 있는 모든 지식을 말하며, 이러한 '언어능력'에 의해 사람들이 실제로 말을 하는 행위를 '언어수행'이라 한다.

• 언어학개론 / 언어학 기본 개념

002 다음 (A)와 (B)에 들어갈 가장 알맞은 말은? (2회 62번)

> 언어학자 노엄 촘스키는 사람에게는 새로운 문장을 무수히 산출할 수 있고, 또 그것을 들으면 즉각 이해할 수 있을 뿐만 아니라 잘못된 문장을 곧 식별할 수 있게 하는 지식이 포함되어 있다고 하였다. 이것이 곧 (A)이다. 다시 말하면 인간은 모국어를 자유로이 구사할 수 있는데, 이것은 추상적인 것으로서 구체적인 (B)의 배후에서 그것을 규제하고 있다고 하였다.

① A: 언어습득 B: 언어능력
② A: 언어수행 B: 언어습득
③ A: 언어능력 B: 언어수행
④ A: 언어능력 B: 언어습득

평가 요소 언어학 기본 개념

개념 확장 ※ '언어능력'과 '언어수행'

- 언어능력(言語能力, language competence):
  사람들이 자신의 모국어에 대해 내재적으로 가지고 있는 모든 지식
  언어 사용자가 앞으로 언어를 사용(수행)하는 데 기반이 되는 모든 능력이라는 의미에서 '언어능력'이라 부름
- 언어수행(言語遂行, language performance):
  사람들이 실제로 언어를 표현(수행)하는 행위
  말을 하고 듣거나 책을 읽거나 글을 쓰는 모든 행위들을 말함.
  사람들은 타고난 언어에 대한 지식(언어능력)에 따라 다양한 방식으로 언어를 수행함.
- 언어학의 연구 대상은 '언어수행'이 아닌 '언어능력'!

※ '랑그'와 '파롤' (☞관련 지어 알아둡시다!)

- 랑그(langue):
  그 사회의 언어, 그 사회에서 약속이 되고 공인이 된 언어
  사람들이 내재적으로 가지고 있는 언어의 구조, 규칙 등
  '언어능력'과 유사한 개념
- 파롤(parole):
  실제로 발화된 언어
  사람들 개개인의 언어
  어떤 사람이, 어떤 상황에서 사용하느냐에 따라 달라질 수 있음
  '언어수행'과 유사한 개념
- 언어학의 연구 대상은 '파롤'이 아닌 '랑그'!

관련문제 1회 55번

• 언어학개론 / 언어의 유형

003 언어 유형에 대한 아래 설명 중 옳은 것은? (1회 67번)

① 포합어란 한 단어가 하나의 형태소로 구성된 언어를 말한다.

② 굴절어란 단일 단어로 많은 범주를 표현할 수 있는 언어를 말한다.

③ 교착어란 한 단어가 분석 가능한 여러 형태소로 구성된 언어를 말한다.

④ 고립어란 한 단어가 여러 문법범주들로 구성되지만 형태소별로 분리되기 어려운 언어를 말한다.

평가 요소　언어의 유형

개념 확장　※ 언어의 유형(형태적 특성에 따른 언어의 유형)

–고립어: 한 단어가 하나의 형태소로 이루어지고 어형변화나 접사가 없으며, 단어의 문법 기능이 어순이나 다른 단어와의 관계에 의해 결정되는 언어

> 예　중국어: 我爱你 (나는 너를 사랑한다)
> 　　　你爱我 (너는 나를 사랑한다)

–굴절어: 어형이 변화하여 문법 기능을 나타내는 언어

> 예　라틴어: puer(소년이)
> 　　　puerum(소년을)
> 　　　pueri(소년들이)

–교착어: 어휘적 의미를 지닌 단어에 문법적 기능을 가진 형태소들이 차례로 교착(첨가)되어 문법 기능을 나타내는 언어

> 예　한국어: 가- + -다(평서문)
> 　　　가- + -시- + -다(주체높임 + 평서문)
> 　　　가- + -시- + -었- + -다
> 　　　　(주체높임 + 과거 + 평서문)
> 　　　가- + -시- + -었- + -겠- + -다
> 　　　　(주체높임 + 과거 + 추측 + 평서문)

–포합어: 하나의 동사에 여러 가지 문법 기능을 하는 형태들이 결합하여, 전체 문장이 한 단어와 같이 보이는 언어

> 예　아이누어: oman(가다)
> 　　　ku-'oman(내가 간다)

관련문제　1회 61번

▶ **003** 답 ③

정답 풀이

교착어는 각각의 기능을 담당하는 여러 형태소들이 차례로 교착(첨가)되어 하나의 단어를 구성하는 언어이다.

오답 풀이

① 고립어의 특징을 설명한 것
② 포합어의 특징을 설명한 것
④ 굴절어의 특징을 설명한 것

해설

▶ 004 **답** ②

정답 풀이

심리언어학에 대한 설명이다.

• 언어학개론 / 언어학의 분야

004 응용언어학의 여러 분야에 관한 설명으로 옳지 <u>않은</u> 것은? (4회 61번)

① 사회언어학 – 언어를 사회와 관련지어 언어 사용의 양상을 연구하는 분야
② 전산언어학 – 언어의 이해, 산출 및 습득을 통제하는 인간 두뇌의 신경 메커니즘을 연구하는 분야
③ 대조언어학 – 언어 간의 유사점과 차이점을 기술하여 그 결과를 언어 교수 등에 응용하는 분야
④ 심리언어학 – 인간의 언어 습득, 사용 및 이해를 가능하게 하는 심리적ㆍ 신경생물학적인 요인을 연구하는 분야

평가 요소 언어학의 분야

개념 확장 ※ 언어학의 분야
　–일반언어학: 수많은 언어에서 발견되는 보편적, 일반적 특성을 연구하는 분야
　–개별언어학: 개별 언어의 특성을 연구하는 분야
　–순수언어학: 언어에 나타나는 현상 자체를 연구하는 분야
　–응용언어학: 언어 현상을 다른 학문과 관련하여 연구하거나, 언어적 특성을 다른 학문 분야에 응용하기 위한 연구 분야
　–사회언어학: 언어 사용에 영향을 미치는 사회적 요인들을 연구하는 분야
　–대조언어학: 서로 다른 계통(어족)의 언어를 연구하여 공통점, 차이점을 연구하는 분야
　–비교언어학: 언어 간의 공통점, 차이점을 연구하여 언어의 계통, 친족관계, 공통조어 등을 밝히는 연구 분야
　–심리언어학: 언어 행위를 인간의 심리적인 면과 관련시켜 연구하는 분야
　　언어를 습득, 사용, 이해하게 하는 심리적, 생물학적 기제는 물론 인간의 사고와 연상, 언어 발달 등에 기여하는 신경 메커니즘에 대한 것까지도 연구하는 분야
　–전산언어학: 기계번역, 자연언어 처리를 위한 시스템 개발, 컴퓨터 프로그램 개발을 위한 알고리즘 연구 등 언어학과 전산학이 연계하며 확립된 분야
　–말뭉치(코퍼스)언어학: 실제 사용된 언어의 샘플(말뭉치)을 구축하고, 이를 통해 언어 현상을 분석하고자 하는 연구 분야
　–언어유형론: 세계의 여러 언어들을 조사하여 그 유형을 분류하고, 이를 바탕으로 인간 언어가 가진 보편적인 성격을 탐구하고자 하는 연구 분야
　–공시언어학: 특정 시기를 한정하여 그 시기에 해당하는 언어 현상을 연구
　–통시언어학: 여러 시기에 걸쳐 일어난 언어 현상을 연구

관련문제 1회 57번, 2회 73번

• 언어학개론 / 음운론 / 음소의 정의와 음소 설정 방법

005 다음 중 한 언어의 음소 설정에 대한 설명으로 옳지 <u>않은</u> 것은? (1회 58번)

① 자유변이를 이루는 두 소리는 한 음소의 이음(변이음)이다.
② 동시적 분포를 이루는 두 소리는 한 음소의 이음(변이음)이다.
③ 상보적 분포를 이루면서 음성적 유사성이 없는 두 소리는 한 음소의 이음(변이음)이다.
④ 최소대립쌍을 이루는 두 단어의 의미를 분화시켜 주는 두 소리는 각기 독립적인 음소이다.

▶ 005 답 ③

정답 풀이

상보적 분포를 이루면서 음성적으로도 유사성이 있어야 한 음소의 변이음으로 처리할 수 있다.

오답 풀이

① 의미를 구분해 주지 못한 채 소리만 자유롭게 변한다면(자유변이) 그것은 서로 다른 음소라고 할 수 없고, 한 음소의 **변이음**이 된다.
② 같은 위치에 놓이는(동시적 분포) 두 소리라고 하더라도 **의미를 구분해 주지 못한다면** 서로 다른 음소가 아닌 한 음소의 **변이음**이 된다.
④ 최소대립쌍을 이루면서 각 단어의 **의미를 구분해 준다면**(의미 분화) 두 소리는 각각 서로 다른 **음소**로 처리할 수 있다.

평가 요소 음소의 정의, 음소 설정 방법

개념 확장 ※ 음소의 정의

–음소: 특정 언어에서 하나의 소리로 인식되며, 단어의 뜻을 구분해 주는 소리의 최소 단위(최소 의미 변별 단위)
음운론의 최소 단위
최소대립쌍을 이루는 두 소리 = 최소대립쌍이란?
예 '달' / '딸' ⇒ 두 단어는 서로 같은 단어? 다른 단어?
　　　　　　　 다른 단어!(의미가 서로 다르므로)
　　　　　　 ⇒ 서로 다른 단어라는 것은 어떻게 알 수 있는가?
　　　　　　　 첫 글자의 소리만 다르다('ㄷ / ㄸ')
: 한 가지 음의 다름만으로 뜻이 달라진 두 단어의 쌍 = 최소대립쌍!
: 최소대립쌍을 만든 두 소리(ㄷ, ㄸ)를 각각 '음소'라 부름
–각 언어마다 음소의 종류, 수는 서로 다름
한국어 음소의 종류: 자음, 모음, 반모음(활음, 반자음)

※ 음소와 변이음
–변이음(이음): 한 음소가 실현 환경에 따라 소리의 양상이 달라진 것
예 'ㄹ' – '딸'에서 'ㄹ'의 소리는? [l]
　　 '바람'에서 'ㄹ'의 소리는? [r]
　　 ⇒ [l], [r]은 음소 'ㄹ'의 변이음!
–변이음의 특성
1. 상보적(배타적) 분포: 한 음소의 변이음들끼리는 실현되는 환경(분포)이 겹치지 않음
예 음소 'ㄹ'의 변이음 [l], [r]
　　[l]은 음절 끝에서만 실현됨
　　[r]은 모음과 모음 사이에서만 실현됨
　　⇒ 분포가 서로 겹치지 않음
　　⇒ 상보적(배타적) 분포!
2. 음성적 유사성: 한 음소의 변이음들끼리는 서로 소리가 유사함
예 [l], [r]
　　⇒ 어떤 두 음이 '상보적(배타적) 분포'를 보이고, 음성적으로도 서로 유사하다면 두 음은 별개의 음소가 아닌 한 음소의 '변이음'!

관련문제 5회 77번

▶ 006 답 ④

정답 풀이

'ㅂ'이 [b], [β]로, パ가 [pa]와 [pʰa]로, 'ꜱ'가 [t]와 성문 폐쇄음 [ʔ], 'r'이 구개수 마찰음 [ʁ]와 [x]로 발음된다는 것은 이들 소리들이 단어 의미 변별에 관여하지 않는 변이음이라는 것이다. 이 소리들은 모두 나타나는 환경이 상보적이지 않고 중복되므로 자유변이음이다.

오답 풀이

① 음소(音素): 특정 언어에서 단어의 의미를 구분해주는 소리의 단위.
② 운소(韻素): 특정 언어에서 단어의 의미에 관여하는 소리의 높낮이, 길이, 세기와 같은 운율적 특징을 지닌 단위. 예) 성조, 음장, 강세
③ 최소 대립쌍: 음소 발견 절차의 하나로, 한 가지 음의 차이에 따라 뜻이 달라진 두 단어의 쌍을 말한다.

• 언어학개론 / 음운론 / 음소와 변이음

006 다음은 무엇에 관한 설명인가? (10회 64번)

> ○ 한국어의 '두부'에서 'ㅂ'이 [b]와 [β]로 발음된다.
> ○ 일본어 'パン'(빵)에서 'パ'가 [pa]와 [pʰa]로 발음된다.
> ○ 영어의 'brightness(밝음)'에서 'ꜱ'가 [t]와 [ʔ]로 발음된다.
> ○ 프랑스어의 'père(아버지)'에서 'r'이 [ʁ]와 [x]로 발음된다.

① 음소   ② 운소   ③ 최소대립쌍   ④ 자유변이음

평가 요소 음소와 변이음에 대한 이해

개념 확장 ※ 변이음(이음)의 종류
1) 조건 변이음: 음성적으로 실현 환경이 정해져 있는 변이음
  예 [k]: '각'의 초성 'ㄱ 소리'—어두 위치에서 나타남
     [g]: '아기'의 'ㄱ' 소리—유성음 사이에서 나타남
     [kˈ]: '각'의 종성 'ㄱ' 소리—음절말 위치에서만 나타남
2) 자유 변이음(무조건 변이음): 음성적으로 실현 환경이 정해져 있지 않은 변이음
  예 '아기'의 'ㄱ'은 [g]로도 나타나지만, 수의적으로 [ɣ]로 나타나기도 한다. 이때 실현 환경에 구애받지 않고 나타난 [ɣ]는 자유 변이음.

관련문제 1회 58번

▶ 007 답 ②

정답 풀이

한 음소의 변이음은 상보적 분포를 이룬다. 이 때문에 음소 설정 방법(음소 발견 절차)에서 상보적 분포를 고려한다.

• 언어학개론 / 음운론 / 음소에 대한 이해

007 음소에 관한 설명으로 옳지 않은 것은? (10회 73번)

① 한 언어 내에서 모어 사용자는 음소를 즉각적으로 인식한다.
② 한 음소의 변이음은 상보적 분포를 이루지 못한다.
③ 모어의 경우 음소는 글자를 배우기 전에 이미 습득된다.
④ 단어의 발음은 언어 사회 내에서 '집단성'을 지닌다.

평가 요소 음소에 대한 이해

관련문제 1회 58번

• 언어학개론 / 음운론 / 자음체계와 모음체계

008 동일한 분류 기준으로 묶인 소리는? (7회 62번)

① 구개음 – 치음 – 인두음
② 구개음 – 성문음 –유음
③ 성문음 – 마찰음 – 활음
④ 파열음 – 양순음 – 치경음

평가 요소 자음체계, 모음체계

오답풀이 ② '구개음, 성문음'은 '조음 위치', '유음'은 '조음 방법'에 따라
자음을 분류한 것이다.
③ '성문음'은 '조음 위치', '마찰음, 활음'은 조음 방법에 따라 자
음을 분류한 것이다.
④ '양순음, 치경음'은 '조음 위치', '파열음'은 조음 방법에 따라
자음을 분류한 것이다.

조음위치 / 조음방법			양순음 (순음)	치음 (치조음, 치경음)	경구 개음	연구 개음	성문음 (인두음)
장애음	파열음 (폐쇄음)	평음	ㅂ p	ㄷ t		ㄱ k	
		경음	ㅃ p'	ㄸ t'		ㄲ k'	
		격음	ㅍ pʰ	ㅌ tʰ		ㅋ kʰ	
	마찰음	평음		ㅅ s			ㅎ h
		경음		ㅆ s'			
	파찰음	평음			ㅈ c̆		
		경음			ㅉ c̆		
		격음			ㅊ c̆ʰ		
공명음	비음		ㅁ m	ㄴ n		ㅇ ŋ	
	유음			ㄹ l			
	활음				j(y)	w	

개념 확장 ※ 자음체계: 자음을 '조음 위치'와 '조음 방법'에 따라 분류
※ 모음체계(단모음체계): 단모음을 '혀의 위치, 입술의 모양, 혀의
높이'에 따라 분류

혀 위치 / 입술모양 혀 높이	전설모음		후설모음	
	평순	원순	평순	원순
고모음(폐모음)	ㅣ i	ㅟ ü	ㅡ ɨ	ㅜ u
중모음	ㅔ e	ㅚ ö	ㅓ ʌ	ㅗ o
저모음(개모음)	ㅐ ɛ		ㅏ a	

cf. '긴장모음, 이완모음' – 발음할 때 혀 근육이 긴장되는 정도에
따라 분류

관련문제 1회 59번, 2회 63번, 3회 64 · 65번, 5회 66번

▶ 008 **답** ①

정답 풀이
'구개음, 치음, 인두음'은 모두 자음
을 '조음 위치'에 따라 분류한 것이
다.

• 언어학개론 / 음운론 / 변별적 자질, 음운규칙

009 다음과 같은 음운규칙이 적용되는 예가 **아닌** 것은? (2회 64번)

$$[+stop] \rightarrow [+nasal] / \underline{\qquad} [+nasal]$$

① 국민 ② 빗물 ③ 신라 ④ 십년

▶ **009** **답** ③

정답 풀이

③은 '유음화'의 예이고, 보기의 음운규칙은 '비음동화'이다.

오답 풀이

보기의 규칙은 '폐쇄음[+stop]'이 후행하는 '비음[+nasal]'의 영향으로 같은 계열의 '비음[+nasal]'으로 변화하는 '비음동화'이다.

①은 폐쇄음 'ㄱ'이 후행하는 비음 'ㅁ'을 만나, 같은 계열의 비음 'ㅇ'으로 변화

②는 폐쇄음 'ㄷ(ㅅ은 받침에서 ㄷ으로 발음)'이 후행하는 비음 'ㅁ'을 만나, 같은 계열의 비음 'ㄴ'으로 변화

④는 폐쇄음 'ㅂ'이 후행하는 비음 'ㄴ'을 만나, 같은 계열의 비음 'ㅁ'으로 변화

평가 요소 변별적 자질, 음운규칙

개념 확장 ※ 변별적 자질: 한 음소를 다른 음소로부터 구분하는 데 필요한 자질
－변별적 자질의 종류
주요부류자질: [±vocalic(모음성)], [±consonantal(자음성)]
조음위치자질: [±oral(구강성)], [±anterior(전방성)], [±coronal(설정성)]
조음방식자질: [±continuant(연속성)], [±strident(치찰성)], [±nasal(비음성)], [±glottalized(경음성)], [±aspirated(유기성)]
혓몸자질: [±back(후설성)], [±high(고설성)], [±low(저설성)]
입술모양자질: [±round(원순성)]
길이자질: [±long(장음성)]
cf. 문제 '보기'의 [+stop]은 조음 방식 중 '폐쇄음(파열음)'을 나타냄
※ 음운규칙: 크게 '교체, 탈락, 삽입, 축약, 도치'의 다섯 가지로 구분
－교체: 음절말 평파열음화(중화), 음절말 미파화, 음절말 내파화, 음절말 평폐쇄음화 등)
⇒ 받침의 ㅋ, ㄲ, ㅍ, ㅃ, ㅌ, ㄸ, ㅅ, ㅆ, ㅈ, ㅊ, ㅉ, ㅎ이 평파열음으로 바뀌는 것 ㅋ,ㄲ→ㄱ/ㅍ,ㅃ→ㅂ/ㅌ,ㄸ,ㅅ,ㅆ,ㅈ,ㅊ,ㅉ,ㅎ→ㄷ
비음동화: 평파열음(ㅂ, ㄷ, ㄱ[+stop])이 비음 앞에서 비음으로 바뀌는 것 국+물 → [궁물]
비음화: 'ㄹ'을 제외한 자음 뒤에 'ㄹ'이 올 때 'ㄹ'이 'ㄴ'으로 바뀌는 것 능+력 → [능녁]
유음화(설측음화): ㄹ 옆의 ㄴ이 ㄹ로 바뀌는 것 물+난리 → [물날리], 신+라 → [실라]
경음화: 평음이 평파열음이나 비음 뒤에서 경음으로 바뀌는 것 입+고 → [입꼬], 감+고 → [감꼬]
구개음화: 비구개음(ㄷ, ㅌ)이 모음 'ㅣ'나 반모음 'y' 앞에서 경구개음(ㅈ, ㅊ)으로 바뀌는 현상 밭+이 → [바치]
활음화: '오, 우, 이'와 같은 단모음이 '아, 어' 앞에서 활음으로 변하는 현상 (게임에) 지+어서 → 져서 / 오+아서 → 와서
움라우트: 후설모음이 후행하는 모음 'ㅣ'나 반모음 'y'에 동화되어 전설모음으로 바뀌는 현상(개재 자음 필요) 아기 → 애기
: 후설모음 'ㅏ'가 후행하는 전설모음 'ㅣ'의 영향으로 전설모음인 'ㅐ'로 바뀜, 개재 자음 ㄱ
－탈락: 자음군 단순화 － 음절말에 두 개의 자음이 놓일 때 이 중 한 자음이 탈락하는 것 앉+는 → [안는]
후음 탈락: 모음과 모음 사이, 공명음과 모음 사이에서 후음 ㅎ이 탈락하는 것 좋 + 아서 → [조아서]
'으' 탈락: 주위에 다른 모음이나 모음과 비슷한 성질을 가진 음소가 올 때 '으'가 탈락하는 현상 크 + -어서 → 커서
유음 탈락: 받침의 ㄹ이 'ㄴ, ㅅ' 등과 같은 [+conoral(설정성)] 자음 앞에서 탈락하는 현상 딸+님 → 따님, 알 + -느냐 → 아느냐
동일모음 탈락: '아, 어'로 끝나는 용언 뒤에 똑같이 '아, 어'로 시작하는 어미가 올 때, 그중 하나가 탈락하는 현상 건너 + -어도 → 건너도

－첨가: 'ㄴ' 삽입: 합성어에서 앞의 요소가 자음으로 끝나고, 뒤에 오는
　　　　　　요소가 '이, y'로 시작할 때 'ㄴ'이 삽입되는 현상
　　　　　　맨 + 입 → [맨닙]
－축약 유기음화: ㅎ과 평음이 결합하여 유기음으로 바뀌는 현상
　　　　　　놓+고 → [노코]
－도치: 자음도치: 자음과 자음의 위치가 바뀌는 현상(통시적 변화)
　　　　　　뱃복 〉 배꼽(ㄱ과 ㅂ의 도치)
　　　모음도치: 모음과 모음 사이에 일어나는 도치(통시적 변화)
　　　　　　하야로비 〉 해오라기(아와 오의 도치)

관련문제 2회 65번, 7회 66번

• 언어학개론 / 형태론 / 형태소의 정의와 종류, 이형태, 교체

010 형태소에 관한 설명으로 옳은 것은? (7회 63번)

① 유사한 의미를 지닌 형태소가 교체되어 쓰이는 현상을 자유변이라고 한다.
② 한국어의 연결어미 '–어/아/여'는 음운론적으로 조건화된 이형태이다.
③ 형태소는 의미를 가진 언어학적 최소 단위이다.
④ 영어 단어 'cranberry'의 'cran'과 같은 유일형태소는 한국어에서 존재하지 않는다.

평가 요소 형태소의 정의와 종류, 이형태, 교체

개념 확장 ※ 형태소
－형태소란? : 의미를 가진 최소 단위(최소의 유의미 단위, minimal
　　　　　meaningful unit) 더 이상 쪼개면 의미가 없어지는 단
　　　　　위 풋사과 → '풋+사과'로 쪼갤 수 있음
　　　　　사과 → '사+과' ?? → 쪼개면 '사과'의 의미가 없어
　　　　　짐 → '사과'는 하나의 형태소!
－형태소 확인 기준: '계열관계', '통합관계'
　　계열관계: 같은 성질을 가진 다른 형태소로 바꿔 쓸 수 있는 관계
　　　　　(대치의 원리)
　　통합관계: 어떤 형태소의 앞이나 뒤에 다른 형태소가 결합될 수 있
　　　　　는 관계(결합의 원리)
　　　　　예 철수가 학교에 간다.
　　　　　'학교'와 '에'는 서로 결합될 수 있음 → 통합관계
　　　　　'학교' 자리에 들어갈 수 있는 다른 말은? ⇒ 시장, 공원,
　　　　　집, 영화관.... 이때 '학교, 시장, 공원, 집, 영화관...'의 관
　　　　　계 → 계열관계
－형태소의 종류
　　문장 내에서 홀로 쓰일 수 있느냐에 따라
　　자립형태소: 문장 내에서 홀로 쓰일 수 있는 형태소
　　　　　예 흙, 얼굴, 밥, 매우, 무슨...
　　의존형태소: 문장 내에서 홀로 쓰일 수 없는 형태소
　　　　　예 읽–, 춥–, 깨끗–, –었–, –다...
　　실질적인 의미를 가졌느냐에 따라
　　실질형태소(어휘형태소): 실질적인 개념을 가지고 있는 형태소
　　　　　예 흙, 얼굴, 밥, 매우, 무슨, 읽–, 춥–, 깨끗–
　　형식형태소(문법형태소): 문법적인 기능만을 가지고 있는 형태소
　　　　　예 –었–(과거), –다(평서문)

해설

▶ **010** **답** ③

정답 풀이

형태소는 '최소의 유의미 단위', 즉 의미를 가진 가장 작은 단위이다.

오답 풀이

① '자유변이'란 동일한 형태소의 **이형태(변이형)들이 동일한 환경에서 자유롭게 교체**되는 것을 말한다.
② '–아/어'는 용언 어간의 모음에 따라 교체되므로(모음조화) 음운론적으로 조건화된 이형태라고 할 수 있지만, '–여'는 동사 '하–' 뒤에서만 나타나므로 형태론적으로 조건화된 이형태이다.
④ 한국어에도 '오솔길'의 '오솔'과 같은 유일형태소가 존재한다.

유일형태소(특이형태소): 오로지 하나의 환경에만 출현하는 형태소
- (예) cranberry -> cran + berry ?
- strawberry -> straw + berry ?

계열관계, 통합관계를 이용하면 분석 가능할 것처럼 보이지만 열매
의 의미로 쓰이는 'cran, straw'가 다른 환경에서는 쓰이지 않음
=> 'cranberry, strawberry'에서만 유일하게 쓰이는, '유일형태소'!
- (예) 오솔(길), 아름(답다), 착(하다), 감쪽(같이), 안간(힘), 허둥(지둥)
'오솔, 아름, 착, 감쪽, 안간, 허둥'는 하나의 환경에서만 쓰
이는 유일형태소!
- 이형태란?: 하나의 형태소가 쓰이는 환경에 따라서 소리가 달라진 것
- (예) '값' - 뒤에 모음이 올 때 ex. 값이 -> [갑씨] => 값
  - 뒤에 자음이 올 때   값도 -> [갑또] => 갑
  - 뒤에 비음이 올 때   값만 -> [감만] => 감
'값, 갑, 감'은 형태소 '값'의 '이형태'!
한 형태소의 이형태들끼리는 '상보적(배타적) 분포'를 보임, 즉 분포
가 겹치지 않음
- 교체(변이)란?: 한 형태소가 여러 이형태로 바뀌어 실현되는 현상

- 교체의 종류
1. 교체의 요인에 따라
  음운론적으로 조건화된 교체: 교체가 음운론적인 조건 때문에 일어
  나는 경우
  - (예) '값' - 뒤에 모음이 올 때 (예) 값이 -> [갑씨] => 값
    - 뒤에 자음이 올 때 (예) 값도 -> [갑또] => 갑
    - 뒤에 비음이 올 때 (예) 값만 -> [감만] => 감
    => 교체의 조건이 '모음, 자음, 비음' -> 모두 음운론적
    인 조건!
  - (예) '-아/어' - 어간이 양성 모음일 때
    (도망가는 사람을) 막- + -아
    - 어간이 음성 모음일 때
    (밥을) 먹- + -어
    => 교체의 조건이 '양성 모음, 음성 모음' => 음운
    론적인 조건!

  형태론적으로 조건화된 교체: 교체가 형태론적인 조건 때문에 일어
  나는 경우
  - (예) '-아/어', '-여'
    '-여' 어간이 '하-'일 때 (예) 하- + -여
    => 교체의 조건이 '특정 동사' -> 형태론적인 조건!
  - (예) '-아라', '-너라'
    '-너라' 어간이 '오-'일 때 (예) 오- + -너라
    => 교체의 조건이 '특정 동사' -> 형태론적인 조건!

2. 음운론적인 자연성 유무에 따라
  자동적 교체: 만약 그 교체가 일어나지 않는다면 언어의 음운패턴
  이 깨지는 경우
  (발음을 할 수 없게 되는 경우)
  - (예) '값 -> 감'의 교체
    만약 위의 교체가 일어나지 않는다면? '값만'은
    발음 불가능!
  비자동적 교체: 자동적 교체가 아닌 교체
  - (예) '아 -> 야'의 교체 : 만약 위의 교체가 일어나지
    않는다면?
    *하아 => 발음은 가능!

• 언어학개론 / 형태론 / 형태소의 정의와 종류

011 의존형태소가 들어 있는 단어는? (10회 79번)

① 지름길　　② 밤낮　　③ seaside　　④ sunset

평가 요소 형태소의 종류에 대한 이해

관련문제 7회 63번

• 언어학개론 / 형태론 / 단어 형성 방법, 굴절

012 한국어 – 영어 단어쌍 가운데 그 쌍의 두 낱말이 동일한 구성방식을 갖지 않는 것은? (6회 73번)

① 깊이 – depth
② 먹고 – walks
③ 주식회사 – happiness
④ 울긋불긋 – zigzag

평가 요소 단어 형성 방법, 굴절

개념 확장 ※ 단어의 종류와 단어 형성 방법
- 단일어: 형태소 하나로 이루어진 단어 ex. 꽃, 흙, 눈, 코, 얼굴…
- 합성어(합성법): 의미의 중심이 되는 두 어기가 결합하여 이루어진 단어 **예** 논밭, 산나물, 손발, 창문, 돌아가다, 나아가다, 잘못…
  cf. 반복합성법(중첩): 동일하거나 유사한 어기가 되풀이하여 결합한 합성어
    동음 반복 합성어: 마디마디, 집집…
    유음 반복 합성어: 알쏭달쏭, 얼룩덜룩, 똑딱…
    부분 반복 합성어: 골고루, 부르릉, 아차차, 후다닥…
- 파생어(파생법): 의미의 중심이 되는 어기에, 주변부 역할을 하는 '접사(접두사, 접미사, 접요사)'가 붙은 단어
  예 풋사과, 새빨갛다, 맨손, 넓이, 자랑스럽-, 덮개…
  cf. 영파생: 겉으로 보기에는 동일한 형태의 단어가 다른 품사로 쓰일 때, 눈에 보이지 않는 접미사가 붙었다고 보는 것
    예 신(명사): 신-(동사)
    　　　빗(명사): 빗-(동사)…
    ⇒ 학자에 따라 '품사 전성, 품사 통용, 범주 확장' 등으로 보기도 함
  내적파생: 한 단어 안의 모음이나 자음의 일부를 변경하여 비슷한 의미의 단어를 새롭게 만들어 내는 것(감감–깜깜–캄캄, 찰랑–출렁…)
- 절단어: 이미 존재하는 형태소의 뒷부분을 절단하여 만든 단어
  예 photo – photograph
- 약어: 한 단어의 주요 음절만을 모아 만든 단어
  예 TV – television
- 두문자어(두자어): 구를 이루는 단어들 중 첫 번째 글자만을 합쳐서 만든 단어
  예 UN – United Nations, 비냉 – 비빔 냉면, 불백 – 불고기 백반…
- 혼합어(혼성어, 혼효어): 기존의 두 단어를 각각 일부분만 취하여 붙여 만든 단어 **예** brunch – breakfast, lunch

▶ 011　**답** ①

정답 풀이

'지름길'에서 '지름'은 어간 '지르-'에 명사 파생 접미사 '-ㅁ'이 결합된 것으로 분석할 수 있다. 여기서 '지르-'와 '-ㅁ'은 모두 자립할 수 없는 의존형태소이다.

오답 풀이

②, ③, ④는 모두 자립형태소 간 결합(밤 + 낮, sea + side, sun + set).

▶ 012　**답** ③

정답 풀이

'주식회사'는 '주식 + 회사'와 같이 두 명사의 합성에 의해 만들어진 합성어이고, 'happiness'는 형용사 어기 'happy'에 접미사 '-ness'가 결합한 파생어이다.

오답 풀이

① 어기 '깊-', 'deep'에 접미사 '-이', '-th'가 결합하여 만들어진 파생어이다.
② 어간 '먹-', 'walk'에 어미 '-고', '-(e)s'가 결합하여 활용하였다.
④ 유사한 어근이 되풀이하여 결합한 반복합성어이다.

관련문제 2회 66번, 4회 68번, 6회 68번

-고유명사의 일반명사화: 특정 고유명사가 의미가 변화하여 일반명사로 사용되는 경우

⟪예⟫ 샌드위치 – 원래 영국의 백작 이름, 좋아하는 게임을 하기 위해 밥 먹는 시간을 줄이고자 빵 사이에 여러 재료들을 끼워 넣어, 게임을 하면서 끼니를 때움.
  –〉 백작 이름(고유명사)였던 것이 음식물을 가리키는 일반 명사로 쓰이게 됨.

-어근창조: 어떤 언어나 역사적 배경과 전혀 관련 없이, 무(無)에서 새롭게 단어를 만듦

-민간어원: 단어의 어원을 잘못 해석한 대중들이 새로운 의미를 부여하여 단어를 사용

⟪예⟫ 펜트하우스 – 원래 지붕 위에 지은 구조물의 의미, 대중들이 이를 잘못 해석하여 최고층에 위치한 가장 전망이 좋은 주거 공간 등의 의미로 사용

-역형성: 파생처럼 어기에 접사가 붙는 것이 아니라, 반대로 단어에서 접사처럼 보이는 형식을 삭제하여 새로운 단어를 만드는 방법

⟪예⟫ babysit(부모가 외출한 동안 아이를 돌봐 주다): 원래 babysit이라는 단어는 없었고, 아이를 돌봐 주는 사람이라는 의미의 'babysitter'라는 단어만 존재했음. 사람들이 babysitter의 '-er'을 사람을 만드는 접미사 '-er(teach-teacher)'로 오해하여 '-er'을 삭제한 'babysit'이라는 단어를 새롭게 만듦

-재분석(오분석): 사람들이 단어의 구조를 잘못 분석하여 새로운 단어를 만들어 내는 것

⟪예⟫ buger – 원래 '함부르크 지역의 사람들이 먹는 음식'이라는 'hamburg + er'에서 온 말. 이를 모르는 사람들이 음식의 모양을 보고 '햄이 사이에 들어 있는 burger라는 음식'으로 오해하여 'ham + burger'로 분석함 –〉 burger라는 새로운 단어가 생기고, 가운데 들어가는 음식의 종류에 따라 치즈버거, 새우버거 등의 단어가 만들어짐

-유추: 기존에 있던 단어를 참고하여 새로운 단어를 만들어 내는 것

⟪예⟫ 공부방, 구두방, 노래방, 다방, pc방....
  위를 참고하여 '머리를 하는 가게'라는 의미로 새로운 단어를 만든다면? =〉 머리방
  기존의 OO방의 구조를 참고하여 새로운 단어를 만듦 =〉 유추!

※ 굴절법

-새로운 단어를 만드는 것이 아니라, 기존의 단어를 형태를 변화시켜서 사용하는 방법
  형태를 변화시킨다?? – 한국어에서는 '조사, 어미'를 붙이는 것을 말함
  철수: 철수가, 철수를, 철수도, 철수만...
  먹–: 먹고, 먹으니, 먹으면, 먹어도... =〉 '철수, 먹–'의 의미는 변하지 않고 기능만 변화

-굴절의 종류 – 활용: 용언(동사, 형용사) 어간 + 어미
  – 곡용: 명사 + 조사

-파생과 굴절의 차이(접사와 어미의 차이)
  1. 접사는 새 단어를 만들고, 어미는 새 단어를 만들 수 없다.
    ⟪예⟫ 까불– + –이(접사) –〉 까불이: 까부는 사람('까불다'와 다른 새 단어)
    까불– + –고(어미) –〉 까불고('까불다'와 다르지 않음)
  2. 접사는 어기의 품사를 바꿀 수 있고, 어미는 바꿀 수 없다.
    ⟪예⟫ 먹–(동사) + –이(접사) –〉 먹이(명사)
    먹–(동사) + –고(어미) –〉 먹고(동사)
  3. 접사는 어휘적인 의미를 더해 주지만, 어미는 문법적 의미만 한다.
    ⟪예⟫ 멋– + –쟁이: '멋'을 부리는 '사람(쟁이)'
    먹– + –다: '먹'는 행동을 '서술(다)'
  4. 어미는 거의 대부분의 용언에 붙을 수 있지만, 접사는 붙을 수

있는 용언이 한정되어 있다.

> 예
>
> | | 높– | 낮– | 길– | 짧– |
> |---|---|---|---|---|
> | 접사 '–이' | 높이 | X | 길이 | X |
> | 어미 '–고' | 높고 | 낮고 | 길고 | 짧고 |

5. 어미는 의미가 일정하지만 접사는 의미가 일정하지 않다.
> 예 먹다, 높다, 깊다... '다'는 모두 '사실에 대한 서술'
>   구두닦이 – '–이'는 사람
>   손잡이 – '–이'는 물체
>   봄맞이 – '–이'는 행위

6. 어미가 붙은 형식들은 의미를 예측해볼 수 있지만(어미의 의미가 일정하므로), 접사가 붙은 형식들은 의미 예측이 어렵다(접사는 의미가 일정하지 않으므로).

· 언어학개론 / 통사론 / 문법자질

013 다음 문장들의 문법성 판단에 관여하는 자질은? (7회 67번)

> ㄱ. 영희가 내일 회사에 전화를 할 것이다.
> ㄴ. *영희가 내일 회사에게 전화를 할 것이다.
> ㄷ. *철수가 어제 소에 물을 주었다.
> ㄹ. 철수가 어제 소에게 물을 주었다.

① 수(number)
② 성(gender)
③ 시제(tense)
④ 유정성(animacy)

평가 요소 문법자질

▶ **013** 답 ④

정답 풀이

'–에/에게'는 앞의 명사가 '유정물'인가 '무정물'인가에 따라 구분되어 쓰인다. '–에'는 '무정물'에, '–에게'는 '유정물'에 통합되어 쓰인다.

▶ 014 **답** ②

정답 풀이

사동은 '사동주(행위자, 주어)'가 '피
사동주(객체)'에게 어떤 일을 하게 만
드는 것을 말한다. (가)~(라)는 모두
주어가 'her, John, 비둘기, 딸'에게
어떠한 행동을 하게 만들고 있는(시
키는) 사동문들이다.

• 언어학개론 / 통사론 / 문법범주

014 다음 예들이 실현하는 문법범주는? (2회 67번)

> (가) He made her leave.
> (나) I cause John to go.
> (다) 나는 비둘기에게 먹이를 먹였다.
> (라) 어머니는 딸에게 서둘러 학교에 가게 하였다.

① 능동법   ② 사동법
③ 주동법   ④ 피동법

평가 요소 문법범주

개념 확장 ※ 주동문과 사동문
• 주동문: 행위자(주어) 자신이 자신에 관한 일을 직접 하는 것
    예 아이가 옷을 입는다.
• 사동문: 사동주(행위자, 주어)가 피사동주가 할 일을 대신 행하거
    나 피사동주로 하여금 어떤 일을 하게 하는 의미
    – 단형사동: 접사 통합 – 엄마가 아이에게 옷을 입힌다.
    – 장형사동: 엄마가 아이에게 옷을 입게 하다.
• 사동문의 의미 해석 문제
    – 주로 중의성 관련
    – 단형은 중의적 – '엄마가 아이의 옷을 직접 입히다'(직접)
      '엄마가 아이로 하여금 스스로 옷을 입도록 시키다'(간접)
    – 장형은 '간접'의 해석만 가능한 것이 일반적

※ 능동문과 피동문
• 능동문: 행위자(주어)가 스스로 어떤 일을 하거나 어떤 대상에게 행
    위를 가하는 것
    예 경찰이 도둑을 잡았다. [행위자] + [대상] + [서술어(타동사)]
• 피동문: 어떤 행위나 동작이 남에 의해 이루어짐을 나타내는 것
    예 도둑이 경찰에게 잡히었다. [대상] + [행위자] + [서술어(자동
      사)]
• 접사(이, 히, 리, 기) 통합, '–어지다'와 같은 통사 구성 이용, 어휘
    적 피동(하다→되다) 등
• 능동문과 피동문의 의미가 항상 동일한 것은 아님
    예 열 명의 남자가 두 여자를 사랑한다.
      두 여자가 열 명의 남자에게 사랑받는다.

ㅎ ㅐ ㅅ ㅓ ㄹ

・언어학개론 / 의미론 / 어휘의 의미 관계

015 (가)의 단어와 (나)의 단어들이 갖는 어휘적 관계는? (7회 68번)

(가)	(나)
미덕	겸손, 정직, 용기, 충성
생물	식물, 동물
꽃	장미, 백합, 진달래, 개나리

① 동의관계　　　　② 상하관계
③ 대립관계　　　　④ 다의관계

▶ 015 답 ②

정답 풀이

(나)에 해당하는 단어의 의미가 (가) 단어의 의미에 포함되는 '상하관계' 이다.

평가 요소　어휘의 의미 관계

개념 확장　※ 어휘의 의미 관계
　1. 서로 다른 단어들의 의미 관계 – 상하관계, 반의(대립)관계, 유의
　　　　　　　　　　　　　　　　　　　　　　　(동의)관계
　1.1. 상하관계: 한 단어의 의미가 다른 단어의 의미에 포함될 때

　　　　　　　　　　(가) 상위어(상의어)
　　　　　　　　　　(나) 하위어(하의어)
　　　　　　　　　　=〉 (가)와 (나)의 관계는?
　　　　　　　　　　　　=〉 상하관계
　　　　　　　　　　=〉 (나)에 속하는 '장미, 백합…' 들의 관계는?
　　　　　　　　　　　　=〉공위(동위)관계

　・ 하의어의 의미 영역은 상의어의 의미 영역에 포함되지만, 의미
　　자질의 수는 '하의어' 가 더 많음
　　　예 먹다[食] – 마시다: [食], [飮料]
　　　　　　　　 – 탐식하다: [食], [過飮], [貪慾]
　1.2. 반의(대립)관계: 한 단어와 다른 단어가 다른 의미 성분은 모두
　　　　동일하고 딱 하나의 의미 성분에서만 반대 가치를 지니는 관계
　　　예 '아버지' vs. '딸'
　　　　　=〉 '아버지' – [+남성], [+1세대]
　　　　　　'딸' – [–남성], [–1세대]
　　　　　=〉 두 가지 의미 성분이 반대 가치를 지님, 반의관계 성립 X
　　　　　'아버지' vs. '아들'
　　　　　=〉 '아버지' – [+남성], [+1세대]
　　　　　　'아들' 　 – [+남성], [–1세대]
　　　　　=〉 하나의 의미 성분만 반대 가치를 지님, 반의 관계 성립 O
　・ 반의관계의 종류: 등급적 반의어(길다–짧다) / 상보적 반의어(죽
　　다–살다) / 상관적 반의어(스승–제자)
　1.3. 유의(동의)관계: 두 단어의 의미 성분이 비슷한 관계
　・ '동의어' 와 '유의어'
　　– 의미가 중첩된 부분에 초점을 두고 '동의어' 로 보는 견해도 존재
　　– 그러나 의미가 중첩된 부분 외에 각 단어가 독자적으로 가지는
　　　영역이 존재
　　　–〉 모든 의미가 동일한 경우는 찾기 힘듦,
　　　　　'유의어' 라는 술어를 사용하는 것이 더 일반적
　・ 유의어의 종류: 위상적 유의어(전문어, 특수어, 은어, 속어, 유아어 등)
　　　　　　　　　　방언적 유의어(벼–나락 / 기름–지름)
　　　　　　　　　　문체적 유의어(이–치아)
　　　　　　　　　　차용적 유의어(잔치–파티 / 모임–미팅)

둘째 마당

- 유의 검증 방법: 유의어를 분류하거나 유의 관계를 확인하기 위하여 이용

  교체 검증법(뒤돌아 볼 틈이 없다 / 뒤돌아 볼 겨를이 없다)

  대립 검증법('마르다' 〈-〉 '살찌다' / '여위다' 〈=〉 '살찌다')

  배열 검증법('빠르다-쏜살같다-잽싸다-날쌔다')

  => 대립검증, 배열검증법은 보조적인 수단

- 유의 경쟁: 유의 관계에 있는 두 단어가 대립과 경쟁 관계에 놓이는 것

  – 유의 경쟁의 결과 양상

  의미 소실형 예 항것 – 주인(主人) => 고유어 '항것' 소멸

  의미 공존형 예 자국 – 자취 – 흔적(痕迹)

  의미 변화형 예 두렷ㅎ다: [圓] 〉 [分明] / 둥글다 : [圓]

  의미의 축소와 확대

  축소의 예 – 언니: 남성과 여성 모두를 지칭 〉 여성만 지칭

  확대의 예 – 겨레: 친척 〉 민족

  의미 가치의 변동 예 '약주 – 술'

2. 한 단어가 지니는 의미들 사이의 관계 – 다의관계, 동음(동음이의)관계

2.1. 다의관계: 하나의 언어 형식(단어)이 지니는 상이한 의미들의 관계

  예 가. 손은 신체의 일부이다(手) / 나. 손에 넣다(소유)

  다. 손을 멈추다(일)   / 라. 손이 능숙하다(수완)

  마. 손이 거칠다(손버릇)   / 바. 손이 맵다(손매)

  사. 손을 내밀다(원조)   / 아. 손을 쓰다(주선)

  자. 손이 적다(사람)   / 차. 손을 놓치다(기회)

  카. 손이 맑다(마음)   / 타. 손이 크다(아량)

2.2. 동음(동음이의)관계: 우연히 동일한 발음을 공유하되, 그들 사이에 의미적 관련성이 없는 단어

  예 눈(眼)/눈(雪), 말(語)/말(馬), 우리('나'의 복수)/우리(畜舍)

- '다의'와 '동음이의'의 차이

  – 동일한 발음을 가지면서 의미가 여러 가지라는 점은 동일

  – '동음이의'는 각 의미 간에 아무런 관련성도 없음

  => '유연성'(의미의 유사성): '다의'와 '동음이의'를 구분하는 기준

  – 유연성의 한계를 어떻게 결정하는가의 문제는 여전히 남아 있음

관련문제 3회 63번, 6회 71번

• 언어학개론 / 의미론 / 의미 변화의 유형

016 아래 예들 가운데 그 의미 변화 유형이 나머지 셋과 다른 것은? (3회 66번)

① 영어 "mouse"는 '쥐' 라는 뜻인데, 지금은 컴퓨터의 부속품 중 하나를 가리키게 되었다.

② 영어 "picture"는 원래 '그림' 이란 뜻이었으나, 지금은 사진기로 찍은 '사진' 의 뜻도 갖는다.

③ 한국어 "마누라"는 원래 남녀를 불문하고 하인이 그 주인을 일컫던 말이었는데, 지금은 '아내' 를 가리키는 뜻으로 쓰인다.

④ 한국어 "오랑캐"는 원래 고려 말기 만주 지역에 있던 한 종족의 이름이었는데, 지금은 '야만적 이민족' 이란 뜻으로 쓰인다.

평가 요소 의미 변화 유형(의미 확대/의미 축소/의미 이동)

▶ 016 **답** ③

정답 풀이

'마누라' 의 의미가 '주인' 에서 '아내' 로 이동한 경우이다. 현대 한국어에서 '마누라' 는 더 이상 '주인' 의 의미로 사용되지 않는 것으로 보아, 기존의 의미를 완전히 상실하고 새로운 의미(아내)로 이동하여 쓰이고 있다고 할 수 있다.

오답 풀이

'mouse, picture, 오랑캐' 는 여전히 기존의 의미인 '쥐, 그림, 특정 종족 이름' 의 뜻으로도 사용되고 있고, 기존에 나타나지 않던 '컴퓨터의 부속품, 사진, 야만적 이민족' 이라는 의미로도 쓰이고 있다. 기존의 의미로도 사용되면서 의미 영역이 넓어져 새로운 의미를 획득하게 된, '의미 확대' 의 예라고 할 수 있다.

• 언어학개론 / 의미론 / 중의성의 종류

017 하나의 표현이 둘 이상의 의미를 갖는 특성을 중의성이라 한다. 아래에서 통사 구조의 중의성을 보여주는 예는? (3회 67번)

① "초"는 '먹는 초' 의 의미와 '타면서 빛을 내는 초' 의 의미로 쓰인다.

② "할 말이 없다"는 '미안하다' 는 의미와 '한심하다' 는 의미로 쓰인다.

③ "죽은 줄 알았다"는 '죽은 것을 알았다' 는 의미와 '죽었다고 잘못 알았다' 는 의미로 쓰인다.

④ "예쁜 신부와 신랑"은 '신랑과 예쁜 신부' 의 의미와 '예쁜 신부와 예쁜 신랑' 의 의미로 쓰인다.

평가 요소 중의성의 종류

개념 확장 ※ 중의성이란?

• 하나의 언어 표현이 둘 이상의 해석을 가능하게 하는 언어적 현상
• 단어, 구, 절, 문장 등 다양한 층위에 걸쳐 나타나는 현상
• 이러한 중의성이 나타나는 문장을 '중의문' 이라고 부름 => 겉으로 드러나는 형식은 동일하지만 의미가 다의적으로 해석될 수 있는 문장

※ 중의성의 종류

1. 어휘적 중의성: 문장 속에 쓰인 어휘의 특성 때문에 나타나는 중의성(다의어, 동음어)

　　다의어 – 길이 있다

　　　예 (자동차가 지나갈) 길이 있다(도로).
　　　(아무리 힘들어도 살아갈) 길이 있다(방책).

　　동음어 – 영이가 차를 준비했습니다 -> 茶, 車

▶ 017 **답** ④

정답 풀이

'예쁜' 이 수식하는 대상이 '신부' 인지, '신부와 신랑' 인지에 따라 나타나게 되는 중의성으로, 이와 같이 수식 구조에 의한 중의성은 통사 구조의 중의성에 속한다.

오답 풀이

①은 '어휘적 중의성', ②, ③은 '화용적 중의성' 의 예이다.

- 동사의 경우 '동작'인가 '상태'인가의 문제 발생
  - 철수가 빨간 옷을 입고 있다
    - → 입고 있는 동작(입는 중)
    - 입고 있는 상태(입은 상태를 유지)

2. 구조적 중의성: 문장 성분들 간의 통사적 관계에 의해 나타나는 중의성
- 수식 관계에서 일어나는 중의성
  - 내가 좋아하는 철수의 동생
    - ⇒ '내가 좋아하는 사람'은 '철수'? '철수의 동생'?
    - '내가 좋아하는'이 수식하는 명사구가 '철수'인가? '철수의 동생'인가?
- 서술어와 호응하는 주어의 범위에 의한 중의성
  - 남편은 아내보다 딸을 더 사랑한다.
    - ⇒ 남편은 아내와 딸 중에서 딸을 더 많이 사랑한다?
    - 남편과 아내 모두 딸을 사랑하는데, 아내가 딸을 사랑하는 정도보다 남편이 딸을 사랑하는 정도가 더 크다?
    - ⇒ '사랑하다'의 주어가 '남편'인가? '남편'과 '아내' 모두인가?
- 어떤 명사와 호응하는가에 따른 중의성
  - 선생님은 웃으면서 들어오는 학생에게 심부름을 시켰다
    - ⇒ 웃은 사람은 선생님?, 학생?
    - ⇒ '웃으면서'가 '선생님'과 호응하는가, '학생'과 호응하는가?
- 접속에 의한 중의성
  - 철수와 영이는 인정사정보지 않고 싸웠다.
    - ⇒ '철수'와 '영이'가 서로 싸웠다 (명사 접속으로 해석)
    - '철수'와 '영이'가 다른 누군가와 싸웠다(문장 접속으로 해석)
- 총칭적 해석과 제한적 해석에 의한 중의성
  - 철수는 껍질이 얇은 사과를 좋아한다.
    - ⇒ 사과는 껍질이 얇은데, 철수는 그래서 사과를 좋아한다. ⇒ 총칭적 해석
    - 철수는 사과 중에서 껍질이 얇은 것만을 좋아한다.
    - ⇒ 제한적 해석

3. 영향권(범위, 작용역) 중의성
- 어떤 단어가 의미 해석에 미치는 범위가 달라져서 생기는 중의성
- 양화사와 부정문 해석에서 발생
  - 양화사: 모든 소년들이 한 소녀를 사랑한다.
    - ⇒ 사랑받고 있는 소녀는 몇 명?
    - ⇒ '모든'의 범위가 '한'보다 넓다면 → 소년 한 사람당 한 명씩, 10명
    - '한'의 범위가 '모든'보다 넓다면 → 열 명이 모두 똑같은 한 사람을, 1명
    - 부정문: 나는 택시를 타지 않았다.
    - ⇒ 다른 사람이 탔다 / 버스를 탔다 / 타지는 않고 세우기만 했다

4. 화용적 중의성
- 동일한 언어 표현이 발화 장면에 따라 다른 해석을 갖게 됨으로써 나타나는 중의성
  - 동생은 자정까지 공부한다.
  - 명제 그대로 사실을 전달할 경우
  - 늦게 들어온 형을 어머니가 꾸짖는 상황이라면?

해설

• 언어학개론 / 의미론 / 함의

018 다음에서 ㉠이 ㉡을 함의(entail)하는 것은? (5회 79번)

① ㉠: 철수는 천재다.

   ㉡: 철수는 바보다.

② ㉠: 저기 연기가 피어오른다.

   ㉡: 저기 불이 났다.

③ ㉠: 철수가 그 남자를 살해했다.

   ㉡: 그 남자가 죽었다.

④ ㉠: 철수가 뛰기 시작했다.

   ㉡: 철수는 이전에 뛰지 않았다.

▶ 018 **답** ③

정답 풀이

'철수가 그 남자를 살해했다' 라는 문장이 '참' 이라면, '그 남자가 죽었다' 라는 문장도 반드시 '참' 이 된다. 그러나 '그 남자가 죽었다' 고 해서 반드시 '철수가 그 남자를 살해했다' 고 볼 수는 없다. 이처럼 두 문장 ㉠과 ㉡에서, ㉠이 참이면 반드시 ㉡도 참이 될 때, ㉠은 ㉡을 '함의' 한다고 한다(단 역은 성립되지 않음).

평가 요소 함의

개념 확장 ※ 함의와 전제

1. 함의
• 어떤 문장을 사실이라고 받아들인다면, 동시에 사실로 인정되는 다른 문장이 존재함
   예 ㄱ. 모든 학생들이 참석했다. / ㄴ. 일부 학생들이 참석했다.
   => (ㄱ)이 참이라면 (ㄴ)도 참
   ㄱ. 영이가 유리창을 깨뜨렸다. / ㄴ. 유리창이 깨졌다.
   => (ㄱ)이 참이라면 (ㄴ)도 참
• 함의: 어떤 문장의 의미 속에 포함된 다른 의미
   => 어떤 문장 p와 q에서, p가 참이면 q도 반드시 참이 될 때, p는 q를 함의한다.
   단, q가 참이라고 해도, p가 반드시 참인 것은 아니다 → 역은 성립하지 않는다.

2. 전제
• 하나의 문장이 의미적 정당성을 갖기 위해서 이미 참임이 보장된 다른 문장
   예 ㄱ. 영이는 철수와 결혼한 것을 후회한다. / ㄴ. 영이는 철수와 결혼했다.
   => (ㄱ)의 참, 거짓을 판단하기 위해서는 (ㄴ)이 참이라고 인정되어야 함
   => 이 때 (ㄴ)은 (ㄱ)의 전제
• 전제: 문장 p가 참이면 문장 q도 참이고, 문장 p가 거짓이어도 문장 q가 참이면, 문장 p는 문장 q를 전제한다.

3. 함의와 전제의 차이
• 함의를 가진 문장을 부정하면 함의가 달라짐
   예 영이가 유리창을 깨뜨리지 않았다. → 대응 긍정문에서 함의된 문장은 '유리창이 깨졌다' 임, 그러나 부정문에서 유리창은 깨졌을 수도, 깨지지 않았을 수도 있음 => 판단 불가 => 함의 관계 변함
• 전제는 부정문에서도 전제가 취소되지 않음
   예 영이는 철수와 결혼한 것을 후회하지 않는다. → 전제는 여전히 '영이는 철수와 결혼했다' => 여전히 전제 관계 유지

오답 풀이

① '철수는 천재다' 라는 문장이 '참' 이면 '철수는 바보다' 라는 문장은 '거짓' 이 되므로 두 문장은 '함의' 관계에 있지 않다.

② '저기 연기가 피어오른다' 라는 문장이 '참' 이라고 해서 반드시 '저기 불이 났다' 가 '참' 이 된다고 할 수 없다(ex. 연기는 피어올랐지만 불이 나기 전에 처리됐다, 그 연기는 불이 아닌 드라이아이스에 의한 것이었다 등). 따라서 두 문장은 함의 관계가 아니다.

④ '철수가 뛰기 시작했다' 라는 문장이 '참' 이라고 해서 반드시 '철수는 이전에 뛰지 않았다' 가 참이 된다고 할 수 없다(ex. 계속 뛰다가 잠시 숨을 고르고 다시 뛰기 시작했다 등). 따라서 두 문장은 함의 관계가 아니다.

▶ 019 **답** ①

정답 풀이

화자와 청자, 발화 상황, 시간, 위치 등에 따라 의미가 달라지는 것을 '직시적' 표현이라 한다. 'like'와 'dislike'는 '좋아하다'와 '싫어하다'로 의미가 고정되어 있다.

· 언어학개론 / 화용론 / 직시(deictic)

019 **시적(deictic) 표현과 거리가 먼 것은?** (6회 70번)

① 'like, dislike' 등의 감정 표현
② 'come, go' 등의 주체 이동 표현
③ 'right, left' 등의 위치 표현
④ 'bring, take' 등의 객체 이동 표현

평가 요소 직시(deictic)

개념 확장 ※ **직시**

· 언어 표현이 사용되는 장면에 따라서 지시하는 바가 달라지는 것
  예 내가 너를 얼마나 기다렸는데
    – 이때 '내'와 '너'는 화자와 청자가 누구냐에 따라 지시하는 대상이 달라짐
· 직시의 중심: 어떤 대상을 가리킬 때 중심이 되는 기준점
    – 라이온스(J. Lyons 1977): '자기 중심적'
    – 화자, 화자가 있는 장소, 화자가 발화하는 시간 중심

※ **여러 가지 직시 표현**

1. '이, 그, 저'의 체계
· '이': 화자 가까이 있는 것
  '그': 청자 가까이 있는 것
  '저': 화자와 청자로부터 멀리 떨어져 있는 것
· '이, 그, 저'가 결합하여 형성한 직시 표현들도 동일
· 직시 표현이 복합할 때에는 화자 중심인 '이'가 먼저 쓰임
    예 이것 저것

2. 인칭
· 나: 화자 자신에 대한 지시를 기호화한 것(1인칭)
  너: 청자에 대한 화자의 지시를 기호화한 것(2인칭)
  그, 그녀, 이분, 그분, 저분...: 화자나 청자가 아닌 제 3자를 지시 대상으로 기호화한 것(3인칭)

3. 시간
· 어휘적 요소: 지금, 방금, 아까, 요즘, 오늘, 어제 이번 주, 하루 전...
· 문법적 요소: 선어말어미(는, 었)

4. 장소
· 여기, 거기, 저기, 오른쪽, 왼쪽, 앞, 뒤......
· 오다, 가다: 사물의 이동과 함께 이동 방향을 지시

5. 담화: 담화상의 어떤 부분에 대한 지시를 기호화
· '다음 장에서는 '지시'에 대하여 알아보겠습니다': 이때 '다음 장'은 담화의 한 부분을 가리킴

6. 사회: 다른 지시 대상과의 사회적 관계를 기호화한 것
· 높임법 관련: 주체 높임 '–시–' => 화자와 주체의 관계를 기호화 청자 높임 '종결어미' => 화자와 청자의 관계를 기호화 객체 높임 '뵙다, 모시다 등' => 화자와 목적어, 부사어 속에 등장하는 인물과의 관계를 기호화

해 설

• 언어학개론 / 의미론 / 언어 상대성 가설

020 언어 상대성(linguistic relativity)에 관한 설명으로 옳지 <u>않은</u> 것은? (7회 65번)

① 우리의 사고는 언어 속에 표현되어 있으며, 따라서 언어는 우리의 사고이다.

② 어떤 언어가 두 개의 색채어를 사용한다면 '하양'과 '검정'이고, 세 개를 사용한다면 여기에 '빨강'이 추가된다.

③ 다른 언어와는 달리 에스키모어에서는 '눈'(snow)을 나타내는 여러 개의 단어들이 있다.

④ 언어는 세계를 분류하는 나름의 방식을 지녔기 때문에 언어에 따라 세계를 기술하는 방식이 다르다.

▶ 020 **답** ②

정답 풀이

언어 상대성 가설은 인간의 '언어'와 '사고, 생활, 문화'가 서로 관련되어 있음을 주된 내용으로 삼는데, ②는 그러한 관련성을 전혀 찾을 수 없다.

오답 풀이

① '언어'가 '사고'에 영향을 미친다는 점을 언급한 것이다.
③ '생활, 문화'가 '언어'에 영향을 미친 예이다.
④ '언어'가 '사고'에 영향을 미친다는 점을 언급한 것이다.

평가 요소 언어 상대성 가설(사피어-워프 가설)

개념 확장 ※ 언어 상대성 가설
• 언어는 인간의 생활과 문화와 서로 영향을 주고 받음
  예 에스키모어의 '눈' 관련 어휘는 많지만, 눈이 거의 내리지 않는 아스텍어에는 '눈'이나 '추위'를 가리키는 단어가 거의 없음
• 언어상대성 가설: 사용하는 언어가 다르면 그에 대응하여 사고방식이나 세계관도 다르다.
  – 훔볼트에서 시작하여 사피어와 워프로 이어짐
    ⇒ 사피어-워프 가설이라 부르기도 함
• **예** 한국어, 영어, 웨일스어의 색채어장

한국어	영어	웨일스어
푸른	green	gwyrdd
	blue	glas
회색	grey	
갈색	brown	llwydd

• **예** 한국어와 영어의 동기간 친족어장

영어	한국어
brother	형, 오빠
	아우, (남)동생
sister	누나, 언니
	누이, 아우, (여)동생

• 문화가 사고에 영향을 미치고, 사고는 언어에 영향을 미치면서 나타난 현상
• 언어는 다시 또 사고와 경험에 영향을 미치게 됨

▶ 021 **답** ①

정답 풀이

(나)는 명령의 의미가 담긴 간접화행의 예가 아니라 '함축'의 정의에 대하여 묻는 의문문이다.

오답 풀이

② 표면적으로는 의문문이지만 '조용히 하라, 장난을 계속 하지 말라'는 명령의 의미가 담겨 있다.
③ (나)를 제외한 나머지 (가)~(다)는 모두 화자의 생각은 '명령', 문장은 '의문'으로, 간접화행의 전형적인 예이다.
④ 표면적으로는 의문문이지만 시간을 알려 달라는 명령의 의미가 담겨 있다.

· 언어학개론 / 화용론 / 언표 수반력과 간접화행

021 다음 각 발화에 대한 설명으로 옳지 <u>않은</u> 것은? (3회 78번)

> (가) 너 좀 조용히 할 수 없니?
> (나) 선생님, '함축'이 무슨 뜻인가요?
> (다) 너 자꾸 그런 장난 계속할 거야?
> (라) 〈길에서〉 저, 죄송하지만 혹시 시계 있으신가요?

① 위의 발화는 모두 표면적으로 의문문의 형태를 취하고 있지만 모두 다 명령의 의미를 함축적으로 지닌다.
② (가)와 (다)는 모두 명령의 의도를 간접적으로 표현한 것이다.
③ 위의 발화 중 (나)는 화자의 생각이 그 기능과 일치하는 직접적인 발화이지만, 나머지는 모두 다 간접적인 발화이다.
④ (라)는 "시간을 알려 달라."라는 화자의 직접적인 요청이나 명령 대신 장면에 적합한 공손 표현을 사용한 실례이다.

평가 요소 언표 수반력과 간접화행

개념 확장 ※ 화행 이론의 시작
  · 특정 발화가 수행하는 효력에 대한 이론
    – 발화는 어떤 행동을 유발하는가? ⇒ 언표행위, 언표수반행위, 언표효과행위
  · 언표행위: 문장을 발화하는 행위 그 자체
  · 언표 수반 행위: 언표 행위를 하면서 동시에 실천하는 다른 행위
    예 (열려 있는 창문을 보면서) "아이 추워" → 문을 닫아 달라는 요청 행위 포함
    ⇒ 이것이 언표 수반 행위
  · 언표 효과 행위: 화자가 하는 말이 청자에게 어떠한 효과를 일으키는 행위
    예 "아이 추워"라는 말을 들은 청자가 문을 닫는 행위를 했을 경우 ⇒ 언표 효과 행위
  ※ 직접화행 간접화행
  · 직접화행: 모문의 수행 동사가 표시하는 언표수반력을 가지거나, '명령문'이라는 문장 유형에 의해 언표 수반력을 가지는 경우
    예 차 좀 태워 줘(명령문에 의한 언표수반력)
    나는 너에게 차를 태워 주기를 요청한다(수행동사에 의한 언표수반력)
  · 간접화행: 직접 명령이 아닌, 의문문이나 평서문이라는 문장 유형에 의해 언표 수반력을 가지는 경우
    예 차 좀 태워 줄 수 있니?(의문문에 의한 언표수반력)
    나는 네가 나를 차에 태워 줬으면 좋겠어(평서문에 의한 언표수반력)
  · 간접 화행의 설명
    – 관용 이론: 평서문, 의문문 등이 관용적으로 쓰이면서 일정 언표 수반력을 갖게 된다는 것
    – 추리 이론: 청자가 발화가 일어난 맥락을 고려하여 해당 문장의 의미를 추리함으로써 간접 화행이 발생한다고 보는 것
  · 일상 생활에서의 간접 화용
    – 직접 화행보다 '공손'하게 여겨진다는 일반적인 행동 원리의 영향으로 광범위하게 사용됨
    예 '내립시다': 축자적으로는 청유문
    ⇒ '내릴 수 있도록 비켜 달라'는 정중한 명령으로 사용

관련문제 2회 68번

• 언어학개론 / 화용론 / 함축과 대화 격률

022 다음 대화에서 B의 답변은 구체적인 정보를 제공하기를 원하지 않는다는 것을 함축한다. 이와 관련되는 그라이스(Grice)의 개념은? (7회 70번)

> A : 하루에 가게 매출이 얼마나 되나요?
> B : 좀 됩니다.

① 양(quantity)의 격률
② 질(quality)의 격률
③ 이해(interest) 원리
④ 적정 조건(felicity condition)

평가 요소 함축, 대화의 격률

개념 확장 ※ 대화의 격률
• 대화가 이루어질 때, 화 · 청자 간에 지켜야할 일반 원칙
• 그라이스(P. H. Grice 1975)
 – 대화가 원만하게 진행되기 위해서 지켜야 할 일반적인 원칙이 존재함
 – 대화 참여자들이 서로 협조하면서 주어진 규칙을 준수한다는 약속
• 대화 격률(회화 격률, conversational maxims)
 – 협력원리: 대화가 진행되는 각 단계에서 대화의 목적이나 방향에 의해 요구되는 만큼 대화에 이바지하게 하라.
 – 대화격률
 i) 양의 격률
  ㄱ. 대화의 목적에 필요한 만큼의 정보만을 제공하라.
  ㄴ. 대화의 목적에 필요한 것 이상의 정보를 제공하지 말라.
 ii) 질의 격률
  ㄱ. 거짓이라고 믿는 것은 말하지 말라.
  ㄴ. 적당한 증거를 가지고 있지 않은 것은 말하지 말라.
 iii) 관련성의 격률
  관련성이 있는 말을 하라.
 iv) 방법의 격률
  ㄱ. 표현의 모호성을 피하라.
  ㄴ. 중의성을 피하라.
  ㄷ. 간결히 말하라.
  ㄹ. 순서를 지켜 말하라.
• 대화 격률은 회화적 함축을 논의하는 기초가 됨
 문제의 예: 위 문제의 '보기'에서 B의 말을 문자 그대로만 받아들인다면 충분한 정보를 제공하지 않았으므로 '양의 격률'을 어긴 것이 되고 그 대화는 실패함

▶ 022 **답** ①

정답 풀이

위의 A와 B의 대화가 올바르게 이루어지기 위해서는 A가 질문한 내용에 대해 B가 충분한 정보를 대답해야만 한다. 그러나 B는 구체적인 매출액을 대답하지 않고 '좀 된다'고만 대답하여 불충분한 정보만을 제공하였다. 그럼에도 불구하고 A와 B의 대화는 파괴되지 않았고, 이러한 경우 B는 고의로 충분한 정보를 제공하지 않아서 A로 하여금 매출액을 구체적으로 밝히고 싶지 않다는 자신의 마음을 짐작할 수 있도록 만든다. 이처럼 충분한 정보를 제공해야 한다는 '양의 격률'을 어겨서 발생하는 함축을 '회화적 함축'이라고 한다.

–〉 그러나 'A'와 'B'의 대화가 성공적으로 이루어진 것은 두 사람이 모두 격률을 지키고 있다고 믿으며 'A'가 'B'의 말에서 관련성을 찾기 위해 노력했기 때문
(B가 나와 대화를 나누기 싫은 것은 아니야 –〉 그렇다면 왜 충분한 정보를 이야기해주지 않았을까? –〉 구체적인 이야기는 하기 싫은가 보다)
– 이처럼 대화의 격률을 어김으로서 발생하는 의미
⇒ '함축'
• 공손의 원리
– 리치(Leech)에 의해 주장, 위의 격률에 공손의 원리가 추가되어야 함
예 ㄱ. 우리는 모두 빌과 메리를 그리워하게 될 거야. 그렇지?
ㄴ. 그래, 우리는 모두 메리를 그리워하게 될 거야.
⇒ 양의 격률 위배(빌과 메리에 대한 정보를 물었는데 메리에 대해서만 대답하였으므로), 그런데도 대화가 성립하는 이유는?
⇒ 'ㄴ'을 말한 화자가 '빌'을 그리워하지 않다는 것, 빌에 대한 좋지 않은 감정이 있다는 점이 함축
⇒ 이러한 함축이 발생하는 이유는? ⇒ 공손의 원리 때문: 빌에 대하여 언급을 회피함으로써 좋지 않은 감정을 직접 표시하는 것을 피함

※ 함축
• 함축의 정의: 발화되는 문장도 함의도 아닌 것, 문장의 발화에 의하여 암시되는 의미
예 철수 – 엄마, 제 흰 운동화 못 보셨어요?
엄마 – 방금 동생이 농구하러 간다고 나갔는데.
– '엄마'의 대답에서는 '흰 운동화'에 대한 어떤 문자적인 정보도 없음
– 그러나 '철수'는 '엄마'의 대답에서 '동생이 흰 운동화를 신고 나갔다'는 정보를 추론할 수 있음
⇒ 이렇게 암시된 의미가 '함축'
• 함축의 종류
– 관습적 함축(고정함축): 발화에 사용된 단어나 구문의 관습적인 성질에 의하여 발생
예 (1) ㄱ. 영희가 다쳤고, 그의 친구는 슬퍼했다.
ㄴ. 영희가 다쳤지만, 그의 친구는 슬퍼했다.
– (1ㄱ)과 (1ㄴ)의 차이는?
: (1ㄴ)에서 '친구'는 슬퍼하지 않을 것이라 생각했으나 놀랍게도 그의 친구가 슬퍼했다는 의미가 더 두드러짐 –〉 '–지만'라는 접속어미가 갖는 관습적 성질에 의한 함축
– 회화적 함축(대화함축): 대화상의 격률과 같은 화용적인 원리에 대해서 화자와 청자가 추론함으로써 파악되는 함축(대화상의 격률을 위반함으로써 발생하는 함축)
예 (2) 철수 – 오늘 저녁 동창회 모임에 나올 수 있어?
민수 – 오늘이 아버지 기일이야.
– '철수'의 질문에 대한 '민수'의 답은 문자적으로 전혀 관련이 없는 것, 격률을 어김
⇒ 그러나 '철수'는 '민수'가 자신과의 대화에서 대화 격률을 지키고 있다고 믿고, '민수'의 대답에 자신의 배경지식을 이용하여 적절한 대답을 추론
–〉 이렇게 해서 '아버지 기일 모임에 반드시 참석해야 하므로 동창회에 나올 수 없다'는 답을 추론해낼 수 있음
⇒ 이렇게 화자가 격률을 어겼기 때문에 발생하는 함축이 '회화적 함축'

관련문제 5회 78번

해설

• 언어학개론 / 텍스트언어학 / 텍스트의 속성

023 두 문장으로 구성된 다음의 텍스트에서 첫 번째 문장의 내용과 두 번째 문장의 내용은 인과관계에 놓이는 것으로 이해될 수 있다. 이와 가장 관계 깊은 텍스트의 속성은? (6회 72번)

> 어제, 밤에 눈이 내렸다. 길이 미끄럽다.

① 결속성(cohesion)
② 응집성(coherence)
③ 조응성(anaphoricity)
④ 정보성(informativeness)

▶ 023 답 ②

정답 풀이

두 문장이 '인과관계'에 놓인다는 것은 두 문장의 의미적인 관련성에 대한 것이다. 문장의 의미적인 연결 관계와 관련된 텍스트의 속성은 '응집성'이다.

평가 요소 텍스트의 속성

개념 확장 ※ 텍스트와 텍스트성

- 텍스트
  - 텍스트성의 일곱 가지 기준에 부합되는 의사소통적 발화체
  - 위의 기준을 만족하지 못하면 그 텍스트는 의사소통적이지 않은 비텍스트임.
- 일곱가지 텍스트성
  - 응결성(결속성): 텍스트를 구성하는 내용들 사이의 문법적인 연관 관계
  - 응집성: 텍스트를 구성하는 내용들 사이의 의미적인 연관 관계
  - 의도성: 텍스트의 생산자가 텍스트를 응결성과 응집성이 있게 만들려는 심리적 태도
    텍스트의 생산자가 텍스트를 통해 자신의 의도를 인식하게 하고 그에게 어떤 효과가 생겨나도록 하려는 심리적 태도
  - 용인성: 텍스트 수용자가 텍스트를 응결성과 응집성이 있는 것으로 이해하려는 심리적 태도
    텍스트 수용자가 텍스트에서 텍스트 생산자의 목적을 이해하려는 태도
  - 정보성: 텍스트를 구성하는 선택항들의 선택 및 배열에 따른, 수용자에게 예측되지 않은 새로움의 정도
  - 상황성: 텍스트와 텍스트가 놓인 상황의 연관 관계
  - 상호텍스트성: 텍스트와 다른 외부 텍스트, 텍스트 유형과의 연관관계

관련문제 4회 69번

해설

▶ 024 **답** ③

정답 풀이

샘플 말뭉치는 말뭉치의 데이터 수집
하는 방법에 따라 분류한 것으로, 수
집되는 데이터의 양이 정해져 있어서
일정한 양의 텍스트만을 수집한 것을
샘플 말뭉치라고 한다. 이와 달리 데
이터의 양이 정해져 있지 않고 계속
해서 최신의 텍스트를 수집해가는 것
은 '모니터 말뭉치'라고 한다. 샘플
말뭉치는 데이터의 양과 내용이 일정
하게 고정되어 있으므로 변화가 없지
만 모니터 말뭉치는 낡은 데이터를
삭제하고 새로운 데이터를 계속해서
수집하므로 데이터의 양과 내용이 계
속적으로 변한다.

오답 풀이

① 일반 말뭉치: 특별히 용도를 정하지
　않은 채 일반적인 연구를 위해 데
　이터를 수집한 말뭉치(범용 말뭉치).
　특수 말뭉치: 특정 연구를 위한 목
　적으로 데이터를 수집하는 등, 용
　도를 정해둔 채 데이터를 수집한
　말뭉치.
② 원시 말뭉치: 수집한 데이터에 아
　무런 가공을 하지 않은 그 자체로
　의 말뭉치.
　주석 말뭉치: 수집한 데이터에 품
　사 정보나 문법 기능 등 여러 정보
　를 추가한(태깅tagging한) 말뭉치.
④ 공시 말뭉치: 공시적 자료를 수집
　해 놓은 말뭉치. 즉 특정 시기를
　한정하여 그 시기의 자료만을 수
　집한 말뭉치.
　통시 말뭉치: 통시적 자료를 수집
　해 놓은 말뭉치. 즉 여러 시기에
　걸친 자료를 수집한 말뭉치.

▶ 025 **답** ①

정답 풀이

알타이 어족에 속하는 언어에는 관계
대명사가 없다.

• 언어학개론 / 말뭉치(코퍼스) 언어학

024 말뭉치(corpus)를 분류하는 기준과 이에 해당되는 말뭉치의 연결이 옳지
않은 것은? (8회 61번)

① 구축 목적에 따라 – 일반 말뭉치, 특수 말뭉치
② 가공 여부에 따라 – 원시 말뭉치, 주석 말뭉치
③ 확장 여부에 따라 – 핵심 말뭉치, 샘플 말뭉치
④ 반영된 언어의 시대에 따라 – 공시 말뭉치, 통시 말뭉치

평가 요소 말뭉치를 분류하는 기준과 말뭉치의 종류에 대하여 묻는 문제이다.

개념 확장 ※ **기타 말뭉치**
　○ 문어 말뭉치: 문자로 된 데이터를 수집한 말뭉치.
　　구어 말뭉치: 음성으로 된 데이터를 수집한 말뭉치.
　○ 병렬 말뭉치: 동일한 내용을 둘 이상의 언어를 사용하여 병렬해
　　놓은 말뭉치. 번역 연구에서 주로 사용됨.

• 언어학개론 / 알타이 어족의 특징

025 다음에 제시된 알타이 어족의 언어들이 가지는 공통점이 <u>아닌</u> 것은?
(8회 69번)

> 터키 어, 우즈베크 어, 몽골 어, 투르크멘 어, 에벤키 어

① 관계대명사가 있다.
② 교착성이 있다.
③ 기본 어순은 SOV이다.
④ 모음조화가 있다.

평가 요소 알타이 어족에 속하는 언어들의 공통점을 알고 있는지 묻는 문제이다.

개념 확장
알타이 제어와 한국어와의 공통점
1. 기본 어순은 SOV(주어+목적어+서술어)
　• 다음은 '나는 너를 사랑해'라는 뜻을 여러 나라의 언어로 표현
　　한 것
　　　– 난 너를 사랑해(한국어)
　　　– I love you(영어)
　　　– 我爱你 (중국어)
　　=> 각 문장의 순서는?
　　　– 난 너를 사랑해(한국어): 주어(나는) + <u>목적어(너를)</u> + 서술어
　　　　(사랑해)
　　　– I love you(영어): 주어(I) + 서술어(love) + <u>목적어(너를)</u>
　　　– 我爱你 (중국어): 주어(我) + 서술어(爱) + <u>목적어 (你)</u>
　　=> 한국어: SOV / 영어·중국어: SVO

2. 모음조화 현상의 존재

- 모음조화: 양성모음은 양성모음끼리, 음성모음은 음성모음끼리 어울리는 현상
- 현대 한국어의 양성 모음: ㅏ, ㅗ
  현대 한국어의 음성 모음: ㅏ, ㅗ를 제외한 나머지 모음
- 현대 한국어에서는 모음조화가 엄격하게 지켜지는 편은 아니지만 여전히 의성어·의태어, 어미 '-어/아' 등에는 흔적이 남아 있음.
  예) (밥을) 먹- + -어라 / (들어오지 못하게) 막- + -아라
  뚱뚱하다 / 똥똥하다 / *뜽뜽하다

3. 어두 자음 제약의 존재

- '어두(語頭)': 음절의 가장 첫 소리
- '어두 자음 제약': 음절의 가장 첫 소리에 위치할 수 있는 자음에 대한 제약
  - 어두에는 여러 가지 자음이 올 수 없다.
    예) *썩, *쌀
  - 어두에는 'ㄹ'이 올 수 없다.
    예) *로인→노인, *량심→양심...

4. 교착성

- 교착어(첨가어): 의미를 가진 단어 뒤에, 여러 가지 문법기능을 하는 형태소들을 계속 붙여가면서 단어의 기능을 나타내는 것.
  예) [친구가 선생님이 어디 계신지 아느냐고 물었고 나는 3시간 전에 선생님께서 집에 가시는 장면을 보았다. 그때 친구에게 하는 대답은?]

  선생님께서 집에 가-
  가- + -시- ['높임'을 나타내기 위해 '-시-' 첨가(교착)]
  가- + -시- + -었- ['3시간 전(과거)'임을 나타내기 위해 '-었-' 첨가]
  가- + -시- + -었- + -다 [친구의 질문에 대답하는 평서형 문장임을 나타내기 위해 '-다' 첨가]

5. 관계대명사, 접속사가 없고 부동사 어미(연결어미) 존재

- 영어: 1. I like Chul-su. 2. Chul-su lives in Seoul.
  한국어: 1. 나는 철수를 좋아한다.
  　　　　2. 철수는 서울에 산다.
  => 위의 두 문장을 한 문장으로 연결해 보자!
  - 영어: I like Chul-su <u>and</u> he lives in Seoul.
    I like Chul-su <u>who</u> lives in Seoul.
  => 접속사(and), 관계대명사(who)가 한국어에는 없음. 그러면 한국어는?
  - 한국어: 나는 철수를 좋아하<u>고</u> 그는 서울에 산다.
    　　　　나는 서울에 사<u>는</u> 철수를 좋아한다.
    　　　　내가 좋아하<u>는</u> 철수는 서울에 산다.
  => '-고'와 같은 부동사어미(연결어미)나, '-는'과 같은 동명사어미(명사형어미, 관형사형어미)를 사용하여 연결함.

▶ 026 **답** ①

정답 풀이

①

진 선 미

②
truck driver

③
동서 고금

④
pollution free

• 언어학개론 / 단어의 형성과 구조

026 다음 중 이분적 구조를 가지지 않는 것은? (8회 73번)

① 진선미   ② truckdriver
③ 동서고금   ④ pollutionfree

평가 요소 이분적 구조의 개념을 알고 이에 해당하는 단어를 고를 수 있는지 묻는 문제이다.

개념 확장 단어가 만들어질 때에는 '문, 달, 밥' 등과 같이 하나의 형태소가 그대로 하나의 단어가 되기도 하고, '창+문, 손+목' 등과 같이 두 형태소가 합쳐져서 하나의 단어가 되기도 한다. 두 형태소가 하나로 합쳐지는 경우에는 이분(二分)적 구조를 지니는 것이 자연스러운 일이지만 셋 이상의 형태소가 합쳐지는 경우에는 반드시 이분적 구조만을 지니는 것은 아니다. 예를 들어 '시부모'와 같은 단어의 구조는 다음의 세 가지 가능성을 생각해볼 수 있다.

1)은 형태소 '시, 부, 모'가 각각 동등한 자격에서 합쳐진 삼분(三分) 구조로 보는 것이고, 2)는 먼저 '부'와 '모'가 합쳐져 '부모'라는 단어가 만들어진 후, 다시 이 '부모'와 '시'가 합쳐진 것으로 보는 이분(二分) 구조로 보는 것이다. 3)도 이분(二分) 구조이긴 하지만 '시'와 '부'가 먼저 합쳐져 '시부'가 된 후 여기에 다시 '모'가 합쳐진 것으로 본다는 점이 2)와 다르다. 그러나 '시부모'에서 의미의 중심을 차지하는 것은 '부모'이며, '부모'라는 단어가 이미 존재하여 쓰이는 것을 생각하면 1)이나 3)보다는 2)와 같이 '부모'가 먼저 만들어진 후 여기에 '시, 친, 양' 등의 접사가 붙어 '시+부모, 친+부모, 양+부모' 등의 단어가 만들어지는 것으로 보는 편이 자연스럽다. 이때 '시부모'라는 단어를 만들기 위해 직접 참여하는 두 성분 '시'와 '부모'를 '직접구성성분(IC: Immediate Constituent)'이라고 하며, 나무그림의 가지가 둘로 나뉘어 있다는 점에서 '이분(二分)적 구조', 특정 형태소가 먼저 합쳐지고 그 다음에 다른 형태소가 합쳐지는 등 여러 단계를 지니고 있다는 점에서 '계층적 구조'라고 한다.
　①에서 제시한 '진선미'를 '시부모'의 경우와 동일하게 보고 구조를 예상하면 아래와 같이 그릴 수 있을 것이다.

'시부모'의 경우와 달리, '진선미'는 '선미'나 '진선'이 의미의 중심이라 할 수 없고, '선미, 진선'과 같은 단어가 이미 만들어져 쓰이는 것도 아니다. 그렇다면 '진선미'는 각각의 형태소 '진, 선, 미'가 동등한 자격에서 하나로 합쳐진 1)과 같은 구조를 지닌 것으로 보아야 한다. 1)처럼 나무그림에서 가지가 셋으로 나뉘어 있는 것을 '삼분(三分) 구조'라 하고 2), 3)과 다르게 계층 없이 합쳐져 있다는 점에서 '평판 구조'라고도 한다.
　문제에서 제시한 ②, ③, ④는 모두 '이분 구조'의 예에 해당하며 ①만이 '삼분 구조'의 예이다.

해 설

• 언어학개론 / 인지언어학

027 다음의 예들을 설명할 수 있는 것은? (8회 76번)

> here and there, this and that, home and abroad, 조만간, 국내외, 안팎

① 상호 배타적 제약(mutual exclusivity constraint)
② 이웃 효과(neighborhood effect)
③ 자기중심(me first) 원리
④ 인과연결망 모형(causal network model)

평가 요소 '자기중심 원리('나' 먼저 원리)'의 개념과 사례를 알고 있는지 묻는 문제이다.

▶ 027 답 ③

정답 풀이

'자기중심 원리(자아중심 원리, 나 먼저 원리)'는 어떤 현상이나 사물을 파악할 때 최대한 자신에게 가까운 쪽을 중심으로 삼고 판단하며, 자신과의 '거리'가 가까울수록 앞에 위치시키는 인간의 특성을 원리화한 것이다. 예를 들어 'here'와 'there' 두 단어 중 화자에게 가까운 것은 'here'이며, 자기중심 원리에 의해 화자는 자신에게 가까운 것을 우선적으로 인지하므로 화자에게 멀리 떨어져 있는 'there'보다는 화자에게 가까운 'here'가 앞에 위치하게 된다. 이때 '거리'는 반드시 '물리적인 거리'만을 의미하는 것은 아니어서, 시간적으로 가까운 것은 물론 화자가 긍정적으로 평가하는 것, 심리적으로 가깝게 느끼는 것도 포함된다. 예로 제시된 단어들 중 앞에 있는 'this, home, 조(早, 이르다), 국내, 안'과 뒤에 있는 'that, abroad, 만(晩, 늦다), 국외, 밖'을 비교해보면 전자(前者)에 해당하는 것들이 화자가 가깝게 느끼는 대상이 되어 순서상으로도 항상 앞에 위치한다. 이 순서를 바꾸어 '만조간, 국외내, 밖안' 등과 같은 예는 거의 사용되지 않는다.

• 언어학개론 / 의미 변화의 원인

028 다음 ㉠~㉢에 관한 예로 적절하지 않은 것은? (9회 63번)

> 단어의 의미 변화에는 몇 가지 원인이 있다. ㉠언어적 원인에 의한 의미 변화는 단어가 문맥에 영향을 받아 그 의미가 변화되는 경우이다. ㉡역사적 원인에 의한 의미 변화는 단어의 형태는 옛 모습 그대로인데 지시물이 변화하는 경우이다. ㉢사회적 원인에 의한 의미 변화는 어떤 특수한 사회 제도나 계층과 관련하여 그 의미에 변화를 겪는 경우이다. ㉣심리적 원인에 의한 의미 변화는 화자의 마음속에 깊이 뿌리박혀 있는 특징이나 경향 때문에 일어나는 경우이다.

① ㉠: '주책'이 주로 '없다'라는 부정적 서술어와 함께 쓰이면서 '없다'의 부정적 의미가 '주책'에 영향을 주어 이제는 '주책'만으로도 부정적인 의미를 나타낸다.
② ㉡: '영감(令監)'은 예전에 정삼품과 종이품의 관원을 가리키는 말이었지만 이제는 나이 많은 노인을 가리킨다.
③ ㉢: '벌초'는 풀을 베는 행위 전반을 가리켰으나 이제는 산소의 풀을 베는 일에 국한하여 쓰인다.
④ ㉣: '곰'은 미련한 사람을 가리키는 경우에 쓰인다.

평가 요소 단어의 의미가 변화하는 요인들을 구분하고 실제 사례에 적용할 수 있는지 묻는 문제이다.

개념 확장 1. 언어적 원인에 의한 변화
　　　1) 전염: 한 단어의 의미가 그것과 나란히 나타나는 다른 단어의 의미에 전염되는 것.

▶ 028 답 ②

정답 풀이

'영감'은 사회적 원인에 의한 변화의 예이다.

예 '주책' – 원 뜻은 '일정하게 자리 잡힌 주장이나 판단력', '주책'이 부정표현 '없다'와 자주 사용되면서 부정적 의미 가치를 가지게 됨.

2) 생략: 언어생활의 편이, 발화에 드는 노력 절감을 위해 단어나 통사적 구성의 일부를 생략하는 것. 생략 전의 문장과 후의 문장 의미가 동일한 경우도 존재하지만, 생략이 일어난 후 이전의 의미와 다른 경우가 발생하는데, 이때 '의미 변화'가 일어남.

예 '아침' – '아침밥'의 의미로 '밥'을 생략하고 '아침'만을 사용하는 경우 존재, '아침'이 '시간'의 의미 외에도 그때 먹는 음식의 의미도 추가됨.

3) 민간 어원의 영향(재해석): 어떤 단어의 형태, 의미가 변화하여 원래 단어와 관련성(유연성)이 떨어질 때, 자의적으로 유사한 단어와 관련시켜 재해석하는 것.

예 곱창 – '곱'은 원래 동물의 지방, 따라서 '곱창'은 '지방이 많은 창자'라는 뜻. '곱'이라는 단어가 거의 소멸하면서 '곱'을 지시물의 모양과 관련시켜 '곱(曲, 구불구불하다)'으로 해석 → '곱창'에 '구불구불한 창자'라는 의미가 덧붙음.

4) 유의 경쟁: 유의 경쟁의 결과 경쟁 관계에 있던 어느 한 단어가 의미 변화를 입은 경우

예 뚜렷하다 – 이전 시기의 '뚜렷하다(두렷ᄒᆞ다)'는 '원(圓)'의 의미와 '분명(分明)'의 의미가 모두 존재함. 유의어 '둥글다(圓)'와 경쟁하면서 '원'의 의미는 없어지고 '분명하다'의 의미만 남도록 변화함.

2. 역사적 원인에 의한 변화

1) 지시물 자체의 변화

예 '차' – 산업 시대의 '자동차'라는 지시물이 나오기 전까지 '차'는 '수레'의 개념 → '차'의 개념이 '수레'에서 '자동차'로 변화(지시물이 변화면서 '차'의 의미가 변화)

2) 지시물에 대한 주관적(감정적) 태도의 변화: 지시물 자체는 변화가 없으나, 이를 해석하는 인간의 주관적인 태도에 변화가 발생한 경우

예 '미국인' – 미국으로부터 많은 도움을 받던 시기에는 '고마운 이웃'의 하나로 바라보게 됨, 그러나 현재에는 그러한 의미 많이 퇴색 → '미국인'에 대한 언중들의 태도가 변화하여, '미국인'의 의미 해석에도 영향을 미친 것.

3) 지시물에 대한 지식의 변화: 지시물 자체는 변화가 없으나, 과학의 발달 등으로 지시물에 대한 인간의 지식이 달라짐으로써 지시물을 가리키는 언어 표현에도 의미 변화가 나타난 경우

예 '달' – 예전에는 신성의 대상 → 과학 기술의 발달로 '달'의 실체가 드러나면서 달의 의미에서 '신성성'은 더 이상 찾을 수 없음.

3. 사회적 원인에 의한 변화

1) 사회적 범위의 확대에 의한 의미의 일반화: 제한된 사회 집단에서만 사용되던 언어가 보다 넓은 일반 사회에서 사용되면서 특수한 의미를 잃고 일반적인 의미로 변화하는 경우

예 '영감' – 당상관(堂上官) 〉 노인 일반, 부부간 남편에 대한 호칭

2) 사회적 범위의 축소에 의한 의미의 특수화: 일반 사회에서 사용되던 언어가 제한된 사회 집단에서 사용되면서, 그 사회에 어울리는 특수한 의미를 얻은 경우

예 '벌초' – 풀을 베는 행위 전반 〉 산소의 풀을 베는 일

3) 사회적 구조의 변천에 의한 변화: 사회 구조가 달라지면서 단어의 의미에까지 영향을 미친 경우

예 '양반' – '동반과 서반'(고려 시대 행정 기구) 〉 문벌이 좋

은 사람, 지체 높은 상류층

4. 심리적 원인에 의한 변화
　1) 감정적 원인에 의한 변화: 언중들의 특별 주제에 대한 관심, 주관적 감정이 집중된 단어를 다른 주제에도 적용하면서 의미의 변화가 일어난 경우
　　예) '나일론' – 한 때 인기를 끌면서 '의미 방사'의 중심, 다른 사물을 표현하는 데에도 이용 → 다른 옷감보다 못하다는 평가(주관적 감정)이 내려지면서 '나일론' 자체에 '부정적인, 엉터리의' 의미가 덧붙음('나일론 환자')
　2) 금기: 금기의 대상을 가리키는 언어 표현을 사용하기 꺼려하면서 그것을 대체하는 다른 단어를 사용, 단어의 의미를 변화시킨 경우
　　예) '호랑이' – '산신령, 꽃, 사또' 등으로 표현 → '산신령, 꽃, 사또'에 '호랑이'의 의미가 덧붙음.

• 비교언어학 / 언어 재구

029 다음의 표는 언어 재구(reconstruction)를 위한 동족 어휘들이다. 이 표에 관한 설명으로 옳은 것은? (9회 70번)

영어	네덜란드어	독일어	스웨덴어
[mæn]	[man]	[man]	[man]
[hænd]	[hant]	[hant]	[hand]

① 언어 재구는 둘 이상의 언어를 비교하는 대조언어학의 분야이다.
② [a]는 영어에서 [æ]로 전설화되었고, [d]는 네덜란드어와 독일어에서 [t]로 무성화되었다.
③ 동족 어휘를 대상으로 언어를 재구하는 방법을 '내적 재구'라고 한다.
④ 원시형태에서 개별언어로의 변화가 왜 일어났는가를 알 수 있다.

평가 요소 언어 재구의 기본 개념을 알고 실제 사례를 분석할 수 있는지 묻는 문제이다.

• 인지언어학 / 정보처리 체계

030 인간의 정보처리 체계에 관한 설명 중 ( ) 안에 알맞은 것은? (9회 71번)

> 인지과정은 짧은 시간에 정보를 저장할 저장소가 필요하다. 예를 들어, 우리는 사람과 대화할 때 대화 상대자가 방금 말한 것을 놓치지 않으려고 노력한다. 어떻게 대꾸할지를 결정하는 동안 우리는 상대방의 말 중 일부를 일시적으로 저장하고 있어야 한다. 이처럼 인지적 과제에서 처리되고 있는 정보를 일시적으로 저장하는 장소를 (　　　)이라고 한다.

① 의미 기억　② 일화 기억　③ 작업 기억　④ 장기 기억

▶ **029** **답** ②

정답 풀이

표의 첫 번째 줄을 비교하면 다른 언어는 모두 후설모음 'a'인 반면, 영어는 전설모음 'æ'로 다른 것을 확인할 수 있다. 두 번째 줄에서는 영어와 스웨덴어, 네덜란드어와 독일어가 나누어지는데, 영어와 스웨덴어에서는 말음이 유성음 'd'이고, 네덜란드어와 독일어는 무성음 't'로 실현된 것을 볼 수 있다.

오답 풀이

① 언어 재구는 '비교언어학'의 분야이다.
③ 여러 가지 언어를 검토하여 유사성을 찾아 조어(祖語)를 재구하는 것을 '비교 재구'라고 하고, 동일한 작업이 한 언어 안에서 이루어지는 것을 '내적 재구'로 구분한다.
④ 현재 존재하는 개별언어의 유사성을 바탕으로 하여 원시형태의 언어, 다시 말하면 공통조어를 가상으로 만들어보는 방법을 '재구'라고 할 수 있다. 그러한 변화가 일어난 원인은 알 수 없지만 친족 관계의 언어를 파악하거나 여러 언어의 공통 조어를 추정할 수 있다는 점 등의 장점이 있다.

▶ 030 답 ③

정답 풀이

정보를 일시적으로 저장하는 단계로, 새로운 정보를 어떻게 조직할지를 판단하거나 새로운 정보 중에서 버릴 것이나 보관할 것 등을 판단하여 처리하는 것을 '작업 기억'이라 한다. 작업 기억 중 보관할 것들은 장기 기억을 전환된 후 영구적으로 저장된다.

▶ 031 답 ④

정답 풀이

자료를 수집해놓기만 하고 아무런 가공을 하지 않은 상태 그대로의 말뭉치를 원시 말뭉치(코퍼스)라고 한다. "아유, 그런 것에 먹는 게 이런 약입니다."는 아래와 같이 형태소 분석과 태깅을 거치기 전 상태의 자료이므로, 원시 말뭉치(코퍼스)라고 할 수 있다. 이 원시 말뭉치를 형태소 별로 분석하고 각 형태소의 문법 정보 등 여러 정보를 추가한(태깅한) 것을 주석 말뭉치라고 한다.

오답 풀이

① 어절 번호 4번을 보면 '먹는'을 '먹'과 '는'으로 분석하여 각각의 품사를 태깅하였다(먹/VV+는/EMT). VV는 동사를 나타내는 표지이고 ETM은 관형형 어미를 나타내는 표지이다. 그 외 표지들의 의미는 다음과 같다. IC(감탄사), SP(쉼표, 가운뎃점, 콜론, 빗금), MM(관형사), NNB(의존명사), JKB(부사격조사), JKS(주격조사), NNG(일반명사), VCP(긍정지정사), EM(종결어미), SF(마침표, 물음표, 느낌표).

② 위에서 본 VV나 ETM처럼, 분석한 형태의 문법기능을 나타내는 표지를 태그(tag)라고 하고, 각 형식에 태그를 붙여주는 것을 '태깅(tagging)한다'라고 표현한다.

③ 위 자료는 라디오 방송에서 모은 음성데이터를 전사한 것이므로, 문어 말뭉치가 아닌 구어 말뭉치로 분류된다.

평가 요소 인간의 기억을 분류하고 각각이 의미하는 바를 정확히 알고 있는지 묻는 문제이다.

개념 확장 인간의 장기 기억은 다시 여러 가지로 구분할 수 있음.

1. 일화 기억: 자신이 직접 경험한 일과 관련된 것. 추억
2. 의미 기억: 간접적으로 경험한 일을 저장한 것. 책을 읽고 얻은 지식이나, 사실, 자료 등에 대한 기억을 말함.
3. 절차 기억: 어떤 일을 수행하는 방법에 대한 기억. 흔히 '몸에 익은 일' 등으로 표현되는 자전거 타는 방법 등을 의미함.

• 언어학 개론 / 말뭉치(코퍼스) 언어학

031 다음은 코퍼스(corpus) 분석의 한 예이다. 이에 관한 설명으로 옳은 것은? (9회 76번)

*출전: 대화자, 『여성 시대 1부, 2부 96/05/10』, 1996. [3,848어절]

| 지능형 한국어 형태소 분석기 | | | |

아유, 그런 것에 먹는 게 이런 약입니다.

문장번호	어절번호	어절	형태소 분석
79	1	아유,	아유/IC+,/SP
79	2	그런	그런/MM
79	3	것에	것/NNB+에/JKB
79	4	먹는	먹/VV+는/ETM
79	5	게	것/NNB+이/JKS
79	6	이런	이런/MM
79	7	약입니다.	약/NNG+이/VCP+ㅂ니다/EM+./SF

① 동사의 어미가 분석되어 있지 않다.

② 태깅(tagging)을 하지 않았다.

③ 문어 코퍼스를 분석한 것이다.

④ "아유, 그런 것에 먹는 게 이런 약입니다."는 원시 코퍼스이다.

평가 요소 말뭉치의 종류와 말뭉치를 분석할 때 사용되는 태깅 표지들의 의미를 알고 있는지 확인하는 문제이다.

• 대조언어학 / 난이도의 위계

001 모국어에 없거나 만일 있다 해도 전혀 비슷하지 않은 항목이 목표어에 있어서 배워야 하는 경우를 이르는 말은? (1회 74번)

① 분리(split)

② 재해석(reinterpretation)

③ 과잉구별(overdifferentiation)

④ 구별부족(underdifferentiation)

평가 요소　난이도의 위계에 관한 문제이다.

개념 확장　난이도의 위계(Hierarchy of difficulty)
  • 학습자의 모국어와 목표어를 비교 · 대조하여 차이점을 공식화함
    – 난이도 위계를 통해 제2언어를 학습할 때 학습자들이 느끼는 어려움을 예측
  • Stockwell & Bowen(1965), 난이도 위계
    – 어떤 항목이나 구조가 필수적인가 임의적인가, 그 규칙이 있는가 없는가에 따라 구분
    – 음운적 난이도와 문법적 난이도로 구분
    – 1단계가 가장 난이도가 높고 6단계가 가장 낮음

	음운적 난이도	
1	모국어	학습 대상어 (목표어)
1	이음	∅
	이음들이 분포 기능 異	
	∅	이음
	∅	음소
	음소들이 분포 기능 異	
	음소	∅

	문법적 난이도	
	모국어	학습 대상어 (목표어)
1	∅	어떤 구문 형태나 범주
2	어순의 차이	
3	어떤 구문 형태나 범주	∅
4	각 범주의 일치	
5	단순 형태 유형	다양한 형태 유형
6	다양한 형태 유형	단순 형태 유형

	어휘적 난이도	
	모국어	학습 대상어(목표어)
1	형태의 유사, 의미의 차이	
2	형태 유사	유사 어휘 형태
3	다양 의미의 유사 어휘 형태	형태의 유사
4	한 형태	다른 형태 동족어
5	다른 형태동족어	한 형태
6	형태의 유사, 의미의 동질	
7	형태의 차이, 의미의 동질	
8	동질 형태, 동일 의미	

▶ **001**　**답** ③

정답 풀이

총 6단계로 나누어져 있는 난이도의 위계 중 제4단계에 해당하는 '과잉구별'은, 어떤 언어 1에는 없는 항목이 다른 언어 2에는 있어서 배워야 하는 경우를 말한다.

▶ 002　답 ③

정답 풀이

③은 모음 'ㅏ/ㅓ'로 끝난 용언 어간 뒤에 시제 선어말어미 '-았/었-'을 붙일 때 'ㅏ/ㅓ'를 탈락시키지 않고 그대로 표기하고 있는 예이다. 이것은 '막-: 막았-', '잡-: 잡았-'과 같이 시제 선어말어미를 통합시키는 규칙을 배운 학습자가, '가-' 뒤에도 이를 동일하게 적용하여 나타나게 된 오류로, 언어 내 간섭에 해당하는 예이다.

오답 풀이

① 침입적 간섭은 학습자의 모국어에 있는 어떤 언어 현상이 목표어의 학습에 영향을 미치는 현상이다. 영어권 학습자가 '우리 아이는 매우 예쁜이에요'라고 발화한 것은 아래와 같은 문장을 한국어로 그대로 번역하여 발화한 것일 가능성이 높다. 영어의 pretty(예쁜)가 한국어 문장에 영향을 미치고 있으므로 침입적 간섭에 해당한다.

My child is very pretty.
우리 아이 -이다 매우 예쁜

② 배제적 간섭은 학습자의 모국어에는 없는 언어 현상이 목표어의 학습에 영향을 미치는 현상이다. 영어에는 경어법이 존재하지 않기 때문에, 한국어에서 '돌아가시다'를 써야 할 위치에 '죽다'를 쓰고 있는 예이므로 배제적 간섭에 해당한다.

④ 언어 내 간섭은 학습자의 모국어와 상관없이, 학습자가 배우는 목표어 안에서 일어나는 간섭이다. 한국어에서 과거를 나타내기 위해 용언 어간 뒤에 '-었-'을 통합시키는 규칙을 배운 학생이 '춥-' 뒤에도 이를 그대로 적용하여 나타내게 된 오류이므로, 언어 내 간섭에 해당한다.

- Prator(1967), 난이도 위계
- 기존의 난이도 위계를 6단계로 재구성, 음운·문법 대조에 모두 적용 가능
- 0단계: 전이(transfer) - 두 언어 사이에 서로 대조되는 점이 나타나지 않는 것
  음운, 문법, 어휘 등을 모국어에서 목표어로 쉽게 전이 가능(긍정적 전이)
- 1단계: 합체(coalescenec) - 모국어에서는 두 항목으로 이루어졌던 것이 목표어에서는 하나의 항목으로 합쳐지는 것
  모국어에서는 구분했던 언어 현상이라도 목표어에서는 구분을 무시해야 함
- 2단계: 구별부족(underdifferentiation) - 모국어에는 있는 항목이 목표어에는 없는 것
  모국어에서 사용하던 항목을 사용하지 말아야 함
- 3단계: 재해석(reinterpretation) - 모국어의 어떤 항목이 목표어에서는 새로운 형태로 나타나거나 분포가 다른 것
  새로운 형태나 분포를 학습해야 함
- 4단계: 과잉구별(overdifferenciation) - 모국어에는 없는 항목이 목표어에 존재하거나, 모국어에 있다고 하더라도 목표어에서는 전혀 비슷하지 않은 항목으로 나타나는 것
  모국어에 없거나 모국어와 다른 항목을 학습해야 함
- 5단계: 분리(split) - 모국어에서는 하나의 항목이었던 것이 목표어에서는 둘 또는 그 이상의 항목으로 분리되는 것
  간섭이 가장 많이 일어나는 단계

• **대조언어학 / 언어 간섭의 유형**

002　영어권 한국어 학습자의 발화에 나타나는 간섭의 유형과 그에 해당하는 예가 잘못 짝지어진 것은? (4회 72번)

① 침입적 간섭 - 우리 아이는 매우 <u>예쁜이에요</u>.
② 배제적 간섭 - 어제 할아버지가 <u>죽었어요</u>.
③ 언어 간 간섭 - 나는 학교에 <u>가았어요</u>.
④ 언어 내 간섭 - 어제 날씨가 <u>춥었어요</u>.

평가 요소　언어 간섭의 유형에 관한 문제이다.

개념 확장　※ '전이'와 '간섭'
- 전이: 외국어 학습에서 학습자의 모국어가 목표어의 습득에 미치는 영향을 일컫는 말
  - 긍정적 전이 / 부정적 전이 / 무전이
- 간섭: '전이' 중에서 부정적인 전이를 일컫는 말, 부정적 전이=간섭
  - 학습에 장애를 미치는 요인이므로 긍정적 전이보다 더 중요하게 다룸
- 간섭의 종류
  - 언어 간 간섭: 학습자의 모국어와 목표어 사이에 일어나는 간섭
    1) 배제적 간섭: 학습자의 모국어에는 없는 언어현상이 목표어의 학습에 영향을 미치는 경우
    2) 침입적 간섭: 학습자의 모국어에 있는 언어 현상이 목표어의 학습에 영향을 미치는 경우

　－ 언어 내 간섭: 학습자의 모국어와 상관없이 목표어에 있는 언어 현상들끼리 일어나는 간섭, 목표어에서 이미 배웠던 언어 현상이 다른 언어 현상을 배우는데 영향을 미치는 경우
- 언어 간 간섭이 언어 내 간섭보다 더 크게 나타난다(Richard 1974).
- 고급 단계로 갈수록 언어간 간섭은 감소하고 언어 내 간섭이 증가한다(Seah 1980).
- 모국어와 목표어의 차이가 적을 때 간섭은 커지고, 모국어와 목표어의 차이가 커지면 간섭은 줄어든다.
- 모국어와 목표어의 차이가 아주 클 때에는 두 언어가 간섭을 일으키지 않는다(Lee 1980).
- 모국어와 목표어의 구조가 유사하면 간섭은 많이 생기지만 학습은 더 빨리 진행되고, 모국어와 목표어의 구조가 다르면 간섭은 적지만 학습은 더디다.

・대조언어학 / 대조 분석의 원칙

003 대조 분석을 할 때 따라야 하는 원칙에 해당하지 <u>않는</u> 것은? (3회 71번)

① 동일한 시점의 언어 자료를 대조해야 한다.

② 동일한 목적, 방법, 방향으로 대조해야 한다.

③ 난이도의 차이를 가진 표현을 대조해야 한다.

④ 의미나 지시가 상호 대응되는 표현을 대조해야 한다.

▶ **003** 답 ③

정답 풀이

대조의 대상이 되는 언어 자료는 난이도가 동일해야 한다.

평가 요소 분석의 원칙과 절차에 관한 문제이다.

개념 확장 ※ 대조 분석의 원칙

- 대조의 대상이 되는 언어는 동등한 조건하에서 대조해야 한다는 것이 기본 전제
  - 무엇이 동등해야 하는가? => 시간, 난이도, 의미값, 분석 방법
    공시태성의 원칙: 동일한 시기(공시적)의 자료를 대조하여라.
    단계성의 원칙: 난이도가 동일한 자료를 대조하여라.
    등가성의 원칙: 의미의 값이 동일한(等價) 자료를 대조하여라.
    동일성의 원칙: 동일한 목적, 방법, 방향으로 대조하여라.

※ 대조 분석의 절차

1. 기술: 대조의 대상이 되는 언어의 음운, 형태, 문법 등의 언어학적 특징을 기술한다.
2. 선택: 대조의 대상이 되는 항목을 선택한다.
3. 대조: 선택한 항목들을 대조 분석의 원칙을 지키며 대조한다.
4. 예측: 대조 후 학습자들이 겪을 난이도와 오류의 유형들을 예상해 본다.

▶ 004 **답** ④

정답 풀이

모음, 성조, 받침의 소리 등은 모두 '음운'의 영역에 포함되는 것으로, 보기의 사례는 모두 중국어와 한국어의 음운을 대조분석 한 것이다.

▶ 005 **답** ④

정답 풀이

nomahkwa(나의 친구)
nomahkwa**mes**(나의 친구**들**): 둘을 대조하면 '–들'에 해당하는 형태가 'mes'임을 알 수 있다.
nomahkwa(**나의** 친구)
momahkwa(**너의** 친구)
nokali(**나의** 집)
mokawahmili(**너의** 옥수수밭): 넷을 대조하면 '너의'에 해당하는 형태가 'mo'임을 알 수 있다.
=> 너의 + 개 + 들 => mo + pelo + mes => mopelomes

오답 풀이

① **no**mahkwa(**나의** 친구)
momahkwa(**너의** 친구)
nokali(**나의** 집)
mokawahmili(**너의** 옥수수밭): 넷을 대조하면 '너의'에 해당하는 형태가 'mo'임을 알 수 있다.
=> '개(단수)'는 pelo로 문제에서 제시, 'mopelo'는 mo+pelo => 너의 개
② **mo**mahkwa '**너의** 친구'
nokali '**나의** 집'
ikali '**그의** 집': 셋을 대조하면 'i'가 '그의'임을 알 수 있다.
nomahkwa(나의 친구)
nomahkwa**mes**(나의 친구**들**): 둘을 대조하면 '–들'에 해당하는 형태가 mes임을 알 수 있다.
=> '개(단수)'는 pelo, 'ipelo-mes'는 'i + pelo + mes' => 그의 개들
③ nopelomes => no + pelo + mes => 나의 개들

• 대조언어학 / 대조 분석의 영역

004 다음 설명은 중국어와 한국어의 대조분석의 결과이다. 여기에서 다룬 영역은? (2회 74번)

> · 모음의 체계가 다르다.
> · 모음의 길이가 다르다.
> · 중국어에는 성조가 발달해 있다.
> · 받침이 많은 한국어는 중국어보다 학습자들이 어려움을 많이 느낀다.

① 담화 대조   ② 문법 대조
③ 어휘 대조   ④ 음운 대조

평가 요소 대조 분석의 영역에 관한 문제이다.

개념 확장 ※ 대조 분석의 영역
  ○ 음운 대조: 각 언어의 음소와 운소의 수, 음운체계, 변이음, 음절, 음절 구조, 음운규칙, 제약 등 음운론적 측면에 대한 대조
  ○ 형태·통사적 대조(문법 대조): 성, 수, 격, 인칭, 시제, 경어법 등의 문법 범주, 문장의 어순, 필수적 논항과 수의적 논항, 문장의 구조 등 문법적 측면에 대한 대조
  ○ 어휘 대조: 어휘의 의미, 사용 양상, 화용적·문체적 특징 등 어휘적 측면에 대한 대조
  ○ 담화 대조: 담화에 구현된 화행, 담화의 수사적 유형, 담화에 나타난 언어 형태 등 담화적 측면에 대한 대조
  ○ 문화 대조: 지리적 분포, 언어 사용자 수, 국제적·사회적·문화적 위상 등 문화적 측면에 대한 대조

• 대조언어학 / 대조 분석의 실제

005 다음은 Michoacan Aztec이라는 언어에서 쓰이는 단어들과 그 뜻을 보여 준 것이다. 만일 이 언어에서 '개'(단수)를 의미하는 단어가 "pelo"라면 '너의 개들'(복수)을 가리키는 단어의 형태는? (3회 61번)

> nomahkwa '나의 친구'   nomahkwames '나의 친구들'
> momahkwa '너의 친구'   momahkwames '너의 친구들'
> nokali '나의 집'   nokalimes '나의 집들'
> ikali '그의 집'   kalimes '집들'
> mokawahmili '너의 옥수수밭'   ikwahmilimes '그의 옥수수밭들'

① mopelo   ② ipelomes
③ nopelomes   ④ mopelomes

평가 요소 주어진 자료를 보고 실제로 대조 분석을 해보는 문제이다.

006 한국어와 일본어 화자의 외래어 발음표기에 나타난 현상을 분석한 다음 표에 관한 설명으로 옳은 것은? (9회 73번)

영어	spring	CCCVC
한국어	스프링	CVCVCVC
일본어	スプリング[supuringu]	CVCVCVCCV

① 영어, 한국어, 일본어 음운의 변별자질을 대조분석한 표이다.

② 영어 화자는 1음절, 한국어 화자는 3음절, 일본어 화자는 4음절로 발음 한다.

③ 세 언어 모두 모음 뒤에 자음이 결합하는 VC 음절 구조를 가진다.

④ 한국어와 일본어 화자가 영어를 배울 때 운율의 차이로 인해 겪을 어려 움을 예상할 수 있다.

평가 요소 영어와 한국어, 일본어의 음절 구조를 분석한 자료를 이용하여 직 접 대조 분석을 시행하게끔 유도하는 문제이다.

▶ **006** **답** ②

정답 풀이

음절의 핵은 '모음(V)'으로, 음절수는 자음의 수가 몇 개인지와 관계없이 모음의 수에 따라 계산한다. 자료를 보면 영어의 모음은 하나, 한국어의 모음은 셋, 일본어의 모음은 넷이 쓰 이고 있음을 알 수 있다.

오답 풀이

① · ④ 음운의 변별자질이나 운율에 대해 분석한 것이 아니라 각 언어 의 음절 구조에 대해 분석한 것이 다. 변별 자질은 하나의 음소를 다른 음소들로부터 구분하기 위 한 자질로, [±원순성], [±성절 성], [±공명성] 등을 말하는 것이 다.

③ 영어와 한국어는 음절의 마지막이 '자음(C)'로 끝난 것으로 볼 때 모 음(V)을 중심으로 모음의 앞뒤에 자음이 결합할 수 있지만, 일본어 는 마지막이 '모음(V)'으로 끝나 모음 뒤에 자음이 결합할 수 없다 는 점을 확인할 수 있다.

• 외국어습득론 / 오류의 유형

001 다음 한국어 학습자들이 보여주는 예 중 오류의 유형이 다른 것은?
(4회 73번)

① 당신은 이 책이 계십니까?
② 멋진 목걸이 입고 오십시오.
③ 나는 집에서 피아노를 놀았어요.
④ 어제는 어려운 시험을 받았어요.

평가 요소 오류의 유형에 관한 문제이다.

개념 확장 ※ 오류의 유형
○ 음운상의 오류: 음소, 운소, 발음 등 음운과 관련된 오류
○ 어휘상의 오류: 잘못된 단어 선택, 단어의 형태나 결합 방식에
  생기는 오류
○ 문법상의 오류: 서술어와 논항 사이의 연결 관계, 문장 구조, 문
  법 범주 등 문법적 측면과 관련된 오류
○ 담화상의 오류: 문장과 문장의 연결, 조직 등 담화 구성과 관련
  된 오류

• 외국어 습득론 / 언어 습득 이론

002 언어 습득과 관련된 설명으로 옳은 것은? (5회 72번)

① 인지주의 이론은 언어 습득에 있어 부단한 반복 학습을 중요한 요소로
  간주한다.
② 행동주의 이론은 스키너(Skinner)의 자극-반응 이론의 단점을 보완하
  기 위해 나온 것이다.
③ 생득주의 관점은 어린아이가 한 번도 들어 보지 않은 문장을 만들어 낸
  다는 점을 잘 설명해 준다.
④ 어린아이들이 습득의 초기 단계에서 'catched', 'speaked'와 같은 과
  거형을 한동안 사용하는 것은 행동주의 이론으로 설명할 수 있다.

평가 요소 언어 습득 이론에 대한 개괄적인 내용을 묻는 문제이다.

개념 확장 ※ 언어 습득 이론
• 행동주의 습득 이론
  – 언어 습득은 후천적인 것, 경험에 의해 이루어지는 것으로 환
    경의 영향을 받음
  – 스키너의 행동주의 원리에 기초한 이론, 모든 행동은 자극에
    대한 반응

▶ 001 답 ①

정답 풀이

경어법이 잘못 쓰인 예로, 문법적 오류
중 경어법의 오류에 해당한다.

오답 풀이

②~④에 있는 목적어(목걸이, 피아
노, 시험)는 모두 특정한 서술어(걸다,
치다, 보다)와 어울려 쓰이는 것이다.
이처럼 둘 이상의 단어 형태들이 매
우 밀접한 통합 관계를 이루면서 일
정한 의미를 나타낼 때 이 형식들을
'연어 관계'에 있다고 할 수 있다. ②
~④의 예는 이러한 연어 관계를 이
루는 '서술어'를 적절하게 선택하지
못했기 때문에 나타나는 오류이다.

▶ 002 답 ③

정답 풀이

생득주의 관점은 모든 인간은 태어날
때부터 언어 능력을 가지고 태어난다
고 보는 관점으로 인간의 언어 능력
은 선천적인 것으로 본다. 생득주의
관점에서는 어린이가 새로운 문장을
만들어내는 것은 위와 같은 선천적인
언어 능력에 의해서 가능한 일이라고
본다.

해 설

사람들이 쓰는 언어를 모방하고 강화 받는 것이 반복되어 이루어진 기계적인 습관 형성 과정
자극 → 반응 → 강화 → 습관화
강화, 단순화, 모방과 연습의 원칙을 통해 언어를 학습함
- 한계점
창조적인 언어 사용을 설명할 수 없음(성인의 말을 모방하지 않고도 새로운 말을 생성)
자극에 대한 반응, 강화, 습관화를 통해 이루어진다고 보기에는 언어 습득의 속도가 비교할 수 없이 빠름
정적 강화(긍정적 강화)를 주어도 종래에는 사용하지 않게 되는 표현들이 있음
예 어린이가 문법에 맞지 않는 말을 했을 때 부모가 재미있어하면?
⇒ 정적 강화
⇒ 그렇다면 어린이는 그 말을 계속 사용하여 습관화하여야 함
⇒ but, 일정 시기가 되면 그 말을 사용하지 않게 됨
• 생득주의 습득 이론(이성주의에 기초함)
- 행동주의에 대한 비판에서 형성
- 모든 인간은 선천적 언어습득장치(LAD)를 통해 언어를 습득하는 능력을 가짐
- 촘스키를 비롯한 생성 언어학자에 의해 주장
- 언어 습득은 어린이의 생득적인 언어 능력이 발동하여 언어 자료를 스스로 분석하고, 이를 통해 언어의 기본 원리를 구성해 가는 능동적인 과정
- 언어 능력은 생득적이기 때문에 들어본 적이 없는 문장을 만들어내고 이해할 수 있으며, 지능과 관계없이 모국어를 습득할 수 있음
- 한계점
언어습득장치(LAD)가 과연 실제로 존재하는지 객관적으로 검증할 수 없음
어린이의 지능과 언어습득은 실제로 상관관계가 있음
언어 외적인 측면(ex. 문화적 교육적 측면)을 고려하지 않음
어린이가 성인보다 언어 습득이 빠르다고 했지만, 동일 시간 교육하면 성인이 더 빨리 습득함
• 인지주의 습득 이론
- 언어 습득과 언어 발달은 인간의 인지 발달의 한 부분임
- 인간은 능동적인 학습자이며, 학습은 인지 구조의 재구조화 · 재체계화 등의 인지 구조의 변화를 말함
- 인간은 어떤 방식으로 정보를 인지하는가? ⇒ 형태주의 심리학
인지한 정보는 어떤 방식으로 입력, 저장, 선택, 조직, 인출되는가? ⇒ 정보처리이론
- 형태주의 심리학: 인간은 경험을 종종 실제 존재하는 사실과 다르게 받아들임
인간은 자신의 경험을 나름의 방식으로 구조화하고 조직화함
- 정보처리이론: 학습자에게 학습이 일어나는 과정을 컴퓨터의 정보처리과정에 비유
'정보저장소/인지처리과정/메타인지'의 세 부분으로 구성
i) 정보저장소: 감각기억 – 감각기관을 통해 접한 정보를 최초로 잠시 저장
단기기억 – 개인이 정보를 처리하는 동안 정보 유지 5~9개의 정보가 약 20초 동안 머무는 곳
장기기억 – 무한대의 정보를 영구적으로 저장
ii) 인지처리과정: 주의집중 – 감각기억에서 단기기억으로 정보를 이동시키기 위해 자극에 의식적으로 집중하는 과정
지각 – 경험에 의미와 해석을 부여하는 과정
시연 – 정보의 형태를 바꾸지 않고 소리를 내거나 마음속으로 여러 번 되풀이하는 과정
부호화(약호화) – 장기기억으로 정보를 이동시키는 과정
iii) 메타인지: 인지과정에 대한 지식, 인지와 인지과정에 대한 조절 및 통제(계획, 점검, 평가)

오답 풀이

① 언어 습득에서 '반복 학습'을 강조하는 것은 행동주의 이론이다.
② 행동주의 습득 이론은 스키너의 '자극-반응' 이론에 기초한 것이다.
④ 행동주의에서 어린아이의 언어 습득은 어른들이 사용하는 언어를 모방하고 그에 따르는 강화를 통해 습관화되는 것이다. 이에 따르면 어른들은 'catched', 'speaked'와 같은 표현을 사용하지 않으므로, 어린아이들이 모방할 대상이 존재하지 않게 된다. 따라서 이는 행동주의 이론으로 설명이 불가능하다.

▶ 003 답 ①

정답 풀이

학습자의 모국어는 인지적 변인에 포함되지 않는다.

• 외국어 습득론 / 언어 학습의 변인

003 언어 학습에 영향을 미치는 변인들 중 하나는 인지적 요인으로서 정보를 처리하는 방법이 학습자마다 다르다. 다음 중 적절한 인지적 요인이 <u>아닌</u> 것은? (2회 76번)

① 학습자의 모국어
② 숙고형과 충동형
③ 모호성에 대한 관용
④ 좌반구와 우반구의 기능

평가 요소 언어 학습에 영향을 미치는 요인(변인)에 대하여 묻는 문제이다.

개념 확장 ※ 인지적 요인
• '장 독립형'과 '장 의존형'
  – 장 독립형: 하나의 항목을 그것이 소속된 상황으로부터 쉽게 분리시키는 경향
    산만한 항목의 장 속에서도 특정 항목이나 요인을 인지 가능
    독립적, 과업 완성에 초점, 자기주도적 발견학습에 능함, 사회적 요소에 둔감, 개인지향적
  – 장 의존형: 하나의 항목을 주변의 장에 포함시켜 인식함으로써 내용을 전체적으로 받아들이는 경향, 반대로 특정 항목을 주변으로부터 분리시키는 데 어려움을 느낌
    전체적인 윤곽을 쉽게 파악
    사회적 요소에 민감, 타인에게 강한 관심, 사회지향적, 협력 학습 선호
• '좌반구'와 '우반구'의 기능
  – 좌뇌: 논리적 · 분석적 사고 담당, 객관적 · 수학적 정보 처리
  – 우뇌: 시각 · 촉각 · 청각적 면을 감지 · 기억하는 것을 담당, 전반적 · 통합적 · 정서적 정보 처리
• '숙고형'과 '충동형'
  – 숙고형(사려형): 문제 해결을 위해 가설 설정, 타당성 검증을 신중하게 검토하는 유형사변적, 언어적, 분석적, 집중, 성취도 높음, 보상에 둔감, 현재중심
  – 충동형(속응형): 가설 설정, 검증 과정에서 즉흥적인 유형, 실수 유발 가능 활동적, 감각적, 총체적, 산만, 흥분, 성취도 낮음, 보상에 민감, 미래 중심
• '모호성'의 수용 정도
  – 자신의 신념, 지식체계에 상반되는 생각이나 주장을 관용할 수 있는 정도에 대한 개념

※ 정의적 요인
• 자아존중: 학습자가 그들 스스로에 대해 내리는 평가. 긍정적 자아개념의 형성은 그 자체가 가치 있는 학습의 결과이며, 학업 성취 결과를 향상시키는 수단
• 불안: 적정한 수준의 불안은 보다 나은 성취를 위한 동기, 긍정적으로 작용하기도 함
• 모험시도: 우수한 언어학습자의 특징, 학습에 자발적 · 적극적으로 참여하게 하는 영향
• 동기, 태도, 흥미 등

해설

• 외국어 습득론 / 기본 용어 개념

004 다음은 외국어 습득에 관한 설명이다. (㉠)에 알맞은 것은? (1회 73번)

> 외국어 습득은 모국어 습득과는 다르게 거의 대부분 모어 화자처럼 완전한 수준에 이르기가 어렵다. 외국어 습득 과정 중에 나타나는 현상 중에는 통사적 오류나 어휘적 오류가 언어 능력의 한 부분으로 영구적이고 지속적으로 나타나는 경우가 있다. 이러한 현상을 (㉠)(이)라고 한다.

① 간섭 ② 전이
③ 단순화 ④ 화석화

평가 요소 외국어 습득론에서 사용하는 기본 용어의 개념을 알고 있는지 묻는 문제이다.

• 외국어 습득론 / 중간언어

005 학습자의 중간언어(interlanguage)를 지칭하는 용어로 옳지 <u>않은</u> 것은? (5회 74번)

① 과도적 능력(transitional competence)
② 특이 방언(idiosyncratic dialect)
③ 언어 변이(linguistic variation)
④ 근사 체계(approximative system)

평가 요소 중간언어의 개념과 중간언어를 일컫는 다른 용어들을 알고 있는지 묻는 문제이다.

개념 확장 ※ 중간언어(interlanguage)
• 제2언어 학습자들이 목표어 학습 과정에서 사용하는 불안정한 상태의 목표어
  – 학습자의 모국어와도 다르고 목표어와도 다른 독자적인 체계
  – 셀린커(Selinker 1972)에서 중간언어라는 용어 사용
  ⇒ 목표어를 습득하는 중간 단계에서 나타나는 언어 체계 중간언어 단계에서 시행착오와 가설 검증을 거듭하면서 목표어의 언어 체계에 근접해 감

▶ **004** 답 ④

정답 풀이

잦은 오류가 고쳐지지 않고 하나의 습관으로 굳어져버리는 현상을 '화석화(fossilization)'라고 한다.

오답 풀이

① '간섭'은 '전이' 중에서 부정적인 전이를 일컫는 말로, 학습자의 모국어가 목표어 습득에 미치는 부정적인 영향을 말한다.
② '전이'는 외국어 학습에서 학습자의 모국어가 목표어 습득에 미치는 영향을 말한다.
③ '단순화'는 행동주의 이론에서 외국어 학습 전략으로 선택한 세 가지 원칙 중 하나로, 주어진 자극에 대한 반응을 간략화, 규칙화해서 학습에 활용할 수 있도록 하는 것을 말한다.

▶ **005** 답 ③

정답 풀이

언어 변이(linguistic variation)는 동일한 언어를 사용하는 사회에서 사회 계층 집단, 지역 등의 차이로 인해 서로 다른 표현이 둘 이상 공존하여 쓰이고 있는 상태를 말한다. 예를 들어 '할머니'라는 단어를 '강원, 경남, 전남, 충남' 등의 지역에서는 '할매'라고도 부르는 예를 볼 수 있는데, 이럴 때 '할매'는 지역적 차이에 의한 언어 변이형이라고 할 수 있다.

오답 풀이

①은 코더(P. Corder 1967)의 용어로, 학습자가 목표어에 근접해가는 과정에서 나타나는 과도기적인 언어라는 점에서 중간언어를 '과도적 능력'이라고 불렀다.
②는 코더(P. Corder 1971)에서 사용한 용어로, 학습자의 모국어와도 다르고 목표어와도 다른 특이한 언어 체계라는 점에서 중간언어를 '특이 방언'이라고 불렀다.
④는 넴서(W. Nemser 1971)의 용어

로, 학습자의 언어 체계가 목표어의 체계에 계속적으로 가까워지고 발전한다는 점에서 중간언어를 '근사 체계'라고 불렀다.

▶ 006 답 ①

정답 풀이

'결정적 시기 가설'은 언어 습득이 일어나야만 하는 생물학적으로 결정된 시기가 존재한다는 것으로 '연령'과 직접적으로 관계되는 개념이다.

• 외국어 습득론 / 언어 습득과 생물학적 가설

006 제2언어습득에 있어 '결정적 시기 가설'(Critical Period Hypothesis)은 어떤 요소와 관계있는 가설인가? (4회 80번)

① 연령 　　　　　　　　　　　② 동기
③ 태도 　　　　　　　　　　　④ 인성

평가 요소 언어 습득에 영향을 미치는 생물학적인 근거 중, '결정적 시기 가설'에 대해 묻는 문제이다.

개념 확장 ※ 결정적 시기 가설

• Lenneberg(1967), "사춘기를 기점으로 하는, 결정적 시기 이후 학습자는 제2언어 혹은 외국어 습득에 있어서 어떤 생물학적 제약을 갖는다."
　- 최초 주장은 Penfield & Roberts(1959): 뇌 손상 환자의 언어능력 회복 상태 관찰에 기초, 어린이의 뇌는 어른의 뇌보다 유연하여 언어 습득에 유리
　- Lenneberg(1967), 실어증 환자의 회복 상태를 관찰, 사람이 언어를 완전히, 정상적으로 습득하려면 유아기와 사춘기 정도에 존재하는 '결정적 시기' 내에 언어 습득이 이루어져야 함
　- 뇌의 유연성, 기능분화가 완성되는 사춘기를 기점으로 언어 습득 능력에 변화 생김 ⇒ 언어 습득이 어려워짐
　- 결정적 시기 가설의 사례
　1) 오리의 '각인': 태어나 처음 본 생물을 엄마로 각인함
　2) 카나리아의 소리: 태어나면서부터 새소리를 듣지 못하면 새소리를 낼 수 없음
　3) 프랑스의 야생 소년: 태어나면서 버려져 늑대들과 함께 자람, 성년이 된 후 주위 사람들에게 발견되어 인간의 언어를 배우게 되었지만 결국 말을 할 수 없었음
　4) '지니'의 사례: 어려서 부모에 의해 감금되었다가 13살에 풀려나 세상에 알려짐, 전문가들이 언어를 가르쳤고 어휘력은 빠르게 늘었으나 문법은 완전히 습득하지 못함. 어려서 인간의 언어와 단절된 채 살았던 지니는 구출된 이후에도 제대로 된 언어를 구사하지 못함
　- 제1언어 습득의 결정적 시기를 말함
　　⇒ 제2언어 습득에도 결정적 시기가 있는가??
　　⇒ 가능성은 있으나 여전히 논란 존재

해 설

• 외국어 습득론 / 크라센 자연교수법

007 제2언어습득에 관하여 크라센(Krashen)이 제시한 가설에 해당되지 않는 것은? (4회 79번)

① 학습자는 정확한 목표언어를 재구조화하기 위해 명시적 문법 교수와 오류 수정을 받아야 한다.
② 학습자가 외국어를 성공적으로 습득하기 위해서는 이해 가능한 입력을 충분하게 제공받아야 한다.
③ 학습을 통해 얻어진 명시적 지식은 특정한 조건이 충족될 경우, 언어 산출에 사용될 수 있다.
④ 학습을 통해 얻어진 명시적 지식은 습득으로 이어지지 못한다.

평가 요소 외국어 습득 이론 중, 크라센의 이론에 대한 문제이다.

개념 확장 ※ 크라센, 자연교수법

• 총 5가지의 주요 가설로 이루어진 언어 습득 이론
  - '습득-학습' 가설: '습득'과 '학습'은 서로 다른 독립적인 과정으로, 제2언어 학습자는 '습득'과 '학습'을 통해 목표어를 내재화함
    => 습득: 무의식적으로 언어 체계를 흡수, 기억하는 과정
            자연스러운 의사소통의 결과
       학습: 의식적으로 언어를 배운 결과
    => 두 과정은 서로 다른 것, 예를 들어 학교에서 의식적으로 목표어를 '학습'해도 자연스럽게 의사소통을 할 수 없는 경우 존재('학습'은 무의식적인 '습득'과는 별개의 과정이므로)
    => 문제점: '습득'과 '학습'은 정말로 서로 영향을 주고받을 수 없는가?
       무엇이 '의식적'이고 무엇이 '무의식적'인가?
  - '자연 순서' 가설: 제2언어 습득에는 일정한 보편적인 순서가 존재함
    => 모국어가 다른 여러 학습자들을 대상으로, 각각 다른 지역에서 영어를 습득한 상황을 조사, 모두 비슷한 순서로 영어의 형태소를 배움
    => 문제점: 한국어의 형태소 습득 순서는 밝혀진 바 없음
       소수의 형태소만 대상으로 한 연구를 지나치게 일반화한 경향
  - '모니터' 가설: '학습'을 통해 얻은 지식은 일정 조건이 충족되면 학습자가 스스로의 발화를 체크(모니터)하는 역할을 수행함
    => 어떤 조건?: 충분한 시간이 있음
       언어 활동이 '의미 전달'보다는 '형식'에 초점을 둠
       모니터링하고자 하는 규칙을 이미 알고 있음
    => 문제점: 실제 의사소통 상황에서 모든 '조건'이 충족되는 경우 적음
       조건을 만족한다면 완벽한 발화가 이루어져야 하지만, 여전히 발화 실수는 존재함
  - '입력' 가설: 언어 습득을 촉진하기 위해서는 학습자들이 이해할 수 있는 충분한 양의 '입력(comprehensible input)'을 제공받아야 함

▶ **007** 답 ①

정답 풀이

크라센은 '학습'과 '습득'은 서로 다른 과정이라는 점을 주장하였다. '습득'이 실제 의사소통을 통해 자연스럽고 직관적으로 언어체계를 구조화하는 과정이라면(경험적 지식), '학습'은 의식적으로 언어체계에 대해 배우는 과정(명시적 지식)이다. 두 가지 중, 크라센이 더 중요하게 생각한 것은 '습득'으로, 명시적 지식 교수, 오류 수정보다는 실제 의사소통을 통해 경험적으로 배우는 과정을 더 중요시한다.

오답 풀이

② '입력 가설'에 해당하는 설명으로, 이에 따르면 효과적인 언어 습득을 위해서는 학습자의 발달 단계에 약간 상회하는 수준의 입력이 충분히 제공되어야 한다.
③ '모니터 가설'에 해당하는 설명으로, 이에 따르면 학습을 통해 얻은 지식은 실제 발화를 할 때(언어 산출) 오류가 발생했는지 모니터링 하는 역할을 할 수 있다.
④ '습득-학습' 가설에 해당하는 설명으로, 이에 따르면 '학습'과 '습득'은 서로 다른 독립적인 과정이다.

=> 이해할 수 있는 입력이란?: 학습자의 현재 수준보다 약간 높은 단계의 입력(i+1 input, i: 학습자의 현재 단계, +1: 한 단계 높음)

=> 이해할 수 없는 입력이란?: 학습자가 전혀 이해할 수 없을 정도의 어려운 입력, 습득과 연결되지 못하는 잡음에 불과

=> 문제점: 학습자 수준보다 '약간 높은 단계'를 어떻게 판단하는가?

- '정의 필터' 가설: '정의 필터'의 벽이 낮으면 많은 입력을 쉽게 받아들여 습득 이 원활하게 진행되고, '정의 필터'의 벽이 높으면 입력을 받아들이기 어렵기 때문에 습득이 늦어짐

=> '정의 필터(Affective Fillter)'란?: 학습자가 느끼는 심리적인 장벽.
자신감이 없거나 동기가 결여되는 등 언어 습득에 미치는 심리적인 요인

=> 문제점: '정의 필터'가 실제로 존재하는가? 증명할 이론적 바탕 없음

· 외국어 습득론 / 형태 교수법

008 제2언어 형태 교수법에 관한 설명으로 옳은 것은? (7회 77번)

① 입력 자료를 청각적으로 강조하여 제2언어 습득을 촉진시키는 기법을 입력 홍수라고 한다.

② 입력 자료를 시각적으로 강조하여 제2언어 습득을 촉진시키는 기법을 입력 강화라고 한다.

③ 학습자의 출력 단계에서 나타난 오류를 수정해 주는 기법을 처리 교수라고 한다.

④ 학습자의 출력에 오류가 발생하도록 의도적으로 유도하여 형태를 교수하는 기법을 의식 상향 과제라고 한다.

평가 요소 문법 교수 방법에 대한 문제이다.

개념 확장
- 입력 강화: 교사가 학습자들에게 학습 대상이 되는 자료들을 제공할 때, 학습자의 주의를 끌 수 있도록 다양한 방법으로 조작하는 것(시각적, 청각적으로 두드러지게 처리함 **예** 이탤릭체, 볼드체, 확대, 밑줄 긋기, 색깔 입히기, 과장되게 발음하기, 느리게 또는 크게 말하기 등)
- 입력 홍수: 교사가 학생들에게 학습 대상이 되는 문법, 어휘 등에 대한 정보를 최대한 많이 제공하는 것을 말함. 학습의 대상이 되는 형식을 최대한 많이 학생들에게 제공하면, 학생들은 더 많은 자료를 통해 형태, 의미, 기능 등을 자연스럽게 익힐 수 있게 됨
- 처리 교수: 입력처리 원리를 바탕으로, 학습자가 제공된 학습 자료를 처리하는 방식 자체를 변화시키는 데 관심을 둔 교수법. 전통 교수법이 출력 단계에서 나타나는 학습자들의 오류를 수정해주는 데 중점을 두었다면, 처리 교수는 입력 단계에 중점을 두고 학습자들이 입력된 자료를 올바르게 처리할 수 있는 방식을 익히게 하는 방법
- 의식 상향 과제: 학습자에게 자료를 제공하고 학습자가 스스로 규칙을 찾도록 하는 방법

▶ 008 **답** ②

정답 풀이

'입력 강화'란 학습자의 주의력을 끌기 위해 여러 가지 다양한 방법을 사용하여 학습자의 눈에 잘 띄게 하는 것을 말한다. 특정 색을 이용하여 학습 대상을 표시하거나 밑줄을 긋고 글씨를 굵게 하는 것 등이 모두 입력 강화에 해당한다.

해 설

• 외국어 습득론 / 언어 습득 이론

009 제2언어 습득의 주요 이론에 관한 설명으로 옳지 않은 것은? (8회 80번)

① 출력 가설: 스웨인(Swain)이 제시한 가설로, 학습자들은 언어를 생산하는 과정에서 제2언어 습득을 촉진시킬 수 있다는 이론이다.

② 입력 가설: 크라센(Krashen)이 제안한 가설로, 상호작용의 인지적 측면에 초점을 두며, 다른 사람과 소통에서 상호작용이 많을수록 학습 성취가 활발히 일어난다는 이론이다.

③ 사회적 맥락 가설: 하임즈(Hymes)가 제시한 가설로, 제2언어 습득에서 사회적 맥락을 중시해야 한다는 이론이다.

④ 사회문화 이론: 비고츠키(Vygotsky)가 제안한 가설로, 개인의 언어 능력은 우월한 제2언어 협력자와의 상호작용을 통해 더 높은 수준의 언어 발달을 이룰 수 있다는 이론이다.

▶ 009 답 ②

정답 풀이

'상호작용 가설(Interaction Hypothesis)'에 대한 설명으로, 크라센의 입력 가설을 롱(Long 1980)이 일부 수용?발전시킨 것이다. 상호작용 가설에 따르면, 학습자가 이해할 수 있는 수준의 입력이 주어지고, 학습자가 의사소통 과정에서 자신이 상대의 말을 정확히 이해했는지 확인하거나 자신이 이해할 수 있도록 도움을 청하는 등의 요청을 하여 이에 대한 상대방의 피드백 등의 상호작용이 충분히 주어졌을 때 제2언어를 효과적으로 습득할 수 있다.

평가 요소 ┃ 제2언어 습득과 관련된 주요 이론에 대해 알고 있는지 묻는 문제이다.

개념 확장 ┃ ※ **출력 가설**: 스웨인(Swain)이 제안한 가설로, 제2언어 학습에서 입력이 중요치 않은 것은 아니지만 학습자가 스스로 발화를 하는 등 자신의 언어 능력을 사용(출력)하는 것이 더 중요하다는 가설이다. 실제로 발화를 해야 하는 상황이 주어지면 이를 위해 학습자는 문법 지식을 점검하고 언어 표현에 주의를 기울이게 되며, 또한 실제 발화를 함으로써 자신의 지닌 지식을 점검할 수 있게 되므로 언어 습득에 긍정적 영향을 줄 수 있다는 것이 개괄적인 내용이다.

※ **입력 가설**: 크라센(Krashen)이 제안한 가설로, 학습자들은 현재 자신의 언어 능력보다 약간 높은 단계의 수준을 이해하는 방식으로 언어를 습득한다는 가설을 말한다. 다시 말해, 언어 습득을 촉진하기 위해 학습자는 그들이 이해할 수 있는 충분한 양의 '입력'을 제공받아야 하며, 이때 학습자들이 이해할 수 있는 '입력'은 학습자의 현재 수준보다 약간 높은 단계의 입력을 의미한다. 이해할 수 없을 정도로 어렵거나 학습자들의 현재 수준과 동일하여 새로운 정보를 제공해주지 못하는 입력은 습득과 연결되지 못하는 잡음에 불과하다.

※ **사회적 맥락 가설**: 하임즈(Hymes)가 제안한 것으로 인간의 언어 능력이란 실제 상황에서 의사소통을 위해 쓰일 수 있는 언어 사용 능력을 말하며, 이러한 언어 능력은 그 언어가 사용되는 사회적 맥락을 떠나서는 생각할 수 없다는 것이 개괄적인 내용이다. 이에 따르면 특정한 상황, 사회적 맥락에 알맞은 발화를 생성하는 능력을 향상하기 위해서는 자연히 의사소통의 배경과 담화 맥락, 화자의 의도 등 사회적 맥락을 염두에 둔 교육이 이루어져야 한다.

※ **사회문화 이론**: 비고츠키(Vygotsky)가 제안한 것으로 아동이 언어는 물론 행동 방식이나 문화 등을 습득할 때 부모, 교사 등의 성인과의 사회적 상호작용이 큰 영향을 미친다는 가설이다. 인간의 사고나 언어의 발달은 사회문화적 맥락과 밀접한 연관을 맺고 있으므로, 사회적 상호작용은 사고와 언어 발달을 위한 가장 중요한 변인이 된다는 것이 개괄적인 내용이다.

제4강 사회언어학

• 사회언어학 / 사회적 변이형

▶ 001 답 ④

[정답 풀이]

'링구아프랑카'는 모국어가 다른 사람들끼리 의사소통을 하기 위해 선택된 공용어(공통어)를 말한다. 어느 한쪽의 모국어를 공용어로 선택하거나, 제3의 언어가 선택되는 경우도 있다. 서부 아프리카 지역에서 의사소통을 위해 '하우사어'를 선택하여 사용하므로, 하우사어는 공용어, 즉 링구아프랑카라고 할 수 있다

001 다양한 언어가 사용되는 서부 아프리카 지역에서는 하우사어(Hausa)가 이 지역 사람들의 의사소통을 위해서 사용된다. 이 경우 하우사어는 어떤 유형에 속하는가? (6회 67번)

① 피진(pidgin)
② 포트만토(portmanteau)
③ 크레올(creole)
④ 링구아프랑카(lingua franca)

[평가 요소] 사회언어학에서 사용되는 기본 용어의 개념에 대한 문제이다.

[개념 확장] ※ 사회적 변이형

○ 피진: 서로 다른 언어를 사용하는 사람들끼리 의사소통을 하기 위해 사용하는 임시적인 혼성어
　－ 둘 이상의 자연 언어가 섞여 만들어짐
　－ 임기응변적으로 사용되므로 문법이나 어휘적 측면 모두 불완전한 측면이 많음
　－ cf. '사빌': 피진과 유사하나 상업상의 거래 같은 한정된 상황에서, 극히 한정된 어휘만 사용되는 혼합어
○ 크레올: 공용어화 한 피진, 피진어를 사용하는 부모와 함께 자란 아이들이 그것을 공용어로 사용하게 되면 '크레올'이 됨
　－ 한 민족의 모국어로서 자리잡은 단계
　－ 피진보다는 문법 체계를 갖추고 어휘도 풍부한 경우가 많음

▶ 002 답 ③

[정답 풀이]

양층언어(diglossia)는 한 사회의 언어가 두 계층인 상위 계층 언어와 하위 계층 언어로 나뉘어 사용되는 양상을 이르는 용어이다.

• 사회언어학 / 기본 용어 개념

002 사회언어학 용어에 관한 설명으로 옳지 <u>않은</u> 것은? (10회 77번)

① 언어변이(language variation): 한 언어의 쓰임새에 변형이 일어나 동일한 의미를 표현하는 여러 개의 언어 형태가 파생되는 것을 뜻한다.
② 코드전환(code switching): 이중 혹은 다중언어 사회에서 대화 시에 언어를 교체하는 현상을 말한다.
③ 양층언어(diglossia): 한 사회에서 두 개의 언어가 성별에 따라 나뉘어 사용되는 양상을 말한다.
④ 크레올(creole): 피진(pidgin)보다는 언어 체계가 안정되고 어휘가 확장되어 있으며 언어 구조도 더 정교한 언어를 말한다.

[평가 요소] 사회언어학 용어에 대한 전반적인 이해

▶ 003 답 ②

[정답 풀이]

일반 대중에게 널리 통용되면서도 격식적인 발화에서는 쓰이지 않는 비속한 언어를 '속어'라고 한다.

[오답 풀이]

① 은어: 특정 집단에서 자신들만의 비밀을 유지하기 위해 독특하게 사용되는 말
③ 관용어: 한 언어의 일반적인 표현법에 비해 특별히 다른 구조나 의미를 지니는 단어나 구절
④ 금기어: 종교적, 도덕적, 관습적 등의 이유로 사용이 금지되거나 꺼려지는 언어 표현

해 설

· 사회언어학 / 사회적 방언

003 다음에 제시된 양상과 기능을 가진 사회적 방언은? (3회 77번)

> 목적: 보다 자극적인 느낌의 어휘를 사용하여 사용자 간의 동질성을 확보할 수 있다.
> 장소: 주로 구두로 이루어진 사적 대화 공간에서 사용된다.
> 장면: 점잖은 분위기에서는 일반적으로 쓰이지 않고 주로 또래 친구들과의 비격식적인 장면에서 사용된다.
> 기능: 사용자 스스로도 다소 점잖지 못하다는 점을 알면서도 사용하는 것이 보통이다. 평범한 일반적인 표현보다는 발음이 거세고 자극적인 느낌이 있으며, 스트레스를 해소하는 느낌도 얻을 수 있다. 이런 과정을 통하여 사용자들끼리 동류의식이 형성될 수 있다.

① 은어   ② 속어   ③ 관용어   ④ 금기어

評価 要素　사회적 방언의 종류에 대한 문제이다.

· 사회언어학 / 사회적 변인

004 다음 중 사회언어학에서 관심을 가지는 영역이라고 보기 <u>어려운</u> 것은? (2회 78번)

① 언어와 성(性)   ② 언어와 국가
③ 언어와 인지   ④ 언어와 사회계급

評価 要素　사회적 변인의 종류에 대한 문제이다.

· 사회언어학 / 사회 방언의 유형

005 방언을 지역 방언과 사회 방언으로 나눌 때, 사회 방언의 유형에 해당되지 <u>않는</u> 것은? (4회 65번)

① 직업에 따른 방언   ② 나이에 따른 방언
③ 성별에 따른 방언   ④ 지리적 경계로 인한 방언

評価 要素　사회 방언의 유형에 관한 문제이다.

▶ 004   답 ③

정답 풀이

'인지'는 언어 변화에 영향을 미치는 '사회적 요인'이라 할 수는 없다.

오답 풀이

사회언어학은 특정 사회적 요인에 따라 언어가 어떻게 달라지는지를 연구하는 학문으로, 언어에 영향을 미치는 사회적 요인을 '사회적 변인'이라 부른다. 사회적 변인에는 사회 계급(④), 연령, 성별(①), 직업, 국가(②), 종교, 인종, 발화 스타일 등이 있다.

▶ 005   답 ④

정답 풀이

지리적 경계로 인한 방언은 '지역 방언'에 해당한다.

오답 풀이

사회 방언은 '사회적 변인'에 의한 방언, 즉 사회 계급, 연령(②), 성별(③), 직업(①), 국가, 종교, 인종, 발화 스타일 등에 의해 분화된 방언으로, 지역 방언에 대립되는 개념이다.

▶ 006   답 ①

정답 풀이

라보프는 주 이용 고객의 계층이 서로 다른 뉴욕의 세 백화점 고용인들을 대상으로 직접 조사를 실시하고, 그 결과를 수치화하여 사회적 요인이 언어에 미치는 영향을 연구하였다. 발화 스타일을 구분하는 동시에 사회 계층을 0~9까지로 구분하여, 언어 변이와 말의 스타일 및 사회계층의 상관관계에 일정한 경향성이 있다는 사실을 발견하였다.

② 상류층으로 갈수록, 격식적인 발화일수록 표준 발음에 가까워진다. 또한 상류지향성을 보이는 중류층의 경우 오히려 상류층보다 정확한 발음을 구사하는 '과잉교정' 현상이 나타나기도 한다.

③ 격식적인 발화인 경우 중류층이 상류층보다 더 발음을 명확하게 하려는 경향을 보이는데, 이는 중류층의 상류지향성과 관계가 있는 것으로 판단된다.

④ [r] 발음은 상류층으로 갈수록 정확해진다.

▶ 007   답 ③

정답 풀이

자신이 직접 관찰자가 되어 어떤 지역의 언어를 조사하기 위해 그 방언을 구사하는 제보자를 만난다고 가정하자. 만약 제보자가 ②의 경우와 같이 자연스럽게 자신의 이야기에 몰두하여 평상시에 사용하는 언어를 사용하고 관찰자가 이를 그대로 수집할 수 있다면 이것이 관찰자의 입장에서 가장 이상적이라 할 수 있다. 그러나 대부분의 제보자는 관찰자가 자신의 말을 자세히 관찰하고 있다는 것을 의식하게 되면 스스로 자신의 말을 통제하여 일상의 말을 사용하기 어렵게 된다. 이처럼 관찰자는 최대한 자연스러운 일상의 언어를 수집하기를 원하지만, 관찰자 자신이 제보자의 의식에 영향을 미쳐 이상적인 자료를 수집하기 어렵게 된다는 것을 '관찰자의 역설(관찰자의 모순)'이라고 한다. 표준어와 지역 방언을 모두 구사하는 사람이 그 지역 방언을 사용하는 자신의 가족과는 자연스럽게 지역 방언으로 대화를 나누지만, 오히려 "그 지역 방언으로 이야기를 해 봐." 하는 요청을 받으면 어색해하거나 자연스럽게 구사하지 못하는 사례를 주변에서 볼 수 있었을 것이다. 이 역시 관찰자의 역설과 관련된 예라고 할 수 있겠다.

• 사회언어학 / 라보프의 연구

006 사회언어학자인 라보프(Labov)의 연구에 관한 설명으로 옳은 것은? (4회 74번)

① 라보프는 통계적이고 확률적인 방법을 통해 계층에 따른 언어 사용 변이를 밝혔다.

② 상향 계층 이동을 하고자 하는 화자들의 욕구와 이들의 표준 발음을 선택하는 경향과의 상관관계가 낮았다.

③ 상류층이나 하류층과는 달리 중류층의 경우 자신이 속한 계층 내의 유대감을 긴밀하게 하려는 경향이 있다.

④ 서로 다른 계층이 주 고객인 뉴욕 시 3개 백화점을 대상으로 한 연구 (1966)에서, 하류층 대상 백화점의 경우 응답자의 [r](예:fourth floor) 사용 빈도가 높았다.

평가 요소   사회언어학의 대표적 연구인 W. Labov(1961)의 연구에 대하여 묻는 문제이다.

• 사회 언어학 / 관찰자의 역설

007 관찰자의 역설(Observer's Paradox)에 관한 설명으로 옳은 것은? (8회 74번)

① 관찰자의 동일한 질문에 대한 제보자의 1차 구술 자료와 2차 구술 자료의 내용이 서로 달라지는 것

② 제보자가 자신이 인터뷰를 받고 있다는 사실을 인식하지 못한 채 관찰자의 존재를 잊고 자신의 이야기에만 몰입하는 것

③ 관찰자는 제보자의 자연스러운 일상어를 수집하고자 하지만, 제보자가 이를 의식하여 오히려 부자연스럽고 격식적인 언어를 사용하게 되는 것

④ 관찰자의 질문 의도와는 달리 제보자가 질문과 무관하거나 불필요한 정보를 제공하는 것

평가 요소   언어 조사, 자료 수집 등을 실시할 때 발생할 수 있는 문제인 '관찰자의 역설'에 대해 알고, 이를 감안하고 방지하기 위한 노력을 할 수 있는지 묻는 문제이다.

제5장 심리언어학

• 심리언어학 / 심리언어학의 연구 대상

001 심리언어학의 주요 관심 대상이 <u>아닌</u> 것은? (5회 71번)

① 인간의 언어 처리
② 언어 간 접촉
③ 실어증과 언어 장애
④ 말소리의 산출과 지각

평가 요소 심리언어학의 연구 대상에 관한 문제이다.

개념 확장 ※ 심리언어학의 연구 대상
ㅇ 뇌와 신경을 직접 관찰 대상으로 삼기보다는 언어 처리 메커니즘에 작용하는 인간의 정신적인 과정을 연구하는 분야
 – 인간 언어의 발생, 습득, 인지, 처리, 언어 상실, 회복 등 언어 습득과 발달의 과정을 뇌의 어떤 부분이 담당하는지 밝혀내고자 함

• 심리언어학 / 언어 장애 종류

002 다음은 어떤 종류의 언어장애를 설명한 것인가? (6회 74번)

> 좌뇌의 후방부 측면에 손상을 입었을 때 나타나며, 말의 뜻을 이해하는 능력에 문제를 일으킨다. 이 환자는 유창하지만 의미가 통하지 않는 말을 한다.

① 난독증
② 문법 상실증
③ 브로카 실어증
④ 베르니케 실어증

평가 요소 언어 장애의 종류에 대한 문제이다.

▶ 001 **답** ②

정답 풀이

언어 간 접촉이나 언어 간 접촉에 의한 변이 등은 '사회언어학'의 연구 대상이다.

▶ 002 **답** ④

정답 풀이

겉으로는 유창하게 말을 하지만 어휘 선정에 문제가 있고, 언어 구성을 이해하는 능력에 문제가 생기는 것을 '베르니케 실어증'이라고 한다.
 – 좌뇌의 뒤쪽(베르니케 영역) 손상, 무의미한 언어 생성, 타인의 말을 이해할 수 없음, 이치에 맞지 않은 말(횡설수설)

오답 풀이

① 난독증: 뇌의 양측 반구의 불균형, 좌뇌의 기능이 상대적으로 뒤쳐짐
 – 말을 더듬거나 어눌하게 발음함,
 – 단어를 기억하는 데 어려움이 있거나 문장을 읽어도 뜻을 이해할 수 없음
 – 철자를 자주 틀리고 글쓰기 자체에 어려움을 겪음
② 문법 상실증: 브로카 실어증에서 환자가 통사적 처리 능력을 잃어버린 경우
 – 말을 할 때 문법적인 구조가 완전히 결여되어 있음
③ 브로카 실어증: 좌뇌의 아래쪽(브로카 영역) 손상, 구어로 말을 하는 데 어려움이 있는 실어증
 – 말 자체가 매우 느리고, 서투르거나 힘들게 말을 함
 – 다른 사람의 말을 이해하는 능력은 비교적 양호하지만 말을 하는 능력에 문제
 – 내용어를 중심으로 말함, 문법적인 기능어는 거의 사용하지 못함

한국어
교육능력
검정시험

한국어
교육능력
검정시험

해 설 강 의

셋째
마당

한국어교육능력검정시험

제3교시 제3영역 외국어로서의
한국어교육론

한국어
교육능력
검정시험

제1강 **한국어교육학개론**

중영역: 한국어교육학개론

번호	세부 영역	출제 회수	문제풀이
1	효과적 수업 운영 방안	8	1
2	학습자의 태도	7	1
3	학습자의 유형	6	1
4	한국어 교육의 현황	7	1
5	교사의 역할과 자질	6	1
6	세종학당	4	1
7	이주외국인 자녀 한국어 교육 정책	5	2
8	한국어 교육 사업	8	3
9	국외 한국어 교육	3	1
10	교사 발화	3	1
11	이주외국인 한국어 교육 정책	4	2
12	학습 목적별 한국어 교육	4	2
13	학습자 변인	3	1
14	한국어 교육사	4	2
15	한국어 교원 자격	6	3
16	한국어 교육의 목적	4	1
17	한국어 교육학의 영역	2	1
18	국제 통용 한국어 표준 교육 모형	2	1
19	귀국자녀 한국어 교육 정책	1	1
20	언어 교수 학습 이론	1	1
21	재외동포 한국어 교육 정책	1	0
22	최근 한국어 교육의 경향	2	0
23	한국어 교육과 국어 교육	1	0
24	한국어 교육의 개념과 목표	1	1
25	한국어능력시험	2	0
총계		95	29

▶ 001 **답** ②

오답 풀이

크라센(Krashen)의 입력 가설(input hypothesis)에 의하면 학습자의 수준보다 조금 어려운 어휘나 문법(i+1)을 사용해야 학습이 일어날 수 있다. 따라서 ㄱ은 적절하지 않다.
항상 소극적이고 수준이 낮은 학습자는 실수를 두려워하므로 나중에 질문하는 편이 바람직하다. 따라서 ㄹ은 적절하지 않다.

• 효과적 수업 운영 방안

001 교사의 교실 운영 방법으로 적절한 것을 모두 고른 것은? (3회 6번)

> ㄱ. 학습자의 수준을 넘는 어휘나 문법은 쓰지 않는다.
> ㄴ. 학습자 간에는 논쟁이 될 수 있는 주제는 가급적 피한다.
> ㄷ. 학습자들에게 질문을 한 후에 대답할 시간을 충분히 준다.
> ㄹ. 질문은 항상 소극적이고 수준이 낮은 학습자에게 먼저 한다.

① ㄱ, ㄴ
② ㄴ, ㄷ
③ ㄱ, ㄴ, ㄷ
④ ㄴ, ㄷ, ㄹ

평가 요소 교사의 교실 운영 방법을 이해하고 적용할 수 있다.

• 학습자의 태도

▶ 002 **답** ④

오답 풀이

① 내적 동기가 강한 학습자들은 통합적 동기 지향성이 높다.
② 많은 연구에서 내적 동기가 더 강력하다는 점을 보여주는데 특히 장기 기억에서 그러하다고 한다.
③ 사회 문화적 동화를 목적으로 하는 한국어 학습자는 한국어뿐만 아니라 한국 사회와 문화 등에도 두루 관심을 가지고 있으므로 통합적 동기 지향성이 높다.

002 한국어 학습자의 동기에 관한 설명으로 옳은 것은? (5회 8번)

① 내적 동기가 강한 한국어 학습자들은 도구적 동기 지향성이 높다.
② 외적 동기가 강한 한국어 학습자들은 내적 동기가 강한 학습자보다 학습에 흥미가 높다.
③ 사회 문화적 동화를 목적으로 하는 한국어 학습자는 통합적 동기 지향성이 낮다.
④ 학문 목적의 한국어 학습자는 대개 통합적 동기보다 도구적 동기 지향성이 높다.

평가 요소 한국어 학습자의 동기를 이해한다.

개념 확장 ⇒ 동기의 사전적 정의는 사람이 추구해야 할 목표와 그 추구에 바칠 노력의 정도가 동기의 사전적 정의이다. 동기는 내적 동기와 외적 동기로 나뉜다. 학습과 관련된 동기는 통합적 목표 지향과 도구적 목표 지향으로 나뉜다.
(1) 내적 동기: 내적으로 동기화된 보상은 학습자 내부에서 형성된 것으로 가장 강렬한 보상이기도 하다. 행동은 개인의 내면에 있는 요구, 욕구, 열망에서 나오는 것이므로 행동 자체는 자기 보상적이다. 그러므로 외적으로 주어지는 보상은 필요하지 않다.
(2) 외적 동기: 외재적으로 동기화된 행동들은 자신의 통제를 벗어난 외부로부터 오는 보상을 기대하면서 행해진다. 전형적인 외부 보상은 돈, 상, 성적, 어떤 형태의 긍정적인 피드백 등을 포함한다.
(3) 통합적 목표 지향: 해당 언어 화자들의 집단에 대한 긍정적인 감정에서 나오는 언어 학습 욕망이다.
(4) 도구적 목표 지향: 어떤 경력 상의 목표, 교육적인 혹은 재정적인 목표를 얻기 위한 언어 학습 욕망이다.

해 설

참고문헌 H. D. Brown(2001), Teaching by Princples: An Interacive Approach to Language Pedagogy, Longman, 권오량 외 역(2010), 원리에 의한 교수; 언어 교육에의 상호작용적 접근법, (주)피어슨에듀케이션코리아.

• 학습자의 유형

003 언어 학습자의 유형과 설명이 적절하게 연결된 것을 <u>모두</u> 고른 것은? (6회 83번)

> ㄱ. 좌뇌 성향 – 논리적인 문제 해결을 선호한다.
> ㄴ. 심사숙고형 – 신체언어를 잘 판독하고 사용한다.
> ㄷ. 체계적 성향 – 직감을 바탕으로 해결책을 찾아간다.
> ㄹ. 장 의존형 – 주위 사람들로부터 자아 정체성을 끌어낸다.

① ㄱ, ㄴ
② ㄱ, ㄹ
③ ㄱ, ㄴ, ㄷ
④ ㄱ, ㄷ, ㄹ

▶ 003 **답** ②

오답 풀이

ㄴ은 운동 감각적 유형에 대한 설명이다. ㄷ은 충동형에 대한 설명이다.

평가 요소 언어 학습자의 유형을 알고 있다.

개념 확장 학습자의 유형은 다음과 같이 분류되곤 한다.

[장 독립형 대 장 의존형]
장 독립성은 주의를 흐트러뜨리는 개체들이 섞여 있는 장에서 특정한 개체나 요소만 찾아내는 능력을 말한다. 장 의존성은 전체 장에 의존하는 성향을 가리킨다.
장 독립적 유형은 전체에서 부분을 식별하거나, 시끄러운 기차역에서 책을 읽는 것과 같이 무엇인가에 집중하거나, 주변 요인들에 의해 혼동됨이 없이 각 요인들을 구분하여 분석할 수 있게 해준다. 장 의존적 유형은 전체 그림을 볼 수 있거나 좀더 넓은 시각을 가질 수 있거나 어떤 문제, 아이디어, 사건의 전반적인 윤곽을 파악할 수 있다.
정의적으로 장 독립적인 성향이 강한 사람은 일반적으로 더욱 독립적이고 경쟁적이며 자신감에 차 있다. 장 의존적인 사람들은 더 사회적이고 주위 사람들로부터 자아 정체성을 이끌어내는 경향이 있으며, 또 다른 사람들의 감정과 생각을 보통 더 잘 포용하고 지각한다.

[좌뇌 우세 대 우뇌 우세]
좌뇌는 논리적, 분석적 사고 그리고 정보의 수학적, 선형적 처리를 관장한다. 우뇌는 시각적, 촉각적, 청각적 이미지를 지각하고 기억한다. 우뇌는 총체적, 통합적, 정의적 정보를 처리하는 데 좀더 효율적이다.
좌뇌 우성인 제2언어 학습자는 연역적인 지도를 선호하는 반면, 우뇌 우성인 학습자는 다시 섞이거나 구조화된 부분들보다 전체 이미지를 더 잘 다루고 일반화, 은유, 감정적인 반응과 예술적 표현을 더 잘 다루는 것으로 보인다.

[애매모호한 것에 대한 관용도]

이것은 기존의 지식 구조나 신념 체계와 상충된 생각이나 주장을 접했을 때 이를 인지적으로 얼마나 관용하는가의 문제이다. 예를 들어 어떤 사람들은 자신의 견해와 상충되는 관념, 사건, 사실을 받아들이는 데 상대적으로 개방적이다. 이런 사람들은 애매모호한 것에 대한 관용도(ambiguilty tolerance)가 높다.

제2언어 학습자들은 서로 모순된 수많은 정보들을 접하게 된다. 예를 들어 모국어와 다른 단어들, 예외들이 있어서 내적으로 일관성이 없는 규칙들, 그리고 자국 문화와 거리가 먼 총체적 문화 체계들에 접하게 된다. 성공적인 언어 학습은 이러한 애매모한 것에 대한 관용을 필요로 한다.

[심사숙고형 대 충동형]

심사숙고형은 체계적인 사고를 하는 사람들로서 문제와 관련된 모든 것들을 저울질해 보고 모든 틈새를 점검하고 많은 생각을 한 후 해결책에 도전한다. 충동형은 직관적 유형이라고 하는데 문제에 대한 답을 빨리 추측하거나 도박하는 성향을 말한다.

언어 습득에 있어서 심사숙고형 학습자들은 충동형 학습자에 비해 글을 읽을 때 오류를 덜 범하는 경향이 있다. 그러나 충동적인 사람들은 보통 글을 빨리 읽으며 궁극적으로는 심리언어적 추측 게임을 잘하게 되므로 충동적인 읽기 유형이 독해에 반드시 저해가 되는 것은 아닐 수도 있다. 심사숙고형 학습자는 특정 단계에 오래 머물러 있다가 다음 단계로 큰 도약을 하는 경향이 있는 반면, 충동형 학습자들은 문법 체계가 아직 완벽하지 않은 수많은 중간 단계들을 빨리 지나쳐 갈 수 있다.

[시각적 대 청각적 대 운동 감각적 유형]

시각적 학습자는 도표, 삽화, 기타 도식적 정보를 읽고 공부하는 것을 선호한다. 청각적 학습자는 강의나 오디오 테이프를 듣는 것을 선호한다. 운동 감각적 학습자는 신체 움직임이 포함된 실연이나 신체적인 활동을 선호한다.

참고문헌 H. D. Brown(2007), Principles of Language Learning and Teaching, Longman, 이흥수 외 역(2010), 외국어 학습·교수의 원리, ㈜피어슨에듀케이션코리아.

· **한국어 교육의 현황**

▶ 004 **답** ②

오답 풀이

ⓒ의 정부가 주관하는 한국어능력시험은 1997년에 처음 시행되었다. ⓔ의 대학원에 한국어 교원 양성을 위한 정규과정이 개설되기 시작한 것은 1990년대 후반이다.

004 **2000년 이후 한국어 교육계에 대한 설명으로 옳은 것을 모두 고른 것은?** (1회 7번)

ⓐ 한국어 학습 목적이 다양해졌다.
ⓑ 정부가 주관하는 한국어능력시험이 처음 실시되었다.
ⓒ 한국어 교육 능력 인증을 위한 제도적 장치가 마련되었다.
ⓓ 대학원에 한국어 교원 양성을 위한 정규과정이 개설되기 시작했다.

① ㄱ, ㄴ   ② ㄱ, ㄷ
③ ㄱ, ㄷ, ㄹ   ④ ㄴ, ㄷ, ㄹ

평가 요소 한국어 교육의 현황을 이해한다.

개념 확장 한국어 교육의 현황은 대체로 다음과 같이 정리된다.

연대	국내 한국어 교육 현황
1950년대	• 최초 한국어 교육 실시(1959)
1960년대	• 국제교육진흥원 재외동포 한국어 교육과정 실시(1962) • 서울대 어학연구소(1969) 한국어 교육 실시 • 재일동포 한국어 교육 실시
1980년대	• 한국어 교육 관련 학회 창립(1981, 1985) • 고려대의 민족문화연구소 설립(1986) • 이화여대 한국어 교육 시작(1988) • 선문대 한국어교육원 설립(1989) • 대학 부설 한국어 교육기관 설치 본격화
1990년대	• 90년대 후반에 각 대학의 교육대학원을 중심으로 '외국어로서의 한국어 교육' 전공 개설 • 대학기관에서 한국어 교육 실시 • 외국인 유학생 증가 • 한국어능력시험 실시(1997)
2000년대	• 특수 목적 한국어 교육 • 한국어교육능력검정시험 실시
최근	• 2002년 한·일 월드컵, APEC의 성공적인 유치로 인한 한국어에 대한 관심 증가 • 문화관광부 한국어세계화추진위원회의 활동을 포함하여 국립국어연구원, 국제교류재단, 재외동포재단, 국제교육진흥원, 학술진흥원 등 정부 차원에서 한국어 해외 보급 사업 추진 • 한국어문화학교(세종학당) 설립

• **교사의 역할과 자질**

005 한국어 교사의 태도로 바람직한 내용을 <u>모두</u> 고른 것은? (2회 10번)

> ㉠ 국제적 감각을 키운다.
> ㉡ 학습자에게 신뢰감을 준다.
> ㉢ 인내심과 순발력을 기른다.
> ㉣ 문화상호주의적 관점을 갖는다.

① ㉠, ㉡, ㉢   ② ㉠, ㉢, ㉣
③ ㉠, ㉡, ㉣   ④ ㉠, ㉡, ㉢, ㉣

평가 요소 한국어 교사의 바람직한 태도를 알고 있다.

참고문헌 H. D. Brown(2001), Teaching by Princples: An Interacive Approach to Language Pedagogy, Longman, 권오량 외 역(2010), 원리에 의한 교수: 언어 교육에의 상호작용적 접근법, (주)피어슨에듀케이션코리아.

▶ 005 **답** ④

정답 풀이 및 개념 확장

한국어 교사 혹은 언어 교사의 바람직한 특징은 기술적인 지식, 교수 기술, 대인 기술, 개인적 자질 측면에서 말해질 수 있다. 이 문제와 관련해서 대인 기술을 구체적으로 정리하면 다음과 같다.

· 다른 문화 간 차이점을 인식하고 학생의 문화적 전총에 민감하다.
· 사람을 좋아하고 열정, 따뜻함, 친밀함 및 적절한 유머 감각을 보여준다.
· 학생의 의견과 능력을 중요시 한다.
· 능력이 다소 떨어지는 학생을 가르칠 때에도 인내심을 보인다.
· 아주 우수한 뛰어난 능력을 가진 학생에게는 어려운 과업을 제시한다.
· 동료 교사와 조화롭고 솔직한 협조 관계를 만들고 동료와 생각, 아이디어 및 교수기법을 나눌 수 있는 기회를 만든다.

해 설

▶ 006   답 ③

①, ②세종학당은 외국어 또는 제2언어로서 한국어를 배우고자 하는 자를 대상으로 한국어와 한국 문화를 알리고 교육하는 기관이다. ④한국어능력시험(S-TOPIK)은 국립국제교육원에서 관리한다.

· 세종학당

006   세종학당에 관한 설명으로 옳은 것은? (5회 77번)

① 재외동포 아동의 정체성 교육에 역점을 둔다.

② 한글학교를 체계적으로 지원하기 위해 설립된 기관이다.

③ 현지 문화와의 소통을 중시하여 문화상호주의를 표방한다.

④ 국외에서 실시되는 '한국어능력시험(S-TOPIK)'의 출제와 관리를 담당한다.

평가 요소   세종학당에 관한 정보를 알고 있다.

개념 확장   세종학당은 외국어 또는 제2언어로서 한국어를 배우고자 하는 자를 대상으로 한국어와 한국 문화를 알리고 교육하는 기관이다.
세종학당의 목적은 다음과 같다.
(1) 문화 상호주의에 입각한 문화 교류 활성화
(2) 외국어 또는 제2언어로서 한국어를 배우고자 하는 자를 대상으로 하는 실용 한국어 교육
(3) 한국어교육 대표 브랜드 육성 및 확산
　2012년 10월에 세종학당재단이 출범하였는데, 그동안 범정부 차원에서 지속적으로 추진해온 세종학당 사업을 주관하고 부처별 한국어 및 한국문화 보급 사업을 총괄 관리하고자 국어기본법에 의거하여 설립한 법인이다.
세종학당재단은 2012년 10월 전 세계 43개국 90개소의 세종학당을 지정하여 한국어와 한국문화를 배우고자 하는 세계인들의 배움터로 활발하게 운영되도록 지원하고 있다. 또한 한국어 표준 교육과정에 의거한 교재 개발 보급, 한국어 전문 교원 파견, 해외 한국어 교원 초청 연수, 한국 문화 교육 및 각종 홍보 등의 사업을 통해 세종학당이 현지에 체계적으로 정착하고 성장할 수 있도록 다방면의 노력을 기울이고 있다. 아울러 전 세계 어디에서든 한국어 학습자와 교원이 누리-세종학당에 접속하여 한국어와 한국문화를 학습하고 다양한 교육 자료와 지침을 활용할 수 있도록 온라인 사업을 추진하고 있다.

참고문헌   http://www.sejonghakdang.org

▶ 007   답 ①

한국어는 정규 과목으로 개설되지는 않았다.

· 이주외국인 자녀 한국어 교육 정책

007   다문화 학생을 대상으로 한 한국어 교육에 관한 내용으로 옳지 않은 것은? (7회 2번)

① 한국어는 2010년부터 초 · 중 · 고교의 정규 과목으로 개설되었다.

② 이주 노동자의 자녀나 새터민 청소년 등이 한국어 교육의 대상이 된다.

③ 한국어 교육은 학교의 다문화 학생 비율에 따라 특별 학급이나 방과 후 학교 형태로 실시되고 있다.

④ 정규 학교에 배치되기 전에 적응 교육을 받을 수 있는 예비 학교는 6개월 과정으로 운영되고 있다.

평가 요소   다문화 학생들을 위한 한국어 교육 정책을 알고 있다.

· 중도입국청소년을 위한 지원 정책

008 한국에 들어온 중도입국청소년을 위한 지원 정책에 관한 설명으로 옳지 않은 것은? (10회 109번)

① 여성가족부에서는 이들의 입국 초기 적응 지원을 위해 정규 학교 안에 서 Rainbow School을 운영하고 있다.

② 교육부에서는 이들이 입학 전에 제2언어로서의 한국어(KSL)를 교육받을 수 있도록 예비 학교를 지원하고 있다.

③ 단기간에 학교 적응이 어려운 이들을 위해 특별학급이 운영되고 있는 초등학교들이 있다.

④ 이들을 위한 직업 교육 및 한국어 교육 등을 실시하는 서울 소재 공립 대안학교가 있다.

평가 요소 중도입국청소년을 위한 지원 정책을 이해하고 있다.

오답 풀이 ② 교육부에서는 2015년에 한국어와 한국문화 적응 프로그램을 제공하는 예비학교를 80개에서 100개로 확대 운영하며, 제2언어로서의 한국어(KSL) 교육 과정에 학습한국어를 보완하여 한국어 성취도를 평가할 수 있는 측정도구를 개발·적용한다고 발표하였다.

③ 2013년 교육부에서는 "다문화학생 교육지원 강화" 방안(2013. 10. 22.)을 통해 특히 공교육에 진입하기 어려운 중도입국 청소년이나 외국인 자녀를 위해 학력심의위원회 설치 운영, 특별학급 운영 등을 실시하고 있다. 예를 들어, 안산원일초등학교에서는 외국인자녀 특별학급을 운영하고 있다.

④ 서울다솜학교는 이들을 위한 직업 교육 및 한국어 교육 등을 실시하는 서울 소재 공립 대안학교이다. 이 학교의 기본 방향은 고등학교 졸업 학력을 인정하는 공립 대안학교로서 졸업과 동시에 취업을 할 수 있는 기술교육을 병행하고 있다. 입학 대상은 물론 고등학교 미진학 또는 중도 탈락한 다문화가정 청소년과 중도입국 청소년, 그리고 외국인 근로자 자녀를 대상으로 하고 있다. 수업 연한 또한 일반 고등학교와 다름없이 3년 기한으로 각 학년마다 공히 2개 학급을 두고 있다.

· 한국어 교육 사업

009 한국어 교육 사업과 이를 주관하는 정부기관의 연결이 잘못된 것은? (4회 91번)

① 한글학교 운영 지원 – 외교통상부

② 세종학당의 추진 – 문화체육관광부

③ 다문화 가정 방문지도사 제도 운영 – 행정안전부

④ 스터디 코리아 발전방안의 추진 – 교육과학기술부

평가 요소 한국어 교육사업에 대하여 알고 있다.

▶ 008 **답** ①

정답 풀이

중도입국청소년은 외국에서 지내다가 국내에 들어온 청소년을 가리킨다. 'Rainbow School'은 (재)무지개청소년센터를 통해 중도입국청소년의 사회초기적응을 지원하는 프로그램으로서, 총 4개월(주5일, 400시간)간 일상생활과 관련한 다양한 정보를 제공하는 생활문화(현장학습)교육, 일반·직업학교로의 편입학 및 진로지도 등으로 구성된다. 이와 함께, 지역별 전문자원봉사자를 통해 1:1 멘토링 서비스를 제공하며, 프로그램 수료 청소년에 대해서는 사후관리를 실시하고 있다.

▶ 009 **답** ③

정답 풀이

다문화 가정 방문지도사 제도는 보건복지부에 의해 지원된다.
* 세종학당은 기존에 문화체육관광부에서 추진되었으나 2012년 10월부터 세종학당재단이 독립적으로 설립되어 세종학당재단에 의해 관리된다.

▶ 010　답 ④

정답 풀이

한국학중앙연구원은 선정된 해외 대학 및 교육기관에 한국학 담당 교수를 파견하고 있다. 파견 기간은 1년이며 갱신 가능하다. 이 지원 사업을 통해 파견 교수직이 가까운 장래에 수혜기관에 의해 독립적으로 운영되는 것을 목표로 하고 있다.

오답 풀이

① 재외동포재단은 국외 한글학교를 지원하고 있다.
② 국립국제교육원은 국외에서 실시되는 '한국어능력시험(S-TOPIK)'의 출제와 관리를 담당하고 있다.
③ 세종학당은 2005년에 공포된 국어기본법을 근거로 설립되었다.

▶ 011　답 ④

정답 풀이

한국산업인력공단은 외국인들의 국내 취업 허가를 위한 과정으로 고용허가제 한국어능력시험(EPS-TOPIK)을 주관하고 있다. EPS-TOPIK은 직업 현장과 일상생활에서 의사소통 능력을 중점적으로 살피기 때문에 문학, 문법, 맞춤법 등 까다로운 내용은 묻지 않는다. 국립국제교육원이 주관하는 유학생 대상의 일반 TOPIK과는 다른 점이다.

오답 풀이

① 재외동포재단은 외교부 산하로 내국인이 아닌 재외동포 대상으로 한국의 한글, 문화, 역사를 교육하는 기관이다.
② 한국국제협력단(KOICA)는 해외 파견 자원봉사자들을 중심으로 현지인들에게 한국어 교육을 제공하고 있다. 재외한글학교 지원 사업은 재외동포재단에서 주관하고 있다.
③ 국립국제교육원은 한국어능력시험(TOPIK)을 주관하고 있으며, 한국어교육능력검정시험은 정부 산하 문화체육관광부 소속인 국립국어원이 주관하고 있다.

---

010 한국어 교육 관련 기관에 관한 설명으로 옳은 것은? (10회 110번)

① 세종학당은 국외 한글학교를 지원하고 있다.
② 재외동포재단은 국외에서 실시되는 '한국어능력시험(S-TOPIK)'의 출제와 관리를 담당하고 있다.
③ 국립국제교육원은 2005년에 공포된 국어기본법을 근거로 설립되었다.
④ 한국학중앙연구원은 한국학 교수 국외 파견 사업을 하고 있다.

평가 요소 한국어 교육 관련 기관을 이해하고 있다.

개념 확장 **세종학당재단 소개**
세종학당 재단은 국외 한국어 · 한국문화교육 기관 '세종학당'을 지원하는 중심 공공기관이다. 정부의 한국어 및 한국 문화 보급 사업을 총괄 · 관리하기 위해 [국어기본법] 제19조의 2에 근거해 2012년 10월 설립되었다.
1. 설립 배경
• 한국어 교육 수요 증가
• 한류 확산, 국제 결혼 증가, 한국 기업의 해외 진출 확대, 고용허가제 시행 등으로 국내 · 외 한국어 교육 수요 급증
• 한국어 교육 기관을 대표할 국가 브랜드의 필요성
• 세계 각국의 전략적 자국어 보급 사업 성공을 근거로 국외 한국어 교육을 총괄 · 지원하는 전문적 브랜드 육성의 필요성 인식

2. 주요 사업
• 외국어 또는 제2언어로서 한국어와 한국 문화를 교육하는 기관이나 강좌를 대상으로 세종학당 지정 및 지원
• 온라인으로 외국어 또는 제2언어로서의 한국어와 한국 문화를 교육하는 누리집 (누리-세종학당) 개발, 운영
• 세종학당의 한국어 표준 교육 과정 및 교재 보급
• 세종학당의 한국어 교원 양성, 교육 및 파견 지원
• 세종학당을 통한 문화 교육 및 홍보 사업
• 그 밖에 외국어 또는 제2언어로서의 한국어 보급을 위하여 필요한 사업

---

011 한국어 교육 관련 기관에 관한 설명으로 옳은 것은? (10회 26번)

① 재외동포재단은 한국어능력시험(TOPIK)을 주관하고 있다.
② 한국국제협력단은 재외한글학교 지원 사업을 주관하고 있다.
③ 국립국제교육원은 한국어교육능력검정시험을 주관하고 있다.
④ 한국산업인력공단은 고용허가제 한국어능력시험(EPS-TOPIK)을 주관하고 있다.

평가 요소 한국어 교육과 관련된 각 기관들을 이해한다.

참고문헌 국립국어원 www.korean.go.kr　　　재외동포재단 www.okf.or.kr
국립국제교육원 www.niied.go.kr　　한국국제협력단 www.koica.g
국민일보 2014. 5.31.일자 기사

해 설

• 국외 한국어 교육

012 국외 한국어 교육의 역사에 관한 설명으로 옳은 것은? (5회 1번)

① 호주에서의 한국어 교육은 1980년대에 시작되어 1990년대 중반 이후 꾸준히 성장하고 있다.

② 중국에서 현대적 의미의 한국어 교육은 1960년대에 북경대학에 조선어 학과가 설치되면서 시작되었다.

③ 중앙아시아 지역에서는 냉전 체제가 소멸된 후 한국과의 교류가 증가 하면서 한국어교육이 활성화되었다.

④ 미국에서는 1997년에 한국어가 SATⅡ 과목으로 채택된 후 한국어를 교육하는 고등학교 수가 지속적으로 늘고 있다.

평가 요소 국외 한국어 교육의 현황을 알고 있다.

개념 확장 국외 한국어 교육 현황은 다음과 같이 정리된다.

 012 답 ③

정답 풀이

동유럽에서는 소련이 붕괴되고 한국 의 경제성장과 더불어 한국어에 대한 인식과 관심이 계속 상승하고 있다. 그리고 러시아와 한국과의 활발한 경 제 교류로 인해 한국어의 수요가 늘 어나는 추세이다.

국가명	국외 한국어 교육 현황
일본	· 전후 일본에 체류하게 된 한국인을 위한 교육 시작 · 교포 중심의 한국학교 설립 · 1946년 한국어학과 설립(천리대학, 오사카외국어대학) · 1970년대 이후 한국어 학습 급증 · 현재 110여 개 대학에서 한국어 교육 실시 · 1984년 NHK 방송 한국어 강좌 시작 · 1988년 고등학교 한국어 선택과목 7.5% · 1993년 한글능력검정협회의 '한글능력검정시험' 실시 · 1996년 한국교육재단의 '한국어능력시험' 실시
미국	· 1970년대 이후 정부가 한국어 교육 주도, 한글학교(860여 개) · 1997년부터 미국 대학수학능력시험인 SAT의 선택과목 SATⅡ 에 외국어로서 한국어 포함 · 미 정부 기관 주관의 한국어 교육(국방외국어대학, 외무연수원, 국가안전부)
호주	· 1970년대 이후 한국인들의 급격한 이민 증가로 한국어 교육 급부상 · 1980년 호주국립대학에 한국어 과정 개설 · 현재 9개 대학에서 한국어 교육 실시 · 초 · 중 · 고등학교에서도 한국어를 교육하는 학교 증가 · 대학입학시험에 한국어가 선택과목으로 채택
중국	· 중국 정부의 소수민족 정책에 의해 실시 · 독자적인 민족학교, 초 · 중 · 고에서 대학(연변대학)까지 한국어 강의 · 1950년대 북경대학, 낙양해방군외국어대학에서 한국어 교육 실시 · 1980년대 후반 이후 한국어 교육 급부상, 30여 개 대학에서 한 국어 교육 실시
유럽	· 서유럽의 한국어 교육 여건 양호, 한글학교 설립 · 대학에서의 한국어 전공 개설: 영국(5), 프랑스(4), 독일(10) · 동유럽은 소련 붕괴 이후 한국의 경제성장과 함께 한국어에 대한 관심 상승 · 러시아와 독립공화국에서의 한국어 수요 증가 추세

• 교사 발화

013 ▶ **013** **답** ④

수업 중 한국어 교사의 말에 대한 설명으로 맞는 것은? (1회 13번)

① 중급 단계까지는 휴지를 분명히 두고 또박또박 말해야 한다.

② 학습자에게 많은 입력을 주기 위해 학습자에게 말을 많이 해야 한다.

③ 학습자가 쉽게 이해할 수 있도록 학습자의 수준보다 약간 낮은 수준으로 말해야 한다.

④ 모국어 화자의 관점에서 볼 때 경우에 따라 다소 부자연스러운 문장이 있을 수도 있다.

오답 풀이

①은 초급에 해당한다. ②교사의 발화가 수업의 대부분을 차지해서는 안 된다. 학생들에게 말할 기회를 많이 주어야 한다. ③어휘와 문법 구조는 학생의 수준이나 아주 약간 위의 수준에서(크라센의 i+1) 제공한다.

평가 요소 바람직한 교사 발화에 대하여 알고 있다.

개념 확장 바람직한 교사의 발화는 다음과 같다.

초급 단계
학생들이 좀 더 쉽게 이해할 수 있게 발화속도를 늦추는 것이 적절하다. 그러나 너무 늦추어서 자연스러움을 잃어서는 안 된다. 그리고 발화가 분명하다면 초급 학생이라고 해서 고급 학생에게 말할 때보다 큰 소리로 말할 필요는 없다.

중급 단계
자연스러운 속도를 유지한다. 교사의 발화가 수업을 대부분 차지하지 말아야 한다. 학생들의 모국어를 덜 사용해야 하지만 여전히 상황에 따라서는 사용해야 할 때도 있다.

고급 단계
자연스러운 말이 필수적이다. 학생들이 말을 산출할 수 있는 기회를 아주 많이 갖도록 피드백을 제공하는 사람이 되어야 한다. 학생의 모국어에는 거의 의존하지 않는다.

참고문헌 H. D. Brown(2001), Teaching by Princples: An Interactive Approach to Language Pedagogy, Longman, 권오량 외 역(2010), 원리에 의한 교수: 언어 교육에의 상호작용적 접근법, ㈜피어슨에듀케이션코리아.

• 이주외국인 한국어 교육 정책

014 ▶ **014** **답** ①

국제 결혼 이주 여성을 위한 한국어 교육의 목적이 아닌 것은? (1회 12번)

① 한국인으로서의 정체성을 갖도록 한다.

② 가정 내 의사소통과 지역 사회 안착에 기여한다.

③ 한국 전통과 예절 학습 부재로 인한 갈등을 예방한다.

④ 의사소통의 어려움으로 인한 자녀 교육 문제를 해소한다.

오답 풀이

①은 내국인을 위한 국어 교육의 목표이다.

평가 요소 국제 결혼 이주 여성을 위한 한국어 교육의 목적을 이해한다.

해설

015 법무부 사회통합프로그램(KIIP)에 관한 설명으로 옳은 것은?
(10회 27번)

① '한국어와 한국문화' 수업은 500시간 이상을 이수하도록 되어 있다.
② 집합 교육 및 가정 방문을 통해 이민자들의 사회·경제적 자립을 돕는다.
③ 프로그램 전(全) 과정 이수 완료자에게는 국적 취득을 위한 필기시험 및 면접심사를 면제해준다.
④ 고용허가제로 한국에 들어온 외국인 노동자들에게 필요한 한국 사회 관련 기본 소양을 습득하게 한다.

평가 요소 이주외국인을 위한 한국어교육 정책을 알아본다.

개념 확장 사회통합프로그램(KIIP)의 이수 혜택은 다음과 같다.
- 국적필기시험면제 및 국적면접심사 면제
- 국적심사 대기기간 단축
- 점수제에 의한 전문인력의 거주 자격(F-2)변경 시 가점(최대 25점) 부여 등
- 일반 영주자격(F-5) 신청 시 한국어능력 입증 면제
- 국민의 배우자 및 미성년자녀 영주자격(F-5) 한국어능력 입증 면제
- 외국인근로자의 특정활동(E-7) 변경 시 한국어능력 입증 면제
- 장기체류 외국인의 거주(F-2)자격 변경 시 한국어능력 입증 면제

참고문헌 법무부 www.socinet.go.kr

▶ 015 답 ③

정답 풀이

사회통합프로그램(KIIP: Korea Immigration and Integration Program)이란 한국 국적취득을 원하는 외국인에게 법무부가 지정한 교육과정을 이수한 경우, 국적취득 등에 편의를 주는 제도이다. 2009년 '사회통합교육 이수제'로서 처음 도입되어 일정기간 시범운영을 거쳤으며, 현재는 '사회통합프로그램' 홈페이지에서 이 프로그램과 관련된 모든 정보를 제공하고 있다.
프로그램 과정을 모두 이수한 이민자에게는 국적필기시험 면제 및 국적면접시험 면제의 혜택을 주고 있다.

· 학습 목적별 한국어 교육

016 특수 목적 한국어 교육에 관한 설명으로 적절하지 <u>않은</u> 것은?
(6회 70번)

① 일반적으로 중급 이상의 학습자를 대상으로 한다.
② 모어 화자 수준의 한국어 의사소통 능력 배양이 중요한 과제이다.
③ 전문 영역에서 필요한 언어뿐만 아니라 내용 및 장르에도 초점을 둔다.
④ 교육 내용을 구성할 때 해당 전문 분야 관계자의 요구를 참조할 수 있다.

평가 요소 목적에 따른 한국어 교육의 특징을 이해한다.

▶ 016 답 ②

정답 풀이

일상적인 의사소통이 가능할 정도의 한국어 능력과 더불어 한국에서 직업을 갖거나 한국의 대학교에서 수학이 가능할 정도의 한국어 능력이 필요하다.

개념 확장　한국어를 배우는 외국인 학습자는 크게 일반 목적 학습자와 특수 목적 학습자로 나누고, 특수 목적 학습자는 다시 학문 목적, 직업 목적, 선교 목적 등으로 나눌 수 있다.

[일반 목적 한국어 교육]
대학교 부설 한국어 교육 기관 등을 중심으로 한 한국어 교육의 대부분은 살아가는 데 필요한 기본적인 의사소통 능력을 키우는 일반 목적의 한국어 교육이라 할 수 있다. 일반 목적 한국어 교육은 한국 생활에 필요한 한국어 의사소통 능력을 기르고, 한국 사회와 한국 문화를 이해하고 한국어를 이용해 친교를 나누고 필요한 정보를 교환한다.

[특수 목적 한국어 교육]
특수 목적 한국어 학습자는 크게 학문 목적 한국어 학습자와 직업 목적 한국어 학습자로 나뉜다.
(1) 학문 목적 한국어 학습자: 학문 목적 한국어 학습자들은 일반 목적 한국어 학습자의 한국어 수준 이상의 한국어 능력, 특히 한국의 대학교에서 수학이 가능할 정도의 한국어 능력을 필요로 한다.
(2) 직업 목적 한국어 학습자: 고용허가제 등을 통해서 한국에 오거나 사무직 근로자로서 한국에 오는 외국인이 많아지고 있다. 직업 목적 한국어 학습자들은 일상적인 의사소통 목적과 더불어 직장에서의 친교 목적의 한국어 학습이 필요하다. 이들을 위한 비즈니스 한국어는 현실적으로 일주일에 6시간 이하의 과정으로 이루어진다. 또한 일반 목적 한국어 학습자와는 달리 수업 시간 외에는 거의 학습이 불가능하다. 따라서 현실적으로 가능한 상황을 제시하고 과제 수행 여부에 초점을 둔 교육이 반복적으로 이루어져야 한다.
결혼이민자의 경우 일반 목적에 가까우나 의사소통의 어려움으로 인한 자녀 교육 문제, 가족들과의 상호작용 문제 등이 생길 수 있는 측면과 한국의 가족 문화를 알고 대처할 수 있어야 한다는 측면에서 특수 목적 학습자로 분류되기도 한다.

참고문헌　최정순(2006), 학문 목적 한국어 교육의 교육과정과 평가, 이중언어학 31, 이중언어학회.

▶ 017　**답** ③

정답 풀이

일반 목적의 한국어 교육에서 초급자를 교수할 때에는 구어 중심의 담화 소통 능력을 키워주는 것을 목표로 하고, 그 외에 한국사회와 문화 이해, 친교를 높이는 방향으로 이끈다.

017　일반 목적 한국어 교육에 관한 설명으로 옳은 것은? (10회 23번)

① 말하기, 듣기, 읽기, 쓰기를 각각 분리 교육하여 언어 각 기능의 독립성을 강조한다.
② 초급에서는 구어 사용 능력보다 문어 사용 능력을 강조한다.
③ 실생활에서의 한국어 사용 능력을 향상시키기 위해 과제 중심 활동을 중시한다.
④ 언어 사용의 정확성을 중시하여 언어 규범이나 이론 교육에 중점을 둔다.

평가 요소　일반 목적으로서의 한국어 교육의 방향을 이해한다.

참고문헌　『외국어로서의 한국어교육학』, 한국방송통신대학교출판부, 2013.

018 학문 목적 한국어 교육에 관한 설명으로 옳은 것을 <u>모두</u> 고른 것은? (10회 28번)

> ㄱ. 일반적으로 중급 이상의 학습자를 대상으로 한다.
> ㄴ. 대학(원)에 진학한 학습자들은 일반적으로 말하기 중심의 교육을 원한다.
> ㄷ. 일반 목적 한국어 교육과 비교 시 요구 분석의 필요성이 더 낮다.
> ㄹ. 학업 수행에 필요한 사고력을 기르고, 지식을 넓힐 수 있도록 한다.

① ㄱ, ㄴ   ② ㄱ, ㄹ   ③ ㄱ, ㄷ, ㄹ   ④ ㄴ, ㄷ, ㄹ

> **평가 요소** 학문의 목적으로 한국어를 배우는 학습자들을 위한 교수 방향을 이해한다.

> **참고문헌** 최정순(2006), 학문 목적 한국어 교육의 교육과정과 평가, 이중언어학 31, 이중언어학회.

▶ **018** 답 ②

정답 풀이

학문 목적의 한국어 교육을 받으려고 하는 학습자들은 일반 목적의 한국어 교육의 대상자들보다 대체로 한국어 의사소통 실력이 높을 것으로 요구된다. 한국의 대학교나 대학원에서 공부할 수 있는 수준의 한국어 능력이 요구되므로 말하기 중심보다는 읽기, 쓰기의 능력 향상을 목표로 한다.

• 학습자 변인

019 마이어스-브리그스(Myers-Briggs)에 따른 학습자의 성격 유형과 그들이 선호하는 한국어 학습 방법이 바르게 연결된 것은? (6회 71번)

① 감정형 학습자: 구체적이고 체계적인 구조 학습을 한다.
② 판단형 학습자: 맥락에서 유추와 추측을 하는 텍스트를 읽는다.
③ 직관형 학습자: 동료와의 의미 협상을 통한 말하기 연습을 한다.
④ 인지형 학습자: 개방적인 학습 자세로 새로운 정보가 담긴 다양한 자료를 본다.

> **평가 요소** 학습자의 성격 유형을 이해하고 각 유형에 적절한 한국어 학습 방법을 적용할 수 있다.

> **개념 확장** 마이어스-브리그스 검사는 네 가지의 이분법적 유형을 조사한 것인데 (1)내향성 대 외향성, (2)감성 대 직관, (3)사고 대 감정, (4)판단 대 인지로 분류된다. 각각은 다음과 같이 간단하게 정의할 수 있다.

▶ **019** 답 ④

오답 풀이

① 감정형 학습자는 사람과 관계에 주된 관심을 갖고 상황적이며, 정상을 참작한 설명을 잘한다.
② 판단형 학습자는 분명한 목적과 방향이 있으며, 기한을 엄수하고 철저히 사전에 계획하고 체계적이다.
③ 직관형 학습자는 육감 내지 영감에 의존하며, 미래지향적이고 기능성과 의미를 추구하고 신속하고 비약적으로 일처리를 한다.

외향성		내향성	
사교성	포괄적	지역주의	집중적
상호작용	관계의 다양성	집중	제한된 인간관계
외적	에너지의 소비	내적	에너지의 보존
넓이	외적 사건에 대한 관심	깊이	내적 반응에 대한 관심
감성		**직관**	
경험	현실적	직감	공상적
과거	유용성	미래	환상
현실적	사실	사색적	허구
땀흘림	실용성	영감	정교함
실제적	분별적	가능성	심상력
사고		**감정**	
객관적	정의	주관적	인도적
원리	분류	가치	조화
정책	표준	사회적 가치	좋음 또는 나쁨
법규	비판	정상 참작	감상
기준	분석	친밀감	동정심
확고함	분배	설득	헌신
사무적		인간적	
판단		**인지**	
확정된	계획적	미해결된	불시 발생
결정된	완성된	많은 자료 수집	잠정적
고정된	결정적	융통성 있는	미래를 위한 여유
사전 계획	깨끗한 결말	진행하면서 적응	시간적 여유
계획된 삶	긴급	개방적 선택	무슨 마감?
닫혀진 삶	마감	보물 찾기식	기다려서 지켜보자
의사 결정	급하게 착수	비계획적	

참고문헌 H. D. Brown(2007), Principles of Language Learning and Teaching, Longman, 이흥수 외 역(2010), 외국어 학습·교수의 원리, ㈜피어슨에듀케이션코리아.

• 한국어 교육사

020 다음 중 한국어 교육사의 내용으로 알맞은 것은? (2회 8번)

① 1990년대에 한국어교육 관련 학회가 창립되었다.

② 재일동포를 대상으로 한 한국어교육이 1970년대부터 시작되었다.

③ 1980년대 후반에 대학 부설 한국어 교육기관이 본격적으로 설치되기 시작하였다.

④ 경제 성장과 각종 국제 대회의 성공적 유치로 1980년대에 외국인 유학생이 급증하였다.

평가 요소 한국어 교육의 시대별 현황을 알고 있다.

개념 확장 한국어 교육의 시대별 현황은 다음과 같다.

▶ 020 **답** ③

오답 풀이

① 한국어 교육 관련 학회가 창립된 것이 1980년대이다.
② 재일동포를 대상으로 한 한국어 교육은 1960년대에 시작되었다.
④ 외국인 유학생이 급증한 것은 1990년대이다.

정답 풀이

외국어 유학생이 급증한 것은 1990년대이며 1980년 이전은 교육기관이 총 5개로 극히 제한적이었으나 1980년후반부터 급속히 늘어났다. 이는 국내외 모두 동시에 나타난 현상이다. 1963년 4월 일본 오사카 총영사관 아래 3개의 한국교육원이 문을 열었으며 한국학교는 1945년 재일한국인과 주재원 자녀 대상으로 교육을 실시하였다. 이중언어교육학과 (1981) 국제한국어교육학회 창립 시기는 1985년이다.

연대	국내 한국어 교육 현황
1950년대	• 최초 한국어 교육 실시(1959)
1960년대	• 국제교육진흥원 재외동포 한국어 교육과정 실시(1962) • 서울대 어학연구소(1969) 한국어 교육 실시 • 재일동포 한국어 교육 실시
1980년대	• 한국어 교육 관련 학회 창립(1981, 1985) • 고려대의 민족문화연구소 설립(1986) • 이화여대 한국어 교육 시작(1988) • 선문대 한국어교육원 설립(1989) • 대학 부설 한국어 교육기관 설치 본격화
1990년대	• 특수 목적 한국어 교육 • 한국어교육능력검정시험 실시
2000년대	• 90년대 후반에 각 대학의 교육대학원을 중심으로 '외국어로서의 한국어 교육' 전공 개설 • 대학기관에서 한국어 교육 실시 • 외국인 유학생 증가 • 한국어능력시험 실시(1997)
최근	• 2002년 한·일 월드컵, APEC의 성공적인 유치로 인한 한국어에 대한 관심 증가 • 문화관광부 한국어세계화추진위원회의 활동을 포함하여 국립국어연구원, 국제교류재단, 재외동포재단, 국제교육진흥원, 학술진흥원 등 정부 차원에서 한국어 해외 보급 사업 추진 • 한국어문화학교(세종학당) 설립

021 **한국어 교육의 역사에 관한 설명으로 옳지 않은 것은?** (10회 24번)

① 1990년대에 공산권 국가의 개방과 유학생의 증가로 국내 한국어 교육기관이 급증하였다.

② 1993년에 미국의 대학수학능력시험(SAT Ⅱ)에 한국어 과목이 채택되어한국어의 위상이 높아졌다.

③ 1997년에 한국어능력시험(TOPIK)이 처음으로 시행되었다.

④ 2002년에 한국어교육능력인증시험이 처음으로 시행되었다.

평가 요소 한국어교육의 역사를 이해한다.

▶ 021 **답** ②

정답 풀이

미국의 대학수학능력시험(SAT)의 파트 Ⅱ에 한국어가 선택과목으로 채택된 것은 1997년이다.

· 한국어 교원 자격

해설

▶ 022 **답** ①

022 한국어 교원 자격증을 받을 수 있는 사람으로 옳은 것은? (5회 4번)

① 대학에서 한국어교육 전공으로 법령에서 지정한 45학점을 이수하고 졸업한 사람
② 대학 부설 한국어 교육 기관에서 700시간의 한국어 교육 경력을 쌓은 사람
③ 대학원에서 한국어교육 전공 과목으로 법령에서 지정한 15학점을 이수하고 석사 학위를 취득한 사람
④ 대학에서 국어교육을 전공하고 한국어 교원 양성과정에서 법령에서 지정한 120시간의 교육을 받은 사람

평가 요소 한국어 교원의 자격 기준을 알고 있다.

개념 확장 **한국어 교원 자격 제도는**

(1) 2000년도부터 시행되었으며 문화체육관광부장관 명의로 한국어 교원 자격을 부여한다.
(2) 국어기본법 시행령 발효 이전의 한국어교육 경력을 일부 인정한다.
(3) 대학이나 대학원에서 전공(필수이수학점 45학점 이수)을 하게 되면, 2급 한국어 교원 자격을 부여 받는다.
(4) 대학에서 부전공(필수이수학점 21학점 이수)을 하게 되면 3급 한국어 교원 자격을 부여 받는다.
(5) 한국어교육능력검정시험에 합격하면 한국어 교원 3급 자격을 부여 받고, 이후 교육 경력 5년이 되면 2급으로 승진한다.
(6) 국내 대학의 한국어교육학과 졸업자에게만 한국어 교원 자격이 부여된다.

오답 풀이

② 대학 부설 한국어 교육 기관에서 800시간의 한국어 교육 경력을 쌓은 사람은 심사 후 3급의 자격증을 받을 수 있다.
③ 대학원에서 한국어 교육 전공과목으로 법령에서 지정한 18학점을 이수하고 석사 학위를 취득한 심사 후 2급 자격증을 취득할 수 있다.
④ 120시간의 양성과정을 이수하고 한국어교육능력검정시험에 합격한 후 자격 심사를 받으면 3급 자격증을 취득할 수 있다. 대학에서 국어교육을 전공하지 않아도 된다.

▶ 023 **답** ①

023 한국어교원자격에 관한 설명으로 옳지 않은 것은? (10회 22번)

① 2급 자격증은 학위과정 또는 한국어교육능력검정시험을 통해 취득할 수 있다.
② 외국 국적자가 학위과정을 통해 한국어교원 자격을 취득하기 위해서는 한국어능력시험(TOPIK) 6급 성적증명서가 필요하다.
③ 한국어교원양성과정 120시간을 이수한 후 한국어교육능력검정시험에 응시할 수 있다.
④ 2급에서 1급으로의 승급은 자격 취득일로부터 최소 만 5년 이상의 강의 경력과 자격 취득 이후 총 강의 시수 2,000시간 이상이 요구된다.

평가 요소 한국어교원자격 등급 및 취급 방법을 이해한다.

참고문헌 국립국어원 한국어교원 https://kteacher.korean.go.kr

정답 풀이

한국어교원자격증 2급은 학위과정을 이수해야만 취득할 수 있다. 대학의 경우 18학점 이상, 대학원의 경우 8학점 이상을 이수해야 한다. 검정시험을 통한 2급 자격증 취득은 불가하다.

해 설

• 한국어 교육의 목적

024 다음 중 한국어 교육의 목적에 해당하지 않는 것은? (1회 4번)

① 한국어의 언어 체계를 탐구하여 사용하는 방법을 익힌다.
② 한국어로 된 다양한 정보를 이해하고 활용할 수 있는 능력을 기른다.
③ 한국 사회와 한국 문화를 이해하여 한국에 대해 우호적인 태도를 갖는다.
④ 한국인과의 의사소통과 한국 생활에 필요한 한국어 의사소통 능력을 기른다.

▶ 024 **답** ①

정답 풀이
한국어의 언어 체계를 탐구하여 사용하는 방법을 익히는 것은 내국인을 위한 국어 교육에서 사용되는 교육 방법 중 하나이다.

평가 요소 한국어 교육의 목적을 이해한다.

개념 확장 한국어 교육의 목적, 학습자의 요구, 기존의 언어교육 목표 등을 종합하여 한국어 교육의 목표를 다음과 같이 설정하였다.
(1) 한국인과 의사소통을 하거나 한국생활에 필요한 의사소통 능력을 기르도록 한다.
(2) 한국어로 된 다양한 정보를 이해하고, 이를 활용할 수 있는 능력을 기르도록 한다.
(3) 한국어를 이용해 자신의 전문 분야에서 필요한 기능을 수행할 수 있도록 한다.
(4) 한국사회와 한국문화를 이해하여, 한국에 대한 우호적인 태도를 갖도록 한다.
(5) 서로 다른 언어를 사용하는 외국인들이 한국어를 사용하여 친교를 나누고 필요한 정보를 교환할 수 있도록 한다.

참고문헌 성기철(1998), 한국어교육의 목표와 내용, 이중언어학 15-1, 이중언어학회.

• 국제 통용 한국어 표준 교육 모형

025 국립국어원에서 개발한 '국제 통용 한국어 표준 교육 모형'에 관한 설명으로 옳은 것은? (6회 76번)

① 국내외 한국어 교육과정을 표준화하기 위해서 개발되었다.
② 학습 내용과 목표를 상세화하고 구체적인 교수요목을 제시하고 있다.
③ 초급(1, 2급), 중급(3, 4급), 고급(5, 6급) 위에 최상급인 7급을 두고 있다.
④ 등급별 목표 기술을 위해 언어 지식과 언어 기술 두 영역을 설정하였다.

▶ 025 **답** ③

오답 풀이
① 국내외 한국어 교육과정을 하나의 통일된 모형으로 표준화하기 위해 개발된 것이 아니라 교육과정을 설계하는 데 객관적인 준거를 제시하고자 개발되었다.
② 표준 교수요목과 변인별 표준 모형을 제시하고 있다.
④ 등급별 목표 기술을 위해 화제(주제), 언어 지식, 언어 기술, 문화로 나누어 설정하였다.

평가 요소 국제 통용 한국어 표준 교육 모형에 대하여 알고 있다.

개념 확장 국내뿐 아니라 국외에서도 한국어를 배우고자 하는 학습자가 증가하고 학습목적도 다양해졌다. 그러나 이런 다양한 요구들을 포괄할 수 있는 표준 교육과정이 없기 때문에 나라별, 기관별로 독립적인 형태로 한국어교육이 실행되고 비체계적인 교육을 하는 기관들도 많다. 이러한 한계점 극복을 위해 국제 통용 한국어 표준 교육 모형 연구 사업이 실행되었고 2010년 12월 연구 사업의 결과물이 나오게 되었다.

이 연구는 유럽공통참조기준, ACTFL, HSK, JLPT, TOPIK 등의 국내외 외국어교육 평가 관련 문헌과 한국어 교육기관 운영 실태를 검토·분석한 후 표준 교육과정 설계를 하였다.

확정된 국제 통용 한국어교육 표준 모형은 가장 큰 특징은 7단계로 등급화 되어 있다는 것이다. TOPIK의 6단계 설정을 고려하되 최상급(7급)을 설정하여 한국어 학습의 목적, 학습의 수요층 변화를 고려하였다.

또, 최대 교육 시간과 최소 교육 시간을 설정하여 교육 여건과 환경에 따라 탄력적으로 운영될 수 있도록 설계되었다.

그 외에도 이 연구에는 등급별(1~7급) 목표, 내용이 기술되어 있습니다. 표준 교육과정은 학습 대상과 환경에 달리 적용될 수 있는데 예를 들어 다문화가족지원센터, 사회통합 프로그램, 세종학당 등에서 어떻게 적용될 수 있는지를 제시하고 있다.

참고문헌 국립국어원 홈페이지
http://www.korean.go.kr/09_new/data/report_list.jsp에서 512번 글

▶ **026** **답** ④

정답 풀이

국제 통용 한국어 교육과정 모형은 모든 한국어교육 기관에서 전문적이고 효율적인 한국어교육을 위해 고안된 것으로, 모든 기관에서 똑같은 과정과 내용으로 교육을 실시하기 위한 용도가 아니다.

026 **한국어 표준 교육과정 개발을 통한 긍정적인 효과가 아닌 것은?**
(10회 33번)

① 한국어 교육기관 간의 협력과 공동 발전이 가능하다.

② 한국어능력시험(TOPIK)과 같은 표준 평가 도구 개발에 도움이 된다.

③ 타 교육기관으로의 전학이 용이하여 학습자의 선택권이 보호될 수 있다.

④ 모든 기관에서 학습자들에 상관없이 획일적인 교육이 가능하다.

평가 요소 국제 통용 한국어 교육과정 모형의 의의를 이해한다.

참고문헌 국립국어원 www.korean.go.kr

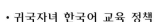

• 귀국자녀 한국어 교육 정책

027 귀국학생 대상 특별 프로그램의 내용과 목표로 연결이 옳지 <u>않은</u> 것은?
(1회 10번)

① 한국어 교육을 실시하여 교과 학습 적응력을 높인다.

② 한국 역사 교육을 통해 한국인의 정체성을 인식하게 한다.

③ 전통 문화 교육을 통해 한국 문화의 우월성을 인식할 수 있게 한다.

④ 귀국 전 체류 국가의 언어를 지속적으로 사용하여 국제성을 유지하도록 한다.

평가 요소 　귀국학생을 위한 한국어 교육 프로그램의 내용과 목표를 이해한다.

개념 확장 　귀국학생 특별 학급의 교육 프로그램은 크게 적응을 위한 것과 국
제성 유지 · 신장을 위한 것 두 가지로 나눌 수 있는데 적응을 위한
프로그램에는 언어 적응을 위한 프로그램, 생활 · 문화 적응을 위한
프로그램, 교과 적응을 위한 프로그램이 있다. 국제성 유지 · 신장을
위한 프로그램의 경우 외국어 능력의 지속적인 유지와 향상, 국제
적인 경험의 폭을 심화시키는 데 목적이 있다.

▶ **027** 　**답** ③

정답 풀이

국제 이해 교육을 통해 우리나라와 외
국의 문화를 객관적으로 비교해 볼 수
있는 안목을 키우는 것이 목적이다.

• 재외동포 한국어 교육 정책

028 재외동포를 대상으로 하는 한국어교육에 관한 설명으로 옳지 <u>않은</u> 것은?
(5회 3번)

① 10~15세를 대상으로 하는 교육이 가장 활발히 이루어지고 있다.

② 한글학교는 주로 주말학교의 형태로 운영되는 자생적 교육기관이다.

③ 9년 과정으로 2009년에 국외 한글학교용 표준교육과정이 마련되었다.

④ 영구 거주 동포용 교육 내용과 단기 체류 동포용 교육 내용은 다르다.

평가 요소 　재외동포를 위한 한국어 교육 정책을 이해하고 있다.

개념 확장 　재외동포 정책 중 한국어 교육의 중요성은 다음과 같다
(조항록, 2010).
(1) 민족어 교육의 기본적인 특성과 기능의 측면으로서 한국어를 통
해 민족적 정체성을 갖추게 된다.
(2) 한국어를 외국어로 배울 때 한국어로의 의사소통은 물론 배경 사회
가 되는 한국에 대하여 이해하고, 조국과의 연계를 가능하게 한다.
(3) 한국어 교육에서 재외동포가 차지하는 비중이 절대적이다.
　재외동포 교육의 목표는 "세계 속에서 자긍심이 높은 한국인상
구현"이다. 이러한 교육 목표는 민족적 정체성을 유지 · 신장하고
현지에서 안정적으로 정착해 살아감으로써 자랑스러운 한민족의
상을 구현하는 데 둔 것이다. 이를 위해서 영주 동포와 일시 체
류자에게 현지 적응 교육을 실시하며, 영주 동포에게는 한민족으
로서의 동질성과 정체성을 갖도록 모국 이해 교육을 실시하고,
일시 체류자에게는 귀국한 뒤 고국에 적응할 수 있도록 국내 연
계 교육을 꾀한다.

참고문헌 　박소연(2012), 재외동포를 위한 한국어 보급 현황과 발전 방안, 우리
말교육현장연구 6-1, 우리말교육현장학회.

▶ **028** 　**답** ①

정답 풀이

청소년을 대상으로 하는 교육이 가장
활발하다.

해설

▶ 029 답 ③

오답 풀이

① 한국에서 한국어를 학습하는 외국인에게 한국어는 외국어로 교육해야 한다. 결혼여성이민자의 경우 제2언어로 교육해야 한다.
② 문화 지도는 통시적인 접근보다는 공시적으로 접근한다.
④ 한국어 교육은 한국어 교육의 특수성과 외국어 교육의 보편성을 모두 고려해야 한다.

▶ 030 답 ②

정답 풀이

메모하는 행위는 인지 전략, 한국인 친구에게 물어보는 것은 사회적 전략, 한국인이 주문하는 모습을 보고 발음에 주목하고 연습하는 행위는 상위 인지 전략에 해당한다. 보상 전략은 찾을 수 없다.

· **한국어 교육의 개념과 목표**

029 한국어 교육에 대한 설명으로 알맞은 것은? (3회 2번)

① 한국에서 한국어를 학습하는 외국인에게는 한국어를 제2언어로 교육해야 한다.
② 한국어 교육의 범위에는 한국어와 한국문화에 대한 공시적, 통시적 내용이 포함된다.
③ 한국어 교육은 교육 목표, 교육 내용, 교육 방법 등에서 국어 교육과 큰 차이를 갖는다.
④ 한국어 교육은 한국어 교육으로서의 특수성보다는 외국어 교육으로서의 보편성에 근거해 실시해야 한다.

평가 요소 한국어 교육의 개념과 목표를 이해한다.

· **학습 전략**

030 다음의 외국인 학습자가 사용한 학습 전략에 해당하지 않는 것은? (8회 3번)

> "한국에 처음 왔을 때 한국 음식을 주문하는 게 쉽지 않았어요. 그래서 한국인들이 어떻게 주문하는지 보려고 집 근처 식당에 자주 갔어요. 발음이 어려운 음식 이름은 여러 번 발음해 보면서 연습했고, 잘 모르는 음식 이름이 있으면 한국인 친구에게 물어보고 메모해 뒀어요."

① 인지 전략   ② 보상 전략
③ 사회적 전략   ④ 상위 인지 전략

평가 요소 외국인 학습자가 사용하는 학습 전략의 세부 전략을 이해한다.

개념 확장 언어 학습 전략이란 특정한 문제나 과제를 해결하기 위하여 사용하는 구체적인 방법이자 어떤 목적을 달성하기 위한 행동 양식이며 정보를 통제하고 조작하는 계획을 의미한다. 특히 옥스퍼드(Oxford, 1990)는 언어 학습 전략이라는 것을 언어 학습의 전 과정에서 발생하는 모든 전략을 포함하는 통합적인 접근이라고 보았으며 학습 과정에서 직접적으로 사용되는 직접 전략과 학습을 지원하는 간접 전략으로 분류하였다. 그리고 두 전략의 세부 전략으로 각각 기억 전략, 인지 전략, 보상 전략과 상위 인지 전략, 정의적 전략, 사회적 전략을 제시하였다. 각각의 학습 전략은 다음과 같이 설명된다.
· **직접 전략**: 다양한 과제나 특정 상황에서 언어 자체로 기능하며 새로운 언어를 다루는 데 필요한 전략.

① 기억 전략: 새로운 정보를 기억하고 재생하는 데 필요한 전략.
② 인지 전략: 언어를 이해하고 표출하는 데 필요한 전략.
③ 보상 전략: 지식 격차에도 불구하고 그 언어를 사용하는 데 필요한 전략.

· **간접 전략**: 학습의 전반적인 관리를 하는 데 필요한 전략.
① 상위 인지 전략: 학습자 스스로가 학습을 준비하고 계획하며 평가하는 전략.
② 정의적 전략: 학습자가 자신의 감정이나 태도를 조절하는 전략. 특히 언어 학습에 어려움을 겪고 목표어 사용에 대한 두려움이나 불안이 비교적 높은 초기 단계 학습자들이 많이 활용하는 전략.
③ 사회적 전략: 목표어 화자와 원활한 교류가 가능한 환경에서 종종 일어나는 학습 전략으로 목표어 화자에게 직접 물어보는 방법을 통해 학습하는 전략.

각 전략의 세부 전략은 다음과 같다.

전략	하위 전략	세부 전략
직접 전략	암기 전략	① 유사한 단어나 어휘를 묶어서 외운다. ② 아는 단어와 연관시키거나 정교화한다. ③ 새로운 단어로 교체시켜서 외운다. ④ 시각적인 상(像)을 사용한다. ⑤ 표를 그리거나 인지도를 사용한다. ⑥ 핵심 단어를 사용하여 기억한다. ⑦ 소리로 기억한다. ⑧ 체계적으로 잘 복습한다. ⑨ 신체적 반응 혹은 감각을 사용한다. ⑩ 기계적으로 암기한다. ⑪ 노래로 암기한다.
	인지 전략	① 여러 번 반복한다. ② 소리 체계나 쓰기 체계에 따라 형식적 연습을 한다. ③ 언어 규칙이나 문법 유형들을 의식적으로 사용한다. ④ 아는 정보와 결합시킨다. ⑤ 자연스럽게 연습한다. ⑥ 요점이 무엇인지 빨리 파악한다. ⑦ 학습 자원·교과서, 사전 등을 활용한다. ⑧ 연역적으로 추론한다. ⑨ 표현을 분석해 본다. ⑩ 모국어와 대조시켜 분석해 본다. ⑪ 모국어로 번역한다. ⑫ 전이시킨다. ⑬ 노트하거나 메모한다.
	보상 전략	① 앞뒤 문맥에 따라 추측한다(단어, 어휘의 경우). ② 그 밖의 단서(사전 지식, 관심 주제 등)를 사용하여 추측한다. ③ 모르는 단어나 어휘를 모국어로 바꾸어 말한다. ④ 다른 사람에게 도움을 청한다. ⑤ 손짓이나 몸짓을 사용한다. ⑥ 모르는 내용에 대해 이야기해야 할 때는 부분적으로나 전적으로 대화를 피한다. ⑦ 내가 주제를 선택한다. ⑧ 대화 내용을 끼워 맞추거나 짐작한다. ⑨ 다른 표현으로 말하거나 비슷한 단어를 사용한다.

전략	하위 전략	세부 전략
간접 전략	상위 인지 전략	① 이미 알고 있는 정보와 연관시켜 살펴본다. ② 주의를 집중한다. ③ 발화를 지연시키고 잘 듣는다. ④ 언어 학습에 대한 것을 찾아본다. ⑤ 배울 것을 구조화한다. ⑥ 학습 과제의 목적이 무엇인가 생각한다. ⑦ 학습 과제 해결을 위해 계획한다. ⑧ 한국 사람과 이야기할 기회를 찾는다. ⑨ 스스로 평가한다.
	정의적 전략	① 웃음으로 이해한 척 넘긴다. ② 모험적 상황에 현명하게 대처한다. ③ 생각해 봐서 잘했다고 생각할 때는 자신에게 보상한다. ④ 점검표를 사용한다. ⑤ 일기를 쓴다. ⑥ 술을 조금 마시고 이야기한다.
	사회적 전략	① 맞았는지 확인하기 위해 교사나 다른 한국인에게 질문한다. ② 한국 사람과 이야기할 때 틀린 것을 고쳐 달라고 요구한다. ③ 다른 사람과 협동해서 한다. ④ 한국말을 유창하게 하는 다른 친구와 같이 한다.

참고문헌 강승혜(1996), 제2언어로서의 한국어 학습자의 언어 학습 전략에 관한 연구, 연세 교육연구 9-1, 연세대학교 교육연구소.

· **국내 외국인 유학생 현황**

031 **2000년대 이후 국내 외국인 유학생 현황에 관한 설명으로 옳은 것은?** (8회 8번)

① 중국인 학생의 수가 증가하여 일본인 학생의 수와 비슷해졌다.

② 단기 어학연수 중심에서 장기 학위 과정 유학 중심으로 변화하였다.

③ 학위 과정에 유학 중인 학생 중 이공계 학생의 비율이 가장 높다.

④ 2000년대 중반에 정부 초청 외국인 장학생 제도가 시행되어 외국인 유학생이 대폭 증가하였다.

평가 요소 국내 외국인 유학생의 증감이나 공부하는 목적 등을 시기에 따라 알고 있다.

▶ 031 **답** ②

오답 풀이

① 중국인 학생의 수가 가장 많다.

③ 학위 과정에 유학 중인 학생은 인문계 학생의 비율이 더 높다.

④ 정부 초청 외국인 장학생 제도는 1967년부터 시행되었다.

해 설

• 한국어교육학개론

032 최근 개편된 한국어능력시험(TOPIK)에 관한 설명으로 옳은 것은? (9회 24번)

① 6등급 3종 시험에서 6등급 2종 시험으로 개편되었다.

② 어휘 · 문법 영역은 다른 영역과 달리 그대로 유지되었다.

③ 쓰기 영역은 TOPIK I 에 포함된다.

④ 고급 수험자 대상의 말하기 시험이 도입되었다.

 032 답 ①

오답풀이

② 어휘 · 문법 영역은 다른 영역과 달리 평가 항목에서 빠졌다.

③ 쓰기 영역은 TOPIK I 에 포함되지 않는다. TOPIK II에만 있다.

④ 말하기 시험은 아직 도입되지 않았다.

평가 요소 새로운 체제의 한국어능력시험(TOPIK)의 개편 내용을 구체적으로 알고 있다.

개념 확장 한국어능력시험(TOPIK)의 신규 체제 구성은 다음 표와 같다.

시험 영역		문항 수	문항 유형	시험 시간	배점	등급 판정
TOPIK I	듣기	30	객관식	40분	100	1급: 80점 이상
	읽기	40	객관식	60분	100	2급: 140점 이상
TOPIK II	듣기	50	객관식	60분	100	3급: 120점 이상 4급: 150점 이상 5급: 190점 이상 6급: 230점 이상
	읽기	50	객관식	70분	100	
	쓰기	4	주관식	50분	100	

참 고 한국어능력시험 홈페이지
http://www.topik.go.kr/usr/cmm/subLocation.do?menuSeq=2110101#none

제2강 **한국어교육과정론**

중영역 : 한국어교육과정론

번호	세부 영역	출제 회수	문제 풀이
1	교수요목의 종류와 특징	11	4
2	설계 원리 및 방법	7	2
3	숙달도와 한국어 교육과정	6	2
4	교육 목적과 교육과정	2	1
5	교육과정 설계 절차	2	1
6	교육 대상과 한국어 교육과정	2	1
7	교육과정의 개념	3	1
	총계	33	12

• 교수요목의 종류와 특징

▶ 001 **답** ④

정답 풀이

과제 기반 교수요목은 학습된 언어를 실제 과제 수행을 통해서 완성되는 과정에 초점을 두는 교수요목이다. 이 교수요목은 학습자에게 유의미한 상황을 부여하여 자연스러운 의사소통 능력을 고취하는 데 목적이 있다. 과제 중심 교수요목 설계에 있어 난이도를 결정하는 요소로는 학습자에게 제시된 전후 맥락의 도움 정도, 과제의 인지적 난이도, 학습자에게 제공된 도움 정도, 학습자가 처리하고 발화해야 할 언어의 복잡성, 과제를 수행할 때 받는 심리적 스트레스, 배경 지식의 정도와 형태 등이 다양하게 고려된다. 형태를 고려한다는 것은 과제 중심 교수요목이 과제 수행만을 중시하는 것을 보완하고자 하는 것이지만 형태적 복잡성이 과제의 난이도로 직결되지는 않는다.

001 한국어 교육에서 형태를 고려한 과제 중심 교수요목의 사용이 이상적이라고 할 때 그 근거로 옳지 <u>않은</u> 것은? (6회 73번)

① 대다수의 학습자가 낯선 언어로서 한국어를 배우게 된다.

② 한국어에는 유사한 의미를 나타내는 다양한 형태가 존재한다.

③ 인지 능력이 발달한 성인은 규칙을 통한 언어 학습을 기대한다.

④ 형태적 복잡성과 과제의 난도는 정비례의 상관관계를 이루고 있다.

평가 요소 과제 중심 교수요목의 개념과 특징을 이해하고 형태를 고려한다는 것의 의미를 이해한다.

002 결과 지향 교수요목을 <u>모두</u> 고른 것은? (5회 12번)

ㄱ. 문법적 교수요목   ㄷ. 과제 중심 교수요목
ㄴ. 상황적 교수요목   ㄹ. 개념 · 기능적 교수요목

① ㄱ, ㄴ   ② ㄴ, ㄷ

③ ㄱ, ㄴ, ㄹ   ④ ㄴ, ㄷ, ㄹ

<table>
<tr><td>

평가 요소

교수요목의 종류와 특징을 이해하여 결과 지향적인 교수요목과 과정 지향적인 교수요목으로 구분할 수 있다.

개념 확장

교수요목(syllabus)이란 강의안의 기획 시에 필요한 모든 항목을 큰 틀 안에서 일관성 있게 선정한 것을 말한다. 언어교육에서 교수요목이란 언어 교수·학습을 계획하고 조직하는 서로 다른 방법으로 정의된다.

[구조 중심 교수요목(structural syllabus)]

구조 중심 교수요목은 교수요목의 정보가 문법상의 단순, 복잡 등의 개념에 따라서 선택되고, 등급화되는 모형이다. 문법 중심 교수요목이라고도 하는데 이는 구조주의 언어학 이론에 기반한 것으로 언어를 직접 구성 요소(IC) 또는 구 구조 문법(phrase structure grammar)으로 기술하고 분류하는 언어 구조를 교육 내용으로 삼는다.

[상황 중심 교수요목(situational syllabus)]

상황 중심 교수요목은 언어 교육 시에 학습자가 노출되는 상황을 중심으로 언어 사용 환경을 고려하여 교육 내용을 설계하는 데에 중점을 둔다. 상황 중심 교수요목은 수준별로 반복되는 상황을 설정하여 나선형 학습을 유도한다.

[주제 중심 교수요목(topical syllabus)]

주제 중심 교수요목은 다양한 주제를 교육 단위로 삼아 교육 내용을 선정하는 것이다. 이 교수요목에서는 학습자의 상황을 고려하여 주제를 선정하는 것을 권장한다. 문법 교육 항목의 난이도가 반영되어야 하기 때문에 구조(문법) 중심 교수요목의 요소를 참조하기도 한다.

[기능 중심 교수요목(functional syllabus)]

기능 중심 교수요목은 구분하기, 설명하기, 수정하기 등과 같이 언어 표현 기능 학습을 목적으로 하는 교수요목을 말한다. 이 교수요목은 언어의 표현을 중점에 두는 방식인데 인사하기, 소개하기, 정보 찾기, 화제 전환하기처럼 다시 상세하게 구분할 수 있다. 즉, 기능은 우리가 언어를 사용하는 의사소통의 목적을 의미한다.

[개념 중심 교수요목(notional syllabus)]

개념 중심 교수요목은 질적, 양적 개념이나 장소, 시간 등을 나타내는 문법 개념을 학습하는 것에 중점을 둔다. 여기서 개념은 언어를 통해 표현되는 개념적인 의미, 즉 목적, 실체, 일의 상황, 논리적인 관계 등을 나타낸다. 이 교수요목은 기능 중심 교수요목과 함께 다루어지는 경향이 있다.

[기술 중심 교수요목(skills-based syllabus)]

기술 중심 교수요목은 언어 이해의 기술을 학습의 중점으로 두는 것을 말한다. 중심 생각을 찾아내고, 추론하며 비판적 사고를 할 수 있도록 듣고 읽는 내용의 핵심 부분을 찾는 기술의 학습에 교육 목표를 둔다.

[과제 중심 교수요목(task-based syllabus)]

과제 중심 교수요목은 학습된 언어를 실제 과제 수행을 통해서 완성되는 과정에 초점을 두는 교수요목이다. 여기서 언어를 처리하고 이해하는 결과로써 수행되는 어떤 활동이나 행위를 의미하는데, 예를 들어 지시를 들으면서 지도를 그리고, 명령을 수행하는 것 등이 해당된다. 이 교수요목은 학습자에게 유의미한 상황을 부여하여 자연스러운 의사소통 능력을 고취하고자 하는 데에 목적을 둔다.

참고문헌

김인규(2003), 학문 목적을 위한 한국어 요구 분석 및 교수요목 개발, 한국어교육 14-3, 국제한국어교육학회.

조형일(2010), 한국어 교수·학습론, 서울대학교 사범대학 외국인을 위한 한국어 교육 지도자 과정.

Nunan, David(1993), Language Teaching: Syllabus Design, Oxford University Press: 송석요·김성아역(2003), Syllabus의 구성과 응용, 범문사.

</td><td>

▶ 002 **답** ③

정답 풀이

교수요목은 결과 지향적(중심적) 교수요목과 과정 지향적(중심적) 교수요목으로 구분할 수 있다. 결과 지향적 교수요목은 학습이 끝난 후의 결과를 중심으로 하는 것이고, 과정 지향적 교수요목은 학습의 과정을 중심으로 하는 것이다. 결과 지향적 교수요목에는 문법적 교수요목, 상황적 교수요목, 개념·기능적 교수요목이 해당되고, 과정 지향적 교수요목에는 절차 중심 교수요목, 과제 중심 교수요목, 내용 중심 교수요목이 포함된다.

</td></tr>
</table>

▶ **003** **답** ①

정답 풀이

과제 중심 교수요목은 과정 지향적 교수요목에 속한다. ②, ③, ④는 결과 지향적 교수요목에 속한다.

▶ **004** **답** ③

정답 풀이

매트릭스형 교수요목은 여러 개의 학습 내용에 대해 동일한 카테고리를 적용할 때 사용한다. 문제의 보기처럼 여러 개의 학습 내용을 한 데 묶어서 하나의 셋트로 만드는 것이다.

003 과정 지향적 교수요목에 대한 설명으로 옳은 것은? (4회 13번)

① 주문하기, 물건 사기 등 특정 목적의 과제가 교수 항목이다.
② 언어의 난이도, 사용 빈도를 고려하여 교수할 순서를 정한다.
③ 특정 상황에서 사용할 언어를 중심으로 교수 항목을 선정한다.
④ 교수 항목 단위는 요청하기, 인사하기, 거절하기 등의 기능이다.

평가 요소 과정 지향적 교수요목과 결과 지향적 교수요목을 이해한다.

개념 확장 과제 중심 교수요목과 절차적 교수요목, 내용 중심 교수요목처럼 교실 수업의 과정에 관심을 가지는 교수요목을 과정 지향적 교수요목이라고 하는데, 교실에서 학습자가 하게 될 과제나 활동을 상술하는 것으로 교수요목이 구성된다.
반면, 결과 지향적 교수요목은 언어학적 분석에 따라 결정된 항목의 목록이나 과정을 마칠 때 학습자가 도달하게 될 학습 결과에 따라 구성된다. 즉, 학습이 끝난 후의 결과를 중심으로 진술하는 것이다. 문법적 교수요목과 기능-개념 중심 교수요목이 여기에 속한다.

004 다음과 같은 교수요목의 유형으로 옳은 것은? (5회 13번)

활동 유형 단원 주제	묻고 대답하기	인터뷰	역할극	게임	정보 찾기
인사하기	○	○	○	○	○
길 묻기			○	○	○
물건 사기	○	○	○	○	

① 선형(linear type)
② 모듈형(modular type)
③ 매트릭스형(matrix type)
④ 줄거리 제시형(story-line type)

평가 요소 다양한 교수요목의 유형을 이해한다.

개념 확장 선형(linear)은 학습의 내용을 순서화, 등급화할 때 일직선의 진행 과정을 거치면서 누적해 가는 것을 언어 발전의 모형으로 보는 것을 말한다. 학습 내용은 선형적으로 진행되기 때문에 앞에서 학습한 내용은 다시 반복되지 않고 새로운 내용이 전개된다.
나선형(spiral)은 학습 내용이 단기 기억에서 장기 기억으로 진행되기 위해서는 부분적 선행 학습이 나선 형식으로 반복되어야 한다는 것에 초점을 둔다. 나선형 교육과정에서는 예전에 배웠던 선수 학습을 언급하면서 그것이 새로 배울 내용과 연관성을 가지며 적용 범위가 더 넓어져 간다. 난이도에 따라 초급, 중급, 고급에서 같은 주제 또는 같은 소재, 또는 문형 등이 반복되면서 새로 배울 내용과 접합되어 더욱 다양한 범위를 포괄하는 수업이 가능하다.
모듈형은 학습 내용을 자유롭게 붙였다, 떼었다 할 수 있는 교수요목이다.
줄거리 제시형은 교과 내용을 서사 구조를 지닌 이야기로 구성하여 교수요목을 제시하는 방법이다.

참고문헌 Jack C. Richards(2001), Curriculum Development in Language Teaching, Cambridge University Press.

해 설

· 설계 원리 및 방법

005 학습자 요구 조사에 대한 설명으로 옳은 것을 <u>모두</u> 고른 것은? (4회 12번)

> ㄱ. 과제 중심 교수요목을 설계할 때 반드시 필요하다.
> ㄴ. 교수요목을 설계할 때 가장 먼저 해야 하는 절차이다.
> ㄷ. 학습자의 객관적 요구보다 주관적 요구를 파악하는 것이 더 중요하다.
> ㄹ. 요구 조사 결과는 목표 선정, 내용 조직, 방법 적용 등에 영향을 미친다.

① ㄱ, ㄴ
② ㄱ, ㄴ, ㄷ
③ ㄱ, ㄴ, ㄹ
④ ㄱ, ㄴ, ㄷ, ㄹ

평가 요소 교수요목 설계의 첫 단계인 요구 분석을 이해한다.

참고문헌 Richards, Jack C.(2001),Curriculum Development in Language Teaching, Cambridge University Press.

▶ **005** **답** ③

정답 풀이

요구 분석은 언어 프로그램을 설계하는 데 있어 학습자의 요구에 관한 정보를 수집하는 데 사용되는 절차이다. 정확한 요구 분석을 위해 학습자의 객관적인 요구를 파악하는 것이 주관적인 요구를 파악하는 것보다 중시된다.

006 요구분석을 위한 정보수집 방법을 설명한 것으로 알맞지 <u>않은</u> 것은?

① 설문조사 – 다수를 대상으로 하기 때문에 신뢰성을 보장할 수 있다.
② 자가진단 – 수집된 자료에 대한 일차적 판단을 하는 데 적합한 방법이다.
③ 면접법 – 시간과 비용이 많이 들지만 심층적인 자료를 얻기에 적합한 방법이다.
④ 언어자료 수집법 – 학습자들의 언어수행 과정에서 얻을 수 있는 자료를 사용한다.

평가 요소 요구분석을 위한 정보수집 방법과 특징을 이해한다.

개념 확장 요구분석(needs analysis)은 학습자의 요구에 관한 정보를 수집하는 데 사용되는 절차이다. 교육과정 개발은 학습자들의 요구분석을 기반으로 해야한다는 가설에 근거해 행해진다.
요구분석을 위한 정보수집 방법은 다음과 같이 다양하다.

(1) 설문조사(질문지)
- 가장 일반적으로 쓰이는 방법 중 하나이다.
- 비교적 준비하기 쉽고 많은 실험자들에게 이용될 수 있고, 정보를 조작하고 분석하는 데 용이하다.
- 단점은 정보가 표면적이거나 부정확할 수 있다는 점이다. 따라서 응답자가 의도하는 것이 무엇인지에 대하여 완전히 이해하기 위해 검토(후속조사)가 요구된다.

▶ **006** **답** ①

정답 풀이

설문조사는 다수를 대상으로 하기 때문에 정확성이 떨어지고 경우에 따라 후속 조사가 필요하다.

(2) 자가진단(self-ratings)
- 학습자 스스로 자신의 지식이나 능력을 평가하기 위해 사용한다.
- 설문조사의 일부분으로도 사용된다. 예를 들어, 학습자가 한국어를 얼마나 잘하는지에 관한 등급을 스스로 매긴다.
- 단점은 자가진단에 의한 정보가 막연하거나 부정확할 수 있다는 점이다.

(3) 면접법(interview)
- 조사 기간이 길고 소집단의 경우 유용하다.
- 특정 주제에 대한 자료수집에 활용된다.
- 잘 구조화된 면접의 결과는 신뢰도가 높다.
- 서로 보면서 또는 전화로 면접이 가능하다.
- 단점은 시간이 오래 걸리는 것이고, 대상이 대규모일 때는 적용하기 어려운 점이다.

(4) 회의법(meeting)
- 짧은 시간에 많은 양의 정보를 얻을 수 있다.
- 단점은 주관적인 정보 수집의 우려가 있는 점이다.

(5) 관찰법(observation)
- 목표 상황 안에서 학습자들의 행동을 관찰하는 방법이다.
- 관찰하는 데 있어서 전문적인 기술이 요구된다.
- 단점은 관찰 대상의 행동 수행에 영향을 미칠 수 있는 점이고, 따라서 정확하지 않은 정보를 얻게 될 가능성이다.

(6) 언어자료수집법(collecting learner language samples)
- 쓰고 말하기, 역할극, 성취도 평가, 수행 평가와 같은 학습자들의 언어 수행 과정에서 얻을 수 있는 자료를 수집하는 방법이다.
- 학습자들의 오류 유형을 수집할 때 주로 활용된다.

(7) 과제분석(task analysis)
- 미래에 직업이나 교육적인 환경에서 학습자가 수행해야 할 과제의 종류, 언어 특성에 대한 평가와 과제에 대한 요구를 분석하는 방법이다.
- 예를 들어, 호텔 점원이 배워야 할 목표어와 같이 특정 목적 언어 프로그램에서 활용된다.

(8) 사례연구(case studies)
- 한 명의 학생이나 선택된 학생 그룹이 상황의 특성을 결정하기 위해 관련 업무나 교육적 경험을 경험하는 방법이다.
- 예를 들어, 새로운 이민자가 겪는 문제점과 언어적 상황을 일지에 기록하는 방법이 있다.
- 일반화하기는 어려우나 다른 자료를 보충하는 정보로 쓰일 수 있다.

(9) 이용 가능한 정보분석(analysis of available information)
- 관련 서적, 기사, 보고서, 연구조사, 기록 등을 통해 정보를 수집하는 방법이다.
- 요구분석의 첫 번째 단계에서 주로 활용된다.

참고문헌 Richards, Jack C.(2001), Curriculum Development in Language Teaching, Cambridge University Press.

해 설

• 숙달도와 한국어 교육과정

007 다음은 한국어 초급 교재에 반영된 교수요목의 예이다. 항목의 연결이 적절하지 <u>않은</u> 것은? (1회 77번)

	주제	기능	어휘	문형 및 표현	수업 활동
①	위치	사물과 사람의 위치표현	간단한 사물 이름 위치어	–에 있어요	숨은 그림 찾기
②	여행	여행계획 세우기	여행지 계획 관련	–(으)ㄹ까 하다	여행 후 여행 감상 이야기하기
③	물건사기	물건사기	과일 이름 단위	–에 얼마예요	물건 사기 역할극
④	가족	가족관계 이야기하기 가족 소개하기	가족지칭어 직업 관련 어휘	–(으)세요 이에요/예요	사진 보며 가족 소개하기

평가 요소 학습자 숙달도에 따라 제공해야 하는 교육 항목을 알고 있다.

참고문헌 김주연 외(2010), TOPIK Essential Grammar 150, 한글파크.

▶ 007 답 ②

정답 풀이

'–(으)ㄹ까 하다'는 말하는 사람의 약한 의도나 쉽게 바꿀 수 있는 막연한 계획을 말할 때 사용하는 것으로 중급 단계의 문법 항목에 해당한다. 계획을 말하는 초급 단계의 문법 항목으로는 '–겠–, –아/어야겠다, –을 거예요, –을게요' 등이 있다.

008 다음은 초급 학습자를 위한 한국어 교수요목의 예이다. 항목의 연결이 적절하지 <u>않은</u> 것은? (5회 11번)

	주제	과제 활동	어휘	문법
①	길 묻기	병원 위치 알아보기	• 장소 어휘 • 방향 어휘	• 에 있다 • (으)로
②	음식	음식 주문하기	• 음식 어휘 • 맛 어휘	• –(으)ㄹ래요 • –(으)세요
③	날씨	좋아하는 날씨 말하기	• 계절 어휘 • 날씨 어휘	• 'ㅂ' 불규칙 • –(으)러
④	취미	취미 말하기	• 취미 어휘 • 빈도 부사	• –는 것 • 에

평가 요소 학습자 숙달도에 따라 제공해야 하는 교육 항목을 알고 있다.

▶ 008 답 ③

정답 풀이

날씨라는 주제의 과제 활동은 '일기 예보하기'가 적절하며, 문법 항목으로는 '–겠–'이 올 수 있다.

해 설

▶ 009 답 ③

미국은 외국어 교육의 기본 원리를 5C 로 정하고 있는데, 의사소통(communi-cation), 문화(culture), 다른 학과목과의 연계(connection), 비교(comparison), 공동체(community) 등이다.

▶ 010 답 ④

교육과정 설계에 대한 타일러(Tyler, 1949, 1950) 모델은 다음과 같은 절차를 제시한다.

1. 요구(need) 목적(aims) 목표/대상(objectives)
2. 계획(plan) 전략(strategies) 책략(tactics)
3. 수행(implementation) 교수법(methods) 기법(techniques)
4. 확인(reviews) 평가(evaluation) 정리(consolidation)

· 교육 목적과 교육과정

009 다음 중 미국이 외국어 교육 원리의 국가 기준으로 제시한 5C에 해당하지 않는 것은? (3회 75번)

① 문화(Culture) ② 비교(Comparison)
③ 협동(Cooperation) ④ 공동체(Community)

평가 요소 외국어 교육의 원리를 이해한다. (미국의 5C는 외국어 교육 교육과정 개발의 지침이 되며 교육 목적과 교육과정으로 분류하였다.)

· 교육과정 설계 절차

010 한국어 교육과정을 설계하려고 한다. 순서에 맞게 배열된 것은? (1회 78번)

> ㉠ 교육 내용의 범주 결정
> ㉡ 교육 내용 선정 및 방법 결정
> ㉢ 수업 내 학습자 활동 및 향상도 평가
> ㉣ 교육 목정 및 목표 설정
> ㉤ 교육 과정의 평가 및 수정
> ㉥ 학습자 요구 분석
> ㉦ 교육 내용의 배열 및 조직

① ㉣-㉡-㉥-㉦-㉢-㉠-㉤ ② ㉥-㉠-㉡-㉣-㉦-㉢-㉤
③ ㉣-㉥-㉡-㉠-㉦-㉢-㉤ ④ ㉥-㉣-㉠-㉡-㉦-㉢-㉤

평가 요소 교육과정 설계의 절차를 이해한다.

개념 확장 교육과정 개발 순서(브라운(H. D. Brown, 2007)

1	상황, 맥락, 학생을 파악하고 요구를 분석한다.
2	목표를 설정한다.
3	강좌 내용, 순서, 구조를 결정한다.
4	강좌의 단위와 모듈을 설계한다.
5	수업 지도안을 구축한다.
6	가르친다.
7	평가한다.
8	교육과정을 수정한다.

참고문헌 H. D. Brown(2007), Principles of Language Learning and Teaching, Longman, 이흥수 외 역(2010), 외국어 학습·교수의 원리, ㈜피어슨에듀케이션코리아.

해설

- 교육 대상과 한국어 교육과정

011 국외 한국어 교육 기관에서 기존의 교육과정을 변용하여 실행한 사례로 적절하지 <u>않은</u> 것은? (7회 13번)

① 학습자들이 구어 의사소통 활동을 많이 하고 싶어 해서 말하기 활동을 추가해 과정을 실행하였다.

② 교사의 한국어 숙달도가 낮아서 짝이나 소그룹 활동을 늘리고 교사의 역할을 최소화하여 과정을 실행하였다.

③ 교육 시수가 적은 단기 과정에서 의사소통 활동의 일부를 생략하고 언어 지식이 중심이 되도록 내용을 조정하였다.

④ 한국 출장이나 여행을 앞둔 학습자들에게 '주말 활동'이나 '취미' 같은 단원보다 '길 찾기'나 '음식' 같은 단원을 먼저 교육하도록 순서를 조정하였다.

평가 요소 교육 대상에 따라 기존의 교육과정을 변용할 줄 안다.

▶ 011 **답** ②

정답 풀이

학습의 변인은 다양하게 존재하는데 학습자들이 교과과정을 어떻게 이해 하고 있는지에 따라, 학습자의 학습 유형, 인지 양식, 감정적 요인 등에 따라 교육과정에 적용할 수 있다.

- 교육과정의 개념

012 한국어 교육과정의 정의로 적절하지 <u>않은</u> 것은? (5회 10번)

① 학습자가 한국어 수업에서 숙달해야 할 과제의 목록과 그에 대한 상세한 진술

② 한국어를 교육하기 위해 설계된, 교육 목표로부터 평가에 이르기까지의 전 과정

③ 학습자가 한국어를 배우기 위해 교육 기관의 계획 하에 수행하는 모든 학습 활동

④ 학습자가 한국어 지식을 익히고 의사소통 능력을 기르도록 고안된 일련의 교육 계획

평가 요소 교육과정의 개념을 안다.

▶ 012 **답** ①

정답 풀이

교육과정은 학생들이 학교에서 어떤 지식, 어떤 기술, 그리고 어떤 가치 를 배우는지, 또한 바라던 학습 결과 를 얻기 위해 어떤 경험들이 제공되 어야 하는지, 그리고 학교 또는 교육 기관의 교수와 학습은 어떻게 계획 되고 측정되고 평가되어야 하는지를 설계한 것이다. ①은 교수요목으로 보인다.

해설

▶ 013 **답** ②

정답 풀이

교육과정 설계에 앞서 가장 먼저 해야 할 것이 학습자 요구 분석이다. 요구조사에는 학습 목적 및 목표, 교육내용, 선호 활동 유형 및 학습자의 특성과 인지 능력, 학습유형 분석, 학습장이 되는 기관 등을 조사한다.

▶ 014 **답** ④

정답 풀이

구조적 교수요목에서는 언어를 문법 항목으로 쪼개어 가르치고 그것을 종합하면 목표어가 가능하다고 본다. 따라서 기능이나 주제 등은 중요하게 다루어지지 않는다.

• **한국어교육과정론**

013 한국어 교육과정에 대한 설명으로 옳지 <u>않은</u> 것은? (10회 30번)

① 한국어 교수 학습의 전체적인 계획표이다.
② 학습자 요구 분석은 내용 선정 이후에 실시한다.
③ 교육 기관의 특징, 사회문화적 변인 등에 영향을 받는다.
④ 상황 분석, 목표 설정 프로그램 평가 등을 포함한다.

평가 요소 한국어교육 과정을 이해한다.

• **교수요목**

014 구조적 교수요목에 관한 설명으로 옳은 것은? (8회 10번)

① 형태 중심의 언어 교육이 아니라 주제나 내용을 중심으로 학습한다.
② 언어 사용에 초점을 두어 듣기와 말하기 영역에 적용하기 쉽다.
③ 문법을 체계적으로 다루지 않고 의사소통 행동이 일어나는 상황을 중시한다.
④ 기능, 주제 등을 강조하는 다른 교수요목들과 잘 연계될 수 있다.

평가 요소 다양한 교수요목의 특징을 알고 있다.

개념 확장 문법 중심 교수요목은 교수요목의 정보가 문법상의 단순, 복잡 등의 개념에 따라서 선택되고, 등급화되는 모형이다. 구조 중심 교수요목이라고도 하는데 이는 구조주의 언어학 이론에 기반한 것으로 언어를 직접 구성 요소(IC) 또는 구 구조 문법(phrase structure grammar)으로 기술하고 분류하는 언어 구조를 교육 내용으로 삼는다. 즉, 교수요목에 내재된 가정은 언어는 의미를 만들어내기 위해 여러 가지 방법으로 조합될 수 있는 제한적인 규칙으로 구성되어 있다는 것이다. 학습자들이 암호를 해독하듯이 언어 형태와 의미를 해독할 수 있게 도와주는 것이 문법 중심 교수요목의 근본적인 목적이다. 루더포드(Rutherford, 1987)는 이러한 관점을 '항목을 축적해 가는 언어학습'이라고 하였다.
문법 중심의 구조주의적 교수요목에 대한 초기의 비판은 구조적으로 등급화된 교수요목은 언어의 한 가지 측면, 즉 형식적 문법에만 초점을 둠으로써, 복잡한 현상인 언어의 본질을 정확하게 나타내지 못한다는 점이었다. 또한, 제2언어 습득 연구자들은 문법 중심 교수요목에 대하여 비판을 제기하며 왜 특정 단계의 학습자들이 명시적이고 반복적으로 교수된 특정 문법 항목을 잘 배우지 못하는지 등의 문제를 제시하였다.

참고문헌 Rutherford, W.R.(1987), Second Language Grammar: Learning and Teaching, Longman.

015 국제 통용 한국어 교육 표준 모형의 개발 원리로 옳지 <u>않은</u> 것은?
(9회 31번)

① 적용의 융통성   ② 사용의 편리성
③ 내용의 포괄성   ④ 자료의 창의성

▶ 015   **답** ④

자료의 창의성이 아니고 자료의 유용
성이다.

평가 요소 국제 통용 한국어 교육 표준 모형의 개발 원리를 이해하고 있다.

개념 확장 국제 통용 한국어 교육 표준 모형의 개발 원리는 다음과 같다.

• 내용의 포괄성: 개인, 공공, 직업 영역에서의 의사소통을 목적으로 학습자가 배워야 하는 언어 행위와 그 행위를 위해 계발해야 하는 지식, 기능 및 문화적 능력을 포괄적으로 기술하고, 각 학습 단계별 능력 수준을 규정해야 한다. 개개의 등급 범주와 목표 및 내용은 한국어 학습자에게 능력(지식, 기능, 태도)에 대한 분명한 표상을 보여 주어야 하며, 이를 통해 학습자가 목표에 도달했을 때 자신의 학습 진척을 기술 체계의 범주로 설명할 수 있어야 한다.

• 사용의 편리성: 표준 교육과정은 사용자가 쉽게 이해하고 사용할 수 있는 형태로 제작하여야 한다. 또한 정보 이해력을 높이기 위해 기술 내용은 뚜렷한 목표와 명확한 주제를 제시해야 한다. 더불어 각기 다른 환경에 있는 사용자들이 실제로 사용할 수 있게 하려면 전달 내용이 분명해야 하고, 의도하고자 하는 바가 명시적으로 드러나는 문장으로 기술해야 한다. 사용자가 각자의 환경과 수준에 맞는 교육과정을 쉽게 선택할 수 있도록 사용자의 입장을 고려한 내용을 구체적이면서 간결하게 적도록 한다.

• 자료의 유용성: 국제적으로 통용 가능한 표준 교육과정은 다양한 교육 환경에 실제 적용 가능한 유용하고 현실적인 내용으로 구성되어야 한다. 즉, 학습자의 요구, 학습 동기, 개별 성향에 따른 다양한 목적과 목표 설정에 유용해야 하며 학습목표의 설정이나 학습 내용 선정, 교육 자료의 선택 및 제작, 평가 등에 실제 적용 가능한 것이어야 한다.

• 적용의 융통성: 국제적으로 통용될 수 있는 교육과정은 표준적이고 범용성이 있어야 한다. 여기에서 범용의 한 축은 다양한 변인에 맞게 개작될 수 있음을 의미하는 것으로 상이한 조건과 상황에서도 사용할 수 있도록 개작 가능해야 한다. 즉, 포괄적이고 명확한 공동의 기반을 제공하고자 하지만, 유일한 통일 체계를 강요하는 것이 아니라 상황에 따라 유연하게 적용할 수 있는 개방적이고 융통성 있는 체계를 목표로 한다.

참고문헌 김중섭(2010), 국제 통용 한국어교육 표준 모형 개발, 국립국어원.

중영역: 한국어평가론

번호	세부 영역	출제 회수	문제 풀이
1	평가 내용 및 범주	8	2
2	평가의 요건	8	3
3	평가 문항 작성	7	3
4	평가의 유형	8	2
5	평가의 종류	7	1
6	채점	3	1
7	평가의 기능	3	1
8	숙달도별 평가 내용	3	1
9	한국어 능력 평가	1	1
10	한국어 능력 평가 현황	2	1
총계		50	16

• 평 가 내 용 및 범 주

001 다음과 같이 평가 도구가 개발되었을 때 제기될 수 있는 문제점으로 적절한 것은? (5회 15번)

· 숙달도: 초급   · 평가 영역: 말하기
· 과제: 물건 사기   · 평가 문항 유형: 교실 역할극

---

① 채점 신뢰도를 확보하기가 어렵다.
② 평가를 시행할 때 실용성이 부족하다.
③ 말하기의 구인이 적절하게 측정될 수 없다.
④ 초급에 적절하지 않은 평가 항목이 선정되었다.

평가 요소   평가 요건에 관한 문제이다.

개념 확장   언어 평가의 요건

타당도	평가하려는 대상을 얼마나 제대로 측정하고 있는가?	안면 타당도 내용 타당도 구인 타당도 준거 관련 타당도
신뢰도	평가의 결과가 얼마나 일정하게 나오는가?	채점자 신뢰도 평가 자체 신뢰도
실용도	평가를 얼마나 효과적으로 시행할 수 있는가?	실시의 용이성 채점의 용이성

▶ **001**   **답** ①

정답 풀이

보기의 평가 도구에서 가장 큰 문제는 다양한 답이 나올 수 있으며 이에 대해 주관적인 평가가 가능하여 출제자의 의도에 따른 일정한 답을 구할 수 없기 때문에 신뢰도를 확보하지 못했다고 볼 수 있다.

오답 풀이

② 교실 역할극으로 실시한다면 비용, 시간, 자원 면에서 적절하므로 실용성이 부족하다고 볼 수는 없다.
③ 말하기의 능력을 충분히 평가할 수 있는 과제이다.
④ '물건 사기'는 초급 단계에 적절한 과제이다.

해 설

• 평가의 요건

002 타당도에 대한 설명으로 알맞은 것은? (3회 88번)

① 문항 수가 많을수록 타당도가 높아진다.

② 낯선 문항 유형이나 잘못된 문항 배열은 준거 타당도를 낮춘다.

③ 구인 타당도는 측정하고자 하는 내용을 얼마나 충실히 측정하는가의 정도를 말한다.

④ 공인 타당도는 두 평가 기제를 이용한 측정 결과를 비교하여 추출한 타당도를 말한다.

▶ 002 답 ④

정답 풀이

공인 타당도는 검사 점수가 다른 수행의 측정, 대개 기존에 시행된 검사와 관련된 정도를 말하므로 두 평가 기제를 이용한 측정 결과를 비교 분석한 결과이다.

오답 풀이

① 문항 수, 문항의 난이도, 변별도 등은 신뢰도와 관련이 있다.

② 준거 관련 타당도란 한 검사의 점수와 어떤 준거의 상관계수로 검사 도구의 타당성을 나타내는 말이므로 낯선 문항 유형이나 잘못된 문항 배열의 영향을 받지 않는다.

③ 내용 타당도는 측정하고자 하는 내용을 얼마나 충실히 측정하는가의 정도를 말하는 개념이다.

평가 요소 평가의 타당도와 관련되는 문제이다.

개념 확장 타당도(validity)

어떤 평가 도구가 측정하고자 의도하는 것을 얼마나 효과적으로 측정하느냐에 관한 것이다. 즉 그 평가 도구가 측정하고자 하는 것을 제대로 측정하고 있느냐를 말한다. 그러므로 타당도를 통하여 시험 문항이나 내용이 측정하려는 목적과 일치하며 측정하고자 하는 내용을 실제로 정확히 측정하고 있느냐의 여부를 알 수 있다.

1) 안면 타당도(face validity)

어떤 검사 도구가 목표하는 수험자의 능력을 평가하고자 할 때, 검사가 그 외형상으로 보아 검사 목적에 부합되는가를 묻는 것으로, 검사의 형식이나 내용이 외형상으로 보기에 타당한가를 나타내는 정도이다.

2) 내용 타당도(content validity)

검사 도구가 검사하려고 하는 내용이나 교육 목표를 어느 정도로 충실히 측정하고 있는지를 분석 측정하려는 타당도이다. 문항 내용이 교과 내용의 중요한 것을 빠뜨리지 않고 충분히 포괄하고 있는가, 문항의 난이도가 학생 집단의 특성에 비추어 보아 적절한가, 그리고 문항의 표본이 모집단을 잘 대표하고 있는가에 따라 내용타당도가 결정된다.

3) 구인 타당도(construct validity)

평가가 측정하려고 하는 어떤 특성의 개념이나 이론과 관련된다. 구인이란 구성 요인을 말하는 것으로 예를 들어 의사소통능력이 문법적 능력, 담화적 능력, 사회 언어학적 능력, 전략적 능력으로 구성되어 있다고 한다면 의사소통능력을 측정하기 위한 평가가 이러한 구인을 제대로 측정하고 있는지를 밝히는 것이 구인 타당도이다.

4) 준거 관련 타당도(criterion-related validity)

준거 관련 타당도란 한 검사의 점수와 어떤 준거의 상관계수로 검사 도구의 타당성을 나타내는 말인데, 검사 점수가 다른 수행의 측정, 대개 기존에 시행된 검사와 관련된 정도를 말하는 **공인 타당도**와 검사 점수가 어떤 미래의 수행의 기준과 관련된 정도를 말하는 **예측 타당도**가 있다.

참고문헌 강승혜 외(2006), 한국어 평가론, 태학사.

해 설

003 답 ③

정답 풀이

제시된 상황은 시험장의 상황이 달라 벌어지는 결과이므로 신뢰도와 관련이 있다. 신뢰도란 측정의 일관성 또는 객관성을 일컫는다. 실제로 평가를 실시하다 보면 평가가 실시되는 두 상황의 환경이 다를 수도 있으며, 채점 과정이나 방법이 동일하지 않았을 수도 있기 때문에 동일한 시험을 두 번 실시하였을 때 정확하게 똑같은 평가 결과를 기대할 수는 없다. 이렇다면 시험 신뢰도가 낮아질 것이다.

오답 풀이

① 공인 타당도는 다른 평가와 비교하여 얻는 결과이다.
② 안면 타당도는 검사가 그 외형상으로 보아 검사 목적에 부합되는가를 묻는 것이다.
④ 시험 자체의 가치를 평가하는 것이다.

004 답 ④

정답 풀이

⟨나⟩ 시험은 인터뷰와 역할극을 통한 다단계 평가로 성취도를 측정하고 있다.

오답 풀이

① ⟨가⟩ 시험은 '읽고 쓰기'로 통합 평가를 실시하고 있다.
② ⟨가⟩ 시험은 배치 평가는 맞지만, 논술형 1문항이므로 규준 지향 평가(상대평가)가 아니라 준거 지향 평가(절대평가)이다.
③ ⟨나⟩ 시험은 직접적인 평가로 언어 사용식 평가이다.

• 평가의 요건

003 다음과 같이 평가가 이루어졌을 경우 예상되는 문제로 옳은 것은? (5회 19번)

> 여러 시험장에서 동시에 진행된 한국어능력시험 듣기 평가에서, '가' 시험장의 경우는 주변 환경이 조용하고 오디오 시설이 우수하여 수험자들이 녹음된 문항을 잘 들을 수 있었던 반면, '나' 시험장의 경우는 시험장 주변이 공사 중이어서 시끄럽고 오디오 시설이 열악하여 녹음된 문항을 정확히 들을 수 없었다.

① 공인 타당도가 낮아질 것이다.
② 안면 타당도가 낮아질 것이다.
③ 시험 신뢰도가 낮아질 것이다.
④ 진정성(authenticity)이 낮아질 것이다.

평가 요소 평가의 요건과 관련되는 문제이다.

• 평가 내용 및 범주

004 한국어 시험으로 설계된 평가 계획안에 관한 설명으로 옳은 것은? (6회 82번)

시험	평가 영역	평가 종류	평가 문항 유형
⟨가⟩	읽고 쓰기	배치 시험	논술형 1문항
⟨나⟩	말하기	기말 시험	인터뷰 역할극

① ⟨가⟩ 시험은 기술별 분리 평가를 실시하고 있다.
② ⟨가⟩ 시험은 배치 평가로서 규준 지향 평가이다.
③ ⟨나⟩ 시험은 간접적인 평가로 언어 지식 평가이다.
④ ⟨나⟩ 시험은 다단계 평가로 성취도를 측정하고 있다.

평가 요소 한국어 시험에 관한 문제이다.

해 설

• 평가 문항 작성

005 듣기 평가 문항을 작성할 때 주의할 점으로 옳지 <u>않은</u> 것은? (1회 86번)

① 맥락을 파악할 수 있도록 듣기 내용을 구성한다.

② 듣기 자료는 잉여성과 중복성이 충분히 확보되도록 한다.

③ 지엽적 언어 요소보다 전체 내용의 의미 파악에 역점을 둔다.

④ 듣고 쓰는 문제를 출제하여 맞춤법을 평가할 수 있도록 한다.

평가 요소 평가의 타당도와 관련되는 문제이다.

개념 확장 듣기 평가 문항 제작 시 유의할 점

1) 듣기 평가는 실제 생활에서 접하는 발화에 가까운 텍스트를 듣고 이해할 수 있는가를 평가하는 것이 중요하다.

2) 듣기 텍스트를 선정할 때는 실제적 구어 자료를 선택하는 것이 중요하며 개작을 할 때에도 이 부분을 고려해야 한다.

3) 담화의 단위는 문장, 대화, 서술형 등 다양하게 할 수 있으나 상황 맥락을 배제한 듣기 텍스트의 사용은 피해야 한다.

4) 실제 텍스트에 대한 전반적 이해 능력을 평가하기 위해서는 과도한 기억력을 요구하는 문장보다는 전체적 의미 파악을 측정하는 문항을 사용하는 것이 바람직하다.

5) 언어 이해 능력 이외의 부담 요소를 제거하기 위해 대화 녹음 시 남녀를 선택하는 것이 바람직하다.

• 성취도 평가

006 성취도 평가 시 읽기 문항 작성의 올바른 태도로 가장 알맞은 것은? (4회 19번)

① 교육하지 않은 어휘나 문법을 제시문에 포함시키지 않는다.

② 문제 풀이에 충분한 시간을 가질 수 있도록 문항 수를 구성한다.

③ 교육한 자료를 그대로 사용하지 않고 변형시켜 문항을 개발한다.

④ 수업 중에도 읽기 능력 측정이 가능하므로 최대한 간단히 문항을 개발한다.

평가 요소 성취도 평가와 관련된 문제이다.

▶ **005** **답** ④

정답 풀이

듣고 쓰는 문제를 출제하여 맞춤법을 평가하는 것은 듣기 평가의 본질에서 벗어난다.

▶ **006** **답** ③

정답 풀이

성취도 평가란 교육 과정에 의거하여 일정 기간 동안 일정한 내용을 가르친 다음 학생들이 얼마나 잘 배웠는가, 즉, 학습 목표를 얼마나 잘 성취했는지를 측정하는 것이다. 성취도 시험은 교실 수업, 단원 또는 전체 교과과정과 직결되어 있고 시험범위가 정해진 시간 안에서 수업 중에 다루어진 교재 내용으로 제한되어 있다. 이 경우에는 학습자의 학습 목표 달성 여부를 판단하기 위해 변형 문항을 개발하여야 한다.

오답 풀이

① 교육하지 않은 어휘나 문법도 제시문에 포함시킬 필요가 있다.

② 일정한 시간 안에 문제 풀이를 할 수 있도록 문항 수를 구성한다.

④ 읽기 능력을 측정할 수 있는 문항을 개발해야 한다.

▶ 007 답 ④

규준 지향 평가의 예는 내신 등급제, 수능 등급제 등이다. 배치 시험은 일정한 수준 도달 여부와 관련이 있으므로 준거 지향 평가에 속한다.

• 평가의 유형

007 평가의 유형과 그 예를 연결한 것으로 옳지 않은 것은? (5회 18번)

① 간접 평가 – 사지선다형 시험
② 주관식 평가 – 구술 면접 시험
③ 통합 평가 – 클로즈 테스트
④ 규준 지향 평가 – 배치 시험

평가 요소 평가의 유형에 관한 문제이다.

개념 확장 **방법에 따른 평가의 유형**
1) 상대 평가와 절대 평가
   ① 상대 평가(규준 지향 평가): 학생들의 성취 정도를 평가 집단 내의 평가 대상들 간에 상대적으로 비교하는 평가 방식이다. 개별 학생이 무엇을 얼마나 성취했느냐보다는 학생들 사이에서 상대적으로 어느 정도의 성취도를 보이느냐가 무엇보다도 중요하며 어느 학생의 성취도를 타 학생의 성취도와 비교하여 순위를 부여한다.
   ② 절대 평가(준거 지향 평가): 학습 목표 등의 절대적인 준거에 비추어 학생들의 성취 정도를 확인하는 평가 방식이다. 임의로 정해진 교수 목표에 학습자의 언어 능력이 부합되는지 평가하는 것으로, 기준이나 당락 점수가 미리 결정되어 있어, 학생들은 그 기준에 미치지 못하면 실패한다.
2) 객관식 평가(objective test)와 주관식 평가(subjective test)
   ① 객관식 평가: 객관식 평가는 선택형 문제로 제시되기 때문에 채점을 위한 특별한 훈련이 필요하지 않고 어떤 방법으로 채점을 하든지 채점 결과가 항상 일정할 수 있다는 장점을 가진다.
   ② 주관식 평가: 주관식 평가는 통찰력과 전문 지식에 기초한 주관적 판단에 의거하여 채점하는 형식의 평가이다. 채점 결과가 채점자에 따라서, 혹은 동일 채점자라 하더라도 시간과 장소, 환경에 따라서 일정하지 않을 수 있다.
3) 직접평가(direct test)와 간접평가(indirect test)
   ① 직접평가: 실제적이고 자연적인 의사소통 상황에서의 언어 사용 능력을 직접적으로 측정하는 방식을 말한다. 구두시험이나 작문시험 등은 직접 평가의 유형에 해당된다.
   ② 간접평가: 언어 사용 능력을 간접적인 수단과 방법으로 측정하는 방식을 말한다. 다지선다형 지필고사나 빈칸 채우기 등은 간접평가의 유형에 해당된다.
4) 분리 평가(discrete-point test)와 통합 평가(integrative test)
   ① 분리 평가: 언어의 세부적 요소에 대한 지식 정도를 측정하는 것으로 문법 구조, 어순, 음운 구조나 발음, 어휘, 철자 등을 통제하는 능력을 측정한다. 분리 평가는 언어 기능별로 듣기, 읽기, 말하기, 쓰기로 나누어 문항을 제작할 수 있다.
   ② 통합 평가: 학생들이 상황에 적합하게 언어를 이해하고 사용하는 능력의 정도를 측정하는 방법이다. 통합 평가는 학생들이 의사소통을 얼마나 성공적으로 하느냐를 알아보는데 초점을 둔다. 통합 평가에는 규칙 빈칸 메우기(cloze test), 받아쓰기, 구두시험 등이 있다.

참고문헌 서울대학교 국어교육연구소 편(2014), 한국어교육학 사전, 도서출판 하우.

008 다음은 언어 능력 평가의 종류와 유형에 대한 설명이다. 표를 완성한 것으로 옳은 것은? (1회 85번)

언어 능력 평가의 종류와 유형	
(①)	교육 과정에 의거하여 일정 기간 동안 일정한 내용을 가르친 다음 학생들이 얼마나 잘 배웠는가를 측정하는 평가
(②)	임의로 미리 정해진 교수 목표에 학습자의 언어 능력이 부합되는지 평가
(③)	다양한 언어 능력을 동시에 포착하는 것으로, 학습자의 언어 능력을 한꺼번에 종합적으로 평가
(④)	수업 중의 학습 결과물이나 숙제를 파일로 정리하게 하여 누적적으로 평가

① 형성 평가　　　　　　② 상대 평가
③ 통합 평가　　　　　　④ 진단 평가

평가 요소 언어 능력 평가에 관한 문제이다.

개념 확장 **목적에 따른 평가의 유형**

1) 배치 평가(placement test)와 진단 평가(diagnostic test)
① 배치 평가 : 어떤 교육 프로그램에 수험자의 능력에 가장 적절한 단계나 반에 배치할 수 있는 정보를 제공하는 것을 목적으로 한다.
② 진단 평가 : 주어진 학습 과제를 성공적으로 달성하기 위해서 학생들이 가진 배경과 특성이 되는 지적, 정의적 시발 행동을 진단하고 파악하기 위한 평가이다.

2) 형성 평가(formative test)와 총괄 평가(summative test)
① 형성 평가 : 교수가 진행되는 과정에서 학생에게 피드백을 주고 그 진보의 상태를 수시로 평가하고, 교육 과정을 개선하며 수업 방법을 개선하기 위해 실시하는 평가라고 할 수 있다.
② 총괄 평가 : 교수 학습이 끝난 다음 교수 목표의 달성과 성취 여부를 종합적으로 평가하는 방법이다. 학습의 대단원, 교과 과정, 교육 프로그램의 종료단계에서 학습자가 이룩한 교육의 결과를 살펴보기 위한 평가이다.

참고문헌 이완기(2003), 영어 평가 방법론, 문진미디어.

▶ 008 **답** ③

정답 풀이

다양한 언어 능력을 동시에 포착하는 것으로, 학습자의 언어 능력을 한꺼번에 종합적으로 평가하는 것은 '통합 평가'이다.

오답 풀이

① 성취도 평가, ② 배치 평가, ④ 포트폴리오를 통한 평가

정답 풀이

▶ 009 **답** ③

정답 풀이

준거 지향 평가는 절대 평가의 성격을 가지므로 이에 가장 부합하는 것은 성취도 평가라고 할 수 있다.

오답 풀이

①, ②, ④는 규준 지향 평가에 속한다.

▶ 010 **답** ①

정답 풀이

ㄱ과 ㄷ은 종합적 채점의 특징이며, ㄴ과 ㄹ은 분석적 채점의 특징이다.

• 평가의 종류

009 준거 지향 평가(criterion-referenced test)에 대한 설명으로 알맞은 것은? (3회 89번)

① 대부분의 경우 평가 결과가 정상분포로 나타난다.
② 수험자들의 실력을 비교하기 위한 평가 도구이다.
③ 교육과정 안에서 실시되는 성취도 평가가 이에 해당한다.
④ 검사의 신뢰도를 중시하는, 표준화 시험의 성격을 갖는다.

평가 요소 준거 지향 평가에 관한 문제이다.

• 채점

010 종합적 채점(holistic scoring)에 대한 설명으로 옳은 것을 <u>모두</u> 고른 것은? (7회 87번)

> ㄱ. 채점자 간 신뢰도가 비교적 높다.
> ㄴ. 글의 특정 요소에 초점을 두어 평가한다.
> ㄷ. 채점이 빠른 시간 내에 이루어질 수 있다.
> ㄹ. 수험자에게 진단적 정보를 제공할 수 있다.

① ㄱ, ㄷ   ② ㄱ, ㄹ
③ ㄱ, ㄴ, ㄷ   ④ ㄴ, ㄷ, ㄹ

평가 요소 채점에 관한 문제이다.

개념 확장 종합적 채점과 분석적 채점

1) 종합적 채점(holistic scoring): 평가 대상물을 전체적인 인상으로 평가하는 방식이다. 종합적 채점은 빠른 평가가 가능하므로 실용적이라는 장점이 있기는 하나, 글에 두드러지게 나타나는 한두 가지의 피상적인 특징으로 평가할 가능성이 높으며, 발달 단계가 다른 하위 기술의 구사력에 대한 정확한 평가나 진단 정보를 제공하지 못한다는 한계를 갖는다.

2) 분석적 채점(analytic scoring): 평가 범주를 구분하고 각 범주별로 수행 능력을 기술한 후, 그 기준에 맞춰 평가하는 방식을 말한다. 분석적 채점 방식은 문어 수행 능력을 구성하는 수행의 다양한 측면을 고루 평가할 수 있으며, 발달 정도가 다른 하위 기술을 적절히 평가할 수 있다는 장점을 갖는다. 그러나 범주별로 나누어 평가하다 보면 자칫 전체적인 면에 대한 평가를 놓칠 수 있고 평가하는 데 시간이 많이 걸린다는 단점이 지적되기도 한다.

해설

· 평가의 기능

011 평가의 '역류 효과(washback effect)'를 설명하는 말로 가장 알맞은 것은? (4회 14번)

① 평가 결과가 퇴보하는 현상
② 평가 과정에서 발생하는 학습 효과
③ 평가가 후속하는 교육에 미치는 영향
④ 잘못된 평가가 이후의 평가에 미치는 영향

평가 요소 역류 효과에 관한 문제이다.

▶ 011 답 ③

정답 풀이

역류효과(washback)는 평가를 하고 평가결과를 사용하는 것이 개인과 사회, 교육체계에 갖는 효과이다. 어떤 교과의 교육을 마친 후 교육의 마지막 단계로서 평가를 이상적으로 실시하는 것이 아니라, 어떤 평가의 내용과 방법이 오히려 그 해당 교과의 교육에 –즉 학습의 내용과 방법에– 영향을 미치는 것이다.

012 다음은 중급의 듣기 평가 문항이다. 이 문항을 검토한 후 문제점을 지적한 것으로 옳지 <u>않은</u> 것은? (1회 88번)

* 다음 안내 방송이 나오는 장소는 어디일까요?

이어폰이 필요하신 분은 1층에서 미리 요청하시고, 통역이 필요하신 분은 며칠 전에 전화로 연락주시면 연결을 해 드리겠습니다. 단체로 방문하기를 원하시면 가급적 평일을 택해 주시고, 내년 3월까지 요금을 할인해 드리므로 참고하십시오. 특별전은 매년 겨울에 기획되고 있고 현재는 국내 작가와 섭외 중에 있습니다. 카페테리아는 2층에 있습니다. 음식물 반입은 금지되어 있으니 주의하시기 바랍니다.

① 식물원　　② 전시장　　③ 체육관　　④ 민속 박물관

① 언어 능력이 아닌 지식을 평가하고 있다.
② 답이 두 개 이상이 될 수 있는 여지가 있다.
③ 일상생활에서와는 달리 너무 많은 정보를 담고 있다.
④ 듣는 내용과 평가 문항 유형의 난이도에 차이가 있다.

평가 요소 숙달도별 듣기 평가에 관한 문제이다.

▶ 012 답 ①

정답 풀이

이 문제는 '담화 듣고 담화의 요소 파악하기' 유형이다. 즉 담화를 듣고 담화 기능, 장소, 시간 등을 이해하는 능력을 보는 것으로 지식을 평가한다는 지적은 타당하지 않다.

오답 풀이

② 안내 방송의 내용상 전시장, 민속 박물관이 모두 답이 될 수 있다.
③ 이어폰, 통역, 단체 방문, 특별전, 카페테리아 위치 등 너무 많은 정보가 쏟아지고 있다.
④ 듣는 내용은 중급이지만 평가 문항 유형은 초급에 속한다.

정답 풀이

약 1500~2000개 내외의 어휘를 이해하고 표현할 수 있다.

• 한국어 능력 평가 기준

013 한국어능력시험(S-TOPIK) 2급의 평가 기준으로 옳지 않은 것은? (5회 16번)

① 약 800 단어 내외의 어휘를 이해하고 표현할 수 있다.

② 공공시설 이용에 필요한 기초적 기능을 수행할 수 있다.

③ 사적이고 친숙한 화제에 대해 문단 단위로 이해하고 표현할 수 있다.

④ 빈도가 높은 연결어미('-(으)면, -(으)려고' 등)를 사용할 수 있다.

평가 요소 한국어 능력 평가 기준에 관한 문제이다.

개념 확장 한국어능력시험(TOPIK) 등급별 평가 기준표

등급	평가 등급	평가 기준
초급	1급	- '자기 소개하기, 물건 사기, 음식 주문하기' 등 생활에 필요한 기초적인 언어기능을 수행할 수 있으며, '자기 자신, 가족, 취미, 날씨' 등 매우 사적이고 친숙한 화제에 관련된 내용을 이해하고 표현할 수 있다. - 약 800개의 기초 어휘와 기본 문법에 대한 이해를 바탕으로 간단한 문장을 생성할 수 있다. - 간단한 생활문과 실용문을 이해하고 구성할 수 있다.
	2급	- '전화하기, 부탁하기' 등의 일상생활에 필요한 기능과 '우체국, 은행' 등의 공공시설 이용에 필요한 기능을 수행할 수 있다. - 약 1,500~2,000개의 어휘를 이용하여 사적이고 친숙한 화제에 관해 문단 단위로 이해하고 사용할 수 있다. - 공식적 상황과 비공식적 상황에서의 언어를 구분해 사용할 수 있다.
중급	3급	- 일상생활을 영위하는 데 별 어려움을 느끼지 않으며, 다양한 공공시설의 이용과 사회적 관계 유지에 필요한 기초적 언어 기능을 수행할 수 있다. - 친숙하고 구체적인 소재는 물론 자신에게 친숙한 사회적 소재를 문단 단위로 표현하거나 이해할 수 있다. - 문어와 구어의 기본적인 특성을 구분해서 이해하고 사용할 수 있다.
	4급	- 공공시설 이용과 사회적 관계 유지에 필요한 언어 기능을 수행할 수 있으며, 일반적인 업무수행에 필요한 기능을 어느 정도 수행할 수 있다. - '뉴스, 신문 기사' 중 평이한 내용을 이해할 수 있다. 일반적·사회적·추상적 소재를 비교적 정확하고 유창하게 이해하고 사용할 수 있다. - 자주 사용되는 관용적 표현과 대표적인 한국 문화에 대한 이해를 바탕으로 사회·문화적인 내용을 이해하고 사용할 수 있다.
고급	5급	- 전문 분야에서의 연구나 업무 수행에 필요한 언어 기능을 어느 정도 수행할 수 있다. - '정치, 경제, 사회, 문화' 전반에 걸쳐 친숙하지 않은 소재에 관해서도 이해하고 사용할 수 있다. - 공식적, 비공식적 맥락과 구어적, 문어적 맥락에 따라 언어를 적절히 구분하여 사용할 수 있다.
	6급	- 전문 분야에서의 연구나 업무 수행에 필요한 언어 기능을 비교적 정확하고 유창하게 수행할 수 있다. - '정치, 경제, 사회, 문화' 전반에 걸쳐 친숙하지 않은 주제에 관해서도 이용하고 사용할 수 있다. - 원어민 화자의 수준에는 이르지 못하나 기능 수행이나 의미 표현에는 어려움을 겪지 않는다.

참고 한국어능력 홈페이지
http://www.topik.go.kr/usr/cmm/subLocation.do?menuSeq=2110101#none

해 설

• 한국어 능력 평가 현황

014 언어 능력 평가의 최근 경향에 대해 옳게 기술한 것을 모두 고르시오.
(2회 88번)

> ㉠ 추론 중심적이고 타당도 중심적이다.
> ㉡ 컴퓨터를 사용하여 평가의 상호작용성을 추구한다.
> ㉢ 평가의 결과를 중시하는 측정 중심적 접근을 취한다.
> ㉣ 실제 생활에서 요구하는 과제를 해결하는 수행 중심성을 띤다.

① ㉠, ㉡
② ㉠, ㉡, ㉣
③ ㉡, ㉢, ㉣
④ ㉠, ㉡, ㉢, ㉣

평가 요소 평가의 경향에 관한 문제이다.

▶ **014** 답 ②

정답 풀이

1980년대 이후는 의사소통 중심의 언어 교수법의 전개 과정과 아울러 평가 현황을 살펴볼 수 있다. 따라서 의사소통 상황에서의 언어 사용에 중점을 두어 언어의 유창성에 근거하는 평가 방법을 마련하고자 노력하였다. 그래서 학습 상황 맥락, 목적, 평가 유형에 따라 학습자의 언어 수행 능력을 평가하였다. 그러므로 평가의 결과를 중시하는 측정 중심적 접근을 취한다는 것은 잘못된 지적이다.

• 평가의 요건

015 언어 평가 도구의 타당도에 관한 설명으로 옳지 <u>않은</u> 것은?
(9회 35번)

① 평가 결과가 미래의 과업 수행 정도와 일치하면 안면 타당도가 높은 것이다.
② 측정 목적에 맞고 광범위하게 평가 내용을 추출했으면 내용 타당도가 높은 것이다.
③ 측정하고자 하는 바가 타당한 이론에 근거하여 평가 범주에 올바르게 반영되어 있으면 구인 타당도가 높은 것이다.
④ 새로 제작한 검사로부터 도출한 결과가 이미 타당성을 보장 받은 검사와 유사하면 공인 타당도가 높은 것이다.

평가 요소 언어 평가 도구의 타당도에 대하여 이해하고 적용할 수 있다.

개념 확장 • 안면 타당도는 어떤 검사의 문항들이 그 검사가 측정하고자 하는 내용 영역을 얼마나 충실하게 측정하고 있는지를 뜻한다. 안면 타당도는 전문가의 주관적인 판단(전문 지식)에 의해 추정되는데 이때 주로 보는 것은 세밀한 내용이 아닌 '검사가 측정하려고 하는 것을 재는 것처럼 보이는가?' 이다.
• 내용 타당도는 검사 문항들이 측정하고자 하는 내용 영역을 얼마나 잘 대표하고 있는지의 정도를 전문가들이 검사 문항을 보고 평가하는 방법이다. 내용 타당도의 장점은 전문가의 판단에

▶ **015** 답 ①

정답 풀이

평가 결과가 미래의 과업 수행 정도와 일치하면 예측 타당도가 높은 것이다.

검증받기 때문에 검사의 목적에 부합하는지 여부에 대한 검정이 가능하다는 것이다. 단점은 계량화되어 있는 정보를 제공하지는 못하는 것이다.

• 구인이란 추상적이고 가설적인 어떤 특성이나 속성의 존재를 가정하고 그것을 지칭하기 위하여 만들어 놓은 개념을 의미하며, 구인 타당도란 조직적으로 정의되지 않은 인간의 심리적 특성이나 성질을 심리적 구인으로 분석하여 조작적 정의를 부여한 후, 검사 점수가 조작적 정의에서 규명한 심리적 구인을 제대로 측정하였는가를 검증하는 방법이다.

• 공인타당도는 보통 기존에 타당성을 입증받고 있는 검사를 통해 얻은 점수와 새로 제작한 검사의 점수와의 관계에 의해 검증받는 타당도이다. 즉 기존 검사와의 연관성과 유사성에 의해 타당성을 검증받는 타당도이다.

• **평가의 문항 작성**

016 평가 도구 개발의 절차에 관한 설명으로 옳지 않은 것은? (9회 38번)

① 설계 단계에서는 이론적 · 조작적 구인에 대해 정의한다.

② 문항 개발 단계에서는 평가 문항을 제작하고 검토한다.

③ 예비 시험 단계에서는 실제 언어 사용 상황을 분석한다.

④ 결과 보고 단계에서는 평가 문항의 양호도를 평가한다.

평가 요소 평가 도구 개발의 절차에 따른 실제 활동을 이해하고 있다.

개념 확장 언어 평가 도구의 개발 절차는 다음과 같다.

평가의 기획 ⇒ 평가 항목의 선별 ⇒ 문항과 지시문 작성 ⇒ 문항 검토와 사전 평가 ⇒ 최종 형태 제작 ⇒ 평가 결과의 해석과 활용.

1) 평가의 기획 단계는 평가를 계획하는 단계로 평가할 내용, 난이도 등을 고려하는 단계이다. 교육 과정, 학습 목적 및 목표를 참고하여 평가 목표를 설정하고 평가 요소 등이 결정된다. 평가 요소는 말하기, 쓰기, 듣기, 읽기, 발음, 어휘, 문법 등의 내용이 포함될 수 있고 평가 제작자가 원하는 내용을 담을 수 있다. 그 다음은 평가를 진행할 시간을 결정하고 최종적으로 평가 계획표를 작성한다. 평가 계획표에는 평가 항목의 요소, 문항 형식, 문항 수, 평가가 진행될 시간 등의 내용이 담기게 된다.

2) 영역별 평가 항목의 선별 단계는 첫 번째 단계에서 간단하게 정리됐던 평가 계획에 맞는 평가 항목 목록을 작성하는 단계이다. 평가 항목은 언어의 기능을 분리하거나 각 기능을 통합하여 선정될 수 있다. 이 단계에서 출제 구상표를 만드는 것이 필요한데, 출제 구상표에는 문항 번호, 문항 형태, 배점, 문항 유형, 출제 의도, 평가 문항, 내용, 텍스트 유형 및 난이도에 대한 내용이 담기게 된다.

3) 문항과 지시문 작성 단계에서는 실제 문항을 작성하는데, 나중에 문항을 검토할 때 삭제될 문항을 고려해 출제 구상표에 있는 문항의 수보다 약 1.3배 많은 문항을 작성해 두는 것이 좋다.

▶ 016 **답** ③

정답 풀이

예비 시험 단계에서는 평가 문항이 요구하는 것을 수험자가 제대로 이해하고 수행하는가와 문항에 충분한 정보가 주어졌는가, 수험자의 숙달도에 맞는 평가 도구인가 등을 점검하여 오류가 있는 문항을 골라내고 수정하는 단계이다.

4) 문항의 검토와 사전 평가 단계는 만들어진 문항에 오자가 없는지 그 문항이 타당한지에 대한 점검을 하는 단계이다. 이 단계에서는 평가 제작자 스스로 문항 검토를 하는 것보다 동료 교사의 도움을 받는 것이 더 효과적일 수 있는데 그 이유는 당사자가 보지 못하는 것을 다른 사람이 볼 수 있기 때문이다. 사전 평가는 대규모 시험의 경우는 최소 100명의 예비 평가자를 선정해 제작된 평가 도구로 평가를 진행한 후 그 결과를 토대로 평가 도구에 수정을 가하는데 도움을 주게 된다. 반대로 소규모 시험의 경우는 사전 평가가 그다지 효율적이지 못하기에 굳이 추천하지 않는다.

5) 최종 형태 제작 단계에서는 문제지와 답안지를 만들어 최종 평가 도구를 완성한다. 문항을 배치할 때는 쉬운 문제에서 어려운 문제 순으로 배치하는 게 좋으며 수험자가 평가를 편하게 치를 수 있도록 같은 페이지에 같은 유형의 문제를 배치하는 것이 좋다.

6) 평가 결과의 해석과 활용 단계에서는 채점, 점수의 해석, 그리고 평가의 검증이 이루어진다.

참고문헌 강승혜 외(2006), 한국어 평가론, 태학사.

제4강 한국어교수이론

중영역: 한국어교수이론

번호	세부 영역	출제 회수	문제 풀이
1	교수법 일반	12	2
2	문법번역식 교수법	3	2
3	직접식 교수법	2	1
4	청각구두식 교수법	1	2
5	침묵식 교수법	1	2
6	공동체 언어 학습법	1	1
7	전신 반응 교수법	1	1
8	암시적 교수법	2	1
9	자연적 접근법	1	1
10	인지주의적 접근법	1	1
11	의사소통적 접근법	2	1
12	내용 중심 교수법	3	2
13	과제 중심 교수법	3	1
14	객관주의 vs 구성주의	2	1
15	종합적 접근법 vs 분석적 접근법	1	1
16	학습 전략	2	0
17	역할극	1	0
총계		39	20

• 문법번역식 교수법

▶ 001 **답** ②

정답 풀이

중요한 문법, 읽기 자료, 모국어로 단어와 문법을 설명한다는 제시문의 내용으로 미루어 문법 번역식 교수법인 것을 쉽게 유추할 수 있다.

001 국외 대학의 한국어 전공 수업에서 다음과 같은 방법으로 읽기 수업을 진행하였다. 이 읽기 수업에서 활용한 교수법은? (2회 56번)

· 읽기 수업을 통해 중요한 문법을 익혀 간다.
· 2학년 수업에서 단군신화를 읽기 자료로 사용한다.
· 교사는 학습자의 모국어로 단어와 문법을 자세히 설명한다.

① 전신반응 교수법
② 문법번역식 교수법
③ 의사소통적 교수법
④ 청각구두식 교수법

해설

평가 요소 문법번역식 교수법에 관한 문제이다.

개념 확장 **문법번역식 교수법**

문법번역식 교수법은 가장 고전적인 교수법으로 문법 규칙의 설명과 번역에 중점을 둔다.

1) 읽기와 쓰기 능력의 향상이 주된 목표이며 말하기와 듣기는 거의 관심을 두지 않는다. 즉, 문자 언어 능력의 습득이 그 목표이므로, 학습자의 정확한 발음도 별로 중시하지 않는다.
2) 무엇보다 목표 언어의 어형 변화 및 동사의 활용을 체계적으로 가르치고 그 다음에 목표어를 모국어로, 모국어를 목표어로 번역하는 과정을 통해 그 언어를 습득하는 방법이다.
3) 유창성보다는 정확성을 강조한다.
4) 학습자들에게 필요한 문법 규칙이 먼저 제시되고, 학습자들은 그 문법 규칙을 연습을 통해 암기를 유도한다.

참고문헌 Richards, Jack C. & Rodgers, Theodore S.(1986), Approaches and Methods in Language Teaching, 전병만 외 역(2003), 외국어 교육 접근 방법과 교수법, 캠브리지.

· **직접식 교수법**

002 다음 중 직접 교수법의 특징으로 옳은 것은? (3회 74번)

① 문법을 연역적으로 가르친다.
② 이해 기술의 향상을 중시한다.
③ 교실 수업은 전적으로 목표어로 진행된다.
④ 학습자 요구를 반영해 교육 내용을 결정한다.

평가 요소 직접 교수법에 관한 문제이다.

개념 확장 직접 교수법은 귀와 입을 통하여 듣기와 말하기의 연습을 충분히 하고 의미를 파악한 다음 많은 유사문장을 만들어 내게 하는 방법이다.

1) 외국어로 직접 생각하고 표현하고 이해하는 능력을 기르는 데 기본 목표를 두고 있으며, 언어의 기능은 의사소통과 말하기가 주가 된다고 생각한다.
2) 교실 수업은 전적으로 외국어로 이루어진다. 이 교수법의 가장 큰 특징은 모국어의 번역 과정을 거치지 않고 의사전달이 외국어로 직접 이루어지는 것이다.
3) 수업은 소규모의 교실에서 교수자가 미리 철저하게 준비한 계획에 따라 질의응답을 통하여 말하기 능력을 향상시키는 방법으로 이루어진다.
4) 문법이 중요한 위치를 차지하므로 귀납적인 방법에 의하여 가르친다. 학습자들이 문법에 어긋나는 문장을 만들어 내면 교수자는 반드시 고쳐 주어야 한다. 하지만 문법을 사전에 명시적으로 분명하게 가르치는 것은 아니다.
5) 이 교수법은 정확한 발음과 문법을 강조하여 학습자들이 잘못된 발음이나 문법을 즉시 수정해 주어야 한다.

▶ 002 **답** ③

정답 풀이

직접 교수법은 외국어 학습도 모국어 습득과 같다는 전제 아래, 교실 수업은 전적으로 목표어로 진행된다.

오답 풀이

① 문법을 귀납적으로 가르친다.
② 표현과 이해 기술의 향상을 함께 중시한다.
④ 학습자 요구를 반영해 교육 내용을 결정하는 것은 청각구두식 교수법이다.

• 청각구두식 교수법과 의사소통적 교수법

▶ 003 **답** ①

정답 풀이

청각구두식 교수법에서는 모국어를 사용하지 않고 목표어만을 사용해야 한다. 모국어를 허용해야 하는 상황이라면 가급적 자제하도록 한다. 반면 의사소통적 교수법에서는 학습자의 이해를 돕기 위해 모국어와 목표어를 대조하여 교수할 수 있다.

003 청각구두식 교수법과 의사소통적 교수법(CLT)을 비교한 것으로 옳지 않은 것은? (4회 21번)

	청각구두식 교수법	의사소통적 교수법
①	학습자의 모국어를 교수에 활용할 수도 있다.	학습자의 모국어를 교수에 활용해서는 안 된다.
②	반복 연습과 암기를 중시한다.	맥락 속에서의 의사소통 활동을 중시한다.
③	문법 설명은 피한다.	필요에 따라 문법을 설명하기도 한다.
④	형태적 정확성을 추구한다.	적절성과 유창성을 추구한다.

평가 요소 청각구두식 교수법과 의사소통적 교수법에 관한 문제이다.

개념 확장 **청각구두식 교수법**
청각구두식 교수법은 행동주의 심리학과 구조주의 언어이론에 기반을 두고 있다. 언어의 습득을 정확한 발음의 훈련에서 시작하여 기본적인 문형의 집중적인 훈련(drill)과 연습(exercise)에 의하여 이루어지는 것으로 보았다.
1) 보통 학습자들에게 가르쳐야 할 문법이나 발음, 어휘 등을 포함하는 대화문을 적절하게 구성하여 학습자들에게 제시한다.
2) 구어에 대한 집중적 훈련이 이루어지고 문형연습을 많이 하는 것이 특징이다.
3) 대조분석은 이 교수법의 중요한 언어학적 이론 중의 하나이며, 모국어와 외국어의 대조에 의하여 여러 가지 문법 구조의 난이도가 결정되면, 그 난이도에 의하여 쉬운 것부터 어려운 것까지 한 가지씩 연습을 통하여 학습이 이루어진다.
4) 문법 구조에 대한 설명은 최소한으로 이루어지며, 연역적인 방법보다는 귀납적인 방법에 의하여 문법 구조의 습득이 일어난다.
5) 학습자들이 배워야 할 어휘는 교사가 미리 엄격하게 선택을 하고, 그 어휘들을 대화문 속에 넣어 제시함으로써 학습자들이 배우도록 한다.
6) CD, 비디오 자료와 어학 실습실 등을 이용해서 수업이 이루어진다.
7) 정확한 발음을 강조하며 모국어는 거의 사용하지 않는다.
8) 학습자의 반응은 즉각적으로 강화되어야 한다.

의사소통적 교수법
의사소통적 교수법의 핵심은 언어 교육의 초점은 구조의 단순한 숙달보다는 의사소통 능력 개발에 맞추어져야 한다는 것이다.
1) 교실에서는 의사소통 능력의 네 가지 요소인 문법적 능력, 담화적 능력, 사회언어학적 능력, 전략적 능력을 모두 신장시키는데 초점을 맞추어야 한다.
2) 교실에서는 학습자들이 어떤 의미 있는 목적을 달성하기 위해 실용적이고 사실적이며 기능적으로 외국어를 사용할 수 있는 학습 활동을 제공해야 한다.
3) 정확성(accuracy)은 물론 유창성(fluency)이 강조된다.
4) 궁극적인 수업 목표는 학습자들로 하여금 교실 바깥의 실제 생활에서 외국어를 유창하게 사용하도록 하는 것이다.
5) 교사는 모든 것을 알고 있으면서 학습자들에게 지식을 전달해주는 존재가 아니라 학습자들의 학습을 촉진해주고 도와주는 존재이다.

해 설

004 다음 연습 방식을 사용하는 언어 교수법에 관한 설명으로 옳은 것은? (10회 43번)

> 1. 학생은 발화를 듣고 큰 소리로 따라한다.
>   예) 교사: 저는 동대문에 자주 갑니다.
>   학생: 저는 동대문에 자주 갑니다.
> 2. 두 개의 분리된 발화를 하나로 통합한다.
>   예) 교사: 배가 고파요. 밥을 먹어요.
>   학생: 배가 고파서 밥을 먹어요.

① 학습자들은 상호작용을 하면서 협력적으로 과제를 해결한다.
② 정확성보다 유창성에 초점을 두며 유의미한 활동을 강조한다.
③ 교사는 거의 말하지 않고 교구를 사용하여 지시하고 학습자는 그 지시에 따른다.
④ 교사의 음성이나 녹음 자료를 듣고 모방과 암기를 하도록 훈련한다.

평가 요소 다양한 언어 교수법을 이해하고 있다.

개념 확장 청각구두식 교수법
『청화식/청각구두식 교수법(Audiolingual Method)』
문어 중심의 교수법에 대한 반동으로 등장한 청화식 교수법은 1940년대부터 1960년대에 미국에서 지배적인 교수방법이었다. 이 교수법은 직접식 교수법에서 나온 것으로, 구조주의 언어학(Bloomfield, 1933)과 행동주의 심리학(Skinner,1953)의 영향을 받았다. 제2차 세계대전 중 미군에서는 외국어로 의사소통할 수 있는 외국어 전문 요원들을 단기간에 양성할 필요를 느꼈고, 이를 위해 직접식 교수법을 토대로 청각구두식 교수법을 고안했다. 초기에는 체계적인 교수방법에 대한 고려가 없이 목표언어와의 강도 높은 접촉을 주로 강조하였기 때문에, Bloomfield와 그의 동료들은 '정보 제공자 방법'이라고도 불렀다. 이는 영어 모국어 사용자, 즉 '정보 제공자'가 사용하는 어휘와 어구를 집중적인 접촉을 통해서 학습자들이 흉내 내고 점차 기본적인 문법을 습득해서 말하는 방법을 배우도록 유도하는 교수절차를 제안하였기 때문이다.
청화식 교수법의 특징을 요약하면 다음과 같다.

- 수업은 대화에 중점을 둔다.
- 모방과 암기 등을 통한 언어 습관 형성에 중점을 둔다.
- 문법은 구체적인 설명이 없이 귀납적으로 가르친다.
- 듣기, 말하기, 읽기, 쓰기 순으로 언어 기능을 도입한다.
- 발음은 초기부터 지도한다.
- 학습자가 실수를 하지 않도록 학습활동을 마련한다.
- 의미나 문맥에 대한 고려 없이 기본 문형 연습에 초점을 둔다.

청화식 교수법은 듣기와 말하기 기능을 빠른 시일 내에 익힐 수 있다는 장점을 지니고 있지만, 수업이 단조롭고 지루해서 학습 동기 유발 면에서 비효과적이라는 단점을 가지고 있다.

▶ 004 **답** ④

정답 풀이

청각구두식 수업은 대화 형식으로 된 교사의 발화를 듣고 따라하고, 곧이어 교사의 질문에 대해 학습자가 응답을 반복하는 과정을 통해 이루어진다. 보다 구체적으로 이 수업에서는 짧은 대화 제시, 연습과 발음, 유형 연습과 대화 연습 등 구어 중심의 활동이 이루어진다. 대화 암기, 확장연습, 즉각적인 모방이 요구되는 반복 연습, 대치 연습, 연쇄적 연습, 변형 연습, 대화 완성과 응답 연습, 문법 활용 게임 등을 들 수가 있다.

오답 풀이

① 협동언어 교수법 (Cooperative Language Learning)
② 의사소통 중심 교수법 (Communicative Language Teaching)
③ 침묵식 교수법(Silent Way)

해 설

005 [답] ①

정답 풀이

침묵식 교수법에서 학습자는 학습의 주체로서 자립성을 지녀야 하며, 문제 해결자로 스스로 문제를 해결하는 능동성을 지녀야 한다.

오답 풀이

② 목표 문형에 대한 학습자의 반복 연습이 요구되는 것은 청각구두식 교수법이다. 침묵식 교수법은 다양한 학습도구와 그림차트를 이용한 가상경험을 중시하며 학습자의 노력에 초점을 둔다.
③ 교사는 학습자를 관찰하고, 학습자에게 필요한 것을 제시하는 보조적 역할에 머물러야 한다.
④ 교사는 학습자에게 다양한 교구를 제공하며, 교사와 학습자 간의 상호작용은 중시하지 않는다. 오히려 학습자 간의 상호작용에 비중을 둔다.

006 [답] ④

정답 풀이

교사의 개입을 지양하는 침묵식 교수법에서 발음교육은 지시봉, 자음과 모음이 구별되는 음색표와 음가표등을 활용해 이루어진다.

• 침묵식 교수법

005 다음 중 침묵식 교수법에 관한 설명으로 옳은 것은? (1회 72번)

① 오류는 학습자가 스스로 수정한다.
② 목표 문형에 대한 학습자의 반복 연습이 요구된다.
③ 교사는 학습자에게 끊임없이 입력을 제공해야 한다.
④ 특별한 교구 없이 교사와 학습자 간의 상호작용으로 학습이 이루어진다.

평가 요소 침묵식 교수법에 관한 문제이다.

개념 확장 침묵식 교수법은 수업이 교사가 아니라 학습자 중심으로 이루어져야 한다고 전제하였으며 학습자의 적극적인 참여로 교수가 충분히 구현될 수 있다는 신념을 바탕으로 하고 있다.

1) 학습은 일차적으로 모방이나 훈련으로 이루어지지 않는다.
2) 교사는 침묵을 지키면서 학습자를 관찰하고, 학습자는 독립성, 자율성, 책임감을 기르도록 기대되며, 스스로 문제 해결력을 배양해야 한다.
3) 교육 자료로 색깔 막대기와 피델이라는 발음 도표를 사용한다.

006 침묵식 교수법을 발음 교육에 사용할 때의 설명으로 옳은 것은? (10회 49번)

① 발음 지도의 중심을 초분절적 요소에 둔다.
② 가르치고자 하는 음운의 조음 원리를 설명하여 학습자가 원리를 깨닫게 한다.
③ 원어민 교사가 정확한 발음을 들려주고 학습자들이 자연스럽게 듣고 따라하게 한다.
④ 교사는 음색표와 음가표를 사용하여 발음을 교육한다.

평가 요소 침묵식 교수법에 관한 문제이다.

개념 확장 **침묵식 교수법**

• 학습은 학습자가 학습한 것을 기억하고 반복하기 보다는 스스로 발견하거나 창조할 때 효과적이다. 교사는 학습자에게 필요한 언어 정보를 주고, 학습자들이 주어진 정보를 바탕으로 언어적 규칙을 발견하도록 지도한다. 또한, 학습자가 학습한 언어규칙을 적용하여 발화를 하거나 문장을 만들어서 자신이 세운 언어규칙에 대한 가설을 실험하도록 유도한다.

• 학습은 학습도구를 동반할 때 효과적이다. 교사는 교구를 사용하여 가급적 말을 적게 하고 학습자가 스스로 목표언어를 많이 사용하도록 지도한다.

• 학습은 문제해결의 기회가 주어졌을 때 효과적이다. 따라서 학습자는 학습에 직접적으로 참가하도록 유도해야 한다. 교사가 학습도구를 사용해서 제시한 문제는 학습자들 스스로가 풀어나가야만 다음 단계로 넘어 가도록 학습활동을 마련한다. 교사가 쉽게 해답을 알려 줄수록 학습의 효과는 줄어들게 되기 때문이다. 예를 들어, 자음과 모음의 차트를 활용하여 조음의 규칙을 공부할 때, 교사는 지휘봉으로 각각의 음소를 상징하는 색깔을 가볍게 두드리면, 학습자는 발음을 조합하여 발화한다. 이 과정을 통해 학습자는 주어진 문제를 해결하게 된다.

• 공동체 언어 학습법

007 다음 중 공동체 언어 학습법의 특징과 거리가 먼 것은? (2회 72번)

① 교사가 학습자의 모국어를 알지 못해도 수업의 진행에 영향을 주지 않는다.
② 인간 중심의 접근법으로 학습자의 심리 상태를 고려하여 학습자가 학습하도록 배려한다.
③ 학습자의 발화로부터 교육 내용을 추출해 내므로 교육 내용의 일관성이 부족할 수 있다.
④ 학습자와 학습자, 교사와 학습자 간의 신뢰를 바탕으로 공동체 내에서의 상호작용을 중요하게 생각한다.

▶ **007** 답 ①

정답 풀이

공동체 언어 학습법에서는 교사가 학습자의 모국어 대화를 학습자의 귀에 목표어로 바꾸어 전달하고, 그 학습자는 다른 학습자에게 큰 소리로 반복하여 전달하는 식으로 수업을 진행하기 때문에 교사는 반드시 학습자의 모국어를 알아야 한다.

평가 요소 공동체 언어 학습법에 관한 문제이다.

개념 확장 **공동체 언어 학습법**
공동체 언어 학습법은 인본주의 심리학을 바탕으로 하여 교사와 학습자 간의 전인적 신뢰 관계, 상호 작용을 중시한다.
1) 교사와 학습자, 학습자 간에 목표어를 전수하며 학습을 진행한다.
2) 대화의 내용을 칠판에 적고 어휘와 문법 등을 익힌다.
3) 학습자는 교사에 의존적인 상태에서 점차 독립적으로 바뀌며 학습 과정을 이루어 간다.
4) 모국어와 목표어에 능통한 교사를 구하기가 쉽지 않다.
5) 구안된 교재나 교수 요목, 교구 없이 학습자 간의 대화에 의존하므로 수업 과정에 많은 변수가 생길 수 있다.

해 설

008 답 ①

정답 풀이

ㄱ. 제임스 애셔는 전신반응 교수법을 주창하면서 언어의 본성에 대해, 또는 어떻게 언어들이 구성되는지에 대해서 직접적으로 언급하지 않았지만 교실 활동의 순서와 표기를 붙인 것으로부터 구조주의 또는 문법중심 언어관에 따른다고 볼 수 있다. 또한 그는 기억을 더 자주, 더 집중적으로 연결할수록 강한 기억 연상이 일어나 기억을 더 잘 하게 될 것이라는 '흔적 이론(trace theory)'을 바탕으로 삼았다.

ㄴ. 애셔는 말하기, 읽기, 쓰기보다 먼저 듣기 이해를 길러야 한다고 주장하였으며, 듣기를 통해 습득된 언어기능들은 다른 언어기능으로 전이된다고 보았다.

오답 풀이

ㄷ. 학습자는 무엇보다도 교사의 말을 잘 듣고 그것을 행동으로 반응하는 역할을 한다. 학습자는 개별적으로나 여러 명(짝, 조별, 분단별, 임의의 무리들, 전체)과 함께 반응하고, 명령형 형태를 쓰는 교사가 내용을 결정하기 때문에 학습의 내용에 거의 영향을 주지 못한다.

ㄹ. 교사는 연극 무대의 감독자와 같고 어린이들은 그 무대의 배우와 같다. 교사는 가르칠 것, 새로운 자료의 제시, 지원 자료의 선택 등을 결정하고, 학습 흐름이 예상한 대로 잘 흐르도록 조직·준비한다. 교실에서의 상호작용도 교사가 이끌어 나간다.

009 답 ②

정답 풀이

교사가 학습자에게 청각을 이용하여 명령을 하고, 학습자는 이에 따라 몸 전체를 활용해 반응을 반복적으로 보이므로 전신 반응식 교수법에 해당된다.

• 전신 반응 교수법

008 전신 반응 교수법의 내용을 <u>모두</u> 고른 것은? (7회 23번)

> ㄱ. 구조주의 언어학과 기억 흔적 이론을 배경으로 한다.
> ㄴ. 언어의 네 가지 기능이 고르게 발달하지 못할 수 있다.
> ㄷ. 학습자 스스로 판단과 추측을 통해 발견 학습을 한다.
> ㄹ. 학습자의 반응을 중시하기 때문에 교사의 역할이 적다.

① ㄱ, ㄴ   ② ㄴ, ㄹ
③ ㄴ, ㄷ, ㄹ   ④ ㄱ, ㄴ, ㄷ

평가 요소 전신 반응 교수법에 관한 문제이다.

개념 확장 **전신 반응 교수법**
전신 반응 교수법은 신체적 운동 활동을 활용해 언어를 습득할 수 있다는 학습법으로, 1950년대 미국의 대표적 언어학자이자 심리학자인 제임스 애셔 교수가 창안하였는데, 발달심리학, 학습 이론, 인본주의 교육 등의 이론들과 연관이 있다.

1) 전신 반응식 교수법의 목적은 초급에서 구두 숙달도를 기르는 것이다.
2) 듣기 능력이 말하기 능력보다 훨씬 먼저 발달하므로 듣기 능력을 먼저 길러 이해력을 도와야 한다.
3) 명령문에 따라 몸을 움직이는 훈련이 수업의 주요 활동이다.
4) 교사는 처음에는 과도한 교정을 삼가다가 점차 교정의 횟수를 늘려 간다.

009 다음 수업에 주로 사용된 교수법으로 옳은 것은? (5회 20번)

> · 학습목표: 색깔 어휘 익히기
> · 등급: 초급
> · 준비물: 여러 가지 색깔 막대
>
> – 교사는 먼저 빨강, 파랑, 노랑 등 여러 가지 막대를 들고 각각의 색깔을 여러 번 반복하여 말한다.
> – 교사는 학습자들에게 여러 막대를 보여 주면서 "빨간색 막대를 고르세요."와 같은 명령문을 사용하여 색깔 막대를 고르는 활동을 시킨다.
> – 학습자는 교사의 지시에 따라 막대를 고르는 활동을 반복한다.
> – 학습자들에게 서로 역할을 바꾸어 가면서 "까만색 가방을 가져 오세요."와 같은 명령문을 사용하게 하여 교실에 있는 물건의 색깔을 익히는 활동으로 확장한다.

① 암시 교수법   ② 전신 반응법
③ 침묵식 교수법   ④ 상황 접근법

평가 요소 전신 반응식 교수법에 관한 문제이다.

· 자연적 접근법

010 자연적 접근법에 관한 설명으로 옳은 것은? (6회 85번)

① 교육이 시작될 때부터 학습자들의 발화가 강조된다.

② 학문적인 언어 사용을 목표로 하여 수업을 구성한다.

③ 수업 마지막 단계에서는 유창성보다는 정확성에 초점을 둔다.

④ 초급에서는 이해 가능한 입력을 통해 신체적 반응을 유도하는 활동이 사용된다.

평가 요소 자연적 접근법에 관한 문제이다.

개념 확장 **자연적 접근법**
자연 교수법은 어린 아이가 모국어를 자연스럽게 터득하는 원리를 적용하여 의사소통 상황 속에서 목표 언어인 외국어를 직접 사용해서 가르치면 의사소통능력이 배양되는 것을 원칙으로 한다.
1) 학습자들이 입력을 이해하는 것을 도와주기 위해 다양한 비언어적 실마리를 제공하면서 언어 입력을 계속해야 한다.
2) 흥미롭고 우호적인 수업 분위기를 제공해야 한다.
3) 자연 교수법에 근거한 특별한 교수 절차는 없으며 여러 가지 교수법과 수업 기술을 적용할 수 있다.
4) 학습자들이 발화하는 동안에 오류를 범하는 경우에도 교수자가 그 오류를 수정해 주지 않는다.

· 인지주의적 접근법

011 인지 언어학습 전략으로 알맞은 것은? (2회 11번)

① 반복 연습을 통해 규칙을 내재화한다.

② 이해력을 높이기 위해 글을 빨리 읽는다.

③ 정확한 조음을 위해 모범적인 발음을 여러 번 따라 한다.

④ 새로운 문법을 이미 알고 있는 문법과 연결시켜 이해한다.

평가 요소 인지주의적 접근법에 관한 문제이다.

개념 확장 **인지주의적 접근법**
인지주의적 접근법은 문장 유형을 기계적으로 암기하기보다는 문법 체계의 작동에 대한 이해에 초점을 두어서 문법 규칙을 설명함으로써 학습자로 하여금 문법 과정을 이해하도록 한다.

오답 풀이

① 암시 교수법은 로자노프가 개발한 것으로 요가의 기법을 바탕으로 심리적 장벽이 사라진 편안한 분위기 속에서 권위 있는 교사의 지도 아래 음악과 리듬 등을 고려하여 효과적으로 외국어 학습을 하도록 유도한 것이다

④ 상황 접근법은 1930년대부터 1960년대까지 영국의 응용언어학자들이 개발한 언어 교수 접근 방법으로, 언어 교수는 구어에서부터 시작한다. 어휘 선택 절차는 필수적이고 일반적으로 사용되는 어휘가 포함될 수 있도록 고려해야 한다. 새로운 언어 요소는 상황별로 소개되고 연습한다.

▶ 010 **답** ④

정답 풀이

자연적 접근법은 테럴이 확립한 것으로, '자연적'이란 제2의 언어를 습득할 때 어린이의 자연스러운 언어습득원리에 기초를 둔다는 입장을 견지하였다. 따라서 이 교수법은 언어 교수의 목표를 '일상적 언어 상황과 관련된 사적인 의사소통에 관한 기본적 기술 습득'에 두고 언어의 습득 초급 단계에서는 전신 반응식 교수법을 적극적으로 활용하도록 권하고 있다. 초급에서는 이해 가능한 입력을 통해 신체적 반응을 유도하는 활동이 사용된다.

오답 풀이

① 교육이 시작될 때부터 듣기와 읽기 중심으로 수업이 진행되며 학습자들의 침묵기를 인정해야 한다.

② 일상적 언어 상황과 관련된 사적인 의사소통을 목표로 하여 수업을 구성한다.

③ 수업 마지막 단계에서는 유의미한 의사소통을 강조하므로 정확성보다 유창성에 초점을 둔다.

▶ 011 답 ④

정답 풀이

인지주의적 접근법은 인지주의 심리학과 생성문법에 근거를 두고 학습자들이 유추하고 표현하여 언어적 규칙을 찾으려는 노력을 하고 스스로 용법을 찾아 사용할 수 있다고 전제한다. 따라서 학습자들은 이미 머릿속에 있는 인식 개념에 새로운 사실을 연결함으로써 학습 효과를 극대화할 수 있다.

▶ 012 답 ②

정답 풀이

의사소통적 교수법은 학습자 요구와 선호에 따라 학습 활동과 전략이 다양하게 활용된다.

오답 풀이

① 내용 중심 교수법, ③ 전신 반응 교수법, ④ 문법번역식 교수법

▶ 013 답 ②

정답 풀이

대부분의 언어 교사들이 언어를 주제의 내용으로 가르치기보다는 언어의 기능으로 가르치도록 훈련을 받아서 일반 교과목을 가르치는 데 충분한 지식을 갖추지 못했을 가능성이 높다.

• 의사소통적 접근법

012 의사소통적 교수법에 대한 설명으로 알맞은 것은? (2회 74번)

① 몰입식 언어교육, 주제기반 언어교육 등이 그 예이다.
② 학습자 요구를 중시하는 학습자 중심의 교수 방법이다.
③ 제2언어 학습 과정은 모국어 습득 과정과 유사하다고 본다.
④ 제2언어 학습은 연역저 교수법에 익해 규칙을 이해하는 것이다.

평가 요소 의사소통적 교수법에 관한 문제이다.

개념 확장 **의사소통적 접근법**
의사소통적 접근법은 영국의 기능주의 언어학과 미국의 사회언어학의 영향으로 전개된 교수법이다. 의사소통능력은 특정 문맥에서 적절하게 언어를 사용하고 해석하는 능력을 말하는데 의사소통능력은 문법능력, 담화능력, 사회언어학적 능력, 책략적 능력의 네 부분으로 구성되며 문법적 능력이란 이 중 한 부분에 불과하다는 것이다.

1) 언어사용 위주의 교육을 중시하기 때문에 언어의 형태보다는 의미를 중시한다.
2) 목표어로 의사소통하려는 학습자의 시도가 장려된다.
3) 정확성에 관계되는 문법 교육은 언어 교육의 일부로서 전체 체계에서 주변적인 위치에 있다.
4) 기능 중심의 의사소통 교육을 강조한다.
5) 모국어의 사용은 상황에 따라 용인되고, 번역도 활용될 수 있다.

• 내용 중심 교수법

013 내용 중심 교수법을 교실 수업에 적용할 때 나타나는 한계점은?
(5회 21번)

① 언어의 본질을 음성 언어로 보는 언어관에 맞지 않는다.
② 교육 내용에 대해 언어 교사의 이해가 충분하지 않을 수 있다.
③ 일정한 교수 방법이 없으며 언어 기능 학습을 중요하게 여기지 않는다.
④ 언어 학습과 언어 교육 내용을 통합하여 언어 형태의 제시 순서를 결정하기 어렵다.

평가 요소 내용 중심 교수법에 관한 문제이다.

개념 확장 내용 중심 교수법

내용 중심 교수법은 학습하게 될 언어와 내용을 통합하여 가르치는 것을 말한다. 언어학습과 내용학습을 통합한다는 것은 구체적으로 언어를 어휘, 문법, 발음으로 나누어서 학습하는 것이 아니라 내용과 연관지어 총체적으로 학습하는 것에 기반을 두고 있다.

1) 언어와 내용을 동시에 학습한다.
2) 학습자는 자신과 관련된 내용 영역에 집중한다.
3) 내용을 통해 언어가 맥락화된다.
4) 학문상 또는 직업상 필요한 언어 능력을 개발한다.
5) 실제적 자료를 사용한다.
6) 언어 기능을 통합하고 인지적 복잡성과 언어적 복잡성을 향상시킨다.

오답 풀이

① 언어의 본질보다는 특정 교과 내용의 학습에 초점을 맞춘다.
③ 교수 방법에는 주제 기반 언어 교육, 내용 보호 언어 교육, 병존 영어 교육 등이 있다. 언어 기능 학습도 중요하게 여긴다.
④ 내용에 중점을 두어 교수요목이 선정되고 그에 따라 언어가 선택되고 제시 순서가 정해지므로 경우에 따라서는 언어 요소의 제시 순서가 학습자의 언어 능력과 맞지 않을 수가 있는데 이때에는 학습이 효과적으로 이루어지지 않을 수 있다.

· **한국어 교수 이론**

014 내용 중심 교수법에 관한 설명으로 옳지 않은 것은? (10회 41번)

① 주제 중심 모형(theme-based model)에서는 언어가 아닌 주제가 평가의 대상이 된다.
② 목표 언어의 학습과 특정 과목이나 주제의 학습을 통합하는 방법이다.
③ 몰입 교육 프로그램에서 사용되는 방법이다.
④ 내용 보호 모형(sheltered model)에서는 비모어 학습자 집단만을 대상으로 수업을 진행한다.

▶ 014 **답** ①

정답 풀이

흔히 주제 중심 모형으로 대표되는 내용 중심 교수법은 언어 교수 학습과 관련된 이론으로, 실생활과 연관된 주제들을 통해 언어와 문화 등에 대한 구체적인 이해를 도모하는 것이다.

평가 요소 내용중심 교수법에 관한 개념과 특징을 물어보는 문제이다.

개념 확장 내용 중심 교수법

내용 중심 교수법은 언어 유형을 단계별로 나누어서 가르치는 것이 아니라, 지식 중심, 내용중심으로 가르치는 접근법을 의미한다. (Richards & Rodgers, 1996) 여기에서 말하는 '내용'이란, 언어 교수의 목적을 위해 주제(theme)를 사용한 것을 말한다. 즉, 실생활과 연관된 유의미한 주제를 단계별로 선정하여 목표 어휘, 담화, 문화 등에 대해 구체적이고 실질적인 이해를 도모하는 것이다. 가령 선정된 주제가 여행이라면, 여행 계획, 기차 예약등 관련된 여러 분야를 학습의 내용으로 삼는 것으로, 다른 말로 주제 중심모델(theme-based model)이라고도 일컫는다.

오답 풀이

③ 내용중심교육의 근간이라 할 수 있는 언어 프로그램으로 몰입식 교육(immersion education program)을 들 수 있는데, 이것은 교과목의 일부는 모국어로 다른 일부는 제2언어로 진행하는 것을 의미한다. 보통 이중 언어 프로그램을 운영하는 외국의 중·고등학교에서 많이 채택하는 방식이다.
④ 보호 프로그램(sheltered education program)은 제2언어 학습자들이 내용 교수를 위해 모국어 화자와 분리하여 수업을 진행하는 것을 의미한다. 날로 늘어나는 외국 유학생들이 국내 대학에서 수업을 이해하는 데 어려움을 겪자 일부 교양 수업을 보호 프로그램 식으로 운영하는 사례가 늘고 있다.

▶ 015 답 ④

정답 풀이

의사 교환 과제: 학습자들은 합의를 전제로 하지 않고 적극적으로 토론하며 의견을 교환한다.

오답 풀이

① 조각 맞추기 과제: 하나의 완성된 형태를 만들기 위해 다른 정보의 조각들을 조합한다.
② 정보 전환 과제: 한 학습자들은 자신의 정보를 가지고 있어야 하며, 다른 학습자들은 그 정보와 상보적인 것을 가져 의미 협상을 통해 다른 학습자의 정보를 공유하여야 한다.
③ 문제 해결 과제: 학습자에게 문제와 관련 정보를 제공하고, 학습자들은 대체로 하나인 문제 해결 방법에 이르러야 한다.

• **과제 중심 교수법**

015 상호작용 유형에 따른 과제와 그 설명이 바르게 연결된 것은? (7회 21번)

① 조각 맞추기 과제: 두 명이 짝을 지어 서로 상대방 정보를 알아내기 위해 교섭한다.
② 정보 전환 과제: 학습자들은 자신의 정보를 다른 사람에게 형태를 전환해 진달한다.
③ 문제 해결 과제: 학습자들은 전체를 완성하기 위해 각자 가지고 있는 정보를 조합한다.
④ 의사 교환 과제: 학습자들은 합의를 전제로 하지 않고 토론하며 의견을 교환한다.

평가 요소 과제 중심 교수법에 관한 문제이다.

개념 확장 과제 중심 교수법은 의사소통 중심 교수법의 중요한 한 갈래로 교사의 가르침보다는 주로 학습 과제 자체가 학생들을 학습의 과정 속으로 끌어 들여 학생들이 학습의 과정에 능동적으로 참여하도록 하는 것이다.
1) 과제수행 학습은 학생들이 수업활동을 통해 배우고 의미에 중점을 둠으로써 목표어에 대한 능력을 발달시키는 것으로 본다.
2) 과제 중심 교수법은 구조주의적, 기능적, 상호작용적 모형에서 도출되었으며 교수요목은 실생활 과제와 교육적 과제로 구분된다.
3) 학습의 과정과 결과를 모두 고려한다.

▶ 016 답 ②

정답 풀이

ⓛ – 소집단 활동을 통해 학습을 촉진하고, 협동적인 전문성을 지닌다.

오답 풀이

① ㉠ – 전체적인 수업을 지향하며, 개인적 독자성으로서의 전문성을 지닌다.
③ ㉢ – 상대적으로 소극적인 태도를 지닌 정보 수용자로서 개별 활동에 치중한다. 예를 들어, 교사의 설명을 듣고 연습문제를 푼다.
④ ㉣ – 적극적으로 수업 활동에 참여하며, 협동적 소집단의 형태를 띤다. 예를 들어, 문제 해결을 위해 모둠 과제 활동을 수행한다.

• **객관주의와 구성주의**

016 다음은 객관주의 교육 방법과 구성주의 교육 방법을 비교한 것이다. ㉠~㉣에 들어갈 내용으로 알맞은 것은? (1회 5번)

	객관주의 교육방법	구성주의 교육방법
학습에 대한 관점	지식의 전달	지식의 변형
지식에 대한 관점	특정 지식 제시	개인적 지식의 구성
과정의 통제	교사에 의해 구성된 학습	자기 지시적 학습
교사의 역할	㉠	㉡
학습자의 역할	㉢	㉣

① ㉠ – 협동 학습이 이루어지도록 학습 안내를 한다.
② ㉡ – 소집단 활동을 통해 학습의 자율성을 촉진시킨다.
③ ㉢ – 문제 해결을 위한 과제 활동을 수행한다.
④ ㉣ – 교사의 설명을 듣고 연습문제를 푼다.

해 설

평가 요소 객관주의 교육 방법과 구성주의 교육 방법에 관한 문제이다.

개념 확장 **객관주의와 구성주의**

첫째, 객관주의 교육의 목표는 보편타당한 절대적 진리와 지식을 추구하는 것에 있다. 그러나 구성주의 교육의 목표는 주어진 맥락에 적합한 의미를 구성하는 것이다.

둘째, 객관주의에서 학습은 외부의 절대적 진리가 학습자의 내부세계로 전이되는 것이라고 본다. 반면 구성주의는 개인적 경험에 근거해서 의미를 개발하는 능동적인 과정으로 본다.

셋째, 객관주의는 모든 사람이 주어진 학습목표에 동일하게 도달할 수 있다고 가정한다. 하지만 구성주의는 학습의 결과로 나타난 개인의 의미구성의 실제는 개인마다 다르다고 가정한다.

넷째, 객관주의에서 수업의 목적은 교사가 효과적이고 효율적으로 지식을 전달하는 것에 있다. 반면에 구성주의에서는 수업의 목적은 학습자의 문제 해결력을 배양시키고 의미의 구성을 돕는 데 있다. 그래서 수업은 주로 학습자 중심의 문제해결 학습, 발견학습, 탐구학습, 토의학습 등으로 진행된다.

다섯째, 객관주의는 사실적 정보를 전달하기 위하여 교사는 진리의 전달자라고 본다. 이에 반해 구성주의는 문제해결 능력, 고차원적 인지 전략을 계발하기 위하여 교사는 학습의 보조자, 촉진자, 코치로서 기능해야 한다고 본다.

참고문헌 서울대학교 국어교육연구소 편(2014), 한국어교육학 사전, 도서출판 하우.

• 종합적 접근법과 분석적 접근법

017 종합적 접근법과 분석적 접근법에 관련된 설명으로 옳은 것은? (4회 23번)

① 전통적 교수법은 주로 분석적 접근법을 취하고 있다.

② 분석적 접근법에서는 학습자의 오류 분석을 주요 관심 대상으로 한다.

③ 종합적 접근법에서 학습자는 그동안 학습한 분절적 언어 지식을 종합할 수 있어야 한다.

④ 언어가 총체적 의사소통 단위로 학습자에게 제공되는 과제 중심 교수법은 종합적 접근법의 대표적인 예이다.

▶ 017 ③

정답 풀이

종합적 접근법에서는 학습자가 언어 구조를 이해하도록 하기 위하여 언어의 각 부분을 분리하여 단계별로 가르쳐서 점진적으로 전체를 이해하도록 하는 교수 방법을 활용한다.

오답 풀이

① 전통적 교수법은 주로 종합적 접근법을 취하고 있다.

② 분석적 접근법은 의사소통에 초점을 맞추고 있다.

④ 과제 중심 교수법은 분석적 접근법의 대표적인 예이다.

평가 요소 외국어 교수법에 관한 문제이다.

개념 확장 **종합적 접근법과 분석적 접근법**

종합적 접근법은 전체 언어를 문법적 구조와 어휘별로 구분하여 작성하므로 문법적 교수요목과 구조적 교수요목으로 구분되고, 이 둘을 합쳐서 문법-구조적 교수요목이라 한다. 이 교수요목은 학생을 중심으로 한 것이 아니라 교사가 학습내용을 보다 쉽게 다룰 수 있다는 관점에서 교사중심의 교수요목이다.

분석적 접근법은 행동적이다. 우리가 언어를 가지고 행하는 것은 무엇인가를 표현할 방법을 찾는 언어행위이기 때문에 어느 단위의 언어적 내용이 언급되어야 하지만 일차적으로 행동의 분석에서 파생된 내용이라는 것이다. 그리고 학습자는 필요에 따라 중요한 언어구조나 어휘 등은 맥락을 통해서 습득할 수 있다. 이 접근법에 따라 교수요목은 문법구조가 아닌 의미를 중심으로 교사와 학생들 간의 협상을 통하여 결정되므로 분석적 교수요목이라 한다. 화제-주제중심 교수요목, 상황중심 교수요목 등이 이에 속한다.

ㅐ 설

▶ 018 **답** ④

정답 풀이

제시문에서 드러나는 현상은 학습자에 따라 언어를 습득하는 순서가 다르다는 것을 전제하고, 그 원인을 '심리적 부담감'에서 찾고 있다. 따라서 이것은 정의적 여과 장치 가설로 설명할 수 있다. 정의적 여과 장치는 일종의 심리적 부담감이라고 할 수 있다. 이것의 수위가 높으면 습득에 어려움이 생긴다. 즉 습득의 과정에 대한 동기가 부족하거나 자신감이 결여되었을 때도 이런 문제가 발생한다는 이론이다.

셋째 마당

• 언어 교수 이론 1

018 크라센(Krashen)의 습득 이론 중 다음 현상을 설명할 수 있는 가설은?
(8회 22번)

> ○ 학습지에게 '이해 가능한 입력'이 제공되었더라도 학습지에 따라 언어를 습득하는 순서가 빠를 수도 있고 늦을 수도 있다.
> ○ 성인의 경우 심리적인 부담감이 많아 아동이나 청소년에 비해 언어 습득 속도가 늦다는 것이 관찰되었다.

① 입력 가설   ② 모니터 가설
③ 자연 순서 가설   ④ 정의적 여과 장치 가설

평가 요소 크라센의 습득 이론에 관한 문제이다.

개념 확장 크라센(Krashen)의 습득 이론
1. 입력 가설 (The input Hypothesis)
언어 습득을 촉진하기 위해서는, 이해 가능한 인풋(comprehensible input)을 충분하게 받아야 한다는 주장이다.
2. 모니터 가설 (The Monitor Hypothesis)
언어 획득에서 습득한 지식은 초기 생성 그리고 유창성과 관련이 있고 학습한 지식은 만든 문장에 대한 모니터(감독자) 역할을 한다는 가설이다. 정규적인 수업을 통한 학습으로 입력된 언어규범이 학습자의 두뇌 속에서 스스로 모니터 역할을 하여 일상생활에서 자연적으로 습득한 언어 발화를 자체 수정, 교정, 편집함으로써 유창하고 정확한 발화를 할 수 있도록 만들어준다는 가설이다.
3. 자연 순서 가설 (The Natural Order Hypothesis)
다른 모국어의 학습자를 대상으로 서로 다른 지역에서 영어 습득 상황을 조사한 결과, 그들이 습득한 영어의 형태소 순서에는 상관성이 있었다. 이 결과로부터 어른이든 아이든, 모국어의 차이가 있더라도 제2언어 습득에는 일정한 보편적인 순서가 있다는 것을 유추하였다.
4. 습득-학습 가설 (The Acquisition-Learning Hypothesis)
언어의 습득(acquisition)은 개인이 인식하지 못하는 잠재 과정임을 전제한다. 즉 아이가 무의식적으로 말을 기억해가는 과정과 마찬가지로 의미에 초점을 맞추어 의사소통의 결과로서 무의식적으로 언어를 기억한다는 가설이다.

참고문헌 Krashen, S.(1981), Second Language Acquisition and Second Language Learning, Pergamon Press.

해 설

• 언어 교수 이론 2

019 다음 학습자의 특성에 가장 적합한 언어 교수 방법은? (8회 23번)

> ○ 한국의 대학에 다니는 외국인 학습자
> ○ 한국에 취직을 위하여 입국한 외국인 학습자
> ○ 중국에서 초등학교 3학년 때 이민 온 중도 입국 학습자

① 공동체 언어 교수법　　② 내용 중심 교수법
③ 형태 중심 교수법　　④ 의미 중심 교수법

평가 요소 학습자의 특성에 적합한 언어 교수방법을 찾는 문제이다.

▶ 019 **답** ②

정답 풀이

제시된 학습자의 경우는 한국어와 아울러 내용을 함께 학습해야 한다. 한국의 대학에서 학습을 하려면 한국어와 교과의 내용을 동시에 습득해야 하며, 한국에 취직을 하려면 이와 마찬가지로 한국어와 취업 생활을 할 수 있는 필수적인 내용을 익혀야 한다. 중도 입국 학습자도 한국어와 교과 내용을 동시에 습득해야 원만한 학교생활을 할 수 있다. 따라서 정답은 '내용 중심 교수법'이다. 이것은 언어학습과 내용학습을 통합하여 총체적으로 학습하는 것에 기반을 두고 있다.

020 다음 내용에 알맞은 제2언어 습득 가설은? (10회 42번)

> ○ 제2언어의 자연스러운 발화는 자신도 모르게 습득된 언어 지식에 의해서만 가능해진다.
> ○ 학습된 언어 지식은 발화의 오류를 조정하는 기능을 한다.
> ○ 이 조정 기능은 발화 전에 일어날 수도 있고 발화 후에 일어날 수도 있다.

① 입력 가설　　② 자연 순서 가설
③ 모니터 가설　　④ 정의적 여과 장치 가설

평가 요소 크라센의 '모니터 이론'과 관련된 5개의 가설을 묻고 있다.

개념 확장 모니터 가설

크라센(S. Kraschen)의 '모니터 가설'은 '장치 가설'이라고도 불린다. 습득이 아닌 의식적인 학습은 획득된 지식 체계의 출력을 점검하고 수정하는 감시자 또는 편집자로 작용할 수 있다. 이때, 습득된 언어는 말하는 사람으로 하여금 유창성뿐만 아니라 직관적 판단으로 문장의 정확성을 알게 해주는 반면, 학습된 언어는 편집 또는 감시적(monitoring) 기능밖에 할 수 없으며 습득된 언어가 만들어 낸 문장들을 약간 다듬거나 수정을 가할 수 있을 뿐이다. 학습자는 이러한 모니터를 내용보다는 형식의 정확성에 초점을 둘 때, 시간이 충분하여 해당규칙을 참조할 수 있을 때, 그리고 그들이 실제로 그 규칙을 알고 있을 때에만 사용한다. 그러므로 이처럼 모니터가 가능한 상황은 '말하기'보다는 '쓰기'에 더 적합하다고 할 수 있다. 결국, 모니터 가설에 따르면, 규칙학습은 습득된 언어에 보충적 역할만을 할 수 있을 뿐이므로 외국어 교수는 학습보다는 습득을 위한 환경 조성에 더 중점을 두어야 한다. 또한 이러한 모니터의 기능을 작동시키기 위해서 학습자는 목표 언어의 규범을 학습해야 하는데, 모니터 행위는 발화 이전이나 발화 이후에 모두 가능하다. 특히, 발화 이후의 모니터 행위는 자체 수정이라고도 한다.

▶ 020 **답** ③

정답 풀이

모니터 가설에 따르면, 능숙한 발화는 자연적 의사소통 상황에서 자연적으로 언어를 습득한 이후에야 가능해진다.

오답 풀이

① 입력가설: 크라센에 따르면 언어 습득은 한 방향 즉, 이해 가능한 정보입력 상황에 노출됨에 의해서만 이루어진다. 입력정보가 학습자의 현재 수준보다 바로 한 단계 위 수준의 형식과 구조를 갖추었을 때 이해와 습득이 함께 일어난다는 것이다.
② 자연순서가설: 크라센은 모국어 학습에서와 마찬가지로 외국어 학습에서도 대상언어가 일정한 순서에 의해 학습이 이루어지는 것을 발견하였으며, 이를 자연순서가설로 설명한다.
④ 정의적 여과장치 가설: 정서필터는 동기, 필요, 태도나 정서상태 등을 가리키는 상상적인 벽으로서 학습자로 하여금 입력자료로부터 언어습득을 방해하는 역할을 한다고 믿어지는 것이다.

▶ 021 **답** ②

정답 풀이

문법번역식 교수법의 문법 제시 방법
은 연역적이고 직접 교수법의 문법
제시 방법은 귀납적이다. 따라서 ②번
은 옳지 않다.

셋째 마당

021 다음에서 문법번역식 교수법과 직접 교수법의 차이점으로 옳지 않은 것
은? (9회 43번)

		문법번역식 교수법	직접 교수법
①	어휘 제시 방법	고립적	맥락적
②	문법 제시 방법	귀납적	연역적
③	강조하는 교육 내용	어휘, 읽기, 쓰기	말하기, 듣기, 발음
④	교사의 목표어 능력	문어 능력이 요구됨	원어민 수준의 구어 능력이 요구됨

평가 요소 문법번역식 교수법과 직접 교수법을 이해하고 각 교육 내용에 따
른 적용 방법을 알고 있다.

개념 확장 문법번역식 교수법과 직접 교수법은 다음과 같이 설명할 수 있다.

[문법번역식 교수법]

1) 문법번역식 교수법의 배경
   – 중세 이후 라틴 어와 고대 그리스 어를 가르치고 배우는 데에
   서 시작되었다.
2) 문법번역식 교수법의 특징
   ① 문어(읽기와 쓰기) 중심의 교수법이다.
   ② 유창성보다는 정확성을 강조(번역 중심의 결과)한다.
   ③ 단어 구조(형성 원리, 어형 변화 등)와 문장 구조 등의 문법에
   초점을 맞춘다.
   ④ 연역적 방법의 문법 교수 (규칙에 적용시켜 나가는 방식)방식
   이다.
   ⑤ 어휘(특별히 문학 작품 속의 어휘)의 중요성 강조한다.
   ⑥ 모국어를 매개 언어(가르치는 언어)로 한다.
3) 문법번역식 교수법의 교수절차
   ① 교사는 외국어로 된 단락을 학생들에게 읽게 하거나 따라 읽
   힌다.
   ② 그 다음 한 문장씩 읽고 모국어로 번역하는데, 이 과정에서
   새로 나온 어휘를 설명하거나 번역하여 학생의 이해를 돕는
   다.
   ③ 외국어 구조와 문법 규칙을 제시하고 연역적으로 설명하면서
   적용한다.
   ④ 어휘와 동사 변화 같은 문법 규칙들을 암기시키며 새로운 어
   휘의 동의어나 반의어를 공부하고 새 어휘를 이용하여 문장
   을 만들게 한다. 문법 규칙은 예문과 함께 제시되고 각 규칙
   에 대한 예외가 있으면 이것도 같이 다룬다.
   ⑤ 학생들이 문법 규칙을 이해했으면 이 규칙을 다른 몇 가지
   예문에 적용하는 연습을 한다.
   ⑥ 연습이 끝나면 교사는 학생들에게 질문이 있는지 묻고 학생
   들이 모국어로 질문하면 모국어로 답한다.
   ⑦ 빈칸 채우기 연습을 하거나 읽기 이해 문제에 대해 외국어로
   답하게 하고 그 답을 확인한다.
   ⑧ 마지막으로 목표 언어로 교재 내용과 관련된 주제를 주고 작
   문을 하게 하거나 읽기 단락을 요약하게 하거나 어휘와 문법
   에 관한 간단한 시험을 치를 수 있다.
4) 문법번역식 교수법의 장점
   ① 외국어 문법 체계를 이해하려고 하는 학습자들에게 도움을
   준다.

194 한국어교육능력검정시험

② 문학 교재의 이해가 외국어 공부의 주된 초점일 경우 효과적이다.

③ 문법을 통해 정확한 문장 구조 습득이 가능하다.

④ 정확한 번역 능력을 상당 수준까지 기를 수 있게 한다. 번역 기술은 문제 해결 상황에서 학습자를 능동적인 해결자가 될 수 있게 한다.

⑤ 명시적인 문법 설명으로 일부 학습자들의 요구를 만족시킨다.

⑥ 교사 중심의 수업이다. 즉, 수업을 계획하고 통제하기가 쉬워서 상대적으로 적용하기 쉽고 학생 수가 많은 교실에서 숙달되지 않은 교사에 의한 지도가 가능하다.

⑦ 외국어로 말하는 능력이 크게 필요하지 않기 때문에 교사들에게 부담이 없다.

5) 문법번역식 교수법의 단점

① 외국어의 의사소통능력인 듣고 말하는 기능의 습득을 기대할 수 없다.

② 학습자는 불필요한 문법규칙과 단어들을 끝없이 암기하고 어려운 지문을 완벽하게 해석해야 하므로 지루한 느낌을 갖거나 때로는 좌절감을 느낀다.

③ 연역적 문법 설명은 인지 발달 단계상 추상적 조작기에 이르지 않은 사춘기 이전의 아동에게는 적용하기 힘들다.

④ 교사가 권위적이며 학생들은 교사가 말한 대로 행동하는 수동적 존재가 된다.

⑤ 교실에서의 학생 간 상호작용이 거의 없다.

⑥ 언어학적, 심리학적 또는 교육학적 이론의 뒷받침이 없다.

[직접 교수법]

1) 직접 교수법의 배경

- 19세기 중엽 이후 산업혁명(18세기 말)의 전 유럽화로 인한 도시의 급격한 성장과 지역 문화의 혼합

① 유럽인들 사이에 의사소통의 기회와 필요성이 증대

② 언어에 대한 새로운 인식

　가. 문법번역식 교수법에 대한 검토와 비판: '모든 언어는 각각의 특성이 있다. 라틴 어로 지금의 언어를 설명할 수 없다. 살아있는 언어를 죽은 언어의 수단과 규칙으로 가르치지 말자.' 등

　나. 음성학의 발달: 구어와 문어의 차이에 대한 새로운 인식

③ 언어 교수법에 대한 학자들의 개혁 움직임

　가. 실용적인 교육 목표의 대두와 직접적인 구두 의사소통 능력의 배양

　나. 번역 등의 모국어 사용 배격하고 직접 외국어로 교수

　다. 자연 교수법

　　a. 외국어 학습은 모국어 습득과 유사하다는 견해

　　b. 말이 글보다 우선(음성학의 영향)

　　c. 자연스러운 외국어 습득 환경 조성

　　d. 문법은 학습자들의 귀납적 추론으로 습득

2) 직접 교수법의 교수법적 특징

① 모국어의 설명이나 번역을 허용하지 않음

　가. 구체적인 사물은 수업에 실물이나 그림 같은 시청각 교재 사용

　나. 추상적인 것은 비교나 연상을 통해서 제시

② 이미 배운 말을 읽고 쓰게 함으로써 말하기, 듣기와 병행하여 지도

③ 수업 활동에서 질문과 대답이 중요

④ 학습 내용은 언어의 실제 사용과 밀접하게 관련되는 기능적인 것에 국한

⑤ 문법 학습은 귀납적으로 이루어지도록 지도
⑥ 외국어 자체를 수업상의 매개어로 사용하기 때문에 구어에 중점을 두어 발음 및 억양 등 음성 훈련 중시

3) 직접 교수법의 교수 절차
① 학생에게 배울 내용의 단락을 읽힌다.
② 학생들에게 모르는 것을 질문하게 하고 질문에 교사는 번역 대신 그림을 그리거나 예를 제시함으로써 대답을 해 준다.
③ 구체적인 사물은 실물이나 그림을 이용하고, 추상적인 것인 연상이나 비교를 통해 제시한다.
④ 질문에 답한 뒤 교사는 학생들에게 내용에 관련된 질문을 하고 학생은 목표 언어의 완전한 문장으로 대답을 하게 한다.
⑤ 그리고 학생들에게 내용에 관련된 질문을 만들게 하여 질문과 대답을 하도록 시킨다.
⑥ 마지막으로 배운 내용을 빈칸 채우기 연습 문제를 통해 다시 한 번 확인하고 받아쓰기를 시킨다.

4) 직접 교수법의 장점
① 말하기, 듣기 기능을 통해 의사소통능력 신장
② 교사와 학생 간 또는 학생과 학생 간의 상호작용 활발
③ 목표어만 사용 = 목표어로의 접근이 용이함
④ 이해를 돕기 위해 다양한 보조 자료를 사용 = 학습자들의 흥미를 유발
⑤ 의미 전달의 시각화는 학습자가 쉽고 오랫동안 기억하게 만들 수 있음
⑥ 일정 단계를 넘어서면 목표어 발화 능력의 급속한 증가를 기대할 수 있음

5) 직접 교수법의 단점
① 목표어가 유창한 교사를 확보하기가 쉽지 않음
② 어휘나 표현, 문법 사항들이 체계적으로 제시되지 않음
③ 단어나 개념 설명(특히 추상적 개념)을 할 때 불필요한 노력을 기울여야 함
④ 전혀 모국어를 사용하지 않고 외국어의 의미를 파악하는 일이나 순수한 귀납적인 방식에 의한 문법 항목의 학습 등에 적지 않은 곤란을 느끼는 경우가 많을 것이고 이런 어려움은 학생들에게 일정의 좌절감을 느끼게 하여 학습에 대한 흥미를 잃게 하는 원인이 될 수 있음
⑤ 성인 학습자에게 귀납적 문법 제시는 비효율적
⑥ 성인의 외국어 학습을 유아의 모국어 학습 과정과 동일하게 여겨 학습의 효율성 확보에 의문

참고문헌 Richards, Jack C. & Rodgers, Theodore S.(1986), Approaches and Methods in Language Teaching, 전병만 외 역(2003), 외국어 교육 접근 방법과 교수법, 캠브리지.

| 제5강 | 한국어쓰기교육론 |

중영역: 한국어쓰기교육론

번호	세부 영역	출제 회수	문제 풀이
1	쓰기 활동 유형	9	4
2	과정 중심의 쓰기 교육	8	2
3	쓰기 교육의 목표	6	2
4	쓰기 교육 이론	7	2
5	교사 피드백	6	2
6	쓰기 전략	5	2
7	오류 수정 방법	5	2
8	과제 중심의 쓰기 교육	3	1
9	언어 교육 이론과 쓰기 교육	3	1
10	학습자 숙달도별 쓰기 활동	4	1
11	민족지학적 관점의 쓰기 교육	1	0
12	쓰기 교육의 연구사	1	0
13	쓰기 내용의 영역	1	0
14	쓰기 수업의 구성 원리	1	1
15	쓰기 포트폴리오 평가	1	1
16	쓰기에 필요한 지식	1	0
17	장르 중심의 쓰기 교육	1	1
18	타 언어 기술과의 통합 교육	1	1
19	학습자 유형별 쓰기 교육 방법	1	0
	총계	65	23

• 쓰기 활동 유형

001 다음 설명에 해당하는 쓰기 유형으로 알맞은 것은? (3회 59번)

> 교사는 학습자에게 천천히 글을 한 번 읽어 준 후, 다시 정상 속도로 2회 정도 읽어 준다. 그 후 학습자는 개인적으로 혹은 2~3인이 조를 이루어, 자신이 이해한 내용을 바탕으로 이야기를 재구성해 글을 완성한다.

① 직소(jigsaw) ② 포트폴리오(portfolio)
③ 딕토 콤프(dicto-comp) ④ 다이얼로그 저널(dialogue journal)

▶ 001   ③

정답 풀이

딕토 콤프(dicto-comp)는 통제된 쓰기에 속하는데 교사가 단락을 정상 속도로 두세 번 읽고, 학습자들에게 읽은 것을 최대한 회상하여 다시 쓰도록 한다. 교사는 글을 다 읽고 난 후 학습자들에게 실마리를 제공하는 차원에서 그 단락의 주요 단어들을 순서대로 칠판에 적기도 한다.

평가 요소 ┃ 다양한 쓰기 활동을 알고 있다.

개념 확장 ┃ **[직소(jigsaw)]**
직소(jigsaw) 기법은 일종의 정보차 활동으로 모둠의 구성원들에게 각기 다른 정보를 제시하고 구성원들이 각각 흩어진 정보를 수합하여 일정한 목표를 달성하게 하는 활동이다.
직소 활동 중 하나인 스트립 스토리(strip story)를 예로 들어 보자. 교사가 적당히 짧은 길이의 이야기나 대화를 가지고, 이를 문장 별로 오려 섞어 학습자들에게 한 문장씩 나누어준다. 종합 목표는 학습자들이 각각의 자기 문장이 이야기의 전체 맥락 속에서 어디에 속하는지를 알아내고, 그것이 결정되면 자기의 위치에 서서, 재구성한 이야기를 읽어 내리는 것이다.

[포트폴리오(portfolio)]
포트폴리오는 학습자들의 학습활동에 관한 수집된 자료로서 학습자들과 기타 사람들에게 그들의 노력과 진행과 성취 정도를 증명해 주는 것이다.

[다이얼로그 저널(dialogue journal)]
대화일지라고도 하는데 수업 이외의 별도의 학습활동으로 활용되는 교사와 학습자 사이에 쓰인다. 주로 학습자가 생각과 기분 및 반응을 기록하고 교사는 그것을 읽고 응답하는 형태로 이루어진다.

참고문헌 ┃ H. D. Brown(2001), Teaching by Principle: An Interactive Approach to Language Pedagogy, 권오량 외 역(2010), 원리에 의한 교수: 언어 교육에의 상호작용적 접근법, ㈜피어슨에듀케이션코리아.

▶ 002 답 ④

정답 풀이

ㄴ의 특정 어휘나 표현이 아닌 교사가 정한 특정 문법을 받아쓰는 것이다.

002 딕토글로스(dictogloss) 활동에 관한 설명으로 옳은 것을 <u>모두</u> 고른 것은? (5회 50번)

> ㄱ. 듣기와 쓰기를 연습할 수 있다.
> ㄴ. 듣고 특정 어휘나 표현을 빈칸에 써 넣는다.
> ㄷ. 상향식 모형과 하향식 모형을 모두 활용한다.
> ㄹ. 소그룹 활동을 통해 말하기 연습을 할 수 있다.

① ㄱ, ㄷ   ② ㄷ, ㄹ
③ ㄱ, ㄴ, ㄷ   ④ ㄱ, ㄷ, ㄹ

평가 요소 ┃ 딕토글로스에 대하여 알고 있다.

개념 확장 ┃ 딕토글로스는 언어 교수에서 비교적 최근의 교수 활동으로 볼 수 있는데 전통적인 받아쓰기의 영향을 받았으나 그 절차와 목적이 크게 다르다. 딕토글로스의 초점은 문법에 있는데 이 활동의 목적은 문법이 문장 안에서 어떻게 기능하는가를 배우기 위한 것이다. 절차는 다음과 같다.
가. 짧고 탄탄한 구성의 텍스트를 정상 속도로 2번 읽어 준다.
나. 그 동안 학습자는 친숙한 단어와 구를 메모한다.
다. 소규모 그룹에서 수행할 때 학습자들은 엉성한 텍스트를 모아서 공유한 자료를 바탕으로 텍스트를 재구성한다.

해설

라. 학습자의 각 그룹에서는 자신들이 재구성한 텍스트를 만드는 데 문법적인 정확성과 텍스트의 문장 내의 응집성을 고려해야 하지만 원본과의 동일성을 고려할 필요는 없다.

마. 학습자 그룹의 다양한 유형의 텍스트는 정밀하게 분석되고 비교, 토의되면서 완성도 높게 재조정된다.

참고문헌 김인규(2010), 한국어 문법 교육이 이론과 실제, 한국어 교육, 서울대학교 사범대학 외국인을 위한 한국어교육 지도자 과정.

003 쓰기 활동의 유형 중 성격이 <u>다른</u> 하나는? (6회 32번)

① 가게에서 쇼핑하게 될 목록을 품목별로 작성해 보도록 한다.

② 제시된 핵심어들을 사용하여 완성된 이야기를 구성하도록 한다.

③ 읽은 글에서 사용된 어휘와 표현을 파악하고, 읽은 글을 모방하여 작문을 하게 한다.

④ 교사가 모범 산문을 2, 3회 읽어 주고, 학습자들에게 그것을 단서로 작문을 하게 한다.

평가 요소 쓰기 활동 유형을 이해하고 구분할 수 있다.

004 쓰기 활동 유형과 그 예가 적절하게 짝지어진 것은? (10회 79번)

① 유도된 쓰기(guided writing)-교사가 읽어 주는 문장을 그대로 받아쓰기

② 모방하여 쓰기(imitative writing)-교사가 판서한 내용을 보고 똑같이 쓰기

③ 자유로운 쓰기(free writing)-제시된 문법 항목을 활용하여 문장 쓰기

④ 통제된 쓰기(controlled writing)-하루 동안 있었던 일에 대해서 일기 형식으로 쓰기

평가 요소 통제된 글쓰기, 유도된 글쓰기, 자유 작문 등 다양한 쓰기 활동의 특징을 이해한다.

개념 확장 한국어 학습자들의 쓰기 교육은 우선 학습자 모국어와 모국 문화에 따른 사고의 표현 형태를 고려하여야 한다. 사고의 표현 형태는 언어나 문화의 영향을 받을 수밖에 없기 때문이다. 글을 쓰는 사람은 외국인 학습자이며, 그 글을 읽는 사람은 한국인이라는 점을 염두에 둔다면 문화권의 차이에 따른 사고와 그 표현 방식을 고려해야 할 필요가 있다.

구체적으로, 한국어 쓰기 수업은 글의 내용과 구성을 중시하면서 동시에 언어적인 정확성을 함께 고려하는, 즉 의미와 기능을 모두 중시하는 수업이어야 한다. 언어적인 정확성을 위해서는 한국어 학습자에게 많이 나타나는 문법적인 오류, 철자 오류를 분석하여 지도하는 과정도 함께 필요하다. 한국어 학습자들은 개개인의 학습목적에 따라 다른 요구를 지니므로, 쓰기 과제는 실제적인 쓰기와 학문적인 쓰기가 적절하게 배합되어야 한다.

▶ **003** **답** ①

정답 풀이

①을 제외한 나머지는 딕토 콤프에 해당한다. ①은 과제 중심 글쓰기의 기본적인 유형에 해당한다.

▶ **004** **답** ②

오답 풀이

① 통제된 쓰기보다 광범위한 쓰기를 허용하는 것으로 작문의 전 단계 연습 활동이다. 내용의 일정 부분이 고정되어 있고, 이를 표현하는 어휘나 표현 등은 학습자가 선택하여 쓰게 된다. ◉ 담화 완성하기, 그림 도표 보고 서술하기 등

③ 다양한 자극을 주고 글을 쓰도록 하는 것으로, 다음과 같은 내용이 해당된다. ◉ 강의 메모, 일기, 에세이, 읽기와 연계한 다양한 활동, 자유작문 등

④ 엄격하게 지시된 방법으로 쓰도록 하는 것으로 자모 익히기, 문법 익히기, 맞춤법 등에 중점을 둔 활동이다. ◉ 베껴 쓰기, 받아쓰기 등이 있다.

▶ 005 답 ④

정답 풀이

①, ②, ③, ④ 모두 쓰기 전 단계의 활동에 해당한다.

・과정 중심의 쓰기 교육

005 쓰기 단계와 활동의 연결이 옳은 것은? (4회 51번)

① 쓰기 후 단계 – 글의 구조를 검토해서 다시 조직한다.
② 쓰기 본 단계 – 주제에 벗어나지 않게 구상 개요를 작성한다.
③ 쓰기 본 단계 – 글의 내용과 관련된 자신의 경험을 이야기한다.
④ 쓰기 전 단계 – 주제와 관련된 이야기를 하면서 정보를 공유한다.

평가 요소 과정 중심의 쓰기에서 각 단계의 특징과 활동을 이해한다.

개념 확장 과정 중심의 쓰기 활동의 각 단계는 다음과 같이 정리할 수 있다.

[쓰기 전 단계–구상하기]
쓰기 전 단계는 앞으로 쓸 글에 대하여 구상하고 생각하는 아이디어 형성 단계이다. 글을 쓰는 목적이나 주제와 관련하여 무엇을 쓸 것인지, 또 어떻게 글을 구성할 것인지, 어떻게 하면 효과적으로 의미를 전달할 것인지 등에 대해 아이디어를 형성해 보고, 그에 필요한 자료 수집 등이 이루어지는 단계이다.
　가. 아이디어를 내고, 주 아이디어를 찾는다.
　나. 주제와 관련된 사실이나 내용을 모은다.
　다. 주 아이디어로 발전시킬 수 있도록 사실과 아이디어를 조직한다.

[쓰기 단계–초고 쓰기]
쓰기 단계는 구상하기 단계에서 이끌어내고 조직한 아이디어를 글로 옮기는 단계이다. 그러나 이 경우에도 완성도 높은 글을 쓰는 것이 목적이 아니기 때문에 문장의 표면적인 정확성보다는 유창성에 초점을 두고 생각나는 대로 쓰는 단계이다. 표면적인 구조에 집착하지 않고 전체적인 구성을 염두에 두고 글을 쓴다.
　가. 도입으로 주제문을 쓰고 배경 정보를 제공한다.
　나. 각각의 지지 문단을 발전시키고 올바른 문단 구성을 따라가는지 확인한다.
　다. 의도하는 의미를 표현하기 위하여 분명하고 간단한 문장을 사용한다.
　라. 주 아이디어에 초점을 맞춘다.
　마. 사전을 이용해 자신의 의미를 표현하는 데 필요한 부가적인 어휘를 찾는다.

[쓰기 후 단계–고쳐 쓰기]
문법적인 형태나 글의 구성 측면에서 초고의 오류나 실수를 발견하고 이를 고치고 수정하는 단계이다. 이 과정에서 교사와 학생, 혹은 동료 학생들 간의 협동 학습이 활발하게 이루어질 수 있다. 즉 학습자들은 서로의 글에 대해 작가이자 독자로서 활발히 의견교환을 할 수 있다.
　가. 글의 흐름에 일관성, 통일성이 있는지 확인한다.
　나. 주제가 분명하게 드러나는지 확인한다.
　다. 글의 도입, 전개, 마무리 부분이 제대로 구성되어 있는지 확인한다.
　라. 문단들의 관계가 적절한지 확인하다.
　마. 주 아이디어를 나타내는 주제문을 가지고 있는지 확인한다.
　바. 각각의 문장이 뜻이 통하는지 확인한다.
　사. 철자법, 문법, 문장 구조를 확인한다.
　아. 글이 독자에게 흥미 있을지 확인한다.

참고문헌 한국어세계화재단(2003), 예비교사 · 현직교사 연수 자료집, 한국어세계화재단.
이영숙(2005), 쓰기 교육의 과제와 발전 방향, 한국어교육론3, 한국문화사.

006 **과정 중심 쓰기 교육에 관한 설명으로 옳은 것은?** (10회 78번)

① 학습자의 사고력 증진에는 적절하지 않다.

② 교수 학습의 주안점은 쓰기의 정확성과 형식성에 있다.

③ 과정마다 채점 방식을 달리하므로 신뢰도 확보가 용이하다.

④ 대규모 수업에서 실시하기에는 많은 노력과 시간이 소요된다.

평가 요소 과정 중심 쓰기 교육의 특징을 이해하고 있다.

개념 확장 과정 중심 쓰기 지도

과정 중심의 쓰기 교육은 쓰기 결과물 자체보다 최종적인 쓰기 생산물로 나아가는 쓰기 과정에 더 초점을 둔다. 이 경우, 학습자가 쓰기 과정을 통해 자신들이 표현하고자 한 것을 스스로 발견할 수 있도록 돕는 일은 중요하다. 따라서 과제 중심의 쓰기 수업 중에는 가능하면 담화 차원의 쓰기를 수행할 수 있도록 하며, 학습자의 흥미를 끌 수 있는 쓰기 과제를 제시하기 위해 노력한다. 과정 중심의 쓰기교육(process approach)은 다음과 같은 특징을 지닌다.

- 학습자가 글 쓰는 과정을 이해하고, 완전한 글을 만들어 가도록 이끈다.
- 글을 쓰는 과정과 결과를 균형 있게 추구한다.
- 학습자가 글을 통해 나타내고자 하는 것을 스스로 발견하게 한다.
- 글을 다시 쓸 수 있는 시간적인 여유를 주며, 구상개요 작성, 교정, 다시 쓰기를 위한 전략을 형성하도록 돕는다.
- 교정 과정을 중시하며, 교사뿐만 아니라 동료의 피드백도 권장한다. 그리하여 쓰기 수업은 학습자 간, 교사와 학습자의 상호작용으로 구성한다.
- 학습자의 글에 대한 반응과 오류 수정은 신중하게 한다.

006 **답** ④

정답 풀이

과정중심 교육의 한계로 다음의 사항을 들 수 있다.

첫째, 다수를 대상으로 할 수 없다. 둘째, 학업 성취도의 변별을 위해 사용하는 데에는 어려움이 있다. 셋째, 교사의 전문성이 좀 더 필요하다. 넷째, 학생들의 부담을 가중시킬 수 있다. 다섯째, 자연스런 상태에서 글쓰기 행위를 제한할 수 있다.

오답 풀이

① 형식주의적 접근, 결과 중심의 쓰기
② 형식주의적 접근
③ 과정마다 채점 방식을 달리하기 때문에, 종종 신뢰도를 확보하는 일에 어려움이 있다.

• **쓰기의 특성**

007 **다음 중 쓰기의 특성에 대한 설명으로 알맞은 것은?** (2회 63번)

① 다른 언어 기능을 강화하는 데 효과적이다.

② 문화를 이해하고 습득하는 데 가장 효율적이다.

③ 의사소통에서 차지하는 비중이 말하기 다음으로 높다.

④ 학습자의 오류를 교정하는 것이 말하기나 듣기보다 어렵다.

평가 요소 쓰기의 특성을 이해한다.

개념 확장 쓰기의 특성은 다음과 같이 정리할 수 있다.

[영구성]

일단 완성된 글이 독자에게 전달되면 수정이나 해명이나 취소가 불가능해진다. 이것이 학습자로 하여금 쓰기를 두렵게 만드는 제1

007 **답** ①

정답 풀이

쓰기는 독립적으로 운영될 수 있는 교육이라기보다는 다른 영역과의 연계를 통해서 이루어지는 특성이 있다. 학습 초기 단계의 자모 익히기나 단어 및 맞춤법은 듣기, 읽기와 연계가 되고 자기 소개하기, 상대방 설득하는 글쓰기 등의 작문은 말하기의 발표하기와 연계하여 수업할 수 있다.

요인이므로, 교사는 학습자가 최종적인 글을 제출하기 전에 자신들의 글을 수정하고 정교화할 수 있도록 도와주어야 한다.

[산출 시간]

좋은 글을 쓰기 위해서는 적절한 시간이 주어져야 한다. 그렇다고 해서 학습자가 원하는 만큼 시간을 할애할 수는 없다. 따라서 쓰기 수업에서는 학습자로 하여금 주어진 시간을 효과적으로 활용할 수 있는 전략의 개발이 필요하다.

[시 · 공간적 거리감]

문어가 구어와 다른 가장 큰 차이는, 글은 생산되는 시점이나 장소가 아니라 다른 시간과 다른 장소에서 읽히기 때문에 필연적으로 글을 쓰는 사람과 읽는 사람 사이에 거리가 발생한다는 점이다. 가능한 한 이 거리를 좁히기 위해서는 인지적 공감대를 형성해야 하는데, 그러기 위해서는 글을 쓸 때 글을 읽는 사람, 즉 독자의 관점과 사고를 고려해야 한다. 따라서 쓰기 교육을 할 때에는 이와 같이 독자를 예상하면서 글을 쓰는 훈련이 필요하다.

[철자]

표정이나 억양, 몸짓 등 다양한 보조 수단을 활용할 수 있는 말하기와 달리 쓰기를 통해 뭔가를 표현할 때에는 문자 외에는 의지할 수 있는 수단이 없다. 따라서 쓰기에서는 정확하게 맞춤법에 맞게 쓰는 것이 중요하며, 정확성에 대한 이러한 요구가 학습자로 하여금 쓰기를 어렵게 느끼게 만든다.

[복잡성]

문어는 구어보다 문장이 복잡하게 구성된다. 또한 문화권마다 독특한 수사적인 전통이나 흐름이 있다. 모국어 쓰기와 다른 이런 점들은 직관적으로 익힐 수 없는 것들로, 훈련과 연습을 통해 목표어 문장의 연결법이나 통사적인 다양성을 익혀야 한다.

[다양한 어휘]

쓰기는 말하기보다 훨씬 더 많은 어휘 사용을 요구한다. 따라서 쓰기 교육에는 어휘력 확대 방안이 함께 강구되어야 한다.

[형식성]

어떤 종류의 글이든 글은 각각의 글에서 요구하는 관습적인 형식이 있다. 이렇게 문자 언어는 형식성을 지닌 언어이므로 쓰기 수업에서는 수사학적인 형식, 구성상의 형식에 대한 연습과 훈련이 필요하다.

참고문헌 H. D. Brown(2001), Teaching by Principle: An Interactive Approach to Language Pedagogy, 권오량 외 역(2010), 원리에 의한 교수: 언어 교육에의 상호작용적 접근법, ㈜피어슨에듀케이션코리아.

• 쓰기 교육의 목표

▶ 008 **답** ①

①은 5급의 쓰기 교육 목표에 해당하고, ②는 2급, ③과 ④는 3급의 쓰기 교육 목표에 해당한다.

008 **고급 단계 학습자를 대상으로 한 쓰기 교육 목표로 옳은 것은? (4회 50번)**

① 서평, 논설문 등과 같이 주장을 논리적으로 펴는 글을 쓴다.

② 광고문, 안내문, 각종 서식 등과 같은 실용문을 쓸 수 있다.

③ 일상생활과 관련이 있는 사회적 소재에 대한 글을 쓸 수 있다.

④ 설명하기, 묘사하기 등과 같은 기능을 활용하여 글을 쓸 수 있다.

해 설

평가 요소 학습자 숙달도별 쓰기 교육의 목표를 이해한다.

개념 확장 학습자 숙달도별 쓰기 교육의 목표는 다음과 같이 정리할 수 있다.

	자모 구성, 맞춤법, 받아쓰기	문장의 길이	글의 종류	진술 방법	스타일
1급	한글 자모의 구성을 알아 올바른 순서대로 쓸 수 있다. 학습한 내용을 듣고 쓸 수 있다.	학습한 문형을 써서 한 개의 연결어미가 사용된 문장을 쓸 수 있다.	단문 중심으로 자신의 의사를 표현하는 짧은 글을 쓸 수 있다. 초보적인 일기, 편지를 쓸 수 있다.		학습한 경어법에 맞춰 간단한 문장을 쓸 수 있다.
2급	학습한 어휘의 발음과 표기의 차이를 알아 맞춤법에 맞게 쓸 수 있다.	연결어미(1,2개)가 사용된 문장으로 한두 단락의 글을 쓸 수 있다.	친숙한 주제에 대해 간단한 설명문을 쓸 수 있다. 형식에 맞게 일기, 편지를 쓸 수 있다.	단순한 비교, 대조, 비유 등의 방법으로 설명할 수 있다.	경어법을 적절하게 사용하여 간단한 글을 쓸 수 있다. 격식체와 비격식체의 적절한 용법을 알아 글을 쓸 수 있다.
3급	음운 규칙을 이해하고 문장을 받아쓸 수 있다.	다양한 연결어미를 사용하여 2~3단락의 글을 쓸 수 있다.	간단한 수필, 기행문, 설명문을 쓸 수 있다. 안내문, 초대장, 목적에 맞는 축하의 글(생일, 졸업, 결혼 등)을 쓸 수 있다.	정의, 비교, 대조, 비유 등의 방법으로 설명할 수 있다. 간단한 묘사를 할 수 있다.	격식체와 비격식체를 상황에 맞춰 쓸 수 있다.
4급		형식을 갖춘 논설문을 쓸 수 있다. 연구나 업무에 필요한 간단한 보고서를 쓸 수 있다.	다양한 진술 방법으로 설명할 수 있다. 묘사, 설득의 글을 쓸 수 있다.	해라체의 평서형 어미 '-다' 형태를 써서 능숙하게 서술할 수 있다. 빈도수가 높은 관용 표현, 속담, 한문 숙어를 적절히 이용하여 글을 쓸 수 있다.
5급		다양한 주제의 논설문을 쓸 수 있다. 연구 계획서, 업무 보고서 취업에 필요한 자기소개서를 쓸 수 있다.	목적에 맞게 다양한 진술 방법으로 글을 쓸 수 있다.	다양한 한자 어휘와 추상적인 개념을 포함한 글을 쓸 수 있다. 확장된 관용 표현, 속담, 한문 숙어를 사용해서 글을 쓸 수 있다.
6급		문예문을 포함한 다양한 종류의 글을 쓸 수 있다.	다양한 진술 방법으로 세련되고 창의적인 글을 쓸 수 있다.	전문 용어 시사 어휘를 이용해 글을 쓸 수 있다. 난이도가 높은 관용 표현 속담, 한문 숙어를 사용해서 글을 쓸 수 있다.

참고문헌 진대연(2010), 한국어 쓰기 교육론, 한국어 교육, 서울대학교 사범대학 외국인을 위한 지도자 과정.

▶ 009　답 ②

①은 장르 중심 지도이고, ③은 과정 중심 지도, ④는 기능 중심 지도이다.

• 쓰기 교육 이론

009　쓰기 지도 접근 방식과 그에 대한 설명의 연결이 옳은 것은? (4회 57번)

① 기능 중심 지도 – 특정 담화 공동체에서 관용적으로 수용되는 글쓰기의 방식에 중점을 둔다.
② 내용 중심 지도 – 많은 부분을 읽기에 할애하며, 읽기와 쓰기의 밀접한 관계성을 이용한다.
③ 장르 중심 지도 – 글쓰기의 창의성과 예측 불가능성을 강조하며, 글쓰기 과정의 중심인 인지 과정에 초점을 둔다.
④ 과정 중심 지도 – 특정 언어의 형태와 언어 기능 간의 연결을 중요시하여, 학습자에게 가장 필요한 기술을 가르치는 데 중점을 둔다.

평가 요소　쓰기 지도 접근 방식에 따른 쓰기 교육의 내용을 이해한다.

개념 확장　[장르 중심 지도]
글쓰기의 사회문화적인 맥락을 강조하여 장르의 유형, 사회적 기능, 형식과 내용을 가르친다. 사회의 다양한 맥락 내에서 전개되는 텍스트의 언어 형식과 특징을 자유자재로 다룰 수 있는 능력을 기르는 것을 목표로 삼는다.
[과정 중심 지도]
과정 중심의 쓰기 교육은 쓰기 결과물 자체보다 최종적인 쓰기 생산물로 나아가는 쓰기 과정에 더 초점을 둔다. 학습자가 쓰기 과정을 통해 자신들이 표현하고자 한 것을 스스로 발견하는 과정을 중시한다.
[기능 중심 지도]
특정 언어의 형태와 언어 기능 간의 연결을 중요시하여 학습자에게 가장 필요한 기술을 가르치는 데 중점을 둔다.

참고문헌　허용(2005), 외국어로서의 한국어학개론, 박이정.

▶ 010　답 ②

담화 공동체의 언어적 관습을 강조하는 것은 사회 문화적 맥락 중심의 쓰기 이론에 관한 설명이다. 이러한 사회 구성주의적 접근은 주체와 객체를 둘러싸고 있는 사회 문화적 환경, 담화 공동체 구성원 사이의 대화와 협상활동을 중시한다.

010　쓰기 교육의 접근 방법 중 인지주의적 접근에 관한 설명으로 옳지 않은 것은?　(10회 77번)

① 쓰기 과정을 회귀적 과정으로 본다.
② 담화 공동체의 언어적 관습을 강조한다.
③ 글을 능동적으로 해석하는 독자를 염두에 둔다.
④ 작문 중에 일어나는 개인의 사고 과정을 중시한다.

평가 요소　인지주의 쓰기 이론의 내용을 정확하게 이해한다.

개념 확장　**인지주의 쓰기 이론**
인지주의 쓰기 이론은 쓰는 사람에게 주목함으로써 그의 인지 작용에 의한 의미 구성을 강조한다. 필자는 전략을 활용하여 쓰기 과정의 문제를 해결하고, 이를 통해 새로운 의미의 구성에 도달한다. 따라서 이 이론에서는 문제 해결을 위한 전략의 습득과 그 전략을 규제하는 상위인지의 습득을 강조한다. 또한 인지주의이론에서는 쓰기 과정에 영향을 미치는 내용 생성 전략과 고쳐 쓰기 전략을 함께 강조한다는 특징이 있다.

해 설

• 교사 피드백

011 쓰기 수업에서 피드백의 활용 방법으로 옳은 것은? (4회 55번)

① 동료 피드백은 쓰기 후 단계에서 활용할 때 가장 효과적이다.
② 교사에 의한 피드백은 초고 쓰기 단계에서 활용하는 것이 바람직하다.
③ 동료 피드백 활동을 할 경우 글을 평가하는 기준을 몇 가지로 제한하는 것이 좋다.
④ 교사에 의한 피드백은 글 전체의 구성보다는 문장의 정확성에 대해 이루어지는 것이 좋다.

평가 요소 쓰기 지도 접근 방식에 따른 쓰기 교육의 내용을 이해한다.

개념 확장 [동료 평가]
성공한 학습자는 자발적으로 자신 및 동료를 평가하는 기술을 터득한다. 동료 평가의 이점은 속도, 학습자의 직접 참여, 자율성의 제고, 동기유발의 증폭 등을 들 수 있다. 글쓰기 단계에서 동료와 함께 교정하거나 수정한다. 그러나 동료 평가는 주관성이나 불리함이 작용하므로 기준을 몇 가지로 제한하여 이런 불이익이 되는 점을 충분히 고려해야 한다.

[교사 피드백]
가. 초고에 대한 고쳐 쓰기: 전체적인 오류, 도입 부분에 대한 언급, 주제와 관계가 먼 부분에 대해 언급, 부적절하거나 어색한 단어와 표현을 지적한다.
나. 교정안에 대한 고쳐 쓰기: 지엽적이고 문법적인 오류(철자, 구두점, 문법구조)를 지적하되 교정하지는 않는다. 어색하지는 않지만 분명하지 않은 어휘 선택에 대해 언급한다. 문장 내의 또는 문장 간의 일관성에 대해 언급한다.
다. 최종 글에 대한 고쳐 쓰기: 문법적인 오류 수정, 어색한 어휘 수정, 글의 전체 구성과 내용에 대해 교사의 의견을 언급한다.

참고문헌 한재영(2005), 한국어교수법, 태학사.

012 쓰기 수업에서의 교사의 역할에 관한 설명으로 옳지 않은 것은?
(10회 80번)

① 독자로서의 역할 – 학습자의 글에 대한 느낌을 적절히 말해 준다.
② 평가자로서의 역할 – 효과적인 수행을 할 수 있도록 글의 강점과 약점을 알려준다.
③ 관찰자로서의 역할 – 교사가 쓴 초안에 대해 학습자가 평가해 보게 하고 취사선택하게 한다.
④ 조력자로서의 역할 – 학습자가 주제에 맞는 적절한 어휘와 표현을 구사할 수 있도록 도와준다.

평가 요소 쓰기 수업 과정에서 교사의 역할을 알고 있다.

▶ 011 **답** ③

정답 풀이
동료 평가는 주관성이나 불리함이 작용하므로 기준을 몇 가지로 제한하여 이런 불이익이 되는 점을 충분히 고려해야 한다.

▶ 012 **답** ③

정답 풀이
관찰자로서의 교사 역할의 중요성을 강조할 때, 교사는 학생이 자유롭게 자신의 생각을 글로 써낼 수 있도록 간섭을 최소화해야 할 필요가 있다. 그러나 그 과정이 성공적으로 이뤄지기 위해서는 교사는 끊임없이 학생의 상황에 관하여 세심하게 관찰하고, 학습 효과를 올릴 수 있도록 적절한 배려를 해 주어야 한다.

• 쓰기 전략

013 답 ②

정답 풀이

ⓛ은 쓰기 단계 전략, ⓜ은 읽기 전략에 해당한다.

013 다음 중 쓰기 전 단계에서 활용할 수 있는 전략을 <u>모두</u> 고른 것은?
(1회 63번)

> ㉠ 목록화
> ㉡ 빨리 쓰기
> ㉢ 마인드 매핑(mind mapping)
> ㉣ 브레인스토밍(brainstorming)
> ㉤ 선행조직자 활용하기

① ㉠, ㉣   ② ㉠, ㉢, ㉣
③ ㉠, ㉡, ㉢, ㉣   ④ ㉠, ㉡, ㉢, ㉣, ㉤

평가 요소 과정 중심 수업에서 단계별로 활용할 수 있는 쓰기 전략을 알고 있다.

개념 확장 쓰기 전 단계는 앞으로 쓸 글에 대해 구상하고 생각하는 아이디어 형성 단계라고 할 수 있다. 쓰기 전 단계에서 사용할 수 있는 학습자 전략으로 개요 쓰기, 브레인스토밍, 목록 만들기, 다발 짓기, 자유연상, 마인드맵, 주제에 대해 토론하기, 정보 수집 활동, 상의하기 등이 있다.
위 문제의 보기에 나타난 각 전략은 다음과 같다.
　가. 목록화: 주제와 관련해서 생각나는 모든 것을 목록화하는 것이다. 개인적인 활동에 해당한다.
　나. 빨리 쓰기: 쓰기 단계에서 제한된 시간 내에 주제에 관해 생각나는 것을 내용의 구성과 흐름을 생각하지 않고 빨리 쓰는 활동이다.
　다. 마인드 매핑(mind mapping): 머릿속에 있는 생각들을 지도를 그리듯이 핵심어를 이미지화하여 펼쳐 가는 기법이다.
　라. 브레인스토밍(brainstorming): 특정한 주제에 대해 지식을 학습자들이 서로 공유하는 활동이다.
　마. 선행조직자 활용하기: 독자의 배경지식과 텍스트 사이에 있을 수 있는 간격을 연결시키는 구실을 해 준다.

• 오류 수정 방법

014 답 ②

정답 풀이

교사가 오류를 고쳐 주기 전에 학생들이 스스로 오류를 고칠 수 있도록 시간과 기회를 준다. 동일한 오류가 생긴 원인을 밝히는 것은 학생을 위해 유용하다.

오답 풀이

① 모국어 화자는 외국인의 문법적 오류보다 화용적 오류에 더 관대하지 못한다. 그러므로 화용적 오류도 문법적 오류만큼 중요하게 다루어야 한다.
③ 오류가 부주의에서 온 실수도 있을 수 있으므로 오류의 원인을 따져 본다.
④ 오류 수정 시 부호를 사용할 경우 최대한 단순하게 제시한다.

014 쓰기 오류 수정 방법에 관한 설명으로 옳은 것은? (5회 52번)

① 어휘, 문법 오류를 화용적 오류보다 중요하게 다룬다.
② 동일한 오류가 반복될 때마다 직접 수정해 줄 필요는 없다.
③ 학습자의 글에서 문법적으로 맞지 않는 것은 모두 오류로 다룬다.
④ 상징 부호로 오류를 수정할 경우, 오류 종류를 최대한 세분화하여 제시한다.

평가 요소 쓰기 오류 수정 방법을 이해한다.

015 쓰기 오류를 수정할 때 고려해야 할 것으로 옳지 않은 것은? (10회 82번)

① 실수(mistake)는 스스로 수정할 수 있으니 심각하게 보지 않는다.

② 글의 오류(error) 수정만 하지 않고 칭찬도 함께 해 주는 것이 좋다.

③ 형식 중심 쓰기에서는 목표 형태를 정확히 수정하는 데 중점을 둔다.

④ 장르 중심 쓰기에서는 상투적인 표현을 새로운 표현으로 고치는 데 중점을 둔다.

평가 요소 쓰기 오류를 이해하고 있다.

• 쓰기 피드백

016 쓰기 피드백에 관한 설명으로 옳은 것은? (10회 83번)

① 면담 피드백에서는 글을 쓴 의도를 파악하기가 좋다.

② 서면 피드백은 대면 피드백이며, 시간에 구애를 받는다.

③ 간접 피드백에서는 올바른 형태를 글로 써서 알려준다.

④ 직접 피드백에서는 틀린 부분에 밑줄을 그어 학습자가 고치게 한다.

평가 요소 쓰기 피드백을 이해하고 있다.

개념 확장 직접 피드백과 간접 피드백

명시성에 따라 직접 피드백과 간접 피드백으로 분류해 볼 수 있다. 직접 수정 피드백은 교사가 학생들이 작성한 글에서 발견된 오류의 올바른 형태를 제공해 주는 방법으로, Ellis(2009)는 불필요한 단어나 구 등을 지워 주기, 빠진 단어를 넣어 주기, 혹은 올바르지 않은 단어의 올바른 형태를 써 주는 등의 방법을 들고 있다. Ferris(2003)는 직접 수정 피드백의 방법을 범주화하여 삭제, 삽입, 대체, 재작성의 4가지로 제시하기도 하였다. 간접 수정 피드백은 학습자들이 쓰기 과정에서 범한 오류의 올바른 형태를 바로 제공해 주는 대신 학습자에게 오류가 있음을 알려주어 스스로 수정할 수 있도록 하는 것이다. Ferris와 Roberts(2001)는 간접 수정 피드백의 방법을 부호 표시 방법부터, 언어적 설명의 방법까지 4단계로 제시한 바 있다.

• 과제 중심의 쓰기 교육

017 다음 중 유도된 쓰기 활동에 해당하는 것은? (1회 64번)

① 신청서 양식을 제시하고 채우게 한다.

② 어휘와 문법을 제시하고 문장을 만들게 한다.

③ 읽기 자료의 내용을 지지하거나 반박하는 글을 쓰게 한다.

④ 글의 주제와 핵심어를 제시한 후 이를 이용해 글을 쓰게 한다.

▶ **015** **답** ④

정답 풀이

장르 중심의 쓰기 이론가들은 장르의 유형, 사회적 기능, 형식과 내용을 가르치는 것을 쓰기 교육의 목표로 삼는다. 이렇게 함으로써 다양한 상황 맥락 내에서 전개되는 텍스트의 언어적 형식과 특징을 자유자재로 다룰 수 있는 능력을 기를 목적을 지니고 있다. 따라서 상투적인 표현을 새로운 표현으로 고치는 데 중점을 두지 않는다. 문장 표현에 중점을 두는 것은 기능론적 관점이다.

오답 풀이

① 실수(mistake)는 학습자 스스로 오류를 찾아내고 고칠 수 있으므로 심각하게 보지 않는다.

② 글의 오류(error) 수정만 하지 않고 잘된 표현은 긍정적으로 칭찬해주어야 한다.

③ 형식 중심 쓰기에서, 교사는 형식에 두고 권위적인 텍스트를 제시하여 학생들이 목표 형태를 정확히 알고 수정하는 데 중점을 둔다.

▶ **016** **답** ①

정답 풀이

면담 피드백은 학습자를 직접 대면하는 것으로, 학습자의 의도를 정확하게 파악하고 교정 내용을 효과적으로 전달하는 데 용이하다.

오답 풀이

② 서면 피드백은 글로써 하는 피드백이며, 시간을 효율적으로 사용하고 다시 읽어 볼 수 있다는 장점이 있어 시간에 구애를 받지 않는다.

③ 간접 피드백에서는 틀린 부분에 밑줄을 그어 학습자가 고치게 한다.

④ 직접 피드백에서는 틀린 부분을 지적하고 올바른 형태를 제공한다.

▶ 017 답 ④

정답 풀이

①과 ②는 통제 작문, ③은 자유 작문에 해당한다.

평가 요소 과제 중심 쓰기 활동 중 유도된 쓰기를 알고 있다.

개념 확장 과제 중심의 쓰기 수업은 가능하면 담화 차원의 쓰기를 수행할 수 있도록 하며 학습자의 흥미를 끌 수 있는 쓰기 과제를 제시하도록 한다. 또한 학습자의 상호작용을 끌어낼 수 있도록 쓰기 활동의 많은 부분이 교실에서 이루어질 수 있도록 구성한다. 쓰기 활동의 다양한 유형을 살펴보면 다음과 같다.
가. 통제된 쓰기(초급 단계에서 많이 활용)
자모 익히기, 맞춤법, 어휘나 문법 익히기 등 형태에 중점을 둔 활동, 표/도표/그림/사진을 보고 쓰기, 어휘/조사 쓰기, 문형 연습, 틀린 것 고쳐 쓰기, 어순 배열하기, 문장 연결하기, 지시대로 바꿔 쓰기
나. 유도된 쓰기
문장 만들기, 질문과 대답 쓰기, 글 완성하기, 이야기 재구성하기, 시각적인 자료 보고 쓰기 등
다. 통합 쓰기
말하고 쓰기, 듣고 쓰기, 읽고 쓰기
라. 자유 작문(중 · 고급 단계에서 많이 활용)
어휘력, 문법력, 표현력, 철자법, 맞춤법 등 복합적인 언어능력이 요구된다. 주제에 맞는 글쓰기, 제목 주고 글쓰기, 자유롭게 수필쓰기 등

참고문헌 윤영(2012), 한국어 교실에서의 "과제 중심 읽기, 쓰기 교육" 방법과 과제, 국제한국어교육학회 추계학술발표논문집 2012.

• 언어 교육 이론과 쓰기 교육

018 쓰기를 의사소통적 관점에서 설명한 것으로 옳은 것은? (6회 33번)

① 쓰기는 특정한 텍스트 유형을 분석하여 모방하는 것이다.
② 쓰기는 특정한 목적을 가지고 독자와 상호작용하는 것이다.
③ 쓰기는 문장을 연결하여 하나의 완결된 텍스트를 생산하는 것이다.
④ 쓰기는 내용과 언어에 대한 지식을 활용하여 좋은 텍스트를 만드는 것이다.

평가 요소 쓰기 교육에 대한 교육적 접근에 따른 교육적 중점과 필자 및 독자의 역할을 이해한다.

▶ 018 답 ②

정답 풀이

쓰기는 학습자로 하여금 자신이 쓴 글을 통해 글을 읽는 이들과 의사소통을 하게 한다. 그러므로 외국어 교육에서의 쓰기는 의사소통의 도구로서의 쓰기라고 할 수 있다.

• 학습자 숙달도별 쓰기 활동

019 다음 중 중급 단계의 쓰기 활동으로 적절하지 <u>않은</u> 것은? (3회 61번)

① 자신의 나라나 출신 도시를 소개하는 글을 쓴다.
② 학기말 행사를 알리는 안내문과 초대장을 작성한다.
③ 장래 문제로 고민하는 친구에게 조언하는 편지를 쓴다.
④ 체벌에 대한 다른 사람의 글을 읽고 반박하는 글을 작성한다.

평가 요소 학습자 숙달도별 쓰기 활동을 안다.

▶ 019 답 ④

정답 풀이

④는 고급 단계의 쓰기 활동에 해당한다.

개념 확장 학습자 숙달도별 쓰기 교육의 목표는 다음과 같이 정리할 수 있다.

	자모 구성, 맞춤법, 받아쓰기	문장의 길이	글의 종류	진술 방법	스타일
1급	한글 자모의 구성을 알아 올바른 순서대로 쓸 수 있다. 학습한 내용을 듣고 쓸 수 있다.	학습한 문형을 써서 한 개의 연결어미가 사용된 문장을 쓸 수 있다.	단문 중심으로 자신의 의사를 표현하는 짧은 글을 쓸 수 있다. 초보적인 일기, 편지를 쓸 수 있다.		학습한 경어법에 맞춰 간단한 문장을 쓸 수 있다.
2급	학습한 어휘의 발음과 표기의 차이를 알아 맞춤법에 맞게 쓸 수 있다.	연결어미(1, 2개)가 사용된 문장으로 한두 단락의 글을 쓸 수 있다.	친숙한 주제에 대해 간단한 설명문을 쓸 수 있다. 형식에 맞게 일기, 편지를 쓸 수 있다.	단순한 비교, 대조, 비유 등의 방법으로 설명할 수 있다.	경어법을 적절하게 사용하여 간단한 글을 쓸 수 있다. 격식체와 비격식체의 적절한 용법을 알아 글을 쓸 수 있다.
3급	음운 규칙을 이해하고 문장을 받아쓸 수 있다.	다양한 연결어미를 사용하여 2-3단락의 글을 쓸 수 있다.	간단한 수필, 기행문, 설명문을 쓸 수 있다. 안내문, 초대장, 목적에 맞는 축하의 글(생일, 졸업, 결혼 등)을 쓸 수 있다.	정의, 비교, 대조, 비유 등의 방법으로 설명할 수 있다. 간단한 묘사를 할 수 있다.	격식체와 비격식체를 상황에 맞춰 쓸 수 있다.
4급			형식을 갖춘 논설문을 쓸 수 있다. 연구나 업무에 필요한 간단한 보고서를 쓸 수 있다.	다양한 진술 방법으로 설명할 수 있다. 묘사, 설득의 글을 쓸 수 있다.	해라체의 평서형 어미 '-다' 형태를 써서 능숙하게 서술할 수 있다. 빈도수가 높은 관용 표현, 속담, 한문 숙어를 적절히 이용하여 글을 쓸 수 있다.
5급			다양한 주제의 논설문을 쓸 수 있다. 연구 계획서, 업무 보고서, 취업에 필요한 자기소개서를 쓸 수 있다.	목적에 맞게 다양한 진술 방법으로 글을 쓸 수 있다.	다양한 한자 어휘와 추상적인 개념을 포함한 글을 쓸 수 있다. 확장된 관용 표현, 속담, 한문 숙어를 사용해서 글을 쓸 수 있다.
6급			문예문을 포함한 다양한 종류의 글을 쓸 수 있다.	다양한 진술 방법으로 세련되고 창의적인 글을 쓸 수 있다.	전문 용어, 시사 어휘를 이용해 글을 쓸 수 있다. 난이도가 높은 관용 표현, 속담, 한문 숙어를 사용해서 글을 쓸 수 있다.

해설

> ▶ 020 답 ②

정답 풀이

'ㄴ'보다는 한국 사회, 문화에 대한 주제를 다루는 것이 좋다. 'ㄷ'과는 달리 문법 구조에 집착하지 않고 작문의 중심 생각에 중점을 두고 글을 써야 하지만 고쳐 쓰기를 통해 어휘, 문법의 오류를 수정한다.

• **쓰기 수업의 구성 원리**

020 쓰기 수업의 구성 원리로 옳은 것을 <u>모두</u> 고른 것은? (5회 54번)

> ㄱ. 학습자 간의 피드백을 통해 자신의 글에 대한 다양한 의견을 얻게 한다.
> ㄴ. 내용 구성에 한국 사회, 문화에 대한 지식이 요구되는 주제는 다루지 않는다.
> ㄷ. 글의 구조 등 거시적인 측면보다 어휘, 문법 등 미시적인 측면을 중요하게 다룬다.
> ㄹ. 쓰기의 결과와 과정이 균형을 이룰 수 있도록 구성한다.

① ㄱ, ㄷ   ② ㄱ, ㄹ
③ ㄱ, ㄴ, ㄹ   ④ ㄱ, ㄷ, ㄹ

평가 요소 쓰기 수업의 구성 원리를 이해하고 적용할 수 있다.

개념 확장 고급 과정의 과정 중심 쓰기 수업의 수업 구성 원리는 다음과 같다.
가. 학습자로 하여금 글 쓰는 목적과 과정을 이해하게 하여 좋은 학습자 습관을 갖게 한다.
나. 쓰기 전에 미리 계획을 세우도록 한다.
다. 쓰기 수업을 교사와 학습자, 학습자 간의 상호적인 수업으로 구성한다.
라. 교사는 학습자의 생각을 최대한 글로 표현할 수 있도록 안내하는 역할을 한다.

> ▶ 021 답 ④

정답 풀이

①은 포트폴리오 평가의 단점이고 ②와 ③은 포트폴리오 평가의 장점이다. ④는 쓰기의 직접 평가에 관한 설명으로 학생들로 하여금 제한된 시간 안에 직접 글을 쓰게 한 후에 그 글을 평가자가 읽고 개별적으로 평가하는 방법이다.

• **쓰기 포트폴리오 평가**

021 쓰기 포트폴리오 평가에 관한 설명으로 옳지 <u>않은</u> 것은? (5회 51번)

① 평가에 소비되는 시간적 부담이 크다.
② 교사는 피드백의 반영 정도를 확인할 수 있다.
③ 학습자는 자신의 쓰기 학습 과정을 되돌아볼 수 있다.
④ 주어진 시간에 정해진 주제에 대해 작문한 것을 평가한다.

평가 요소 쓰기의 평가 방식을 이해한다.

개념 확장 포트폴리오 평가는 학습 과정에서 산출되는 학습 결과물을 일정한 기준에 따라 정리하게 하여 평가하는 방법이다. 학습 활동물에 대한 체계적인 수집과 학습자의 자기 평가와 교사 평가를 포함하고 있는데 학습자의 학습 전진 과정을 보여줄 수 있는 자료들을 중심으로 포트폴리오가 구성되면 평가 기준을 고려하여 각 자료들을 선정하고 수집한다.

해 설

참고문헌 강승혜 외(2006), 한국어 평가론, 태학사.

・**장르 중심의 쓰기 교육**

022 장르 중심의 쓰기 교육과 직접적으로 관련이 <u>없는</u> 쓰기 활동은? (6회 29번)

① 개요를 작성한 후 동료들에게 보충해야 하는 내용에 대한 의견을 들어 본다.

② 같은 내용을 담고 있는 서로 다른 두 글의 구조와 문체를 비교해 본 후 글을 쓴다.

③ 모범 글을 읽고 한국 사람들이 자주 사용하는 글의 형식을 파악한 후 글을 쓴다.

④ 쓰고자 하는 글의 주제와 목적이 무엇인지, 그에 맞는 글의 종류에 대해 이야기한다.

평가 요소 장르 중심의 쓰기 교육을 안다.

개념 확장 장르 중심의 쓰기는 글쓰기의 사회문화적인 맥락을 강조하여 장르의 유형, 사회적 기능, 형식과 내용을 가르치는 것이다. 장르 중심 쓰기는 사회의 다양한 맥락 내에서 전개되는 텍스트의 언어 형식과 특징을 자유자재로 다룰 수 있는 능력을 기르는 것을 목표로 삼는다.

▶ 022 **답** ①

정답 풀이

①은 사회적 구성주의에서의 쓰기 교육이다.

・**타 언어 기술과의 통합 교육**

023 타 언어 기술과의 연계가 적절하지 <u>않은</u> 쓰기 활동은? (7회 43번)

① 건강 상식에 관한 책을 읽고 정보를 요약하여 쓰기

② 동아리 광고문을 읽고 자기가 속한 동아리를 홍보하는 광고문 만들기

③ 반 친구들이 원하는 직업을 조사한 후 자신의 장래 희망에 대해 쓰기

④ 명절에 관한 주제로 발표한 후 친구들이 질문한 내용을 바탕으로 보충하여 쓰기

평가 요소 쓰기 교육을 다른 언어 기능과 통합해서 하는 원리와 방법을 알고 있다.

▶ 023 **답** ③

정답 풀이

③은 다른 언어 기능과 연계되었다기보다는 단순한 쓰기 수업이다. ①과 ②는 읽기 기술과 쓰기 기술이 결합된 활동이다. ④는 말하기 기술과 쓰기 기술이 결합된 활동이다.

• 쓰기 단계별 오류 수정

▶ 024 답 ②

024 초고에 나타난 쓰기 오류 수정 내용으로 옳지 <u>않은</u> 것은? (8회 56번)

정답 풀이

맞춤법과 구두점 사용 등의 오류는 내용상의 수정이 이루어진 후에 하는 것이 바람직하다. 따라서 초고에 나타난 쓰기에는 적용하지 않는다.

① 주제와 관계가 먼 부분에 대해 언급한다.
② 맞춤법과 구두점 사용 오류를 수정한다.
③ 글의 내용과 구성에 대한 오류를 지적한다.
④ 문법적인 오류나 어색한 어휘 사용을 지적한다.

평가 요소 쓰기 단계별 오류 수정 내용과 방법을 이해하고 적용할 수 있다.

• 쓰기 활동의 특징

▶ 025 답 ③

025 다음 쓰기 활동의 특징으로 옳지 <u>않은</u> 것은? (8회 62번)

정답 풀이

보기는 유도된 글쓰기 과제로서 학습자 자신의 의도와 생각에 따라 내용을 구성하기에는 적합하지 않다. 이는 자유 작문에서 가능하다.

· 다음 질문에 답하고 여행 이야기를 쓰십시오.

1) 가장 인상적인 여행지는 어디입니까?
2) 왜 그곳이 인상적이었습니까?
3) 학습자 자신의 의도와 생각에 따라 내용을 구성할 수 있다.
4) 거기에서 무엇을 하면서 얼마나 지냈습니까?

① 글의 내용과 전개상의 오류를 줄일 수 있다.
② 문장의 배열이나 단락 구조를 익히기에 적합하다.
③ 학습자 자신의 의도와 생각에 따라 내용을 구성할 수 있다.
④ 지시에 따라 글을 쓰면 목표에 쉽게 도달할 수 있다.

평가 요소 통제된 글쓰기, 유도된 글쓰기, 자유 작문 등 쓰기 활동의 특징을 이해한다.

• 한국어쓰기교육론

026 트리블(Tribble)이 제시한 쓰기 과제 수행에 필요한 지식 범주와 그 내용의 연결이 옳지 <u>않은</u> 것은? (9회 63번)

① 내용 지식 – 쓰기 주제에 관한 지식

② 맥락 지식 – 독자나 글의 장르에 관한 지식

③ 언어 지식 – 어휘나 문법에 관한 지식

④ 쓰기 과정 지식 – 글 전개 방식에 관한 지식

평가 요소 쓰기 과제 수행에 필요한 지식 범주와 내용을 이해한다.

개념 확장 트리블(Trrible, 2003)은 글쓰기 지식으로 다음의 네 가지를 들었다.

내용 지식: 주제 영역에 포함된 개념들에 대한 지식.
맥락 지식: 그 텍스트가 읽힐 맥락에 대한 지식.
언어 체계 지식: 그 과제를 완성하는 데에 필요한 언어 체계 측면들에 대한 지식.
글쓰기 과정 지식: 특정한 글쓰기 과제를 준비하는 가장 적합한 방식에 대한 지식.

참고문헌 Tribble, Christopher, Writing, 김지홍 역(2003), 쓰기, 범문사.

▶ 026   **답** ④

정답 풀이

쓰기 과정 지식은 특정한 글쓰기 과제를 준비하는 가장 적합한 방식에 대한 지식이다.

해 설

제6강 **한국어읽기교육론**

중영역 : 한국어읽기교육론

번호	세부 영역	출제 회수	문제 풀이
1	과정 중심의 읽기 교육	24	3
2	읽기 활동 유형	13	4
3	읽기 전략	14	3
4	언어교육이론과 읽기 교육	3	3
5	읽기 자료	5	3
6	읽기 과제	2	1
7	텍스트 특성을 활용한 읽기 교육	3	2
8	읽기 교육의 목표 및 내용	3	1
9	타언어 기술과의 통합 교육	1	1
	총계	68	21

• 과정 중심의 읽기 교육

▶ 001 **답** ④

정답 풀이

동화에 나오는 핵심어를 중심으로 의미망을 작성하는 것은 읽기 전 단계에 해당하지만 세부 내용을 바탕으로 의미망을 작성하는 것은 읽은 후 단계에 해당한다.

001 '한국 전래 동화 읽기' 수업의 읽기 전 단계 지도 내용으로 옳지 않은 것은? (6회 20번)

① 수업에서 읽을 동화의 구연 테이프를 들려주었다.

② 한국 전래 동화의 전형적인 스토리 구조를 알려주었다.

③ 이야기의 배경이나 주제와 관련된 비디오를 시청하게 하였다.

④ 동화에 나오는 핵심어와 세부 내용을 바탕으로 의미망을 작성하도록 하였다.

평가 요소 읽기 수업의 단계별 지도 내용을 알고 있다.

개념 확장 [읽기 전 단계]
본격적인 읽기를 수행하기 위한 준비 단계로서, 읽기의 특성을 고려할 때 가장 중요한 절차이다. 이 단계에서 읽기의 목적을 인지하고 동기를 유발하고 독자가 가지고 있는 사전 지식인 스키마를 활성화하여 텍스트의 내용을 예측한다.
읽기 전 단계에서 활용할 수 있는 주요 학습 활동은 다음과 같다.
　　가. 어휘 가르치기
　　나. 제목이나 삽화 보고 유추하기
　　다. 학습 목표 확인하기
　　라. 사전 검사 및 사전 질문하기
　　마. 시청각 자료 활용하기
　　바. 글의 구조적 패턴 확인하기

해 설

[읽기 단계]

본격적인 읽기를 수행하는 단계이다. 텍스트 이해를 목적으로 읽기 기능 및 전략을 연습한다. 읽기 전 단계에서 수립한 내용에 대한 가설을 확인하고 검증한다.

읽기 단계에서 활용할 수 있는 학습 활동 및 읽기 전략은 다음과 같다.

가. 세부 사항 및 중심 생각 파악을 위한 질문하기

나. 세부 사항 및 중심 생각 파악을 위한 과제 제시하기

다. 훑어 읽기: 필요한 정보를 알아내거나 전체적인 글의 요지를 파악한다.

라. 자세히 읽기: 문맥으로부터 어휘를 추측하고 텍스트의 구조, 논리, 주제 등을 이해하고 내용을 파악한다.

[읽기 후 단계]

읽기 과정을 수행하고 난 후 읽은 내용을 정리하고 확인하는 단계로서, 읽은 내용에 대한 비판, 감상, 응용 등을 할 수 있다. 주로 다음과 같은 활동이 가능하다.

가. 텍스트 다시 읽기: 처음의 읽기와는 다른 목적으로 텍스트를 다시 한 번 읽어본다.

나. 관련 글 읽기: 주제나 내용이 비슷한 글을 읽어 봄으로써 자신의 이해를 강화한다.

다. 그룹 토론: 읽기에서 다룬 주제나 내용 등에 대해 토론을 해 봄으로써 이해를 심화한다. 학습이 효과적으로 이루어지려면 학습자는 자신이 무엇을 하고 있는지, 자신이 무엇을 알고 있는지 등을 알아야 한다. 토론은 학습자를 적극적으로 학습에 끌어들이는 활동으로 학습자로 하여금 학습 내용을 좀 더 분명하게 인식하게 하는 계기가 된다.

라. 다른 언어 기술과의 통합: 읽기에서 다룬 글을 모범으로 삼아, 비슷한 담화 유형의 글을 생산해 보거나 읽기 자료를 활용해 역할극 등을 해 본다.

참고문헌 김호정(2010), 한국어 읽기 교육론, 한국어 교육, 서울대학교 사범대학 외국인을 위한 한국어교육 지도자 과정.

한국어세계화재단(2003), 예비교사·현직교사 연수자료집, 한국어세계화재단.

---

002 상호작용적인 모형의 읽기 수업에 대한 설명으로 옳은 것은? (1회 54번)

① 숙달도가 낮은 단계에서 주로 사용한다.

② 독자보다 글에 중점을 둔 읽기 방식이다.

③ 사전 지식, 경험을 바탕으로 텍스트를 재해석한다.

④ 낭독, 번역, 문장 분석 등의 방법을 통해 연습한다.

평가 요소 읽기의 모형과 특징을 이해한다.

개념 확장 읽기가 텍스트와 독자 사이에 일어나는 의미 구성 과정이라는 점에서, 언어적 요소를 강조하는 모형인 상향식 모형, 독자의 스키마를 강조하는 모형인 하향식 모형, 그리고 언어와 독자의 스키마를 병행하여 강조하는 모형인 상호작용적 모형 세 가지가 있다.

▶ **002** **답** ③

정답 풀이

③번이 상호작용적 모형에 해당하고 나머지는 모두 상향식 모형에 해당한다.

해 설

셋째 마당

[상향식 모형]

상향식 모형에서는 읽기를 작은 단위의 언어 형식에서 점차 큰 단위의 언어 형식으로 부분들이 모여서 의미가 파악되는 직선적인 상향 과정으로 본다. 즉, 독자가 먼저 언어학적 신호(글자, 형태소, 음절, 단어, 어구, 문법적 암시, 담화 표시 장치)들을 인식하고, 그것들을 언어학적으로 처리함으로써 의미 구성이 이루어진다고 보는 것이다.

상향식 읽기는 텍스트에 포함된 어휘나 문형 등을 정확히 이해하고 있음에도 불구하고 글의 전체 내용을 제대로 파악하지 못한다는 것이 문제점으로 지적된다.

[하향식 모형]

하향식 모형은 읽기 과정을 설명함에 있어, 우리 자신의 지성과 경험으로부터 텍스트의 의미가 구성된다고 보는 것이다. 이는 세상사에 대한 배경지식과 텍스트의 구성 및 조직에 대한 지식을 활용하여, 텍스트의 하위 구성단위까지 의미를 파악하고 필요한 정보를 획득한다고 본다.

[상호작용적 모형]

상호작용적 모형은 상향적 모형과 하향적 모형을 결합한 것으로, 하향식 모형과 마찬가지로 학습자 위주로 정보를 처리하지만 이해의 과정을 선형적인 것이 아니라 순환적인 것으로 보아서 텍스트에 대한 추측을 언어 정보에 근거하여 확인하고 다시 추측하고 다시 언어 정보를 확인하는 과정을 반복한다. 상호작용적 모형의 기본 가정은 다음과 같다.

가. 독자가 갖고 있는 기존 지식이 읽기 학습에 영향을 미친다.
나. 글의 독해에는 개념 중심과 자료 중심의 두 해석 과정이 모두 필요하다.
다. 독해 수준이 깊으면 깊을수록 내용을 더 잘 이해하고 기억도 오래한다.
라. 읽는 상황(읽기에서의 과제, 독자의 읽기 목적, 배경지식, 독자의 요구, 흥미, 태도 등)이 독해 및 기억에 영향을 미친다.

참고문헌 강현화 외(2000), 한국어 이해 교육론, 형설출판사.

▶ 003　**답** ④

정답 풀이

ㄱ. 읽기 전 단계: 선행조직자 활용하기
ㄴ. 읽기 단계: 전체 훑어 읽기
ㄷ. 읽은 후 단계: 다른 기능과의 연계
ㄹ. 읽기 단계: 세부 내용 메모하며 읽기
ㅁ. 읽기 전 단계: 배경지식 활성화하기

003 **다음은 '춘향전'을 활용한 고급 단계의 읽기 수업 활동이다. 순서대로 배열한 것은?** (5회 44번)

> ㄱ. '춘향전'의 책 표지를 보여 주면서 주제나 등장인물의 관계 등에 대해 이야기해 본다.
> ㄴ. 책장을 넘겨 가면서 대체적인 이야기 흐름과 등장인물 간의 관계에 대해 이야기해 본다.
> ㄷ. '방자전'이라는 영화를 본 외국인 친구에게 원전인 '춘향전'에 대해 이야기해 준다.
> ㄹ. 이야기 흐름에 주목해서 읽고 '발단-전개-위기-절정-결말'의 5단계로 내용을 메모해 본다.
> ㅁ. '춘향전'을 알고 있는지, 혹은 최근에 상영된 영화 '방자전'을 알고 있는지, 어떤 이야기인지 말해 본다.

① ㄴ - ㅁ - ㄹ - ㄷ - ㄱ　　② ㄴ - ㅁ - ㄱ - ㄹ - ㄷ
③ ㅁ - ㄱ - ㄴ - ㄷ - ㄹ　　④ ㅁ - ㄱ - ㄴ - ㄹ - ㄷ

평가 요소 읽기 수업의 단계별 활동을 이해한다.

개념 확장

학습자 수준	교수 · 학습 목표
초급 단계	• 글자의 짜임을 알고 글자를 읽는다. • 기본 음절표를 따라 읽는다. • 낱자를 바꾸어 다른 글자를 만들고, 정확하게 읽는다. • 부호의 쓰임에 유의하며 글을 읽는다. • 글을 정확하게 소리내어 읽는다. • 교사의 낭독을 따라서 낱말, 구절, 문장을 정확하게 소리내어 읽는다. • 대강의 내용을 파악하며 읽는다. • 일상생활에서 자주 접하는 화제, 소재, 주제, 기능을 다룬 간단한 글을 읽고 내용을 이해할 수 있다. • 단문에서 시작하여 짧은 서술문, 광고문, 안내문 등 점차 간단하면서도 다양한 담화의 내용을 이해할 수 있다.
중급 단계	• 글을 읽을 때와 쓸 때의 공통점과 차이점을 이해한다. • 내용을 메모하며 글을 읽는다. • 글쓴이의 의도나 목적을 파악하며 글을 읽는다. • 배경지식을 활용하여 겉으로 드러난 의도와 숨겨진 의도를 구별하여 글을 읽는다. • 글쓴이의 의도나 목적이 글의 주제와 어떻게 관련되는지 토의한다. • 내용의 통일성을 평가하며 글을 읽는다. • 친숙하고 구체적인 사회, 문화 소재를 다룬 간단한 글을 읽고 이해할 수 있다. • 사회적 관계 유지에 필요한 텍스트를 읽고 이해할 수 잇다. • 비교적 평이한 내용을 다룬 시사적인 글을 읽고 내용을 이해할 수 있다.
고급 단계	• 다양한 종류의 글을 읽고, 읽는 목적을 고려하여 필요한 정보를 효과적으로 찾는다. • 글쓴이가 글을 쓸 때에 어떤 정보는 생략했다는 점에 유의하며 글을 읽는다. • 표현상의 특징을 알아보며 글을 읽고, 그 효과를 평가한다. • 주제나 글감이 같은 여러 글을 읽고, 표현상의 특징을 비교하고 평가한다. • 읽은 내용의 신뢰성과 타당성을 판단하는 기준을 알아본다. • 정치, 경제, 사회, 문화 등에 걸쳐 전문적으로 다룬 글을 읽고 이해할 수 있다. • 본격적인 수필, 동화 등의 작품을 읽고 내용을 파악할 수 있다. • 고유 업무 영역이나 전문 연구 분야와 관련된 글을 이해할 수 있다.

참고문헌 정기철(2000), 읽기 교육의 이론과 실제, 역락.

셋째 마당

・읽기 활동 유형

004 ▶ 004 **답** ③

확장형 읽기의 지도 방법으로 가장 적절하지 <u>않은</u> 것은? (3회 53번)

① 가능하면 많은 자료를 읽도록 한다.
② 주로 수업 이외의 활동으로 실시한다.
③ 전체 내용과 함께 세부 내용을 파악하도록 한다.
④ 모르는 단어는 문맥에서 추측해 보도록 유도한다.

정답 풀이

③은 상호작용적 읽기에 해당한다.

평가 요소 확장형 읽기를 이해한다.

개념 확장 확장형 읽기는 하향적이고 총체적인 이해 기능을 신장하는 것을 목적으로 전체적인 메시지와 의도를 찾는 것이다. 확장형 읽기의 과업은 다음과 같다.
• 훑어 읽기
• 요약하기
• 읽고 짧은 에세이로 답하기
• 메모하기, 방주[1] 적기, 요점 적기
• 개요적기

참고문헌 H. D. Brown(2007), Teaching by Principle: An Interactive Approach to Language Pedagogy, 권오량 외 역(2010), 원리에 의한 교수: 언어 교육에의 상호작용적 접근법, ㈜피어 슨에듀케이션코리아.

---

1) 본문의 옆이나 본문의 한 단락이 끝난 뒤에 써 넣는 본문에 대한 주석

005 ▶ 005 **답** ②

읽기 유형과 읽기 활동이 알맞게 연결된 것은? (6회 19번)

① 훑어 읽기(skimming) – 마무리 시험 공부를 위해 밑줄 친 부분을 중심으로 읽는다.
② 뽑아 읽기(scanning) – 컴퓨터 문제 해결 방법을 알아보기 위해 매뉴얼 목차를 읽는다.
③ 집중형 읽기(intensive reading) – 보고서 작성을 위해 관련 문헌을 찾아서 서론 부분을 읽는다.
④ 확장형 읽기(extensive reading) – 어휘력 향상을 위해 특정 동화책을 여러 번 반복하여 읽는다.

정답 풀이

①, ②, ③은 모두 뽑아 읽기 활동에 해당한다. ④는 훑어 읽기 활동이다.

평가 요소 읽기 유형에 따른 활동을 알고 있다.

개념 확장 훑어 읽기(skimming)와 뽑아 읽기(scanning)는 글을 읽을 때 내용 이해에 필요한 정보만을 알아내어 그것을 바탕으로 추측과 맥락에 따라 글을 파악해 가는 방식이다. 독자에게 필요한 정보만을 알아내려 할 때에도 자주 사용된다.

해설

가. 훑어 읽기(skimming):
　㉠ 텍스트를 처음부터 끝까지 빠르게 읽고 대략적 정보를 찾기 위한 읽기 전략이다.
　㉡ 훑어 읽기는 학습자가 읽어야 할 글의 대략적인 요지와 목적 등을 파악하기 위해서 전체 글을 눈으로 빠르게 훑어 읽는 것이다.

나. 뽑아 읽기(scanning)
　㉠ 텍스트를 재빨리 훑어서 특별한 정보를 찾아내기 위한 읽기 전략이다.
　㉡ 스캐닝은 글의 대략적 요지나 목적보다는 어떤 특정 정보(예를 들어 날짜, 이름, 특정 숫자, 중요한 개념의 정의 등)를 주어진 텍스트 안에서 빨리 찾아내는 데 쓰이는 기술로 날짜, 이름, 특정 숫자 등을 바르게 볼 필요가 있는 스케줄이나 매뉴얼 등을 파악하는 데 요구된다.

이 외에도 집중형 읽기(정독, intensive reading)와 확장형 읽기(다독, extensive reading)가 있는데 다음과 같다.

다. 집중형 읽기(정독, intensive reading): 텍스트를 세부적인 내용까지 다 파악해 가면서 꼼꼼하게 읽는 방법이다. 예를 들어 계약서나 전공책 읽기가 집중형 읽기에 해당한다. 작은 내용까지 꼼꼼히 확인해야 하거나 중요한 개념이 많이 있는 경우 꼼꼼하게 읽어나가는 방법을 택한다.

라. 확장형 읽기(다독, extensive reading): 많은 자료를 한꺼번에 짧은 시간에 대강의 흐름만 파악하며 읽는 전략이다.

참고문헌 서울대학교 국어교육연구소 편(2014), 한국어교육학 사전, 도서출판 하우.

---

006 **훑어 읽기(skimming)에 관한 설명으로 옳은 것은?** (10회 71번)

① 월세 계약서를 읽을 때처럼 세부적인 내용까지 하나하나 읽는 활동이다.
② 소설과 같은 긴 텍스트를 읽을 때처럼 대강의 흐름을 파악하며 술술 읽는 활동이다.
③ 운행 시각표를 보고 원하는 차편을 찾을 때처럼 특정한 정보를 얻기 위해 빠르게 읽는 활동이다.
④ 게시판의 안내문을 읽을 때처럼 텍스트를 처음부터 끝까지 재빠르게 보고 요점만 읽는 활동이다.

평가 요소 읽기 유형에 따른 활동을 알고 있다.

개념 확장 **훑어 읽기(skimming)와 뽑아 읽기(scanning)**
'훑어 읽기'와 '뽑아 읽기'는 글을 읽을 때 내용 이해에 필요한 정보만을 알아내어 그것을 바탕으로 추측과 맥락에 따라 글을 파악해 가는 방식이다. 독자에게 필요한 정보만을 알아내려 할 때에도 자주 사용된다. 그러나 이 두 읽기 활동은 그 목적에서 분명한 차이가 있다.

　• 훑어 읽기(skimming): 텍스트를 처음부터 끝까지 빠르게 읽

▶ 006 **답** ④

오답 풀이

① '정독(집중형 읽기)'에 해당한다. '훑어읽기'는 세부적인 내용에 대해서는 고려하지 않는다.
② 소설을 읽고 단순한 줄거리를 넘어서 문학적 감동을 얻기 위해서는 다양한 수사와 비유들을 고려한 읽기 활동이 필요하다.
③ 특정한 정보를 얻기 위해서 읽는 활동은 '뽑아 읽기'에 해당한다.

고 대략적 정보를 찾기 위한 읽기 전략이다. 훑어 읽기는 학습자가 읽어야 할 글의 대략적인 요지와 목적 등을 파악하기 위해서 전체 글을 눈으로 빠르게 훑어 읽는 것이다.

• 뽑아 읽기(scanning): 텍스트를 재빨리 훑어서 특별한 정보를 찾아내기 위한 읽기 전략이다. 스캐닝은 글의 대략적 요지나 목적보다는 어떤 특정 정보(예를 들어 날짜, 이름, 특정 숫자, 중요한 개념의 정의 등)를 주어진 텍스트 안에서 빨리 찾아내는 데 쓰이는 기술로 날짜, 이름, 특정 숫자 등을 바르게 볼 필요가 있는 스케줄이나 매뉴얼 등을 파악하는 데 요구된다.

▶ 007 답 ②

정답 풀이

②번이 속도 증진 읽기 활동에 해당한다.

---

007 '속도 증진 읽기 활동(rate-build up reading)'에 관한 설명으로 옳은 것은? (7회 63번)

① 학습자들 각자가 자신의 읽기 능력에 맞게 목표 속도와 분량을 정하여 자기주도적으로 읽도록 하는 방법이다.
② 동일한 텍스트를 제한된 시간에 가능한 한 많이 읽도록 분량을 늘려가며 반복 훈련시키는 방법이다.
③ 학급 구성원들이 텍스트를 읽는 데 도달할 수 있는 최소한의 목표 속도를 정하여 이에 전원 도달하도록 훈련시키는 방법이다.
④ 전체 텍스트를 다 읽는 데 필요한 시간을 정해 빠른 속도로 읽게 하는 방법이다.

평가 요소 속도 증진 읽기 활동의 방법을 알고 있다.

• **읽기 전략**

▶ 008 답 ④

정답 풀이

글의 전체 내용을 이해하기 위해서는 하향식 읽기 방법이 적절하다. ①, ②, ③은 모두 상향식 처리과정을 포함하고 있다.

---

008 글의 전체 내용 이해에 적절한 읽기 전략을 묶은 것은? (2회 53번)

① 요약하기 – 제목 붙이기 – 문장 구조 분석하기
② 사전 사용하기 – 유의어, 반의어 찾기 – 제목 붙이기
③ 단어 의미 유추하기 – 주제 파악하기 – 주어, 술어 찾기
④ 제목 붙이기 – 작자의 어조 파악하기 – 중심 요지 파악하기

평가 요소 읽기 전략을 읽기 목적에 따라 적용할 수 있다.

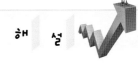

009 읽기 교육에서 사고 구술법(think-aloud)에 관한 설명으로 옳은 것은? (6회 21번)

① 텍스트를 읽고 나서 자신의 생각을 정리해서 논리적으로 이야기하는 것이다.
② 텍스트를 읽기 전에 텍스트 주제에 대해 추측한 것을 자유롭게 표현하는 것이다.
③ 텍스트를 읽고 나서 중심 내용이라고 생각하는 것을 정리해서 이야기하는 것이다.
④ 텍스트를 읽으면서 이해 과정 중에 떠오르는 모든 생각을 자유롭게 말로 표현하는 것이다.

평가 요소 사고 구술법을 이해한다.

개념 확장 사고 구술은 학습자가 읽기 중 생각하는 것을 소리 내어 말하는 방법으로 제2언어 학습자의 상위 인지를 활성화함으로써 독해를 개선할 수 있는 효과적인 접근 방법이다. 사고 구술의 목적은 제2언어 학습자에게 그들의 독해와 텍스트의 기능을 이해하는 전략을 스스로 발전시키도록 도와주는 것이다. 또한 사고 구술 기법은 텍스트 읽기를 멈추고 탐구하는 능동적인 접근이기 때문에 제2언어 학습자의 자기주도적 읽기에 효과적이다.

참고문헌 전유나 · 김영주(2012), 사고구술 전략이 한국어 학습자의 읽기 능력에 미치는 영향, 한국언어문학 83, 한국언어문학회.

▶ 009 **답** ④

정답 풀이

사고 구술(think-aloud)은 머릿속에서 진행되고 있는 생각을 소리 내어 말하는 것이다. 학습자는 텍스트를 소리 내어 읽으면서 순간순간 떠오르는 생각을 그때그때 자유롭게 표현하면 된다.

• 언어 교육 이론과 읽기 교육

▶ 010 **답** ②

외국어 읽기에 영향을 미치는 요인으로는 모국어 읽기 능력이 우선적으로 중요하다. 그러나 모국어 읽기 능력이 외국어 읽기에 반영되려면 문지방을 넘을 수 있는 수준의 외국어 언어 능숙도가 있어야 한다.

010 다음 중 문지방 가설(language threshold hypothesis)에 대한 설명으로 알맞은 것은? (3회 56번)

① 학습자의 배경지식이 적으면 읽기 내용을 수월하게 이해할 수 없다.

② 읽는 능력 자체보다는 외국어 능력이 외국어 읽기에 더 영향을 미친다.

③ 모국어와 외국어가 문법적으로 유사할수록 읽기에 어려움을 덜 느낀다.

④ 충동적인 학습자는 깊이 생각하지 않은 채 글을 읽기 때문에 이해력이 떨어진다.

평가 요소 문지방 가설과 독해의 관계에 대하여 알고 있다.

개념 확장 문지방 가설(threshold hypothesis)이란 모국어 독해 능력이 외국어 독해에 사용되기 위해서는 문지방 수준의 외국어 능력이 있어야 하며, 만약 그 수준에 도달하지 못했을 경우 외국어 독해에 모국어 독해 능력이 단락(short-circuit)되어 사용될 수 없다는 가설이다.

▶ 011 **답** ③

직접 교수법에서는 언어를 습득하는 과정이 모국어나 제2언어가 모두 같다고 보았기 때문에 학습자의 모국어를 사용하지 않고 학습자는 원어민(교사) 발음을 그대로 모방하여 학습한다. 문법은 규칙을 제시하지 않고 귀납적으로 가르쳤으며 읽기보다는 듣기와 말하기를 중심으로 교육하였다.

011 언어 교수법과 읽기 교육에 관한 설명이 바르게 연결되지 <u>않은</u> 것은? (6회 22번)

① 전신반응 교수법 – 구어에 바탕을 두므로 읽기를 비중 있게 다루지 않는다.

② 청각구두식 교수법 – 읽기는 말하기를 잘할 수 있도록 하기 위한 수단으로 여겨진다.

③ 직접 교수법 – 읽기에 비중을 두며, 읽기를 바탕으로 말하기, 듣기, 쓰기 연습이 이루어진다.

④ 내용 중심 교수법 – 읽기를 통해 언어 능력뿐만 아니라 교과목의 지식도 함께 교육한다.

평가 요소 언어 교수법에 따른 읽기 교육 방법을 이해한다.

해설

• 읽기 자료

012 읽기 수업에서 자료를 다음과 같이 수정하여 사용하였다. 자료 수정 방법에 대한 설명으로 알맞은 것은? (2회 57번)

> 운동으로 체중 감량에 성공하려면 자신에게 맞는 운동을 찾아서 꾸준히 하는 것이 가장 중요하다. 그리고 유산소 운동과 근력 운동을 병행해야 한다는 것도 잊으면 안 된다.
>
> ⇩
>
> 운동으로 체중 감량에 성공하려면 자신에게 맞는 운동을 찾아서 꾸준히 하는 것이 가장 중요하다. 그리고 조깅, 수영과 같은 유산소 운동과 아령을 이용해서 근육의 힘을 키우는 등 근력 운동을 함께 병행해야 한다는 것도 잊으면 안 된다.

① 문장을 길게 수정하여 글의 수준을 높였다.
② 원래 자료를 수정함으로써 실제성을 상실하였다.
③ 동의어 활용하기 방법을 사용하여 자료를 수정하였다.
④ 어려운 어휘나 표현에 상세한 방법을 사용하여 자료를 수정하였다.

▶ 012 답 ④

정답 풀이

어려운 어휘인 유산소 운동이나 근력 운동에 대하여 조깅, 수영, 아령을 이용해서 근육의 힘을 키우는 것이라는 상세화 방법을 사용하여 학습자가 쉽게 이해할 수 있도록 하였다.

평가 요소 읽기 자료를 가공하는 방법을 안다.

개념 확장 읽기 수정은 모국어 화자를 위해 만들어진 텍스트를 제2언어 학습자들이 이해하기 쉽게 수정해 주는 것이다. 읽기 수정은 크게 단순화와 상세화가 있다. 단순화는 학습자 수준에 맞게 어휘와 문법 구조를 단순하게 변형 축소하는 것이다. 상세화는 학습자들이 텍스트에서 추론을 끌어내는 데 사용할 수 있는 맥락을 풍부하게 하는 것이다.
텍스트 상세화는 담화 구조를 명확하게 하기 위한 장치를 추가시키는 것으로, 실제 텍스트 구조의 복잡성을 그대로 유지하거나 심지어 문장의 길이는 길어지기도 하지만, 반복, 바꿔쓰기, 동격관계 등의 사용을 통해서 잉여성을 더하는 것을 말한다.

참고문헌 안기정(2010), 텍스트 상세화가 한국어 읽기 이해와 우연적 어휘 학습에 미치는 영향, 응용언어학 26-1, 응용언어학회.

▶ 013 답 ②

초급에 적합한 읽기 자료는 명함, 음식점, 메뉴, 안부 편지, 생일 초대장 등이다.

---

013 초급 학습자를 위한 실생활 읽기 자료로 옳은 것은? (6회 23번)

① 명함, 시사만화, 생일 초대장
② 명함, 음식점 메뉴, 안부 편지
③ 음식점 메뉴, 생일 초대장, 제품 사용 설명서
④ 시사만화, 안부 편지, 쓰레기 배출 시 유의 사항

평가 요소 학습자 수준별로 제공할 수 있는 읽기 자료의 유형을 알고 있다.

개념 확장 한국어 교재에 포함된 담화 유형은 다음과 같다.

등급	담화 유형
초급	문장, 대화문, 실용문, 생활문, 설명문, 메모, 초대장, 안내장, 표지, 광고, 일기예보, 편지
중급	문단, 대화문, 실용문, 생활문, 설명문, 메모, 광고, 안내문, 일기예보, 신문 기사, 방송 자료, 수필, 옛날 이야기, 동화, 우화, 편지, 서식, 설문지
고급	문장, 대화문, 실용문, 설명문, 논설문, 안내문, 신문 기사, 방송 자료, 수필, 옛날 이야기, 동화, 시, 소설, 비평, 담화문

• 한국어읽기교육론

014 읽기 자료 선정 및 개발에서 고려할 점이 아닌 것은? (10회 69번)

① 학습자의 수준에 맞추어 텍스트의 길이와 난이도를 조정할 수 있다.
② 문어 자료가 갖는 특성을 최대한 반영하되, 자연스러운 담화로 이루어지도록 한다.
③ 수업에서의 읽기가 실생활에서의 읽기에 적용될 수 있도록 실제 자료를 가지고 올 수 있다.
④ 범언어권 읽기 자료의 경우 정치적, 종교적으로 민감한 내용을 특별히 배제할 필요가 없다.

▶ 014 답 ④

다양한 문화와 언어권의 학생들이 읽게 되는 범언어권 읽기 자료의 경우, 많은 사람들에게 공통적으로 통용될 수 있는 보편적, 윤리적 토대에 바탕을 둔 텍스트를 선정해야만 문화적 차이에서 발생할 수 있는 불필요한 갈등을 예방할 수 있다.

평가 요소 외국어로서 한국어 읽기 자료를 선정하는 기준을 마련하고 평가할 수 있다

개념 확장 한국어 읽기 수업을 위한 바람직한 자료 선정의 기준은 다음과 같다.

• 학습자 중심의 읽기 교육이 되도록 학습자의 능력에 맞는 글
• 글의 주제나 소재가 가능하면 학습자들의 경험 세계와 관심 영역에 연관성이 높은 글
• 주제 면에서 학습자들이 쉽게 공감하고 감동받는 인류의 보편적 덕목이 담겨 있거나 현대인의 정서에 호소력이 강한 글
• 한국어의 언어 특질과 한국 문화 요소를 잘 드러내는 글
• 현대어로 된 작품
• 학습자의 인지 발달 단계에 따른 적절한 읽기 자료
• 문학작품과 비문학 작품을 고루 다룰 수 있는 다양한 갈래의 글

· 읽기 과제

015 읽기 과제를 능동적 과제와 수동적 과제로 나눌 때 다음 중 능동적 과제
가 <u>아닌</u> 것은? (7회 59번)

① 글을 읽고 내용을 요약하거나 노트 정리를 하는 개별 활동
② 선다형 문제, 빈칸 채우기, 어휘 학습 등 독해를 점검하는 개별 활동
③ 글의 내용을 분석해 분석 결과를 표로 완성하는 소그룹 활동
④ 배경지식, 읽기 기술, 전략 등을 활용해 글의 의미를 재구축하는 소그룹
활동

평가 요소 읽기 활동을 능동적 과제와 수동적 과제로 구분할 수 있다.

· 텍스트 특성을 활용한 읽기 교육

016 텍스트 유형과 담화 표지의 연결이 옳은 것은? (7회 62번)

① 수집 유형 – 반면, 대신에, 한편, 와는 달리, 와는 대조적으로……
② 기술 유형 – 예를 들면, 그 중의 하나는, 특히, 처럼, 와 같은……
③ 인과 유형 – 그리고, 또한, 역시, 동시에, 더구나, 첫째로, 우선……
④ 비교 유형 – 결과적으로, 고로, 을 위해, –기 위한 목적으로……

평가 요소 텍스트 유형에 따른 담화 표지를 연결하여 교육 내용으로 삼을 수 있다.

· 읽기 교육의 목표 및 내용

017 한국어 읽기 학습의 목표로 알맞지 <u>않은</u> 것은? (1회 56번)

① 텍스트에 들어 있는 모든 정보를 꼼꼼하게 파악하고 학습한다.
② 한국어 구사나 한국 문화 이해에 필요한 지식과 정보를 학습한다.
③ 장르별 텍스트의 구조를 익혀 같은 장르의 텍스트를 이해하는 데 활용한다.
④ 텍스트에 들어 있는 어휘와 표현을 익혀 의사소통 능력을 확장해 나가는
기초를 다진다.

평가 요소 한국어 읽기 교육 및 학습의 목표를 이해한다.

개념 확장 학습자 수준별 읽기 교수 · 학습 목표는 다음과 같다.

▶ **015** **답** ②

정답 풀이

선다형 문제, 빈칸 채우기, 어휘 학
습 등 독해를 점검하는 개별 활동은
수동적 과제에 해당한다.

▶ **016** **답** ②

정답 풀이

①은 비교 유형에 속한다. ③은 수집
유형, ④는 인과 유형에 해당한다.

▶ **017** **답** ①

정답 풀이

①의 경우, 읽기 교육의 목표는 읽기 자
료에 들어 있는 모든 정보를 파악하는
것이 아니라 주어진 읽기 자료로부터
필요한 이해를 산출해 내고 그것에 적
절하게 반응할 수 있도록 하는 것이다.
②와 같이 읽기를 통해 상호 간의 문
화를 이해할 수 있도록 지도해야 한다.
③ 실제 언어 환경에서 접할 수 있는
다양한 유형의 텍스트를 읽기 자료로
활용해야 한다.
④ 읽기를 통해 학습자의 어휘력을 신
장시켜야 한다.

학습자 수준	교수 · 학습 목표
초급 단계	• 글자의 짜임을 알고 글자를 읽는다. • 기본 음절표를 따라 읽는다. • 낱자를 바꾸어 다른 글자를 만들고, 정확하게 읽는다. • 부호의 쓰임에 유의하며 글을 읽는다. • 글을 정확하게 소리내어 읽는다. • 교사의 낭독을 따라서 낱말, 구절, 문장을 정확하게 소리내어 읽는다. • 대강의 내용을 파악하며 읽는다. • 일상생활에서 자주 접하는 화제, 소재, 주제, 기능을 다룬 간단한 글을 읽고 내용을 이해할 수 있다. • 단문에서 시작하여 짧은 서술문, 광고문, 안내문 등 점차 간단하면서도 다양한 담화의 내용을 이해할 수 있다.
중급 단계	• 글을 읽을 때와 쓸 때의 공통점과 차이점을 이해한다. • 내용을 메모하며 글을 읽는다. • 글쓴이의 의도나 목적을 파악하며 글을 읽는다. • 배경지식을 활용하여 겉으로 드러난 의도와 숨겨진 의도를 구별하여 글을 읽는다. • 글쓴이의 의도나 목적이 글의 주제와 어떻게 관련되는지 토의한다. • 내용의 통일성을 평가하며 글을 읽는다. • 친숙하고 구체적인 사회, 문화 소재를 다룬 간단한 글을 읽고 이해할 수 있다. • 사회적 관계 유지에 필요한 텍스트를 읽고 이해할 수 잇다. • 비교적 평이한 내용을 다룬 시사적인 글을 읽고 내용을 이해할 수 있다.
고급 단계	• 다양한 종류의 글을 읽고, 읽는 목적을 고려하여 필요한 정보를 효과적으로 찾는다. • 글쓴이가 글을 쓸 때에 어떤 정보는 생략했다는 점에 유의하며 글을 읽는다. • 표현상의 특징을 알아보며 글을 읽고, 그 효과를 평가한다. • 주제나 글감이 같은 여러 글을 읽고, 표현상의 특징을 비교하고 평가한다. • 읽은 내용의 신뢰성과 타당성을 판단하는 기준을 알아본다. • 정치, 경제, 사회, 문화 등에 걸쳐 전문적으로 다룬 글을 읽고 이해할 수 있다. • 본격적인 수필, 동화 등의 작품을 읽고 내용을 파악할 수 있다. • 고유 업무 영역이나 전문 연구 분야와 관련된 글을 이해할 수 있다.

・한국어 읽기 평가

018 다음 읽기 평가는 어떤 문항 유형인가? (10회 37번)

> ※ 다음을 읽고 물음에 답하시오
>
> 우리 어머니와 아버지는 모두 일을 하셔서 집에 혼자 있는 날이 많았습니다. (㉠) 혼자 있으면 보통 게임을 하면서 시간을 보냈습니다. (㉡) 그런데 어머니가 강아지를 사 오시면서 제 생활이 달라졌습니다. (㉢) 강아지와 함께 놀고 같이 산책도 하면서 시간을 보내게 되었습니다. (㉣) 저는 게임보다 더 좋은 친구를 갖게 되었습니다.
>
> 다음 문장이 들어갈 곳을 고르시오 (정답: ②)
>
> 한번 컴퓨터 앞에 앉으면 밥도 안 먹고 게임을 할 때도 있었습니다.
>
> ① ㉠　　　② ㉡　　　③ ㉢　　　④ ㉣

① 사실적 이해　　　　② 추론적 이해
③ 비판적 이해　　　　④ 창의적 이해

평가 요소 한국어 읽기 평가의 유형을 이해한다.

개념 확장 읽기 평가의 유형에는 어휘 능력 평가, 사실적 이해 능력 평가, 구조적 이해 능력 평가, 추론적 이해 능력 평가, 논리적 이해 능력 평가가 있다.

참고문헌 국제한국어교육학회 저, 『한국어이해교육론』, 형설출판사, 2009.

・타언어기술과의 통합 교육

019 읽기 수업에서 이루어진 다음 활동에 관한 설명으로 옳지 않은 것은? (5회 42번)

> ㄱ. 친구가 보낸 편지를 읽고 내용을 파악한다.
> ㄴ. 읽은 후 단계에서 그 편지에 대한 답장을 쓴다.

① 읽은 내용을 다른 언어 기능으로 전이하는 활동이다.
② 읽은 내용을 독자의 배경지식으로 연결시키는 데에 도움이 된다.
③ 글의 이해 정도가 답장의 내용 구성에 영향을 미친다.
④ 읽은 내용에 대한 이해 점검보다 쓰기 지도의 효과를 높이기 위한 활동이다.

평가 요소 읽기 활동을 다른 언어 기술과 통합하는 방안을 이해한다.

▶ **018** 답 ②

정답 풀이
전체 단락의 내용을 이해하고, 앞뒤 문장의 맥락을 알려주는 접속부사를 통해 누락된 문장을 추론해보는 작업이 요구되는 읽기 평가이다.

▶ **019** 답 ④

정답 풀이
읽기 수업에서 읽은 후 활동으로 쓰기 활동을 할 수 있으나 이러한 경우에도 교육의 중점은 읽기이다. 그러므로 ④번이 옳지 않다.

· 능동적 읽기 과제

▶ 020 **답** ③

020 능동적 읽기 과제를 모두 고른 것은? (8회 33번)

> ㄱ. 글 순서 맞추기ㅣ ㄴ. 예측하기
> ㄷ. 빨리 읽기ㅣ ㄹ. 이해 확인 및 질문에 답하기
> ㅁ. 글이나 도표의 제목 붙이기

① ㄱ, ㄷ ② ㄴ, ㄹ ③ ㄱ, ㄴ, ㅁ ④ ㄷ, ㄹ, ㅁ

오답 풀이

빨리 읽는 것이나 읽기 과제 후 질문에 답하는 것은 능동적 읽기 과제 유형에 해당하지 않는다. 읽고 문제에 답하는 것은 대표적인 수동적 읽기 활동에 해당한다.

평가 요소 능동적 읽기 과제 유형을 알고 있다.

개념 확장 능동적으로 글을 읽기 위해서는 다음과 같은 몇 가지 방법을 생각해 볼 수 있다.
첫째, 글의 내용을 파악하면서 읽어야 한다.
둘째, 숨어 있는 내용을 추론하거나 상상하면서 읽어야 한다.
셋째, 글의 내용과 관련되는 질문을 만들어 보고 그 질문에 대한 답을 찾으면서 읽도록 한다.
넷째, 중요한 곳에 밑줄을 긋거나 메모하거나 표로 중요한 내용을 정리하면서 읽는다.

· SQ3R 모형

▶ 021 **답** ②

021 SQ3R 모형의 단계별 읽기 활동에 관한 설명으로 옳지 <u>않은</u> 것은? (8회 39번)

① 질문(Question) – 교사와 학습자는 글에 대해 길잡이 질문을 하고 대답한다.
② 읽기(Read) – 글의 주요 부분을 대충 훑어 읽는다.
③ 암송(Recite) – 동료 학습자와 글의 정보에 대해 이야기한다.
④ 검토(Review) – 글의 내용을 표나 그래프로 정리한다.

정답 풀이

읽기(Read)는 미리 만들어 둔 질문에 답하면서 읽어야 한다. 글의 주요 부분을 훑어 읽는 것은 조사(Survey)에 해당한다.

평가 요소 SQ3R 모형의 단계별 읽기를 이해하고 적용할 수 있다.

개념 확장 SQ3R 모형의 단계별 읽기는 아래의 다섯 단계로 이루어진다.
(1) 조사하라(Survey): 중심 생각을 개관하기 위해 텍스트를 대충 훑어 보라.
(2) 질문하라(Question): 독자는 자신이 텍스트에서 얻고자 하는 것에 대해서 질문한다.
(3) 읽어라(Read): 미리 만들어 둔 질문들에 대한 답을 찾으면서 텍스트를 읽어라.
(4) 암송하라(Recite): 음성언어나 문자언어를 통해서 텍스트의 두드러진 요점들을 재처리하라.
(5) 검토하라(Review): 방금 읽은 것의 중요성을 평가하고 그것을 장기적으로 연상할 수 있도록 통합시킨다.

참고문헌 서울대학교 국어교육연구소 편(2014), 한국어교육학 사전, 도서출판 하우.

022 하향식 읽기 모형에 관한 설명으로 옳은 것은? (10회 72번)

① 필자의 스키마 분석을 통해 의미를 구성하는 읽기 모형이다.

② 문장의 미시적 분석을 통해 텍스트의 의미를 파악해 가는 과정이다.

③ 독자의 배경지식을 이용하여 텍스트의 의미를 예측하고 이해하는 모형
이다.

④ 내용에 대한 추론과 단어나 구에 대한 분석을 하여 의미를 구성하는 과
정이다.

평가 요소 읽기의 모형과 특징을 이해할 수 있다.

개념 확장 읽기가 텍스트와 독자 사이에 일어나는 의미 구성 과정이라는 점에
서, 언어적 요소를 강조하는 모형인 상향식 모형, 독자의 스키마를
강조하는 모형인 하향식 모형, 그리고 언어와 독자의 스키마를 병행
하여 강조하는 모형인 상호작용적 모형 세 가지를 이야기할 수 있다.

• 상향식 모형: 상향식 모형에서는 읽기를 작은 단위의 언어 형식에
서 점차 큰 단위의 언어 형식으로 부분들이 모여서 의미가 파악되
는 직선적인 상향과정으로 본다. 즉, 독자가 먼저 언어학적 신호
(글자, 형태소, 음절, 단어, 어구, 문법적 암시, 담화 표시 장치)들을
인식하고, 그것들을 언어학적으로 처리함으로써 의미 구성이 이루
어진다고 보는 것이다. 상향식 읽기는 텍스트에 포함된 어휘나 문
형 등을 정확히 이해하고 있음에도 불구하고 글의 전체 내용을 제
대로 파악하지 못한다는 것이 문제점으로 지적된다.

• 하향식 모형: 하향식 모형은 읽기 과정을 설명함에 있어, 우리 자
신의 지성과 경험으로부터 텍스트의 의미가 구성된다고 생각한다.
세상사에 대한 배경지식과 텍스트의 구성 및 조직에 대한 지식을
활용하여, 텍스트의 하위 구성단위까지 의미를 파악하고 필요한
정보를 획득한다고 보는 것이다.

• 상호작용적 모형: 상호작용적 모형은 상향적 모형과 하향적 모형
을 결합한 것으로, 하향식 모형과 마찬가지로 학습자 위주로 정보
를 처리하지만 이해의 과정을 선형적인 것이 아니라 순환적인 것
으로 본다. 텍스트에 대한 추측을 언어 정보에 근거하여 확인하고
다시 추측하고 다시 언어 정보를 확인하는 과정을 반복한다.

정답 풀이

① 하향식 모델은 필자의 스키마가
아니라, 독자의 스키마를 강조
한다.

② 텍스트에 포함된 작은 단위의
언어 형식에서 점차 큰 단위의
언어 형식으로 범위를 확장하는
읽기의 모델이 상향식 모형이다.

④ 상향식 모형에 해당한다.

· 한국어읽기교육론

▶ 023   답 ③

정답 풀이

읽은 후 단계에서는 읽기 외에 말하기, 듣기, 쓰기 등의 활동으로 확장하도록 한다. 이 경우에는 여성결혼이민자가 가정통신문을 이해한 뒤에 학부모 답신 부분에 쓰기 활동을 하는 것이 적절하다.

023 여성결혼이민자 대상의 '가정통신문' 읽기 수업에서 읽은 후 단계 활동에 해당하는 것은? (9회 78번)

① 글을 훑어 읽고 핵심 어휘를 찾아보게 한다.
② 누가 누구에게 쓴 글인지 이야기해 보게 한다.
③ 가정통신문 하단의 '학부모 답신' 부분을 완성하게 한다.
④ 가정통신문의 세부적인 내용을 확인하는 질문에 답하게 한다.

평가 요소 읽기 수업을 단계별로 이해하고 학습자에 따라 변용하여 적용할 수 있다.

개념 확장 읽기 수업은 다음과 같은 단계로 이루어진다.

- 읽기 전 단계: 글과 관련된 학습자의 스키마를 활성화하거나 어휘 지식을 미리 준비시켜 학습자의 이해를 돕는 단계.
- 읽기 단계: 학습자 스스로 글의 의미를 파악하는 전략을 개발하는 단계.
- 읽은 후 단계: 학습자의 이해를 확인하거나 심화시키는 단계.

▶ 024   답 ②

정답 풀이

'~에 비해'는 사물 따위를 다른 것에 비교하거나 견주어 쓸 때 사용하는 '비하다'에서 파생된 말이므로, 앞의 내용과 비교 또는 상반되는 내용이 나올 것임을 예상할 수 있다. 그러나 앞에서 했던 내용을 재진술할 것인지는 알 수 없다.

024 다음 자료로 읽기 수업을 진행할 때, ㉠~㉣에 관한 교사의 설명으로 적절하지 않은 것은? (10회 75번)

> 한국문화를 세계에 알리는 방안으로는 ㉠다음 몇 가지가 있다. 첫째, 한국문화를 적극적으로 보급 전파하기 위해서 문화 교류 기구를 확충하고 정책을 개발한다. 둘째, 한국문화 소개 책자와 각종 도서를 개발 보급한다. 한국문화에 대한 관심이 커져 가는 것㉡에 비해, 한국문화를 소개하는 책자의 개발은 부족하다. ㉢끝으로, 문화 관광 상품을 개발한다. 관광은 문화를 알리는 효과적인 길이다. ㉣가령, 문화유산 탐방, 생활문화 체험, 음식 문화 기행, 도예 문화 실습 등을 고려할 수 있다.

① "㉠으로 보아 여러 방안이 차례차례 나올 것으로 예상할 수 있어요."
② "㉡을 보면 중요한 내용을 부각하기 위해 재진술된 내용이 나올 것을 알 수 있어요."
③ "㉢으로 보아 다음에 마지막 방안이 나올 것을 알 수 있겠지요"
④ "㉣은 이해에 도움이 되도록 구체적인 예가 나올 것을 알려줘요."

평가 요소 한국어 읽기 교육에 필요한 관용적 표현에 대해 이해하고 있다.

개념 확장 한국어 문장에서 자주 활용되는 빈출 관용어구를 통해 학생들이 글 전체를 보다 쉽게 이해하도록 유도할 수 있다. 특히, 이러한 관용어들은 해당 언어를 사용하는 언중들이 보다 수월하게 텍스트의 맥락을 이해할 수 있도록 한다는 점에서 중요하다.

제7강 한국어듣기교육론

중영역: 한국어듣기교육론

번호	세부 영역	출제 회수	문제 풀이
1	듣기 과제의 유형	13	2
2	과정 중심적 듣기 교육의 실제	11	2
3	듣기 이해 처리 과정	6	2
4	듣기 자료의 언어적 특성	6	2
5	듣기 수업 구성 원리	8	2
6	듣기 자료의 분류	7	4
7	듣기 전략	4	1
8	언어 교육 이론과 듣기 교육	3	2
9	타 언어 기술과의 통합 교육	2	1
10	듣기 교육의 목표	2	3
11	듣기의 특성	2	1
총계		63	22

• 듣기 과제의 유형

001 다음 설명에 맞는 것은? (3회 44번)

• 의사소통에서 정보를 처리하고 담화의 내용을 이해하기 위한 듣기이다.
• 들으면서 정보를 조직하고 재배열한다.
• 설명이나 정보 제공은 주목적으로 하는 이야기를 듣는 과정에서 이루어진다.

① 비판적 듣기   ② 분석적 듣기
③ 식별적 듣기   ④ 공감적 듣기

평가 요소   듣기 과제의 유형을 이해한다.

개념 확장   각 듣기 방법은 다음과 같다.
(1) 비판적 듣기: 학문적, 전문적 내용 듣기에 해당한다. 강의, 강연, 토론 등의 듣기로서 난이도 면에서 가장 높은 수준에 해당한다. 일반적인 대화에 비해 즉각적인 대답이나 대응을 보이는 경우는 많지 않지만 들은 내용에 대해 토론이나 의견 개진을 요구하는 경우에 내용의 주제와 주장하는 바, 진의 등을 정확하게 이해하지

▶ 001   답 ②

정답 풀이

주어진 방법은 분석적 듣기로서 내용을 이해하기 위해 분석하면서 듣는 방법을 말한다.

않으면 대응이 쉽지 않을 수도 있다. 대학이나 대학원에 진학한 또는 진학을 목적으로 하는 학문 목적 한국어를 배우는 고급 학습자들이나, 사업, 외교, 문화적 교류와 같은 한국과 관련된 고급의 사회 활동에 필요한 듣기 내용이다.

(2) 식별적 듣기: 일방적인 정보 듣기에 해당한다. 안내 방송, 광고, 뉴스 등이 해당된다. 소리의 고저, 강약의 변화를 인지하고 환경의 다양한 소리를 구별하는 듣기 유형이다.

(3) 공감적 듣기: 일상대화 듣기나 감상을 위한 듣기가 해당한다. 특히 일상대화 듣기인 경우 상대방의 입장에서 상대방을 이해하려는 태도에서 듣는 방식이다. 감상을 위한 듣기라면 노래, 영화, 드라마와 같은 듣기 형태가 포함된다.

참고문헌 김청자(2012), 한국어 듣기 교육론, 한국어 교육의 이론과 실제, 아카넷.

▶ 002 **답** ④

정답 풀이

'담화의 전후 상황 추론하기'는 특정 맥락을 가진 담화를 듣고 담화의 배경, 후속 상황, 이유 등에 대해 학습자가 추론하여 대답하는 듣기 활동이다. 따라서 주어진 지문의 '태풍 피해 상황에 대한 뉴스 듣기'는 이 활동 유형에 적합하지 않다.

002 **학습자 숙달도 단계와 기능, 듣기 활동의 연결이 옳지 않은 것은?** (6회 15번)

① 초급 – 대화 참여자 파악하기 – 약사와 환자의 대화 듣기
② 초급 – 담화 상황 파악하기 – 길을 묻고 답하는 대화 듣기
③ 중급 – 정보 파악하기 – 아파트 관리사무실 안내 방송 듣기
④ 고급 – 담화의 전후 상황 추론하기 – 태풍 피해 상황에 대한 뉴스 듣기

평가 요소 학습자의 숙달도에 따라 듣기 과제를 제시할 수 있다.

▶ 003 **답** ③

정답 풀이

ㄱ은 듣기 전 활동, ㄴ은 듣기 단계, ㄷ은 듣기 후 단계, ㄹ은 듣기 전 단계, ㅁ은 듣기 단계에 해당한다.

· **과정 중심적 듣기 교육의 실제**

003 **'환경보호'에 대한 라디오 캠페인을 이용해 듣기 수업을 구성하려고 한다. 수업의 순서로 알맞은 것은?** (2회 46번)

> ㄱ 환경보호에 관한 주요 어휘와 표현을 익힌다.
> ㄴ 정확히 의미를 파악하지 못한 부분을 확인한다.
> ㄷ 듣기 주제와 관련된 말하기 활동과 연계시켜 확장한다.
> ㄹ 환경보호와 관련된 사진 자료를 보고 어떤 내용인지 이야기한다.
> ㅁ 듣기 내용을 들으면서 전체적인 것에서부터 세부적인 것 순으로 내용을 파악한다.

① ㄱ-ㄷ-ㄹ-ㄴ-ㅁ   ② ㄱ-ㄹ-ㅁ-ㄷ-ㄴ
③ ㄹ-ㄱ-ㅁ-ㄴ-ㄷ   ④ ㄹ-ㅁ-ㄱ-ㄴ-ㄷ

평가 요소 과정 중심적 듣기 교육을 이해하고 수업을 구성할 수 있다.

개념 확장 과정 중심의 듣기 수업 구성 방안은 다음과 같다.

(1) 듣기 전 활동(pre-listening)

듣기 전 활동은 듣기 활동을 하기 전에 주제를 소개하거나 필요한 언어 지식을 제공하기도 하고, 학습자로 하여금 주제에 대한 흥미나 관심을 갖게 하기 위한 여러 가지 활동을 말한다.

초급에서는 실물, 그림, 사진, 도표 등을 제시하면서 학습자 스스로 경험과 배경지식, 관련 어휘를 말하거나 스키마를 활성화하게 하여 주제에 접근하도록 한다.

중급이나 고급에서는 기본적인 언어 지식을 가졌거나 언어 지식에 대한 정보를 충분히 갖춘 학습자들을 대상으로 하기 때문에 교사가 제시하는 주제에 대해 다양한 의견을 주고받거나, 주제와 관련된 읽기 자료, 동영상 자료 등을 읽거나 보면서 자신의 경험담, 배경지식, 의견을 말해 보도록 한다. 중, 고급은 초급보다 언어적 지식이 풍부하므로 관련 어휘 목록 작성하기, 그룹별 의견 교환하기 등 듣기 전 활동도 다양하고 풍부하게 진행할수 있다.

- 활동: 시각 자료 이용하기, 관련 어휘 이해하기, 인터뷰나 질문지 활용하기, 교사 질문에 답하기, 다른 기능 활용하기 등

(2) 듣기 본 활동(while-listening)

듣기 본 활동은 듣기 활동에만 집중해야 한다. 듣기 과제를 수행함으로써 학습자들의 듣기 능력을 향상시키는 것이 본 활동의 목적이므로 실제적이며 의사소통적 활동으로 이루어져야 하며, 실제 담화 내용과 가장 가까운 자료를 준비하여야 한다. 다양한 듣기 활동을 학습자 수준에 맞추어 실시해야 하는데, 예를 들면 초급에서는 일상생활의 단순한 대화나 짧은 안내방송을 들을 수 있어야 하며, 중급 이상부터는 긴 대화를 듣거나 쉬운 드라마, 조금 어려운 안내 방송이나 광고 방송을 들을 수 있도록 해야 하며, 최종적으로 강의, 연설 등을 듣거나 뉴스나 영화, 드라마 내용을 듣고 의견 개진, 평가, 감상으로 이어지도록 하는 것이 궁극적인 듣기 활동의 목표가 되어야 한다.

- 활동: 듣고 맞는 답 고르기, 듣고 O, X 하기, 듣고 연결하기, 순서에 맞게 나열하기, 질문에 답하기, 빈칸 채우기, 듣고 메모하기, 듣고 요약하기, 듣고 서식에 맞게 쓰기, 중심 내용 파악하기, 추측하기, 추론하기 등

(3) 들은 후 활동(post-listening)

들은 후 활동은 듣기 내용 자체에 대한 이해를 확인하거나 전달한 내용을 구체적으로 묻기보다는 들은 후 느껴지는 청자의 기분을 알아보거나, 듣고 난 후에 어떤 대응을 하겠느냐 등을 물어 보는 것으로 마무리를 하는 활동이다. 들은 후 활동에서 다른 기능과 연계된 활동을 할 때가 많은데 들은 후 제목을 붙인다거나, 내용을 간단히 요약하는 쓰기 활동을 할 수도 있고, 듣고 난 후 내용에 대해 느낌이나 소감을 말하도록 하는 말하기 활동과 연계하기도 한다.

- 활동: 다른 기능과 연계하기, 문법·어휘·표현 확인 활동 등

참고문헌 김청자(2012), 한국어 듣기 교육론, 한국어 교육의 이론과 실제, 아카넷.

▶ 004 **답** ①

정답 풀이

ㄱ은 듣기 전 단계, ㄴ도 듣기 전 단계, ㄷ은 듣기 단계, ㄹ은 들은 후 단계, ㅁ도 들은 후 단계에 각각 해당한다.

004 유실물센터에서 물건 찾는 내용의 듣기 수업을 하려고 한다. 수업의 순서를 바르게 나열한 것은? (6회 16번)

> ㄱ. 유실물센터에서 분실물 신고를 할 때 어떻게 말하는지 이야기한다.
> ㄴ. 잃어버린 물건을 신고하고 찾는 데 필요한 어휘와 표현을 떠올린다.
> ㄷ. 유실물센터에서의 대화를 듣고 설명하고 있는 가방의 그림을 찾는다.
> ㄹ. 한국과 학습자 모국의 유실물센터 이용 방법의 차이에 대해 이야기한다.
> ㅁ. 내용 중 잃어버린 물건에 대한 묘사가 불충분한 부분을 보충해서 말해 본다.

① ㄱ-ㄴ-ㄷ-ㅁ-ㄹ   ② ㄴ-ㄷ-ㄱ-ㅁ-ㄹ

③ ㄴ-ㄷ-ㄹ-ㄱ-ㅁ   ④ ㄹ-ㄷ-ㄴ-ㄱ-ㅁ

평가 요소 과정 중심적 듣기 교육을 이해하고 수업을 구성할 수 있다.

· 듣기 이해 처리 과정

▶ 005 **답** ③

정답 풀이

듣기 이해는 상호작용적 모형에 따르면 8단계로 이루어진다.

005 다음 중 듣기 이해 과정의 순서를 옳게 배열한 것은? (1회 47번)

> ㉠ 들은 내용이 대화, 강의, 토론, 논쟁 등 어떤 종류의 발화 유형인지를 파악한다.
> ㉡ 의미 정보는 받아들여지고, 처음에 전달된 형태 정보는 삭제된다.
> ㉢ 이해에 필요한 배경지식을 장기 기억으로부터 불러 온다.
> ㉣ 배경지식, 상황, 문맥 등을 통해서 화자의 발화 의도를 유추한다.
> ㉤ 발화의 명제적 의미를 결정하고 전달하고자 하는 본뜻을 파악한다.

① ㉠-㉡-㉤-㉣-㉢   ② ㉠-㉡-㉤-㉢-㉣

③ ㉠-㉢-㉣-㉤-㉡   ④ ㉠-㉢-㉤-㉡-㉣

평가 요소 | 듣기 이해 처리 과정을 알고 있다.

개념 확장 | 1) 청자는 발화 원문을 처리하여 그 이미지를 단기 기억에 저장한다. 이러한 이미지는 발화 흐름의 구성 성분(구, 절, 응집 장치, 억양, 강세 패턴 등)으로 이루어져 있다.
(2) 청자는 처리 중인 발화의 형태(예를 들어 대화, 연설, 라디오 방송 등)를 결정하고 받아들인 메시지를 적절히 해석하고 가공한다.
☞ ㄱ
(3) 청자는 발화의 형태와 맥락, 내용을 검토하여 화자의 목적을 추론한다. 즉, 설득인가 아니면 요구, 농담, 인정, 부인, 정보 전달인가 등을 추론을 통해 결정한다.
(4) 청자는 현재 듣고 있는 말의 주제와 맥락에 관련된 사전 지식(스키마)을 회상한다. 기존 경험과 지식을 이용하여 인지적 연상 활동을 하며 이를 통해 메시지를 해석한다. ☞ ㄷ
(5) 청자는 들은 말에 축어적 의미를 부여한다. 이 과정에서 청각기관이 지각한 표면 구조에 대한 일련의 의미론적 해석이 이루어진다.
☞ ㄹ
(6) 청자는 들은 말에 의도적 의미를 부여한다. 인간의 의사소통 활동의 핵심은 지각된 의미와 의도된 의미를 일치시키는 능력이다.
☞ ㅁ
(7) 청자는 정보를 단기 기억에 보유할 것인지, 혹은 장기 기억에 보유할 것인지를 결정한다. 몇 초간 지속되는 단기 기억은 청자의 즉각적인 반응을 요구하는 맥락에 적합하고 장기 기억은 예컨대, 강의에서 전달되는 정보를 처리하는 데 더 적합하다.
(8) 청자는 초기 발화 정보의 언어 형태적 측면을 제거한다. 99%의 화행에서 단어와 구, 문장은 빠른 속도로 잊힌다. 즉, 가지치기된다.
☞ ㄴ

참고문헌 | H. D. Brown(2007), Teaching by Principle: An Interactive Approach to Language Pedagogy, Third Edition, Longman, 권오량 외 역(2010), 원리에 의한 교수: 언어 교육에의 상호작용적 접근법(제3판), ㈜피어슨에듀케이션코리아.

---

006 **상향식 기법을 활용한 듣기 활동을 모두 고른 것은?** (2회 42번)

> ㉠ 듣고 발음 식별하기
> ㉡ 강의 내용을 듣고 전체 내용 파악하기
> ㉢ 토론의 앞부분을 듣고 이어질 내용 추측하기
> ㉣ 그림을 전체적으로 묘사하는 내용을 듣고 알맞은 그림 찾기
> ㉤ 자동응답기의 메시지를 듣고 전화 건 사람의 이름 알아내기
> ㉥ 자동차 정비소 직원과의 대화를 듣고 수리 내용과 비용 적기

① ㉠, ㉤, ㉥
② ㉡, ㉢, ㉣
③ ㉠, ㉡, ㉣, ㉤
④ ㉠, ㉣, ㉤, ㉥

평가 요소 | 듣기 이해의 상향식 과정과 하향식 과정을 각각 이해한다.

▶ 006 **답** ①

정답 풀이

ㄴ, ㄷ, ㄹ은 하향식 듣기 활동에 해당한다.

개념 확장 상향식이란 말 그대로 바닥에서부터 하나씩 쌓아 올라가며 처리하는 과정으로서, 단어, 구, 절, 문장, 담화의 순으로 정보를 이해하는 방법이다. 이것은 어휘, 문법 등의 '언어 지식'에 대한 이해가 매우 중요하며, 이 때 학습자는 주어진 정보에 의해서만 판단하는 수동적 입장에 머무르게 된다.

하향식은 학습자가 가지고 있는 배경지식을 토대로 해서 가정이나 추측을 통해 정보를 이해하는 방법이다. 언어 지식 하나하나를 종합하여 최종적인 이해를 도출하기보다는 학습자가 가지고 있는 배경지식에 부분적인 의미들을 종합해 가는 학습자 자신의 적극적인 인지 활동이 중요하며, 인지 활동은 학습자의 능동적인 학습 참여와 과제 수행이 수반되어야 가능하게 된다.

	이해 순서	학습자 태도	학습 목표
상향식 모형	단어→구→절→문장→담화	수동적	언어 지식 습득
하향식 모형	담화→문장→구→절→단어	능동적	전체 내용 이해

참고문헌 김청자(2012), 한국어 듣기 교육론, 한국어 교육의 이론과 실제, 아카넷.

---

007 '가족 여행 계획'을 주제로 한 듣기 수업에서 활동과 그 목적이 알맞게 짝지어진 것은? (10회 66번)

① 듣기에 나온 단어의 철자 익히기 – 내용 심화와 문법적 정확성 제고
② 고향의 유명한 여행지 소개하기 – 읽기와 연계한 의사소통 능력 제고
③ 지도와 달력에 여행지와 여행 기간 표시하기 – 세부 내용 파악 능력 제고
④ 가족 여행지 소개하는 영상 보고 감상문 쓰기 – 브레인스토밍을 위한 실마리 제공

▶ 007 **답** ③

정답 풀이

듣기는 읽기와 마찬가지로 이해 기능 중심의 언어 기능이다. 따라서 학습자가 주어진 내용을 이해하고 담화 현장에서 요구되는 행동을 완수했다면 듣기 과제는 달성된 것이라 할 수 있다. 교실 환경에서라면, 들은 내용에 대한 학습자의 이해 여부는 가시화된 일련의 활동을 통해 확인할 수 있다. 이 문제에서 지도와 달력에 여행지와 기간을 표시하는 것은 학습자의 듣기 과제가 성취되었는지의 여부를 확인할 수 있는 가시적인 활동으로서 기능할 수 있다.

평가 요소 듣기 활동과 교육 목적을 이해할 수 있다.

개념 확장 듣기 수업에서 학습자의 성취도를 파악할 수 있는 활동에는 핵심어 찾기, 비언어적 단서 찾기, 전달하고자 하는 정보와 배경지식을 연결하기, 추측하기, 요점 듣기 등이 포함될 수 있다. Peterson은 이를 상향적, 하향적 과정으로 설명하고 있는데, 상향적 과정은 소리, 단어, 억양, 문법적 구조 등 구어 요소 듣기에 역점을 두고 있으므로 문장을 듣고 억양 구별하기, 단어 내의 강세 받는 음절 찾기, 녹음된 전화 내용 듣고 이름, 전화 번호, 메시지 찾아내기 등으로 구성되며, 하향식 과정은 담화가 일어나는 상황, 문맥, 화제 등에 대한 청자의 배경지식을 이용한 의미 이해로, 묘사 듣고 일치하는 그림을 찾기, 듣고 화자의 태도를 찾기, 머리말 부분을 듣고 후속될 내용 찾기, 광고 듣고 일치하는 상품 찾기 등으로 구성된다. 이러한 활동은 학습자의 지루함을 없애고 학습에 게임 요소를 부가하여 재미를 더할 수도 있다. 뿐만 아니라, 실생활 관련 과제를 통해 실제성 있는 활동을 하면 학습자의 생활 현장과 학습 현장을 연결시켜 줄 수 있어 학습 동기 유발에 도움이 될 수도 있다.

008 **'병원'** 과 관련된 듣기 수업을 할 때 '듣기 중 활동'으로 적절하지 <u>않은</u> 것은? (10회 67번)

① 병원에 갔던 경험을 떠올리면서 병원 관련 어휘를 모아 보게 한다.

② 병원 이용 절차에 관한 대화를 듣고 순서대로 그림을 나열하게 한다.

③ 환자와 의사의 대화를 듣고 환자가 주의할 사항이 무엇인지 메모하게 한다.

④ 병원 진료를 예약하는 전화 통화를 듣고 내용과 일치하는 그림을 선택하게 한다.

> **평가 요소** 듣기 활동의 수업 모형을 알고 있다.

> **개념 확장** **듣기 중 활동/듣기 본 활동(while-listening)**
> 듣기 중 활동은 듣기 전 활동과 달리 듣기 활동에만 집중해야 한다. 듣기 과제를 수행함으로써 학습자들의 듣기 능력을 향상시키는 것이 본 활동의 목적이므로 실제적이며 의사소통적 활동으로 이루어져야 하며, 실제 담화 내용과 가장 가까운 자료를 준비하여야 한다. 이와 같은 듣기 중 활동에서, 화자의 듣기 능력을 더욱 강화할 수 있는 과제들은 다음의 예들이 있다.
>
> - 듣고 맞는 답 고르기
> - O, X 하기
> - 순서에 맞게 나열하기
> - 질문에 답하기
> - 빈칸 채우기
> - 듣고 메모하기
> - 듣고 요약하기
> - 중심 내용 파악하기
> - 추측, 추론하기

• 듣기 자료의 언어적 특성

009 듣기 자료를 개발할 때 고려할 사항으로 가장 알맞은 것은? (3회 42번)

① 일정한 속도로 휴지 없이 또박또박 발음하여 녹음한다.

② 주변의 잡음이 완전히 배제된 상태에서 녹음한 것을 자료로 쓴다.

③ 학습자 수준보다 어려운 자료는 교사가 개작하거나 수정해 사용한다.

④ 실생활의 발생 가능성보다 교육 효과가 높은 것을 더 우선적으로 고려한다.

> **평가 요소** 바람직한 듣기 자료의 특성을 이해한다.

▶ **008** **답** ①

오답 풀이

'듣기 중 활동'은 듣는 활동 자체가 중심이 되는 단계로, 다른 단계에 비해 말하기, 읽기, 쓰기 등과의 통합을 줄이고 듣기 활동 자체에 집중한다. 이 단계에서는 학습자가 듣기 내용을 제대로 이해할 수 있도록 과제를 구성/제시하고, 교사는 의도한 과제를 학습자가 잘 수행할 수 있도록 도와준다. ①은 '듣기 전 (예비) 활동'에 포함될 수 있다.

▶ **009** **답** ③

오답 풀이

① 발화 속도는 적절해야 하나 휴지는 있는 것이 자연스럽고 현실적인 발음을 고려하여 녹음하는 것이 바람직하다.

② 실제 상황에서 소음이나 주변 잡음은 배제할 수 없다. 이들을 포함하는 듣기 자료가 바람직하다.

④ 표준발화뿐만 아니라 실제로 통용되는 발화도 듣기 자료에 반영한다.

▶ 010 답 ③

정답 풀이

비문법적인 문장은 학습자에게 입력하지 않는 것이 바람직하다.

010 듣기 텍스트의 실제성을 높이기 위해 듣기 대본을 다음과 같이 구성하였다. 다음에서 볼 수 있는 교사의 노력으로 옳지 <u>않은</u> 것은? (6회 11번)

① 구어에는 머뭇거리거나 주저하면서 말하는 경우가 많으므로 머뭇거림 양상을 포함시켰다.
② 일상 대화에는 맞장구와 같은 현상이 자주 나타나므로 말차례가 자주 바뀌는 대화로 구성하였다.
③ 구어에는 비문법적이거나 완결되지 않은 문장이 자주 쓰이므로 비문을 포함하여 대화를 구성하였다.
④ 말을 할 때 발화 실수와 발화 수정이 자주 나타난다는 점을 고려해 발화 수정 양상을 포함하였다.

평가 요소 듣기 텍스트의 실제성을 위한 듣기 자료를 구성할 수 있다.

▶ 011 답 ②

정답 풀이

듣기 전략은 듣기 전 단계에서 교육하거나 학습자가 스스로 자신만의 듣기 전략을 개발할 수 있도록 지도한다.

• 듣기 수업 구성 원리

011 듣기 수업 구성 원리에 관한 설명으로 옳지 <u>않은</u> 것은? (5회 33번)

① 청자의 적극적이고 능동적인 역할을 고려하여 활동을 구성한다.
② 듣기 자료의 내용 파악을 통해 효과적인 듣기 전략을 설계한다.
③ 학습자의 이해 정도를 파악하기 위해 다양한 반응 활동을 하게 한다.
④ 대화 참여 형식(participation framework)에 근거한 다양한 청자의 역할 수행으로 실제성을 높인다.

평가 요소 듣기 수업의 구성 원리를 알고 있다.

개념 확장 듣기 수업 구성을 위해 유의해야 할 점들을 정리하면 다음과 같다.
(1) 기계적인 듣기 연습을 지양하고 최대한 인지 능력을 살리는 과제 활동을 해야 한다.
(2) 단순한 듣기보다는 들은 내용을 종합적으로 이해하고 분석하여 적절한 대응을 하도록 하는 청해 수준의 듣기 교육이 되어야 한다.
(3) 정확하고 올바른 형태와 문법 이해를 위한 상향식과 전체 내용 이해와 종합적 정보 처리를 위한 하향식 모형을 필요에 따라 적용할 수 있지만 최종적으로는 학습자 수준과 내용에 따라 이 둘을 결합한 상호작용식 교수 모형을 지향해야 한다.
(4) 형태에 치중하기보다 내용 이해에 목적을 두어야 하는데 이를 위해 선행 지식과 관련이 있는 자료를 충분히 제공하고 학습자와 관련이 있는 내용을 학습자의 능력에 맞게 제공해야 한다.
(5) 듣기 자료는 일상적인 대화에서부터 안내방송, 광고, 강연, 드라마, 영화 등 다양한 실제 자료를 학습자 능력, 학습 목표에 맞추어 제공하는 것이 효과적이나, 학습자 수준과 교육 여건에 따라 편집하거나 그에 가깝도록 재구성할 수 있다.

(6) 듣기 자료와 과제를 선정할 때는 학습자의 능력에 맞추어야 하고, 구어 특성을 반영해야 하며, 자료를 순차적으로 배열하여야 한다.

(7) 듣기 수업은 듣기 전, 듣기 본, 들은 후 활동으로 구분하여 각각에 맞는 활동을 학습자 수준과 내용에 맞게 구성하며 다른 언어 기능을 통합하여 실제적 의사소통 활동에 근접하는 활동이 되도록 한다.

참고문헌 김청자(2012), 한국어 듣기 교육론, 한국어 교육의 이론과 실제, 아카넷.

012 학습 목적 변인에 따른 한국어 듣기 교육에 대한 설명으로 옳지 <u>않은</u> 것은? (7회 54번)

① 결혼 이민자들을 위해 표준어보다는 해당 지역 방언을 중심으로 교육한다.

② 유학생들에게 강의나 수업에 나타나는 전형적인 담화적 특질 및 담화 표지 등을 분석하여 교육한다.

③ 외국인 노동자들을 위해 근로업체의 고용자나 고용주의 요구 사항을 반영하여 수업을 구성한다.

④ 다문화가정의 자녀를 위해 초중등학교 교과서에 나오는 내용을 활용하여 수업을 구성한다.

평가 요소 학습 목적 변인에 따라 듣기 수업을 구성할 수 있다.

▶ **012** **답** ①

정답 풀이

결혼 이민자의 경우 해당 지역 방언을 교육 내용으로 삼을 수 있지만 역시 표준어를 중심으로 교육한다.

• 듣기 자료의 분류

013 듣기 자료에 관한 설명으로 알맞은 것은? (2회 43번)

① 초급에서는 자료의 실제성을 고려하지 않아도 된다.

② 중급에서는 초급보다 시각적 자료의 의존도를 높여 개작한다.

③ 초급에서는 축약 현상 등의 구어 특성을 반영하지 않는 것이 좋다.

④ 학습자와 밀접하지 않은 상황은 친숙한 상황으로 수정해 제시한다.

평가 요소 학습자의 숙달도에 따라 듣기 자료를 분류할 수 있다.

개념 확장 이해영(2002, 김청자(2012) 재인용)은 한국어 듣기 이해를 위한 세부 능력을 학습자의 숙달도 별로 다음과 같이 정리하였다. 이를 고려하여 학습자의 수준에 맞는 듣기 자료를 선택하거나 개발할 수 있을 것이다.

[초급 학습자들에게 필요한 듣기 능력]
• 한국어 음소 구분 능력
• 정보 전달에 기여하는 억양의 기능을 파악하는 능력

▶ **013** **답** ④

오답 풀이

① 과제는 실생활 관련 과제로서 교실에서 학습한 것이 학습자들의 삶의 현장에 그대로 적용될 수 있는 것이어야 한다.

② 모든 단계에서 시청각 자료를 적극적으로 활용하여 학습자의 듣기를 도울 수 있다.

③ 듣기는 구어의 여러 언어적 특징으로부터 영향을 받는다. 언어 수행 과정에서의 휴지, 반복, 수정, 다른 요소의 개입 등은 초급부터 듣기 자료에 반영한다.

- 단어의 축약형 파악 능력
- 단어의 경계를 구별할 수 있는 능력
- 의미 파악을 위해 표정·부차 언어적인 요소·동작 등의 시각 정보를 활용할 줄 아는 능력
- 주제 관련 어휘와 주요 어휘를 찾아낼 수 있는 능력

[중급 학습자들에게 필요한 듣기 능력]
- 문맥으로부터 어휘의 의미를 추측해낼 수 있는 능력
- 중요한 문법적 형태와 통사적 장치를 아는 능력
- 문장 구성 성분을 찾아낼 수 있는 능력
- 주요한 것과 부차적인 문장의 구성 성문을 분석할 수 있는 능력
- 구어 담화의 결속 장치를 파악하는 능력
- 중심 생각, 예시, 가정, 일반화 등을 파악할 수 있는 능력
- 주제에 대한 화자의 태도를 추측할 수 있는 능력
- 실제 세계의 지식과 경험을 이용할 수 있는 능력
- 기술된 사건의 후속 내용을 예측할 수 있는 능력
- 사건 간의 연관 관계를 해석해 낼 수 있는 능력

[고급 학습자들에게 필요한 듣기 능력]
- 두 사람의 대화를 듣고 공통되고 일관된 대화 주제를 파악하는 능력
- 발화 교정이 일어났는지를 이해하는 능력
- 담화의 구조를 표시하는 담화 표지의 기능을 파악할 수 있는 능력
- 목적에 따른 듣기 전략 적용 능력
- 이해 또는 이해 부족을 언어적 또는 비언어적으로 알릴 수 있는 능력
- 강의의 목적과 범위를 파악하는 능력
- 강의의 내용과 이후 전개 내용을 파악할 수 있는 능력
- 학술적 내용에 대한 배경지식을 활성화할 수 있는 능력
- 방언 차이, 개인적 속도 차이에도 불구하고 강의 내용을 이해할 수 있는 능력
- 다양한 유형의 강의에 대한 친숙성
- 문어적 구어나 구어적 구어를 망라한 다양한 사용역에 대한 친숙성
- 강의의 핵심적 주제에서 벗어난 것인지 아닌지 파악할 수 있는 능력
- 강의 듣고 노트 필기하는 능력

참고문헌 김청자(2012), 한국어 듣기 교육론, 한국어 교육의 이론과 실제, 아카넷.

▶ 014 **답** ④

정답 풀이

텔레비전 광고는 비판적 듣기이고, 전화 상담은 공감적 듣기이다.

014 듣기 유형과 듣기 자료와의 연결이 옳지 <u>않은</u> 것은? (5회 37번)

① 분석적 듣기 – 일기예보, 강의
② 비판적 듣기 – 선거 유세, 토론
③ 감상적 듣기 – 영화, 드라마
④ 공감적 듣기 – 전화 상담, 텔레비전 광고

평가 요소 듣기 유형에 따라 듣기 자료를 선택할 수 있다.

개념 확장 각 듣기 유형은 다음과 같다.
[분석적 듣기]
내용을 꼼꼼히 파악하는 듣기이다. 화자의 궁극적 의도와 목적을 파악한다거나 이어질 내용을 예측한다거나 들은 내용을 자신의 언어로 환원해서 말해봄으로써 자신이 제대로 이해했는지 점검하는 듣기를 말한다. 설명문을 듣는 방식이다.

[비판적 듣기]
자신의 생각과 경험에 비추어 상대의 주장의 타당성이나 신뢰성, 적절성 등을 판단하는 게 궁극적인 목적이다. 상대의 의견과 그것을 뒷받침하는 근거를 파악하고 근거가 충분한지, 타당한지 파악하고, 근거에서 주장을 도출하는 과정에 오류가 없는지 파악하고 주장의 수용여부를 판단하는 듣기이다. 논설문을 듣는 방식이다.

[감상적 듣기]
즐거움을 얻고 긴장감을 해소하기 위해 듣는 것이다. 공식적 듣기이고 일방향적 듣기이다.

[공감적 듣기]
상대방의입장에 감정을 이입해서 들으면서 화자의 심리상태를 파악하고 이에 기초하여 반응을 보이는 것이다. 비공식적 듣기이고 쌍방향적 듣기이다.

참고문헌 이익섭(1986), 국어학개론, 학연사.

015 **듣기의 종류와 그에 적합한 자료가 가장 잘 짝지어진 것은?**
(10회 63번)

① 일상대화 듣기 – 발표, 설교
② 감상을 위한 듣기 – 연극, 강의
③ 전문적 내용 듣기 – 드라마, 연설
④ 일방적 정보 듣기 – 안내방송, 뉴스

평가 요소 다양한 실제 자료가 가지고 있는 형식적 특징과 활용 방식에 대해 이해한다.

개념 확장 실제적 자료란 형식적으로 자연스럽고 문화적으로 적절한, 그리고 모국어 화자들이 사용한 상황적 내용들이 반영된 자연스러운 발화 샘플이다. 실제적 자료에는 전혀 수정이 가해지지 않은 원자료와 교육 목적을 위해 만들어지기는 했으나 실제 의사소통 상황에서 발생할 가능성이 높은 자질들을 담은, 실제적 자료와 가깝게 만들어진 자료가 포함된다.
또한 다양한 담화 유형을 사용하여 이야기 구조에 익숙해지도록 해야 하는데, 이때 사용할 수 있는 듣기 자료로 일상 대화, 안내 방송, 뉴스, 일기예보, 다큐멘터리 방송, 강의 등 다양한 장르의 담화를 사용할 수 있다. 이처럼 다양한 담화들 속에 포함된 구조와 특성을 관찰하고 학습하게 할 경우, 이후에 같은 장르의 담화를 들을 때 효율적인 이해에 도달할 수 있다는 장점이 있다. 일반적으로 담화는 장르별로 예측 가능한 구조와 내용을 가지고 있기 때문이다.
이러한 듣기 교육의 종류와 그에 해당하는 실제 자료들의 사례는 다음과 같다.

• 일방적인 정보 듣기: 안내방송, 광고, 뉴스 등은 대화가 아닌 일방적 말하기이므로 말하는 이가 듣는 이의 수준을 고려할 수 없다. 그럼에도 불구하고, 안내방송, 광고 같은 경우는 생활에 우선적으로 필요한 듣기이므로 초급에서라도 기본 문형이나 어휘를 익힌 후 가능하면 빨리 학습하는 것이 좋다. 뉴스는 안내방송, 광고에 비해 훨씬 어려운 듣기 활동으로 초급보다는 고급에 적합하나 핵심 주제를 이해했는지 확인하는 이해, 추론, 종합형 듣기를 강조하여 교수하면 초급 학습자 교육에도 매우 유용한 자료가 된다.

• 감상을 위한 듣기: 노래, 영화, 드라마와 같은 듣기 형태는 들은

▶ 015 **답** ④

오답 풀이

① 발표나 설교는 발화자가 청중에게 자신의 주장을 펼치는 형식이기 때문에, 논리적인 형식이나 내용을 듣는 데 도움이 된다.
② 강의는 전문적인 내용에 속한다.
③ 드라마의 경우 감상을 위한 듣기 자료로 활용될 수 있다.

내용을 이해한 후 그것에 대한 청자의 감정적인 대응이 요구된다. 원래 듣기 활동은 학습자의 한국어 수준에 맞추어 난이도별로 배열하는 것이 올바른 과정이지만 때로는 수준별 교육 과정을 따르지 않고 학습자의 요구나 동기, 필요에 따라 노래, 영화, 드라마와 같은 듣기 내용을 선정할 때 학습효과가 더 좋아지기도 한다. 드라마나 영화 같은 경우 지나친 욕설이나 비표준어, 사투리, 유행어의 비중이 높은 경우가 있기 때문에 난이도를 고려해 자료를 선정할 필요가 있다. 반면 노래는 영화나 드라마보다 문장과 내용이 단순하므로 어느 정도 난이도만 고려한다면 초급에서부터 이용이 가능하다.

- 학문적, 전문적 내용 듣기: 강의, 강연, 토론 등의 듣기는 풍부한 어휘와 고급 문법등과 같은 언어적 지식은 물론 주제나 내용에 대한 배경지식, 전문적 지식이 필요한 듣기로, 난이도 면에서 가장 높은 듣기이다. 이런 종류의 듣기는 일상생활에서 하는 듣기라기보다는 학문 목적으로 한국어를 배우는 학습자들이나 한국과 관련한 고급의 사회활동에 필요한 듣기이므로 난이도가 높은 교육 과정을 필요로 하지 않는 학습자에게는 이러한 듣기 자료와 내용을 교육 과정에 포함시키지 않아도 된다.

▶ 016   답 ③

정답 풀이

한국 전통 문화나 지역 특성이 담긴 어휘들이 듣기 매체를 선정하는 일반적인 기준은 아니다. 기본적으로 외국인 학생에게 교육하는 한국어 발음과 표현은 현대의 서울 표준어를 모범으로 상정하고 있기 때문이다.

오답 풀이

② 듣기 훈련을 하는 외국인 학생들에게 자연스러운 반복은 어휘나 표현을 익히는 데 도움이 된다.

---

016 듣기 교육에 사용할 드라마를 선정하는 일반적 기준으로 적절하지 <u>않은</u> 것은? (10회 65번)

① 등장인물의 발화가 명료하고 속도가 적절해야 한다.
② 언어의 흐름에 자연스런 반복과 휴지가 있어야 한다.
③ 한국 전통 문화와 지역 특성이 담긴 어휘가 나타나야 한다.
④ 학습자의 흥미를 끌고 학습 동기를 부여할 수 있어야 한다.

평가 요소   듣기 교육에 필요한 매체 선정 기준을 알고 있다.

개념 확장   듣기 자료의 선정
교사는 듣기 자료를 선정할 때 다음과 같은 점을 고려하여야 한다.

- 학습자의 능력에 맞는 자료: 듣기 활동은 내용이나 목적의 난이도에 따라, 처리할 정보의 양에 따라, 구성 방식이나 명확도에 따라 난이도가 달라지며 같은 자료라 하더라도 교사가 학습자 수준에 맞게 구성하는 것에 따라 듣기 자료로 충분히 활용할 수 있다.

- 구어의 특성을 반영한 자료 선정: 대화의 경우에 일상상활에서 사용하는 구어의 특성이 반영되어야 실제적이며 효용성이 큰 학습 자료가 될 수 있다. 또한 감정표현, 간투사, 머뭇거림, 휴지, 수정, 끼어듦, 관용표현, 유행어, 줄임말 등 구어에 많이 나타나는 특성들을 듣기에도 반영해야 한다.

해 설

· 듣기 전략

017 다음 중 학습자의 듣기 전략으로 옳지 <u>않은</u> 것은? (1회 50번)

① 듣기 전에 화자가 말할 내용이나 주제에 대해서 생각해 보라.

② 빠른 속도나 어려운 말은 핵심적 내용일 수 있으므로 이에 집중하라.

③ 중요한 내용은 강조되고 반복될 것이므로 반복, 강조되는 내용을 이용해 주제를 파악하라.

④ 접속 부사나 보조사는 명제 간의 논리적 관계나 인과 관계에 좋은 힌트를 제공하므로 흐름 파악에 이들을 활용하라.

평가 요소 교육 내용으로서 듣기 전략을 알고 있다.

개념 확장 리차즈(Richards, 1983)는 듣기 기술에 대하여 미시적 기술과 거시적 기술을 제시하였는데 다음과 같이 정리할 수 있다.

[미시적 기술]
· 길이가 다른 다양한 덩이 구조를 단기 기억에서 보존하라.
· 목표어의 음소를 식별하라.
· 목표어의 강세 패턴, 강세어와 약세어, 리듬구조, 억양을 인식하고 이들 요소가 정보 전달에 어떻게 작용하는지 파악하라.
· 어휘의 축약형을 파악하라.
· 단어 간 경계부를 구별하고 핵심 어휘를 인식하며 어순과 그 의미를 파악하라.
· 속도가 다른 발화를 처리하라.
· 휴지와 오류, 교정, 그리고 그 밖의 수행 변인이 게재된 발화를 처리하라.
· 품사(명사, 동사 등)와 체제(예를 들어 시제, 일치), 패턴, 규칙, 생략형을 파악하라.
· 문장의 구성 요소를 파악하고 주요소와 보조요소를 구분하라.
· 특정 의미를 표현하는 데 다양한 문법 구조를 이용할 수 있음을 인식하라.

[거시적 기술]
· 음성언어 담화의 응집장치를 파악하라.
· 상황과 참여자, 목적에 따라 발화의 의사소통 기능을 파악하라.
· 상식을 이용하여 상황과 참여자, 목적을 추론하라.
· 묘사되는 사건과 생각 등을 이용하여 그 결과를 예측하고 사건 사이의 관계를 추론하며 인과관계를 설정하라, 주제, 부제, 새로운 정보, 기존 정보, 일반화, 예증의 관계를 파악하라.
· 축어적 의미와 함축적 의미를 구분하라.
· 표정, 동작, 신체 언어 등을 비롯한 비언어적인 단서를 이용하여 의미를 해석하라.
· 핵심어 탐색, 맥락에서 단어의 의미 추측하기, 도움 요청하기, 이해 여부 표시하기 등의 다양한 듣기 책략을 개발하여 활용하라.

참고문헌 H. D. Brown(2007),Teaching by Principle: An Interactive Approach to Language Pedagogy, Third Edition, Longman, 권오량 외 역(2010), 원리에 의한 교수: 언어 교육에의 상호작용적 접근법(제3판), ㈜피어슨에듀케이션코리아.

▶ 017 **답** ②

정답 풀이

빠른 속도나 어려운 말에 집착하여 집중하지 않는다.

해설

▶ 018 답 ②

오답 풀이

① 문법번역식 교수법에서 듣기 교육
은 중시되지 않았다.
③ 자연적 교수법에서 자연스러운 듣
기 능력 향상을 도모한 것은 맞지
만 이를 위해서 학습자가 편안하
게 받아들일 수 있을 정도의 입력
을 제공하였다.
④ 의사소통 접근법에서는 말하기뿐
만 아니라 듣기 역시 중요시한다.
다만 한국어 교육계의 사정을 보
면 의사소통이라는 목표가 표현에
만 치중되고 이해를 소홀히 하는
면이 없지 않아 말하기 교육에 비
해 듣기 교육의 수업 내용이나 교
재 개발이 크게 향상되고 있지 않
다.

▶ 019 답 ①

정답 풀이

침묵식 교수법(The Silent Way)은
표현 중심의 학습을 강조하며, 교사
는 가능한 말을 적게 하며, 학생들에
게 말을 많이 유도시키는 교수법이
다. 이 경우, 초보부터 바로 말하기를
시도하도록 강조한다.

· 언어 교육 이론과 듣기 교육

018 다음 중 교수법과 듣기 교육을 바르게 연결한 것은? (3회 41번)

① 문법번역식 교수법 – 정확한 문법 학습을 위해 반복적인 듣기를 강조하
였다.
② 청각구두식 교수법 – 구어 학습을 중시하지만 듣기는 말하기의 보조 활
동에 불과했다.
③ 자연적 교수법 – 담화를 적극적으로 해석, 유추, 평가하는 듣기를 함으
로써 자연스러운 듣기 능력 향상을 도모하였다.
④ 의사소통 접근법 – 구두 의사소통 능력이 강조되나 이해 활동인 듣기 비
중은 매우 낮았다.

평가 요소 언어 교육 이론에 따른 듣기 교육의 특징을 알고 있다.

019 각 언어 교수법에서 듣기를 바라보는 관점을 설명한 것으로 옳지 않은 것
은? (10회 62번)

① 침묵식 교수법: 듣기는 학습자가 침묵한 채 다양한 발화에 노출될 때 향
상될 수 있다.
② 문법번역식 교수법: 듣기는 문법과 해석에 필수적인 기능이 아니므로 중
요하지 않다.
③ 의사소통적 교수법: 듣기는 의사소통 능력을 구성하는 부분이므로 타 기
능과 균형 있게 개발해야 한다.
④ 전신 반응 교수법: 듣기가 가능해지면 말하기도 자연스럽게 할 수 있게
되므로 초기 단계에서부터 듣기를 중시해야 한다.

평가 요소 듣기 교육에 관한 다양한 이론을 알고 있다.

개념 확장 듣기 교육은 음성언어를 매개로 이루어진다는 점에서 표현교육의
하나인 말하기 교육과 함께 논의되기도 하고, 전달된 의미를 이해한
다는 관점에서는 이해 교육의 하나인 읽기 교육과 함께 논의되기도
한다. 이와 같은 듣기 교육에 관한 다양한 이론 중, 듣기가 가능해지
면 말하기도 자연스럽게 할 수 있게 된다고 보는 대표적인 이론이
바로 전신 반응 교수법(Total Physical Response)이다. James
Asher가 창안한 이 교수법은, 학생이 알아들을 수 있는 정도의 목
표 언어를 사용하여 교사가 지시나 명령을 하면, 그 지시나 명령을
받은 학생은 말로 반응을 할 필요 없이 행동으로 반응하게 하여 목
표 언어를 이해하도록 하는 방법이다. 교사의 명령에 대하여 아동들
이 실제로 움직여 행동으로 반응을 나타내야 하므로, 교수 활동에
집중도가 높을 뿐 아니라 자신의 성취를 행동으로 확인할 수 있어
강화의 효과도 크다. 오랫동안 기억에 남을 수 있다는 점에서 특히
어린 학생들을 지도하는 데 효과적이다.

- 타 언어 기술과의 통합 교육

020 듣기와 연계된 통합 과제 활동으로 알맞지 <u>않은</u> 것은? (2회 45번)

① 사건 뉴스를 듣고 관련된 기사를 읽는다.
② 일기예보를 듣고 날씨에 대해 이야기한다.
③ 여행사에 문의하는 내용을 듣고 여행을 예약하는 역할극을 한다.
④ 교통 안내 방송을 듣고 한국의 대중교통 체계에 대해 이야기한다.

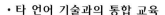 평가 요소 듣기와 다른 언어 기능을 연계하여 과제를 구성할 수 있다.

▶ 020 답 ④

정답 풀이

④의 교통 안내 방송이 도로 교통 상황을 안내해 주는 것이므로 한국의 대중교통 체계에 대해 이야기하는 것보다는 목적지에 빨리 도달할 수 있는 방법 등을 이야기하는 것이 보다 연관성이 있다.

- 듣기 교육의 목표

021 듣기 교육의 목표로 알맞지 <u>않은</u> 것은? (5회 35번)

① 담화를 듣고 화자의 어조를 파악할 수 있다.
② 담화의 모든 정보를 듣고 처리하여 내용을 이해할 수 있다.
③ 비언어적 단서를 활용하여 의미를 파악할 수 있다.
④ 담화 구조 단서를 이용하여 주요 내용을 파악할 수 있다.

평가 요소 듣기 교육의 목표를 이해하고 적용할 수 있다.

▶ 021 답 ②

정답 풀이

담화의 보든 정보를 파악하는 것보다는 맥락이나 주요 내용, 주제어 등을 파악하도록 하는 것이 효율적이다.

- 듣기의 특성

022 듣기의 특성으로 옳지 <u>않은</u> 것은? (7회 47번)

① 전체 의사소통에서 가장 비중이 높은 언어 기술 영역이다.
② 목적에 따라 방식과 속도를 다양하게 선택할 수 있다.
③ 시간적 흐름 속에서 진행되므로 흐름을 놓칠 가능성이 있다.
④ 화자의 어조, 표정과 같은 언어 외적인 요소에 의해 영향을 많이 받을 수 있다.

평가 요소 듣기의 특성을 이해한다.

▶ 022 답 ①

정답 풀이

전체 의사소통에서 가장 비중이 높은 언어 기술 영역은 말하기이다.

개념 확장 듣기를 어렵게 만드는 요인

(1) 무리짓기: 음성언어의 경우 우리는 발화를 그보다 작은 어휘 무리로 쪼개는데 이것은 기억의 한계 때문이기도 하고 우리의 성향 때문이기도 하다. 보편적인 단위는 절이지만 하부 구조인 구 단위가 기억하기에 훨씬 수월하다.

(2) 잉여성: 고쳐하는 말, 반복하는 말, 설명하는 말, 덧붙이는 작은 말 등이 많다. 그러나 이들은 시간적 여유와 부가적인 정보를 제공하기 때문에 청자가 의미를 처리하는 데 도움을 줄 수 있다. 학습자들은 잉여성을 이용하도록 스스로 훈련할 수 있는데, 발화를 구성하는 모든 문장이나 구가 새로운 정보를 담고 있지는 않다는 것을 인식하고 또 중복된 표현임을 알려주는 단서를 파악하는 것이 도움이 된다.

(3) 축약형: 축약형은 이해에 심각한 어려움을 준다.

(4) 수행 변인: 계획적인 담화(강의, 연설 등)를 제외한 음성언어에서는 화자가 말하는 도중에 주저한다든지, 말을 잘못 꺼낸다든지, 말을 멈추고 잠시 머뭇거린다든지, 아니면 말을 수정하는 경우가 허다하다. 원어민 청자는 어릴 때부터 그런 언어의 수행 변인들을 속아내도록 훈련되었지만 그런 것들은 제2언어 학습자의 이해를 쉽게 방해한다.

(5) 구어체: 표준 문어나 교과서적 표현을 많이 접한 학습자는 가끔 구어체 표현을 듣고 당황하거나 처리하는 데 어려움을 겪는다.

(6) 발화 속도: 거의 모든 외국어 학습자는 초기 단계에서 원어민 화자의 말하는 속도가 너무 빠르다고 생각한다.

(7) 강세, 리듬, 억양: 목표어의 이러한 특징은 억양 또는 의문문, 평서문, 강조하는말의 이해를 위해서 뿐만 아니라 냉소, 친애, 모욕, 부탁, 칭찬 등을 나타내는 말을 이해하기 위해 대단히 중요하다.

(8) 상호작용: 대화는 상호작용 규칙(협상하기, 명료화하기, 신호에 주의하기, 말차례 지키기, 화제 지정, 화제 유지, 화제 종료)의 지배를 받는다. 따라서 듣기를 배운다는 것은 반응하고, 나아가 일련의 듣고 반응하기를 지속하는 것을 배우는 것도 포함한다.

참고문헌 H. D. Brown(2007), Teaching by Principle: An Interactive Approach to Language Pedagogy, Third Edition, Longman, 권오량 외 역(2010), 원리에 의한 교수: 언어 교육에의 상호작용적 접근법(제3판), ㈜피어슨에듀케이션코리아.

· 듣기 처리 과정

023 듣기 처리 과정과 관련된 교육내용으로 옳은 것을 <u>모두</u> 고른 것은?
(8회 36번)

> ㄱ. 들리기(hearing) 단계 – 같이[가치]의 음운 현상을 알고 소리를 인식한다.
> ㄴ. 듣기(listening) 단계 – 제품에 대한 설명을 듣고 사용법을 익힌다.
> ㄷ. 청해(auding) 단계 – '왜 이제 와?'를 듣고 화자의 발화 의도를 파악한다.

① ㄴ

② ㄱ, ㄷ

③ ㄴ, ㄷ

④ ㄱ, ㄴ, ㄷ

023 **답** ④

평가 요소 듣기 처리 과정과 관련된 교육내용을 이해하고 적용할 수 있다.

개념 확장 듣기는 흔히 듣기 행위에 개입되는 사고의 수준에 따라 소리 듣기(hearing), 의미 듣기(listening), 청해(auding)로 분류된다.
- 들리기(hearing)는 문자 그대로 외부에서 들려오는 물리적인 소리만을 수동적으로 지각하는 활동으로 자신의 사전 경험이나 언어적·상황적 배경 맥락을 고려하지 않고 들려오는 말을 축자적으로 이해하는 수준의 듣기이다.
- 듣기(listening)는 주의를 기울여 소리를 지각하고 자신이 알고 있는 배경지식과 관련하여 들은 정보를 조직화하고 해석하고 평가하는 일련의 인지적 과정이다.
- 청해(auding)는 가장 높은 수준의 사고를 요하는 듣기 행위로 듣기 과정의 처리 결과를 종합적으로 이해하고, 해석하며, 여기에 청자 자신의 가치 판단이나 정의적 반응까지 수반하는 보다 종합적인 과정이다.

참고문헌 전은주(1999), 말하기 듣기 교육론, 박이정.

· 수준별 듣기 능력

024 다음은 수준별 듣기 능력이다. 옳은 것을 <u>모두</u> 고른 것은? (8회 45번)

> ㄱ. 초급 – 한국어 음소 구분 능력
> ㄴ. 초급 – 빈도가 높은 단어의 축약형 파악 능력
> ㄷ. 중급 – 단어의 경계를 구별할 수 있는 능력
> ㄹ. 고급 – 담화 표지의 기능을 파악할 수 있는 능력

① ㄱ, ㄴ

② ㄴ, ㄷ

③ ㄷ, ㄹ

④ ㄱ, ㄴ, ㄹ

024 **답** ④

오답 풀이
단어의 경계를 구별할 수 있는 능력은 초급에서 요구된다.

평가 요소 학습자 수준별 듣기 능력을 이해한다.

해   설

▶ 025   **답** ②

정답 풀이

뉴스에 사용된 어휘와 문법적인 내용을 맥락을 통해 확인함으로써 학습자들의 듣기가 용이해지도록 한다(ㄷ). 그리고 스키마를 활성화하기 위해 ㄹ과 같은 활동을 한다. 스키마를 활성화한 후 실제 뉴스 보도를 듣고 내용을 이해했는지 확인한다(ㄱ). 이어서 뉴스 보도를 바탕으로 한 활동을 한다(ㄴ). 끝으로 ㅁ과 같이 말하기, 듣기, 쓰기 등을 포함하는 확장적인 활동을 한다.

• 한국어듣기교육론

025   '외국인이 뽑은 인상적인 한국 문화'라는 제목의 뉴스를 이용한 듣기 수업의 순서로 옳은 것은? (9회 67번)

> ㄱ. 뉴스 보도를 듣고 내용 이해 여부를 확인하는 질문에 답한다.
> ㄴ. 뉴스 보도를 듣고 설문 조사 결과 그래프를 완성한다.
> ㄷ. 뉴스에 사용된 어휘와 표현의 쓰임을 맥락을 통해 확인한다.
> ㄹ. 한국 문화 중 어떤 것에 깊은 인상을 받았는지 서로 이야기해 본다.
> ㅁ. 동일한 주제로 반 친구를 대상으로 설문 조사를 한 뒤 결과를 써 본다.

① ㄷ - ㄱ - ㄹ - ㅁ - ㄴ   ② ㄷ - ㄹ - ㄱ - ㄴ - ㅁ
③ ㄹ - ㄱ - ㄴ - ㄷ - ㅁ   ④ ㄹ - ㅁ - ㄷ - ㄱ - ㄴ

평가 요소   듣기 수업을 듣기 전 활동, 듣기 중 활동, 듣기 후 활동으로 구분하여 구안할 수 있다.

해 설

제8강 **한국어말하기교육론**

중영역: 한국어말하기교육론

번호	세부 영역	출제 회수	문제 풀이
1	말하기 과제의 유형	11	3
2	화용적 특성에 맞는 발화	8	2
3	말하기 교육의 실제	10	2
4	오류 수정	7	1
5	말하기 의사소통 전략	8	1
6	언어 교육 이론과 말하기 교육	6	2
7	한국어 구어 담화의 특성에 맞는 발화	4	1
8	교실에서의 상호작용	2	1
9	말하기 교육의 목표	2	1
10	말하기 교육의 원리	4	3
11	말하기의 정의와 특징	2	1
12	말하기 평가	1	1
13	비언어적 의사소통의 적절한 활용	1	1
14	의사소통 능력	1	1
	총계	67	20

▶ 001 **답** ②

오답 풀이

① 반복 연습은 교사가 시범을 보인 후 학습자가 이를 바탕으로 연습하고 강화하는 활동 유형이다. 목적에 따라 초급에서 고급까지 활용할 수 있으나, 특히 초급에서 새로 배운 문법이나 어휘를 정확하게 발음하고 교정할 수 있는 연습에 많이 쓰이는 전통적인 활동 유형이다.

③ 인터뷰는 의사소통 과제로 적합하며 말하기보다는 듣기 연습에 더 효과적이다.

④ 집중 연습은 특정한 언어 형태를 연습하는 방법이기는 하지만 짝 활동이나 그룹 활동으로 수행하기에는 적절하지 않다.

• **말하기 과제의 유형**

001 **말하기 활동의 유형에 대한 설명으로 옳은 것은?** (1회 39번)

① 반복 연습 – 오류가 화석화되는 고급 단계에서 효과적인 활동이다.

② 정보 차 활동 – 학습자 간의 상호협력을 통해 정보를 획득하는 활동이다.

③ 인터뷰 – 고급 단계에서 효과적이며, 발표나 브리핑으로 확장이 가능한 활동이다.

④ 집중 연습 – 짝 활동이나 그룹 활동을 통해 특정한 언어형태들을 연습하는 활동이다.

평가 요소 말하기 활동을 유형별로 이해한다.

해설

▶ 002   **답** ②

정답 풀이

보기에 주어진 특징을 갖는 학습자는 우뇌 우성적인 학습자인데 짝 활동이나 소집단 활동을 선호한다.

002   다음의 학생에게 적합한 말하기 활동은? (3회 37번)

> ㄱ. 친구들을 잘 사귄다.
> ㄴ. 애매모호한 것에 관용적이다.
> ㄷ. 하향적 과제 활동에 적극적이다.
> ㄹ. 분석적인 활동을 선호하지 않는다.

① 빈칸에 맞는 형태 말하기 활동
② 짝활동이나 소집단 말하기 활동
③ 대화 가운데 의미적 단서 찾아내기 활동
④ 목표 문법 형태를 활용하여 말하기 활동

평가 요소   학습자 변인에 따라 적합한 말하기 활동을 제시할 수 있다.

개념 확장   좌뇌 우성과 우뇌 우성 학습자의 특징

좌뇌 우성	우뇌 우성

• 이지적
• 이름을 기억함
• 언어적 지시나 설명에 반응함
 	
• 체계적이며 변수를 통제하는 실험을 함
• 객관적 판단을 함
• 계획하고 조직함
• 기정사실화된 확실한 정보를 선호함
• 분석적 독자
• 사고와 기억을 위해 언어에 의존함
• 말하고 쓰는 것을 선호함
• 선다형 시험을 선호함
• 감정을 통제함
• 신체 언어를 잘 판독하지 못함
• 은유를 거의 사용하지 않음
• 논리적인 문제 해결을 선호함
	• 직감적
	• 얼굴을 기억함
	• 시범을 보이거나 예나 삽화를 보여
	  주거나 기호로 주어지는 지시에 반
	  응함
	• 임의적이고 제약을 덜 받는 실험을 함
	• 주관적 판단을 함
	• 유동적이고 즉흥적임
	• 애매모호하고 불확실한 정보를
	  선호함
	• 통합적 독자
	• 사고와 기억을 위해 이미지에 의존함
	• 사물을 그리고 조직하는 것을 선호함
	• 개방형 문제를 선호함
	• 감정에 좀더 자유로움
	• 신체 언어를 잘 판독함
	• 은유를 자주 사용함
	• 직감적인 문제 해결을 선호함

참고문헌   H. D. Brown(2007), Principles of Language Learning and Teaching, Longman, 이흥수 외 역(2010), 외국어 학습·교수의 원리, ㈜피어슨에듀케이션코리아.

해설

003 말하기 과제의 활동 유형과 그 예의 연결이 옳은 것은? (4회 27번)

① 문제 해결 활동 – 아파트 재개발 사업이 결정되었는데 주민들이 회의를 통해 이를 막을 수 있는 방법을 찾는다.

② 정보 차 활동 – 휴가를 갈 수 있는 날짜가 다른 두 사람이 휴가를 같이 가기 위해 둘 다 가능한 날짜로 일정을 조정한다.

③ 의사결정 활동 – 딸이 자신의 결혼을 반대하는 어머니에게 결혼을 하고 싶은 이유를 말하면서 어머니에게 허락을 구한다.

④ 의견 차 활동 – 취업을 앞둔 대학생들이 최근에 나타난 취업률 저하의 원인에 대한 의견을 나누고 취업을 위한 전략을 세운다.

평가 요소 | 말하기 과제의 활동 유형을 이해하고 적용할 수 있다.

▶ **003** 답 ①

오답 풀이

②는 문제 해결 활동, ③은 의견 차 활동, ④는 의사결정 활동이다.

・**화용적 특성에 맞는 발화**

004 발표하기 수업의 지도 내용으로 적합하지 <u>않은</u> 것은? (4회 26번)

① 발표할 때 적절한 의미 단위로 끊어서 말하도록 한다.

② 발표 내용 중 강조할 부분은 강하고 빠르게 말하도록 한다.

③ 발표 요지문을 읽지 않고 말하듯이 자연스럽게 발표하도록 한다.

④ 주제 제시, 화제 전환 등에 쓰이는 전형적인 표현을 활용해 발표하도록 한다.

개념 확장 | 발표하기는 특정한 주제에 대해 조사한 사항이나 개인적인 사항을 전체 학생들을 대상으로 전달하는 것으로 프레젠테이션, 강의, 보고 등이 이에 포함된다. 이 활동을 통해 주어진 주제에 대한 말하기와 더불어 공적인 상황에서 하는 말하기의 표현도 연습할 수 있다. 읽기나 쓰기 등의 다른 언어 기능과 자주 연결하여 이루어지기도 하며, 발표 내용에 대해 질문을 하거나 동료들의 평가 등을 유도하여 청중들을 적극적인 참여자로 만들어 상호작용이 일어나도록 하면 효과적이다.

참고문헌 | 장용원(2012), 한국어 말하기 교육론, 한국어 교육의 이론과 실제, 아카넷.

▶ **004** 답 ②

정답 풀이

발표 내용 중 강조할 부분은 강하게 천천히 말한다.

▶ 005　**답** ③

정답 풀이

"좀 기다리세요. 요즘은 바빠서 시간이 없으니까 부탁합니다."에서 ③의 공손성이 요구됨을 알 수 있다.

005　다음 대화에서 유학생에게 요구되는 화용 능력은? (5회 29번)

> 교　수: 마이클, 중간 과제 제출이 안 됐네요.
> 유학생: 과제는 꼭 하는데 감기 때문에 못했어요.
> 교　수: 그 과제는 점수 비중이 높아요. 기한을 더 줄 테니 다음 주까지 제출하세요.
> 유학생: 좀 기다리세요. 요즘은 바빠서 시간이 없으니까 부탁합니다.

① 양　　　　　　　　　　　② 질
③ 공손성　　　　　　　　　④ 태도

평가 요소　학습자에게 필요한 화용 능력을 파악하고 교육 내용으로 제시할 수 있다.

개념 확장　그라이스(Grice, 1975)는 화용론 이론으로 '대화의 격률'을 제시하였는데 다음과 같다.
(1) 진실을 말한다. -질의 격률
(2) 필요한 것만 말하라. - 양의 격률
(3) 관련성이 있는 이야기만 한다. - 관련성의 격률
(4) 분명하고, 간결하고, 조리 있게 말한다. - 양태의 격률

참고문헌　Grice H. P.(1975), Logic and Conversation, in P. Cole & J. L. Morgan(Eds.) Syntax and Semantics 3: Speech Acts, pp. 41~58, Academic Press.

· **말하기 교육의 실제**

006　TTT 모형의 말하기 수업 구성에 관한 설명으로 옳은 것은? (6회 3번)

① '지식에서 사용'으로 전환할 수 있도록 말하기 수업을 설계한다.
② 첫째 단계에서 학생들은 말하기 과제를 수행하도록 요청받는다.
③ 둘째 단계에서 교사는 말하기 수업을 위해 사전에 계획되었던 언어 구조를 설명한다.
④ 셋째 단계에서 유사한 유형의 말하기 활동을 통해 규칙이 인지되고 내재화되게 한다.

▶ 006　**답** ②

정답 풀이

TTT의 첫 단계는 의사소통형 과제를 수행하는 단계로 학습자에게 말하기 과제를 수행하도록 요청한다.

평가 요소　TTT 모형을 활용하여 말하기 수업을 구성할 수 있다.

개념 확장　과제 모형(TTT)는 의사소통 능력 함양을 목표로 과제를 제시하여 과제 해결형 언어 습득을 하도록 지도하는 모형이다.
과제(1)[task(1)] - 교수 활동(teach) - 과제(2)[task(2)]
과제(1): 의사소통형 과제
과제(2): 과제(1)의 반복이나 유사 과제

007 말하기 수업에서의 '모둠 활동' 방법에 관한 설명으로 옳지 <u>않은</u> 것은? (10회 56번)

① 사소한 오류는 지적하지 않고 넘어갈 수 있다.

② 학습자들의 언어 능력 차이는 고려하지 않는다.

③ 시작하기 전에 활동 방법을 명확히 제시해 준다.

④ 학습자들에게 활동에 대한 책임감을 부여하는 것이 좋다.

평가 요소 모둠 활동의 방법과 유의점을 알고 있다.

개념 확장 **모둠 활동에서 교사의 역할**
모둠 활동을 활용한 말하기 수업 지도를 목표로 할 때, 교사는 먼저 학습 목표를 제시하고 모둠을 확인해야만 한다. 수업 전 활동으로 주제에 관련된 어휘와 문법을 간단히 학습할 수 있으며, 학습자가 배운 어휘와 문법을 모둠 활동을 통해 다양한 말하기로 연습하도록 유도할 수 있다. 실제 생활에서 나올 수 있는 상황을 제시해 주고 모둠원들에게 균형있게 역할을 부여하고, 창의적인 수업이 이루어질 수 있도록 분위기를 조성하는 것도 중요하다. 마지막 마무리 단계에서 모둠별로 발표할 수 있으며, 교사는 학습자가 발표한 내용을 평가해 준다.

▶ 007 답 ②

정답 풀이

모둠 활동에서 중요한 것은 모둠을 설계하는 과정에서 가능하면 학습자들의 실력을 고르게 유지되게 하는 것이다. 모둠 구성원 각각이 수평적이고 자유로운 분위기에서 주체적으로 활동하기 위해서, 학습자들의 언어 능력 차이를 고려하는 일은 매우 중요하다.

• **화용적 특성에 맞는 발화**

008 다음은 초급의 말하기 수업 내용이다. 학습자의 발화 오류에 대한 수정 방법으로 가장 적절한 것은? (4회 28번)

- 주제: 자기소개
- 목표 문법: −(이)라고 하다
- 과제: 반 친구에게 자기 소개하기
- 학습자 오류 발화: "저는 제임스 테일러이라고 합니다. 제임스이라고 하주세요."

① 과제 수행 중 발생된 오류인 경우, 수행 중에 오류를 즉각 수정해 주는 것이 좋다.

② 과제 수행 중 발생된 오류인 경우, 간접 수정보다 교사가 직접 수정해 주는 것이 좋다.

③ 언어 형태 연습에서 발생된 오류인 경우, 학습 목표 문법인 '−(이)라고 하다'를 틀렸으므로 즉각 수정해 주는 것이 좋다.

④ 언어 형태 연습에서 발생된 오류인 경우, 아직 배우지 않았지만 '하 주세요'에 오류가 있으므로 즉각 수정해 주는 것이 좋다.

▶ 008 답 ③

오답 풀이

①, ②의 과제 수행 중의 오류는 국소적 오류(local errors)인 경우, 의사소통의 원활한 흐름을 위해 지나칠 수 있다. ④언어 형태 연습에서 발생한 오류인 경우, 아직 배우지 않은 문법 항목에서 나타난 오류는 의사소통에 문제가 없는 이상 수정하지 않는다.

평가 요소 학습자의 말하기 오류에 적절하게 대처하여 피드백을 제공할 수 있다.

개념 확장 오류의 유형과 오류의 원인, 오류 수정의 방법

[오류의 유형]
학습자가 범하는 오류는 언어적인 오류(발음 오류, 어휘 오류, 문법 오류, 담화 오류), 기능 수행 오류, 사회 문화 오류 등으로 유형화할 수 있다. 이 중 발음 오류, 담화 오류, 사회 문화 오류 등은 의사소통을 방해하는 오류로서 화석화되지 않도록 우선적으로 수정하는 것이 바람직하다. 또 문장의 기본 구조가 잘못되어 의사소통에 큰 방해가 되며 의미 이해를 어렵게 하는 전체적 오류(global errors)는 문장 구성 요소 중 일부가 잘못되어 의사소통에 크게 방해되지 않으며 의미 이해에도 별로 영향을 주지 않는 정도의 국소적 오류(local errors)보다 더 심각하게 고려하여 적절하게 지도해야 한다.

[오류의 원인]
엘리스(Ellis, 1997)는 오류의 원인으로 생략(omission), 과대 일반화(over-generalization), 전이(transfer) 등을 들었다.
(1) 생략 오류: 목표 언어를 더 단순하게 사용해서 생기는 오류
(2) 과대 일반화 오류: 목표 언어를 학습자가 처리하기 쉬운 형태로 생성하므로 생기는 오류
(3) 전이 오류: 학습자의 모국어에 있는 언어 지식을 목표어에 적용하여 생기는 오류

[오류 수정의 방법]
하머(Harmer, 2001)는 오류 수정 지도 방법을 다음과 같이 제시하였다.
(1) 반복 요구: '네, 뭐라고요?' 등과 같이 반응함으로써 학습자에게 오류가 있음을 암시한고 수정하도록 유도한다.
(2) 모방: 학습자의 오류를 교사가 그대로 따라함으로써 오류가 있음을 표한다.
(3) 지적 또는 질문: '이상하네요. 뭐가 틀렸을까요?' 처럼 학습자에게 오류가 있음을 직접 지적하고 질문함으로써 수정하도록 유도한다.
(4) 표정이나 몸짓: 교사가 이상하다는 표정이나 몸짓을 함으로써 오류가 있음을 지적한다.
(5) 단서 제공: '높임법에 조심해서 다시 말해 보세요.' 라고 함으로써 오류가 일어난 곳을 깨달아 고치게 한다.
(6) 직접 수정: 올바른 문장을 직접 말해 줌으로써 오류를 지적하고 수정한다.

참고문헌 장용원(2012), 한국어 말하기 교육론, 한국어 교육의 이론과 실제, 아카넷.

• 말하기 의사소통 전략

009 다음 대화에서 학생이 사용한 말하기 전략이 <u>아닌</u> 것은? (6회 5번)

> 교사: 한국에 온 지 얼마나 됐어요?
> 학생: 음……. 지금 육 개월 정도 됐어요.
> 교사: 그래요? 그런데 앞으로 얼마나 더 머무를 거예요?
> 학생: 네? 얼마나 더……. 뭐라고 했어요?
> 교사: 머무를 거예요?
> 학생: 머무를……. '얼마나 있을 거예요?' 그런 말이에요?
> 교사: 네, 맞아요. 얼마나 더 있을 거예요?
> 학생: 육 개월 있을 거예요.

① 명확히 하기
② 군말 사용하기
③ 반복해서 말해 주도록 요청하기
④ 대화 유지를 위한 표현 활용하기

평가 요소 말하기 전략을 이해하고 교육 내용으로 제시할 수 있다.

개념 확장 허용 외(2005)에서는 브라운(Brown, 1994)을 참조하여 말하기 전략의 예를 다음과 같이 제시하였다.
(1) 분명히 말해 달라고 요구하기(뭐라고요? 그게 무슨 뜻이에요?)
(2) 반복 요청하기(네? 다시 말씀해 주세요.)
(3) 시간을 끌기 위한 군말 사용하기(음……, 그러니까……, 뭐냐 하면……)
(4) 다른 사람의 주의 끌기(있잖아, 자아……, 그런데 말이야……)
(5) 단어나 표현을 모를 때 다른 말로 쉽게 풀어 말하기
(6) 듣는 사람에게 도움 요청하기(이런 걸 뭐라고 하지요?)
(7) 정형화된 표현 사용하기(이거 얼마예요? 여기서 공항까지 얼마나 걸려요?)
(8) 몸짓이나 표정 등 비언어적 표현 사용하기

참고문헌 장용원(2012), 한국어 말하기 교육론, 한국어 교육의 이론과 실제, 아카넷.

▶ 009 **답** ④

정답 풀이

대화 유지를 위한 표현인 '응, 그래서?'나 '그래……' 등은 사용되지 않았다.

▶ 010 답 ③

오답 풀이

① 침묵 교수법에서 침묵은 학습의 가장 좋은 도구로 가정되고 있는데, 그 이유는 침묵함으로써 학습자는 해야 할 일에 집중할 수 있고, 또 할 일을 완성시킬 가능한 수단에 집중할 수 있기 때문이다. 그러나 문법 항목과 어휘 항목들에 대한 제시는 없다.

② 고전적 교수법은 이를 문법 번역식 교수법이라고 하면 문학 작품의 이해가 외국어 학습에서 일차적인 초점이 되고 외국어의 회화 능력은 거의 필요하지 않다고 이해하는 상황에서 이용되었다. 따라서 고전적 교수법에서 말하기 교육은 거의 이루어지지 않았다.

④ 인지적 기호 학습은 인지주의적 접근법이라고 볼 때 인지심리학과 변형생성문법론에 기반한 교수법으로서 문법 지식의 중요성을 강조하였다.

▶ 011 답 ②

정답 풀이

학생들 대부분은 선생님의 질문에 대하여 혹시 틀리면 어쩌나 하고 두려워한다. 그러나 의사소통적 교수법에서 교사의 역할은 학생들이 틀리는 일을 두려워하지 않도록 분위기를 조성하는 데 있다. 틀리는 일은 당연한 것이기 때문에 주저하지 말고 말을 하도록 지도한다.

오답 풀이

일반적인 오류 교정 방법은 다음과 같다.
• 의사전달의 맥을 끊고 수정하는 것을 피함
• 반복되는 오류, 의사 전달에 장애가 되는 오류, 수업 목표와 관련된 오류를 중요하게 다룸
• 간접적인 방법으로 오류 교정하는 것이 바람직함
• 학습자 오류를 즉각적으로 교정하는 것보다 학습자 스스로 수정하도록 여유를 줌
• 개별적인 오류 교정 지향

• **언어 교육 이론과 말하기 교육**

010 다음의 언어 교육 이론과 말하기 교육에 대한 설명이 맞게 연결된 것은? (3회 31번)

① 침묵 교수법 – 교사가 학생들의 연습을 위해 침묵하는 교수법으로, 복잡한 문법을 활용한 말하기 연습을 위해 고안되었다.

② 고전적 교수법 – 문법 학습이 강조되는 교수법으로 말하기 교육은 제공된 글의 내용을 요약하는 활동을 통해서만 간단하게 이루어졌다.

③ 공동체 언어 학습 – 교사와 학습자 간의 상호작용 속에서 학습자가 말하고 싶은 것을 말하게 하여, 학습자의 유의미한 구어 발화가 자극되었다.

④ 인지적 기호 학습 – 반복이나 모방으로는 의사소통 능력 함양이 불가능함에 착안하여, 인지심리학을 기반으로 한 말하기 학습 활동을 통하여 의사소통 능력을 함양함에 주력하였다.

평가 요소 언어 교육 이론의 특징에 따른 말하기 교육 방식을 이해한다.

참고문헌 Richards, Jack C. & Rodgers, Theodore S.(2001), Approaches and Methods in Language Teaching, Cambridge, 전병만 외 역(2008), 외국어 교육 접근 방법과 교수법, Cambridge.

011 의사소통적 교수법에 기반한 말하기 수업의 특징으로 옳지 <u>않은</u> 것은? (10회 54번)

① 주제 또는 상황 중심으로 구성한다.

② 교사는 명시적 오류 수정에 집중한다.

③ 수업은 다양한 활동과 과제로 구성한다.

④ 언어 규칙보다 언어 사용에 중점을 둔다.

평가 요소 의사소통 중심 교육에 대해서 알고 있다.

개념 확장 **의사소통 중심 교육**
의사소통 중심 교육은 언어를 배우는 것이 곧 의사소통 능력을 기르는 데 주안점을 두고 있으며, 학습자의 욕구를 중시하고 언어의 구조보다는 사용을 강조하고 있다. 수업 중에 행해지는 여러 활동들은 실제 의사소통 상황과 연관이 있어야 하며, 실제 의사소통 과정에서 언어를 사용함으로써 무의식적으로 목표언어의 발달을 가져오게 되고 언어학습이 곧바로 습득으로 연결될 수 있다는 것이다. 그러므로 교실 안에서의 활동들은 학습을 증진시킬 수 있는 과업 수행을 하도록 해야 한다. 학급에서의 활동들은 언어를 통해 중재되는 과업 완성, 의미의 교섭, 정보를 서로 나누는 활동

에 초점이 맞추어질 수 있게 고안된다. 예를 들어, 초점이 흐린 슬라이드를 보여 주거나, 미완성 그림, 조각 그림 등을 보여주면서, 학생들끼리 서로 정보를 제공하거나 이끌어 내도록 한다. 즉, 정보의 부족 부분을 학생들 간의 대화로 풀어나가도록 하는 것이다. 언어의 형태 보다는 언어의 기능 및 의사소통 상황을 강조하는 의사소통 교육은 일상생활에서의 기본적인 의사소통 능력의 함양이 목표인 초등 영어 교육에서 매우 중요하다 할 수 있다.

・**한국어 구어 담화의 특성에 맞는 발화**

012 학습자가 구어의 특징을 활용하여 말할 수 있도록 지도하는 방안으로 옳은 것은? (4회 32번)

① 구어에는 머뭇거림, 주저 등의 현상이 많이 나타나므로, 주저어 사용 전략을 활용할 수 있도록 한다.

② '진짜', '-구요'와 같이 구어에만 사용되는 표현이 있으므로, 발표를 할 때 구어적 표현을 적극적으로 사용하도록 한다.

③ 구어는 통사적으로 불완전한 문장이 많이 사용되므로, 말을 할 때 지나치게 정확하게 말하려고 노력하지 않도록 지도한다.

④ 구어에서는 청자와 화자가 공유하고 있는 정보를 생략하는 경우가 많으므로, 한번 언급한 내용은 다시 언급하지 않도록 한다.

평가 요소 한국어 구어 담화의 특성을 이해하고 교육 내용으로 구성할 수 있다.

개념 확장 한국어 구어의 특성[이해영(2002), 김청자(2012) 재인용]

[통사적 특성]
• 어순이 자유롭고 조사, 문장 성분의 생략이 잦다.
• 문장 부사나 구어적 정도 부사를 자주 사용한다. (그리고, 그런데, 하지만, 되게, 무지, 진짜, 정말 등)
• 호격, 관형격 조사나 이중부정, 장형부정 사용이 적다.
• 접속 조사가 반복적으로 사용된다.
• 문장 구조가 단순하고 완결된 문장보다는 구나 절을 많이 사용한다.
• 대화 중간에 어절 단위에서도 '-요'를 많이 사용한다.

[음운적 특성]
• 음운의 축약, 탈락 현상이 많이 나타난다. (그것은)그건, 저는)전 등)
• 비표준어가 많이 나타나며, 보통소리를 된소리로 발음하는 경향이 있다.
• 철자와 다른 현실음이 많이 나타난다. (-고)-구, -아)-어, 네가)니가 등)
• 속도, 빠르기, 세기, 반복, 억양 등으로 강조 또는 화자의 태도를 나타낸다.

[담화 · 화용적 특성]
• 구어 담화 표지, 간접 표현, 발화 교정이 자주 사용된다.
• 생략, 중복, 끼어들기, 불규칙한 순서, 화제 전환이 자주 나타난다.
• 대응쌍이 인접해서 나타나지 않을 수도 있다.
• 한국어의 관례적 표현이나 한국어 화자의 특유한 몸짓이 사용된다.

참고문헌 김청자(2012), 한국어 듣기 교육론, 한국어 교육의 이론과 실제, 아카넷.

해설

▶ 012 **답** ①

오답 풀이

② 발표하기는 공적인 상황에서 하는 말하기에 해당하므로 지나치게 구어적인 표현은 지양한다.

③ 통사적으로 불완전한 문장이 많은 것은 구어의 특징이 맞다 그러나 교육을 위한 수업 시간에는 완전한 문장을 입력하고 표현할 수 있도록 지도해야 한다.

④ 한국어는 고맥락 언어로서 화자와 청자가 공유하고 있는 정보가 많고 종종 대화에서 생략된다. 그러나 이것은 언어문화적인 것으로 외국인 학습자에게는 이해하기 어려운 부분이 될 수 있을 뿐만 아니라 한 번 말한 것을 무조건 생략하는 것은 말하기의 정확성이 떨어질 우려가 있으므로 바람직하지 않다.

▶ 013 **답** ②

정답 풀이

인터뷰는 여러 명을 만나 인터뷰를 해서 필요한 정보를 얻는 활동이다. 동일한 문형을 반복해서 연습힘으로써 말하기와 듣기를 연계할 수 있는 동시에 학생들은 흥미로운 상황에서 최종적으로는 자신이 원하는 정보를 파악하게 되므로 유의미적인 활동이다. D 영역에 해당한다.

· **교실에서의 상호작용**

013 다음은 말하기 수업 시 교실에서 이루어지는 상호 대응의 유형을 그림으로 나타낸 것이다. 각 유형에 해당하는 활동으로 옳지 <u>않은</u> 것은? (7회 34번)

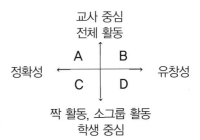

① A – 따라 읽기   ② B – 인터뷰
③ C – 응답 연습   ④ D – 프로젝트

평가 요소 교실에서 교사와 학습자, 학습자 간의 상호작용과 그 유형을 이해한다.

▶ 014 **답** ①

오답 풀이

ⓔ은 고급의 말하기 목표이다.

· **말하기 교육의 목표**

014 다음 중 중급의 말하기 교육 목표를 <u>모두</u> 고른 것은? (2회 33번)

> ㄱ 문단 단위로 설명하거나 묘사할 수 있다.
> ㄴ 친숙한 사회적 주제에 대해 말할 수 있다.
> ㄷ 격식체와 비격식체를 구분하여 사용할 수 있다.
> ㄹ 업무 보고나 토론 등 전문 분야에서 요구되는 기능을 수행할 수 있다.

① ㄱ, ㄴ, ㄷ   ② ㄱ, ㄴ, ㄹ
③ ㄱ, ㄷ, ㄹ   ④ ㄱ, ㄴ, ㄷ, ㄹ

평가 요소 학습자의 숙달도에 따른 말하기 교육의 목표를 이해하고 활동에 적용할 수 있다.

개념 확장 한국어능력시험(TOPIK)에서 제안하는 단계별 평가 기준

해 설

등급		평가 기준
초급	1급	• 자기 소개하기, 물건 사기, 음식 주문하기 등 생활에 필요한 기초적인 언어 기능을 수행할 수 있다. • 약 800개의 기초 어휘와 기본 문법에 대한 이해를 바탕으로 간단한 문장을 생성할 수 있다. • 간단한 생활문과 실용문을 이해하고 구성할 수 있다
	2급	• 전화하기, 부탁하기 등의 일상생활에 필요한 기능과 우체국, 은행 등의 공공시설 이용에 필요한 기능을 수행할 수 있다. • 약 1,500~2,000개의 어휘를 이용하여 사적이고 친숙한 화제에 관해 문단 단위로 이해하고 사용할 수 있다. • 공식적 상황과 비공식적 상황에서의 언어를 구분해 사용할 수 있다.
중급	3급	• 일상생활을 영위하는 데 별 어려움을 느끼지 않으며, 다양한 공공시설의 이용과 사회적 관계 유지에 필요한 기초적 언어 기능을 수행할 수 있다. • 친숙하고 구체적인 소재는 물론 자신에게 친숙한 사회적 소재를 문단 단위로 표현하거나 이해할 수 있다. • 문어와 구어의 기본적인 특성을 구분해서 이해하고 사용할 수 있다.
	4급	• 공공시설 이용과 사회적 관계 유지에 필요한 언어기능을 수행할 수 있으며, 일반적인 업무 수행에 필요한 기능을 어느 정도 수행할 수 있다. • 뉴스, 신문 기사 중 평이한 내용을 이해할 수 있다. • 일반적, 사회적, 추상적 소재를 비교적 정확하고 유창하게 이해하고 사용할 수 있다. • 자주 사용되는 관용적 표현과 대표적인 한국 문화에 대한 이해를 바탕으로 사회, 문화적인 내용을 이해하고 사용할 수 있다.
고급	5급	• 전문 분야에서의 연구나 업무 수행에 필요한 언어 기능을 어느 정도 수행할 수 있다. • 정치, 경제, 사회, 문화 전반에 걸쳐 친숙하지 않은 소재에 관해서도 이해하고 사용할 수 있다. • 공식적, 비공식적 맥락과 구어적, 문어적 맥락에 따라 언어를 적절히 구분하여 사용할 수 있다.
	6급	• 전문 분야에서의 연구나 업무 수행에 필요한 언어 기능을 비교적 정확하고 유창하게 수행할 수 있다. • 정치, 경제, 사회, 문화 전반에 걸쳐 친숙하지 않은 주제에 관해서도 이용하고 사용할 수 있다. • 원어민 화자의 수준에는 이르지 못하나 기능 수행이나 의미 표현에는 어려움을 겪지 않는다.

참 고 한국어능력시험 홈페이지
http://www.topik.go.kr/usr/cmm/subLocation.do?menuSeq=
2110101#none

▶ 015　답 ①

정답 풀이

말하기는 문장보다는 단어, 구, 절 단위로 이루어지므로 말하기 활동 역시 이에 맞추는 것이 바람직하다.

• 말하기 교육의 원리

015 말하기 교육의 원리가 <u>아닌</u> 것은? (2회 37번)

① 문장 단위로 활동을 수행하게 한다.
② 과제수행 중심으로 유도하고, 다른 기능과 통합한다.
③ 주제나 기능에 따라 필수 어휘와 전형적 표현을 도입한다.
④ 학습 단계에 따라 교육적 과제와 실제적 과제를 적절히 활용한다.

평가 요소　말하기 교육의 원리를 이해한다.

개념 확장　**말하기 지도의 원리**
(1) 실제적인 언어 사용 능력을 키워 줄 수 있도록 해야 한다.
(2) 정확성과 유창성 모두를 향상시킬 수 있어야 한다.
(3) 학습자가 자신감을 갖고 적극적으로 수업에 참여할 수 있도록 학습자의 요구를 반영하여 학습자 중심으로 지도한다.
(4) 설명 등으로 교사가 너무 많은 시간을 차지하지 않고 학습자의 말하기 수행 중심이 되도록 한다.
(5) 말하기, 듣기, 읽기, 쓰기 기능이 통합적으로 이루어져야 한다.
(6) 학습자의 언어 수행에 적절한 피드백을 제공한다.

참고문헌　장용원(2012), 한국어 말하기 교육론, 한국어 교육의 이론과 실제, 아카넷.

▶ 016　답 ④

정답 풀이

적절한 시각자료를 통해 학습자에게 말할 수 있는 소재를 제공하는 것은 오히려 효과적일 수 있다. 시각 자료를 보고 그에 관한 해석이나 느낌, 연관된 다른 내용들을 이야기할 수 있도록 유도하는 것은 학습자의 발화 능력을 기르는 데 도움을 준다.

오답 풀이

① 실제 현실에서 경험하거나 활용할 수 있는 과제는 학습자의 학습 동기를 부여하는 데 효과적이다.
② 성공적인 의사소통을 위에서 비언어적인 요소를 학습하는 일은 중요하다.
③ 지금 당장 이해하지 못하더라도 특정한 발화의 장르가 가진 성격이나 유형, 반복되는 어휘들을 아는 것만으로도, 학습의 효율성을 높일 수 있다.

016 말하기 수업의 구성 원리로 적절하지 <u>않은</u> 것은? (10회 53번)

① 교실 내에서도 실제적 과제를 활용한다.
② 비언어적 요소를 교수 내용에 포함한다.
③ 여러 화계(speech level)를 경험할 수 있게 구성한다.
④ 시각 자료는 말하기에 방해가 되므로 쓰지 않는 것이 좋다.

평가 요소　말하기 수업의 일반적인 구성원리를 이해하고 있다.

개념 확장　말하기 영역의 내용 체계는 말하기의 실제 활동(대화, 토론 등) 과정에서 말하기의 본질에 관한 명제적 지식과 말하기의 원리에 관한 절차적 지식이 지도 내용으로 선정되고 이러한 지식을 바탕으로 말하는 학습 활동이 이루어져야 습득이 가능하다. 따라서 말하기 교육의 내용구성 체계는 지식을 포괄하면서 활동을 강조하는 통합적이고 총체적인 방향을 지향해야 한다. 일반적으로 학습자의 말하기를 지도하는 교사의 주의사항에 대한 내용을 살펴보면 다음과 같다.
• 학습 목표를 고려하고 문법에서 의사소통까지 활동을 이용한다.
• 내적 동기를 부여할 수 있어야 한다.
• 교실에서 학습하지만 일상생활처럼 실제적인 언어를 사용하도록 권장한다.
• 교사는 학습자에게 적절한 피드백과 오류 수정해 준다.
• 말하기와 듣기의 관계를 이용하도록 한다.
• 학습자가 먼저 의사소통을 주도하도록 기회를 준다.
• 말하기 전략을 개발하도록 격려한다.
• 소집단 활동을 활용한다.
• 실제적 자료를 많이 사용한다.
• 과제 중심적으로 학습한다.

• 말하기의 정의와 특징

017 말하기의 특징을 기술한 내용으로 알맞은 것은? (2회 35번)

① 발화의 진실성과 담화수행력은 비례한다.
② 담화 상호작용은 대화 층위에서 해석 가능하다.
③ 2인 상호작용에서는 대화자들의 역할이 고정되어 있다.
④ '화체(style)는 사람이다'라는 말은 구어체의 맥락 의존성을 시사한다.

[평가 요소] 말하기의 특징을 이해한다.

• 비언어적 의사소통의 적절한 활용

018 다음 중 의사소통 기술 향상을 위한 한국어 말하기 수업에서 다룰 수 있는 내용은? (3회 39번)

① 화자의 태도를 나타내는 억양을 이해할 수 있도록 연습한다.
② 격식을 갖춘 표현과 일상적인 표현을 구분하여 사용할 수 있도록 한다.
③ 원어민의 자연스러운 발화 속도와 끊어 말하기에 적응할 수 있도록 연습한다.
④ 비언어적 단서를 정확하게 알아차릴 수 있도록 비디오를 시청하는 활동을 한다.

[평가 요소] 비언어적 의사소통의 특징을 이해하고 교육 내용으로 구성할 수 있다.

• 의사소통 능력

019 다음의 학습자에게 부족한 의사소통 능력은? (6회 7번)

> 교사: 방학 때 뭐 했어요?
> 학생: 저는 방학 때 태국으로 여행을 갔어요.
> 교사: 태국에서 뭐 했어요?
> 학생: 바다에 가서 수영했어요. 어, 그리고 시장에 갔어요. 시장에 첫째 날에 갔어요. 어, 바다에 마지막 날에 갔어요. 시장에서 맛있는 음식을 많이 먹었어요. 바다에서 너무 재미있었어요.

① 담화적 능력
② 문법적 능력
③ 전략적 능력
④ 사회언어학적 능력

[평가 요소] 의사소통 능력을 이해하고 교육에 적용할 수 있다.

▶ **017** **답** ②

[오답 풀이]

① 화자는 진실하나 담화수행력은 부족할 수 있고 담화수행력은 뛰어나나 발화의 진실성은 떨어질 수 있으므로 비례하지 않는다.
③ 2인 상호작용에서 대화자는 화자와 청자의 역할을 번갈아가며 수행한다.
④ 말하는 스타일은 사람마다 다름을 나타내는 말로서 맥락 의존성과는 관련이 없다.

▶ **018** **답** ②

[오답 풀이]

①, ③, ④는 구두 의사소통의 미시적인 기술로서 교육 내용으로 삼기에 부적절하다.

▶ **019** **답** ①

[정답 풀이]

담화적 능력은 의사소통이 전체 담화에서 어떤 위치에 있는가를 파악하는 능력으로서 주어진 보기의 학습자에게는 이 능력이 부족하다.

개념 확장 커네일과 스웨인(Canale & Swain, 1980)의 의사소통 능력
(1) 문법적 능력: 어휘와 문법에 관한 능력
(2) 사회언어적 능력: 사회적 맥락에 맞게 의사소통을 진행할 수 있는 능력
(3) 담화 능력: 의사소통이 전체 담화에서 어떤 위치에 있는가를 파악하는 능력
(4) 전략적 능력: 의사소통의 방향을 바꾸거나 시작하거나 멈추는 능력

참고문헌 Canale, M. & Swain, M.(1980), Theoretical Bases of Communicative Approaches to Second Language Teaching and Testing, Applied Linguistics 1, pp. 1~47.

• 말하기 오류

020 말하기 오류와 교사의 대처 방법에 관한 설명으로 옳지 <u>않은</u> 것은? (8회 53번)

① 언어 지식의 부족으로 생긴 오류 – 수정해 주지 않고 올바른 모델을 관찰하게 한다.
② 발음 자체가 불가능해서 생긴 오류 – 수정해 주고 올바른 모델을 제시해 준다.
③ 활동을 이해하지 못해 생긴 오류 – 수정해 주지 않고 쉬운 활동으로 바꿔 준다.
④ 모국어 간섭으로 생긴 오류 – 수정해 주고 모국어와 목표어 간의 차이점을 알려준다.

평가 요소 말하기 오류와 교사의 바람직한 대처 방법을 이해하고 적용할 수 있다.

• 말하기 과제

021 말하기 과제의 활동 유형에 따른 예시로 옳은 것은? (8회 60번)

① 의견차 활동 – 친구들과 여름휴가 계획을 짜 보도록 한다.
② 정보차 활동 – '대학 내 담배 판매 금지'에 대해 찬반 토론을 하도록 한다.
③ 프로젝트 – 물건사기를 배운 후 직접 가게에 가서 물건을 사 보도록 한다.
④ 모의 행위 – 주제를 정해 한국인을 대상으로 인터뷰하고 결과를 발표하도록 한다.

평가 요소 과제를 이해하고 실제 활동 유형과 결합하여 적용할 수 있다.

해설

▶ 020 **답** ②

정답 풀이

발음 자체가 불가능한 경우는 교사가 예측할 수 있는 오류이다. 이것은 수정의 대상이 아니라 체계적인 교육의 대상이 되어야 한다. 발음 자체가 불가능하다는 것은 학습자의 모어에 해당 음소가 없는 경우가 많으므로 교사가 학습자의 모국어에 대한 음운론적 지식을 갖추고 체계적인 설명과 연습의 기회를 제공해야 한다. 올바른 발음 방법을 들려주기만 하는 것은 학습자의 인식과 발음에 별 도움이 되지 못한다.

▶ 021 **답** ①

오답 풀이

② '대학 내 담배 판매 금지'에 대한 찬반 토론은 의견차 활동에 해당한다.
③ 물건 사기를 배운 후 직접 가게에 가서 물건을 사 보는 것은 실제 행위에 해당한다.
④ 주제를 정해 한국인을 대상으로 인터뷰하고 결과를 발표하는 것은 프로젝트에 해당한다.

• 한국어말하기교육론

022 다음과 같은 말하기 활동을 진행하고자 한다. 수업 운영을 위한 고려 사항으로 옳지 <u>않은</u> 것은? (9회 54번)

- 프로젝트 수업에서 학교 신문을 만들려고 한다. 기사 작성을 위해 외국인들을 인터뷰한다.
- 탄뎀(Tandem) 학습을 통해 '일본인과 한국인의 패션 차이'에 대해 의견을 나누고 발표한다.

① 프로젝트 수업에서 교사가 시범을 보인 후 학습자들이 자율적으로 참여하게 한다.

② 프로젝트 수업에서 소극적인 학습자가 배제되지 않도록 일정한 역할을 부여하도록 한다.

③ 탄뎀 학습법을 활용한 수업은 한국어와 일본어, 두 언어로 진행되어야 한다.

④ 탄뎀 학습에 참여하는 한국인 학습자와 일본인 학습자의 비율이 1:1이 되는 것이 바람직하다.

평가 요소 프로젝트 수업과 탄뎀 학습법을 이해하고 적용할 수 있다.

개념 확장 프로젝트 수업과 탄뎀 학습법을 설명하면 다음과 같다.

[프로젝트 수업]
크룸(H. Krumm, 1991)은 '교육적 의미가 있는 프로젝트'를 주창하였는데 이는 학습자와 교사가 공동으로 계획을 만들고 계획에 따라 표현 활동을 하는 것을 말한다. 그리고 프리드부스(Fried-Booth, 2002)는 프로젝트 학습을 실제적이고 맥락적인 문제를 해결하기 위해 학습자들이 그룹을 구성해서 질문과 토론을 하고 자신이 지닌 아이디어를 다른 학습자와 공유함으로써 학습자들이 자율적으로 문제 해결의 틀을 찾는 학습 방법으로 규정했다. 즉 프로젝트 수업은 학습자가 중심이 되어 과제를 선정하고 수행 방법을 계획하며 협력적으로 수행해 나가는 수업 방식을 의미한다. 프로젝트 수업은 구성주의 이론, 내용 기반의 언어 학습, 자기 주도적 학습의 영향을 받아 만들어진 수업의 한 형태이다. 구성주의는 인지주의 심리학에 바탕을 두고 있으며 학습자가 주위 환경과의 상호작용을 통해 스스로 자신의 내부에서 쌓아 가는 것이 지식을 습득해 가는 과정이라고 본다. 내용 기반 언어 학습은 언어를 통한 언어 학습이 아니라 내용을 통한 언어 학습으로 언어적 형식보다는 내용을 더 중요하게 다룬다. 즉 프로젝트 수업을 통해 학습자는 자기 주도적인 학습을 할 수 있고 다양한 맥락에서 동료 학습자 혹은 교사와의 실제적이고 협력적인 상호작용을 할 수 있으며 프로젝트 수행 후 자신감과 성취감을 얻을 수 있다.

[탄뎀 학습법]
두 사람 이상의 협력 관계, 협동을 뜻하는 탄뎀(Tandem)은 독일어로 '둘이 타는 자전거'를 뜻하며 '탄뎀 학습법'은 독일 학생과 스페인 학생 간의 교류에서 시작되어 특히 독일 보큼대학에서 텐덤 연구가 활발하게 이루어지고 있는 등 유럽에서는 널리 알려진 학습법으로 학생들이 직접 인터넷을 통해 탄뎀 파트너를 찾기도 한다. 탄뎀은 서로 다른 2개 나라의 학생이 상대방의 모국어를 배

▶ 022 **답** ①

정답 풀이

교사가 시범을 보이는 것은 직접 교수법에 해당하는 것이다. 프로젝트 수업에서는 교사가 학생들이 자기에게 주어진 과제를 잘 수행할 수 있도록 학생들을 잘 관리할 수 있어야 한다. 따라서 교사는 소극적인 학습자들에게 역할을 부여하며 관리할 필요가 있다.

우기를 원할 때 학습 조를 만들어 서로 도와가며 스스로 언어를 습득해 나가는 학습법이다. 학생 서로가 상대방의 언어로 자율적으로 말하고 토론하다 보니 수업을 진행하면 할수록 교사의 역할은 거의 없다. 학생들에게 맞는 다양한 주제 개발이 중요하다. 또 학생들이 끝까지 꾸준히 서로의 관계를 유지하는 것이 이 학습법 정착의 가장 큰 관건이다.

참고문헌 서울대학교 국어교육연구소 편(2014), 한국어교육학 사전, 도서출판 하우.
김현진(2013), 탄뎀 학습을 활용한 문화 교육 방안, 한국어교육 24-1, 국제한국어교육학회.

▶ 023 **답** ①

정답 풀이

제시문의 초급 발화자는 조사의 사용이나, 형태소의 활용 등 기본적인 문법적 기능이 부족하기 때문에, 정확한 발화를 하는 데 어려움을 겪고 있다. 문법적 능력은 발음, 어휘, 문장을 바르게 구성하는 능력과 음운, 어휘, 통사 지식과 사용 능력을 모두 포괄한다.

---

023 **다음 초급 학습자의 발화는 어떤 능력이 부족함을 보여 주는 예인가?**
(10회 52번)

> 지난 주말 명동 가요. 쭝궈 친구들 갔어요. 명동가 사람 넘 많아요. 예쁜 가방 사고 모자도 사요. 배고프니까 맛있는 점심이 또 먹었어요. 저녁 불고기 먹은데 비싸고 맛있어요. 맛있었서 다음 다른 친구들 또 갈게요. 집에 오고 피곤하니까 자요.

① 문법적 능력　　　　　　② 담화적 능력
③ 전략적 능력　　　　　　④ 사회언어학적 능력

평가 요소 학습자의 발화에 필요한 기본적인 능력을 알고 있다.

개념 확장 의사소통이 가능하기 위해 필요한 능력들은 다음과 같다.

- 문법적 능력: 어휘와 문법에 관한 능력
- 사회언어적 능력: 사회적 맥락에 맞게 의사소통을 진행할 수 있는 능력이며, 대화가 이루어지는 상황을 제대로 파악하여 상황에 맞게 말하는 능력을 의미한다. 사회언어학적 능력을 갖추려면 언어 사용 상황에 대한 이해가 있어야 하며, 언어 사용 지식을 알고 있어야 한다.
- 담화 능력: 의사소통이 전체 담화에서 어떤 위치에 있는가를 파악하는 능력으로, 형태적인 응집성과 의미적인 긴밀성을 지닌 발화로 대화를 지속해 나가는 능력이다. 담화적 능력을 갖추려면 대화 원리에 따라 담화를 구성하고 지속해 나갈 수 있어야 한다.
- 전략적 능력: 의사소통의 방향을 바꾸거나 시작하거나 멈추는 능력이다. 의사소통이 실패할 경우 반복, 주저함, 비언어적 의사소통 행위 등의 전략을 사용하는 능력을 의미한다.

| 제9강 | 한국어발음교육론 |

중영역: 한국어발음교육론

번호	세부 영역	출제 회수	문제 풀이
1	발음 교육 항목에 따른 발음 교육의 내용	12	3
2	주요 언어권별 발음 교육 방법	6	2
3	발음 교육 항목의 선정	9	5
4	발음 교육의 모형	5	2
5	발음 교육의 원리	9	3
6	발음 교육의 활동 유형	4	1
7	발음 교육을 위한 수업 자료	5	2
8	발음 교정 방법	4	2
9	언어 교육 이론과 발음 교육	5	2
	총 계	59	22

· 발음 교육 항목에 따른 발음 교육의 내용

001 한국어의 음절을 교육하는 방법으로 옳은 것을 모두 고른 것은?
(4회 61번)

> ㄱ. '옷'의 음절 구조를 '자음+모음+자음'으로 설명한다.
> ㄴ. 'tent' 뒤에 올 주격조사 '이/가'를 선택해 보도록 한다.
> ㄷ. '땅, 뽀뽀'를 들려주고 어두에 자음이 두 개까지 올 수 있음을 설명한다.
> ㄹ. '닭, 값' 등을 예로 들어 음절말에 두 개의 자음이 연달아 올 수 있음을 설명한다.
> ㅁ. 'McDonald'의 한국어 발음 '맥도날드', 일본어 발음 '마끄도나르도'를 들려주고 음절구조의 차이를 인식하게 한다.

① ㄴ, ㅁ   ② ㄴ, ㄹ

③ ㄱ, ㄴ, ㅁ   ④ ㄴ, ㄷ, ㅁ

평가 요소 음절 교육에 관한 문제이다.

▶ 001   답 ①

정답 풀이

ㄴ. 'tent' 뒤에 주격조사 '이'가 오느냐 '가'가 오느냐에 따라 발음이 달라진다는 사실을 가르친다.

ㅁ. 'McDonald'의 한국어 발음 '맥도날드', 일본어 발음 '마끄도나르도'를 들려주고 음절구조의 차이를 인식하게 한다. 일본어의 경우에는 종성이 없고, 한국어에는 종성이 있음을 분명하게 가르칠 수 있는 예로 활용할 수 있다.

오답 풀이

ㄱ. '옷'의 음절 구조를 '오(모음)+ㅅ(자음)'으로 설명해야 한다.

ㄷ. '땅, 뽀뽀'의 경우에는 어두에 자음을 두 개 표기하였지만 실제로는 'ㄷ'이나 'ㅂ'의 된소리 하나로 발음할 뿐이다.

ㄹ. '닭, 값' 등의 겹받침도 음절 끝소리 규칙에 따라 'ㄱ', 'ㅂ'으로 발음된다.

▶ 002 답 ③

정답 풀이

ㄱ. '는'은 '대조, 한정'을 표현하는 보조사로 약간 높여서 발음하도록 지도해야 한다.

ㄷ. '안'과 '왔어요'는 하나의 강세구를 이루므로 붙여서 [아놔써요]로 발음하게 지도한다.

ㄹ. '올 여름에는'을 가르칠 때는 'ㄴ' 첨가와 유음화에 대해 설명하고 연습시킨다.

올 여름 → [올녀름] → [올려름]
　　　　'ㄴ' 첨가　　유음화

오답 풀이

ㄴ. 이 문장에서 강세구는 '안'과 '왔어요'로, '안'은 강하게 발음하되 뒤의 '왔어요'와 붙여서 발음하도록 지도해야 한다.

---

002 비격식적인 상황에서 '올 여름에는 비가 거의 안 왔어요.'라는 문장을 말하는 법을 지도하려고 한다. 옳은 지도 방법을 모두 고른 것은?
(6회 92번)

> ㄱ. '는'은 약간 높여서 발음하도록 지도한다.
> ㄴ. 강세구 사이에 일정한 길이의 휴지를 두고 발음하도록 지도한다.
> ㄷ. '안'과 '왔어요'는 하나의 강세구를 이루므로 붙여서 발음하게 지도한다.
> ㄹ. '올 여름에는'을 가르칠 때는 'ㄴ' 첨가와 유음화에 대해 설명하고 연습시킨다.

① ㄱ, ㄷ
② ㄴ, ㄹ
③ ㄱ, ㄷ, ㄹ
④ ㄱ, ㄴ, ㄷ, ㄹ

평가 요소 발음 교육에 관한 문제이다.

개념 확장 [한국어의 중요한 음운 변동]

1) 음절의 끝소리 규칙(중화): 음절의 끝소리가 'ㄱ, ㄴ, ㄷ, ㄹ, ㅁ, ㅂ, ㅇ'의 일곱 개 자음 중 하나로 발음되는 현상이다.
　예 낟[낟], 낱[낟], 낫[낟], 낯[낟], 낯[낟]

2) 자음 동화: 음절의 끝 자음이 그 뒤에 오는 자음과 만날 때, 어느 한 쪽이 다른 쪽 자음을 닮거나, 양쪽이 서로 닮아서 두 소리가 다 바뀌는 현상이다.
　㉠ 비음화: 파열음이나 유음이 뒤에 오는 비음에 동화되어 비음으로 바뀌는 현상이다.
　　예 밥물→[밤물], 맏며느리→[만며느리], 속는다→[송는다]
　㉡ 유음화: 비음이 유음을 만나 유음으로 바뀌는 현상이다.
　　예 신라→[실라], 칼날→[칼랄], 난로[날로]

3) 모음 동화: 모음과 모음이 만났을 때 서로 비슷하거나 같은 소리로 바뀌는 현상이다.
　㉠ 'ㅣ' 모음 역행 동화: 'ㅣ' 모음 앞뒤의 모음이 이것을 닮아 'ㅣ' 모음과 유사한 전설 모음으로 바뀌는 현상이다. 대체로 이것은 표준 발음으로 인정되지 않는다.
　　예 어미→*[에미], 손잡이→*[손재비], 아지랑이→*[아지랭이]
　㉡ 이중 모음화: 'ㅣ'의 뒤에 모음 'ㅓ, ㅗ'가 오면 'ㅣ'의 영향을 받아 각각 'ㅕ, ㅛ'로 바뀌는 현상이다.
　　예 미시오→*[미시요], 당기시오→*[당기시요], 먹이었다→*[머기엳따]

4) 구개음화: 끝소리가 'ㄷ, ㅌ'인 형태소가 'ㅣ'나 반모음 'ㅣ(ㅑ, ㅕ, ㅛ, ㅠ)'로 시작되는 형식 형태소를 만나면 각각 구개음 'ㅈ, ㅊ'으로 바뀌는 현상이다.
　예 해돋아→해도디→[해도지], 같아→가타→[가치]

5) 모음 조화: 양성 모음 'ㅏ, ㅗ'는 'ㅏ, ㅗ'끼리, 음성 모음 'ㅓ, ㅜ, ㅡ, ㅣ'는 'ㅓ, ㅜ, ㅡ, ㅣ'끼리 어울리려는 현상이다.
　예 깎아, 깎아라, 깎아서, 깎아도, 깎았다
　　먹어, 먹어라, 먹어서, 먹어도, 먹었다

6) 음운 축약: 두 음운이 합쳐져서 하나의 음운으로 줄어 소리 나는 현상이다.
  ㉠ 자음 축약: 'ㅂ, ㄷ, ㄱ, ㅈ'과 'ㅎ'이 서로 만나면 'ㅍ, ㅌ, ㅋ, ㅊ'으로 발음되는 현상이다.
    예 좋고→[조코], 맏형→[마텽], 옳자→[올치]
  ㉡ 모음 축약: 두 형태소가 서로 만날 때에 앞뒤 형태소의 두 음절이 한 음절로 줄어 드는 현상이다.
    예 보+아→봐, 주+어→줘, 되+어→돼

7) 음운 탈락: 앞뒤 형태소의 두 음운이 마주칠 때, 그 중 한 음운이 완전히 탈락하는 현상이다.
  ㉠ 자음 탈락: 용언의 활용 과정에서 같은 소리가 이어질 때 그 중의 한 소리가 탈락하는 현상이다.
    예 울다: 우니, 운, 웁시다
  ㉡ 모음 탈락: • 'ㅡ'탈락   예 뜨다: 떠, 떴다
                • 동음 탈락   예 가+아→가

8) 사잇소리 현상: 두 개의 형태소 또는 단어가 합쳐져서 합성어가 될 때, 사잇소리가 삽입되는 현상이다.
  ㉠ 앞 말의 끝소리가 울림소리이고 뒷말의 첫소리가 안울림 예사소리일 때, 뒤의 예사소리가 된소리로 변하는 경우
    예 초+불(촛불)→[초뿔], 밤+길→[밤낄]
  ㉡ 앞말이 모음으로 끝나고 뒷말이 'ㅁ, ㄴ'으로 시작될 때 'ㄴ'소리가 덧나는 경우
    예 아+몸(잇몸)→[인몸], 코+날(콧날)→[콘날]
  ㉢ 뒷말이 모음 'ㅣ'나 반모음 'ㅣ'로 시작될 때 'ㄴ'이 덧나거나 'ㄴㄴ'이 덧나는 경우
    예 집+일→[짐닐], 나무+잎(나뭇잎)[나문닙]

• 주요 언어권별 발음 교육 방법

003 한국어 자음을 교육하는 방법으로 적절하지 <u>않은</u> 것은? (4회 60번)

① 일본인이나 중국인 학습자에게는 음절말의 비음을 주의하여 지도한다.
② 영어권 학습자에게는 'ㅅ'이 'small, song'의 's' 발음과 같다고 지도한다.
③ 일본인 학습자에게는 'ㅃ', 중국인 학습자에게는 'ㅂ'을 주의하여 지도한다.
④ 영어권 학습자에게는 '달, 말'의 'ㄹ'이 'tall, mall'의 'l'과 다르다는 것을 인지시킨다.

평가 요소 자음 교육에 관한 문제이다.

▶ 003 답 ②

정답 풀이

영어권 학습자에게는 'ㅅ'이 'small, song'의 's' 발음과 다르다고 지도해야 한다. 영어의 [s]는 단어의 첫소리에 오거나 뒤에 자음이 연결되는 경우에는 한국어와 마찬가지로 예사소리로 발음되지만, 뒤에 모음이 연결되는 경우에는 된소리에 가깝게 발음된다. 그러나 한국어에서는 'ㅅ'이 단어의 첫소리에 올 때는 항상 예사소리로 발음된다.

오답 풀이

① 일본인은 받침에 쓰이는 [ㄴ], [ㅇ] 발음을 잘 구별하지 못한다. 왜냐하면 일본어의 음절말 자음에는 이 두 음운적 대립이 없기 때문이다. 한편 중국어는 음절 구조상 한 음절 내에 자음과 자음이 연이어지지 않는다. 그래서 중국어 학습자들에게는 받침에 쓰이는 [ㄴ], [ㅇ]을 제외한 다른 받침은 중국어에 없어서 이를 발음하기 어렵다.
③ 일본어에서는 무기음과 유기음의 대립 체계가 없으므로 한국어의 예사소리와 된소리의 구별에 유의하도록 지도해야 한다. 중국어에는 한국어의 평음 /ㄱ, ㄷ, ㅂ, ㅅ, ㅈ/이 없기 때문에 'ㅂ'를 발음할 수 있도록 지도해야 한다.
④ 영어에서 음절말에 나타나는 [l]은 한국어에서 음절말이나 자음 앞에서 실현되는 [ㄹ]의 발음과는 그 음가가 다르다. 영어의 [l]은 한국어의 [ㄹ]에 비해 훨씬 뒤에서 소리난다.

▶ 004 **답** ③

004 학습자의 발음 오류 중 모어의 간섭으로 추정되는 예를 정리한 것이다. 연결이 옳지 <u>않은</u> 것은? (5회 74번)

	언어권	발음 오류
①	영어	'부엌' 의 'ㅋ' 을 파열하여 [부어크]처럼 발음한다.
②	일본어	'지도' 의 초성을 [치도]와 같이 격음처럼 발음한다.
③	중국어	'간' 과 '강' 의 종성 구별이 어려워 비슷하게 발음한다.
④	베트남어	'오빠' 의 'ㅇ' 을 [ŋ]으로 생각하여 [응오빠]처럼 발음한다.

정답 풀이

중국어 학습자들은 받침에 쓰이는 [ㄴ], [ㅇ]의 대립을 잘 구분하는 편이다. 다만 산둥 지방 출신 학습자들이 [ㄴ]을 제대로 발음하지 못하는 경우가 있다.

오답 풀이

① 영어에서는 평음, 경음, 격음의 삼중 대립이 없으므로 'ㅋ'을 파열하여 발음한다.
② 일본어에서는 초성에 진동이 많아 평음을 격음으로 발음하기 쉬우므로 유의해야 한다.
④ 베트남 어에서는 '오빠'의 'ㅇ'을 [ŋ]으로 생각하여 [응오빠]처럼 발음할 가능성이 높다.

평가 요소 발음 교육에 관한 문제이다.

개념 확장 1) 영어권 학습자들의 잦은 오류 유형과 오류의 예

오류 유형	오류의 예
/ㅓ/를 /ㅗ/처럼 발음함.	'어서' 의 /ㅓ/를 분명하게 발음하지 못하고 '오소' 처럼 발음함.
/ㅡ/를 발음하지 못하고, 가끔 /ㅜ/ 비슷하게 발음하는 경우도 있음.	'으뜸'을 잘 발음하지 못하고, 가끔 '우뚬' 비슷하게 발음할 경우도 있음.
/ㅡ/발음을 잘 못하기 때문에 이중모음 /ㅢ/발음 역시 잘하지 못함.	'의사' 에서의 /ㅢ/를 잘 발음하지 못함
평음(/ㄱ, ㄷ, ㅂ, ㅅ, ㅈ/)과 경음(/ㄲ, ㄸ, ㅃ, ㅆ, ㅉ/), 격음(/ㅋ, ㅌ, ㅍ, ㅊ/)을 구별하여 인식하지도 발음하지도 못함.	'가, 다, 바, 사, 자'를 '까, 따, 빠, 싸, 짜' 와 구별하지 못하고, 종종 혼동하여 발음함.
모음 앞의 /ㅅ/을 /ㅆ/으로 발음함.	'사랑'을 '싸랑' 처럼 발음함.
/ㅈ/을 [dʒ]로 발음함. 무성 환경에서는 [ʒ]로 발음하는 경우도 있음.	'점심' 의 /ㅈ/을 한국어와 다른 [dʒ]로 발음함.
/ㅊ/을 [tʃ]로 발음함.	'체조' 의 /ㅊ/을 한국어와 다른 [tʃ]로 발음함.
/ㄴ/이 연이어 나올 때 /ㄴㄴ/ 중에서 /ㄴ/ 하나를 생략하고 발음함.	'안녕' 을 [아녕]처럼 발음함.
탄설음 [ɾ]을 혀를 말아서 발음하는 소리인 [ɻ]로 발음함.	'도로' 에서 /ㄹ/을 [ɻ]로 발음함.
음절 말의 /ㄹ/을 영어의 [ɫ]로 발음함.	'달과' 에서 /ㄹ/을 연구개음화한 어두운 음인 [ɫ]로 발음함(즉, 혀를 말아 한국의 [l]보다 훨씬 더 뒤쪽에서 발음함).
/ㄹ/이 연이어 나올 때 /ㄹㄹ/ 중에서 /ㄹ/ 하나를 생략하고 발음함.	'달라' 를 [다라]처럼 발음함.

2) 일본어권 학습자들의 잦은 오류 유형과 오류의 예

오류 유형	오류의 예
/ㅐ/ 발음을 /ㅔ/에 가깝게 발음함.	'대문'을 [데문]처럼 발음함.
/ㅓ/ 발음을 /ㅗ/에 가깝게 발음함.	'어서'를 '오소'와 비슷하게 발음함.
/ㅗ/ 발음을 원순성이 약한 음으로 발음함.	'오소'에서 /ㅗ/의 원순성이 약하여 /ㅓ/ 비슷하게도 들림.
/ㅡ/ 발음을 원순성이 약간 있게 발음함.	'으뜸'을 '우뚬' 비슷하게 발음함.
/ㅜ/ 발음을 원순성이 약하게 발음함.	'두루'를 '드르'와 비슷하게도 발음함.
/ㅢ/를 잘 발음하지 못함.	'의사'에서의 'ㅢ'를 이중모음으로 정확하게 발음하지 못함.
모음 간의 /ㅇ/를 [ㄱ]으로 발음하는 경향이 있음	'잉어'를 '이거', '담쟁이'를 '담재기'로 발음함(특히 관동지방에서).
경음과 격음을 잘 구별하여 인식하지도 발음하지도 못함(특히 음절 초에서).	'까, 따, 빠, 짜'를 '카, 타, 파, 차'와 구별하지 못하고 종종 혼동하여 발음함.
음절 초에서 평음과 격음을 잘 구별하여 발음하지 못함.	'가,다,바,자'를 '카,타,파,차'와 구별하지 못하고 종종 혼동하여 발음함.
/ㅅ/을 모음 사이에서 유성음화하여 발음함.	'가사'에서의 /ㅅ/을 [z]처럼 발음함.
/ㅎ/을 유성음 사이에서도 약화시켜 발음하지 않음.	'전화'에서 /ㅎ/도 강한 기식이 동반된 /ㅎ/으로 발음함.
음절 초의 /ㅈ/을 유성음으로 발음함.	'자식'에서 /ㅈ/을 유성음으로 발음함.
받침에 쓰이는 /ㄴ,ㅁ,ㅇ/ 발음을 잘하지 못함.	'돈'에서 /ㄴ/, '곰'에서 /ㅁ/, '공'에서 /ㅇ/을 잘 발음하지 못함.
음절 말 폐쇄음 /ㅂ,ㄷ,ㄱ/을 개음절화하여 발음함	'밥'에서 /ㅂ/ 뒤에 /ㅡ/ 비슷한 발음을 첨가하여 [바브]처럼 됨.
음절 말의 설측음 /ㅣ/을 개음절화하여 발음함.	'달'에서 받침 /ㄹ/ 뒤에 /ㅡ/ 비슷한 발음을 첨가하여 [다르]처럼 됨.
유음화를 잘 적용하지 못함.	'논리'를 [놀리]가 아닌 [논리]로 발음함.

3) 중국어권 학습자들의 잦은 오류 유형과 오류의 예

오류 유형	오류의 예
/ㅡ/를 잘 발음하지 못함.	'으뜸'을 분명하게 발음하지 못하여 '으뜸'과 '어떰'의 중간 정도로 들림.
/ㅗ/와 /ㅓ/를 개별적으로도 잘 발음하지 못하고 구분도 잘 못함.	'오소/어서', '어서/오서'를 분명하게 구분하여 발음하지 못함.
/ㅢ/를 잘 발음하지 못함(단모음 /ㅡ/ 발음 문제에서 파생한 것).	'의사'를 잘 발음하지 못함.
평음 발음을 잘 못함.	'발'을 '빨'처럼 발음함.
무성자음이 유성음화 환경에 있어도 무성음으로 발음함.	'방법'에서 뒤의 유성음 /ㅂ/을 초성의 무성음처럼 발음함.
받침 발음을 잘 못함.	'먹었다, 둥글다, 방에, 광고'를 [머어다, 두그다, 바에, 과고]처럼 발음함.
/ㅅ/을 /ㅆ/처럼 발음함.	'사'와 '싸'를 구분하여 발음하지 못함.
/ㅈ/과 /ㅊ/을 잘 구별하지 못함.	'자'와 '차'를 구분하여 발음하지 못함.
/ㅈ/계열의 자음과 이중모음이 결합될 때 이중모음으로 발음함.	'가져'를 [가저]로 발음하지 않고 [가져]로 발음함.
탄설음 /ㄹ/ 앞에서 얼화 현상을 일으킴.	'사람'을 [살람]처럼 발음함.
한국어에서 비표준적인 자음동화의 발음을 자연스럽게 함.	'문법, 한국'을 [뭄뻡], [항국]으로 발음함.
유음화를 잘 적용하지 못함.	'신라'를 [신라]로 발음함(이 경우 /ㄹ/은 설측음으로 발음하는 경향이 많음).
비음화를 잘 적용하지 못함.	'종로'를 [종로]로 발음함(이 경우 /ㄹ/은 설측음으로 발음하는 경향이 많음).
파열음 음가를 가진 받침 자음 뒤의 평음을 경음으로 발음하지 않음.	'늑대'에서 '대'를 [때]로 발음하지 않음.
음절 연음에 익숙하지 않음.	'밥을' [바블]로 자연스럽게 이어 발음하지 않고 부자연스럽게 절음해 발음하거나 심지어는 '옷이'를 [오디]처럼 발음함.

참고문헌 박지영, 한국어 발음 교육론, 한국어 교육의 이론과 실제 2, pp.271~273

• 발음 교육 항목의 선정

005 한국어 초급 학습자를 대상으로 하는 발음 교육 항목으로 적절하지 **않은** 것은? (3회 16번)

① 자음 'ㅅ'과 'ㅆ'의 발음 차이
② 평서문과 의문문의 문장 끝 억양
③ '집에'를 [지베]로 발음하는 연음 현상
④ '한국어'를 [항구거]로 발음하는 비음화

평가 요소　발음 교육에 관한 문제이다.

▶ **005**　**답** ④

정답 풀이

초급 단계에서는 '한국어'를 [한:구거]로 가르쳐야 한다. 이것과 관련되는 것은 한국어의 연음화 현상이다. 한국어에서 형태소의 끝 자음은 모음으로 시작되는 어미, 조사, 접미사가 연결되는 음절 끝소리 규칙의 영향을 받지 않고 다음 음절의 첫소리로 자리를 옮겨 발음한다.

오답 풀이

① 평음, 경음, 격음의 구별은 초급 단계에 속한다.
② 문장 끝 높낮이, 강세에 따라 평서, 의문, 청유, 명령, 감탄 등 서법의 구별은 초급 단계에 속한다.

• 입이 벌어지는 정도에 따른 모음 구별

006 입이 벌어지는 정도의 차이로 교육할 수 없는 모음으로 짝지어진 것은? (5회 71번)

① 이, 에, 애
② 으, 어, 아
③ 이, 으, 우
④ 우, 오, 아

평가 요소　발음 교육에 관한 문제이다.

개념 확장　한국어 단모음의 체계
1) 혀의 앞뒤에 따라

전설 모음	입천장의 중간점을 기준으로 혀의 최고점이 앞쪽에 있을 때 소리 나는 모음
후설 모음	입천장의 중간점을 기준으로 혀의 최고점이 뒤쪽에 있을 때 소리 나는 모음

2) 혀의 높낮이에 따라

고모음 (폐모음)	입이 조금 열려서 혀의 위치가 높은 것
중모음	입이 조금 더 열려서 혀의 위치가 중간인 것
저모음 (개모음)	입이 크게 열려서 혀의 위치가 낮은 것

3) 입술 모양에 따라

원순 모음	발음할 때 입술을 둥글게 오므려내는 모음
평순 모음	발음할 때 입술을 평평하게 소리 내는 모음

▶ **006**　**답** ③

정답 풀이

입이 벌어지는 정도에 따라 개음과 폐음으로 나눌 수 있다. '이, 으, 우'는 모두 폐음이어서 이 정도의 차이를 교육하는 재료로 알맞지 않다.

4) 모음 분류표

	전설모음		후설모음	
	평순	원순	평순	원순
고모음	ㅣ[i]	ㅟ[y]	ㅡ[ɨ]	ㅜ[u]
중모음	ㅔ[e]	ㅚ[ø]	ㅓ[ə]	ㅗ[o]
저모음	ㅐ[ɛ]		ㅏ[a]	

• 발음 교육의 단계

007 '한라산[할라산]'의 발음을 가르치기 위한 수업 내용을 순서에 맞게 배열한 것은? (4회 63번)

> ㄱ. 'ㄴ' 받침이 'ㄹ' 앞에서 'ㄹ'로 발음된다는 것을 설명한다.
> ㄴ. "컴퓨터는 편리해요."와 같은 문장을 여러 번 따라 읽게 한다.
> ㄷ. '신라, 진리' 등의 단어를 제시하고 교사의 발음을 따라하게 한다.
> ㄹ. 학생들에게 한라산의 사진을 보여 주고 서로 발음을 비교해 보게 한다.

① ㄹ - ㄱ - ㄷ - ㄴ
② ㄹ - ㄱ - ㄴ - ㄷ
③ ㄱ - ㄷ - ㄹ - ㄴ
④ ㄱ - ㄴ - ㄷ - ㄹ

평가 요소 발음 교육 단계에 관한 문제이다.

개념 확장 **발음 교육 단계**
1) 제1단계-도입: 이 단계는 학습 목표를 도입하고 소개하는 단계를 말한다. 그 시간에 학습해야 할 발음 내용을 알려 주기 위한 것이므로, 굳이 유의미한 맥락 속에서의 언어 사용을 보여 줄 필요는 없다. 학습 목표가 무엇인지를 분명히 인식시켜 주면 된다.
/ㄷ, ㄸ, ㅌ/가 학습 목표인 경우에는 교사가 교실에 들어가면서 "뚜비뚜바, 뚜뚜뚜바, 뚜뚜뚜비 뚜비뚜바"와 같은 소리를 흥얼거리는 것도 방법이 된다.
2) 제2단계-제시(청각적인 구분): 이 단계는 오늘의 학습 목표가 되는 발음 항목을 들려주는 것이다.
3) 제3단계-설명(인지와 이해): 음을 정확히 인식하고 발음할 수 있도록 설명하는 단계이다. 필요한 경우 모국어와의 대조 설명, 조음음성학적 설명을 할 수 있다. 한글 자모에 대한 발음과 그 구성 및 체계에 대해서 설명하고 들려준다. 자연스러운 입모양으로 정확한 발음을 들려준다.
4) 제4단계-연습(발성): 학습자들이 오늘의 학습 목표를 익히기 위하여 반복 연습을 하는 단계를 말한다. 사실 가장 좋은 발음 학습 방법은 많이 듣고 모방하는 것이다.
5) 제5단계-생성(활용): 단어 활동, 노래하기, 역할 놀이, 인터뷰 등을 통해 습득한 발음을 활용하여 생성할 수 있도록 유도한다.

▶ 007 답 ①

정답 풀이

ㄹ: 인지와 이해 단계(도입) – ㄱ: 인지와 이해 단계 – ㄷ: 단어 발성 단계 – ㄴ: 문장 발성 단계

008 발음 수업의 설명 단계에서의 활동으로 알맞은 것은? (2회 17번)

① 연습하게 될 발음이 무엇인지 이야기해 준다.
② 한국어와 학습자 모국어의 발음 차이를 인식시킨다.
③ 목표 음이 들어간 다양한 대화문을 여러 번 따라 읽힌다.
④ 여러 개의 단어 중에서 교사의 발음과 일치하는 단어를 고르게 한다.

평가 요소 발음 교육 단계에 관한 문제이다.

▶ 008 답 ②

정답 풀이

한국어와 학습자 모국어의 발음 차이를 인식시키는 것이 '설명' 단계에 속한다.

오답 풀이

① 제시 단계, ③ 연습 단계, ④ 제시 단계

009 발음 수업의 단계 중 활용 단계에 관한 설명으로 적절한 것은? (4회 58번)

① 영화나 노래를 통해 학습 대상 발음을 들려준다.
② 교사의 발음과 학습자 모어의 발음 차이를 인식시킨다.
③ 듣고 구별하기 활동을 통해 학습 대상 발음의 특징을 제시한다.
④ 학습 대상 발음이 들어 있는 단어를 사용하여 역할극을 해 보게 한다.

평가 요소 발음 교육에 관한 문제이다.

▶ 009 답 ④

정답 풀이

역할극은 발음 수업의 단계 중 생성(활용)에 속하는 예이다. 이 단계는 유의미한 언어 상황에서 목표하는 발음을 정확하게 구사하여 실생활에 불편이 없도록 하는 단계이다.

오답 풀이

① 도입 단계, ② 설명 단계, ③ 제시 단계

• **발음 교육의 원리**

010 한국어 발음 교육에 관한 설명으로 옳은 것은? (1회 20번)

① 현실 발음은 규범에 맞지 않으므로 교육할 필요가 없다.
② 발음 교육은 이해 영역보다 표현 영역과 더 큰 관련이 있다.
③ 초급, 중급, 고급 각 단계별로 교육 내용이 반복되지 않도록 해야 한다.
④ 발음 교육은 동일한 언어권 학습자를 대상으로 실시하는 것이 효과적이다.

평가 요소 발음 교육에 관한 문제이다.

▶ 010 답 ④

정답 풀이

한국어 학습자의 발음을 효율적으로 가르치기 위해서는 한국어 교사가 한국어의 음성학과 음운론에 관한 정확한 지식을 갖추어야 하며, 표준 발음을 구사할 수 있는 능력을 갖추어야 한다. 이와 아울러 한국어의 음운 체계가 각 언어의 음운 체계와 어떤 관계가 있는지 정리하여 가르치면 더 효율적이다. 따라서 교사가 학습자의 모국어와 한국어의 음성과 음운을 대조하여 가르칠 수 있다면 효과가 배가될 것이다.

011 답 ①

정답 풀이

'억양'은 음의 높낮이의 차이를 이용하여 발화 차원에서 화자의 의도나 감정, 태도를 직접적으로 표시하는 것이다. 일반적으로 문장의 끝 부분에 실리는 억양이 의미 전달에 큰 역할을 한다. 흔히 서술문, 명령문, 청유문의 억양은 내림조로, 의문문은 올림조로 끝난다고 생각하지만 언어 상황에 따라 억양은 매우 다양하게 실현된다. 그래서 자연스러운 억양 교육은 초급 단계에서부터 필요하다.

오답 풀이

② 개별 음소와 음운 변화는 밀접한 관련성이 있으므로 동시에 가르치는 것이 효율적이다.
③ 한국어 모국어 화자와 같은 정도로 정확히 발음하는 것을 목표로 하는 것은 비현실적이다. 의사소통이 가능한 수준까지를 목표로 삼는다.
④ 초급에서부터 어휘나 문장, 발화 차원에서의 발음 교육을 실시해야 한다.

012 답 ②

정답 풀이

평음과 경음의 차이는 조음 위치가 다르기 때문에 생기는 것이 아니다. 평음, 경음, 격음은 우리 몸에서 나가는 공기의 양에 따라 달라진다. 경음은 공기의 양이 가장 적은 소리이고, 격음은 공기의 양이 가장 많은 소리이다. 평음은 두 계열의 중간 정도의 소리이다. 따라서 장애음을 학습할 때에는 학습자들에게 손바닥을 펴게 한 다음 '쁘, 브, 프'를 발음해 보도록 하여 공기의 세기를 직접 느껴보게 한다. 또는 A4 용지나 얇은 휴지를 이용하여 발음해 보도록 해도 좋다. 이 때 종이가 가장 많이 흔들리는 소리가 격음이고, 가장 적게 흔들리는 소리가 경음이다.

011 한국어 발음 교육에 관한 설명으로 옳은 것은? (6회 87번)

① 자연스러운 억양 교육은 초급 단계에서부터 시작한다.
② 개별 음소의 정확한 발음 습득이 이루어진 후에 음운 변화를 교육한다.
③ 한국어 모국어 화자와 같은 정도로 정확히 발음하는 것을 목표로 교육한다.
④ 초급에서는 어휘나 문장 차원에서, 중급에서는 발화 차원에서 발음을 교육한다.

평가 요소 발음 교육에 관한 문제이다.

• **발음 교육을 위한 수업 자료**

012 발음 교육 내용과 교육 자료의 연결이 적절하지 <u>않은</u> 것은? (6회 89번)

① [산]과 [상]의 차이 – 구강도
② 평음과 경음의 차이 – 조음 위치 사진
③ [ㅣ], [ㅡ], [ㅜ]의 음가 – 입 모양 사진
④ 평서문과 의문문의 문말 어조 – 억양 곡선

평가 요소 발음 교육에 관한 문제이다.

해 설

- 발음 교정 방법

013 **한국어 학습자의 발음 오류를 수정해 주기 위해 교사가 한 설명으로 알맞은 것은?** (3회 13번)

① '밥'을 [바브]처럼 발음하는 학습자에게 받침에 있는 'ㅂ'은 파열되지 않아야 하므로 발음 후 입을 열지 말라고 설명해 주었다.

② '고기'를 [코키]처럼 발음하는 학습자에게 모든 장애음은 모음 또는 공명음 뒤에서 유성음으로 소리나므로 'get'의 'g'처럼 발음하라고 설명해 주었다.

③ '국수'를 글자 그대로 발음하는 학습자에게 'ㄱ, ㄷ, ㅂ' 뒤에 연결되는 'ㄱ, ㄷ, ㅂ, ㅅ, ㅈ'은 격음으로 소리 나므로 거세게 발음하라고 설명해 주었다.

④ 'ㅂ'과 'ㅍ'을 구별하지 못하는 학습자에게 종이를 입 앞에 두고 'ㅂ'을 발음할 때가 'ㅍ'을 발음할 때보다 많이 움직임을 보여 주며 소리의 차이를 설명해 주었다.

평가 요소 발음 교육에 관한 문제이다.

- 언어 교육 이론과 발음 교육

014 **외국어 교수법별 발음 교육에 대한 설명으로 알맞은 것은?** (2회 16번)

① 침묵식 교수법 – 학생들은 처음 얼마 동안은 소리 내어 따라하지 않고 듣기만 한다.

② 청각구두식 교수법 – 발음 방법에 대한 이해를 기초로 정확히 발음할 수 있도록 한다.

③ 문법번역식 교수법 – 정확성에 초점을 맞춘 교수법이기 때문에 발음 교육이 매우 중요하다.

④ 의사소통적 교수법 – 정확성보다는 유창성을 강조하므로 발음 교육은 별로 중요시되지 않는다.

평가 요소 발음 교육 단계에 관한 문제이다.

개념 확장 1) 문법번역식 교수법 – 언어 교육의 목표를 문법과 독해 완성에 두어 문자 언어 교육에 중점을 두었다. 따라서 말하기 특히 발음 교육을 경시하는 경향이 있었다.
2) 직접 교수법 – 구두 언어 능력을 중시하고 원어민에 준하는 정확한 발음 습득을 강조한다. 따라서 이 교수법은 학습자들이 모

오답 풀이

① [산]과 [상]의 차이 – 구강도를 통해 혀가 입안 어디에 닿는지 보여줄 때 효율적이다.

③ [ㅣ], [ㅡ], [ㅜ]의 음가 – 평순 모음과 원순 모음의 차이를 보여주기 위해서는 입 모양 사진이 유용하다.

④ 평서문과 의문문의 문말 어조 – 어조를 이해하기 쉽지 않으므로 억양 곡선을 통해 시각적으로 익힐 필요가 있다.

▶ 013 **답** ①

정답 풀이

'밥'이란 낱말을 발음할 때 어두의 /ㅂ/은 정상적으로 개방되나 어말의 /ㅂ/은 개방되지 않으므로 받침 뒤에 모음 /ㅡ/를 붙여서 [바브]나 [바프]와 같이 기식음을 내면서 파열시키지 않도록 교육해야 한다.

오답 풀이

② '고기'를 [코키]처럼 발음하는 학습자는 유기성의 조절이 자유롭지 못하여 평음을 격음으로 잘못 발음한 것이다. 한국어에서 초성의 평음은 유기성을 약간 포함한 것이므로 초성에서 평음과 격음을 뚜렷하게 구별하도록 지도해야 한다.

③ '국수'를 글자 그대로 발음하는 학습자에게 'ㄱ, ㄷ, ㅂ' 뒤에 연결되는 'ㄱ, ㄷ, ㅂ, ㅅ, ㅈ'은 경음으로 소리 나므로 된소리로 발음하라고 설명해 주었다.

④ 'ㅂ'과 'ㅍ'을 구별하지 못하는 학습자에게 종이를 입 앞에 두고 'ㅍ'을 발음할 때가 'ㅂ'을 발음할 때보다 많이 움직임을 보여 주며 소리의 차이를 설명해 주었다.

▶ **014** **답** ④

정답 풀이

의사소통적 교수법 – 이 교수법에서 발음 지도의 목적은 원어민 수준의 발음에 도달하게 하는 것이 아니라 학습자들이 의사소통을 위해 필요한 최소한의 단계에 도달할 수 있도록 도와주는 데 있다. 이 말은 의사소통적 교수법에서는 정확성보다는 유창성을 강조하므로 발음 지도는 적절하게 다루어지고 있지 않다.

델이 되는 발음을 듣고 반복하여 자연스럽게 되도록 연습하도록 하였다.
3) 자연주의 교수법 – 초기 단계에서는 발화의 부담 없이 듣기에만 집중하도록 한다. 그래서 목표어의 소리 체계가 내면화되면 학습자들이 자연스럽게 목표어의 발음을 정확하게 구사할 수 있다고 생각하였다.
4) 청각구두식(청화식) 교수법 – 1940년, 1950년대 행동주의 심리학(학습을 습관 형성으로 보는 견해)과 구조주의 언어학을 토대로 발전한 교수법으로 경험주의적 언어습득 이론이다. 언어를 구조적으로 관련된 위계 구조로 보아 언어 학습을 모방과 반복에 의한 습관 형성으로 여긴다.
5) 인지주의적 접근법 – 1960년대 변형생성문법의 영향을 받았다. 이에 따라 언어 학습은 규칙에 제약을 받는 행동으로 여겼다. 모국어 화자의 발음 구사 수준에는 이를 수 없다고 여겨 발음을 문법과 어휘에 비해 덜 강조하였다.
6) 침묵식 교수법 – 표현 중심의 학습(production-based learning)을 강조하며 교사는 가능한 한 말을 적게 하고, 학생들에게 말을 많이 하도록 유도하는 교수법이다. 교사는 색깔 차트, 단어 차트, 색깔 막대 등을 사용하여 개별적인 소리와 구 안에서의 소리 결합, 융합, 억양 등을 교수한다.

· 발음 지도 순서

015 **한국어 발음 지도 순서에 관한 설명으로 옳은 것은?** (8회 27번)

① 받침은 음절 구조를 설명한 후에 가르친다.
② 단모음보다 이중모음을 먼저 가르친다.
③ 자음을 먼저 가르치고 모음을 가르친다.
④ 평음, 유음, 경음, 비음, 격음의 순서로 가르친다.

▶ **015** **답** ①

정답 풀이

모든 모음과 자음의 교육이 끝난 다음에는 각 모음과 자음을 결합하면서 쓰고 발음하는 연습을 한 다음에 받침 교육을 실시해야 한다.

평가 요소 발음 지도 순서를 이해하는 문제이다.

오답 풀이 ② 이중모음보다 단모음을 먼저 가르친다.
③ 모음을 먼저 가르치고 자음을 가르친다. 자음은 반드시 모음에 붙여 써야 그 소리를 실현할 수 있기 때문이다. 주로 단모음, 자음, 이중 모음의 순으로 가르치는 것이 효율적이다.
④ 평음(ㄱ, ㄴ, ㄷ, ㄹ, ㅁ, ㅂ, ㅅ, ㅇ, ㅈ, ㅎ), 격음(ㅋ, ㅌ, ㅍ, ㅊ), 경음(ㄲ, ㄸ, ㅃ, ㅆ, ㅉ) 등의 순서로 가르친다.

해 설

• 발음 교육 내용

016 한국어 발음 교육의 내용으로 옳지 <u>않은</u> 것은? (8회 26번)

① '의견란', '음운론'을 예로 들어 /ㄴ/이 /ㄹ/과 인접하면 /ㄹ/로 발음 됨을 가르친다.

② '늦여름'을 예로 들어 /ㄴ/ 첨가 현상을 가르친다.

③ '흙', '닭'을 예로 들어 겹받침은 표기와 발음에 차이가 있음을 가르 친다.

④ '살: 쌀'을 예로 들어 평음과 경음의 차이를 가르친다.

평가 요소 세부적인 발음 교육 내용을 이해하는 문제이다.

▶ **016** **답** ①

정답 풀이

'의견란'은 [의견난], '음운론'은 [음운논]으로 발음하므로 유음화가 아니라 비음화를 가르치는 예로 적 절하다. 즉 이 사례들은 /ㄴ/이 /ㄹ /과 인접하면 /ㄴ/으로 발음됨을 가 르치는 데 유용하다.

오답 풀이

② '늦여름'은 [는녀름]으로 발음되므로 /ㄴ/ 첨가 현상을 가르칠 수 있다.
③ '흙'은 [흑], '닭'은 [닥]으로 발음하 므로 표기와 발음에 차이가 있음을 가르칠 수 있다.
④ '살: 쌀'을 예로 들어 평음과 경음 의 차이를 가르칠 수 있다. 이들은 모두 '무성 무기음'이라는 공통점 을 지니고 있어서 구별이 쉽지 않 지만 음을 발음할 때 들이는 힘의 정도와 긴장 상태를 비교해서 구별 시킬 수 있다.

• 억양

017 한국어 억양 지도의 내용으로 옳은 것을 <u>모두</u> 고른 것은? (8회 28번)

> ㄱ. 선택형 의문문은 앞 문장은 하강조, 뒤따르는 문장은 상승조로 실현된 다.
> ㄴ. 의문사가 없는 의문문은 문장 끝이 상승조로 발화된다.
> ㄷ. '미안합니다.'는 상승조로 발화해 진실성을 표현한다.
> ㄹ. 청유문은 명령문과 유사한 억양을 보인다.

① ㄱ, ㄴ
② ㄱ, ㄷ
③ ㄴ, ㄹ
④ ㄷ, ㄹ

평가 요소 세부적인 억양에 관한 문제이다.

▶ **017** **답** ③

정답 풀이

의문사가 없는 의문문은 문장 끝이 상 승조로 발화되고, 의문사가 있는 설명 의문문은 문장의 끝이 올라가는 듯하 지만 끝이 하강조이다. 명령문의 경우 에는 화자의 청자에 대한 태도와 관련 하여 조금씩 다르다. 예를 들어 '조용 히 해'의 경우 권위를 수반한 강한 명 령의 의미를 위해서는 '조용히' 부분 은 높고 '해'의 부분은 급격하게 위에 서 아래로 떨어지는 억양 유형을 갖는 다. 그러나 약간의 권유나 상대방의 입장을 고려하는 태도에서는 '조용히' 부분이 앞 예보다는 조금 낮은 위치에 서 발음되고 마지막 '해' 부분이 올라 갔다가 내려와서 '해'의 발음이 조금 길어지는 느낌이 있다. 청유문의 경우 는 제안의 의미가 강하므로 명령문과 유사한 억양 구조를 보인다.

오답 풀이

ㄱ. 선택형 의문문은 앞 문장은 상승조, 뒤따르는 문장은 하강조로 실현된다.
ㄷ. 화자가 정말 미안하게 생각하여 발 화할 때는 종결어미 'ㅡ다' 부분이 제일 낮은 유형으로 실현되지만, 조금 건성 으로 대답할 경우나 친근감을 표현하 고 싶을 때는 'ㅡ다' 부분이 조금 위로 올라가면서 실현된다.

• 한국어 발음 교육론

▶ 018　**답** ④

정답 풀이

영어권 학습자는 영어의 음절 초에만 나타나는 권설음을 음절초 '/ㄹ/에 적용하여 '도로'를 [toro]와 같이 발음한다.

018 발음 학습에 미치는 모국어의 영향에 관한 설명으로 옳지 <u>않은</u> 것은? (9회 44번)

① 영어권 학습자는 영어의 음절초에 나타나는 /s/를 어두 /ㅅ/에 적용하여 '소리'를 [쏘리]와 같이 발음한다.

② 중국어권 학습자는 중국어에서 /n, ŋ/을 제외하고 자음과 자음이 연이어 오는 경우가 없어 한국어의 자음동화와 같은 음운현상을 이해하는 데 어려움을 느낀다.

③ 일본어권 학습자는 일본의 'ん'이 뒷소리에 따라 자동적으로 [m, n, ŋ]으로 실현되므로 음절말의 /ㄴ, ㅁ, ㅇ/을 구별하는 데 어려움을 느낀다.

④ 중국어권 학습자는 중국어의 음절초에만 나타나는 권설음을 음절초 /ㄹ/에 적용하여 '도로'를 [toro]와 같이 발음한다.

　평가 요소　발음 학습에 미치는 모국어의 영향에 관한 문제이다.

▶ 019　**답** ②

정답 풀이

청각구두식 교수법에 따른 발음 교육에서는, 학습 초기부터 정확한 발음을 강조한다. 즉 각각의 소리나 단어를 정확하게 발음하도록 교수한다. 교사는 학습자들에게 모범이 되는 음과 단어를 제시하며, 발음기호, 조음위치, 조음방법 등과 같은 음성학적 정보를 활용하여 지도한다. 또한 발음 학습에서는 대조 분석에 따른 최소 대립 연습 방법을 사용한다.

019 청각구두식 교수법의 발음 교육에 관한 설명으로 옳은 것을 <u>모두</u> 고른 것은? (9회 45번)

ㄱ. 학습 초기 단계부터 발음 교육이 강조된다.
ㄴ. 발음 교육의 목표를 이해 가능한 발음의 습득에 두었다.
ㄷ. 개별 분절음보다는 초분절적 요소를 중심으로 지도한다.
ㄹ. 발음기호, 조음위치, 조음방법 등과 같은 음성학적 정보를 활용하여 지도한다.

① ㄱ, ㄷ　　　② ㄱ, ㄹ　　　③ ㄱ, ㄷ, ㄹ　　　④ ㄴ, ㄷ, ㄹ

　평가 요소　청각구두식 교수법의 발음 교육에 관한 문제이다.

020 한국어 발음 교육에 대한 내용으로 옳지 <u>않은</u> 것은? (9회 47번)

① '늑막염'은 앞말의 자음이 뒤 음절 첫 소리로 옮겨 [능마겸]으로 발음됨을 지도한다.

② '겉옷'은 앞말 자음의 중화가 일어난 뒤 음절 첫소리로 옮겨 발음됨을

지도한다.

③ '발달'과 같은 한자어에서 받침 /ㄹ/ 뒤에 연결되는 /ㄷ, ㅅ, ㅈ/은 반드시 경음으로 발음됨을 지도한다.

④ '닫히다'를 통해 /ㅌ/이 /ㅣ/ 모음과 만나면 조음위치가 뒤쪽으로 이동하여 /ㅊ/로 발음됨을 지도한다.

평가 요소 'ㄴ'음 첨가 현상에 관한 문제이다.

---

021 다음은 표준 발음을 연습하기 위한 낭독 자료이다. 낭독 자료 중 밑줄 친 어휘를 지도할 수 있는 발음 교육의 내용으로 옳지 <u>않은</u> 것은? (9회 48번)

여러분, 안녕하세요? 저는 이번에 새로 <u>입사</u>한 마이클입니다. 고향은 캘리포니아고 <u>1년</u> 전에 한국에 왔습니다. <u>좋은</u> 회사에서 여러분과 함께 일하게 돼서 정말 기쁩니다. 많이 도와주시기 <u>바랍니다</u>. 앞으로 열심히 하겠습니다.

① 입사 – '복사, 옷장, 탑승' 등을 예시하며 경음화를 지도한다.
② 1년 – '설날, 음운론, 공권력' 등을 예시하며 유음화를 지도한다.
③ 좋은 – '많이, 쌓아, 싫음' 등을 예시하며 /ㅎ/이 탈락됨을 지도한다.
④ 바랍니다 – '십만, 입는, 앞문' 등을 예시하며 비음화를 지도한다.

평가 요소 표준 발음에 관한 문제이다.

---

022 다음 대화문의 의문문에서 밑줄 친 음절에 얹히는 억양을 다르게 지도해야 하는 것은? (9회 49번)

가: 밥 ㉠<u>먹었어</u>?
나: 아니, 아직 안 먹었어. 뭐 ㉡<u>먹을래</u>?
가: 응, 그러자.
나: 뭐 먹고 ㉢<u>싶은데</u>?
가: 김밥 ㉣<u>먹을까</u>?
나: 좋아.

① ㉠   ② ㉡   ③ ㉢   ④ ㉣

평가 요소 표준 발음에 관한 문제이다.

▶ **020** **답** ①

정답 풀이

표준 발음법 제29항 합성어 및 파생어에서 앞 낱말이나 접두사의 끝이 자음이고 뒤 낱말이나 접미사의 첫 음절이 '이, 야, 여, 요, 유'인 경우에는 'ㄴ'음을 첨가하여 [니, 냐, 녀, 뇨, 뉴]로 발음한다. 따라서 '늑막염'은 [능망념]으로 발음해야 한다.

▶ **021** **답** ②

정답 풀이

'일년'은 [일련], '설날'은 [설랄]로 발음하므로 유음화 지도에 활용할 수 있다. 하지만 '음운론'은 [음운논], '공권력'은 [공꿘녁]으로 발음하므로 비음화 지도에 활용할 수 있다.

오답 풀이

① '입사'는 [입싸], '복사'는 [복싸], '옷장'은 [옫짱], '탑승'은 [탑씅]으로 발음하므로 경음화 지도에 활용할 수 있다.
③ '좋은'은 [조은], '많이'는 [마니], '쌓아'는 [싸아], '싫음'은 [시름]으로 발음하므로 /ㅎ/이 모음으로 시작하는 형식 형태소 앞에서 탈락함을 지도할 수 있다.
④ '바랍니다'는 [바람미다], '십만'는 [심만], '입는'은 [임는], '앞문'은 [암문]으로 발음하므로 비음화를 지도하는 데 사용할 수 있다.

▶ **022** **답** ③

정답 풀이

의문사가 없는 판정 의문문의 경우에는 서술어의 의문형 어미를 완전히 상승조로 발음해야 한다. ㉠, ㉡, ㉣ 등이 여기에 해당한다. 반면, 의문사가 있는 설명 의문문의 경우에는 서술어의 의문형 어미가 올라가다가 끝이 약간 내려온다. ㉢이 여기에 해당한다.

해 설

제10강 **한국어문법교육론**

중영역: 한국어문법교육론

번호	세부 영역	출제 회수	문제 풀이
1	문법 교육 항목에 따른 문법 교육의 내용	13	3
2	문법 교육의 모형	9	22
3	문법 교육의 활동 유형	6	2
4	교육용 문법 항목의 선정과 배열	8	2
5	문법 교육의 원리	2	2
6	언어 교육 이론과 문법 교육	1	11
7	문법 교육의 쟁점	2	1
8	피드백	1	1
9	문법 교육의 목표	1	1
총 계		58	17

▶ 001 **답** ③

정답 풀이

'-읍시다'는 공손형 격식체의 청유형 종결 어미이다. 의미적 기능은 청유이고, 형태적 활용은 선어말 어미의 받침 유무에 따라 '-ㅂ시다'와 '읍시다'의 두 가지 형태를 취한다. '-읍시다'는 공손형 격식체 종결 어미이지만 윗사람에게 사용하면 무례하게 들리는 경우가 많다. 따라서 '-읍시다' 대신에 '-시지요' 등의 대체어를 사용한다.

· 문법 교육 항목에 따른 문법 교육의 내용

001 '조안' 씨에게 가장 필요한 문법 교육 내용으로 알맞은 것은? (2회 24번)

> 선생님: 조안 씨, 배 안 고파요?
> 조 안: 네, 배고파요.
> 　　　선생님, 같이 밥 먹으러 갑시다.

① 담화로서의 문법
② 의미로서의 문법
③ 사회적 기능으로서의 문법
④ 언어적 지식으로서의 문법

평가 요소 문법 교육 항목에 따른 교육 내용을 이해한다.

해 설

002 문법 항목과 과제 활동의 연결이 옳은 것을 <u>모두</u> 고른 것은? (6회 35번)

> ㄱ. 어미 '-았/었/였-': 지난주에 한 일을 이야기하기
> ㄴ. 조사 '보다': 서울과 학습자 모국의 수도를 비교하여 글쓰기
> ㄷ. 어미 '-더라': 10년 전에 자신이 한 일을 회상하여 이야기하기
> ㄹ. 어미 '-(으)니까': 한국에 온 후 새롭게 발견한 사실을 이야기하기

① ㄱ, ㄴ   ② ㄷ, ㄹ
③ ㄱ, ㄴ, ㄹ   ④ ㄱ, ㄷ, ㄹ

▶ 002   **답** ③

정답 풀이

'-더라'는 화자가 자기 자신이 직접한 일에 대해서 사용할 수 없다.

평가 요소 문법 교육 항목에 따라 교육 내용을 구성할 수 있다.

개념 확장 각 문법 항목은 다음과 같다.
[-았/었/였-]
(1) 형태 정보
  • -았-: 동사나 형용사 어간의 끝 음절 모음이 'ㅏ, ㅗ'인 경우에 사용한다.
  • -었-: 동사나 형용사 어간의 끝 음절 모음이 'ㅏ, ㅗ'가 아닌 경우나 '이다, 아니다'에 사용한다.
  • -였-: 동사나 형용사 '하다'에 사용하는데, 주로 줄어든 형태 '했-'으로 쓰인다.
(2) 용법
  • 말하는 시점에서 볼 때 문장이 나타내는 상황이나 사건이 이미 일어났음을 나타낸다.
  • 말하는 시점에서 볼 때 문장이 표현하는 상황이나 사건이 이미 과거에 일어났지만 그 결과는 현재까지 계속되거나 혹은 현재에도 영향을 미치는 경우임을 나타낸다.

[보다]
  • 앞말이 비교의 기준이 되는 대상임을 나타낸다.

[-더라]
  • 과거 어느 때에 직접 경험하여 새로 알게 된 사실에 대해 어떤 느낌을 실어 지금 상대방에게 옮겨 전달할 때 쓴다.

[-(으)니까]
(1) 형태 정보
  • -으니까: 'ㄹ'을 제외한 받침 있는 동사 어간이나 형용사 어간, '-았-', '-겠-' 뒤에 사용한다.
  • -니까: 받침 없는 동사나 형용사 어간, 'ㄹ' 받침으로 끝나는 동사나 형용사 어간, '이다, 아니다'에 사용한다.
(2) 용법
  • 앞의 내용이 뒤의 내용에 대하여 이유나 판단의 근거임을 나타낸다.
  • 앞의 행위를 한 결과 뒤의 사실을 발견하게 되었음을 나타낸다.

참고문헌 국립국어원(2005), 외국인을 위한 한국어 문법 2-용법 편, 커뮤니케이션북스.

▶ 003 **답** ②

오답 풀이

① 언어구조 지식은 문장의 결합 방식이나 어순과 같은 통사론적인 지식을 의미한다.
③ 사회문화적 지식은 목표어가 사용되는 공동체가 공유하는 암묵적인 문화적인 특징을 말한다.
④ 태도는 명료하게 말할 것을 의미한다.

003 아래에 제시된 구어문법 능력 구성 요소와 그 하위 항목의 연결이 옳은 것은? (7회 68번)

> 구어문법 능력의 구성 요소로는 '언어구조 지식', '담화 지식', '사회문화적 지식' 외에도 '전략', '기법', '태도'가 있다.

① 언어구조 지식 – 바꿔 말하기, 재구조화, 대치
② 담화 지식 – 말 순서 교대, 인접쌍
③ 사회문화적 지식 – 기계적 암기, 규칙 설명
④ 태도 – 사용역, 비유 표현

평가 요소 구어문법 능력 구성 요소를 이해하고 교육 내용을 구성할 수 있다.

• 연결 어미의 사용

▶ 004 **답** ④

정답 풀이

'-느라고'는 앞 절의 사태가 뒤 절의 사태에 목적이나 원인이 됨을 나타내는 연결 어미이다. 그런데 ④의 경우에는 앞 절의 사태가 뒤 절의 원인으로 보기에는 논리적으로 문제가 있다. 따라서 인과 관계가 성립하도록 "그는 숙제를 하느라 잠을 잘 못 잤다."로 표현해야 한다.

004 다음은 연결어미를 잘못 사용한 예들이다. 오류 수정을 위한 설명으로 옳지 않은 것은? (10회 87번)

	오류문	설명
①	나는 커피를 마시면서 친구는 이야기를 했어요.	'-(으)면서'('동시'의 용법)는 사람이 주어일 때 앞뒤 문장의 주어가 일치해야 하며 이 경우 뒤 문장의 주어는 생략된다.
②	기분이 좋으려고 노력했다.	'-(으)려고'('목적'의 용법)는 앞에 형용사가 결합될 수 없다.
③	더워서 창문을 열자.	'-아서/어서'('이유·원인'의 용법)는 뒤에 청유문이나 명령문이 올 수 없다.
④	그는 숙제를 하지 않느라고 잠을 잘 못 잤다.	'-느라고'('이유·원인'의 용법)는 뒤에 부정문이 올 수 없다.

평가 요소 연결 어미의 용법을 이해하고 있다.

• 문법 교육의 모형

005 다음은 언어 수업의 기본 모형 중 하나인 PPP 모형을 활용한 수업 계획 안이다. 단계에 따른 올바른 교육 내용을 <u>모두</u> 고른 것은? (2회 26번)

제시 (Presentation)	㉠ 오늘 학습자들이 무엇을 해야 하는지 자세하게 설명한다. ㉡ 학습자들에게 해당 문법 항목이 들어간 지시문을 보여준다.
연습 (Practice)	㉢ 오늘 배울 문법 항목을 상황과 분리시켜 정확성을 강조하며 연습시킨다. ㉣ 학습자들끼리 문법 항목을 넣어 질문하고 대답하게 한다.
활용 (Production)	㉤ 배운 문법이 들어간 문제를 풀어보게 한다. ㉥ 해당 문형을 이용할 수 있는 상황을 제시한 후에 역할극을 하게 한다.

① ㉠, ㉡, ㉢
② ㉡, ㉣, ㉥
③ ㉠, ㉡, ㉢, ㉣, ㉥
④ ㉡, ㉢, ㉣, ㉤, ㉥

평가 요소 PPP 모형을 이해하고 수업 계획안을 구성할 수 있다.

개념 확장 **PPP(제시훈련모형)**은 바른 언어 사례를 제시하고 반복 연습을 통해 바른 언어 자료를 자율적으로 생성할 수 있도록 지도하는 모형이다. 연역적 방식으로 문법을 제시하고 연습한다.
TTT(과제훈련모형)은 의사소통능력 함양을 목표로 과제를 제시하여 과제를 해결함으로써 언어를 습득하게 하는 모형이다. Task 1-Teach-Task 2(과제 1-교수 활동-과제 2)의 순서로 진행되는데 과제 1은 의사소통적 과제이고 과제 2는 반복이나 유사과제이다. 문법에 대한 이해는 귀납적인 방식을 취한다.

006 다음 중 '과정 중심의 문법 교육'에 적절한 교사의 태도를 <u>모두</u> 고른 것은? (4회 65번)

ㄱ. 의미와 사용에 초점을 맞춰 학습 내용을 구성한다.
ㄴ. 규칙을 제시하고 이를 활용하여 예문을 만들게 한다.
ㄷ. 이형태는 색깔 펜으로 눈에 띄게 표시하여 가르친다.
ㄹ. 학습자가 <u>스스로</u> 문법지식을 구조화할 수 있도록 한다.

① ㄱ, ㄴ
② ㄱ, ㄹ
③ ㄴ, ㄷ
④ ㄴ, ㄹ

▶ **005** **답** ②

오답 풀이

㉠에서는 실물교재나 시청각자료를 활용하여 연습에 들어가기 전에 교사가 오늘 배울 것에 대해 최대한 간단히 설명한다.
㉢은 실제 의사소통 상황에서 사용할 수 있도록 하는 단계이다.
㉤은 주어지는 과제에 배운 문법 항목만을 사용할 것을 강요하지 않고 관련된 기능과 상황을 부여하여 적절한 때에 미리 배운 학습내용으로 의사소통할 수 있도록 해야 한다.

▶ **006** **답** ②

오답 풀이

ㄴ, ㄷ은 결과 중심의 문법 교육에 해당한다.

평가 요소 과정 중심의 문법 교육을 결과 중심의 문법 교육과 비교하여 알고 있다.

개념 확장 학습자가 문법을 익히는 과정에서 무엇을 중시하는지, 또 그 과정에서 교사는 어떤 역할을 수행하는지에 따라 결과 중심의 문법 교육과 과정 중심의 문법 교육으로 나눌 수 있다.

결과 중심의 문법 교육은 언어의 형식과 의미에 초점을 두고 학습자에게 문법을 인식시키고 구조화하게 하는 방법이며, 과정 중심의 문법 교육은 학습자로 하여금 언어 사용 활동에 참여시켜 문법을 자원으로 이용할 수 있도록 하는 방법이다. 결과 중심의 문법 교육은 문법적으로 정확한 문장의 생성을 최종 목표로 하는 데 비해, 과정 중심의 문법 교육은 실제 담화 상황 속에서 문법을 사용하도록 장려한다는 차이가 있다. 후자의 경우 교사는 학습자가 문법적으로 정확한 문장을 생산하는 데 집중하기보다는 메시지의 전달을 얼마나 효율적으로 할 것인가에 더 주의를 기울이도록 유도한다.

이 두 가지 문법 교육 방식은 상호 배타적으로 운영되기보다는 전체 수업 구성에 있어 단계별로 적용될 수 있다. 문법에 유의하면서 문법 지식을 정확하게 이해하기 위한 연습 단계가 이루어진 후 유의적 맥락에서 문법 지식을 활용해 메시지를 이해하고 생산하는 단계로 넘어갈 수 있다.

참고문헌 한국어세계화재단(2003), 예비교사·현직교사 연수자료집, 한국어세계화재단.

· **과정 중심 문법 교육**

007 과정 중심 문법 교육에 관한 설명으로 옳지 않은 것은? (10회 85번)

① 문법 항목이 실제 담화 상황 속에서 사용되는 과정을 중시하는 교육이다.
② 학습자가 능동적으로 문법 지식을 체계화할 수 있는 기회를 제공한다.
③ 특정한 문법 형태에 초점을 두어 의미를 밝혀 주고 문법 규칙을 이해하도록 지도한다.
④ 흥미를 유발하는 놀이를 통하여 문법 규칙을 자연스럽게 익히도록 지도한다.

평가 요소 과정 중심 문법 교육의 특성을 이해하고 있다.

▶ 007 **답** ③

정답 풀이

결과 중심 문법 교육에서 특정한 문법 형태에 초점을 두어 의미를 밝혀 주고 문법 규칙을 이해하는 데 초점을 두고 지도한다.

오답 풀이

과정 중심의 문법 교육에서는 교사가 가공한 실제 담화를 보여 주고 거기서 문법 규칙을 학습자 스스로 찾도록 유도하는 방식이다. 그래서 이 방법에서는 학습자가 다양한 놀이를 통해 능동적으로 학습할 수 있다.

・문법 교육의 활동 유형

008 다음과 같은 문제를 해결하기 위해 시도된 교수 방법을 모두 고른 것은?
(2회 23번)

> 의사소통적 언어 교수법의 등장 이후, 실제적 언어 사용을 위해 유창성
> 이 강조되었다. 그러자 이로 인해 학습자들의 오류가 화석화되거나 고
> 급 수준의 화자들이 불명확한 문장을 사용하는 것 등의 새로운 문제가
> 대두되었다.

> ㉠ 주목하기(noticing)
> ㉡ 입력 홍수(input flood)
> ㉢ 고쳐 말하기(recasting)
> ㉣ 의식 고양(consciousness-raising)

① ㉠, ㉡   ② ㉠, ㉡, ㉢
③ ㉡, ㉢, ㉣   ④ ㉠, ㉡, ㉢, ㉣

평가 요소 문법 교육을 위해 고안된 다양한 교수 기법을 이해하고 있다.

개념 확장 각 교수 기법은 다음가 같다.
(1) **주목하기**: 교사가 강조하고 싶은 부분을 굵게 표시하거나 색을
달리하는 등 학습자가 형태에 주목할 수 있도록 돕는 기법이다.
(2) **입력 홍수**: 목표 문법의 다양한 예문을 학습자에게 대량으로 제
공하여 학습자의 이해를 돕는 기법이다.
(3) **고쳐 말하기**: 학습자의 오류를 암시적으로 고쳐서 말해주면 학
습자가 교사의 올바른 발화를 듣고 고쳐 말하도록 하는 기법이
다.
(4) **의식 고양**: 의사소통 과정에서 자연스럽게 목표 문법의 형태,
의미, 용법 등을 민감하게 반응할 수 있도록 돕는 기법이다. 학
습자에게 내재해 있는 언어에 대한 무의식적인 원리와 언어화
과정을 의식의 수면으로 끌어 올리거나 언어 학습 내용을 학습
자가 무의식적으로 인지하고 있는 언어에 대한 원리 혹은 과정
과 연계하는 것을 의미한다.

▶ 008 **답** ④

정답 풀이

주목하기, 입력 홍수, 고쳐 말하기, 의
식 고양은 모두 언어 사용의 정확성을
고양하기 위해 고안된 교수 기법이다.

▶ 009 답 ②

정답 풀이

주어진 기법은 딕토글로스를 설명하고 있다.

009 다음은 형태 초점 의사소통 접근법 중에서 어떤 기법에 관한 설명인가? (4회 70번)

> 1단계: 교사는 짧지만 특정 형태 학습을 위해 치밀하게 구성된 자료를 보통 속도로 읽어 준다.
> 2단계: 학습자들에게 내용을 들으면서 익숙한 단어나 구를 메모하게 한다.
> 3단계: 모둠활동을 통해 서로 정보를 공유하면서 원문을 재구성하게 한다.
> 4단계: 재구성한 자료를 분석하고 비교해 본다.

① 스캐폴딩(scaffolding) ② 딕토글로스(dictogloss)
③ 가든 패스(garden path) ④ 포트폴리오(portfolio)

평가 요소 문법 교육을 위한 다양한 기법을 이해하고 적용할 수 있다.

개념 확장 각 수업 기법은 다음과 같다.
(1) **스캐폴딩**: 교육 항목으로 선정한 내용이 학습자의 수준보다 많이 높은 경우, 학습자의 상태와 목표 항목 사이의 교육 항목을 징검다리처럼 놓아줌으로써 학습자가 목표 항목에 도달하도록 돕는 기법이다. 수업 중간 중간 목표 항목과 연관된 과거에 배운 내용을 상기시켜 주는 것도 이에 해당한다. 예를 들어 '–는데'를 가르치면서 과거에 배운 '–는데'의 보다 기초적인 용법을 가르치는 식이다.
(2) **가든 패스**: 문법적으로 옳은 문장의 구조가 문장의 의미를 오도할 수도 있게 하는 문장을 주로 말한다.
(3) **포트폴리오**: 포트폴리오란 '학생들의 학습 활동에 관하여 수집된 자료로서 학생들과 기타 사람들에게 그들의 노력과 진행과 성취 정도를 증명해 주는 것이다.' 포트폴리오에는 에세이, 작문, 시, 독서 보고서, 예술작품, 구술활동의 녹화 혹은 녹음, 일지 등이 포함될 수 있다.

참고문헌 진제희(2002), 교실 상호작용에서 나타난 교사의 역할, 한국어교육 13–1, 국제한국어교육학회.

· 교육용 문법 항목의 선정과 배열

▶ 010 답 ①

오답 풀이

②의 '안' 부정은 초급, '만큼, 처럼'은 중급에 해당한다. ③의 관형형은 초급, '–고 말다, –어 내다'는 중급에 해당한다. ④의 반말은 중급, '–다가도, –이니만큼'은 고급에 해당한다.

010 '한국어능력시험(S-TOPIK)'의 문법 평가 항목이 단계별로 잘 짝지어진 것은? (5회 88번)

① 초급: 주체 높임 '–시–', '–고 있다, –어 주다'
② 초급: '안' 부정, '만큼, 처럼'
③ 중급: 관형형, '–고 말다, –어 내다'
④ 고급: 반말, '–다가도, –이니만큼'

평가 요소 교육용 문법 항목의 난이도를 이해하고 있다.

개념 확장   문법 항목의 선정 및 배열은 사용빈도, 난이도, 일반화 가능성, 학습자의 기대 문법 등을 고려해야 한다. 초급에서는 많은 예문을 제시하여 문장을 만들어 쓸 수 있게 하는 원리를 가르치고, 고급으로 올라가면서는 문장을 사용할 수 없는 제약들을 중심으로 직접 설명하는 방식으로 하는 것이 효과적이다.

한국어능력시험의 문법 평가 항목은 단계별로 다음과 같이 정리된다[김왕규 외(2002), 이은경(2005) 재인용].

급	내용	급	내용
1급	• 주어–목적어–서술어의 순서로 된 기본적인 문장 구조 • 서술문, 의문문, 청유문, 명령문 등 문장의 종류 • 누가, 언제, 어디, 무엇, 왜 등으로 구성된 의문문 • '그리고', '그러나' 등과 같은 자주 쓰이는 접속사 • '이/가', '은/는', '을/를', '–에' 등 기본적인 조사 • '–고', '–어서', '–지만' 등 기본적인 연결 어미 • 기본적인 시제 표현 • '안'과 '–지 않다'로 이어지는 부정문 • '으', 'ㅂ', 'ㄹ' 불규칙	2급	• '보다', '이나', '밖에' 등 비교적 자주 쓰이는 조사 • '–을까요?', '–을 거예요' 등 자주 쓰이는 종결형 • '–고 있다', '–어 있다', '–어 주다', '–어 보다' 등 기본적인 보조 용언 • '–으면', '–는데', '–으면서' 등 자주 쓰이는 연결 어미 • 'ㄹ', 'ㅅ', 'ㅎ', 'ㄷ' 불규칙 동사 • 관형형 • 용언의 부사형 • 높임법의 기본적인 형태
3급	• '만큼', '처럼', '대로', '뿐' 등 비교적 복잡한 의미를 갖는 조사 • '–어도', '–은지', '–을테니까', '–는대로', '–느라고' 등 비교적 복잡한 의미를 갖는 연결 어미 • '–을 뻔하다', '–는 척하다', '–기 위해서', '–을 뿐만 아니라' 등 비교적 복잡한 의미를 갖는 문법 표현 • '–어 가다', '–어 놓다', '–어 버리다' 등의 비교적 복잡한 의미를 갖는 보조 용언 • 반말 • 사동법과 피동법 • 간접 화법	4급	• '치고', '치고는', '는커녕' 등 복잡한 의미를 갖는 조사 • '–더니', '–었더니', '–더라도', '–었더라면', '–길래', '–다면' 등 복잡한 의미 또는 사용상의 제약을 갖는 연결 어미 • '–고 말다', '–어 내다' 등 복잡한 의미를 갖는 보조 용언 • '–게 마련이다', '–으로 인해서', '–기에는', '–는 한' 등 복잡한 맥락을 서술하거나 사회적 맥락을 논리적으로 서술하는 데 필요한 문법 표현
5급	• '–드시', '–겠거나', '–되', '–고서라도', '–다가도', '–이니만큼' 등과 같이 복잡한 의미를 갖는 연결 어미 또는 연결 어미+조사 결합형 • 신문기사, 논설문 등에서 자주 사용되는 문법 표현	6급	• 신문 사설, 논설문, 학문적인 저술 등에서 주로 사용되는 문법 표현 • 계약서, 협정서 등 전문적인 영역에서의 실용문에서 특별하게 사용되는 문법 표현

참고문헌   이은경(2005), 한국어능력시험에서의 문법 평가 연구, 문법 교육 3, 한국문법교육학회.

▶ 011 **답** ④

오답 풀이

① 여성 결혼 이민자에게 교실에서 자주 사용하는 문법은 필요없다.
② 초급 단계이므로 다양한 복잡한 문법은 교육 내용으로 적절하지 않다.
③ 문어보다 구어에서 많이 사용하는 문법을 가르쳐야 한다.

▶ 012 **답** ②

정답 풀이

학습자에게 품사별로 한꺼번에 정리해 주는 것은 인지적 부담이 될 수 있으므로 숙달도 단계별로 필요한 품사부터 제시하는 것이 바람직하다.

011 초급 단계의 여성 결혼 이민자를 위한 문법 교육에 관한 설명으로 가장 알맞은 것은? (7회 65번)

① 교실에서 자주 사용하는 문법을 우선적으로 가르친다.
② 다양하고 복잡한 문법을 사용할 수 있도록 가르친다.
③ 구어보다 문어에서 많이 사용하는 문법을 가르친다.
④ 대화 상대에 따라 문법이 달라질 수 있음을 가르친다.

평가 요소 학습자의 학습 목적에 따라 교육 내용을 구성할 수 있다.

· 문법 교육의 원리

012 다음은 한국어 문법 교육에 대한 한국어 교사들의 생각이다. 잘못된 생각을 가진 사람은? (2회 21번)

① 사회언어학적 정보는 어렵고 복잡하지만 초급 학습자들에게도 가르쳐야 한다.
② 문법 항목을 제시할 때에는 역시 품사별로 정리해서 체계적으로 보여 주는 것이 좋다.
③ 한국어 교육에서 문법을 강조하는 것은 정확성을 길러 의사소통 능력을 향상시키기 위한 것이다.
④ 좋은 교사라면 학습자들의 오류 유형이나 오류 경향을 언어권별로 연구한 후에 체계화하여 제시하려는 노력이 필요하다.

평가 요소 문법 교육에 대한 전반적인 이해를 확인한다.

개념 확장 문법 교육의 원리는 다음과 같이 정리할 수 있다.
(1) 학습자 중심으로 교육한다. 가능한 한 규칙 자체를 설명하기 위한 문법용어 사용을 지양한다. 학습에 도움이 되지 않는 불필요한 분류는 통합하고, 학습자 이해를 위해 문법 범주 및 기술을 달리할 수도 있다.
(2) 문법에 대한 이해가 의사소통 능력으로 이어질 수 있도록 형태적인 활용은 물론 문법적인 의미, 사회적 기능, 담화적 기능 등을 종합적으로 이해시켜야 한다. 문법을 제시할 때는 듣기, 말하기, 읽기, 쓰기 등 각각의 언어 기술들과 연계하여 의사소통에 직접적으로 사용할 수 있도록 돕는다.
(3) 학습자의 숙달도 단계에 맞게 교육해야 한다. 사용 빈도, 난이도, 일반화 가능성, 학습자의 기대 문법 등을 사용하여 문법 항목 선정과 배열을 해야 한다.
(4) 문법 교육은 한 번에 하나씩 이루어지는 것이 바람직하다. 여러 가지 의미를 가지고 있다고 해도 그 과에서 제시된 의사소통 상황에 적절하게 활용할 수 있는 요소만을 골라 가르쳐야 한다.

해설

(5) 해당 문법을 설명하는 데 가장 쉽고 적절한 예문을 활용한다. 어휘나 문장 구조가 학습자의 숙달도에 적합하도록 구성하여 다른 어휘나 문법으로 인해 목표문법을 이해하는 데 어려움을 갖게 해서는 안 된다.

김재욱(2005)은 외국어로서 한국어 문법 교육은 학습 대상이 한국어에 대한 배경지식과 직관이 없는 외국인이라는 것과 한국어로의 의사소통이라는 학습 목표에 맞게 교육 원리가 제시되어야 한다고 주장하며, 한국어 문법 교수 방법의 원리를 다음과 같이 제시한다.
(1) 문법 항목들이 전체 교과 과정의 틀 안에서 학습 목표 및 교수요목의 목적을 충분히 살릴 수 있도록 반영되어야 한다. 어떤 문법을 가르칠 것인가에 대한 대상 및 방법, 그리고 어떤 순서로 배열할 것인가에 대한 결정 등은 전체의 교과 과정에서 설정한 목표에 의해 선택, 배열되어야 한다.
(2) 문법 교육은 학습자의 숙달도 단계에 맞게 문법 항목들을 선정하고 조직해야 한다. 이때 문법의 음운, 형태, 의미, 사회적, 담화적 기능들은 문법 항목 배열의 순서를 결정하고 각 문법 항목에서 무엇을 중점적으로 인식하여 가르칠 것인가에 대한 정보를 주어야 한다.
(3) 문법 교육은 의사소통적이어야 하고 언어의 4가지 기술인 말하기, 듣기, 읽기, 쓰기의 교수와 밀접하게 연관되어야 한다.
(4) 한국어 문법 교육은 과정 중심의 문법 교육으로 실시되어야 한다. 문법 교육이 학습 목표에 맞게 기능하기 위해서는 유의적인 과정 중심의 교육이 되어야 한다.
(5) 문법 교육은 최소 문법쌍으로 제시될 때 그 문법 항목들이 보다 효과적으로 인식된다.
(6) 문법 항목의 구체적이고 명시적인 의미를 기술해야 한다.
(7) 비슷한 의미의 문법 형태들은 학습자들에게 의미의 차이를 중심으로 제시되어야 하는 경우와 문법적 차이를 중심으로 제시되어야 하는 경우로 구분하여 제시해야 한다.
> 예 의미 차이 중심 기술: 방향을 나타내는 '-에/로/를 가다/오다'
> 문법 차이 중심 기술: 이유를 나타내는 '-어서', '-니까'
(8) 문법 교육은 재미있어야 한다. 이를 위하여 학습자의 동기 유발이 필요하다.

참고문헌 김재욱(2005), 문법 교육 방법론, 한국어교육론 2, 한국문화사.

013 다음 중 한국어 문법 교육에서 지향해야 하는 태도는? (3회 18번)

① 언어에 내재한 질서와 규칙을 찾아내어 자세히 기술한다.
② 덩어리 형태는 구성 요소를 분석하여 개개 형태의 의미를 가르친다.
③ 체계보다는 용법에 관심을 두어 궁극적으로는 사용 가능하도록 해야 한다.
④ 지역 방언이나 사회 방언과 같은 언중들의 다양한 실제 언어 행위가 반영되어야 한다.

평가 요소 문법 교육의 원리를 이해하고 적용할 수 있다.

▶ 013 **답** ③

오답 풀이

①, ②처럼 지나치게 세분화해서 분류하는 것은 오히려 학습에 방해가 될 수 있으며, 의미에 초점을 맞추어 지도하는 것이 보다 효율적이다.
④한국어 교육에서는 표준어를 언어 학습의 대상으로 삼는다.

해설

· 언어 교육 이론과 문법 교육

▶ 014   답 ②

014   언어 교수법에 따른 문법 교육의 특징으로 옳은 것을 모두 고른 것은?
      (6회 37번)

오답 풀이

ㄱ의 침묵식 교수법은 교사가 수업 시간에 될 수 있는 한 침묵을 지키고, 반면에 학습자는 가능한 한 말을 많이 하도록 권장하는 것을 전제로 한다. 침묵식 교수법은 근본적으로 문법 항목과 그 문법 항목에 관련된 어휘들로 수업이 계획되므로 구조적인 교수요목을 채택하고 있다. 그러나 가르칠 문법 항목 및 어휘 항목의 선택과 배열에 대한 정확한 세부 사항은 제시하지 않고 있다. 따라서 복잡한 문법 구조를 이해시키는 데는 적합하지 않다.

ㄴ의 청각구두식 교수법은 문법 설명은 피하고 구어에 대한 집중적인 훈련과 단계적이고 체계적인 내용 전개, 모방, 반복, 문형 연습을 특징으로 한다. 언어를 일련의 습관으로 보기 때문에 문법에 대한 명시적인 설명은 생략한다.

> ㄱ. 침묵식 교수법 – 복잡한 문법 구조를 이해시키는 데 적합하다.
> ㄴ. 청각구두식 교수법 – 명시적 설명을 통하여 문법을 연역적으로 가르친다.
> ㄷ. 문법번역식 교수법 – 문법 규칙의 자세한 분석을 통해 정확한 문법을 가르친다.
> ㄹ. 의사소통적 교수법 – 의미와 맥락화에 중점을 두므로 체계적인 문법 학습에 어려움이 따른다.

① ㄴ, ㄷ   ② ㄷ, ㄹ
③ ㄱ, ㄷ, ㄹ   ④ ㄴ, ㄷ, ㄹ

평가 요소   언어 교수법에 따른 문법 교육의 특징을 이해한다.

참고문헌   Richards, Jack C. & Rodgers, Theodor S.(2001), Appraches and Methods in Language Teaching, Cambridge, 전병만 외 역(2008), 외국어 교육 접근 방법과 교수법, Cambridge.

· 문법 교육의 쟁점

015   다음 중 한국어 문법 교육의 필요성을 주장하는 근거가 아닌 것은?
      (7회 64번)

▶ 015   답 ③

① 문법은 언어에 정교한 의미를 제공할 수 있다.
② 학습자는 문법 교육에 대한 기대치를 가지고 있다.
③ 언어는 사용을 통해 습득되는 것이다.
④ 문법은 문장을 만들어 내는 기제로서의 역할을 한다.

정답 풀이

③은 문법 교육이 필요없다고 주장하는 입장이다.

평가 요소   문법 교육에 대한 관점을 알고 있다.

개념 확장   문법 교육에 대한 찬반 입장의 주장은 다음과 같이 정리된다.
[문법 교육 유용론]
(1) 문법은 정치한 규범 언어를 만드는 기준이 된다. 일상의 비규범적 언어를 진단, 교정하려면 기준이 되는 문법이 필요하다.

해 설

(2) 문법이란 '문장 제조기' 역할을 한다. 외국어 학습 시에 바른 문장을 생성해 내려면 해당 외국어의 문법 지식이 있으면 유리하다.

(3) 문법 교육이 없으면 언어 오류를 교정 받지 못하여 오용 언어 습관이 고착되어 화석화한다. 즉, 문법 교육을 받지 않으며 바른 발음, 바른 어휘, 바른 문장의 개념을 이해하고 교정할 수 있는 자가 변별 능력을 상실하여 잘못된 어법이 고착된다.

(4) 문법 학습에서 강조된 것은 일상 언어생활에서 주의, 환기(noticing)하면서 자기 언어 사용 능력을 강화하게 된다.

(5) 언어 학습이나 이해에는 개별 문법 항목을 교수-학습하는 것이 효율적이다. 방대한 언어 세계를 학습하는 데에는 문법 범주만큼 정제화, 계열화된 지식 영역이 없다.

(6) 다양한 계층, 성격의 청소년, 성인 집단에게 언어를 교육할 때는 문법 규칙에 따라 가르치는 것이 효율적이다.

(7) 학습자의 체질에 따라서는 문법 학습에 학습자 기대를 거는 학습자들이 있어 이들의 요구에 부응해야 한다.

(8) 외국어 학습시에는 모어 문법 지식이 유용하다. 외국어 학습을 할 때 모어 문법과의 대조분석을 통해 이해하는 방법도 유용하여 모어 문법을 제공할 필요가 있다.

(9) 모어 문법에 대한 이해 학습 자체가 개인의 인지 능력 발달에 기여한다.

[문법 교육 무용론]
(1) 언어 학습은 기능 학습이므로 문법의 노하우 지식은 무용하다. 자전거를 타는 능력은 훈련과 경험으로 터득해야 하는 것으로 자전거의 구조를 알고 자전거를 타는 요령을 지식으로만 아는 것은 아무 도움이 안 된다.

(2) 언어 능력은 의사소통능력이지 문법 지식 능력이 아니다.

(3) 언어 습득은 학습과 다르다. 언어는 습득해야 하며 문법 규칙이나 지식을 학습하여서는 결코 언어 습득 수준에 이르지 못한다는 것이다. 교재의 문법은 결코 마음에 내재한 문법이 될 수가 없다고 본다.

(4) 문법보다도 어휘 뭉치 학습이 더 중요하다. 언어 학습에서는 단어보다 크고 문장보다 작은 단위인 어휘 뭉치(연어, 관용 표현 등) 학습이 중요한 역할을 한다.

참고문헌 Thornbury, Scott(1999), How to Teach Grammar, Longman.

• 피드백

016 교사의 질문에 학습자가 다음과 같은 오류문으로 대답했다. 이 오류를 수정할 때 사용할 수 있는 피드백 유형과 예로 옳지 <u>않은</u> 것은? (6회 40번)

> 교사: 어제 무엇을 했어요?
> 학생: 어제 친구하고 극장에 가요.

① 유도 – "어제 친구하고 극장에?"

② 반복 – "어제 친구하고 극장에 가요?"

③ 고쳐 말하기 – " '어제 친구하고 극장에 갔어요.' 라고 말하세요."

④ 메타언어적 피드백 – "과거시제 '-았-' 을 써서 이야기해 보세요."

▶ 016 **답** ③

정답 풀이

③의 고쳐 말하기는 학습자의 오류문을 수정하여 학습자에게 말해 주는 방식이다. "어제 친구하고 극장에 갔어요."라고만 말하면 된다.

평가 요소 학습자의 오류에 적절하게 피드백하는 방법을 알고 있다.

개념 확장 피드백을 하는 방법은 다음과 같다.

(1) 부정하기: "틀렸어요."라고 명확히 부정적인 피드백을 주며 학습자에게 무엇이 틀렸는지 어떤 단서도 제공하지 않는다. 학습자는 스스로 찾아 교정해야 한다.

(2) 교체 표현 즉시 제시하기: 틀린 부분을 직접 교사가 고쳐 주는 방법이다.

(3) 문법 용어를 사용해 오류 지적하기(메타언어적 피드백): "어미가 틀렸어요."처럼 문법 용어로 해당 오류 부분을 지적하는 방법이다. 학습자가 문법 용어를 알아야 한다.

(4) 틀렸어요. 다른 사람 없어요?: 다른 또래 구성원을 통해 교정을 유도하는 방법이다. 학생의 자가 교정 기회를 막아 학생에게 창피를 줄 수 있다.

(5) 오류 앞부분 반복하기: 교사는 오류가 나타난 앞부분까지 학습자의 발화를 반복하거나 오류 부분을 손가락으로 지적하여 오류를 발견 교정할 수 있게 하는 방법이다.

(6) 반복 발화 반문하기: 학습자의 발화를 반복하되 무엇인가 이상하다는 의문의 억양으로 하여 오류를 깨닫게 하는 방법이다.

(7) 발화 재반복 요구하기: 학습자에게 못 알아들었다고 밝힘으로써 무엇이 틀렸음을 암시하며 재발화를 요구하는 것이다.

(8) 오류 상황을 적용하기: 오류 표현대로 이해했을 때의 문제점을 지적하는 방법이다. 예를 들어, 의존명사 사용을 '한 개의 종이'라고 했을 때 "종이가 한 개라고?"처럼 지적하거나 반문하여 문제를 깨닫게 하는 방법이다.

(9) 즉시 교정: '한 개의 종이'에서 '한 개의'는 '상품 한 개'처럼 쓰고 '종이'는 '종이 한 장'이라고 해야 한다고 즉시 교정하는 방법이다.

(10) 교정하여 들려주고 반문하기: "아, 종이 한 장, 그렇지?"처럼 바른 표현을 알려주고 반문하는 방법이다.

(11) 긍정하기: "좋아요."라고 일단 오류를 무시하고 소통에 기여하는 쪽으로 수용하는 방법이다.

(12) 오류 판서하고 나중에 다루기: 교사는 아무 말도 하지 않고 오류를 칠판에 써 두었다가 뒤에 다루는 방법이다.

참고문헌 Thornbury, Scott(1999), How to Teach Grammar, Longman.

· **문법 교육의 목표**

▶ 017 **답** ③

017 다음 중 한국어 문법 교육의 목표를 <u>모두</u> 고른 것은? (2회 20번)

오답 풀이

ⓛ, ②은 학교 문법 교육의 목표이다.

> ㉠ 의사소통 능력 신장
> ㉡ 논리적으로 사고하는 능력 신장
> ㉢ 언어 능력과 관련된 인지적 능력의 향상
> ㉣ 한국어를 사랑하고 가꾸어 나가려는 태도
> ㉤ 문법적 지식을 담화 상황에 맞게 응용하는 능력 배양

① ㉠, ㉡   ② ㉠, ㉡, ㉤
③ ㉠, ㉢, ㉤   ④ ㉠, ㉢, ㉣, ㉤

평가 요소 한국어 문법 교육의 목표와 국어 문법 교육의 목표를 구분할 수 있다.

개념 확장 한국인을 위한 문법 교육의 내용을 모두 한국어 교육 현장에서 다루어야 하는 것은 아니다. 한국인을 위한 문법 교육의 목표와 외국어로서의 한국어 문법 교육의 목표는 같지 않다.
한국어 문법 교육의 목표는 다음과 같다.
(1) 의사소통 중심의 언어교육에서 문법 교육의 목표를 안다.
(2) 문법 교육의 일반 원리를 알고 한국어 교육에 적용할 수 있다.
(3) 외국어 교육에서의 문법의 개념을 이해하고 이를 한국어 교육에 적용할 수 있다.
(4) 한국어 문법 교육의 대상 및 내용을 안다.
(5) 문법 설명과 제시의 방법을 알고 한국어 교육에 적용할 수 있다.
(6) 문법 연습의 유형 및 과제를 알고 한국어 교육에 적용할 수 있다.

• **교수법**

018 다음의 '-(으)세요'를 교육하는 수업에서 활용한 교수법이 아닌 것은? (8회 65번)

> 목표 문법 판서 및 규칙 제시 → 동사 카드를 활용한 형태 연습 → 빈칸 채우기 형식의 연습 → 어휘 목록을 사용한 문형 교체 연습 → 명령문을 듣고 행동으로 옮기기 → 단원에서 배운 목록과 어휘를 사용한 논리차 활동

① 자연적 접근법   ② 전신 반응 교수법
③ 청각구두식 교수법   ④ 과제 중심적 교수법

평가 요소 실제 수업에서의 교육 방법을 보고 활용된 교수법을 유추할 수 있다.

개념 확장 ①의 자연적 접근법은 크라센과 테렐(Krashen & Terrell, 1983)이 제안한 것으로 모국어에 의존하지 않고 문법 분석, 문법 이론 없이 의사 소통 상황에서 언어를 사용할 수 있도록 하는 것이다. 따라서 보기에 주어진 수업 방식과는 거리가 있다.

▶ 018 **답** ①

오답 풀이

② 명령문을 듣고 행동으로 옮기는 것은 전신 반응 교수법에 해당한다.
③ 어휘 목록을 사용한 문형 교체 연습은 청각구두식 교수법에 해당한다.
④ 단원에서 배운 목록과 어휘를 사용한 논리차 활동은 과제 중심적 교수법에 해당한다.

• 한국어문법교육론

▶ 019 **답** ③

019 귀납적 문법 교육 방법에 관한 설명으로 옳지 <u>않은</u> 것은? (9회 88번)

① 청각구두식 교수법에서 주로 사용하는 방법이다.

② 목표 문법 항목이 쓰인 다수의 사례를 제시하여 학습자들이 문법 규칙을 발견하게 한다.

③ 언어 오용을 예방하거나 교정 능력을 함양하는 데 좋다.

④ 학습자에게 익숙한 주제로 문법을 도입하므로 학습 동기를 유발할 수 있다.

정답 풀이

언어 오용을 예방하거나 교정 능력을 함양하는 것은 연역적 문법 교육 방법에 해당한다.

평가 요소 문법 교육 방법의 원리와 실제에 대하여 이해하고 있다.

개념 확장 문법 교육의 귀납적 방법과 연역적 방법은 다음과 같다.

귀납적 방법은 먼저 몇 가지 예를 제시하고 여기에서 문법 규칙을 추론하도록 하는 것이다. 학습자는 많은 양의 언어 자료를 보고 이를 통해 언어의 규칙성과 유형을 명확히 알게 되고 스스로 의식적인 탐구를 하게 되며 규칙을 명시적으로 만들 수 있게 된다.
귀납적 접근은 학습자의 능동적 참여와 동기화를 기반으로 하기 때문에 기억이 잘 되고 유의미한 학습을 할 수 있다. 그러나 자료를 준비하고 규칙을 찾아내는 데에 많은 시간과 노력이 필요하고 오류의 화석화를 초래할 수 있다. 또한 문법 항목을 배우는 데 제한적일 수 있으며, 학습자의 능력에 따른 적절성이 문제가 될 수 있다.
연역적 방법은 문법 규칙을 먼저 제시하고 그 다음에 문법 규칙이 적용된 예를 제시한다.
연역적 접근은 경제적이며 수업 준비가 용이하고 수업 내용이 명료하고 명확하지만 학습자가 문법 설명에 사용되는 메타언어, 문법 용어 때문에 문법 규칙을 이해하는 데 어려울 수 있다. 또한 교사 중심의 수업으로 흐를 수 있어 학습자의 적극적 참여와 상호작용이 줄어들 수 있다. 그리고 언어 학습의 목표가 단순히 문법 규칙을 익히는 것이라고 생각할 수 있다.

한국어어휘교육론

중영역: 한국어어휘교육론

번호	세부 영역	출제 회수	문제 풀이
1	어휘 교육의 활동 유형	14	2
2	어휘 제시 방법	14	2
3	어휘 교육의 원리	10	2
4	교육용 어휘 항목의 선정과 배열	6	2
5	한자어	6	2
6	한자	3	1
7	어휘 번역	2	1
8	기능 교육과 어휘 교육	1	1
9	말뭉치	1	1
10	어휘 교육의 필요성	1	1
11	어휘 확장 방법	1	1
12	어휘력 평가	1	1
13	언어 교육 이론과 어휘 교육	1	1
총　계		61	18

· 어휘 교육의 활동 유형

001 다음과 같은 표를 사용하여 아래의 어휘들을 교육하였다. 이에 대한 설명으로 가장 적당한 것은? (1회 35번)

구분	날씨	음식물의 온도	사람의 태도	장소명사
선선하다	O		O	O
시원하다	O	O	O	O
서늘하다	O			O
싸늘하다	O		O	O
쌀쌀하다	O		O	
차다/차갑게	O	O	O	
춥다	O			O

① 유의어의 형태를 잘 기억할 수 있게 하는 방법이다.

② 반복 연습, 대체 연습 등의 활동을 통해 유의어를 교육하는 방법이다.

③ 유의어 간의 의미 차와 개별 단어의 의미를 잘 파악할 수 있게 하는 방법이다.

④ '정도 차이 비교 선'을 사용하여 유의어를 교육할 때 유용하게 쓰일 수 있는 방법이다.

평가 요소 어휘 교육을 위한 활동 유형을 이해한다.

▶ 001 답 ④

정답 풀이

문제의 〈표〉는 격자형 비교표를 이용한 어휘 교육의 예이다. 격자형 비교표, 정도 차이 비교표, 군집은 관련된 어휘의 사용을 향상시키는 활동으로, 학습자들이 이미 친숙하게 알고 있는 단어의 의미를 확장시키고 의미를 견고하게 하는 데 도움을 준다. 따라서, ④가 옳다.

오답 풀이

① 〈표〉는 형태 기억에 도움을 주는 활동이 아니다.

② 반복 연습, 대체 연습은 통제된 활동을 의미하는데 〈표〉는 통제된 활동이 아니다.

③ 격자형 비교표는 단어 간의 의미 차이와 개별 단어의 의미 자질을 파악할 수 있는 방법이지 개별 단어의 의미를 파악하게 하는 방법은 아니다.

개념 확장 어휘 교육에서 주로 많이 사용되는 방법에는 암기화, 핵심어법(key-word method), 카드 이용법, 어휘 게임, 격자법 등이 있다.

[암기화]

가장 초보적인 학습법으로 취급되는 방법이지만 학습 초기에 오히려 효과적이다. 학습 초기에는 의미가 모호한 동사, 형용사, 부사와 같은 품사보다는 명사를 선택하는 것이 좋을 것이다. 또한 명사 중에서도 추상명사보다는 구체명사를 택하는 것이 학습에 의미적 혼란을 줄일 수 있는 방법이 될 것이다. 암기의 방법을 사용할 때에는 100개에서 300개 내외의 어휘가 적당하다. 단, 한국어 학습 초기에 한글 자모 교육과 동시에 진행된다는 점을 고려한다면 200개 내외의 어휘가 학습 부담을 줄이는 방법이 될 것이다. 한글 자모의 암기 역시 부담이 될 수 있기 때문이다.

[어휘카드 이용]

어휘카드는 어휘를 학습하는 데 유용할 뿐만 아니라 동사의 활용을 연습시키는 데도 큰 도움이 된다. 한국어의 경우 불규칙 활용을 비롯한 다양한 어미의 활용이 있는데, 그 때마다 각 어휘를 필기한다는 것은 경제적이지 못하다. 또한 학습자들의 학습 요구를 자극한다는 점에서도 어휘 카드의 이용은 필수적이다.

구체명사의 경우는 문자카드 외에 그림을 카드에 삽입하는 방법을 사용할 수 있다. 그림을 이용하면 어휘를 추측하기가 용이하여 어휘의 양을 늘이는 데 도움이 될 수 있다. 동사 카드처럼 문법 설명에는 효용성을 갖지 못한다는 단점도 있다. 따라서 주로 초기의 한국어 학습에만 국한하여 구체명사 카드를 이용하는 것이 필요하다. 어휘카드에 삽입하는 그림을 사진으로 대치하는 것도 필요한 작업이다. 사진은 실물의 모습을 그대로 보여주어 학습동기를 유발할 수 있다. 보다 실제적인 자료에 가깝게 하기 위해서는 비디오 자료를 제작하는 것도 필요하다. 암기화 전략의 하나로 어휘카드 이용법을 사용할 수 있다.

[어휘 게임]

일반적으로 외국어 학습에서 게임을 활용하는 이유는 긴장감 해소, 의사소통 능력 증진, 흥미유발 등이다. 또한 목표어에 의한 자발적이고 창조적인 언어 사용의 측면을 강조할 수 있다. 어휘 항목에 주의를 기울일 수 있다는 점과 강화 · 복습 · 발전의 촉매 기능을 할 수 있다. 또한 학생의 적극적인 참여를 유도할 수 있다.

어휘 게임은 모든 단계에서 사용할 수 있으나 초급에서는 어휘의 양이 제한되기 때문에 게임의 종류 역시 제한될 수밖에 없을 것이다. 특히 한글 자모 읽기 · 쓰기를 통한 어휘 연습에서는 어휘의 숫자가 극히 제한되어 게임 활용이 어려울 수도 있을 것이다. 그러나 다음에 제시하는 몇 가지 어휘 게임은 가능하며, 이 게임들이 어휘 학습에 도움이 될 수 있을 것이다.

ⓐ 관찰과 기억(observe and remember)

여러 가지 물건 또는 카드를 보고 자리로 돌아가서 이름을 쓰는 게임이다. 실물을 이용하는 것이 가장 좋으나, 교실 수업에서는 한계가 있으므로 그림카드를 이용할 수도 있다. 한 학생씩 순서대로 보고 쓰는 게임도 가능하고, 여러 학생이 같이 보고 의논하여 기억해내는 게임도 가능하다.

ⓑ 첫문자 잇기(words from words)

교사가 한 단어를 제시하면 같은 자음으로 시작하는 어휘의 목록을 제시하는 게임이다. 초기 학습에서는 어휘량이 한정되어 있으므로 학습한 어휘 중에서 많은 어휘에 공통되는 첫 자음을 교사가 조사해 두는 것이 필요하다.

ⓒ 사전 찾기 게임(dictionary dilemma)

교사가 단어를 말하면 학생들이 그 발음을 적고 사전을 찾는 게임이다. 한국어 초기 학습에서 학습자에게 과제수행으로 제시할 수 있는 게임이다. 한국어 학습 전반에 걸쳐서 사전 찾기는 매우 중요하며, 특히 발음을 듣고 사전을 찾는 것은 매우 어려운 일이다. 따라서 발음과 표기의 상관성이 적은 어휘들은 초기 학습인 점을 감안하여 피하는 것이 좋다. 한국어 사전 찾기 순서는 매우 복잡한 편이어서 한글 자모 교육시 순서를 정확히 익힐 수 있게 하는 것이 이후의 학습에 도움이 될 것이다.

ⓔ 철자 바로잡기(scrambled words)
철자가 뒤섞인 어휘 목록을 주고 철자 순서를 바로잡게 하는 게임이다. 가능한 한 '신체, 교실' 등과 같이 한 범주를 정해 주는 것이 좋다. 또한 뒤섞인 어휘가 유의미한 어휘일 필요는 없다. 오히려 한국어 음절구조에서 불가능한 예들을 제시할 경우에 한국어 음절구성의 방식을 이해하는 데 도움이 될 수 있다.

ⓜ 자모 순서 게임(alphabet game)
교사가 'ㄱ' 카드를 들면 'ㄱ'으로 시작하는 단어를 먼저 말하는 학생에게 그 카드를 주는 게임이다. 다른 방법으로는 '가나다' 순서로 어휘를 잇게 할 수도 있다. 2회 이상 연속 실시할 경우는 어려운 자음은 삭제할 수도 있다. 이 경우 교사가 삭제할 자음을 순서대로 정리해 두는 것이 필요하다.

ⓗ 모음 찾기 게임(Where are the vowels?)
어휘에서 모음을 빼고 제시하여 알맞은 모음을 찾게 하는 게임이다. 이 경우 주의해야 할 것은 한글 자모 중 음가가 없는 'ㅇ(ø)'이다. 받침의 'ㅇ(ŋ)'과 구별하여 표시하는 것이 필요하다.

ⓢ 틀린 철자 찾기(What's wrong?)
그룹을 나누어 틀린 철자가 있는 카드를 찾게 하는 게임이다. 주의해야 할 것은 학습자의 수준을 감안하여, 한 부분 정도만 틀린 부분을 삽입해야 한다는 것이다. 중급, 고급에서는 음절의 길이가 긴 어휘를 이용할 수 있고, 틀린 부분도 두 군데 이상 삽입하는 등 난이도를 높이는 것도 가능하다. 틀린 부분을 정할 때는 학습자의 발음에 나타나는 오류를 고려해야 학습 효과를 거둘 수 있다.

ⓞ 모눈종이 속 어휘 찾기(animal squares)
사각형 속에 어휘를 숨겨놓고 찾게 하는 게임이다. 어휘의 종류를 '동물' 등과 같이 한정할 수도 있다. 무의미한 음절을 네모 칸 속에 나열해 놓고 그 속에 유의미한 어휘를 삽입하는 게임이기 때문에 학습자의 흥미를 유발할 수 있는 게임이다. 그러나 실제로 이 게임을 진행해 보면 학습자들이 어려워하는 경우가 있으므로 그룹을 나누어 찾게 하는 것이 효과적일 수 있다.

이외에도 초급 단계에서 가능한 게임으로는 보고, 기억하고, 본문 예측하기, 벽에 붙이기, 거짓 정의 찾기, 이야기 듣고 그림 그리기, 그림을 통한 침묵 교수, 핵심 어휘 찾기, 이야기 사슬, Crossword, 끝말잇기, 귓속말 게임, 사전 찾기 게임, 설명 듣고 어휘 맞히기, 예시문 듣고 어휘 맞히기, 관련 있는 어휘 맞히기, 문장에 붙여 쓰고 배열한 후 끊어 읽기 등이 있다.

[격자법]
'격자형 비교표'는 한쪽에는 단어가 나열되고 다른 한쪽에는 단어를 분류할 수 있는 방법을 적은 표이다.
'정도 차이 비교선'은 막대그래프를 이용하여 단어들의 정도의 차를 보여 주는 것이다. 예를 들면 '항상, 자주, 때때로, 이따금'을 비교할 때 사용한다.

참고문헌 Thornbury, Scott(1999), How to Teach Grammar, Longman.

▶ 002 답 ②

정답 풀이

②는 날씨에 관한 어휘를 배운 후 적용할 수 있는 과제이다.

오답 풀이

①은 게임을 통해 학습자의 흥미를 유발하고 적극적으로 수업에 참여하게 하는 방법이다. ③은 어휘 교육 후 활동으로 다른 언어기능과의 연계를 통해 학습한 어휘를 확인할 수 있는 방법이다. ④의 의미장을 구축하는 활동은 학습자에게 배운 어휘를 체계적으로 정리하게 한다.

002 다음 어휘 학습의 목표를 달성하기 위한 효과적인 교육 활동으로 적절하지 **않은** 것은? (5회 61번)

> 계절에 관한 어휘를 알고 그 의미 차이를 안다.

① 계절에 관한 기본 어휘를 익힌 뒤 어휘 게임을 하게 한다.
② 세계의 기후 변화에 대한 기사를 읽게 한 뒤 핵심 단어 한두 개를 찾게 한다.
③ 일기예보를 듣고 계절을 짐작할 수 있는 낱말들을 찾게 한다.
④ 계절과 관련된 다양한 의미장을 구축해 보게 한다.

평가 요소 │ 어휘 교육 활동을 알고 적용할 수 있다.

개념 확장 │ 의미장(semantic field)은 의미망, 의미 부류, 어휘통제집 등과 비슷한데, 인간의 두뇌에 저장된 어휘의 지식을 그물망처럼 구조화시킨 어휘 자료이다. 어휘 간 의미 관계 내지 연상 관계를 나타내 주는 개념의 지도이다.

• 어휘 제시 방법

▶ 003 답 ①

정답 풀이

이와 같은 어휘장 활용은 이미 설정된 범주에 맞추어 어휘를 분류해서 뜻을 설정하는 방법으로 학습자에게 어휘를 체계적으로 익히게 한다는 장점이 있다. 예를 들어 친족어의 경우 위와 같이 도표로 만들면 도움이 된다.

003 다음과 같은 어휘 제시 방법에 대한 설명으로 알맞은 것은? (2회 27번)

가족				
할아버지/할머니		아버지 / 어머니		외할아버지/외할머니
큰아버지/큰어머니				외삼촌/외숙모
사촌	형/누나/언니/오빠	나	남동생/여동생	외사촌
조카			조카	

① 관계된 단어들을 재분류할 때 유용하게 쓰일 수 있다.
② 문맥을 통해 해당 낱말의 의미를 유추하게 하는 방법이다.
③ 유의어 및 반의어 등 어휘의 의미 관계를 이용한 제시 방법이다.
④ 친숙하지 않은 단어가 많을 때 관계어들과 함께 제시하면 학습이 용이하다.

평가 요소 │ 어휘 제시 방법을 이해하고 적용할 수 있다.

해 설

개념 확장 어휘 제시 방법의 일반적인 원리는 다음과 같다.

어휘를 가르칠 때 교사가 학습자의 모국어를 대응시켜 단순하게 해석을 해 준다거나 사전적인 의미를 제시해 주는 식의 학습은 학습자의 기억을 오래 지속시키지 못한다. 원활한 의사소통을 위해서는 문맥과 상황을 통해서 가르치는 것이 필수적이므로 어휘를 제시할 때에도 어휘가 실제로 문장에서 어떻게 사용되는지, 어떤 상황에서 쓰일 수 있는지를 설명해 주는 것이 훨씬 효과적이다.

어휘 제시 방법으로는 시각 또는 청각적인 방법, 설명·예시·연상 방법을 들 수 있다. 시각적인 방법으로는 그림, 사진, 모형, 실물, 어휘 카드, 판서 등이 사용되고, 청각적인 방법으로는 특정 어휘를 정확한 발음으로 반복해서 들려주고, 의성어의 경우는 교사가 직접 소리를 흉내내어 제시할 수 있다. 그리고 문맥을 이용하여 문장 안에서의 용법에 중점을 두어 상황에 맞는 문장을 만들어 설명하는 방법이 있으며, 어휘가 형성된 파생 과정을 설명해 줌으로써 의미 파악에 도움을 줄 수 있다. 그밖에 이미 배워서 익숙한 유의어와 반의어를 이용한다거나 어휘장을 활용하여 어휘를 체계적으로 익히게 할 수 있다.

어휘를 제시할 때에 유의할 사항으로는 교사가 학습자의 수준에 맞는 용어를 사용해야 하고, 단어 설명을 위해 더 어려운 용어를 사용하지 않도록 주의해야 하며, 간결한 문장을 통해서 학생들의 이해를 도와주어야 한다. 이해 중심의 듣기나 읽기 수업에서는 어휘나 문법 교육이 수업의 흐름을 방해하지 않는 범위에서 어휘의 의미를 추측하게 하거나 어휘의 용법을 간단히 제시하는 것이 좋고, 표현 중심의 말하기나 쓰기 수업에서는 어휘를 정확하게 사용할 수 있도록 용법을 자세하게 제시해 주는 것이 필요하다. 실제 의사소통에서 해당 어휘가 어떤 어휘와 자주 쓰이고 어떤 상황에서 쓰이는 것인지 등에 대한 정보를 제공해 주어 어휘의 실제 사용에 중점을 두고 지도해야 한다.

참고문헌 문금현(2005), 어휘 교육의 과제와 발전 방향, 한국어교육론, 한국문화사.

004 다음 중 어휘의 의미 관계에 따른 교수 방법으로 적절하지 <u>않은</u> 것은? (3회 30번)

① '바지, 티셔츠, 치마' 등은 '옷'의 하위어로 가르친다.
② '변소, 뒷간, 화장실'은 금기에 의한 유의어로 가르친다.
③ 반의어는 동사에 대립 짝을 제시하지 않고 순차적으로 제시한다.
④ 다의어는 체계적인 인식을 위해서 중심 의미와 주변 의미를 한꺼번에 교육한다.

평가 요소 어휘 제시 방법을 이해하고 적용할 수 있다.

개념 확장 어휘 제시 방법은 구체적으로 다음과 같이 구분할 수 있다

[설명하기]
어휘에 대한 정의가 아니라 다양한 예문을 통해 학습자의 이해를 돕는다.

[의미 관계를 이용한 어휘 제시]
유의어나 반의어, 상위어나 하위어 등을 통해 교육할 수 있다.

[문맥을 통한 어휘 제시]
어휘 자체를 모르더라도 문맥을 통해 유추할 수 있게 한다. 의성어나 의태어 등도 문맥을 통해 이해하도록 하는 것이 좋다.

[의미장 구성하기]
하나의 상황을 제시하고 그에 연관된 어휘들을 의미장으로 제시하면 연상하기도 좋다. 예를 들어 '병원'이라는 상황을 제시하고 그에

▶ **004** **답** ④

정답 풀이

다의어는 학습의 단계에 따라 기본 의미나 의미 빈도수가 높은 항목, 학습에 유용한 것을 먼저 가르치는 것이 좋다. 초급에서 배우는 빈도수가 높은 기본 어휘들은 다의어인 경우가 많기 때문에 각 학습자의 수준별로 중심 의미에서 주변 의미로 점차 확대하여 가르치는 것이 필요하다.

맞는 어휘들을 다양하게 제시할 수 있다.

[게임을 통해 단어 외우기]

단어 게임을 통해 학습자가 어휘 암기에 느끼는 부담을 줄이고 효율적으로 어휘를 익힐 수 있는 방법이다.

의미관계에 의한 어휘 교육

한 단어의 의미는 매우 복잡하여 그 의미를 파악하기 위해서 성분 분석을 하거나 하나의 핵심 의미와 관련지을 수도 있고, 잘 알려진 연상 단어를 통해서 파악할 수도 있다. 따라서 외국인 학습자에게 단어를 하나씩 고립된 상태로 가르치기보다는 의미가 관련된 것들끼리 묶어서 가르치면, 상관관계에 있는 단어들과의 연계를 통해서 의미 파악을 쉽게 할 수 있고 어휘의 양도 확장할 수 있다.

[상하의어]

어휘는 상하의 계층 구조를 형성하고 있으며 이것이 일정한 어휘장을 구성하고 있으므로 관련 어휘를 모아놓은 어휘장을 통해서 학습의 효과를 노릴 수 있는데 같은 어휘장에 속한 어휘가 교체 가능한 예문들을 제시하여 학습시키는 것이 좋다.

상하관계를 이루고 있는 어휘의 학습 순서는 기본 어휘–상위어–하위어가 바람직하다.

[반의어]

의미관계에 있는 단어들의 학습으로는 반의어에 대한 교육이 우선적이다. 어떤 단어를 통해서 가장 쉽게 연상되는 단어가 반의어라는 관점에서 보면 반의어 교육은 초급반부터 시작할 수 있다.

반의어 교수 시 단순히 대립 짝만을 제시하지 말고 의사소통에 도움이 될 수 있도록 대화전환 간에 반의어를 사용하도록 한다.

[유의어]

유의어에 대한 교육은 유의어 대응쌍이 어떤 점에서 차이를 보이는지 의미 변별을 할 수 있도록 가장 전형적으로 쓰이는 예문을 제시하면서 가르쳐야 한다. 대체로 유의어들은 어종의 차이, 사용 빈도나 적용 범위, 지시 범위의 차이, 표현상의 차이, 결합 구성의 차이, 내포 의미의 차이를 보이므로 이러한 기준에 의해서 유의어의 의미를 변별해 주어야 한다.

참고문헌 문금현(2005), 어휘 교육의 과제와 발전 방향, 한국어교육론, 한국문화사.

· 어휘 교육의 원리

005-1 어휘 교육의 방법으로 알맞지 <u>않은</u> 것은? (2회 29번)

① 연어 관계를 도입해서 어휘를 학습시킨다.

② 맥락 속에서 어휘 의미를 파악하도록 유도한다.

③ 목표 어휘를 모국어 어휘와 대응시켜 암기하도록 유도한다.

④ 의미 이해를 돕기 위해 긍정적 예문과 부정적 예문을 함께 보여 준다.

평가 요소 어휘 교육의 원리를 이해하고 적용할 수 있다.

▶ **005-1** 답 ③

정답 풀이

모국어에는 없는 단어가 목표어에 있는 경우도 있고 모국어에서는 하나의 의미를 지니지만 목표어에서는 다양한 의미를 갖는 단어도 있다. 그러므로 사전에 의존하지 않고 어휘가 사용되는 맥락과 상황을 통해 의미를 유추할 수 있도록 지도해야 한다.

개념 확장 어휘 교육의 원리는 다음과 같다.

먼저, 맥락을 중시해서 유의적인 어휘 교육을 해야 한다. 의사소통 상황 속에서 배우는 단어가 더 쉽게 이해될 뿐만 아니라 연상 작용을 통해 장기기억으로 이어질 수도 있다.

둘째, 학습자의 수준과 능력을 고려한 어휘 교육을 해야 한다. 다의어나 반의어, 상하의어를 교육하다 보면 지나치게 의미 확장이 되는 경우가 있는데 이는 학습자에게 부담을 줘서 오히려 학습에 부정적인 영향을 준다.

셋째, 한 낱말의 핵심적인 의미에서 시작하여 점차 주변적인 의미를 이해할 수 있도록 단계적으로 지도해야 한다. 대부분의 낱말은 다양한 문맥에서 다양한 의미로 사용된다. 한 낱말의 그러한 다의적인 쓰임을 익히는 것은 어휘력을 늘리는 좋은 방법의 하나이다.

넷째, 학습자 어휘 학습 전략을 개발해야 한다.

다섯째, 한국어의 특징을 고려한 어휘 교육을 해야 한다. 형태소를 중심으로 한 교착어라는 특성을 고려하여 파생어와 합성어 등을 교육할 수 있다.

참고문헌 조현용(2000), 한국어 어휘교육 연구, 박이정.

005-2 어휘 유형별 교수에 관한 설명으로 옳은 것은? (6회 51번)

> ㄱ. 방언 – 학습자의 현실적인 언어생활에 필요한 범위 내에서 교수할 필요가 있다.
> ㄴ. 신어 – 사회문화적 변화의 반영이므로 교수해야 하며 학습자의 사용을 장려해야 한다.
> ㄷ. 완곡어 – 직설적 표현을 피하고 원만한 의사소통을 할 수 있도록 교수할 필요가 있다.
> ㄹ. 속어 – 학습자 실생활에 사용되고 있으면 의사소통 참여를 위해 표현 어휘로 교수할 필요가 있다.

① ㄱ, ㄴ   ② ㄱ, ㄷ
③ ㄴ, ㄹ   ④ ㄷ, ㄹ

▶ **005-2** 답 ②

오답 풀이

ㄴ. 신어는 특정 집단에서 준말의 형태로 사용하는 말이 많고, 세대 간의 의사소통을 방해하는 부작용도 가지고 있으므로 외국인 학습자에게 가르칠 필요는 없다.

ㄹ. 속어는 학습자가 실생활에서 자주 접하는 언어라도 교실에서 학습할 필요는 없다.

평가 요소 어휘 유형별 교수의 원리를 이해하고 적용할 수 있다.

개념 확장 방언, 신어, 완곡어, 속어의 개념은 각각 다음과 같다.

(1) 방언: 방언은 흔히 사투리라 부르는 것으로 지역이나 사회적 계층에 따라 차이를 보이는 한 언어의 분화체를 말한다. 전자를 지역적 방언, 후자를 사회적 방언(또는 계층적 방언)이라 한다.

(2) 신어: 신조어라 부르는 말로 새로 생긴 말을 뜻한다. 또는 새로 귀화한 외래어를 뜻한다. 신조어는 진부한 표현을 새로운 표현으로 바꾸고자 하는 욕구로 만들어지기도 한다. 인터넷 통신언어와 유행어가 대표적이다.

(3) 완곡어: 완곡어는 불쾌감이 덜하도록 금기어를 대체할 말로 상대방에게 불쾌감을 주지 않기 위해서 상황과 장면을 고려하여 사용한다. 주로 죽음, 질병, 성(性)과 같은 영역에서 직설적인 표현을 피하기 위해 선택하는 어휘이다.

(4) 속어: 속어란 사회적으로 비격식적이고 덜 바람직하다고 여겨지는 일련의 어휘나 표현을 말한다.

▶ 006 **답** ③

오답 풀이

①은 중급, ②는 고급, ④는 중급에 해당하는 내용이다.

· 교육용 어휘 항목의 선정과 배열

006 '한국어능력시험(S-TOPIK)'의 등급에 따른 어휘 학습 내용은? (5회 58번)

① 초급: 직장에서 일상적인 업무를 수행하는 데 필요한 어휘
② 중급: 사회 각 영역과 관련하여 널리 쓰이고 있는 전문 용어
③ 고급: 복잡한 의미를 갖는 속담이나 관용어
④ 고급: 감정을 표현하는 어휘

평가 요소 학습자 수준에 따라 교육용 어휘 항목을 선정하고 배열할 수 있다.

개념 확장 한국어능력시험에서 요구하는 학습자 수준별 어휘 능력은 다음과 같다.
(1) 1급: 생존에 필요한 기초적인 언어 생활과 관련이 있는 기본 어휘 약 800 단어.
(2) 2급: 일상적인 생활에서 자주 접하는 화제, 매우 기본적인 공식적인 상황에서 접하는 화제와 관련된 어휘 약 1,500 단어 및 문법 표현.
(3) 3급: 일상생활과 관련하여 비교적 깊이있는 의사소통에 필요한 어휘, 문법 표현 그리고 공적인 상황에서 기본적으로 의사소통을 하기에 필요한 어휘 및 문법 표현.
(4) 4급: 한국의 사회와 문화에 배경을 둔 어휘, 공식적 상황에서 의사소통하는 데 필요한 어휘, 특정 주제에 대하여 논리적으로 서술하고 토론하는 데 필요한 문법 표현.
(5) 5급: 정치, 경제, 사회, 과학, 문화, 예술 등 사회의 제 영역과 관련하여 깊이 있는 의사소통에 필요한 어휘와 문법 그리고 한국의 대표적인 시나 소설, 수필을 읽기에 필요한 수준의 어휘와 문법 표현.
(6) 6급: 정치, 경제, 사회, 과학, 문화, 예술 등 사회 제 영역과 관련하여 전문적이고 학문적으로 의사소통하는 데 필요한 어휘와 문법 표현.

참고문헌 김왕규 외(2002), 한국어능력시험의 평가기준 개발 연구, 교육출판사.

▶ 007 **답** ①

정답 풀이

초급 과정에서는 표현 어휘를 이해 어휘보다 중점적으로 가르쳐야 한다. 이해 어휘란 자기가 직접 쓰지 못해도 그 의미나 용법을 알고 있는 어휘를 말하며, 이에 비해 표현 어휘는 말하거나 글을 지을 때 사용이 가능한 어휘를 말한다. 초급 과정에서는 주로 일상생활에서 구사할 수 있는 표현 어휘 중심으로 가르쳐야 한다.

오답 풀이

② 구체어는 사진이나 그림을 활용하여 가르치는 것이 효율적이다. 이렇게 하면 학습자가 쉽게 어휘를 학습할 수 있고, 오래 기억할 수 있게 된다.
③ 새 어휘는 어휘 구조, 연어 관계, 의미 관계 등에서 상호 관련 있는 어휘를 묶어서 가르치는 것이 효율적이다.
④ 학습자의 인지적 부담을 덜기 위해 학습 목적과 기간에 따라 학습할 어휘의 양이나 질, 순서의 조절이 필요하다.

· 어휘 교수의 원칙

007 어휘 교수 시 유의해야 할 일반적 원칙으로 옳지 <u>않은</u> 것은? (10회 96번)

① 초급 과정에서는 이해 어휘를 표현 어휘보다 중점적으로 가르친다.
② 구체어는 사진이나 그림을 활용하여 가르친다.
③ 새 어휘는 그것과 상호 관련 있는 어휘를 묶어서 가르친다.
④ 학습자의 학습 목적과 기간에 따라 어휘를 선별하여 가르친다.

평가 요소 어휘 교수의 원칙을 이해하고 있다.

해 설

• 어휘 목록의 선정 및 지도 원칙

008 학습자에게 교육할 어휘 목록의 선정 및 지도 원칙으로 옳지 <u>않은</u> 것은? (10회 91번)

① 해당 급수에서 학습하는 총 시간을 고려하여 목록을 선정해야 한다.

② 학습자의 학습 목적과 수준에 따라 어휘 목록을 등급화해야 한다.

③ 대규모 말뭉치를 활용할 때 사용 빈도가 높은 어휘일수록 고급 단계의 어휘로 선정되어야 한다.

④ 초급 단계에서 다의어는 기본 의미를 확장 의미에 우선해서 지도해야 한다.

평가 요소 어휘 목록의 선정 및 지도 원칙을 이해하고 있다.

▶ **008** **답** ③

정답 풀이

말뭉치를 구체적으로 표현하면 일정 규모 이상의 크기를 갖추고 그 시대의 언어 현실을 골고루 반영한 자료의 집합체라고 할 수 있다. 특히 말뭉치는 대규모 언어 데이터베이스로 인간의 음성언어를 컴퓨터에 저장하고 이를 필요에 따라 가공하여 언어 연구에 사용하는 컴퓨터 자료이다. 따라서 대규모 말뭉치를 활용할 때 사용 빈도가 높은 어휘일수록 초급 단계의 어휘로 선정되어야 한다. 사용의 효율성을 반영하기 위해서이다.

오답 풀이

①, ② 어휘 목록을 선정할 때는, 학습 시간과 목표로 정한 한국어의 수준을 고려해야 한다.

④ 초급 단계에서 다의어는 단계별로 중심 의미에서 주변 의미로 확장해 가야 한다.

• 한자어

009 다음의 한자어 교육 방법에 관한 설명으로 옳은 것은? (4회 88번)

가(家)	집 house ; 가족 family ; 사람 접미사 suffix for person
가구(家具)	이사를 하면 새 가구를 살 거예요.
귀가(歸家)	귀가 시간이 항상 달라서 언제 올지 몰라요.
가장(家長)	저도 이제 결혼해서 가장이 되었어요.
가족(家族)	우리 가족은 모두 다섯 명입니다.
사업가(事業家)	사업가로 성공해서 돈을 많이 벌고 싶다.
소설가(小說家)	그 사람은 소설가이면서 시인입니다.

(가) '가(家)'의 기본 의미는 '집'인데 '가족'이나 '사람'의 의미로 쓰이기도 합니다. 각 한자어의 '가(家)'에 동그라미를 치고, 그 의미를 생각해 보세요.

(나) 사전에서 더 많은 예들을 찾아 보고, 그 예들을 사용하여 문장을 만들어 보세요.

① 어휘장을 이용한 한자어 교육

② 조어력을 이용한 한자어 교육

③ 축약구조를 이용한 한자어 교육

④ 동음이의 관계를 이용한 한자어 교육

▶ **009** **답** ②

정답 풀이

한자는 원래 표의문자이므로 글자 하나하나가 대체로 한 형태소(또는 단어) 자격을 갖고 있어 조어력(단어를 만드는 힘)이 크다.

평가 요소 어종별 어휘 교육 중 한자어의 교육 원리를 이해한다.

개념 확장 한국어 어휘를 어종에 따라 분류하면 '고유어/한자어/외래어'의 3 중 체계를 이루고 있다. 국립국어원의 '표준국어대사전'에 실린 단어 50만여 개를 분류하여 통계를 내 보면, 한자어 '58.5%〉고유어 25.9%〉기타(혼합 형태) 10.9%〉외래어 4.7%'로 한자어가 거의 60% 가까이 차지하고 있음을 알 수 있다.

외국인 학습자를 위한 한자어 교육 및 한자 교육에 대해서는 다음과 같이 정리가 가능하다.

한자어 교육을 위한 교재의 경우, 각 기관별로 자체 교재를 만들거나 보조 교재를 만들어 쓰고 있다. 한국어 교재 안에 한자어 코너를 두지 않고 한자어 교재를 따로 만드는 경우는 한국어 교재의 본문 내용을 한자어 중심으로 재구성하는 방법과 한국어 교재의 본문과 무관하게 전혀 새로운 본문을 한자어 위주로 구성하는 방법이 있다.

한자 교육을 실시해야 하는 시기에 대해서는 중급 단계가 좋다는 것이 일반적인 견해이다. 중급 단계 이상부터는 어느 정도 기본 문형을 구사할 수 있는 능력을 갖춘 상태이기 때문에 무엇보다도 그 문형에 적용할 어휘력을 배양하는 것이 중요하므로 한자 교육의 필요성이 대두된다. 한자권 학습자의 경우는 초급부터 한자 교육을 실시하고, 비한자권 학습자의 경우는 중급부터 가르치는 것이 좋다.

한자와 관련된 교육 내용은 한자와 한자어에 대한 것으로 나눌 수 있다. 한자권 학습자의 경우는 자신의 모국어를 습득하는 과정에서 한자에 자연스럽게 노출되었으므로 한자 자체에 대한 별도의 학습이 필요하지 않고 한자의 독음과 의미 습득을 중심으로 교육하는 것이 바람직하다. 비한자권 학습자의 경우 한자 자체에 대한 학습부터 시작해야 하는데 초급반에서 한자에 대한 학습에 치중하면 한국어 발음이나 문형 학습에 방해가 될 우려가 있으므로 쉬운 한자와 한자어를 제시하여 분위기를 익히는 것이 효과적이다. 한자 자체에 대한 교육은 특별반에서 하는 것이 좋겠고 정규반에서는 한자어 위주로 하는 것이 현실적으로 바람직하다.

외국인이 학습해야 할 한자는 사용 빈도가 높고 사용 범위가 넓으며 교육에 기초적이고 조어력이 높으며 학습자의 발달 단계에 맞고 기존 한자 교재에서 많이 다루어진 한자여야 한다.

한자어 교수 방법으로는 플래시 카드 사용, 밑줄 친 한자어를 독음하기, 문장 속에 있는 한자어 찾아내기, 괄호 안에 한자어 쓰기, 한자어를 사용한 작문 연습, 한자어 카드 뭉치로 문장 만들기, 이어서 이야기 만들기 등의 게임을 제시할 수 있다.

참고문헌 구본관(2011), 한국어 어휘 교육론, 한국어 교육의 이론과 실제 2, 아카넷.
문금현(2005), 어휘 교육의 과제와 발전 방향, 한국어교육론, 한국문화사.

• 한자 및 한자어 교육

010 외국인을 위한 한자 및 한자어 교육에 관한 설명으로 옳지 않은 것은?
(10회 111번)

① 한자 교육은 한자권 학습자와 비한자권 학습자를 분리하여 교육하는 것
이 효율적이다.
② 학문 목적 학습자의 경우 한자어 학술어 교육이 필요하다.
③ 한자 교육은 학습자의 언어 숙달도에 따라서 차별성 있게 이루어져야 한다.
④ 한국어 교육 초급 단계에서는 상용한자 1,800자를 가르쳐야 한다.

평가 요소 한자 및 한자어 교육의 특징을 이해하고 있다.

• 한자

011 한자 교육과 관련된 설명으로 알맞은 것은? (2회 32번)

① 한자 문화권의 한국어 학습자에게는 한자를 교육할 필요가 없다.
② 필요한 경우에 한해 이해를 중심으로 한자를 교육하는 것이 좋다.
③ 한자에 대한 흥미를 높이기 위해 초급 단계부터 상용한자를 교육해야 한다.
④ 중급 이상의 단계에서는 한자 교육이 어휘력을 향상시키는 데 필수적이다.

평가 요소 한자 교육의 원리를 이해한다.

• 어휘 번역

012 한국 속담을 프랑스어로 번역한 예이다. 이러한 번역 방법에 관한 설명
으로 옳은 것은? (5회 81번)

사공이 많으면 배가 산으로 간다.
→ Trop de cuisiniers gâtent la soupe.
(요리사가 많으면 요리를 망친다.)

▶ 010 답 ④

정답 풀이

한국어 교육 초급 단계에서는 상용한
자 300자, 쓰기 150자 정도를 익혀
야 한다.

오답 풀이

① 한자 교육은 한자권 학습자는 초
급 단계에서, 비한자권 학습자는
중급 단계에서 교육하는 것이 효
율적이다.
② 학문 목적 학습자의 경우, 대학이
나 대학 교육을 고려하여 한자어
학술어 교육을 해야 한다.
③ 한자 교육은 학습자의 언어 숙달
도에 따라서 수준을 달리해서 이
루어져야 한다. 예를 들어 한자와
한자어에 노출이 된 학습자들은
한자와 한자어의 음, 의미를 익히
는 것이 좋다. 반면 그렇지 않은
경우에는 한자 자체에 대해 학습
을 할 필요가 있다.

▶ 011 답 ②

오답 풀이

① 한자권 학습자도 어휘 확장을 통
한 한자 교육의 필요성이 대두되
고 있다.
③ 초급 단계에서는 기본 문형과 기
본 어휘를 습득하기 때문에 한자
교육은 중급 단계부터 한국어 교
육용 기초 한자어를 마련하여 실
시하는 것이 좋다.
④ 한자를 학습자의 어휘력 신장을
위한 보조적 자료로 사용하는 것
이 좋다.

▶ 012 답 ③

정답 풀이

한국어 속담의 의미를 이해하고 프랑
스 사람에게도 찾아볼 수 있는 표현
으로 바꿔 준다.

① 직역의 등가성
② 언어 차용의 보편성
③ 문화 맥락의 중요성
④ 수사적 표현의 적절성

평가 요소 어휘 번역에 있어서 문화를 고려할 수 있다.

개념 확장 어휘 의미 체계에 대한 이해는 해당 언어를 사용하는 사람들의 의식과 문화 체계에 대한 이해와 직접 연결된다. 한국어와 다른 언어에서 문화적인 차이로 인해 나타날 수 있다.

참고문헌 한재영(2005), 한국어교수법, 태학사.

• **기능 교육과 어휘 교육**

▶ 013   **답** ④

정답 풀이

듣기는 문어와 달리 중복되는 말이 많다. 동일 요소가 단순히 반복되는 경우와 비슷한 어휘로 다시 말하는 것, 쉬운 말로 설명하면서 중복되게 말하는 것 등이 있다. 그러므로 듣기는 가시적으로 어휘를 보여주는 것보다는 반복된 입력을 통해 학습자가 스스로 뜻을 유추해 볼 수 있기에 효과적인 어휘 학습이 될 수 있다.

013   **듣기를 통한 어휘 교육에 관한 설명으로 옳은 것은?** (6회 43번)

① 학습자가 어휘를 완전히 습득할 때까지 듣기 자료를 반복적으로 들려준다.
② 학습자가 듣는 활동에 집중하도록 목표 어휘를 먼저 문자로 제시하지 않는 것이 좋다.
③ 한 어휘가 다양한 맥락에서 사용된 자료를 들려줌으로써 어휘 지식이 사용으로 전이된다.
④ 옛날이야기를 시리즈 형식으로 들려주어 어휘를 반복적으로 접하게 하면 어휘 학습이 효과적으로 이루어진다.

평가 요소 기능과 연계한 어휘 교육의 원리와 방법을 이해한다.

▶ 014   **답** ④

정답 풀이

현재까지는 구어보다는 문어 말뭉치 구축 및 연구가 활발하게 이루어졌다.

• **기능 교육과 어휘 교육**

014   **국내 말뭉치 언어학이 이룬 어휘 교수의 성과가 아닌 것은?** (4회 76번)

① 어휘의 연어 관계에 대한 객관적 정보를 제공하였다.
② 실제 예문을 통한 귀납적 어휘 학습을 가능하게 했다.
③ 어휘 빈도를 산출해 단계별 어휘 학습의 기초를 마련하였다.
④ 문어에 비해 구어 말뭉치 연구에 중점을 두어 표현 교수에 도움을 주었다.

해 설

평가 요소   어휘 교육에 있어서 말뭉치의 역할을 알고 있다.

개념 확장   말뭉치(코퍼스, corpus)란 언어를 연구하는 각 분야에서 필요로 하는 연구 재료로서 언어의 본질적인 모습을 총체적으로 드러내 보여 줄 수 있는 자료의 집합을 뜻한다. 조건만 만족할 수 있으면 작게는 시집 한 권이나 소설 한 편으로부터 1억 어절 이상의 말 또는 글로 표현된 각종의 자료에 이르기까지, 다양한 크기의 자료 모음이 모두 말뭉치라는 이름으로 묶일 수 있으며, 그 내용도 연구의 목적에 따라 다양하게 구성될 수 있다.

한국에서는 1988년부터 구축되어 온 연세대학교의 연세 한국어 말뭉치가 대표적이다. 한국과학기술원, 고려대학교, 국립국어연구원 등에서도 본격적으로 말뭉치를 구축해 오고 있으며, 1998년부터 '21세기 세종 계획 : 국어정보화 추진 중장기 사업'의 일환으로 우리나라에서도 본격적으로 국가 말뭉치가 구축되기 시작하였다.

[말뭉치의 요건]

문서를 대량으로 모은다고 해서 모두 말뭉치가 되는 것은 아니며 말뭉치는 몇 가지 요건을 갖추어야 한다. 첫째, 텍스트 수집이나 입력 과정에서 원래의 내용이나 형태의 누락이 있어서는 안된다. 즉 원형을 유지하고 있다는 보장이 필요하다. 둘째, 언어의 다양한 변이를 담아내야 한다. 즉 언어의 특성을 잘 반영할 수 있는 구성으로 조합되어야 한다. 셋째, 해당 언어의 통계적 대표성을 지녀야 한다. 즉 유의미한 규모로 확보되어야 한다.

[말뭉치의 구축]

한국어 균형사전을 만들기 위해서는 한국어의 총체를 반영할 수 있도록 말뭉치를 골고루 구성해야 하지만, 만약 경제용어사전을 만든다고 생각하면 경제 분야의 문서들로만 말뭉치를 만들면 충분하다. 말뭉치를 구축할 때 처음 발생하는 문제는 어떤 문서에서 어느 정도의 양을 고를 것인가이다. 예를 들어 연세한국어사전을 만들 때는 일반인의 독서실태를 조사하여 신문 33%, 잡지 20%, 문학 18%, 취미/교양 10%, 수기/전기/실화 9%, 교과서 5%로 비중을 정했다. 이는 독서량이 어휘사용/해독량과 비례할 것이라는 가정에 따른 것이다. 다른 가정을 세운다면 또 다른 결과가 나올 것이다.

[말뭉치의 활용]

말뭉치를 분석하여 얻을 수 있는 가장 유용한 정보는 빈도이다. 특정 어휘, 특정 환경이 말뭉치 내에서 얼마나 많이 나왔느냐를 관찰하면 이후 연구의 방향을 잡을 수 있기 때문이다. 또 언어학적 가설을 검증할 때 말뭉치 내에서의 빈도는 강력한 증거가 된다.

[연어 연구]

말뭉치를 연구하면서 연어(collocation)도 좀 더 정량적으로 연구할 수 있게 되었다.

[언어 교육]

말뭉치에서 수많은 용례가 쏟아지는 것만으로도 사실 충분한 언어 교육의 효과가 있다. 여러 용례 안에는 다양한 변이와 주변 환경이 함께 제시되기 때문에 읽어나가는 과정에서 복합적인 이해를 할 수 있게 되는 것이다.

[사전 편찬]

사전 편찬은 언어학 정보를 집대성하는 과정이라고 해도 과언이 아니다. 따라서 말뭉치를 토대로 한 언어 연구의 결과물은 사전 편찬 과정에 반영되기 마련이고 대규모의 말뭉치는 사전 편찬과 함께 발달되었다.

참고문헌   고경태(2010), 한국어교육에서 일반 말뭉치 활용의 확대를 위한 제언, 국어문학 49, 국어문학회.

해 설

셋째 마당

▶ **015**　**답** ②

오답 풀이

① 어휘는 의사소통의 가장 기본적인 단위가 된다. 의사소통 목적을 제대로 달성하기 위해서는 메시지의 전달이 필수적인데, 그 메시지의 기본 단위가 바로 어휘가 된다. 언어가 의사소통을 목적으로 한다는 실용적인 측면을 강조한다면 외국어 교육에서 문법보다 어휘가 더 중요한 요소인 것은 당연하다.
③ 어휘 교육을 통해 학습자의 개념 발달을 도모할 수 있다. 한국어의 어휘 교육에 포함되는 속담, 관용어, 고사성어, 사자성어 등의 문화적 지시어는 한국인의 정신이나 문화와 관련이 깊기 때문에 한국 사회 전반에 대한 이해의 폭을 넓히기 위해서는 이들 어휘 학습이 필수적이다.
④ 어휘는 의사소통을 위한 전략적 자원으로서 어휘 교육을 통해 듣기, 말하기, 읽기, 쓰기 등의 언어 기능을 보다 효과적으로 사용하는 능력을 키울 수 있다. 어휘 교육을 통해 학습자는 특정 주제나 기능과 관련된 어휘 목록을 갖게 되는데 이를 통해 실제 의사사통 상황에서 듣기, 말하기, 읽기, 쓰기 등이 보다 정확하고 효과적으로 이루어진다.

▶ **016**　**답** ①

정답 풀이

어휘 의미 간 계층구조를 살펴보면 상·하위, 동의, 반의, 전체, 부분, 인과, 함의, 양태 등 다양한 의미 관계가 포함된다. 이를 이용하여 의미 이해를 기반으로 어휘 확장을 할 수 있다.

▶ **017**　**답** ①

정답 풀이

합성어는 형태소 단위로 분석할 수 있는 것이 바람직하다.

· 어휘 교육의 필요성

015 다음 중 한국어 어휘 교육의 필요성에 대한 설명으로 거리가 먼 것은? (1회 30번)

① 단어만으로도 기본적인 의사소통이 가능하다.
② 한국어 기초 어휘를 학습하게 되면 간단한 문장을 만들 수 있다.
③ 속담을 통해 한국인의 사고와 한국 사회의 문화를 이해할 수 있다.
④ 특정한 주제에 관련된 어휘를 학습하게 되면 그 주제에 관해 이야기할 수 있다.

평가 요소　어휘 교육의 필요성을 이해한다.

· 어휘 확장 방법

016 다음 중 어휘 확장의 방법과 사례의 연결이 올바르지 않은 것은? (3회 29번)

① 형태 기반 확장 – 불가, 부당, 비인간적
② 의미 기반 확장 – 회사원, 의사, 공무원
③ 기능 기반 확장 – 부탁하다, 거절하다, 수락하다
④ 지식 기반 확장 – 한국 경제, 한강의 기적, 재벌

평가 요소　어휘 확장의 전략과 방법을 이해한다.

· 어휘력 평가

017 어휘력 평가에서 측정해야 할 능력으로 적절하지 않은 것은? (5회 62번)

① 합성어를 음절로 분석하는 능력
② 반의어, 유의어를 사용하는 능력
③ 다의어의 의미를 구별하는 능력
④ 문맥을 통해 새 단어의 의미를 유추하는 능력

해설

평가 요소 어휘력 평가의 원리를 이해한다.

• 언어 교육 이론과 어휘 교육

018 어휘 교육의 비중이 가장 낮은 언어 교수법은? (6회 46번)

① 자연적 접근법   ② 침묵식 교수법
③ 청각구두식 교수법   ④ 문법번역식 교수법

▶ 018   **답** ③

정답 풀이

청각구두식 교수법에서는 음성언어인 듣고 말하기 교육을 강조하였고 체계적인 발음 연습과 기본 문형의 구두 훈련을 집중적으로 하였으며, 문법번역식 교수법과는 달리 어휘 교육은 등한시하였다.

평가 요소 언어 교육 이론의 특징에 따른 어휘 교육의 비중을 이해한다

개념 확장 [문법번역식 교수법]
　문법번역식 교수법의 특징은 정확한 번역에 있다. 대부분의 교재는 문법 설명과 어휘 설명, 번역 연습으로 이루어지게 된다. 따라서 문법번역식 교수법에서 어휘 교육이 차지하는 부분은 매우 컸다. 그것은 학습 목표가 정확한 문법과 어휘 습득을 통한 번역에 있었기 때문이다. 그러나 번역이 목표가 되었기 때문에 번역어와 모국어가 함께 제시되었고, 암기식으로 어휘 교육을 단순하게 취급하는 문제가 있었다.

[청각구두식 교수법]
　청각구두식 교수법은 반복적이고 기계적인 습관 형성을 목표로 하고 있으며, 문형의 반복적인 연습을 주요 교수 방법으로 택한다. 청각구두식 교수법에서 모든 어휘는 문맥을 통해서 습득되어야 하며, 학습자의 모국어와 목표언어의 단어의 의미를 대조시킨 단어 목록은 교육 목적으로 사용되어서는 안 된다고 한다. 학습자의 어휘 확장은 나중에 읽기 단계에서 이루어지는 것으로 본다. 따라서 어휘 교육에 대한 특별한 관심은 없었다.

[인지주의 접근법]
　인지주의 접근법은 창조적 언어 능력을 강조한다. 즉, 모국어의 역할을 강조하고 모국어의 구조를 바탕으로 하여, 제2언어의 규칙을 습득한다는 이론이다. 인지주의 접근법에서는 문장의 의미, 구성 성분 간의 관계, 유의미한 문장 제시 등을 강조한다. 인지 과정으로 어휘 교육도 중요하게 생각하기는 하지만, 문장 단위 중심의 접근법이다.

[의사소통식 교수법]
　의사소통식 교수법은 학습자 간의 의사소통, 나아가서는 모국어 화자와의 의사소통을 주요 목표로 하고, 이를 위해 다양한 상황에서 적절한 언어를 사용할 수 있는 능력을 길러주는 교수법을 개발하려고 하였다. 어휘 교수의 측면에 중요한 전환점을 제공하여 언어가 의사소통을 목적으로 하는 실용적인 면이 강조된다면 문법보다 어휘가 중요하다는 면이 주장되었다.

참고문헌 Richards, Jack C. & Rodgers, Theodore S.(1986), Approaches and Methods in Language Teaching, 전병만 외 역(2003), 외국어 교육 접근 방법과 교수법, 캠브리지.

· 어휘 교수 방법

▶ 019 답 ①

019 어휘 교육에 관한 설명으로 옳지 <u>않은</u> 것은? (8회 76번)

① '신선하다, 시원하다, 서늘하다, 차다, 춥다' 등은 수형도를 이용해 제시한다.
② '이따금, 때때로, 자주, 언제나' 등은 정도 차이를 선으로 그려 제시한다.
③ '멍멍, 깡충깡충, 반짝반짝' 등은 같이 사용되는 용언과 함께 가르친다.
④ '머리를 감다, 표를 예매하다' 등을 가르칠 때는 연어 사전을 활용하게 한다.

오답 풀이

①의 '신선하다, 시원하다, 서늘하다, 차다, 춥다' 등은 정도 차이를 선으로 그려 제시하는 것이 바람직하다.

> **평가 요소** 어휘의 특성에 따른 교육 방법을 이해하고 적용할 수 있다.

· 한자어 교육

▶ 020 답 ①

020 한자어 교육에 관한 설명으로 옳지 <u>않은</u> 것은? (8회 88번)

① 동음이의어는 출현 빈도에 따라 텍스트와 독립적으로 지도한다.
② '최고, 최저, 최상, 최하'의 '최(最)'처럼 쉽고 빈번히 나타나는 한자부터 지도한다.
③ 고유어와 한자어가 비슷한 뜻을 가지고 있는 경우 용례를 통해 쓰임을 지도한다.
④ 새로운 한자어는 알고 있는 한자를 이용하여 의미를 유추해 보도록 지도한다.

정답 풀이

한자어를 포함하는 어휘는 기본적으로 텍스트와 독립적으로 지도하는 것이 바람직하지 않다. 문맥과 맥락 정보를 제공해서 실제 용례와 함께 지도하는 것이 좋다.

> **평가 요소** 한자어 교육 방안을 이해하고 적용할 수 있다.

· 한국어어휘교육론

021 어휘의 의미관계 교육에 관한 내용으로 옳은 것을 <u>모두</u> 고른 것은?
(9회 91번)

> ㄱ. 반의어 교육은 어휘 지식이 부족한 초급 학습자들에게는 적합하지 않다.
>
> ㄴ. 의미적인 연관 관계를 가진 어휘들은 어휘장(lexical field)을 이용해서 교육
> 할 수 있다.
>
> ㄷ. '쓰다', '보다', '가다' 등과 같은 다의어는 여러 확장 의미를 한 번에 제시
> 하는 것이 좋다.
>
> ㄹ. '되게', '매우'와 같은 유의어는 문어와 구어의 차이를 중심으로 설명한다.

① ㄱ, ㄷ   ② ㄴ, ㄹ   ③ ㄱ, ㄴ, ㄷ   ④ ㄴ, ㄷ, ㄹ

평가 요소   어휘의 의미관계를 알고 있으며 어휘 교육에 활용할 수 있다.

개념 확장   어휘의 의미관계는 다음과 같이 분류된다.

유의 관계: 유의어란 의미적으로 매우 유사하여 때로는 문맥에 따
라서 교체 가능하기도 한 의미 관계를 가진 어휘들을
말한다. 유의어로 분류된 어휘 간의 의미 관계는 '유의
관계'가 된다. 학습, 공부의 관계.
반의 관계: 반의어는 뜻이 서로 반대되는 관계에 있는 말이다. 한
쌍의 반의어는 의미 특성에 있어서 동질성과 이질성의
양면성을 지니고 있을 때 성립한다. 즉 반의 관계에 있
는 두 어휘소는 서로 공통된 속성을 많이 지님으로써
의미상 근접성을 나타내고, 한 가지 속성이 다름으로써
의미상 소원성을 나타낸다.
상하 관계: 한 단어의 개념이 다른 단어의 개념을 포함하는 관계
를 상하 관계라고 한다. 꽃, 장미의 관계.
다의 관계: 다의어는 하나의 어휘가 두 가지 이상의 관련된 의미
를 지닌 것으로서 다의어의 상호 의의 관계를 총칭적
으로 다의 관계라고 한다.

참고문헌   조현용(2000), 한국어 어휘교육 연구, 박이정.

▶ 021   **답** ②

오답 풀이

ㄱ. 반의어 교육은 초급 학습자들에게
도 적합한 어휘 교육 방법으로 '낮
↔밤', '가다↔오다' 등과 같이 제
시함으로써 어휘량을 효과적으로
늘릴 수 있다.

ㄷ. '쓰다', '보다', '가다' 등과 같은
다의어는 여러 확장 의미를 한 번
에 제시하면 학습자에게 혼동을 일
으키게 되어 좋은 방법이 아니다.

제12강 　한국어교재론

중영역: 한국어교재론

번호	세부 영역	출제 회수	문제 풀이
1	교재의 개발	11	2
2	교재의 평가	6	2
3	교수요목	4	1
4	교재 선택의 기준	3	1
5	목적별 교재 구성	4	2
6	교재의 기능	1	1
7	교재 개발 추세	1	1
8	교재의 종류	4	2
9	한국어 교재의 역사	1	1
총　계		35	14

· **교재의 개발**

 001　답 ①

정답 풀이

교재 개발의 단계는 다음과 같다.
학습자 요구 조사→교육 목표→교육
내용 선정 및 조직→단원 구성→단원
집필→교재 사용 및 수정

001　한국어 교재 개발의 절차를 순서에 맞게 배열한 것은? (4회 81번)

> ㄱ. 각 단원을 집필한다.
> ㄴ. 단원 구성의 틀을 정한다.
> ㄷ. 학습자 요구 조사를 실시한다.
> ㄹ. 교재를 사용해 보고 수정한다.
> ㅁ. 교육 목적에 따른 교육 목표를 정한다.
> ㅂ. 교육 내용을 선정하고 순서대로 배열한다.

① ㄷ - ㅁ - ㅂ - ㄴ - ㄱ - ㄹ
② ㄷ - ㅁ - ㄴ - ㅂ - ㄱ - ㄹ
③ ㅁ - ㄷ - ㅂ - ㄴ - ㄱ - ㄹ
④ ㅁ - ㄷ - ㄴ - ㅂ - ㄱ - ㄹ

평가 요소 　교재 개발의 절차를 안다.

해 설

개념 확장 [교재 개발의 원리와 방법]

1) 교육 목적, 교육과정, 교수요목이 구현되어야 한다. 교육 목표와 교육과정의 설정은 교재가 사용될 교육기관이 교육을 통해 추구하는 바가 되고, 학습자에게는 학습의 목표 설정이 된다. 이것이 올바로 진행이 될 때 교육 내용의 선정과 조직, 교수–학습 방법의 선택이 가능하고 이를 구현할 수 있는 도구로서 교재의 개발이 가능해진다.

2) 개발할 교재의 종류와 수에 대한 면밀한 검토가 필요하다. 주교재와 함께 워크북을 만들 것인지, 통합 교재인지 기능별 교재인지, 몇 단계ㆍ몇 권으로 제작할지 결정해야 한다. 최근 한국어 교육계에서는 주교재와 워크북의 동시 개발이 보편화되어 가고 있으며 일부 국가 주도의 교재 개발 사업에서는 교사용 지침서까지 포함하고 있다.

3) 교육 내용, 즉 어휘, 문법, 발음 등의 언어 내적 요소가 기준에 적합해야 한다. 예를 들어 어휘는 한국어 학습용 어휘를 적절하게 포함시켜야 하며 문법은 외국어로서의 한국어임을 고려하여 선정하고 기술해야 할 것이다. 발음은 표준 발음의 교육을 목표로 하되 대상 학습자에 따라 어떤 방법을 택할 것인지가 달라져야 할 것이다.

4) 학습자 요구 조사가 선행되어야 하며, 학습자의 언어나 문화의 배경지식이 활용되고 호기심을 자극할 수 있는 교재로 만들어야 한다. 학습자의 학습 목표, 동기, 연령, 직업, 모국어, 인지적 배경, 정의적 측면, 한국어 학습 경험 정도 등을 고려하여 소재, 주제, 기능, 문화 등 교재의 내용 구성과 각 단원의 구성을 효과적으로 만들어야 한다.

5) 실생활에서 실제적으로 사용할 수 있는 내용으로 구성하고, 수업 시간에 목표 언어를 충분히 사용할 수 있도록 구성해야 한다.

6) 학습자의 자가 진단과 교사의 학습자 수준 평가가 가능하도록 구성해야 한다.

[교재 개발의 절차]

1) 교육 목표, 교육과정, 교수요목의 설정

실제 교재 개발 단계에 들어갈 때 교육 목표와 교육과정의 설정은 최우선적으로 진행되어야 한다. 기존에 교육 목표와 교육과정이 수립되어 있다면 이 과정은 생략될 수 있다. 교육 목표와 교육과정을 토대로 교수요목을 개발한다. 예를 들어 의사소통 중심의 교수요목이라면 주제, 과제와 기능, 언어 내적 요소, 문화 요소, 맥락 등이 구성되어야 한다.

2) 단원의 구성

단원의 구성은 기본적으로 교수요목을 기반으로 하나 교수법과도 밀접한 관련이 있다. 과거 청각구두식 교수법이 중심이었을 때 한국어 교재의 단원 구성은 대체로 '대화문→어휘→문법ㆍ문형→연습'의 순서였다. 그러나 의사소통 중심의 교수법이 중심을 이루면서 단원의 구성은 준비 도입 단계부터 마무리 단계까지 학습 과정을 중시한 구성이 보편화되었다. 이러한 단원의 구성은 라슨–프리먼(D. Larsen–Freeman, 1993)의 '도입→제시ㆍ설명→연습→사용→마무리'를 들 수 있다.

3) 교재 내용의 구체화

단원 구성 원칙이 세워지면 교수요목과 단원 구성 원칙에 따라 교재 내용을 구성한다. 교육과정과 교수요목에 따라 다른 단원과의 연계성을 고려해 교육 내용을 배열하고 시각 자료와 전체적인 편집 등을 결정한다. 이 단계에서 언어 재료의 선정과 조직에 대하여 면밀한 검토가 필요하다.

4) 시험적 사용과 수정 및 보완

시험 사용은 개발 과정에 따라 각 단원별로 진행할 수도 있고 교재 전체가 완성된 후 시행할 수도 있다. 시험 사용은 교재 출간 후 사용될 학습 환경에서 실시하는 것이 좋다. 그리고 여기에서 나타난 문제점은 수정ㆍ보완하여 출간을 하게 되는데 시험 사용 시에 문제가 많은 경우 다시 한 번 시험 사용의 기회를 갖고 보완하는 것이 필요하다.

참고문헌 김영만(1999), 외국어로서의 한국어 교재 개발 연구, 한국외국어대학교 박사학위논문.

▶ 002 답 ④

정답 풀이

2000년대 이후부터 특수 목적 학습자
의 증가로 그들을 위한 교재 개발에
박차를 가했다. 학문 목적, 직업 목적,
결혼 이민자를 위한 교재가 개발되었
고, 특히 이민자의 언어로 문법 내용
을 설명하거나 지시한 교재가 개발되
었다.

오답 풀이

① 2000년대에 들어서 학문 목적 학
  습자의 증가로 한국어 교재에 대한
  논의가 활발해졌으며, 교양 수준의
  학문 목적 교재가 개발되었기는 하
  였다. 그러나 전공별 한국어 교재
  가 개발되지는 않았다.
② 대부분의 교재가 주 교재와 연습
  교재(워크 북)를 함께 출판하였으나
  교사용 지침서의 개발은 미비했다.
③ 초기 한국어 교재는 문법의 구조적
  인 해석과 설명, 반복 연습을 중심
  으로 한 청각구두식 교수법이 중심
  이 되었으나, 2000년대에 들어서
  는 외국어 교수법의 흐름에 따라
  상황 및 기능별 교수요목과 과제
  해결을 근간으로 한 의사소통 중심
  교수법이 핵심이 되고 있다. 한국
  어 교육계의 이러한 경향은 의사소
  통 중심 교수법에 대한 연구를 활
  성화시켰으며, 과제 중심, 기능 통
  합형 교재의 개발을 촉진시켰다.

▶ 003 답 ④

---

002 **2000년대 한국어 교재 개발 상황을 설명한 것으로 옳은 것은?**
(5회 68번)

① 학문 목적 한국어 학습자가 증가하면서 전공별 한국어 교재가 다양하게
  개발되었다.
② 사용 효과를 높이기 위해 대부분의 교재가 워크북, 교사용 지침서와 함께
  개발되었다.
③ 대부분의 교재가 과제 중심 교수법이 갖는 문제를 보완하기 위해 문법 교
  육 내용을 강화해 개발되었다.
④ 여성결혼이민자가 증가하면서 이민자의 언어로 문법 내용을 설명하거나
  지시한 교재가 개발되었다.

평가 요소 교재 개발의 현황을 시기별로 이해한다.

참고문헌 김중섭(2005), 교재의 과제와 발전 방향, 한국어 교육론 1, 한국문
화사, 207-218쪽.

003 **다문화 배경 중학생을 위한 KSL(제2언어로서의 한국어) 교재를 개발할
때 고려해야 할 사항이 아닌 것은?** (8회 83번)

① 중학생용 학습 어휘
② 중학생들의 취미 및 관심 사항
③ 주당/학기당 한국어 학습 시간
④ 영어, 일본어 등의 외국어 교육과정

평가 요소 특정 학습자를 위한 교재를 개발할 때 고려해야 할 사항을 이해하고
적용할 수 있다.

개념 확장 **교재 개발의 기본 단계**
[제1단계: 학습자 요구 분석]
  교재의 사용자인 학습자의 학습 목적, 동기, 기간, 모국어, 연령, 인
지적 배경, 선수 학습 경험과 그로부터 나오는 경험 등 학습자의 제
측면을 알아야 한다.

[제2단계: 교육목표, 교육과정, 교수요목의 설정]
  한국어학당 교재 개발의 경우 이미 교육목표와 교육과정이 수립되
어 있으므로 이 과정에 대한 절차는 생략될 수 있다. 그러나 실제 교
재 개발 단계에서 필수적으로 진행되어야 할 교수요목의 개발은 교
재 개발과 직접적으로 연관된다.

[제3단계: 단원의 구성]
  단원의 구성은 기본적으로 교수요목에 기반을 하나 교수법과도 밀
접한 관련이 있다. 과거 청각구두교수법이 중심이었을 때 한국어 교
재의 단원 구성은 대체로 '대화문-어휘-문법/문형-연습'의 순서였
다. 그러나 최근 의사소통 중심의 교수법이 중심을 이루면서 단원의

구성에도 변화를 가져와 준비 도입 단계부터 마무리 단계까지 학습 과정을 중시한 구성이 보편화되고 있다.

[제4단계: 교재 내용의 구체화]

교육과정과 교수요목에 따라 위아래 단원과의 연계에 관심을 갖고 주제/소재–과제/기능–담화 유형–어휘–문법–문화 등과 같이 단원 내 하위 구성 요소의 횡적인 연계에 관심을 갖는다.

[제5단계: 시험적 사용과 수정, 보완]

시험 사용은 개발 과정에 따라 각 단원별로 진행할 수도 있고 교재 전체가 완성된 후 시행할 수도 있다. 그리고 여기에서 나타난 문제점 은 수정, 보완하여 출간을 하게 되는데 시험 사용 시에 문제가 많은 경우 다시 한 번 시험 사용의 기회를 갖고 보완하는 것이 필요하다.

참고문헌 서종학 · 이미향(2007), 한국어 교재론, 태학사.

· **교재의 평가**

004 한국어 교재에 대한 평가 항목 중 그 성격이 <u>다른</u> 하나는? (5회 69번)

① 학습자의 기대에 부합하는가?

② 수업 준비를 위한 시간 낭비를 줄이는가?

③ 학습 목표에 적합한 교수 방법이 다양하게 사용되었는가?

④ 교사용 지침서에 의존하지 않고도 수업을 원활하게 운영할 수 있는가?

▶ **004** **답** ①

정답 풀이

①은 학습자 중심의 평가 항목인데 반해 ②, ③, ④는 교수 중심의 평가 항목이다.

평가 요소 교재 평가의 기준을 이해한다.

개념 확장 **1) 스티빅(Stevick, 1972)의 교재 평가 기준**

3특성	①강도	학생 요구에의 적합성, 자료의 사실성, 학생 만족도, 실생활 활용성 등
	②경중	단원별 자료량의 경중, 각 행의 문장량 정도
	③투명성과 명확성	자료의 일관성, 문법항의 간결성, 문장 구조의 간결성
3차원	①언어적 차원, ②사회적 차원, ③주제적 차원과 같은 내용 문제	
4요소	①단원별 언어 사용 기회, ②소통 사례 제시, ③어휘 선택 능력 개발, ④언어 구조 이해 내용 포함 여부	

2) 박경수(1995)의 교재 평가 기준

① 자극성(stimulus): 언어적, 문화적으로 지적 자극을 주어야 한다.

② 흥미성(interestingness): 사실적 재료를 제공하고 흥미를 유발하 여야 한다.

③ 적합성(appropriateness): 학습자 동기나 발달 과정에 맞게 사회 적, 언어적으로 적합하여야 한다.

④ 명확성(cleanness): 이해하기 쉽고 애매모호하지 않은 교재이어 야 한다.

⑤ 의사소통성(communicability): 의사소통 능력 개발에 유용하여야 한다.

⑥ 효율성(efficiency): 값이 경제적이고 내용이 복잡하지 않고 효율 적인 교재이어야 한다.

3) 네빌 그랜트(Neville Grant, 1987)의 교재 평가를 위한 사전 조사 항목

① 의사소통성(communicative): 교재가 의사소통능력을 향상시킬 수 있도록 고안되었는가?

② 목표성(aims): 교재가 프로그램의 목표 및 목적에 합당한가?

③ 교수성(teachability): 실제 이 교재로 교수시 난점은 없도록 잘 조직화되어 있고, 쉽게 각 방법론들에 접근할 수 있는가?

④ 부교재(available add-ons): 교재에 부가한 지침서나 테이프, 연습서(workbook) 등이 교보재로 제시되고 실제 사용 가능한가?

⑤ 등급성(level): 학습자의 숙련도에 따라 적합한가?

⑥ 매력도(your impression): 교재 전체 과정에 대한 인상은 어떠한가?

⑦ 흥미도(student interest): 학습자가 교재에서 어떤 흥미를 찾아낼 수 있는가?

⑧ 검증도(tried and tested): 실제 교실에서 검증된 적이 있는가? 어떤 상황에서, 누구에 의해, 결과를 어떻게 알게 되었는가?

4) 네빌 그랜트(Neville Grant, 1987)의 교재 선택의 기준

① 교재가 학습자에게 적합한가?

   ㉠ 학습자의 흥미를 유발하는가? 학습자의 평균 연령을 고려했을 때, 학습자가 흥미 있어 하는가?

   ㉡ 문화 사회학적으로 수용 가능한가?

   ㉢ 교사가 파악하고 있는 학습자의 요구나 흥미를 교재가 반영하고 있는가?

   ㉣ 난이도에 따라 숙련도가 적절한가?

   ㉤ 교재의 길이는 적절한가?

   ㉥ 교과의 물리적 특성이 적절한가?

   ㉦ 실제적 자료가 충분하여 학습자가 판단할 때 실제 생활과 밀접하게 연관되어 있는가?

   ㉧ 언어 자체에 대한 지식과 언어의 적절한 사용 사이에 수용 가능한 균형을 획득했는가?

   ㉨ 관여적인 언어 기술들 사이에, 그리고 한 방법론이 다른 방법론을 도와주기 위해 통합될 수 있도록 수용 가능한 균형을 획득하였는가?

   ㉩ 학습자가 목표 언어를 독립적으로 사용할 수 있도록 충분한 수업 활동 내용을 지니고 있는가?

② 교재가 교사에게 적합한가?

   ㉠ 교과의 전반적인 내용과 편집 레이아웃이 괜찮은가?

   ㉡ 방법론과 부가적 교보재에 대한 도움과 해답을 포함한 분명하고도 좋은 교사 지침서가 있는가?

   ㉢ 교사 지침서에 항상적으로 의존하지 않고도 교실 내에서 사용할 만한가?

   ㉣ 추천하는 방법론(접근법)이 교사와 학습자, 교실에 적합한가?

   ㉤ 다른 접근법들이 필요할 때 쉽게 적용 가능한가?

   ㉥ 사용하는 교재가 수업 준비를 위한 시간 낭비를 줄이는가?

   ㉦ 연습서나 제공되는 시청각 자료 등 기타 부가적 자료가 유용한가?

   ㉧ 점검과 수정을 위한 충분한 준비가 있는가?

   ㉨ 교재가 나선형 접근법을 택하여 항목들이 규칙적으로 복습되고 다른 문맥에서 다시 사용되는가?

   ㉩ 이 교재가 동료에게도 적절한가?

③ 교재가 교수요목이나 시험에 적합한가?

   ㉠ 교재가 권위자에 의해 추천되거나 인정되었는가?

   ㉡ 교재가 창조적 방법론에 바탕하고, 공식적인 교수요목을 따르는가?

   ㉢ 교과가 잘 등급화되어 있어, 잘 구조화된 언어의 체계적인 적용 범위를 제공하는가?

   ㉣ 실제 교수요목보다 잘 진행되었다면 이는 수정 보완의 결과인가?

ⓜ 교재에 사용된 방법론이나 내용, 학습 활동이 잘 계획되고 진행되었는가?

ⓗ 특정 시험 등의 특별 목적을 위해 잘 구성되었는가?

ⓢ 교재의 방법론이 학습자들의 특별 요구(시험 등)에 도움이 되었는가?

ⓞ 시험이 요구하는 내용 및 학습자들이 요구하는 내용과 균형이 잘 맞는가?

ⓩ 시험을 위한 충분한 사전 연습이 있었는가?

ⓨ 교과가 시험에 대한 유용한 도움을 지니고 있는가?

5) 배두본(1999)의 교재 평가 기준

① 교육과정에의 적합성: 교육과정과의 일치, 학습자 수준, 학습 동기 유발, 소재 다양성, 교사-학생 상호 활동 여부 등

② 구성: 단원 길이와 학습량, 차례의 배열과 소재의 다양성, 학습 목표 제시, 자료의 타당성, 소재와 활동의 다양성, 연습문제의 적절성 등

③ 교수 적합성: 자료 배열의 일관성, 자료와 내용의 유용성, 통합 지도 가능성, 보조교구 사용, 학습자 중심 수업 등

④ 언어적 적합성: 자료의 신빙성, 제시 상황과 주제의 적합성, 구문의 균등 분포, 자료의 재미와 유용성 등

⑤ 교수-학습 활동 유형: 다양한 활동 포함, 학생 활동의 극대화 여부 등

⑥ 실용성: 그림과 예제의 적절성, 지도와 도표의 적절성, 색인표, 활자와 인쇄, 오자와 탈자 여부 등

6) 커닝스워스(Cunningsworth, 1995)의 교재 선택의 기준

① 교재는 학습자의 요구에 상응하여야 한다. 교과서는 해당 언어 프로그램의 지향점과 목표에 부합하여야 한다.

② 교재는 학습자가 그 언어를 (현재나 미래에) 사용할 용도를 반영하여야 한다. 교재는 학습자들이 자신의 목적에 맞게 효과적으로 언어를 사용할 수 있도록 무장하는 데 도움을 줄 수 있어야 한다.

③ 교재는 학습자의 요구를 고려해야 하며, 경직된 교수방법을 강요하지 않으면서 학습과정을 촉진해야 한다.

④ 교재는 학습의 지원자로서 분명한 역할을 해야 한다. 교재는 목표 언어와 학습자를 중간에서 매개해야 한다.

참고문헌 민현식(2000), 한국어 교재의 실태 및 대안, 국어교육연구소, 서울대학교 국어교육연구소.

H. D. Brown(2007), Teaching by Principles, Longman, 권오량 외 역(2010), 원리에 의한 교수, 피어슨에듀케이션코리아.

▶ 005 **답 ④**

초급 교재에서도 쉬운 단어와 표현으로 이루어지고 일상적인 생활에서 벌어지는 간단한 이야기로 구성된 담화 수준의 글은 다루어질 수 있다. 통합 교재는 언어의 네 가지 기능(말하기, 듣기, 읽기, 쓰기)과 문화, 주제가 통합된 교재를 말한다. 이에 반해 기능별 교재는 각 기능별로 나뉜 분리형 교재로서 해당 기능의 단계적 학습에 유리하다.

▶ 006 **답 ③**

'–(으)ㄹ까요?'는 상대방의 의향, 의견을 묻거나 제안하는 표현으로서 약속을 하는 상황에 자주 쓰인다.

---

005 교재의 특징과 이에 대한 평가가 적절하지 <u>않은</u> 것은? (3회 82번)

① 기능별 교재는 해당 기능의 단계적 학습에 유리하다.
② 구조가 철저히 통제된 교재는 언어의 실제성이 떨어진다.
③ 시각 자료가 많이 수록된 교재는 초급 학습자에게 알맞다.
④ 담화 수준의 본문이 있는 교재는 초급 학습자에게 부적합하다.

평가 요소 교재의 특성에 따른 평가 요소를 이해하고 적용한다.

• 교수요목

006 다음은 초급 한국어 교재의 교수요목이다. 교육 항목의 배열과 조직에 나타난 문제점을 지적한 것으로 옳지 <u>않은</u> 것은? (7회 80번)

	주제	기능	어휘	문법	과제	문화
ㄱ	복장	묘사하기	탈착 동사	–(으)ㄴ(동사 과거 시제 관형형)	백화점 안내 방송 듣기	체형에 어울리는 복장
ㄴ	날씨	날씨 기술하기	계절 날씨	–겠–	자기 나라의 계절별 날씨 소개하기	계절별 음식
ㄷ	약속	약속하기	주말 활동	–(으)ㄹ까요?	최근에 한 약속에 대해 묻고 답하기	"다음에 또 봐요."
ㄹ	약국	증상 설명하기 약국 이용하기	신체 약의 종류	–(으)ㄴ/는 것 같다	약국에서 약 사기	한국의 감기 민간 요법

① ㄱ – 문화 부분이 '복장'이라는 주제와는 관련이 있으나 한국의 문화를 교육할 수 있는 내용이 아니다.
② ㄴ – 계절별 날씨를 소개할 때 '–겠–'이라는 문법 항목이 활용될 가능성이 적다.
③ ㄷ – '–(으)ㄹ까요?'보다 약속을 할 때 자주 사용되는 '–(으)ㅂ시다'를 교육하는 것이 좋다.
④ ㄹ – 약국에서 약을 살 때 증상을 설명해야 하므로 약의 종류보다 증상 어휘를 교육하는 것이 필요하다.

평가 요소 교재의 교육 항목의 배열과 조직 원리를 이해한다.

해설

• 교재 선택의 기준

007 학습자 중심 수업을 위한 교재 선택의 기준으로 적합한 것을 <u>모두</u> 고른 것은? (5회 65번)

> ㄱ. 학습자 스스로 주도성과 책임감을 갖도록 하는가?
> ㄴ. 자기 평가 활동으로 자신의 학습 정도를 점검할 수 있도록 하는가?
> ㄷ. 학습 내용과 활동이 의사소통 능력 향상을 촉진하는가?
> ㄹ. 학습자의 개별 특성에 따라 학습 활동을 선택하도록 되어 있는가?

① ㄱ, ㄷ
② ㄱ, ㄴ, ㄹ
③ ㄴ, ㄷ, ㄹ
④ ㄱ, ㄴ, ㄷ, ㄹ

평가 요소 학습자 중심 언어 교육의 특성을 이해하고 교재 선택의 기준을 안다.

개념 확장 [학습자 중심의 언어 교육]
1) 학습은 본질적으로 학습자가 주도하는 것이다.
학습이란 본질적으로 학습자 개인의 노력에 의해 이루어지는 것이다. 결국 교사는 학습자들에게 권위적이거나 완벽한 언어의 모델로서 존재하는 것이 아니라 옆에서 도움을 주는 보조자이다.
2) 학습자들의 요구사항을 존중한다.
학습자 중심의 언어 교육은 기본적으로 학습자가 그 수업이 본인에게 유용한가를 따지고 난 후 시작되는 것이다. 즉, 학습자 중심이 되려면 학습자들의 요구 사항을 존중하는 것이 전제가 된다. 따라서 학습자들이 학습 기제를 발동시킬 수 있도록 그들의 요구가 무엇인지 정확히 알고 가능하다면 수용하는 방향으로 이루어져야 한다. 요구 조사 역시 이와 같은 이유로 수행된다.
3) 학습자를 신뢰하고 존중한다.
학습이 학습자들에게 달려 있다고 전제한다는 것은 학습자를 믿고 존중하기 때문에 가능한 것이다.
4) 학습자 중심 언어 교육의 특성은 다음과 같이 정리할 수 있다.
① 교육이 학습자의 요구에 맞추어져 있다.
② 언어 교육이 학습자가 실제로 활용할 수 있는 것 중심으로 이루어져야 한다.
③ 수업 시간에 학습자들 간의 활발한 상호활동이 이루어져야 한다.

참고문헌 Richards, Jack C. & Rodgers, Theodore S.(1986), Approaches and Methods in Language Teaching, 전병만 외 역(2003), 외국어 교육 접근 방법과 교수법, 캠브리지.

• 목적별 교재 구성

008 실제 대화 녹음 자료를 활용하여 중급 듣기 교재를 구성할 때 옳지 <u>않은</u> 것은? (5회 66번)

① 학습 목표에 부합하는 자료를 사용해야 한다.
② 비표준 발음으로 이루어진 자료의 사용을 피한다.
③ 다수의 참여자가 포함된 대화 자료의 사용은 피하는 것이 좋다.
④ 학습자가 배우지 않은 어휘와 문법이 포함된 자료를 사용할 수 있다.

▶ **007** **답** ②

정답 풀이

ㄱ, ㄴ, ㄹ은 학습자 중심 교재의 특징이지만 ㄷ은 의사소통 중심 교재의 특징이다.

▶ **008** **답** ②

정답 풀이

자연스러운 한국어 담화의 청취가 선행되어야 자연스러운 발화도 할 수 있기 때문에 듣기 교육에서 적절한 담화 자료를 제공하는 것은 중요하다. 따라서 비표준 발음으로 이루어진 자료 역시 실제 한국인의 자연스러운 발화를 담은 것이므로 사용할 수 있다. 다만, ③번과 관련하여 초급과 중급 한국어 교육 현장에서는 난이도의 차이로 인해 실제 자료의 사용이 용이하지 않으므로 교사말로 녹음된 자료를 주로 사용하고 있다.

평가 요소 듣기 교육을 위한 교재의 특징을 이해하고 자료를 구성할 수 있다.

개념 확장 듣기 자료는 한국어의 발음, 억양, 화용, 상호작용 등의 측면에서 구어적 특징이 잘 드러나도록 구성되어야 한다. 우르(Ur, 1984)가 지적했듯이 실제 듣기 활동을 하게 되는 담화 현장은 주변 소음과 참여자간의 순서 없이 끼어 듦, 중복, 축약과 생략, 담화 표지, 머뭇거림이나 휴지, 횡설수설하는 말, 비문법적 요소, 방언, 관용어, 은어, 사회문화적 의미가 함축되어 있는 말, 간접 표현, 빠른 발화 속도, 부차언어적 요소들이 혼재한다. 한국어 학습자가 한국어를 들을 때 접하게 되는 이러한 요소들은 부가 정보로서 기능하기보다는 듣기를 어렵게 만드는 요소가 된다. 교실 학습이 실제 담화 현장에서 들을 수 있는 자연스러운 한국어 담화에 접할 수 있도록 도와주어야 할 것이다.

참고문헌 이해영(2005), 말하기·듣기 교육의 과제와 발전 방향, 한국어교육론 3, 한국문화사, 41-56쪽.

▶ 009   **답** ③

정답 풀이

교육과정 개발은 교재 개발에 선행하는 단계이기 때문에 ③은 옳지 않다.

· **교재의 기능**

009 **교재의 기능에 관한 설명으로 적절하지 않은 것은?** (4회 77번)

① 교수자와 학습자에게 교수 학습 전략을 제공한다.
② 교수 학습의 내용을 제공하므로 성취도 평가의 근거가 된다.
③ 교수 학습의 목표를 구체적으로 담고 있어 교육과정 개발의 기초가 된다.
④ 교수 학습 내용을 체계적으로 제공하므로 수업의 일관성을 확보할 수 있다.

평가 요소 교재의 기능을 다양한 측면에서 이해한다.

개념 확장 **교재의 기능**
(1) 교재는 교수-학습의 내용을 기본적으로 규정지어 준다. 즉 외국어 교재라면 그 안에 포함될 제재의 선택과 제시 등을 통해 목표 언어 학습에 있어 대상이 무엇인지를 분명하게 해 준다.
(2) 교재는 선정된 내용을 교육목표 및 학습단계에 맞춰 재가공함으로써 학습자로 하여금 학습목표 설정을 구체화시킨다. 그리고 이를 통하여 목표어 학습에 대한 내재적 동기화를 강화한다.
(3) 교재는 기본적으로 교실에서의 사용 또는 독학으로의 사용을 전제로 하는 만큼 교사에게는 교수 방법론 및 교수 전략을, 학습자에게는 학습 전략을 세우도록 한다.
(4) 교재는 교육의 마지막 단계인 평가의 대상과 자료를 제공하는 기능을 한다.

해 설

• 의사소통 능력 향상을 목적으로 하는 교재의 특징

010 의사소통 능력 향상을 목적으로 하는 교재에 관한 설명으로 옳지 <u>않은</u> 것은? (10회 98번)

① 문화적 내용이 중요한 교육 항목으로 포함되어 있다.

② 한국어 말하기, 듣기, 읽기, 쓰기 중심으로 구성되어 있다.

③ 언어 형태나 문법 구조에 대한 명시적 설명을 많이 제공한다.

④ 자연스러운 예문을 제시하여 학습자가 한국어를 문맥 속에서 학습하도록 유도한다.

▶ 010 **답** ③

정답 풀이

의사소통 능력은 문법적 능력, 사회 언어적인 능력, 담화 능력, 전략적 능력을 포함하는 것으로, 의미가 중시되고, 맥락화가 기본적인 원리이다. 따라서 언어 형태나 문법 구조에 대한 명시적 설명에 중점을 두지 않는다.

평가 요소 의사소통 능력 향상을 목적으로 하는 교재의 특징을 안다.

개념 확장 형태 중시 교재와 의사소통 능력 교재의 특징

1. 형태 중시 교재
① 구조적 교수요목에 의해 구성, 문장차원에서의 기계적 반복 연습을 중시한다.
② 담화 맥락이 결여된 고립된 문장을 주로 제시한다.
③ 교육 내용이 다른 교육 항목과 유기적으로 연결되지 않고 고립적으로 다루어진다.
④ 언어형태 교육에만 치중하여 의사소통 활동이나 과제를 등한히 한다.

오답 풀이

한국어 교재의 내적 구성을 살펴보면, 언어의 네 영역을 고루 다루고 있으며, 문화적 내용의 이해에 역점을 두고 있다. 또한 예문을 통해 한국어를 맥락 속에서 이해하도록 구조화하였다.

2. 의사소통 능력 교재
① 형태학습보다 언어기능의 의사소통 활동에 초점을 맞춘다.
② 언어형태가 교육내용으로 설정되어 있기는 하나 명시적 설명이나 연습기회는 거의 제공되지 않는다.
③ 비교적 자연스러운 한국어 용례를 제시한다.
④ 문화적 내용이 중요한 교육항목으로 설정되어 있다.

• 교재 개발 추세

011 1990년대 후반부터 개발된 국내 한국어 교재의 주요 특징이 <u>아닌</u> 것은? (2회 80번)

① 과제 중심 교수요목을 반영한 교재들이 개발되었다.

② 청각구두식 교수법을 기초로 하는 교재들이 늘어났다.

③ 한국 문화 학습을 단원에 반영하는 것이 추세가 되었다.

④ 단원 모형을 기능 통합형으로 구성하는 경우가 많아졌다.

▶ 011 **답** ②

정답 풀이

국내의 한국어 교육은 의사소통 중심의 교수법이 주를 이룬다. 교재 역시 이러한 교수법의 기본 원리와 연계되어 개발되고 있다.

평가 요소 국내 한국어 교재의 개발 추세를 이해한다.

012 답 ④

정답 풀이

일반 목적 한국어 교재는 학원이나 개인이 출판한 한국어 학습용 책이다. 이것은 한국어와 한국 문화에 대한 관심, 또는 일반적인 일상생활에서의 의사소통 능력 향상을 위해 학습자를 위한 교재를 말한다. 따라서 일반인을 독자로 고려하여 만들기 때문에 학술 용어를 중점적으로 설명할 필요가 없다. 이 경우는 한국 내 대학에 진학하여 학문적 활동을 수행하려는 사람들을 위한 학문 목적 한국어 교재에 해당되는 설명이다.

013 답 ①

정답 풀이

초급부터 고급까지 모든 언어 기능을 체계적으로 교육할 수 있는 것은 통합 교재이다.

014 답 ①

오답 풀이

② 한국인에 의해 만들어진 최초의 한국어 교재는 1898년에 김병옥에 의해 발간된 『한국어 교본』이다.

③ 과제 중심 교수법이 도입되면서 과제 중심 교수법에 기반한 교재가 출판된 것은 1990년대 말부터 2000년 전후이다. 이화여대 언어교육원의 『말이 트이는 한국어(1998)』와 서강대 한국학센터의 『서강 한국어(2000)』, 경희대 국제교육원의 『한국어(2000)』 등이 다양한 과제를 제공한다.

④ 2000년대 이후에는 다양한 학습자들이 유입되기는 하였으나 교재는 국내에서 제작한 것을 주요하게 사용하였다.

• 일반 목적 한국어 교재

012 일반 목적 한국어 교재에 관한 설명으로 옳지 <u>않은</u> 것은? (10회 100번)

① 교재는 교육과정을 반영한 교육 내용을 교사와 학습자에게 제공하는 도구이다.
② 교재를 통해 학습자는 학습 동기가 유발된다.
③ 교재의 기능에는 교육 목표 제시, 학습 내용 제공, 교사와 학습자의 매개 등이 있다.
④ 교재는 학습자의 사고력 향상을 위하여 학술 용어를 중점적으로 설명한다.

평가 요소 일반 목적 한국어 교재의 특징을 이해하고 있다.

• 교재의 종류

013 기술 분리형 교재에 관한 설명으로 옳지 <u>않은</u> 것은? (6회 57번)

① 한국어를 체계적으로 교육하기에 적합한 교재이다.
② 국외 대학의 한국어학과에서 사용하기에 유용한 교재이다.
③ 쓰기 교재의 경우 읽기 활동과의 연계 활동이 많이 포함될 수 있다.
④ 같은 숙달도 단계라도 기술별로 교육 내용이 다르게 구성될 수 있다.

평가 요소 교재의 종류에 관한 문제이다. 기술 분리형 교재란 말하기, 듣기, 읽기, 쓰기를 각각 나누어 놓은 교재를 말한다.

• 한국어 교재의 역사

014 한국어 교재의 역사에 대한 설명으로 옳은 것은? (7회 79번)

① 개화기 전후의 한국어 교재는 주로 서양인 선교사들과 일본인들에 의해 만들어졌다.
② 한국인에 의해 만들어진 한국어 교재는 1970년대 이후에 와서야 처음으로 출현하게 되었다.
③ 과제 중심 교수법이 도입되면서 1980년대 후반에 과제 중심 교수법에 기반한 교재가 출판되었다.
④ 2000년대 이후에는 다양한 학습자들의 유입으로 해외에서 출판된 교재도 함께 유입되어 널리 보급되었다.

평가 요소 한국어 교육의 역사적 흐름에 따른 한국어 교재의 변천을 이해한다.

개념 확장 [근대 초기 한국어 교재 관련 중요 연표(강남욱, 2005)]

시기	사건	목표 학습자
1874년	푸칠로(Putsilo)의 『러시아어-한국어 사전』	러시아인
1874년	판코프(Pjankov)의 『한인학교용 한국문자교본』	러시아 동포
1877년	로스(Ross)의 『Corean Primer』	영·미국인
1880년	호세코의 『韓語入門』, 『韓日善隣通語』	일본인
1881년	우라세의 『交隣須知』	일본인
1881년	리델(Ridel)의 『Grammaire Coreene』	프랑스인
1887년	스코트(Scott)의 『언문말척(A Corean Maual or Phrase Book)』	영·미국인
1890년	언더우드(Underwood)의 『韓英文法(An Introduction to the Korean Spoken Language)』	영·미국인
1894년	게일(Gale)의 『사과지남(Korean Grammatical Forms)』	영·미국인
1898년	김병옥의 『한국어 교본』	러시아인
1902년	포드스타빈(Podstavin)의 『한국어 실용회화』	러시아인
1917년	조선총독부의 『朝鮮語法及會話』	일본인

[20세기 초기 한국어 교육의 교재사적 흐름]
- 재외 이주 국민이 나타나면서 재외 동포의 한국어 교육을 위한 교재가 다수 출현
- 1945년 이후부터 1960년대까지의 교재에서는 구조주의적 입장의 청화식(청각구두식) 교재가 다수 발견
- 1980년대 후반부터 1990년대까지는 대학 부설 한국어 교육 교재의 흥기로 볼 수 있으며, 1970년대 촘스키의 언어학 이론이 활발히 논의된 다음이었기 때문에 이전의 방식인 반복적 문형 중심으로 유창성을 강조한 구조주의적 입장과 문법 사항의 이해를 통한 언어 수행 능력의 정확성을 강조한 인지주의적 입장이 절충된 형태를 보인다. 또한 부분적으로 의사소통식 교수법을 적용하기 시작했다.
- 1990년대 말부터 2000년 전후에는 기능주의 이론이 적극적으로 도입되어 의사소통 능력과 문화 능력을 배양하는 것에 초점이 맞추어진다. 이화여대 언어교육원의 『말이 트이는 한국어(1998)』와 서강대 한국학센터의 『서강 한국어(2000)』, 경희대 국제교육원의 『한국어(2000)』 등이 다양한 과제, 문화 요소, 풍부한 시각적 자료 등을 제공하고 문법·어휘도 귀납적 방법으로 제시되고 있다.

참고문헌 강남욱(2005), 교재 평가론을 통한 초기 한국어 교재에 관한 연구, 서울대 석사학위논문.

해 설

▶ 015　답 ①

정답 풀이

교재는 교육과정 수립이 아니라 교수 학습 상황을 진행하는 데에 중요한 자료이며, 교사에게 교수 방법 및 평가 자료를 제공하고, 학습자에게는 교사가 세운 학습과 목표를 달성하게 한다.

• 한국어교재론

015 교재의 기능에 관한 설명으로 옳지 않은 것은? (9회 104번)

① 교육과정 수립을 위한 교수 · 학습 내용을 제공한다.
② 교수 · 학습 목표를 제시하고 교수의 일관성을 유지시킨다.
③ 다양한 활동을 제공하여 학습자의 학습 전략을 개발한다.
④ 교수 목표 달성 여부를 확인하기 위한 평가의 기준이 된다.

평가 요소　교재의 기능을 이해하고 있다.

개념 확장　한국어 교재에 대하여 다음과 같이 정리할 수 있다.

1) 한국어 교재의 의미
　　외국어 교육 현장에서의 교재란 모국어와는 다른 타국 또는 타 지역의 언어를 학습자에게 가르치기 위한 그 무엇으로 유 · 무형의 언어 자료 전체를 의미한다. 교과서나 참고서뿐만 아니라 부교재로서의 시청각 교재, 오디오, 비디오테이프는 물론 웹 자료, CD, USB, 사진/그림 등을 포함한다.
2) 한국어 교재의 필요성
　　외국인에게 교재는 한국어를 사용할 수 있는 구체적 경험을 제공하는 것으로,
　　(1) 한국어를 가르쳐야 할 교사가 교수요목을 모두 이해하여 적절한 양의 연습을 고안해 내는 데는 능력의 한계가 있으며,
　　(2) 교실 수업이란 교사의 전문성과 교재제작자의 전문성이 다르기 때문에 한국어 교재는 다방면, 다각도로 필요한 것이다.
3) 한국어 교재의 기능
　　(1) 교사와 학습자를 매개하면서 교수–학습 상황을 진행하는 데 중요한 역할을 하며
　　(2) 교사에게 교육과정과 교수 방법 및 평가 자료를 제공하고,
　　(3) 학습자에게는 교사가 세운 학습 목표를 달성하게 한다.

참고문헌　서종학 · 이미향(2007), 한국어 교재론, 태학사.

중영역: 한국문화교육론

번호	세부 영역	출제 회수	문제 풀이
1	문화 교육 내용	9	2
2	문화 교육 방법	5	1
3	문화 교육 항목 선정 기준	4	1
4	문화와 접촉하는 직접 교육 방법	3	1
5	문화충격과 문화변용	2	1
6	교육 내용 및 교재를 통한 간접 교육 방법	1	1
7	문화 고정 관념	1	1
8	문화 교육 활동	1	1
9	문화 교육의 목표	1	1
10	문화 교육의 원리	3	1
11	문화 적응 단계	1	1
12	문화 학습의 단계	1	1
13	문화에 대한 관점	1	1
14	문화적 등가성	1	0
15	언어와 맥락에 대한 문화	1	1
16	한국어 속의 한국문화 요소의 이해	1	1
총 계		36	15

· 문화 교육 내용

001 다음 중 외국어 교육 분야에서 문화를 분류하는 일반적인 방법이라고 볼 수 없는 것은? (3회 67번)

① 대문화와 소문화

② 성취 문화와 행위 문화

③ 총체론적 문화와 관념론적 문화

④ 산물 문화, 관념 문화, 행위 문화

평가 요소 문화 분류의 기준을 이해하고 언어 교육에서 활용할 수 있는 분류 기준을 알고 있다.

개념 확장 [대문화와 소문화]
소문화: 한 사회의 문화를 구성하고 있는 많은 하위 문화들.
대문화: 그 사회에서 공유되는 핵심 문화.
소문화의 내용은 외국어 교육의 초기 단계에서 전달되어야 하며, 대문화의 내용은 고급 수준으로 갈수록 보충되어야 한다.

▶ 001 답 ③

오답 풀이

총체론적 문화와 관념론적 문화는 문화를 바라보는 관점으로서 총체론적 관점에 의하면 문화란 한 사회의 구성원들 간에 찾아볼 수 있는 관습적인 행위 및 그런 행위의 산물, 즉 한 인간집단의 생활양식의 총체를 가리킨다. 관념론적 관점은 인간의정신 세계에 주목하여 문화 현상을 바라보는 관점이다. 따라서 언어 교육 분야에서 문화를 분류하는 방식과는 거리가 있다.

[성취 문화와 행위 문화]
성취 문화: 해당 문화에서 성취된 업적. 예술, 건축, 정치제도, 경제제도 등이 해당한다.
행위 문화: 일상생활에서 볼 수 있는 사고 방식, 태도, 신념, 가치관, 행동양식 등.
브룩스(Brooks, 1975)와 발데스(Valdes, 1986)에 의한 분류이다.

[산물 문화, 관념 문화, 행위 문화]
산물 문화: 문학, 민속, 미술, 음악, 가공품
관념 문화: 신념, 가치관, 제도
행위 문화: 음식, 관습, 습관, 옷, 레저
토말린과 스템플레스키(Tomalin & Stempleski, 1993)의 분류이다.

참고문헌 민현식(2003), 국어교육과 한국어교육에서의 문화 교육, 외국어교육 10-2, 한국외국어교육학회.

▶ 002   **답** ①

정답 풀이

ㄱ은 정보 문화, ㄴ은 성취 문화, ㄷ은 행동 문화, ㄹ은 정보 문화, ㅁ은 행동 문화이다.

002 문화를 정보 문화, 행동 문화, 성취 문화로 분류할 때 정보 문화에 속하는 것을 <u>모두</u> 고른 것은? (6회 55번)

> ㄱ. 한국의 지리
> ㄴ. 신조어와 통신 언어
> ㄷ. 한국의 문화재
> ㄹ. 한국의 상징
> ㅁ. 식사 예절

① ㄱ, ㄹ
② ㄴ, ㅁ
③ ㄱ, ㄴ, ㄹ
④ ㄴ, ㄷ, ㄹ

평가 요소 문화 분류의 기준을 이해하고 언어 교육에서 활용할 수 있는 분류 기준을 알고 있다.

개념 확장 해멀리(Hammerly, 1986)는 언어 교육에서 다룰 수 있는 문화의 유형을 정보 문화, 행동 문화, 성취 문화로 분류하였다.
(1) 정보 문화: 평균적인 교육을 받은 모국어 화자들이 그들의 사회, 지리, 역사, 영웅 등에 대해서 알고 있는 정보와 사실을 의미한다.
(2) 행동 문화: 일상생활의 총체를 지칭하는데 이는 한 사회 속에서 한 민족이 행동하는 양식으로 기본적인 인간의 욕구, 환경과 전통의 상호작용으로 설명될 수 있다.
(3) 성취 문화: 목표어 문화에서 성취된 업적을 의미하는데 성취 문화와 정보 문화에 대한 인식을 기초로 행동 문화를 발달시키는 것이 중요하다.

참고문헌 한상미(2005), 문화 교육 방법론, 한국어교육 2, 한국문화사.

• 문화 교육 방법

003 다음 교수 자료와 관련된 문화 교육 방법은? (2회 68번)

> ※ 다음을 읽고 자신의 생각을 표시하십시오.
>
> 나는 한국의 대학에 교환학생으로 온 일본 대학원생이다.
> 한국 문화에 관한 여러 가지 자료들을 많이 모았는데 친구가 필요한 것이 있다
> 고 해서 복사해 주기로 했다. 약 10장 정도의 자료를 복사해서 다음 날 친구에
> 게 전해 주었다. 친구는 매우 고마워하면서 내게 커피를 사겠다고 했다. 나는
> 괜찮다고 했지만 끝까지 나에게 커피를 사 주었다. 그런데 그는 끝까지 복사비
> 는 주지 않았다. 어떻게 할까?
>
> ① 복사비를 달라고 한다.
> ② 복사비에 대해 말하고 싶지만 참는다.
> ③ 친구는 복사비를 주는 대신 커피를 샀다고 생각한다.
> ④ 기타:

① 문화 섬   ② 문화 캡슐
③ 참여 관찰   ④ 문화 감지 도구

평가 요소 한국어 수업에서 활용할 수 있는 문화 교육 방법을 이해하고 적용할
수 있다.

개념 확장 문화 감지 도구 외에도 문화 교육 방법은 다음과 같이 다양하다.
[비교 방법]
 비교 방법은 학습자들에게 문화 간에 존재하는 차이점을 비교해
볼 수 있도록 유도하는 기술이다. 교사는 학습자의 문화와 현저히
다른 목표 문화 중 하나 이상의 항목을 교실에 제시한다. 교실에서
문화 학습을 위해 비교 방법을 수행하기에 적합한 활동으로는 토
론, 발표하기, 프로젝트 등이 있다.
[문화 캡슐]
 문화 캡슐은 문화 감지 도구와 다소 유사하나 문화 감지 도구가
주로 읽기 자료를 조용히 읽는 연습의 형태인 반면, 문화 캡슐은
다양한 시각 자료나 실물 자료들을 포함한다. 문화 캡슐은 대개 교
사가 목표어 문화와 외국의 풍습 간에 근본적인 차이를 보이는 측
면에 대해 간결한 프리젠테이션을 제시한다. 프리젠테이션의 과정
에서 두 문화 간의 차이점을 보여 주는 시각 자료가 제시되고, 이
와 관련된 교실 토론을 자극하는 일련의 질문들이 제시된다.
[문화 섬]
 문화 섬이란 교사가 교실 주변을 포스터, 그림, 자주 바뀌는 게시
문 등을 사용하여 목표 문화의 전형적인 측면들을 보여 줄 수 있는
공간으로 만들어 유지하는 것을 말한다. 문화 섬은 학습자들의 주
의를 끌어 질문과 논평을 유도하기 위해 기획된다. 따라서 교사는
학습자의 언어 숙달도를 고려하여 이와 연결될 수 있는 수준의 다
양한 문화적 주제들을 선정하여 문화 섬을 만들어 주는 것이 바람

▶ **003** **답** ④

정답 풀이

주어진 예는 문화 감지 도구 방법을
활용할 수 있는 예로서, 문화 감지 도
구는 피훈련자가 목표 문화권에서 보
편적으로 경험할 수 있는 전형적인
사례들을 기술한 후 그러한 상황에
처했을 때 피훈련자가 반응할 수 있
는 선택 문항을 3~4개 정도 제시해
주고 피훈련자의 피드백을 받아 그러
한 사례에 대해 다양한 각도에서 문
화 차이를 인식할 수 있게 하는 방법
이다.

직하다.

[인터넷]

최근 인터넷은 정보 문화, 성취 문화, 그리고 행동 문화와 같은 다양한 유형의 문화들을 포괄적으로 담고 있는 중요한 자료의 보고로 등장했다. 따라서 목표 문화의 학습을 위해 인터넷을 적절히 활용할 수 있도록 유도하는 것이 필요하다.

[참여 관찰]

참여 관찰은 민족지학 연구의 특징을 가장 잘 반영하는 연구 방법으로, 민족지학적 데이터를 수집하는 가장 대표적이고 보편적인 방법이다. 이는 연구지가 특정 언어공동체에서 그 공동체 구성원으로의 역할을 하면서 1, 2년간 그 공동체에 몰입하여 그 사회에서 유형화된 문화적 행위를 인지하고 이해할 수 있게 하는 것이다. 목표어 문화권에서 장기간 목표어를 학습하고 있는 외국어 학습자들에게 효과적인 방법이다.

[관찰]

관찰도 민족지학 연구에서 주로 사용하는 연구 방법이다. 이는 학습자가 특정 의사소통 행위를 관찰자로서 주의 깊게 지켜보는 방법이다. 이 방법은 연구자가 공동체에서 특정 역할을 가지고 의사소통 상황에 참여하는 참여 관찰과는 달리 실험실과 같이 방해받지 않고 관찰만이 허용되는 장소일 경우 적용할 수 있는 방법이다.관찰 과정에서 학습자가 견지해야 할 태도는 관찰하고 있는 특정 행위에 대해 가치 판단이나 결론을 내리지 않고 단지 관찰 가능한 행위만을 보고하며, 관찰자 자신의 제1문화의 경험에서 오는 선입견을 배제하는 것이다. 관찰은 목표어 문화권에서 목표어를 학습하는 학습자가 비교적 수월하게 수행할 수 있는 문화 학습 방법이다.

[영상물의 활용]

드라마, 영화, 광고, 다큐멘터리, 또는 슬라이드와 같은 영상물을 활용하는 것은 학습자의 흥미를 유발시킴과 동시에 매우 효율적인 문화 수업 방법이 될 수 있다. 이 기술은 목표 문화에서 발생하는 오해를 보여주는 장면을 포함하는 내용을 선택함으로써 학습자들을 문화 간 오해에 직접적으로 연루시키는 데 특히 유용하다.

[출판물의 활용]

신문, 잡지, 출판물 등에는 교재에 포함되지 않는 문화의 많은 측면들이 나타나 있다. 신문을 문화적인 측면에서 활용하기 위해서는, 교사가 학습자들에게 외국 신문에 있는 특정 기사를 자기 나라 신문의 대응물과 비교하게 하거나 특정 내용의 기사에 대해 비교문화적인 관점에서 토론하게 하는 등의 수업을 유도하는 것이 바람직하다.

[목표어 화자와의 접촉]

목표어 화자와의 접촉은 제2언어·문화 습득을 위해 매우 효과적인 방법이다. 이는 교실 안에서 교사와 학습자들 간의 제한된 의사소통을 보완하고, 목표어와 목표 문화에 대한 실제적인 지식을 습득할 수 있게 해 준다. (1)방문객과 만나기, (2)편지, 전자 메일, 문자 교환하기, (3)언어 교환, (4)버디 프로그램(외국인과 국내 학생의 친구 맺어주기 프로그램) 등의 방법이 있다.

[여행]

여행은 목표어 문화권에서 목표어를 학습하는 학습자나 자신의 모국어 문화권에서 목표어를 학습하는 학습자 모두에게 유용한 문화 학습 방법이다. 이러한 목표에 부합하는 장기계획에는 교환학생 제도, 외국여름학교 등이 있다.

참고문헌 한상미(2005), 문화 교육 방법론, 한국어교육 2, 한국문화사.

・문화와 접촉하는 직접 교육 방법

004 교사가 한국의 '전통 한옥 체험 학습'을 진행하기 위해 〈보기〉와 같은 교육 계획을 수립하였다. 밑줄 친 부분에 들어갈 내용으로 알맞은 것은? (5회 92번)

〈보기〉

가. 사전학습: 전통 한옥의 이미지를 보여 주고 건물의 배치와 기능을 생각해 보게 한다.

나. 현장학습: 1) 중요한 건물들을 촬영하고 그 명칭을 적도록 한다.
　　　　　　 2) ＿＿＿＿＿＿＿＿＿＿＿＿＿＿＿＿＿＿

다. 사후학습: 1) 모둠 활동을 통해 각 개인별 조사 내용을 종합하여 보고서로 작성하도록 한다.
　　　　　　 2) 다른 모둠의 보고서 내용을 자신의 모둠과 비교하고, 다른 점을 말하도록 한다.

① 전통 한옥을 지을 때 쓰는 건축 자재를 조사하게 한다.
② 한옥의 전체 구조와 각 방의 기능을 알아보게 한다.
③ 시청각 자료를 통해 각 건물의 특징을 설명하게 한다.
④ 전통 한옥의 건축 양식을 조사하게 한다.

평가 요소 직접 문화를 접하는 교육 방법을 단계별로 이해한다.

・문화충격과 문화변용

005 제2언어 학습 과정에서 발생하는 문화충격과 문화변용의 관계에 대한 설명으로 옳은 것은? (2회 70번)

① 문화충격은 제2언어 학습자들이 겪는 보편적인 경험이 아니다.
② 문화충격에서 회복되어 목표 문화에 동화 또는 적응하면 문화 변용이 일어난다.
③ 문화충격은 언어 학습자가 다른 새로운 집단의 언어, 문화, 가치 체계에 적응하는 것을 말한다.
④ 문화변용은 제2언어 학습자가 목표어 문화권에서 느낄 수 있는 불편함, 공포, 불안정 등을 말한다.

평가 요소 문화충격과 문화변용을 이해한다.

개념 확장 해멀리(Hammerly, 1986)는 언어 교육에서 다룰 수 있는 문화의 유형을 정보 문화, 행동 문화, 성취 문화로 분류하였다.

▶ **004** **답** ②

오답 풀이

① 건축 자재에 대한 조사는 학습 목표와 거리가 있다.
③ 시청각 자료를 현장 학습에서 실시하는 것은 무리이다.
④ 건축 양식에 관한 조사는 전문적인 지식이 부족한 학습자에게 부담스러운 과제가 될 수 있다.

▶ **005** **답** ②

오답 풀이

① 문화충격은 제2언어 학습자들이 겪는 보편적인 경험이다.
③ 문화변용에 대한 내용이다.
④ 문화충격에 대한 내용이다.

문화충격이란 제2언어를 배우는 학습자가 제2문화에서 느낄 수 있는 불편함, 공포, 혹은 불안정과 같은 보편적인 경험이다. 문화충격은 약한 정도의 과민함(mild irritability)에서 깊은 정도의 심리적 공황 상태나 위기감(deep psychological panic and crisis)에 이르는 현상으로 나타난다.

문화충격은 문화변용(acculturation)의 과정에서 발생하는데, 문화변용이란 언어 학습자가 자신의 모국어 집단과는 다른 새로운 집단의 언어, 문화, 가치 체계에 접하게 될 때에 이에 적응하는 과정을 말한다. 이를 위해서는 의사소통은 물론 사고와 감정의 재조정(reorientation)이 필요하다.

문화변용의 단계는 크게 네 가지로 나누어질 수 있다. 첫 번째 단계는 주변 환경의 새로움에 대해 흥분과 행복감을 느끼는 시기이다. 두 번째 단계는 문화적인 차이로 인해서 자신의 새로운 자아나 안전에 대해 공격이나 불안함을 느끼는 단계로 이는 곧 문화충격의 단계이다. 세 번째 단계는 처음에는 잠정적이나, 점진적으로 이러한 위기의 상태가 변화하는 회복의 단계이다. 네 번째 단계는 근접하거나 혹은 완전한 회복 단계로, 동화나 적응을 하여 해당 문화에서 개발된 새로운 인격으로서 자신감과 새로운 문화를 받아들이는 단계이다.

문화변용의 과정에서 나타나는 문화충격은 제2언어 학습자들이 경험하게 되는 보편적인 경험이지만 이것이 제대로 극복되지 못할 경우 제2언어 학습자의 심리 상태에 부정적인 영향을 주어 제2언어의 온전한 습득에 걸림돌이 될 수 있다. 따라서 교사는 교실 안팎에서 이루어지는 문화 학습의 과정이 이러한 문제들을 보완해 줄 수 있는 내용과 방법이 되도록 가능한 주의를 기울일 필요가 있다.

참고문헌 정진경 · 양계민(2004), 문화 적응 이론의 전개와 현황, 한국심리학회지 23-1, 한국심리학회.

▶ 006   **답** ②

정답 풀이

일방적인 주입식 교육보다는 문화 차이로 인해 오는 문화 거부감을 줄이고 자연스럽게 목표 문화에 노출될 수 있도록 한다.

· **교육 내용 및 교재를 통한 간접 교육 방법**

006 다음은 한국어 교재의 문화 교육 내용과 방식에 대한 기술이다. 여기에 나타난 문제점으로 옳은 것은? (1회 67번)

초급 단계의 학습자를 대상으로 하는 교재에서 '계절과 날씨'를 주제로 단원의 끝 부분에 '한국의 사계절'을 제목으로 하여 계절의 시기 구분과 날씨의 변화, 한국인의 계절 활동에 대한 한 단락의 글을 영어로 제시하고 넉 장의 사진을 함께 제시하였다.

① 멀티미디어를 적절히 활용하였다.
② 일방적인 주입식 교육을 유도하고 있다.
③ 한국어 교재에 외국어를 과도하게 사용하였다.
④ 단원의 주제와 관련이 적은 내용을 선정하였다.

평가 요소 문화 교육 내용과 방법에 대해 이해한다.

· 문화 고정 관념

007 다음과 같이 한국인에 대해 문화 고정 관념을 가진 학습자가 있다. 이러한 학습자를 지도하는 교사의 태도로 가장 바람직한 것은? (2회 71번)

> · 한국 사람들은 인정이 많고 친절하다.
> · 한국 사람들은 성질이 급하고 쉽게 화를 낸다.

① 긍정적 고정 관념을 가질 수 있도록 적극적으로 유도한다.

② 긍정적, 혹은 부정적 문화 고정 관념이 존재하는 것은 당연하다고 받아들인다.

③ 목표 문화에 대한 태도는 목표가 습득에 영향을 주지 않으므로 언급하지 않는다.

④ 문화 고정 관념에 집착하는 것은 언어 습득에 지장을 줄 수 있으므로 극복하도록 유도한다.

평가 요소 학습자가 가지고 있는 문화적 고정 관념을 이해하고 대할 수 있다.

개념 확장 문화 고정 관념에는 부정적 문화 고정 관념과 긍정적 고정 관념이 있다.

외국어 학습자가 학습하고 있는 외국어 및 외국 문화에 대해 긍정적인 태도를 갖고 있는 경우 학습자는 높은 동기를 갖고 학습에 임하게 되고 수업에 적극적으로 참여하며 지속적으로 그 외국어를 학습하게 된다.

반면 잘못된 정형화나 자기 민족 중심주의, 해당 외국어 및 문화에 좋지 않았던 과거 경험으로 인해 부정적인 태도를 갖게 되면 외국어 학습은 성공적으로 이루어질 수 없게 된다. 부정적 고정관념을 가진 학습자에게 특별한 한국문화를 보편적 문화 현상으로 설명해야 한다.

참고문헌 추병완(2012), 다문화 사회에서의 반편견 교수 전략: 편견 · 고정관념 · 차별, 도서출판 하우.

▶ 007 **답** ④

오답 풀이

① 긍정적 고정 관념과 현실과의 괴리감을 맛보기도 하는데 지나치게 적극적인 태도는 학습자의 거부감을 키울 수 있다.

② 학습자들에게 고정 관념은 학습을 저해하는 요소가 되므로 고정 관념이 형성되지 않도록 돕는다.

③ 목표 문화에 대한 좋지 않았던 경험이나 고정 관념이 학습자의 언어 학습에까지 부정적인 영향을 끼치기도 한다.

▶ 008   답 ④

· 문화 교육 활동

오답 풀이

① 박물관을 방문한 후 보고서 작성을 하는 것은 고급 단계에 적합한 과제이다.
② 학습자 모국어로 쓰는 과제보다 모국의 요리를 소개하는 글쓰기를 하는 것이 좋다.
③ 한복에 대한 어휘 학습은 초급에서는 부적절하다.

008   초급 단계 한국어 학습자를 대상으로 하는 문화 교육 활동으로 적절한 것은? (5회 89번)

	주제/내용	문화 활동
①	박물관 견학	국립 박물관을 방문하여 한국인의 생활 변천사를 파악한 후 보고서를 작성하도록 한다.
②	한국 요리	한국의 전통 음식에 관한 조리법을 읽고, 자신의 모어로 바꿔 쓰도록 한다.
③	한복	한복의 각 부분을 나타내는 어휘를 배운 후 재래 시장에 가서 한복의 장점을 알아 본다.
④	존대 표현	한국어 존대 표현과 인사법을 학습한 후 학습자의 고향에서도 유사한 경우가 있는지 말해 보도록 한다.

평가 요소   학습자의 수준별 문화 교육 내용을 알고 있다.

개념 확장   학습자 수준별 문화에 대한 태도, 문화 교육의 목표 및 내용은 다음과 같다.

[초급 단계]
(1) 낯선 한국 문화에 대한 문화 충격을 경험하면서 신비로움으로 인해 강한 호기심이 작용하는 시기이다.
(2) 기본적인 의사 표현을 배우는 시기이기 때문에 문화 내용보다는 언어 예절이나 경어법 체계, '해요' 체가 어떤 상황에서 어떻게 쓰이는지에 대한 설명이 필요하다.
(3) 역할극 등을 통해 물건을 두 손으로 주고받는 등의 비언어적 의사소통을 익히도록 한다.
(4) 문화 차이로 인해 오는 문화 거부감을 줄이고 자연스럽게 목표 문화에 노출될 수 있도록 하는 데에 초점을 맞추기 위해 놀이와 그림, 사진, 영상물 등을 이용하는 것이 효과적이다.
(5) 교육 내용: 한글의 제자 원리, 한국의 인사법, 한국식 이름 쓰기, 신체 언어의 공통점과 차이점, 가족 관계·호칭, 언어 예절, 한국의 음식과 식사 예절, 식당에서의 예절, 한국의 명절·공휴일, 전화 예절, 초대하기, 수도 서울의 교통 체제, 화폐 단위, 한국의 지리 등.

[중급 단계]
(1) 문화 이질감에서 오는 문화충격을 경험하면서 문화 차이에 관심을 갖는 단계이다.
(2) 문화 비교를 통해 문화 차이를 이해하고 집단별, 개인별 갈등 양식을 통해 감정 이입을 시도한다.
(3) 교육 내용: 문화 오해에서 비롯된 갈등, 예의범절, 속담·관용어, 한국의 대표적인 문학작품 소개, 한국 도시들의 특징, 한국의 대표적 유적지 소개, 한국의 대표적 영화, 만화, 신문·잡지·광고, 한국의 명절 풍습, 여가생활·오락문화, 세대별 갈등, 생일 문화.

[고급 단계]
(1) 문화충격에서 회복되어 목표 문법에 적응하여 새 문화를 자신 있게 받아들이는 단계이다.

(2) 정치, 경제, 사회 문제 등의 까다로운 주제를 심도 있게 다루게
함으로써 한국 문화에 대한 깊이 있는 이해를 돕는다.
(3) 가치관과 세계관의 차이를 통해 그 현상의 의미를 이해하고 이
를 통해 한국문화를 이해하도록 한다.
(4) 교육 내용: 전통 예술, 문화유산, 관혼상제, 풍자, 속담, 광고,
한국어의 변화, 방언의 차이, 한국의 음식 문화, 한국의 가정,
충효 사상, 가치관의 변화, 한국의 종교, 한국 현대사, 한국의
역사와 위인, 한국의 대표적 희곡 작품, 한국의 대표적인 시,
단군신화와 그리스신화의 비교.

참고문헌 강승혜 외(2010), 한국 문화 교육론, 형설출판사.

- **문화 교육의 목표**

009 다음은 문화 교육의 목표 기술이다. 이와 가장 관련이 있는 것은?
(6회 60번)

> 한 문화권의 사람이 메시지를 생성하고 다른 문화권의 사람이 그 메시지를 해독할
> 때, 문화권에 따라 서로 다른 의미를 부여하는 경우가 많다. 문화적 배경이 다른 사
> 람과 의사소통을 하는 상황에서는 그러한 문화 차이로 발생할 수 있는 갈등이나 오
> 해를 최소화하고, 다른 문화를 이해하고 유연한 태도로 적절하게 행동할 수 있어야
> 한다.

① 문화 간 커뮤니케이션 능력의 신장
② 문화상대주의적 관점에서의 문화 습득
③ 동기 부여를 통한 문화 능력 신장
④ 문화적으로 조건화된 표현의 습득

평가 요소 문화 교육의 목표를 이해한다.

개념 확장 문화 교육의 목표는 다음과 같다.
(1) 문화 교육을 통해 한국 문화에 따른 의사소통 방식을 이해하며,
한국어 사용 능력을 신장시킬 수 있다.
(2) 문화 교육을 통해 상황, 목적, 대상에 맞는 문화적 행동과 문화
적 표현을 사용할 수 있다.
(3) 문화 교육을 통해 한국 문화를 학습자 자신의 문화와 비교, 평
가할 수 있으며 이로 인해 한국과 한국 문화에 대한 편견과 오
해를 버리고 한국 문화를 객관적으로 판단할 수 있으며, 목표
어의 문화와 모국어의 문화 교류 역할을 할 수 있다.
(4) 한국어와 한국 문화에 대한 지적인 호기심을 충족시키고 나아
가 호기심을 증대시킬 수 있다.

▶ 009 **답** ①

정답 풀이
언어 속에는 그것을 사용하는 민족의
정신 세계가 만들어낸 문화가 깃들어
있고, 따라서 그들의 세계관도 녹아
있으므로 갈등이나 오해를 최소화하
는 노력이 필요하다. 즉, 문화 교육의
목표는 이러한 문화 간 커뮤니케이션
능력의 신장이다.

• 문화 적응 단계

▶ 010　**답** ③

010 이문화에 적응해 가는 단계와 그 특징에 대한 설명으로 적절하지 <u>않은</u> 것은? (3회 68번)

정답 풀이

③은 4단계에 대한 설명이다.

① 1단계 – 처음 이문화에 접하면 환경의 새로움에 흥분을 느끼게 된다.

② 2단계 – 문화적 충격은 이문화에 적응해 가는 과정에서 발생하는 자연스러운 현상이다.

③ 3단계 – 문화적 충격에서 거의 완전히 회복되며 문화적 자각이 이루어진다.

④ 4단계 – 이문화를 받아들여 그 문화에 적응하게 된다.

평가 요소 제2문화를 접하면서 학습자가 겪는 문화적 적응 단계를 이해한다.

개념 확장 문화변용의 단계와도 동일한 문화 적응 단계는 다음과 같다.
첫 번째 단계는 주변 환경의 새로움에 대해 흥분과 행복감을 느끼는 시기이다.
두 번째 단계는 문화적인 차이로 인해서 자신의 새로운 자아나 안전에 대해 공격이나 불안함을 느끼는 단계로 이는 곧 문화충격의 단계이다.
세 번째 단계는 처음에는 잠정적이나, 점진적으로 이러한 위기의 상태가 변화하는 회복의 단계이다.
네 번째 단계는 근접하거나 혹은 완전한 회복 단계로, 동화나 적응을 하여 해당 문화에서 개발된 새로운 인격으로서 자신감과 새로운 문화를 받아들이는 단계이다.

참고문헌 정진경 · 양계민(2004), 문화 적응 이론의 전개와 현황, 한국심리학회지 23-1, 한국심리학회.

• 문화 학습의 단계

▶ 011　**답** ①

011 다음은 문화 지식 구조를 구축해 가는 단계를 설명하는 표이다. ( ) 안에 들어갈 용어를 ㄱ, ㄴ, ㄷ 순으로 바르게 나열한 것은? (6회 63번)

정답 풀이

문화 학습은 4단계로 나누어 설명할 수 있는데 (1) 대상을 파악한 후 (2) 배우고 익혀서 (3) 그 문화를 이해하고 (4) 그 문화에 동화되는 일련의 과정을 말한다.

문화 학습 단계	학습 내용	문화 학습 활동	문화 학습 결과
대상을 아는 단계	문화 정보	정보 모으기	문화 지식
방법을 아는 단계	문화 실행	(ㄱ)	문화 행동
이유를 아는 단계	(ㄴ)	이유 발견	(ㄷ)
자신을 아는 단계	자기자신	반영	자기 인식

① 방법 연습, 문화 관점, 문화 이해

② 문화 분석, 문화 관점, 문화 이해

③ 방법 연습, 문화 이해, 문화 동화

④ 문화 분석, 문화 이해, 문화 동화

하 **설**

외국어 학습자의 타문화 지식 구조 구축의 단계를 이해한다.

개념 확장 하들리(Hadley, 1993)의 외국어 학습자의 타문화 이해 단계
(1) 첫 번째 단계: 피상적 고정 관념을 갖는 단계
관광에서 얻은 지식과 같이 목표 문화에 대한 피상적 고정 관념을 갖는 단계로서 학습자는 목표 문화에 대해 이국적이고 경이적이며 신비롭다는 인식을 하게 된다.
(2) 두 번째 단계: 문화 간 차이점 인지 단계
자국 문화와 새롭게 경험하게 된 목표 문화 사이의 차이점을 이지하는 단계로서 목표 문화를 잘못된 것이나 이상한 것으로 인식하게 된다.
(3) 세 번째 단계: 지적인 분석이 이루어지는 단계
목표 문화에 대하여 지적인 분석을 할 수 있는 단계로서 목표 문화를 믿을 수 있는 것으로 인식하고 묵표 문화권 사람들의 시각에서 이해할 수 있게 된다.
(4) 네 번째 단계: 문화적 몰입 단계

참고문헌 Hadley, A. O., & Reiken, E. (1993). Teaching Language in Context, and Teaching Language in Context-- Workbook. Heinle & Heinle Publishers, International Thomson Publishing Book Distribution Center, 7625 Empire Drive, Florence, KY 41042.

· 문화에 대한 관점

012 다음 중 문화를 바라보는 시각이 나머지 셋과 다른 것은? (1회 69번)

① 중국의 중화(中華)사상
② 한민족의 단일민족사상
③ 21세기 포스트모더니즘
④ 진화론에 기초한 유럽중심주의

평가 요소 문화에 대한 관점 및 태도를 알고 있다.

▶ 012 **답** ③

정답 풀이

21세기 포스트모더니즘은 여성운동, 학생운동, 흑인 및 인권운동 등의 사회 운동과 전위 예술, 그리고 후기 구조주의로부터 시작된 운동 및 이념이다. 좁게는 문학 ·예술, 넓게는 정치·경제·사회 등 인간 사회의 모든 산물에 걸쳐 나타나는 현상으로, 20세기 후반의 인간과 세계를 파악하는 사고방식이라고 할 수 있다. 혁신적이었으나 다소 보수적인 성향으로 대중과 유리되었던 모더니즘에서 탈피해 개인의 개성, 자율성을 되찾고 다양성, 대중성을 중시한다.

오답 풀이

① 중국의 중화사상은 중국에서 나타난 자문화 중심주의적 사상으로 중화 이외에는 이적이라 하여 천시하고 배척하는 관념이 있다.
② 한민족의 단일 민족 사상 역시 순수단일민족국가를 강조하며 다른 민족이나 문화를 배척하는 폐쇄적인 성향이 강하다.
④ 사회진화론은 다윈의 생물진화론을 인간 사회에 적용시킨 사회이론으로서 생물학적 진화론에 입각하여 사회과정을 설명하고 변동을 해석한다. 19세기부터 20세기까지 크게 유행한 사조였으나 인종주의나 제국주의를 옹호하는 강자의 이론이라 하여 오늘날에는 많은 비판을 받고 있는 이론이다.

013 언어와 맥락에 대한 문화론적 설명으로 옳은 것은? (3회 69번)

ㄱ. 미국이나 북유럽 국가들은 저맥락 문화권에 속한다.
ㄴ. 맥락에 대한 의존도가 낮을수록 발화량이 많다.
ㄷ. 맥락 의존도가 높은 문화권에서는 집단 의식이 약하다.
ㄹ. 동양 문화권에서는 침묵도 중요한 의사소통 수단으로 간주된다.

① ㄱ, ㄴ, ㄹ   ② ㄱ, ㄷ, ㄹ
③ ㄴ, ㄷ, ㄹ   ④ ㄱ, ㄴ, ㄷ, ㄹ

평가 요소 맥락에 따른 언어 문화를 이해한다.

▶ 013 **답** ①

오답 풀이

ㄷ의 맥락 의존도가 높은 문화권에서는 집단 의식이 강하다.

• 한국어 속의 한국문화 요소의 이해

▶ 014 답 ①

정답 풀이

장가가기 전에 날을 정해 함을 가지고 가는 사람은 '기럭아범'이 아니라 '함진아비'이다. 기럭아범은, 아들을 둔 집에서는 기러기를 집 안에서 기르다가 아들이 장가가는 날 보내는데 이 기러기를 등에 지고 가는 사람을 말한다.

014 외국인 학습자들에게 다음과 같은 대화문을 가르치면서 이와 관련된 한국 문화를 소개하려고 한다. 적절하지 <u>않은</u> 것은? (1회 70번)

> 마리오: 영희 씨, 어제 "함 사세요"라는 말을 들었는데 함이 뭐예요?
> 영　희: 한국에서는 결혼식을 하기 전에 날을 정해서 신랑과 신랑 친구들이 함을 가지고 신부 집에 가요. 함에는 신부에게 주는 선물이 들어 있어요.
> 마리오: 아, 어제 제가 본 그 큰 상자가 함이었군요. 무거워 보이던데…….

① 함은 신랑 친구들 중에서 첫아들을 낳은 기럭아범이 진다.
② 결혼식의 상은 음양을 상징하는 청색과 홍색의 보지기로 덮는다.
③ 신부 집에서는 함을 지고 온 신랑 친구들에게 음식과 술을 대접한다.
④ 폐백을 올릴 때는 신랑의 어머니가 신부에게 밤과 대추를 던져 준다.

평가 요소 문화 어휘를 통해 문화 교육을 할 수 있다.

• 문화 교육 교수 방법

▶ 015 답 ①

정답 풀이

주어진 예는 문화 섬 방법을 활용한 것으로, 문화 섬이란 교사가 교실 주변을 포스터, 그림, 자주 바뀌는 게시문 등을 사용하여 목표 문화의 전형적인 측면들을 보여 줄 수 있는 공간으로 만들어 유지하는 것을 말한다. 문화 섬은 학습자들의 주의를 끌어 질문과 논평을 유도하기 위해 기획된다. 따라서 교사는 학습자의 언어 숙달도를 고려하여 이와 연결될 수 있는 수준의 다양한 문화적 주제들을 선정하여 문화 섬을 만들어 주는 것이 바람직하다.

015 한국 문화를 교수하기 위해 한국어 교사가 활용한 교수 기법은? (8회 89번)

> 김 선생님은 교실에 한국 문화의 전형적인 면을 보여 주는 포스터, 사진, 그림 등을 게시하는 공간을 만들어 놓았다. 그리고 학습자의 언어 숙달도와 관심사를 고려해 게시물을 주기적으로 바꾸어 주고 있다.

① 문화 섬(culture island)
② 문화 캡슐(culture capsule)
③ 참여 관찰(participant-observation)
④ 문화 감지 도구(intercultural sensitizer)

평가 요소 문화 교육을 위한 교수 기법을 이해하고 적용할 수 있다.

개념 확장 [문화 캡슐]
　　문화 캡슐은 문화 감지 도구와 다소 유사하나 문화 감지 도구가 주로 읽기 자료를 조용히 읽는 연습의 형태인 반면, 문화 캡슐은 다양한 시각 자료나 실물 자료들을 포함한다. 문화 캡슐은 대개 교사가 목표어 문화와 외국의 풍습 간에 근본적인 차이를 보이는 측면에

대해 간결한 프레젠테이션을 제시한다. 프레젠테이션의 과정에서 두 문화 간의 차이점을 보여주는 시각 자료가 제시되고, 이와 관련된 교실 토론을 자극하는 일련의 질문들이 제시된다.

[문화 감지 도구]

문화 감지 도구는 피훈련자가 목표 문화권에서 보편적으로 경험할 수 있는 전형적인 사례들을 기술한 후 그러한 상황에 처했을 때 피훈련자가 반응할 수 있는 선택 문항을 3~4개 정도 제시해 주고 피훈련자의 피드백을 받아 그러한 사례에 대해 다양한 각도에서 문화 차이를 인식할 수 있게 하는 방법이다.

[참여 관찰]

참여 관찰은 민족지학 연구의 특징을 가장 잘 반영하는 연구 방법으로, 민족지학적 데이터를 수집하는 가장 대표적이고 보편적인 방법이다. 이는 연구자가 특정 언어공동체에서 그 공동체 구성원으로의 역할을 하면서 1, 2년간 그 공동체에 몰입하여 그 사회에서 유형화된 문화적 행위를 인지하고 이해할 수 있게 하는 것이다. 목표어 문화권에서 장기간 목표어를 학습하고 있는 외국어 학습자들에게 효과적인 방법이다.

참고문헌 서울대학교 국어교육연구소 편(2014), 한국어교육학 사전, 도서출판 하우.

• 문화 교육의 일반적 원칙

016 문화 교육의 일반적 원칙에 관한 설명으로 옳지 <u>않은</u> 것은?
(10회 108번)

① 언어 수준이 유창한데도 의사소통에서 실패를 했다면 목표 문화를 이해하지 못한 화용적 실패일 가능성이 크다.
② 고급 수준의 목표 문화 이해 능력을 신장시키려면 초급부터 체계적인 교육이 필요하다.
③ 교수자 중심의 일방적 강의보다는 학습자들이 참여하는 워크숍이나 프로젝트 수업이 효과적이다.
④ 목표 문화의 보편성보다는 특수성을 강조하여 목표 문화의 우수성을 부각한다.

평가 요소 문화 교육의 일반적 원칙을 이해하고 있다.

▶ 016 **답** ④

정답 풀이

한국문화의 내용들로는 한국의 자연, 역사(인물과 문화유산), 언어문화, 전통과 풍습, 음식, 예술문화, 의복문화, 주거문화, 매체문화, 문학, 사고방식 등 문화의 영역을 총체적 삶의 방식뿐만 아니라 의사 소통의 맥락에서 의미를 생산하고 유통하는 작용으로 선진 문화와 고급문화뿐만 아니라 미개 문화와 대중 문화 등을 포괄하고 있다.

▶ 017 답 ②

정답 풀이

학습 수준이 높아질수록 오히려 한국 문화의 비중이 늘어나도록 설계해야 한다. 그리고 문화 자체를 가르치는 것이 아니라 구체적인 언어 상황과 연계하여 지도해야 한다.

오답 풀이

① 영화, 비디오와 같은 시청각 자료는 물론 웹에 기반한 다양한 문화 자료를 활용하여 학습 동기를 유발해야 하다.
③ 전 시간에 배운 문화 내용을 선수 학습 자료로 활용하여 수업의 연계성을 높여야 한다.
④ 문화 교육의 목표와 내용에 적합하게 비교 방법, 문화 동화 장치, 문화 캡슐, 문화 섬, 참여 관찰 등 다양한 수업 모형을 적용할 필요가 있다.

• 한국 문화 수업의 일반적 원리

017 한국 문화 수업의 일반적 원리에 관한 설명으로 옳지 <u>않은</u> 것은?
(10회 105번)

① 영화, 비디오와 같은 시청각 자료를 활용하여 문화에 대한 학습 동기를 유발한다.
② 학습 수준이 높아질수록 한국어의 비중은 많아지고 한국 문화의 비중은 적어지도록 설계한다.
③ 전 시간에 배운 문화 내용을 다시 환기함으로써 수업의 연계성을 높인다.
④ 문화 교육의 목표와 내용에 적합하게 다양한 수업 모형을 적용한다.

평가 요소 한국 문화 수업의 일반적 원리를 이해하고 있다.

개념 확장 **문화교육의 원리**
1. 언어교육에서 문화교육은 문화의 개별적인 지식을 전달하는 것이 아니라 문화 비교를 통해 상호문화 이해의 과정으로 진행되어야 한다. 이를 위해 타문화 이해라는 심리적 과정에 대한 이해가 필요하다.
2. 문화교육은 문화 자체를 가르칠 것이 아니라 문화 산물, 문화행위, 문화가치, 학습자의 자기인식으로 나누어 구체적인 언어교육과 연관되어 진행하도록 해야 한다.
3. 문화교육의 구체적인 방법은 교실 활동과 교실 밖 활동으로 나누어 살필 수 있는데, 이 과정에서 학습의 목표가 되는 문화에 대한 인식을 효과적으로 유도할 수 있도록 교사는 배려해야 한다.
4. 문화교육은 학습자, 학습목표, 상황 등의 차이를 고려하여 필요한 문화내용과 가능한 문화내용 중심으로 이루어져야 한다.

제14강 한국어교육공학

중영역: 한국어교육공학

번호	세부 영역	출제 회수	문제 풀이
1	웹 기반 교육	7	2
2	교육용 자료	4	3
3	교수 매체	2	2
4	시청각 교구를 활용한 언어 교육	2	1
5	컴퓨터 활용 언어 교육	2	1
6	시디롬 교구	1	1
7	원격 교육	1	1
8	한국어 평가론	1	2
9	받아쓰기 평가의 특징	1	1
10	한국어 교육공학	1	1
	총계	22	15

· 웹 기반 교육

001 웹 기반 한국어 교육의 장점을 <u>모두</u> 고른 것은? (6회 62번)

> ㄱ. 학습자의 정의적 장벽을 낮출 수 있다.
> ㄴ. 학습자의 자율적 동기를 고무할 수 있다.
> ㄷ. 학습 목적, 선호하는 학습 방법에 따라서 학습의 개별화가 용이하다.
> ㄹ. 교육 내용이 체계적으로 배열되어 있어 체계적인 학습이 이루어지기 쉽다.

① ㄱ, ㄴ, ㄷ
② ㄱ, ㄴ, ㄹ
③ ㄱ, ㄷ, ㄹ
④ ㄴ, ㄷ, ㄹ

평가 요소 웹 기반 교육의 특징과 장점을 이해한다.

개념 확장 웹 기반 한국어교육의 장점은 다음과 같다.
첫째, 학습의 개별화 효과를 증진시킨다.
둘째, 학습자와 프로그램 간의 상호작용의 기회를 제공한다. 학습자의 학습 속도에 따라 학습 능력을 개발시킬 수 있다.
셋째, 프로그램의 활용을 통한 학습자의 주의를 집중시키고 학습 동기를 촉진시킨다. 이는 학습자 스스로의 동기를 유발하여 다른 형태의 학습에서 얻을 수 없는 효과를 끌어낼 수 있다.
넷째, 학습자들의 학습 수준을 진단해 줄 뿐만 아니라 처방이 용이하다. 학습자들은 무제한 반복할 수 있으며 수준에 맞는 선택적 학습이 가능하다. 시간에 대한 제약이 없어 자유롭게 학습 시간을 선택할 수 있다.
다섯째, 학습자가 실수를 두려워하지 않고 새로운 것들을 시도해 보도록 인내심을 갖고 격려해 주며 독립된 문제 상황에서

▶ **001** **답** ①

정답 풀이
웹 기반 교육의 장점은 학습자가 수준에 따라 학습 내용을 건너뛰거나 연습 분량을 조절할 수 있다는 점이다. 이는 ㄹ의 내용과는 상이하다.

적절한 학습 전략을 구사할 수 있는 가능한 환경을 제공해 준다.

여섯째, 빠른 시간 내에 많은 양의 데이터를 효과적으로 탐색함으로써 정보의 수집과 분류, 정리를 통한 문제 해결 능력을 증진시켜 준다.

일곱째, 개별 학습자에 대해 정보를 저장하여 개별적 처치를 용이하게 한다.

참고문헌 한국어세계화재단(2003), 예비교사 · 현직교사 연수자료집, 한국어세계화재단, 334-335쪽

▶ 002 **답** ④

정답 풀이

학습자끼리 만나서 논의하던 전통 방식의 수업은 웹 기반 교육에서는 토론방이나 대화방 등을 활용해 토론 수업 활동으로 이루어질 수 있다.

002 전통적 방식의 수업을 웹 기반 교육 환경에 적용하려고 한다. 적절하지 않은 것은? (2회 91번)

	전통 방식의 수업	웹 기반 수업
①	학습자는 특정 읽기 자료를 읽는다.	사이트를 통해 관련 정보를 찾아 읽는다.
②	질문에 대한 답이 매번 교사에 의해 주어진다.	기본적인 질문에 대한 답은 사전에 목록화 되어 제시된다.
③	수행한 과제를 직접 제출한다.	전자우편을 통해 과제를 제출한다.
④	필요시 학습자끼리 만나서 논의한다.	질문방을 통해 교사의 도움을 받는다.

평가 요소 웹 기반 교육의 특징과 장점을 이해한다.

개념 확장 인터넷을 활용해 한국어 수업을 할 수 있는 다양한 형태의 수업은 다음과 같다.

(1) 문제 해결 활동: 다양한 학습 과제를 제시하고 과제 해결을 위한 방법으로 인터넷을 활용한 활동을 유도한다. 프로그램화되어 있는 경우도 있고 교사가 개발하여 사용할 수도 있다.

(2) 토론 수업 활동: 토론방이나 대화방을 이용하여 학습자들이 인터넷상에서 한국어를 학습할 수 있다. 쓰기 기능의 향상과 논리적 사고 훈련이 가능하다.

(3) 정보 수집 활동: 인터넷을 활용하여 다양한 정보를 수집할 수 있다.

(4) 전자 우편 활동: 교사-학습자, 학습자-학습자의 상호작용을 활발히 할 수 있다.

(5) 한국 문화 및 한국인의 이해: 인터넷을 활용하여 한국문화학습이 가능하다.

해 설

• 교육용 자료

003 실제적 자료와 교육적 자료에 관한 설명으로 옳은 것은? (1회 57번)

① 교육적 자료는 교육을 목적으로 만든 현실 세계의 자료를 말한다.
② 교육적 자료에는 내용 파악에 단서가 될 만한 것들이 많이 들어 있다.
③ 실제적 자료가 갖는 복잡성은 언어활동의 범위를 제한함으로써 해결할 수 있다.
④ 초급에서는 교육적 자료를 사용하고, 중급 이상에서는 실제적 자료를 사용해야 한다.

평가 요소 교육용 자료로 쓰일 수 있는 자료의 종류와 특징을 이해한다.

004 한국어 교육을 위한 실제적 자료에 대한 설명으로 옳지 <u>않은</u> 것은? (6회 56번)

① 언어적·상황적으로 자연스럽고 사실에 근거한 자료이다.
② 한국어 문어와 구어의 사용역이 분명하게 드러나 있는 자료이다.
③ 대화 내용과 상황이 사회언어학적으로 용인될 수 있는 자료이다.
④ 학습자의 언어 학습을 촉진할 수 있는 간결하고 체계적인 자료이다.

평가 요소 한국어 교육을 위한 실제적 자료의 특징을 이해한다.

005 영화를 활용한 한국 문화 교육의 장점이 <u>아닌</u> 것은? (8회 91번)

① 생생한 한국어와 한국 문화를 간접 경험할 수 있는 효과가 있다.
② 이미 제작된 영화를 활용하므로 교사의 수업 준비 부담이 적다.
③ 상황에 따라 달라지는 한국인의 말의 속도, 리듬, 억양에 친숙해질 수 있다.
④ 텍스트 선택이 용이하므로 숙달도에 맞춰 다양한 학습자에게 활용할 수 있다.

평가 요소 교육 내용에 따라 적절한 교육 자료를 선택하고 가공할 수 있다.

▶ 003 **답** ③

정답 풀이

실제적 자료는 실제 의사소통 상황과 같거나 유사한 상황 속에서의 언어 사용 연습을 목적으로 하는 것으로 실제적 자료의 복잡성은 언어 활동의 범위를 제한함으로써 해결할 수 있다.

오답 풀이

①은 실제적 자료에 관한 설명이다.
② 교육적 자료는 목표로 하는 교육 항목을 위해 인위적으로 만든 자료이다.
④ 초급에서도 학습자의 흥미와 관심을 고려한 실제적 자료를 활용하는 것이 좋다

▶ 004 **답** ④

정답 풀이

실제적 자료란 날 것 그대로라는 의미가 아니라 실생활에서 일어날 수 있음직한 것, 즉 실생활에서 사용하는 자료를 가지고 교실 수업에 맞게 가공한 자료이다. 자료가 실제적일수록 학습자의 학습 동기를 강화하고 자연스러운 의사소통 능력으로 전이될 수 있다. 실제적 자료는 실생활에서 사용되는 것을 교실 수업에 맞게 가공한 것이기는 하지만 간결하지 않을 수 있다.

▶ 005 **답** ②

정답 풀이

영화는 한국어 수업을 위해 만들어진 것이 아니므로 학습자에게 생생한 한국어와 한국 문화를 제공할 수 있기는 하지만 수업의 목표에 맞게 활용하기 위해서는 특정 장면의 선택과 가공, 문법, 어휘, 문화, 사회 및 역사적인 다양한 배경지식을 제공하기 위한 교사의 수업 준비 부담이 크다.

006 **답** ③

오답 풀이

① 학습 목표에 적합한 매체를 선택해야 하고 교수-학습에 적절한 양을 준비하는 것이 좋다.
② 매체에 지나치게 의존하다 보면 교사 중심의 일방적인 수업이 되기 쉽고 그에 따라 학습자의 흥미는 유지되기 어렵다.
④ 라디오 뉴스나 TV 연설은 일방적인 듣기 자료이다.

006 **교수 매체**

언어 교육에서의 교육 매체 활용에 관한 설명으로 옳은 것은? (6회 58번)

① 수업에 사용하는 매체의 종류와 양이 많을수록 수업의 질이 높아진다.
② 학습자들의 흥미 유지를 위해 수업의 모든 단계에 매체를 활용하는 것이 좋다.
③ 사전에 충분히 계획하여 학습자의 수준과 학습 내용에 맞는 매체를 선택해야 한다.
④ 상호작용을 발견할 수 있는 듣기 매체로는 라디오 뉴스, TV 연설이 있다.

평가 요소 언어 교육에 있어서 교육 매체의 활용 방안을 이해하고 적용할 수 있다.

007 **답** ③

정답 풀이

학습자의 성별은 교수 매체 선택에 작용하는 요인이 될 수 없다.

007 한국어 수업에 필요한 교수 매체를 선택할 때 고려해야 할 요인으로 가장 거리가 먼 것은? (4회 84번)

① 학습 목표
② 교실 환경
③ 학습자의 성별
④ 학습자의 성향

평가 요소 교수 매체 선택의 기준과 요인을 이해한다.

개념 확장 교수 매체란 교육목표가 효과적이고 효율적인 방법으로 달성되도록 하기 위해 교수자와 학습자, 학습자와 학습자 사이에 필요한 의사소통을 도와주는 다양한 형태의 매개 수단이며 다음과 같은 속성을 가지고 있다.
• 기술적 속성: 매체를 구성하는 재료 및 기기의 속성으로 정보의 전달 방법에 영향을 준다.
• 내용적 속성: 그 매체가 어떤 내용을 전달하느냐에 따라 유용할 수도 있고 그렇지 않을 수도 있다.
• 상황적 속성: 메시지가 전달되는 사회적 환경이 매체의 효과에 영향을 미친다.
• 상징적 속성: 매체에 따라 내용을 전달하기 위해 문자, 음성, 기호 및 언어 등의 특정한 상징체계 사용한다.
교수 매체 활용의 중요성은 다음의 두 가지로 정리된다.

(1) 구체적 경험 대 추상적 경험
• 브루너(Bruner)는 그의 교수 이론을 통해 학습자에게 제공되는 교수는 직접적인경험에서부터 그림이나 필름 등과 같은 영상적 표현, 그리고 언어와 같은 상징적인 표현의 순서로 제시되어야 한다고 제안하였다.
• 브루너에 의하면, 학습자가 사용하는 자료의 순서는 과제를 숙달하는 데 직접적인 영향을 미친다.
• 경험의 구체성은 시간의 제한과 관련이 있는데, 구체적인 경험은 구체적이지만 많은 시간을 요구한다. 이에 비해 같은 경험을

영화나 비디오를 통해서 보면 훨씬 짧은 시간에 유사한 경험을 할 수 있게 된다. 이는 교수 매체 선정 시에 제시할 매체와 시간의 관계를 고려해야 하는 것과도 관련이 있다.

(2) 주의 획득과 동기 유발
- 학습자들은 청각보다는 시각, 시청각 자극이 같이 주어질 때 더 민감하며 학습의 효과가 더 높아진다.
- 교수매체는 정보의 전달은 명료하게 해 주고 이해를 촉진하고 유발함으로써 교수의 질을 높여 준다.

교수 매체를 선정할 때 고려해야 할 사항은 다음과 같다.
1) 학습자와 교수자의 특성: 학습자의 특성과 교수자의 특성이 매체 선택에 영향을 미친다.
   - 학습자의 연령, 지적 수준, 적성, 태도 등
   - 교수자의 매체에 대한 태도와 사용 능력 등
2) 수업 상황: 수업의 형태 즉 교사 중심인지 학습자 중심인지 혹은 설명적인지 발견적인지 등의 교수 전략에 따라 달라진다.
3) 학습목표와 내용
4) 매체의 물리적 속성과 기능: 수업 상황과 내용에 적절한 매체를 선택하기 위해서는 매체의 속성인 시각, 청각, 시청각, 동작, 크기, 색채 등을 고려해야 한다.
5) 수업 장소의 시설: 매체를 효율적으로 활용할 수 있는 시설의 여부가 매체의 선택에 큰 영향을 미친다.
6) 실용적 요인: 이용가능성, 난이도, 비용 등과 교사의 매체 활용도 및 준비 시간 등을 고려해야 한다.

참고문헌 나일주(1995), 교수매체 연구의 현대적 과제: 교수매체의 효과성 논쟁을 중심으로, 교육공학연구 11-1, 한국교육공학회.

・**시청각 교구를 활용한 언어 교육**

008 다음 중 한국어 교육 매체와 그것을 활용한 교수-학습 활동이 잘못 연결된 것은? (1회 92번)

▶ **008** **답** ②

정답 풀이

한국 영화 동영상을 보고 영화 제작 과정을 이해하기는 어렵다. 영화의 메이킹 필름을 보면서 영화 제작 과정에 대하여 이야기할 수 있을 것이다.

	교육 매체	교수-학습 활동
①	한국 가요 CD	여러 차례 듣고 빈칸을 채우도록 한다.
②	한국 영화 동영상	영화 제작 과정을 이해하고 이야기해 본다.
③	한국어 상담 사이트	사이트에서 자신이 겪고 있는 고민 내용을 찾도록 한다.
④	인터넷 한국 동화 사이트	들려 줄 동화의 그림 자료를 순서대로 보여 주고 어떤 이야기가 전개될지 이야기해 본다.

평가 요소 교육 매체의 특징을 이해하고 교수-학습 활동에 적용할 수 있다

• 컴퓨터 활용 언어 교육

▶ 009 답 ③

009 '컴퓨터 활용 언어 교육(CALL)'의 교수 방법으로 옳은 것을 모두 고른 것은? (3회 93번)

정답 풀이

㉠컴퓨터 활용 언어 교육은 기존의 텍스트 형식이 제공하는 선형적인 구조 외에도 링크(link)라고 불리는 수많은 연결고리에 의해 만들어지는 비선형적인 구조를 갖는다.
㉡기존의 학습 텍스트는 주로 '글'을 위주로 구성되지만 하이퍼텍스트는 다양한 멀티미디어 자료를 포함할 수 있기 때문에 학습 내용을 구체적으로 제시할 수 있다.

> ㉠ 선형적 학습이 되도록 이끌 것
> ㉡ 학습 내용을 포괄적으로 제시할 것
> ㉢ 학습자의 자기 주도 학습이 가능하도록 할 것
> ㉣ 교사와 학습자, 학습자들 간의 상호작용을 활성화할 것

① ㉠, ㉡   ② ㉡, ㉣
③ ㉢, ㉣   ④ ㉡, ㉢, ㉣

평가 요소 컴퓨터 활용 언어 교육의 교수 방법을 이해한다.

개념 확장 컴퓨터를 활용한 수업의 특징
(1) 짧은 시간 내에 교수-학습 활동을 행할 수 있다.
(2) 컴퓨터의 활용은 쉽게 달성하기 어려운 교육과정의 목표를 성취하는 새로운 방법이 될 수 있다.
(3) 도구나 수단으로서의 컴퓨터는 분석, 종합, 평가, 창조 등의 고등 정신 기능에 해당하는 사고 기술을 발달시키는 활동을 제공할 수 있다.
(4) 학생들이 미래의 생활에 필요한 새로운 수단이나 기술을 적절하고 유용한 상황 속에서 습득할 수 있다.

참고문헌 최정순(2001), 웹 기반의 한국어 교육 프로그램 개발의 실제, 한국어교육 9-2, 국제한국어교육학회, 243-245쪽.

• 시디롬 교구

▶ 010 답 ①, ②

010 시디롬 교구의 단점으로 적절하지 않은 것은? (3회 91번)

정답 풀이

① 시디롬이 가지고 있는 장점은 동시에 다량의 배포가 가능하는 것과 자료의 변질이나 유실의 염려가 없다는 점이다.
② 시디롬은 데이터 전송 속도가 빠르다.

① 수록 자료가 손상되기 쉽다.
② 컴퓨터로의 데이터 전송 속도가 느리다.
③ 웹에 비해 매체와 학습자 간의 상호작용이 어렵다.
④ 컴퓨터의 사양에 따라 설치 절차가 불편할 수도 있다.

평가 요소 시디롬 교구의 특징을 이해한다.

- 원격 교육

011 원격 교육을 시행할 때 매체 선정의 지침이 될 수 <u>없는</u> 것은? (2회 93번)

① 교육 목적
② 학습 내용
③ 학습 시간
④ 학습자 환경

평가 요소　웹 기반의 원격 교육의 특징을 이해한다.

▶ 011　답 ③

정답 풀이

웹을 기반으로 한 원격 교육은 시간에 대한 제약이 없어 자유롭게 학습 시간을 선택할 수 있다.

▶ 012　답 ①

정답 풀이

규칙빈칸 메우기는 지문의 일정한 순번의 단어마다(일반적으로 5~10번째 단어) 규칙적으로 빈칸을 주고 학습자가 지문을 읽으며 문맥의 전체적 의미에 따라 빈칸을 메워 가는 형식의 평가 유형이다. 이 방법은 전반적인 언어 지식을 통합적으로 평가하는 데 유용하다.

- 한국어 평가유형

012 '규칙빈칸 메우기(cloze test)'의 특징으로 옳은 것은? (8회 14번)

① 개별 언어 지식을 통합적으로 평가하기에 적합하다.
② 담화의 첫 문장부터 끝 문장까지 5~7번째 단어를 규칙적으로 생략한다.
③ 평가하려는 요소를 모두 포함하는 지문을 제작하기 용이하다.
④ 객관적 채점이 어려우며 채점하는 데 많은 노력과 시간이 든다.

평가 요소　한국어 평가 유형에 관한 문제이다.

오답 풀이

② 일반적으로 5~10번째 단어, 특히 일곱 번째 단어를 비워 두는 경우가 많다. 하지만 첫 문장이나 마지막 문장은 빈칸을 넣지 않는다. 이는 학습자가 전체 의미를 파악하는 데 도움을 주기 위해서이다.
③ 평가하려는 요소를 모두 포함하는 지문을 만드는 것은 실제로 쉽지 않다.
④ 교수자의 입장에서는 기준과 정답이 확실하기 때문에 채점이 수월하다.

013 다음 평가의 문제점을 지적한 것으로 옳지 <u>않은</u> 것은? (8회 16번)

ㄱ. 한두 명의 시험관이 500명의 학습자를 인터뷰하는 말하기 평가
ㄴ. 선다형 필기 시험을 통해 문법적 지식을 묻는 말하기 평가
ㄷ. 두 명의 채점관이 채점한 점수의 차이가 많이 나는 쓰기 평가
ㄹ. 창가에 앉은 학습자가 소음 때문에 제대로 치르지 못한 듣기 평가

① ㄱ - 실용도가 낮다
② ㄴ - 내용 타당도가 낮다
③ ㄷ - 구인 타당도가 낮다
④ ㄹ - 시험 시행 신뢰도가 낮다

평가 요소　평가 유형을 현장 상황에 적용하는 문제이다.

▶ 013　답 ③

정답 풀이

두 명의 채점관이 채점한 점수의 차이가 많이 나는 쓰기 평가의 경우라면 '신뢰도'에 문제가 있는 것이다. 평가의 결과가 일정하게 나와야 신뢰도가 높은 평가가 될 것이다. 하지만 이 경우는 채점자의 신뢰도가 낮은 상황이다.

오답 풀이

ㄱ 평가를 효과적으로 실시하지 못했기 때문에 실용도가 낮다고 지적할 수 있다.

ㄴ 내용 타당도 중에서 안면 타당도가 낮은 경우이다. 학습자의 문법적 지식을 묻는 말하기 평가를 하려면 선다형의 필기시험은 그 외형상 측정하려는 목적과 일치하지 않는다.

ㄹ 시험 시행의 환경을 통제하지 못했기 때문에 평가 자체의 신뢰도가 낮아진 경우이다.

▶ 014   답 ②

정답 풀이

받아쓰기는 음과 철자를 관련지어 언어를 제대로 적을 수 있는 능력뿐만 아니라 문법 요소에 대한 이해, 어휘 요소에 대한 의미 창출 과정을 추적할 수 있는 능력도 평가할 수 있다. 즉 학습자의 전반적인 언어 능력을 측정할 수 있는 통합적 유형의 평가이다.

▶ 015   답 ②

오답 풀이

① 문장 생성 능력이나 규범적인 언어 체계는 문법을 중시하는 태도인데 이는 의사소통적 언어 교수의 특징과는 거리가 멀다.

③ 목표어 사용이 중요하기는 하지만 모국어 사용을 금지하지는 않는다.

④ 문법을 비중 있게 다루는 것은 의사소통적 언어 교수의 특징과는 거리가 멀다.

• 받아쓰기 평가의 특징

014 '받아쓰기' 평가에 관한 설명으로 옳지 않은 것은? (8회 18번)

① 숙달도 평가에서는 활용이 제한적이다.

② 기본적인 문법 지식을 평가하는 데 유용하다.

③ 듣기와 결합된 유형으로 단어나 문장 단위의 평가에 유용하다.

④ 구어 사용에 익숙한 학습자의 문어 사용 능력을 높이는 데 효과적이다.

평가 요소   받아쓰기 평가의 특징 관한 문제이다.

• 한국어교육공학

015 의사소통적 언어 교수(CLT)의 특징에 관한 설명으로 옳은 것은? (9회 40번)

① 문장 생성 능력을 향상시킴으로써 규범적인 언어 체계에 근접하게 한다.

② 언어를 통해 전달하고자 하는 의미를 중시하며 언어를 의사 전달의 수단으로 본다.

③ 의사소통적 언어 교수를 적용하는 수업에서는 목표어 사용을 유도하기 위해 모국어 사용을 금지한다.

④ 기본적인 형태의 이해가 바탕이 되어야 하므로 초급에서는 문법을 비중 있게 다룬다.

평가 요소   의사소통적 언어 교수의 특징을 알고 있다.

개념 확장   의사소통 중심 교수법은 그 실체가 분명히 제시된 것은 없지만 언어 능력을 어떻게 정의하느냐에 대한 관점의 변화와 더불어 언어학과 언어 학습 이론에 상당한 변화를 가져온 교수 방법이다. 이 교수법은 1960년대 후반에 영국의 사회언어학자들을 중심으로 언어학을 문법 중심의 추상화된 관점에서 언어 능력을 정의하고 이를 외국어 학습에도 적용시키려 했던 기존의 흐름을 뒤바꾸어 놓아 전 세계적으로 사용되고 있는 교수 방법이다.

의사소통적 언어 교수의 특징은 다음과 같다.

1) 언어에서 가장 중요한 요소는 의미이다. 따라서, 의미를 이해시키기 위해서는 학습 과정에서 모국어 사용을 허용한다.

2) 언어 학습은 언어 재료를 학습한 후 이를 기억하려고 암기하는

해 설

것이 아니라 실제로 의사소통 기능을 할 수 있는 것을 학습해
야 한다.

3) 언어는 상황과 함께 지도해야 한다. 따라서 언어 학습에는 상황
과 함께 언어 재료를 제시하고 이를 학습해야 한다.

4) 외국어를 처음 배우는 초보 단계부터 의사소통을 하도록 수업
을 진행한다. 초기부터 의사소통할 기회를 제공함으로써 사회
언어적 책략의 사용, 담화 능력 등을 기르도록 한다.

5) 의사소통적 언어 교수에서는 교사는 지식을 전달해 주는 사람
이 아니라 학습자가 언어로 작업을 할 수 있도록 돕는 사람이
다. 따라서 교사는 학생들이 의사소통능력을 키울 수 있도록 학
습을 계획하고 자료를 제공하여 활동을 운영하고 수업의 정도
를 조정하게 됨.

6) 의사소통 교수법에서는 유창성에 초점을 둔다. 즉 문법이나 발
음 등에서 어느 정도의 오류를 범해도 자기가 전하고자 하는
것을 막힘없이 유창하게 전달할 수 있느냐를 더 강조한다.

7) 학습자의 동기를 불러일으키는 학습 활동을 유도한다. 따라서
수업 소재, 수업 방법 등 학습 활동과 관련된 내용들에 대하여
학습자의 요구를 조사하여 수업을 계획한다.

8) 의사소통을 일으키기 위해 조별 활동, 그룹 활동 등 다양한 방
법을 사용한다.

참고문헌 Richards, Jack C. & Rodgers, Theodore S.(1986),
Approaches and Methods in Language
Teaching, 전병만 외 역(2003), 외국어 교육 접근 방
법과 교수법, 캠브리지.

한국어
교육능력
검정시험

한국어
교육능력
검정시험

해 설 강 의

넷째
마당

한국어교육능력검정시험

제4교시 제4영역 한국문화

한국어
교육능력
검정시험

한국문화

제1강 한국의 전통문화와 민속문화

한국문화 문제 분석표

대영역	중영역	세부영역	출제 회수	문제 풀이
한국문화	한국민속학	의식주	5	3
		의례와 생활	12	3
		민속놀이	6	2
	한국의 전통문화	전통예술과 문화유산	17	9
		한국사	13	5
	전통문화 현장 실습	예의범절	1	1
		세시풍속	6	4
	현대한국사회	다문화	2	1
		경제산업	3	1
		정치정책제도기관	8	3
		한국근현대사	16	8
	한국의 현대문화	한국인의 성향	4	1
		한국인의 일상생활	6	2
		한국의 예술가	5	1
	한국문학개론	고전문학사	10	2
		근현대문학사	8	3
	한국현대문화 비평	한국의 대중소비문화	12	4
		시사용어	7	2
	한국문학의 이해	작가와 작품론	11	5
		장르론	9	3

001 답 ②

정답 풀이

행랑방(行廊房)은 주로 노비나 사역인들이 거처하는 곳으로 많은 방으로 연결되어 있다. 외부에 가까운 행랑방에는 남자 사역인이, 안방에 가까운 행랑방에는 여자 사역인들이 거처한다. 대문채에 연결되어 담에 붙여 만든 방으로 보통 중류 이상의 주택에서 볼 수 있다.

• 한국문화/한국민속학/의식주

001 조선시대 건물 내부의 공간에 관한 설명으로 옳지 <u>않은</u> 것은?
(5회 104번)

① 안방: 주택에서 가장 폐쇄적인 거주 공간이다. 안주인의 거처로 외인 남자의 출입을 금하는 곳이다.
② 행랑방: 보통 성인이 된 주인의 자녀나 노부모들이 거처하는 곳이다.
③ 마루: 안방과 건넌방 사이에 있는 가족들의 공용 공간이며 굿이나 제사 같은 종교적 행사를 진행하기도 하는 곳이다.
④ 사랑방: 안방 또는 건넌방과 격리된 공간으로 바깥주인이 거처하는 곳이다.

평가 요소 한국문화/한국민속학/의식주

개념 확장 * 중류 이상의 주택에서 볼 수 있는 것들
• 별당(別堂): 주택의 여러 건물과는 완전히 떨어져 독립되어 있다. 이 건물은 이미 은퇴한 노주인이 여생을 즐기는 곳으로 주택 건물에서 가장 화려하고 장식적인 의장(意匠)이 많다. 흔히 정원수를 심고 연못도 만든다.
• 사당(祠堂): 선조의 위패(位牌)를 봉안하는 곳. 보통 대지의 뒤쪽에 담을 쌓아 독립하여 만들며, 단칸 또는 3칸 정도의 건물이다. 내부는 하나의 공간으로 되어 있고, 바닥은 보통 온돌이다.
• 청지기방: 가정의 재산관리와 섭외, 서무 등의 사무를 보는 청지기가 거주하는 곳으로 사랑방에 가까이 위치한다.

참고문헌 최인학, 『한국민속학 새로 읽기』, 민속원, 2008.

---

002 답 ③

정답 풀이

장옷은 조선시대 여자의 쓰개 중에 하나로, 쓰개는 방한이나 햇빛을 가리기 위한 기능성으로 착용되었을 뿐만 아니라 유교적 도덕관념이 엄격한 내외법도에 따라 얼굴을 가리기 위해 사용하였다. 겉은 초록색으로 만들고, 안은 자주색으로 하여 수구에는 흰색 거들지를 달았다. 깃에는 동정 대신 넓은 흰색 천을 대어 장옷을 썼을 때 이마 위 정수리에 닿도록 하였는데, 이는 머리에 닿는 부분이 금방 더러워지므로 자주 세탁하기 위한 것으로 보인다. 장옷의 앞은 여며지도록 단추를 달고, 고름은 양쪽에 달아 손으로 집을 수 있게 하였다. 소재는 여름용으로 사(紗)를, 겨울용으로 견(絹)을 이용해 만들었다.

---

002 전통복식 중 여자만 입는 옷은? (6회 108번)

① 잠방이
② 등거리
③ 장옷
④ 마고자

평가 요소 한국문화/한국민속학/의식주

오답풀이 ① 잠방이는 가랑이가 무릎까지 내려오게 지은 짧은 홑고의로 곤의(褌衣)로 일컬어진다. 우리나라 상고시대 고유 복식 기본형 가운데에는 바지에 해당하는 것으로 고(袴)와 곤(褌)이 있었는데, 고의 경우, 그 형태는 오늘날의 한복 바지와 비슷하였으며, 곤은 오늘날의 잠방이와 같은 것이었다. 여름 한철의 하의로서 신분의 고하를 막론하고 입어왔으며, 조선시대 들어와서는 흔히 농민들 사이에 노동복으로 사용되었고 주로 베로 지어 입었다.
② 등거리는 등만 덮을 만하게 걸쳐 입는 홑옷으로, 등깃이 없고, 소매는 짧거나 아주 없는 형태로, 주머니를 다는 경우도 있다. 베로 만든 것은

맨살에 그냥 입고, 무명으로 만든 것은 봄·가을에 속옷 위에 덧입는다. 넓은 의미에서 볼 때에는, 반비·답호·쾌자·배자와 개화 이후에 양복을 본떠 만든 조끼도 이에 속한다고 할 수 있다. 반비·답호·쾌자는 대개 소매가 없이 등만 덮게 되어 있는데, 등솔기가 길게 트여 있으며 길이가 길다. 배자는 여자의 저고리 위에 덧입는 방한용 옷으로서, 소매가 없고 양옆 솔기가 트여 있다. 흔히 양단천에 토끼와 너구리 등의 털을 넣어 만든다.

④ 마고자는 원래 만주족의 방한용 옷이던 것을 1887년 흥선대원군이 만주 보정부(保定府)에서 풀려나 귀국할 때 입고 오면서 알려지기 시작했다고 한다. 저고리 위에 덧입는 겉옷으로 마괘라고도 하며, 형태는 저고리와 비슷하지만 저고리 위에 덧입기 때문에 저고리보다 품도 넓고 길이나 소매도 길어 넉넉하다. 앞섶은 마주 여미고 옷고름이 없는 것이 특징이라 할 수 있다. 마고자는 추운 지방에서 덧저고리 역할을 하였으며, 보온에도 좋고 간편하여 남녀노소가 마고자를 본떠 만들어 입기 시작하였다.

참고문헌 김은정·임린 공저 『역사속의 우리옷 변천사』, 전남대학교 출판부, 2009.
유희경, 『한국복식사연구』, 이화여자대학교 출판부, 1980.
한국민족문화대백과

003 한국의 전통 식문화 중 반상차림에 관한 설명으로 옳지 않은 것은? (8회 109번)

① 반상기에는 주발, 대접, 보시기, 접시, 종지 등이 있다.
② 어른에게 드리는 반상은 진짓상이라고 한다.
③ 반상의 첩수에 국과 김치는 포함되지 않는다.
④ 반상은 첩수에 따라 3첩반상부터 15첩반상까지 있다.

평가 요소 한국민속학/의식주

참고문헌 김명희·한지영·김진영, 『전통 한국음식』, 2005. 광문각

004 전통 의복에 관한 설명으로 옳은 것은? (8회 111번)

① 활옷 - 혼례에서 입던 남성용 예복이다.
② 창옷 - 치마 안에 입던 여성용 방한복이다.
③ 속적삼 - 저고리 안에 받쳐 입는 홑옷이다.
④ 도포 - 추위를 막기 위해 입던 여성용 외출복이다.

평가 요소 한국민속학/의식주

참고문헌 한국민족문화대백과, 한국학중앙연구원
두산백과

▶ 003 **답** ④

정답 풀이

반상은 첩수에 따라 3첩 반상부터 12첩 반상까지 있다. 또한 반상의 첩수는 밥, 국, 김치, 조치, 종지(간장, 고추장, 초고추장 등)를 제외한 쟁첩(접시)에 담는 반찬을 가리키는 말이다.

▶ 004 **답** ③

정답 풀이

활옷은 가례(嘉禮) 때 착용하던 조선시대의 여자 예복으로, 인생을 새출발하는 신부가 입는 의복으로 사용되었다. 창옷은 창의(氅衣)라고도 하는데, 조선 후기 사인(士人) 계급에서 착용한 트임이 있는 옷을 말한다. 창의라 하면 대창의를 뜻하고, 창옷이라면 소창의를 말한다. 상류층은 집에서나 활터나 야유회 때 입었고 외출 때에는 겉옷의 밑받침옷으로 입었다. 하류층에서는 겉옷으로 입었다. 도포는 1800년대 선비들이 평상시에 입던 겉옷으로, 조선 중기 이후 많이 착용하였다.

▶ 005　**답** ①

정답 풀이

한국에서 온돌은 7세기 초부터 사용된 것으로 알려졌다. 『구당서(舊唐書)』와 『당서(唐書)』 동이전 고려(고구려조)에는 "가난한 백성들은 추운 겨울에 '장갱'(長坑)을 만들어 따뜻하게 한다"라는 대목이 있는데, 이것이 온돌과 비슷한 난방시설로 유추된다.

▶ 006　**답** ②

정답 풀이

관례는 어린이가 성인이 되었다는 것을 상징하기 위해 갯(冠巾)을 씌우는 의식이다. 관례를 치른 후에는 사회의 한 성원으로서 이때부터 성인 사회에 참여할 수 있는 자격을 얻게 되며, 결혼도 이후에 할 수 있다. 남자는 15~20세 전후에 했으나, 후대로 갈수록 점점 혼례 절차 속에 편입되었다.

넷째 마당

005 한국의 독특한 주택문화인 온돌에 관한 설명으로 옳지 <u>않은</u> 것은? (10회 9번)

① 고려시대에 몽고가 침략했을 때 처음 유입되었다.
② 아궁이에 불을 때면 화기(火氣)가 방 밑을 지나 방바닥 전체를 따뜻하게 하는 난방 장치이다.
③ 전통 온돌은 아궁이, 구들, 굴뚝 등을 기본구조로 한다.
④ 한국의 주택은 대부분 온돌식 난방 구조를 채택하고 있다.

평가 요소 한국문화/한국민속학/의식주
참고 문헌 최인학 저, 『한국민속학 새로 읽기』, 민속원, 2008.

• 한국문화/한국민속학/의례와 생활

006 한국의 대표적인 4대 전통 통과 의례인 관혼상제(冠婚喪祭)의 설명으로 틀린 것은? (3회 95번)

① 혼례 – 납폐, 친영, 폐백 등이 포함된 혼인의 의례
② 관례 – 관직에 입문하여 상투를 틀고 갓을 쓰는 의례
③ 제례 – 사당제, 기일제, 묘제 등의 제사를 지내는 예법
④ 상례 – 사람이 죽은 후 염습, 발인, 치장 등을 하는 예법

평가 요소 한국문화/한국민속학/의례와 생활

오답풀이　① 혼례에서 '납폐(納幣)'는 혼약이 성립된 데 대한 감사의 표시로 신랑의 집에서 신부의 집으로 예물함을 보내는 것을 말한다. 혼일 전날에 보내거나 혼인 당일 신랑의 초행길에 보내기도 하는데, 신부의 옷감, 이불감, 솜, 예물 등을 넣어 보낸다. 흔히 '함보낸다'라고 한다. '친영(親迎)'은 신랑이 신부의 집에 가서 신부를 맞이하는 혼례를 치르는 것을 말하며, '폐백(幣帛)'은 신부가 시집에 와서 드리는 인사를 말한다. 보통 신행 온 날 저녁에 하는데, 신부가 친정에서 준비해 온 대추, 밤, 술, 안주, 과일 등을 상 위에 놓고 시부모와 시어른들에게 절을 하고 술을 올리면, 시부모는 며느리의 치마에 대추를 던져주며 부귀다남(富貴多男)하라고 당부한다.
③ 제례는 죽은 조상들을 위한 예식이다. 사당제(祠堂祭)는 집안에 독립된 사당이 있는 곳에서만 올릴 수 있는 제사며, 기일제는 기제(忌祭)라고도 하는데, 원칙상 기일 첫 시간인 자시(子時)에 지낸다. 묘제(墓祭)는 5대조 이상의 전 조상의 묘에 연 1회(대개 10월) 동족 후손들이 모여서 지내는 제사이다. 일 년에 한 번 지내기 때문에 시제(時祭)라고도 하며, 규모가 제법 크다.
④ 상례는 사람의 죽음을 맞아 주검을 절차에 맞게 처리하고, 근친들이 슬픔으로 근신하는 기간의 의식 절차를 정한 예절이다. '상례(喪禮)'는 죽은 사람을 장사지낼 때 수반되는 모든 의례를 뜻하고, '장례(葬禮)'는 상례의 한 부분으로 시신을 처리하는 데 따르는 의례를 가리킨다. '염습(殮襲)'은 염과 습을 가리키는 말로,

본래 습을 먼저 하고, 뒤에 염을 한다. 습은 시신을 목욕시키는 일이고, 염은 수의를 입히고 입관하는 일이다. '발인(發靷)'은 방에서 관을 내온 후 장지로 떠나는 절차를 말한다. '치장(治裝)'은 묘지를 정하고 시신을 땅에 묻는 일을 가리키는 것으로, 땅에 묻는 매장과 불에 태우는 화장 등으로 나눌 수 있다.

참고문헌 최인학, 『한국민속학 새로 읽기』, 민속원, 2008.

---

007 민간신앙에 관한 설명으로 옳지 않은 것은? (4회 107번)

① 장승은 마을 입구나 길가에 세운 목상이나 석상으로 마을의 수호신 역할을 한다.

② 미륵바위는 미래의 구세적 염원을 담고 있는 신앙의 대상물로 불교에서 유래했다.

③ 솟대는 나무나 돌로 만든 새를 나무 장대나 돌기둥 위에 앉힌 것으로 삼신할머니 신앙의 대상물이다.

④ 서낭당은 마을 어귀나 고갯마루에 원추형으로 쌓아 놓은 돌무더기 형태로 수호신을 모시는 신당이다.

평가 요소 한국문화/한국민속학/의례와 생활

개념 확장 솟대는 지역에 따라 짐대, 진대, 짐대서낭, 진또배기, 수살이, 오릿대 등의 다양한 명칭으로 불린다. 대 끝에 오리는 물새가 갖는 다양한 종교적 상징성으로 인해 농사에 필요한 물을 가져와 주고, 화마로부터 지켜주며, 홍수를 막아주는 등 마을의 다양한 욕구에 부응하는 마을지킴이로 존재한다.

참고문헌 최인학, 『한국민속학 새로 읽기』, 민속원, 2008.
한국민속대백과사전 http://folkency.nfm.go.kr

---

008 오방색의 색채와 방위가 바르게 연결된 것은? (5회 105번)

① 동 – 청색

② 서 – 황색

③ 남 – 백색

④ 북 – 적색

평가 요소 한국문화/한국민속학/의례와 생활

개념 확장 오방(五方)은 다섯 방향을 말하는데, 동서남북과 중앙을 가리킨다. 중앙은 오행 가운데 토(土)에 해당되며, 황(黃)색을 상징하는데, 오방색의 중심으로 가장 고귀한 색으로 인식되었기 때문에 임금만이 황색 옷을 입을 수 있었다. 동쪽에 해당되는 청색은 귀신을 물리치고 복을 비는 색으로 사용되었으며, 남쪽에 해당되는 적색 또한 강력한 벽사(辟邪)의 빛깔로 쓰였다.

참고문헌 박연선, 『색채용어사전』, 도서출판 예림, 2007.

▶ **007** **답** ③

정답 풀이

솟대는 나무나 돌로 만든 새를 장대나 돌기둥 위에 앉혀 마을 수호신으로 믿는 상징물이다. 꼭대기의 새는 오리인데, 오리는 수신(水神)의 기능도 있어 농사의 풍흉과도 관련이 있다. 솟대는 마을의 액막이와 풍농·풍어 등을 기원하여 세우는 일반적인 솟대가 있는 반면, 풍수지리상으로 행주형(行舟形)인 마을에 비보로서 세운 솟대가 있으며, 급제를 기념하기 위해 세운 솟대도 있다.

▶ **008** **답** ①

정답 풀이

동양의 음양오행설(陰陽五行說)에 따르면 음과 양의 기운이 만나 화(火), 수(水), 목(木), 금(金), 토(土)의 오행이 생기며 여기에 상응하는 오색과 방위가 따른다. 목(木)은 동쪽에 해당되며, 청(靑)색이다.

오답 풀이

② 서쪽은 오행 가운데 금(金)에 해당되며, 백(白)색과 관련된다.

③ 남쪽은 오행 가운데 화(火)에 해당되며, 적(赤)색과 관련된다.

④ 북쪽은 오행 가운데 수(水)에 해당되며, 흑(黑)색과 관련된다.

▶ 009 답 ②

조왕신(竈王神)은 부엌 공간을 관장하는 신이다. 부엌 부뚜막에 좌정해 있다고 여겨지며, 가정에서 부녀자들의 신앙 전유물이기도 하다. 업신은 집안의 재복을 담당하는 가택신으로 지붕 위의 용마름 밑이나 곳간의 볏섬, 노적가리 등에 존재한다. 동물의 형태로 현현한다고 여겨지는데, 구렁이나 두꺼비, 족제비가 대표적이다. 업신이 나가면 집안 경제가 힘들어지거나 망하는 것으로 인식되고 있다. 성주신(城主神)은 집을 담당하여 지키는 신이다. 단순히 건물로서의 집뿐만 아니라 집안의 모든 운수를 관장하고 그 가정을 총체적으로 책임지고 있는 가장을 상징한다. 따라서 남신으로 여겨지고 있으며, 새로운 건물을 짓거나 이사를 했을 때 가장 먼저 모시기도 한다. 성주신의 좌정 위치는 대들보로 여겨지지만, 대체로 그 신체는 큰 방 윗목 선반에 모셔진다. 신체는 백지를 여러 겹 접어 만들기도 하고, 성주단지라고 하여 작은 항아리에 쌀 등의 곡식 등을 담아두는 형태도 있다. 터주신은 집터를 관장하는 지신(地神)이다. 터주신은 터를 관장하여 땅 속으로부터 올라오는 사악한 기운을 누르고 악한 귀신들을 다스려 거기 사는 사람들을 보호한다. 그리고 땅의 신이므로 경작하는 논밭의 땅까지 비옥하게 하여 농사가 잘 되도록 하는 영력을 가졌다고 한다. 터주신이 깃들어있는 곳은 큰방의 문과 마주하는 앞마당의 한 가운데이다.

▶ 010 답 ②

강강술래는 액운을 물리치는 것에 의미를 두기보다는 풍농과 다산을 상징하는 것에 더 가깝다고 볼 수 있다. 강강술래가 오곡이 풍성한 추석에 추수감사제적 맥락을 두르고 있다는 점과 왕성한 생력성을 상징하는 보름달 아래에서 행해진다는 점, 그리고 크고 둥근 알곡을 형상화한 듯한 윤무(輪舞)를 춘다는 점에서 그러하다. 현재 중요무형문화재 8호로 지정되어 있다.

---

009 한국의 민속 중 집안 신의 위치에 관한 연결이 옳은 것은?　(8회 110번)

① 업신 – 우물　　　　　② 조왕신 – 부엌
③ 성주신 – 장독대　　　④ 터주신 – 곳간

> **평가 요소**　한국민속학/의례와 생활
> **참고문헌**　문화콘텐츠닷컴(문화원형백과 씨나락), 한국콘텐츠진흥원, 2005.

• 한국문화 / 한국민속학 / 민속놀이

010 다음 중 '강강술래'에 대한 설명으로 적합하지 않은 것은?(3회 103번)

① 가사가 문학적 즉흥성을 지니고 있다.
② 액운을 물리치고 복이 찾아오도록 비는 마음이 담겨 있다.
③ 전통적으로 가무(歌舞)를 즐겼던 한국인의 유희 의식이 나타나 있다.
④ 달의 변화에 조응하는 인류 보편적인 축제적 집단 원무(圓舞)라고 할 수 있다.

> **평가 요소**　한국문화/한국민속학/민속놀이
> **참고문헌**　최인학, 『한국민속학 새로 읽기』, 민속원, 2008.
> 한국민속대백과사전 http://folkency.nfm.go.kr

011 남사당이 보여 주는 연희와 그 내용의 연결이 옳은 것은?(6회 94번)

① 버나 – 탈춤
② 살판 – 줄타기
③ 어름 – 대접돌리기
④ 덜미 – 꼭두각시놀음

> **평가 요소**　한국문화/한국민속학/민속놀이
> **개념 확장**　탈춤의 이름이 지명 중심으로 일컬어지는 데 비하여 꼭두각시놀음의 이름은 등장인물 중심으로 일컬어진다. 주요 등장인물에 따라 '꼭두각시놀이' 또는 '박첨지놀음', '홍동지놀음' 이라고 한다. 박첨지라는 인물의 비중이 가장 크며, 양반과 승려에 대한 풍자, 가부장적 권위의 모순을 비판하는 내용이 주를 이룬다. 현재 중요무형문화재 제3호로 지정되어 전승되고 있다.
> **참고문헌**　최인학, 『한국민속학 새로 읽기』, 민속원, 2008.
> 한국민속대백과사전 http://folkency.nfm.go.kr

· 한국문화 / 한국민속학 / 의례와 생활

012 동지(冬至)에 관한 설명으로 옳지 <u>않은</u> 것은? (9회 16번)

① 홍석모의 〈동국세시기〉에서는 '아세(亞歲)'라고 한다.
② 양력 12월 22일로 태양력의 절기에서 비롯된 명절이다.
③ 외양간과 변소 등 온 집안에 등불을 켜 놓고 밤샘을 한다.
④ 대문이나 마당, 담장 등에 팥죽을 뿌려 잡귀의 출입을 막았다.

013 십장생에 해당하지 <u>않는</u> 것은? (9회 17번)

① 학   ② 용   ③ 시내   ④ 대나무

보충설명 십장생(十長生)은 민간신앙 및 도교에서 불로장생(不老長生)을 상징하는 열 가지의 사물로, 해·달·산·내[川]·대나무·소나무·거북·학·사슴·불로초라고 말하기도 하고, 해·돌·물·구름·소나무·대나무·불로초·거북·학·산이라고 말하기도 한다.

참고문헌 『한국민속대관』, 고려대학교 민족문화연구소, 1980.

▶ 011   **답** ④

정답 풀이

덜미는 맨 마지막에 하는 인형극으로 남사당패들이 인형의 목덜미를 잡고 논다고 해서 덜미라고 일컫는다.

오답 풀이

① 버나는 대접, 쳇바퀴, 대야 등을 앵두나무 막대기로 돌리는 것으로 접시돌리기와 유사하다. 접시를 돌리면서 돌리는 사람인 버나잡이와 소리꾼인 매호씨 사이에 재담이 있어 연희적인 요소를 보여 준다.
② 살판은 서양의 기계체조처럼 땅재주를 넘는 것을 말한다. 재주넘는 살판쇠가 갖은 기교를 부리면서 매호씨와 재담을 나누기도 한다.
③ 어름은 줄타기로서 줄타는 광대인 어름산이와 장구를 쳐주는 매호씨 사이에 재담이 있어서 연극적인 모습을 보여 준다.

▶ 012   **답** ③

정답 풀이

③의 풍습은 수세(守歲)를 일컫는 것으로, 섣달그믐날 밤에 집안 곳곳에 불을 밝히고 잠을 자지 않는 풍속이다. 경신수야(庚申守夜), 별세(別歲), 불밝히기, 해지킴이라고도 한다.

▶ 013   **답** ②

정답 풀이

용은 우리나라를 포함하여 동아시아에서는 전통적으로 왕이나 황제와 관련된 상징물로, 십장생에는 포함되지 않는다.

해설

▶ **014** **답** ②

정답 풀이

단오에 먹는 음식으로는 수리취라는 나물을 두드려 넣어 만든 수리취떡이나 쑥떡을 가장 많이 먹으며, 그 외에 앵두화채, 창포로 빚어 만든 술인 창포주(菖蒲酒)를 마신다.

▶ **015** **답** ④

정답 풀이

김홍도는 영·정조와 순조 초기까지 활동했던 조선시대 화가이다. 다양한 장르에 능하였지만 특히 산수화와 풍속화를 잘 그렸다. 그는 조선 후기 농민이나 수공업자 등 서민들의 생활상을 소재로 하여 길쌈, 타작, 대장간, 고기잡이 등 그들이 생업을 꾸려가는 모습과 씨름, 무동, 윷놀이 같은 놀이를 즐기는 모습, 빨래터와 우물가, 점심 등 서민의 삶과 정서에 밀착된 일상의 모습을 간략하면서도 생동감 있게 표현하였다.

오답 풀이

① 산수 무늬 벽돌은 백제의 도교 사상을 반영한 유물이다.
② 청자연꽃무늬매병은 12세기의 것으로 간주된다. 13세기부터는 화금청자가 나타나는데, 기존 상감청자의 문양을 고수하면서 무늬를 넣기 위해 홈을 판 후 그 곳에 이금(泥金)을 그려 넣어 장식한 것이다.
③ 금동보살반가사유상은 삼국시대(4세기~7세기)의 불교 유물이다.

---

014 우리나라의 세시 풍속과 음식이 바르게 연결되지 않은 것은? (10회 2번)

① 삼짇날 – 화전
② 단오 – 귀밝이술
③ 정월대보름 – 오곡밥
④ 동지 – 팥죽

> **평가 요소** 한국문화/한국민속학/의례와 생활
> **참고 문헌** 『한국세시풍속사전–여름편』, 국립민속박물관편, 2005.

• 한국문화 / 한국의 전통문화 / 전통예술과 문화유산

015 다음에서 제시된 한국의 유물과 그 소개가 적절하게 연결된 것은?
(1회 102번)

① 산수 무늬 벽돌
: 7세기 무렵 풍미하던 도교 사상을 표현한 신라의 유물
② 청자연꽃무늬매병
: 고려청자 특유의 부드러운 곡선미와 은은한 비색을 지닌 13세기의 유물
③ 금동보살반가사유상
: 금동반가상의 걸작 가운데 하나로 평가되는 11세기 무렵의 고려 때 유물
④ 김홍도 풍속화
: 18세기 서민들의 일상생활을 구수한 한국적 감상으로 생생하게 그려낸 작품

> **평가 요소** 한국문화/한국의 전통문화/전통예술과 문화유산
> **참고문헌** 두산백과사전 http://www.doopedia.co.kr
> 김아네스·최선혜, 『고교생이 알아야 할 한국사 스페셜』, 신원문화사, 2009.
> 『한국문화유산산책』, 고려대학교 한국사연구소 고려답사회편, 새문사, 2012.

016 학(鶴)춤은 의상을 따로 갖추지 않고 일상의 옷인 도포에 갓을 쓰고 바지저고리, 버선과 미투리를 신고 즉흥적으로 추는 춤이다. 다음 중 학춤으로 유명한 고장은? (2회 100번)

① 경남 통영

② 안동 하회

③ 부산 동래

④ 황해도 해주

평가 요소 한국문화/한국의 전통문화/전통예술과 문화유산

오답 풀이 ① 경남 통영에는 통영오광대라는 탈춤이 전승되고 있다. 탈춤은 낙동강을 중심으로 부산 동래, 수영 지방에서는 들놀음이라고 불리며, 통영, 고성, 가산 지방에서는 오광대로 불린다. 통영오광대는 문둥이마당, 말뚝이마당, 영노탈마당, 제자각시탈마당, 포수탈마당으로 구성되어 있다. 원래 정월 대보름을 중심으로 행해졌으나 현재는 봄, 가을에 오락적인 놀이로 공연되고 있으며, 중요무형문화재 제6호로 지정되어 있다.

② 안동 하회에는 하회별신굿탈놀이가 전승되고 있다. 8마당으로 구성되어 있는데, 파계승에 대한 비웃음과 양반에 대한 신랄한 풍자와 해학 등이 그 내용이다. 한편, 이것은 제사의식적인 성격을 띠고 있는데, 예로부터 굿과 함께 성황님을 즐겁게 해 드리기 위하여 탈놀이를 하였다고 한다.

④ 황해도에서 전승되는 탈춤은 크게 나누어 평야지대의 봉산 탈춤형과 해안 지역의 해주 탈춤형으로 나눌 수 있다. 해주 탈춤형 중에서 현재 '강령 탈춤'이 가장 잘 알려져 있으며, 현재 중요무형문화재 제34호로 지정되어 있다. 매년 단오에 행해지고, 총 7과장으로 구성되어 있으며 등장인물이 모두 20명이다. 경쾌하고 활기찬 봉산탈춤과 달리, 사실적인 얼굴 모습을 묘사한 인물탈을 쓰고 아담하고 부드러운 장삼춤을 추는 것이 특징이다.

참고문헌 문화재청 www.cha.go.kr

017 한국의 전통 음악은 크게 정악(正樂)과 속악(俗樂)으로 나뉜다. 다음 중 속악인 것은? (2회 102번)

① 산조

② 시조

③ 여민락

④ 영산회상

평가 요소 한국문화/한국의 전통문화/전통예술과 문화유산

▶ **016** **답** ③

정답 풀이

학춤은 부산 동래지방에서 전승되어 오는 학춤이다. 주로 정월대보름날 동래야류나 줄다리기를 할 때 추던 춤으로, 어떤 춤꾼이 도포에 갓을 쓰고서 덧배기 춤을 추는 모습이 "학이 춤추는 것과 같다"라고 한데서 학춤이라 이름 붙여졌다 한다. 일상의 옷인 도포에 갓을 쓰고 바지저고리, 버선과 미투리를 신고 즉흥적으로 춘다. 반주악기는 꽹과리와 장구, 징, 북 등의 농악편성으로 되어 있고 장단은 굿거리장단이다. 구성을 보면, 일반 민속춤과 같이 일정한 순서로 짜여 있지 않고, 자유분방한 즉흥성과 개인적 멋이 강조되고 있다.

▶ **017** **답** ①

정답 풀이

우리 음악을 분류하면 가장 대표적인 것으로 정악과 민속악으로 나눌 수 있다. 정악은 상류 문화층이라고 할 수 있는 선비 문화와 관계가 깊고, 민속악은 서민 문화와 정서를 대변한다. 정악은 곧 아정(雅正)하고 고상하며 바르고 큰 음악이라는 말로, 국악 가운데 넓은 의미와 아악(雅樂)을 일컫는 말이다. 과거 궁중음악의 일부를 포함하여 민간 상류층에서 연주되어 오던 모든 음악을 지칭하며, 속악(俗樂)의 대칭으로 쓰인다. 정악은 거문고·가야금 등 줄[絃]로 된 현악기가 중심이 되며, 여기에 관악기를 곁들여 조주(助奏)하는 형식의 합주로 줄풍류라고 한다. 줄풍류에서는 가곡, 시조, 여민락(與民樂), 도드리, 영산회상(靈山會相) 등의 곡이 가장 널리 알려졌다. 민속악에는 판소리, 잡기, 민요, 시나위, 산조가 포함된다.

오답 풀이 ② 시조는 가곡과 함께 정악에 속한다. 가곡에서 파생한 것이 시조인데, 가곡은 세피리·대금·가야금·거문고·해금·장구 등 정식으로 관현악 반주를 갖추어야 하지만, 시조는 장구 반주 하나 또는 무릎 장단이라도 상관없다. 또한 가곡은 조금씩 다른 선율을 갖는 각 잎이 모인 것이라면, 시조는 평시조의 고정된 가락에 아무 시조나 대입해서 노래하는 것이다. 가곡은 남창이면 남자 한 사람, 남녀창일 경우에는 남자와 여자가 번갈아 가며 한 바탕을 계속 부르는 것이 원칙이나, 시조는 여러 사람이 가사만 바꾸어 돌려가면서 부르거나 즉흥적으로 시조를 지어 서로 화답하던 음악이다.

③ 여민락은 세종대왕이 만든 곡이다. 당시 세종대왕이 만든 여민락은 당악계로 지금은 여민락만(與民樂慢)이라 불리는데 중국계 고취악을 모체로 만들었다고 한다. 고취악은 타악기와 관악기의 합주 음악인데 군대에서 흔히 사용하는 밴드 음악으로 리듬이 아주 규칙적이다. 여기서 파생된 것들이 여민락령(與民樂令)·해령(解令) 등이다. 그리고 당악계 여민락을 향악식으로 고쳐 연주하는 것이 있다. 이것을 오늘날에는 여민락이라고 부르고 있다. 현재 여민락이라고 하는 것은 이 네 종류를 통칭하는 말이다.

④ 영산회상은 본래 불교의 성악곡이었는데, 18세기 중엽부터 지금까지 200여 년 동안 변주되고 덧붙여서 만든 대표적인 관현합주곡이다. 영산회상의 '영산회'란 말은 영취산에서 있었던 부처의 설법 모임을 말한다. 이곳은 인도의 마가다 왕궁의 수도 부근에 있던 산으로 석가의 설법 장소로 유명한 곳이다. 영산회상이 성악곡이었을 때는 궁중 무용의 반주로 기생과 악공들에 의해 불렸다. 하지만 영산회상의 가사는 중종때 수만년사(壽萬年詞)로 바뀐 후 조선 후기에 이르는 동안에 아주 떨어져 나가게 되었다. 17세기 후반부터 기악화하면서 영산회상은 차츰 풍류방에서 풍류객의 관심을 끌기 시작했고 선비를 중심으로 애호가들이 늘면서 연주 방법도 차츰 다양해지고 변주곡이 첨가되면서 여러 갈래의 영산회상이 등장하였다. 그러나 보통 영산회상이라고 하면 줄풍류라고 하여 거문고 중심의 현악 영산회상을 말한다.

개념 확장 산조(散調)를 말 그대로 풀면 '허튼 가락', '흐트러진 가락'의 뜻이 된다. 정악의 단정함에 비해 그렇다는 것인데, 격식과 의미가 우선이었던 정악에 비해 세속적인 인간의 감정을 고스란히 담아내는 산조나 민요를 조선 사대부들은 음악으로 인식하지 않았다. 산조는 주로 남도의 시나위 가락을 일정한 장단의 틀에 맞추어 연주하는 기악 독주곡이다. 장단의 틀은 있지만 그 안에 담기는 내용은 자유롭고, 악기도 특정한 것을 사용하지는 않아 전통 악기 대부분에 산조가 있다. 산조의 전신으로는 시나위를 꼽을 수 있는데, 시나위는 주로 전라도와 충청도 지방 단골 무당의 굿판에서 연주하던 합주 음악이다. 또한 산조를 키운 것은 판소리였다. "말 없는 판소리가 바로 산조"라고 하는 데에서도 산조는 판소리가 기악화한 것이라고 볼 수 있으며 실제로 산조와 판소리는 음악의 구조나 선율 면에서 비슷한 진행을 보인다.

참고문헌 두산백과사전 www.doopedia.co.kr
전인평, 『우리가 정말 알아야 할 우리 음악』, 현암사, 2007.

018 다음은 유네스코에서 지정한 한국의 세계 유산들이다. 맞지 <u>않는</u> 내용이 포함된 것은? (3회 101번)

① 세계문화유산 – 불국사, 종묘, 창덕궁, 강화 고인돌 유적
② 세계자연유산 – 제주 화산섬과 용암동굴, 설악산, 한려수도
③ 세계무형유산 –강릉단오제, 판소리, 종묘제례 및 종묘제례악
④ 세계기록유산 – 승정원일기, 고려대장경판, 조선왕조실록, 훈민정음

평가 요소 한국문화/한국의 전통문화/전통예술과 문화유산

참고문헌 『한국문화유산산책』, 고려대학교 한국사연구소 고려답사회편, 새문사, 2012.

▶ 018 **답** ②

정답 풀이

현재 국내의 세계자연유산 선정지는 제주 화산섬과 용암동굴이다.

오답 풀이

① 현재 국내의 세계문화유산은 석굴암·불국사, 해인사 장경판전, 종묘, 창덕궁, 수원 화성, 경주역사유적지구, 고창·화순·강화 고인돌 유적, 조선왕릉, 한국의 역사마을인 하회와 양동이다.
③ 현재 국내의 세계인류무형문화유산은 15개로, 판소리, 강릉단오제, 종묘제례 및 종묘제례악, 강강술래, 남사당놀이, 영산재, 제주칠머리당영등굿, 처용무, 가곡, 대목장, 매사냥, 택견, 줄타기, 한산모시짜기, 아리랑이다.
④ 현재 국내의 세계기록유산은 9개로, 훈민정음, 조선왕조실록, 직지심체요절, 승정원일기, 조선왕조의궤, 해인사 대장경판 및 제경판, 동의보감, 5.18 민주화운동 기록물, 일성록이다.

019 조선시대 한양 도성(都城)의 사방에 세운 성문을 흔히 사대문(四大門)이라 하는데, 그 명칭과 방향이 옳은 것은? (6회 101번)

	동	서	남	북
①	흥인지문	숙정문	숭례문	돈의문
②	숭례문	숙정문	흥인지문	돈의문
③	흥인지문	돈의문	숭례문	숙정문
④	숭례문	흥인지문	돈의문	숙정문

평가 요소 한국문화/한국의 전통문화/전통예술과 문화유산

참고문헌 두산백과사전 http://www.doopedia.co.kr

▶ 019 **답** ③

정답 풀이

흥인지문(興仁之門)은 통칭 동대문이라고 하며, 현재 보물 1호이다. 돈의문(敦義門)은 통칭 서대문이라고 하며, 일제강점기인 1915년에 일제의 도시 계획에 따른 도로 확장을 핑계로 철거되어 지금은 그 흔적조차 찾을 길이 없다. 다만 원래 자리가 경희궁터에서 독립문 쪽으로 넘어가는 고갯길쯤에 있었을 것으로 짐작된다. 숭례문(崇禮門)은 통칭 남대문이라 하는데, 국보 1호이다. 숙정문(肅靖門)의 원래 이름은 숙청문(肅淸門)으로, 도성 북쪽에 있는 대문이라 하여 북대문·북문 등으로도 부른다. 숙정문은 음양오행 가운데 물을 상징하는 음(陰)에 해당하는 까닭에 나라에 가뭄이 들 때는 기우(祈雨)를 위해 열고, 비가 많이 내리면 닫았다고 한다.

020 조선시대 '의궤'에 관한 설명으로 옳지 <u>않은</u> 것은? (9회 13번)

① 정조 시대와 고종 시대의 의궤는 체제와 구성에서 서로 다른 점이 많다.
② 열람자나 보관처에 따라 어람용(御覽用)과 분상용(分上用)으로 구분되었다.
③ 정조 시대의 〈원행을묘정리의궤〉와 〈화성성역의궤〉는 활자본으로 만들어졌다.
④ 행사의 전 과정을 보여주는 반차도(班次圖)와 건물이나 물품을 그린 도설(圖說)이 수록되어 있다.

 해설

▶ 020 답 ①

정답 풀이

의궤의 체제는 정조 이전과 이후를 기점으로 조금 차이가 나지만, 조선 왕조 전체를 봤을 때에는 그 체제와 구성 면에서 많은 차이가 있다고 볼 수는 없다.

참고문헌 『한국민족문화대백과』, 한국학중앙연구원

▶ 021 답 ①

정답 풀이

경주역사지구의 남산지구는 신라의 불교 유적, 특히 불교 미술을 포함하고 있는 곳이다.

021 유네스코 세계문화유산으로 지정된 '경주역사지구'의 각 지역과 문화적 특징의 연결이 옳지 않은 것은? (9회 14번)

① 남산지구 – 신라의 궁궐터
② 황룡사 지구 – 신라 불교의 중심
③ 명활산성 – 고대 신라의 방위 시설
④ 대릉원 지구 – 신라 초기 왕들의 무덤

참고문헌 『대한민국 구석구석』, 한국관광공사, 2013.

▶ 022 답 ①

정답 풀이

태극기에 그려진 4괘는 『주역』의 8괘에서 비롯된 것으로, 건(乾)은 하늘, 곤(坤)은 땅, 감(坎)은 달과 물, 리(離)는 해와 불을 상징한다.

022 태극기의 4괘 이름과 의미의 연결이 옳은 것은? (9회 18번)

	건	곤	감	리
①	하늘	땅	물	불
②	하늘	땅	불	물
③	땅	하늘	물	불
④	땅	하늘	불	물

보충설명 하늘을 상징하는 건괘(乾卦)는 오행(五行)의 금(金)을 뜻하며, 땅을 상징하는 곤괘(坤卦)는 오행의 토(土)를 뜻한다. 달과 물을 상징하는 감괘(坎卦)는 오행의 수(水)를 뜻하고, 해와 불을 상징하는 이괘(離卦)는 오행의 화(火)를 뜻한다.

참고문헌 두산백과

023 안동의 장씨 부인이 쓴 것으로 현존하는 가장 오래된 한글 요리책은? (9회 19번)

① 규합총서 ② 산가요록 ③ 수운잡방 ④ 음식디미방

참고문헌 『규합총서』, 이빙허각 지음, 정양완 역주, 보진재, 2003.
디지털안동문화대전
한국민족문화대백과, 한국학중앙연구원

---

024 경복궁에 관한 설명으로 옳은 것은? (10회 3번)

① 조선시대의 정궁(正宮)으로 북궐로도 불리었다.
② 임진왜란으로 전소되었으나 흥선대원군에 의해 중건되었다.
③ 궁 내부에 왕과 신하들이 모여 잔치를 베풀던 영회루가 있다.
④ 궁 앞면에는 광화문, 동쪽에 영추문, 서쪽에 건춘문이 있다.

평가 요소 한국문화/한국의 전통문화/전통예술과 문화유산
참고문헌 한국민족문화대백과, 한국학중앙연구원

---

025 '꼭두각시놀음'의 등장인물에 관한 설명으로 옳지 <u>않은</u> 것은? (10회 8번)

① 박첨지 - 팔도강산을 유람하며 주인공의 역할을 하는 인물이다.
② 홍동지 - 박첨지의 조카로서 힘이 세고 무례한 성격을 지녔다.
③ 말뚝이 - 박첨지의 하인으로 박첨지와 양반을 풍자한다.
④ 표생원 - 허름한 시골 양반의 역할을 하는 인물이다.

평가 요소 한국민속학/한국의 전통문화/전통예술과 문화유산
참고문헌 한국민족문화대백과, 한국학중앙연구원

▶ 023 **답** ④

정답 풀이

『음식디미방』은 조선후기에 안동 장씨가 말년에 딸들과 며느리들에게 물려줄 목적으로 집필한 음식조리서로 우리나라 최초의 한글 조리서이다. 17세기의 우리 조상들의 식생활을 엿볼 수 있다.

오답 풀이

① 『규합총서』는 1809년(순조9) 빙허각(憑虛閣) 이씨(李氏)가 엮은 가정살림에 관한 책으로, 음식, 바느질, 농가의 살림, 육아, 가정의학 등의 다양한 분야의 정보가 실려 있다.
② 『산가요록』은 1450년경 어의(御醫) 전순의(全循義)가 지은 음식책으로 작물, 원예, 축산, 양잠, 식품 등을 망라한 우리나라 최고(最古)의 요리서이다.
③ 『수운잡방』은 조선 중기 안동 출신인 김유(金綏)가 지은 요리서이다.

▶ 024 **답** ①

정답 풀이

경복궁은 조선시대의 정궁(正宮)이었으며, 도읍의 북쪽에 있다하여 북궐(北闕)이라고도 하였다.

오답 풀이

② 임진왜란으로 전소되었으나 고종 때에 중건되었다.
③ 경복궁 안에서 왕과 신하들이 모여 잔치를 베풀던 곳은 경회루이다.
④ 궁 앞면에는 광화문, 동쪽에 건춘문(建春門), 서쪽에 영추문(迎秋門)이 있다.

▶ 025 **답** ③

정답 풀이

'말뚝이'는 봉산탈춤에 나오는 인물로 주인 양반을 비꼬고 풍자하는 역할이다.

▶ 026 답 ④

정답 풀이

세한도는 김정희가 제주도 유배 생활을 하던 1844년(헌종 10)에 사제간의 의리를 잊지 않고 북경에서 두 번이나 귀한 책을 구해 보내 준 제자인 역관 이상적(李尙迪)의 인품을 칭송하며 답례로 그려 준 그림이다.

오답 풀이

① 김만중의 〈구운몽〉은 유배지였던 평북 선천에서 지은 것이다.
② 〈만언사〉는 안조환이 지은 추자도에서 지은 유배가사이다.
③ 〈목민심서〉는 정약용이 57세 되던 해에 저술한 책으로서, 그가 신유사옥으로 전라도 강진에서 19년간 귀양살이를 하고 있던 중 풀려난 해인 1818년(순조 18)에 완성된 것이다.

026 외국인과 유배(流配)문화 현장을 답사하려고 할 때, 작가와 작품 및 유배지의 연결이 옳은 것은? (10회 10번)

① 김만중 – 구운몽(九雲夢) – 양평
② 이방익 – 만언사(萬言詞) – 추자도
③ 정약용 – 목민심서(牧民心書) – 보길도
④ 김정희 – 세한도(歲寒圖) – 제주도

평가 요소 한국문화/한국의 전통문화/전통예술과 문화유산

참고문헌 한국향토문화전자대전, 한국학중앙연구원
한국민족문화대백과, 한국학중앙연구원

• 한국문화 / 한국의 전통문화 / 한국사

027 고구려의 광개토대왕비문과 관련된 내용으로 옳은 것은? (1회 109번)

① 고구려가 후연을 격파하고 요동으로 진출했다.
② 일본은 한반도 남부에 임나일본부를 설치했다.
③ 광개토대왕의 공적 기록은 삼국사기와 일치한다.
④ 압록강 이북의 고구려 영토는 옛 중국의 영토였다.

평가 요소 한국문화/한국의 전통문화/한국사

▶ 027 답 ①

정답 풀이

지금 국내성 부근에 있는 광개토대왕릉비는 왕의 위업을 기념하기 위해 세운 문자 그대로의 기념비이다. 이 비에 의하면 왕은 후연(後燕)을 공격하여 요동땅을 차지하고, 북쪽으로 숙신(肅愼)을 정복했으며, 남쪽으로 백제를 쳐서 한강 유역까지 영토를 확장하고, 왜국의 침략을 받은 신라를 도와 왜병을 낙동강 유역에서 섬멸하는 등 일생 동안 64개의 성과 1,400개의 촌을 공파했다. 왕은 대국을 건설한 자신감을 바탕으로 독자적인 연호를 세워 '영락(永樂)'이라고 하고, 죽은 뒤 〈국강상광개토경평안호태왕〉(國崗上廣開土境平安好太王)이라는 시호를 받았다.

오답 풀이

② 임나일본부설은 일본이 조선을 침략하여 지배한 것을 합리화하기 위해 역사를 왜곡하여 만든 설이다. 여기서 임나는 가야를 말한다. 일본학자들은 광개토대왕비문에 새겨진 "신묘년에 왜가 바다를 건너와 백제, 신라를 격파해 신민으로 삼았다."라는 부분을 확대 해석하여 그때 왜가 가야 지역에 임나일본부를 두어 식민지로 삼았다는 주장을 펼쳤다.
③ 광개토대왕의 공적 기록은 『삼국사기』와 비교해 봤을 때 외교 관계나 전쟁 기사와 관련하여 연도가 맞지 않는 부분도 있고, 광개토왕비문에는 기록되어 있으나 『삼국사기』에는 기록되어 있지 않는 것들도 있다.
④ 고구려는 국가 초기부터 압록강 이북의 영토를 조금 가지고 있었으며 이후에 요동과 부여 및 거란의 영토까지 세력을 확장하였다. 특히 요동은 옛 고조선의 유물이 출토되기도 했기 때문에 이를 중국의 옛 영토로 단정 지을 수는 없다.

참고문헌 한영우, 『다시 찾는 우리 역사』(개정신판), 경세원, 2004.
김아네스 · 최선혜, 『고교생이 알아야 할 한국사 스페셜』, (주)신원문화사, 2009.
이도학, 『고구려 광개토왕릉비문 연구』, 서경, 2006.
고구려연구재단편, 『다시 보는 고구려사』, 고구려연구재단, 2004.

028 다음의 내용과 같은 시기의 사회 현상으로 볼 수 없는 것은?
(1회 111번)

> 부모와 자식 간의 정과 도리는 아들이건 딸이건 차이가 없지만 딸은 부모가 살아 있을 때에 봉양하는 도리가 없고, 부모가 죽은 뒤에도 제사를 지내는 예가 없으니 어찌 토지와 노비를 아들과 동등하게 나누어 주겠는가.

① 아들이 없으면 대개 양자를 들였다.
② 문중서원과 동성촌락이 발달하였다.
③ 제사에서 윤회나 분할 봉사의 비중이 높았다.
④ 결혼 관행이 처가살이에서 시집살이로 바뀌었다.

평가 요소 한국문화/한국의 전통문화/한국사

참고문헌 한국사특강편찬위원회, 『한국사특강』(개정신판), 서울대학교 출판부, 2009.

029 고조선에 대한 설명으로 맞는 것은? (3회 110번)

① 고조선 말기에는 청동기 문화가 보급되기 시작했다.
② 고조선 사회는 노예 제도가 없이 귀족 계층과 농민 계층으로 나뉘어 있었다.
③ '제왕운기(帝王韻紀)'에는 고조선이 중국의 여러 제후국 중 하나였음을 기록하고 있다.
④ 단군왕검의 탄생 신화를 보면 서로 다른 부족의 연합에 의해서 군장 국가가 형성되었음을 추정할 수 있다.

평가 요소 한국문화/한국의 전통문화/한국사

개념 확장 고조선 사회를 가늠할 수 있는 8조교 중 알려진 3조목은 다음과 같다.
첫째, 사람을 죽인 자는 사형에 처한다.
둘째, 남에게 상해를 입힌 자는 곡물로써 배상한다.
셋째, 남의 물건을 훔친 자는 데려다 노비로 삼는다. 단, 스스로 속죄하려는 자는 1인당 50만전을 내야 한다.

참고문헌 한영우, 『다시 찾는 우리 역사』(개정신판), 경세원, 2004.
한국사특강편찬위원회, 『한국사특강』(개정신판), 서울대학교 출판부, 2009.
한국민족문화대백과사전 http://encykorea.aks.ac.kr/

▶ 028 **답** ③

정답 풀이

예시문은 재산분배에 있어 딸이 배제되고 아들 중심, 특히 장남 중심으로 가계 재산이 분배되는 조선 후기의 사회 풍조를 가리키고 있다. 제사에서 윤회나 분할 봉사가 많아진다는 것은 자녀들이 부모와 조상의 제사를 골고루 담당한다는 뜻인데, 예시문과 맥락에 맞지 않다. 조선 후기에는 성리학적 질서가 강화되고, 장자 중심의 제사 봉행과 상속이 이루어지면서 남존여비가 심화된 시기이다. 또한 문중 세력이 확대되고 집성촌이 형성되었으며, 결혼 관행도 처가살이에서 시집살이로 바뀌게 되었다.

▶ 029 **답** ④

정답 풀이

기원전 당시 고조선을 비롯한 중국 주변에 다른 여러 작은 국가들은 부족이 연합하여 군장을 추대하고 그 군장이 나라를 이끄는 군장국가였다. 단군 신화에서 하늘의 후손임을 자처하는 환인족이 왕족이 되고, 곰을 토템으로 숭배하는 웅녀족이 왕비족이 되었다는 것은 여러 부족이 모여 국가를 이룬 것을 암시하는 것이다.

오답 풀이

① 고조선은 그 국가가 형성되기 전, 부족 국가 때부터 청동기를 사용했다.
② 고조선 사회는 청동기 문화가 발달되고, 생산력이 높아지면서 부족 간의 대립과 갈등은 물론, 부족 내의 계급 구조도 형성되었다.
③ 〈제왕운기〉는 중국사와 한국사를 구분하고, 그 생활권 영역도 확실히 구분한 자주적인 역사책으로 평가받고 있다.

▶ 030 **답** ②

백제는 3세기 중엽 고이왕(古爾王, 234~286)때에 위(魏) 지배하의 낙랑군과 대방군 그리고 말갈족을 북으로 밀어내면서 영토를 넓히고, 국가체제를 새롭게 정비했다. 즉 중앙에 6개의 좌평(佐平)을 두어 업무를 분장시키고, 16품의 관등제(官等制)와 백관의 공복(公服)을 제정하여 지방 족장들을 차등있게 중앙관료로 흡수함으로써 정비된 고대왕국의 모습을 갖추었다. 백제에 불교가 전해진 것은 침류왕(枕流王) 원년(384)에 동진(東晉)으로부터 호승 마라난타가 온 것이 시초이다. 백제 불교는 중국 남조의 영향을 받아 국가적 성격이 약한 반면 열반경이나 반야경을 중심으로 하는 불교교리의 연구를 중요시하였다.

030 다음의 정치 제도 및 사회에 대한 설명에 해당되는 국가는? (3회 111번)

> 1. 서기 260년에 관제를 정돈하여 6좌평(佐平) 제도와 16등급의 관품(官品) 제도가 제정되었고 관품의 등급에 따라 옷의 색깔을 정하였다.
> 2. 서기 262년에 관리로서 재물을 받은 자와 도둑질한 자는 훔친 물건의 세 배를 배상하고 금고(禁錮)에 처하는 등 법령 제정에 힘썼다.
> 3. 서기 384년에 동진(東晉)의 호승(胡僧) 마라난타(摩羅難陀)를 통해 불교를 받아들여 귀족적 신분 사회의 이론적 토대로 삼게 되었다.

① 가야
② 백제
③ 신라
④ 고구려

평가 요소 한국문화/한국의 전통문화/한국사

오답 풀이 ① 가야는 낙동강 하류의 변한 12국에서 기원 전후 철기문화의 발달에 힘입어 새로운 연맹왕국으로 출현된 국가이다. 경남 김해지역의 금관가야(구야국 혹은 본가야), 함안의 아라가야, 고성의 소가야, 경북 함창의 고령가야, 고령의 대가야, 성주의 성산가야가 그러하다. 이 중에서 가야 연맹체의 중심세력은 금관가야이며, 그 시조는 수로왕으로 알려져 있다. 4세기 후반부터 백제의 지배하에 들어간 남쪽 가야는 6세기 이후로 신라의 정복사업이 활발해지면서 법흥왕 19년(532)에 김해의 금관가야가 신라에 병합되었다. 이후에 가야연맹의 주도권은 경북 고령지방에 있던 대가야로 옮겨졌는데, 이곳도 얼마가지 않아 진흥왕의 정복 사업에 의해 562년에 신라에 병합되었다.

③ 신라에는 체계적으로 정비된 골품제도가 있었다. 혈통에 등급을 두어 정치적 출세나 일상생활에도 차별을 두는 제도로, 이에 따르면 경주 귀족 중에서 최고의 귀족은 성골(聖骨)로서 김씨 왕족을 가리킨다. 그 다음 귀족은 진골(眞骨)로서 처음에는 김씨 왕족 중에서 왕이 될 자격이 없는 사람이었으나, 성골이 없어진 뒤로는 진골에서 왕이 배출되었다. 진골 아래에는 6·5·4두품의 귀족이 있었다. 그 다음 3·2·1 두품의 하급 귀족이 있었으나 뒤에는 소멸되어 평인 혹은 백성으로 불리게 되었다. 수상 밑에는 여러 등급의 관료를 두었는데 신라는 17등급을 두었으며, 백제와 마찬가지로 복식의 색깔에 의해 서열을 구분하였다. 신라에 불교가 들어온 것은 가장 늦은 5세기 초로서 눌지왕(417~458) 때 고구려를 거쳐온 아도(阿道)라는 승려가 처음으로 불교를 전파했으나 이는 민간차원의 비밀 포교에 머물렀다. 그후 양(梁)나라 사신이자 승려인 원표(元表)가 경주에 오면서 비로소 왕실에 불교가 전해졌다. 그러나 신라는 귀족들이 전통사상과 마찰을 일으키는 불교의 공인을 반대하다가 6세기초 법흥왕 14년(527)에 이차돈이 순교하면서 법흥왕 22년(535)에 이르러 비로소 공인을 얻었다.

④ 고구려는 수상(首相)을 국상(國相), 대대로, 막리지 등으로 부르고, 그를 우두머리로 하여 그 아래 대략 14등급을 두었다. 고구려는 수상 대대로를 임명할 때 귀족인 가(加)들이 선출했으며, 제5관등인 조의두대형 이상 귀족들의 회의에서 주요 국사를 처리하였다. 또한 고구려에서 최고 귀족인 왕족과 왕비족은 고추가(古雛加)로 불렸는데, 이들은 14관등에서 최고관등까지 올라갈 수 있었으나, 그 나머지 귀족들인 대가(大加)나 소가(小加)는 최고 관등에 오를 수 없었다. 불교는 고구려가 소수림왕 2년(372년)에 전진(前秦)의 승려 순도(順道)를 통해 받아들였는데, 삼국 중 최초이다.

해 설

참고문헌 이현희 · 공원영, 『한국문화와 역사』, 형설, 1991.
한영우, 『다시 찾는 우리 역사』(개정신판), 경세원, 2004.
한국사특강편찬위원회, 『한국사특강』(개정신판), 서울대학교 출판부,
2009.

031 신라의 고승 원효가 당시 불교 사상을 정리하여 편찬한 책은?
(5회 99번)

① 화왕계(花王戒)

② 삼대목(三代目)

③ 계원필경(桂苑筆耕)

④ 십문화쟁론(十門和諍論)

평가 요소 한국문화/한국의 전통문화/한국사

오답풀이 ① 화왕계(花王戒)는 신라 때 설총(薛聰)이 지은 단편산문이다. 《동문
선》 권52에는 우언적(寓言的)인 '풍왕서(諷王書)'라고 표기되어
있으나 원래는 《삼국사기》 열전에 설총을 다루면서 제목 없이
언급된 것이며, 후대의 사람들이 그것을 '화왕계'라 부른 것이다.
꽃나라를 다스리는 화왕(花王) 모란이 처음에는 자신을 뵙고자 온
많은 꽃 중에서 장미를 사랑하였다가 뒤이어 나타난 할미꽃의 충
직한 모습에 심적인 갈등을 일으키게 된다. 그러나 결국 할미꽃의
간곡한 충언에 감동하여 정직한 도리를 숭상하게 된다는 이야기
이다.
② 삼대목(三代目)은 신라 말 진성여왕 때 위홍(魏弘)이 승려 대구(大
矩)와 함께 향가를 모아 만든 향가집이다. 지금 전하고 있는 것은
향가 25수뿐이다. 그중에서 대표적인 것은 진평왕 때 노래로서
혜성(彗星)과 왜병을 물리쳤다는 융천사(融天師)의 〈혜성가〉이다.
③ 계원필경(桂苑筆耕)은 최치원이 신라 말에 지은 시문집으로, 최치
원이 고변의 종사관(從事官)으로 재직할 때의 작품인 만큼 우리나
라와는 별로 관계가 없는 시문이 대부분이다. 그러나 현존 최고
최초의 개인문집이며, 이 문집은 사륙변려문(四六騈儷文)의 유려
한 문체가 수많은 전고(典故)를 담은 채로 수록되어 있다.

참고문헌 한국사특강편찬위원회, 『한국사특강』(개정신판), 서울대학교 출판부,
2009.
한국민족문화대백과사전 http://encykorea.aks.ac.kr
한영우, 『다시 찾는 우리 역사』(개정신판), 경세원, 2004.

• 한국문화/전통문화현장실습/예의범절

032 외국 학생들에게 우리의 전통적 인사법인 큰절을 가르치려고 한다. 남자
가 큰절을 하는 순서로 옳은 것은? (4회 105번)

▶ 031 **답** ④

정답 풀이

원효는 당시 대승불교의 2대 조류를
이루고 있던 중관파(中觀派)와 유식
파(唯識派)의 대립을 뛰어 넘는 독특
한 화쟁의 논리를 내세워 《십문화쟁
론》을 편찬하였다. 원효는 두 극단을
버리고 양자를 종합해야 한다는 화
쟁의 논리에 따라 중관파의 "세계의
모든 것은 다 공(空)이다"라고 하는
부정론이나, 유식파의 "세계의 모든
현상은 다 식(識)이다"라고 하는 긍
정론을 다 같이 비판하고 세계는 오
직 한마음[一心]이라는 독자적인 견
해를 제시했다. 이 책은 여러 경론에
흩어진 교리적 대립을 열 가지 범주
[十門]에 포섭하여 그에 대해 화쟁을
시도한 종합적인 방법론의 책으로
평가된다.

▶ 032 **답** ②

정답 풀이

남자의 큰절하는 순서는 다음과 같다.
1. 공수(남자는 왼손이 위로 가게 포개 잡
는 것)하고 어른을 향해 선다.
2. 공수한 손을 눈높이까지 올렸다가 내
리면서 허리를 굽혀 공수한 손을 바닥
에 짚는다.
3. 왼쪽 무릎을 먼저 꿇고 오른쪽 무릎을
꿇어 엉덩이를 깊이 내려앉는다.
4. 팔꿈치를 바닥에 붙이며 이마를 공수
한 손등 가까이에 댄다. 이때 엉덩이
가 들리면 안 된다.
5. 공손함이 드러나도록 잠시 머물러 있
다가 머리를 들며 팔꿈치를 펴고, 오
른쪽 무릎을 세워 공수한 손을 바닥에
서 떼어 오른쪽 무릎 위를 짚고 일어
난다.
6. 공수한 손을 눈높이까지 올렸다가 내
린 후 묵례한다.

ㄱ. 오른쪽 무릎을 구부려 왼쪽 발 위로 오른발을 포갠다.
ㄴ. 허리를 굽혀 포갠 손으로 바닥을 짚고 왼쪽 무릎을 구부린다.
ㄷ. 양손을 포개어 가슴 높이로 올린다.
ㄹ. 팔꿈치가 바닥에 닿고 이마가 손에 닿을 정도로 허리를 굽힌다.

① ㄱ - ㄴ - ㄷ - ㄹ
② ㄷ - ㄴ - ㄱ - ㄹ
③ ㄴ - ㄷ - ㄱ - ㄹ
④ ㄷ - ㄱ - ㄴ - ㄹ

평가 요소 한국문화/전통문화 현장실습/예의범절

개념 확장 여자의 큰절 순서는 다음과 같다.
1. 공수한 손(여자는 오른손이 위로 가게 포개 잡는 것)을 들어 어깨 높이만큼 올리고 시선은 손등을 본다.
2. 왼쪽 무릎을 먼저 꿇고 오른쪽 무릎을 가지런히 꿇은 다음 엉덩이를 깊이 내려앉는다.
3. 윗몸을 45°쯤 앞으로 굽힌 다음 잠시 머물러 있다가 윗몸을 일으킨다. 머리를 깊이 숙이지 못하는 이유는 머리 장식 때문이다.
4. 오른쪽 무릎을 먼저 세우고 일어나 두 발을 모은 후 올렸던 두 손을 내려 공수한 후 가볍게 묵례한다.

참고문헌 용인시 예절교육관 http://ye.yonginsi.net/

• 한국문화 / 전통문화현장실습 / 세시풍속

033 한국의 세시풍속에 관한 설명으로 옳지 않은 것은? (5회 102번)

① 정월 대보름에 하는 줄다리기는 주로 경기 이남 지역의 벼농사 지대에 분포한다.
② 5월 단오에는 씨름, 그네타기 등의 행사를 거행하고 시절에 맞는 음식을 먹었다.
③ 한식에는 팥죽을 쑤어 먹는데 이는 팥이 양기를 강하게 하기 때문이다.
④ 음력 3월 3일을 삼짇날이라 하는데 화전(花煎), 화면(花麵) 등 시절 음식을 만들어 먹었다.

평가 요소 한국문화/전통문화 현장실습/세시풍속

참고문헌 국립민속박물관, 『한국세시풍속사전』

▶ 033 **답** ③

정답 풀이

한식(寒食)은 예로부터 설날, 단오, 추석과 함께 우리나라의 4대 명절이다. 한식에는 따로 음식을 만들어 먹기보다는 주로 조상들의 묘를 다듬고 제사를 지낸다. 요즈음에는 한식의 의미가 많이 퇴색되어 별도의 행사를 하는 경우가 드물다. 한편 일년 중 해가 가장 짧고 밤이 가장 긴 날인 동지(冬至)에는 벽사(辟邪)의 의미로 붉은 색의 팥죽을 만들어 먹는다.

034 외국인 학생에게 씨름을 가르치고자 한다. 씨름의 각 기술과 세부적인 방법이 옳게 연결되지 <u>않은</u> 것은? (8회 112번)

① 발 기술 – 오금당기기　　　② 손 기술 – 앞무릎치기

③ 허리 기술 – 들배지기　　　④ 다리 기술 – 밭다리걸기

평가 요소 전통문화현장실습/세시풍속

참고문헌 한국민족문화대백과, 한국학중앙연구원

▶ 034　**답** ①

정답 풀이

씨름 기술의 종류는 크게 손기술·다리(발)기술·허리기술·혼합기술로 나눈다. 그 중에 오금당기기는 손기술에 속하는 것으로, 상대의 고리가 아래로 처져 있고 상대방의 앞무릎이 굽어 있을 때 두 손으로 상대의 오금을 공격수의 두 다리 사이로 끌어당겨 넘어뜨리는 방법을 말한다.

・한국문화 / 전통문화 현장실습 / 세시풍속

035 외국인 학생과 전통 문화 현장을 견학할 때, 지역별 연결이 옳지 <u>않은</u> 것은? (10회 11번)

① 제주 – 칠머리당 영등굿　　② 강릉 – 단오제

③ 전주 – 별신굿 탈놀이　　　④ 한산 – 모시짜기

평가 요소 한국문화/전통문화 현장실습/세시풍속

참고문헌 『한국세시풍속사전–정월편』, 국립민속박물관, 2004.

▶ 035　**답** ③

정답 풀이

별신굿탈놀이는 경상북도 안동의 하회마을에서 전승되어 오는 탈춤이다.

해 설

제2강 한국의 현대사회와 문화

• 한국문화 / 현대한국사회 / 다문화

▶ 001 답 ①

001 다음은 특정 지역과 그 지역에 형성된 외국인의 공간이다. 그 연결이 옳은 것은? (2회 94번)

① 경기도 남양주 – 몽골마을
② 서울 삼청동 – 이슬람 사원
③ 서울 미아리 – 필리핀 시장
④ 인천 남동구 – 국경 없는 마을

정답 풀이

경기도 남양주는 몽골 울란바토르시와 우호 협력 관계를 체결하여 대규모 몽골문화촌을 조성하였다. 몽골 마상 공연단, 몽골 민속 전시, 다양한 체험관 등을 조성하여 국내 관광객들에게 많은 볼거리를 제공해 주고 있다.

오답 풀이

② 이슬람 사원은 서울시 용산구 이태원에 있다.
③ 필리핀 시장은 서울시 중구 혜화동(대학로)에서 매주 일요일 오전 10시부터 오후 5시까지 열린다.
④ 인천 남동구도 외국인 마을이 있지만, '국경없는 마을'은 경기도 안산시 원곡본동에 있다.

평가 요소 한국문화/현대한국사회/다문화

개념 확장 수도권 지역의 외국인 거주 공간은 대략 다음과 같이 형성되어 있다. 서울시 대림동과 가리봉동을 중심으로 가장 많은 외국인이 조선족이며 그 다음으로 중국인, 일본인, 베트남·타이·필리핀인, 프랑스인이 (행정자치부, 2007년 기준) 거주하고 있다. 또한 서초구 반포동의 프랑스인 서래마을, 용산구 동부 이촌동의 일본인 마을, 구로구 가리봉동 조선족의 옌볜거리, 용산구 이태원의 무슬림 거리, 나이지리아 거리, 중구 광희동의 몽골타워, 동대문 운동장 근처의 러시아촌, 종로구 창신동의 네팔인 거리, 혜화동의 필리핀 거리, 서대문구 연희동의 차이나타운이 유명하다.

참고문헌 김희철·안건혁, 「이주회로별 수도권 외국인 거주지역 공간분포와 영향요인」, 국토계획 제46권 5호, 2011.

• 한국문화 / 현대한국사회 / 경제산업

▶ 002 답 ④

002 한국은 세계적으로 초고속 인터넷망이 아주 널리 보급된 나라로 꼽힌다. 그렇게 된 요인으로 보기 <u>어려운</u> 것은? (1회 96번)

① 정부의 지원
② 빨리빨리 문화
③ 밀집된 주거 환경
④ 대중문화의 저변 확대

정답 풀이

〈뉴욕타임스〉는 2009년 3월 10일자 '브로드밴드 격차: 왜 그들은 더 빠른가?'라는 제목 아래, 한국의 초고속 인터넷망 보급은 도시 아파트에 밀집된 인구와 정부의 적극적인 지원을 원인으로 보았다.

평가 요소 한국문화/현대한국사회/경제산업

참고문헌 그린투데이

해 설

• 한국문화/현대한국사회/정치정책제도기관

003 '한스타일'은 대표성과 상징성을 갖는 한국의 전통문화 중 산업화 가능성과 세계화 필요성이 높은 6개 부문을 선정하여 정책적 지원을 함으로써 부가 가치와 국가 이미지를 높이고자 하는 사업이다. 다음 중 그 6개 부문에 포함되는 것은? (3회 99번)

① 한글, 한식, 한지, 한국 미술
② 한복, 한옥, 한지, 한국 음악
③ 한글, 한식, 한약, 한국 영화
④ 한복, 한옥, 한약, 한국 무용

평가 요소 한국문화/현대한국사회/정치정책제도기관
참고문헌 www.han-style.com

004 독도에 관한 설명으로 옳지 <u>않은</u> 것은? (5회 110번)

① 1997년 7월 한국 외무부는 독도를 한국 배타적 경제 수역(EEZ)의 기점으로 공표했다.
② 1946년 1월 연합국 최고사령부는 독도를 한국 영토로 판정했다.
③ 리앙쿠르 암(Liancourt Rocks)이라고 불리기도 한다.
④ 일본은 독도를 '무주지'라고 해서 1905년에 자국의 영토로 편입시켰다.

평가 요소 한국문화/현대한국사회/정치정책제도기관
개념 확장 독도의 별칭은 다양한데, 독섬, 돌섬, 삼봉도(三峰島), 우산도(于山島), 가지도(可支島), 석도(石島) 등으로 불렸다.
참고문헌 정병준, 『독도 1947』, 돌베개, 2010.
한국민족문화대백과사전 http://encykorea.aks.ac.kr

005 다음은 어떤 기관에 관한 설명인가? (7회 102번)

○ 외교통상부 산하의 정부출연기관으로 정부 차원의 대외무상협력사업 전담 기관
○ 한국과 개발도상국가와의 우호협력관계 및 상호교류를 증진하고 이들 국가들의 경제사회발전 지원을 통해 국제협력 증진에 기여
○ 해외봉사단 파견, 해외재난 긴급구호 등의 사업 시행

① 유네스코(UNESCO)
② 월드비전(World Vision)
③ 한국국제교류재단(KF)
④ 한국국제협력단(KOICA)

▶ 003 **답** ②

정답 풀이

한(韓)스타일이란 우리 문화의 원류로서 대표성과 상징성을 띠며, 생활화, 산업화, 세계화가 가능한 한글, 한식, 한복, 한지, 한옥, 한국음악(국악) 등의 전통문화를 브랜드화 하는 것을 말한다. 산업적 기반이 취약한 전통문화 분야의 보존 및 연구지원, 범정부적 지원체계 구축, 선택과 집중을 통한 분야별 대표브랜드 육성, 한류 및 관광산업과의 연계 등의 추진 전략을 통해 현재 13위 수준의 국가브랜드 가치를 2015년까지 10위 수준으로 끌어올리는 것을 목적으로 하고 있다.

▶ 004 **답** ①

정답 풀이

독도를 제외한 울릉도를 한국의 배타적 경제 수역의 기점으로 공표하였다.

오답 풀이

② 1946년 1월 국제법 기관인 '연합국 최고 사령부'는 독도를 한국 영토로 판정하여 거듭 한국 영토임이 확인되었다. 연합국이 독도를 한국의 영토라고 판정한 근거의 기원은 카이로 선언까지 거슬러 올라간다. 카이로 선언에서 연합국은 한국의 독립을 약속하고, 패전 후 일본 영토의 한계를 규정하였다. 이에 따르면 "일본은 폭력과 탐욕에 의해 약취(略取)한 기타 일체의 지역에서 마땅히 구축"되어야 한다고 명시되어 있다. 연합국은 일본으로부터 분리하여 원래 소속으로 반환해야할 영토를 규정한 연합군최고사령부지령(SCAPIN) 제677호를 발표한다. 제677호 제3항에는 일본으로 귀속될 섬과 제외될 섬을 명기하고 있다. 당연히 울릉도와 독도는 일본에 귀속되지 않고 한국영토로 발표되었다.
③ 독도를 일본에서는 다케시마, 서구 국가에서는 리앙쿠르 암(Liancourt Rocks)이라고 부른다.
④ 일본은 독도를 무주지(無主地)라고 판정하고 1905년 자국의 영토로 편입시켰으나, 이것은 현재 일본이 주장하고 있는 독도 고유영토설과 맞지 않는 자신들의 과거 행적이다.

▶ 005   답 ④

정답 풀이

한국국제협력단은 정부의 대외무상 협력사업을 전담 실시하는 기관으로 1991년 4월 설립되었으며, 코이카 (Korea International Cooperation Agency : KOICA)라고도 한다. 주요 활동으로 전문가, 의사, 태권도 사범 등의 전문인력 및 해외봉사단 파견, 국제협력 요원을 포함한 연수생 초청사업, 국제비정부기구 지원, 기타 프로젝트 사업 등을 전개하고 있으며, 국제협력요원에 대한 관리업무를 외교통상부장관으로부터 위탁받아 수행하고 있다.

평가 요소 한국문화/현대한국사회/정치정책제도기관

오답 풀이 유네스코(UNESCO)는 United Nations Educational, Scientific and Cultural Organization(국제연합교육과학문화기구)의 영문 머릿글자를 딴 이름이다. 국제연합전문기구의 하나로, 교육 · 과학 · 문화 · 커뮤니케이션을 비롯한 광범위한 분야에서 국제 이해와 협력을 증진시켜 항구적인 세계평화를 건설하는 것을 목적으로 하고 있다. 유네스코 본부는 프랑스 파리에 있고, 전 세계 73곳에 사무소와 부속 연구소를 두고 있다. "전쟁은 인간의 마음 속에서 비롯되므로 평화의 방벽을 세워야 할 곳도 인간의 마음속이다."라는 전문으로 시작하는 〈유네스코 헌장〉에는 국민간의 상호이해를 증진하기 위해 모든 필요한 국제협력, 대중교육과 문화보급의 촉진 및 장려, 지식의 유지, 증대 및 전파 추구 등을 유네스코의 활동범주로 규정하고 있다.

② 월드비전(World Vision)은 한국전쟁 중 미국인 밥 피얼스 목사와 영락교회의 한경직 목사의 전쟁고아와 미망인들에 대한 구호에서 시작되었다. 월드비전은 2004년 현재 전 세계 100여개 국에서 활동하는 세계최대의 기독교 NGO로서 비약적으로 발전해 14,000여 명의 직원들이 약 10억 달러의 예산으로 170만 결연 아동과 그의 가족, 지역사회를 돌보고 있다.

③ 한국국제교류재단(KF)은 국제사회에서의 한국에 대한 올바른 인식과 이해를 도모하기 위한 제반활동을 하며, 외국의 주요 국제교류기관과 협력하여 국제적 우호 · 친선을 증진하는 등의 일을 하고 있는 정부재정지원기관이다. 주로 학자들과의 교류를 통해 한국과 관련된 학문 및 과제를 연구하게 하고, 세계에 한국을 홍보할 수 있는 문화예술 공연을 주최하거나 시청각 자료를 배포한다.

참고문헌 대한민국 정부 www.korea.go.kr
『시사상식사전』, pmg 지식엔진연구소, 2013.
한국민족문화대백과사전 http://encykorea.aks.ac.kr

▶ 006   답 ①

정답 풀이

3.8선은 2차 세계대전 이후 연합군이 지정한 경계로, 이남은 미군이 이북은 소련군이 담당하게 되면서 만들어졌다. 휴전선은 1957년 7월 27일에 종전이 아닌 휴전을 위해 만든 경계선으로, 휴전 협정 이후에도 크고 작은 군사분쟁이 휴전선 일대에서 계속 일어났다.

• **한국문화 / 현대한국사회 / 한국근현대사**

006 6 · 25 전쟁에 대한 설명으로 옳지 않은 것은? (1회 112번)

① 휴전선은 유엔군과 공산군의 합의로 북위 38도선으로 결정되었다.

② 전쟁으로 5백여만 명의 사상자가 발생하였고 분단이 고착화되었다.

③ 미국의 남한에 대한 영향력 강화와 일본의 군사적 성장을 초래하였다.

④ 휴전회담에서 유엔군 쪽은 포로의 자유의사에 따른 송환을 주장하였다.

평가 요소 한국문화/현대한국사회/한국근현대사

해 설

007 일제의 식민지 지배 정책에 대한 설명으로 옳지 <u>않은</u> 것은?
(2회 113번)

① 1940년대에는 조선 여성들을 종군위안부로 동원하였다.
② 문화정치 시기에는 친일파를 양성하여 민족해방운동을 분열시켰다.
③ 1910년대에는 헌병과 경찰을 동원하여 강력한 무단통치를 실시하였다.
④ 3.1운동이 일어나자 문화정치의 일환으로 문관이 총독으로 부임하였다.

평가 요소 한국문화/현대한국사회/한국근현대사

개념 확장 일제의 식민지 정책을 시대별로 정리하면 다음과 같다.
1910년대는 조선총독부의 탄압통치, 즉 무단통치 시기이다. 대표적인 것으로 소위 토지조사사업을 통해 토지침탈을 강행하였고, 우리 민족 기업을 탄압하기 위하여 '회사령'을 공포하여 회사를 설립할 경우 총독부의 허가를 받도록 하였다. 이에 따라 우리 민족기업은 정미업, 피혁업, 요업, 방적업, 농수산물 가공업 등 주로 경공업에 한정되었다.
1920년대에는 일제의 기만적 문화통치가 이루어졌다. 언론, 집회, 결사의 자유를 보장하는 것처럼 했지만, 사실은 치안유지법을 만들어 일제의 비위에 거슬리는 모든 것들을 검거하였다. 또한 경제수탈은 더욱 강화되었으며, 한국인의 독립정신을 말살하기 위해서 무엇보다도 한국인의 자존심을 부추기고 있는 역사의식을 바꿔야 한다며 역사 왜곡작업에 나서기 시작하였다. 이에 일본인 어용학자와 일부 한국인 역사가를 참여시켜 〈조선사〉를 간행하였다.
1930~1940년대에 일제는 우리나라를 중국 침략을 위한 발판으로 삼기 위하여 병참기지화 정책을 펼쳤다. 따라서 우리 땅에서 전쟁물자를 공급받기 위해 공출제도가 시행되면서 우리 농민들이 식량부족을 겪게 되었다. 종군위안부도 이때에 만들어졌다. 또한 우리 민족을 일본국민으로 동화시키기 위해 민족말살정책을 추진하였다. 이것이 노골적인 파시즘의 시작이었는데, 학교교육과 관공서에서 우리말 사용이 금지되고 일본어를 사용하게 하였다.

참고문헌 한국사특강편찬위원회, 『한국사특강』(개정신판), 서울대학교 출판부, 2009.
한영우, 『다시 찾는 우리 역사』(개정신판), 경세원, 2004.

▶ 007 **답** ④

정답 풀이
3.1 운동으로 지배방식을 바꿀 수밖에 없었던 일제가 들고 나온 것이 문화통치였다. 1910년대의 무단통치가 폭력과 강제에 의지했다면 이제는 '문화적' 수단을 사용하겠다는 것이었다. 신임 총독으로 부임한 사이토 마코토[齋藤實]는 군인 출신으로, 일시동인의 원칙에 따라 조선을 통치한다는 상투적인 말과 함께 관제 개혁, 경찰제도 개정, 대중의 편익과 민의 창달, 한국인 임용 대우개선 등을 약속했다.

008 다음 보기는 남북 관계와 관련된 사항들이다. 연도 순으로 나열한 것으로 옳은 것은? (5회 109번)

〈보 기〉

ㄱ. 7·4 남북 공동 성명 발표　ㄴ. 제1차 남북 정상 회담 개최
ㄷ. 남북 기본 합의서 채택　　ㄹ. 금강산 관광 시작

① ㄱ－ㄴ－ㄷ－ㄹ　② ㄱ－ㄷ－ㄹ－ㄴ
③ ㄷ－ㄱ－ㄹ－ㄴ　④ ㄹ－ㄱ－ㄴ－ㄷ

▶ 008 **답** ②

정답 풀이
ㄱ. 1972년 7월 4일
ㄷ. 1991년 12월 13일
ㄹ. 1998년 11월 18일
ㄴ. 2000년 6월 13일~15일

해 설

평가 요소 한국문화/현대한국사회/한국근현대사

개념 확장 '7.4 남북공동성명발표'는 1972년에 이루어졌으며, 남북한이 유엔에 가입한 1991년 12월 13일 서울에서 열린 제5차 남북고위급회담에서는 남북간의 화해와 불가침 및 교류협력에 관한 기본합의서가 채택되었으며, 이 해 12월 31일에는 한반도 비핵화에 관한 공동선언이 채택되었다. 이 '남북 기본 합의서 채택'은 남북관계를 가장 평화적으로 진전시킨 의의를 지니고 있다. 이것이 바탕이 되어 1992년에는 정치, 군사, 교류협력 3개 분과위원회가 구성되는 등 구체적 협의가 진행되었으며, 이 해 7월에는 북한의 부총리(김달현)가 서울을 방문하여 산업시설을 시찰하고 조속한 남북경제협력의 추진을 요구하기도 하였다. 그러나 순조롭게 진행되던 남북간의 관계 개선은 북한의 핵개발 의혹이 커지면서 남한에서 상호사찰을 제기하고 나서자 정돈 상태에 빠졌다. '금강산 관광'은 김대중 정부의 햇볕정책 아래, 고 정주영 회장의 끈질긴 노력 끝에 이루어낸 숙원사업이었다. 1998년 11월 18일 드디어 1,418명을 태운 관광선(금강호)이 분단 이후 처음으로 동해항에서 출발하여 장전항을 향해 떠났다. 이후 2000년에 들어와 정부 차원의 대화가 급진전되어 드디어 역사적인 '남북정상간 회담'이 성사되었다. 6월 13일 김대중 대통령은 북한의 초청을 받아 김정일 국방위원장을 만나 남북공동선언문에 서명하고 5개항에 합의하였다. 이후 합의사항 이행을 위한 장관급 회담이 잇달아 열렸는데, 제1차 회담은 7월 30일 서울에서, 제2차는 8월 29일 평양에서, 제3차는 9월 29일 제주에서, 제4차는 12월 12일 평양에서 열렸다.

▶ 009 **답** ④

정답 풀이

신세대에 대한 정확한 개념 설정은 어렵지만 우리나라에서는 1990년대 초부터 소비 분야를 중심으로 관심의 대상이 되어 왔던 세대, 물질적 풍요 속에서 자라났으며 책보다는 TV와 잡지 등 각종 매스미디어의 영향을 받아온 세대, 그리고 핵가족 속에서 자라난 세대를 신세대라고 일컬었다. 신세대는 민주화 변혁기를 거치면서 민주주의 가치체계를 폭넓게 인식하는 가운데 사회구조의 평등화와 인간화에 관심을 두었다. 그리고 정치, 경제, 사회, 문화 등 제반 영역에서 기성세대와는 커다란 시각 차이를 보이면서 기성세대의 권위 체제를 거부하는 저항과 모험을 감행하였다.

009 1990년대 '신세대'의 등장과 밀접한 관련이 있는 사항을 <u>모두</u> 고른 것은? (6회 112번)

ㄱ. 냉전 질서의 강화	ㄴ. 물질적 풍요와 개인적 자유의 확대
ㄷ. 권위주의의 약화	ㄹ. 영상문화에서 문자중심 문화로의 전환
ㅁ. 디지털 매체의 확산	

① ㄱ, ㄴ, ㅁ   ② ㄴ, ㄷ, ㄹ

③ ㄱ, ㄴ, ㄹ   ④ ㄴ, ㄷ, ㅁ

평가 요소 한국문화/현대한국사회/한국근현대사

개념 확장 신세대 문화는 비디오를 비롯한 여러 매체의 산물로서 개별화, 파편화된 감성체계와 과잉소비를 가능하게 하는 순간적인 감각을 중요시하는 특징을 가진 '즐거운 아류'라는 한계를 지녔다는 비판을 받았다. 또한 그들의 문화는 새로운 세대의 주체적인 부상 과정에서 형성되기보다는 소비가 소비를 생산하는 자본의 확대 전략, 문화의 상품화전략 등에 의해 확대 생산되고 있다는 문제점이 지적되기도 했다. 이는 신세대를 내세워 상업성을 겨냥한 대부분의 신세대 문화에 대한 공통적인 시선이기도 했다. 신세대의 문화가 모든 위계, 특권, 기존 질서에 대해 공격적이고 저항적이지만 소비문화의 한계를 벗어나지는 못했다는 지적도 이와 같은 맥락이다.

참고문헌 정성호, 『20대의 정체성』, ㈜살림출판사, 2006.

해 설

010

① 정부의 출산장려정책으로 등장한 세대이다.

한국의 베이비붐 세대에 관한 설명으로 옳은 것은? (7회 108번)

② 1946년부터 1954년 사이에 태어난 사람들을 일컫는 말이다.

③ 대학 진학률이 60%를 넘어 학력 인플레의 문제가 처음 제기되었다.

④ 출산율이 높은 시기에 태어났기 때문에 치열한 경쟁을 경험했다.

평가 요소 한국문화/현대한국사회/한국근현대사

참고문헌 시사상식사전, pmg 지식엔진연구소, 2013.
매일경제

▶ **010** 답 ④

정답 풀이

베이비 붐이란 아기를 가지고 싶어하는 어떤 시기의 공통된 사회적 경향으로, 출생률이 급격하게 증가하는 것을 의미한다. 베이비 붐은 대체로 전쟁이 끝난 후나 불경기가 끝난 후 경제적, 사회적으로 풍요롭고 안정된 상황에서 일어나는 경향이 있으며, 이에 따라 인구의 자연 증가율이 현저하게 높아진다. 우리 나라에서는 6.25 전쟁이 끝난 55년에서 64년 사이에 태어난 약 900만 명이 해당된다. 일반적으로 한 시기에 또래집단이 늘어난 탓에 학업, 구직에서 치열한 경쟁이 이루어진다.

011 한국에서 개최된 국제회의를 연도순으로 바르게 나열한 것은?
(8회 97번)

ㄱ. 핵안보정상회의   ㄴ. ASEM회의

ㄷ. G20정상회의   ㄹ. APEC정상회담

① ㄴ - ㄱ - ㄹ - ㄷ   ② ㄴ - ㄹ - ㄷ - ㄱ

③ ㄹ - ㄴ - ㄱ - ㄷ   ④ ㄹ - ㄴ - ㄷ - ㄱ

평가 요소 현대한국사회/한국근현대사

참고문헌 시사상식사전, pmg 지식엔진연구소, 박문각
ASEM 개황, 2010.9, 외교부
외교통상용어사전, 외교부, 대한민국정부
위키백과

▶ **011** 답 ②

정답 풀이

'핵안보정상회의'는 '핵 없는 세상'을 주창한 버락 오바마 미국 대통령이 2009년 4월 체코 프라하 연설에서 핵 테러를 국제 안보에 대한 최대 위협으로 지목하고 핵안보 강화 필요성을 강조하면서 발족된 회의이다. 주요 핵무기 보유국과 원전 보유국들이 참여하는 이 협의체는 2년마다 1번씩 회의를 개최한다. 2010년 4월 13일 미국 워싱턴에서 핵테러 위협 방지와 핵물질 방호 등을 주제로 첫 회의가 열렸으며 세계 47개국과 유엔, IAEA, EU 등 국제·지역기구가 참가했다. 한편, 2012년 제2차 핵안보정상회의 개최국으로 우리나라가 결정됐다.

'ASEM' 회의는 '아시아-유럽정상회의(Asia-Europe Meeting)'의 약자이다. 아셈 정상회의는 아시아-유럽 각국의 정상들이 배석자 없이 참석하여 정치·경제·사회/문화 전 분야에 걸쳐 폭넓게 자유로이 의견을 교환하는 장의 역할을 하고 있다. 제3차 아셈 정상회의는 2000년 10월 서울에서 개최되었으며, '새천년 번영과 안전의 동반자 관계'라는 주제하에 정치, 경제, 사회·문화 등 아셈 3대 협력분야에서의 협력방안을 협의하였으며, 런던에서 채택된 '아시아·유럽 협력 기본 지침서(AECF)'를 대체하여 새로운 천 년을 맞아 향후 10년간 아셈의 비전·원칙·목적을 담은 '아

012 근대 초기에 설립된 교육기관이 <u>아닌</u> 것은? (8회 100번)

① 사부학당   ② 육영공원

③ 원산학사   ④ 배재학당

평가 요소 현대한국사회/한국근현대사

오답풀이 육영공원은 1886년(고종 23)에 설립되었던 관립학교이다. 우리 나라 최초의 관립 근대학교로서 1894년에 폐교될 때까지 양반고관자제들을 수용해 근대교육을 실시해 인재를 키웠다.
육영공원은 우리 나라 최초의 관립 근대교육기관이나 정부고관자제만을 수용하는 신분적 제한과 어학 교육을 주로 하는 교육 내용의

시아·유럽 협력 기본 지침서(AECF2000)'를 채택하였다.

'G20정상회의'에서 G20(영어: Group of 20) 또는 주요 20개국은 세계 경제를 이끌던 G7과 유럽 연합(EU) 의장국에 12개의 신흥국, 주요 경제국들을 더한 20개 국가의 모임을 나타내는 말이다. 주제는 금융 시장, 세계 경제에 관한 것을 다루며, 다섯 번째 회의는 2010년 11월 서울에서 개최되었다.

'APEC 정상회담'은 APEC 회원국의 정상들이 모두 한자리에 모여서 아·태지역의 비전과 그 실천방안에 대해 자유롭게 의견을 도출해 내는 데 그 근본 취지가 있으며, 1993년 시애틀 정상회의를 시작으로 해서 매년 1회 개최되고 있다. 주요 논의 핵심사항은 APEC 무역·투자 자유화 및 원활화와 경제협력 방안을 축으로 하여 고위간부회의(SOM), 무역·투자위원회(CTI) 회의 등에서 논의된 사항을 그해의 11월 정상회의를 통해서 구체적 실천방안 등 최종 결과를 도출해 내었다. 한국에서는 2005년 11월에 부산에서 개최된 바 있다.

▶ 012 **답** ①

정답 풀이

사부학당은 조선시대 중앙의 4부(部)에 설치된 관립교육기관으로 사학(四學)이라고도 한다. 조선 시대 도성(都城) 내의 유생을 가르치기 위하여 세운 교육기관으로, 중부학당(中部學堂)·동부학당(東部學堂)·남부학당(南部學堂)·서부학당(西部學堂)을 모두 일컬을 때 쓰이던 통칭(通稱). 세종 때까지는 중·동·서·남·북의 5부학당(五部學堂)이 모두 존재하였으나, 북부학당은 이후 계속되지 못하고 철폐되어 4부학당(四部學堂)만이 남게 되었다. 북부학당은 현종 2년(1661)에 잠시 다시 설치되었으나 곧 혁파되었으며, 4부학당은 고종 31년(1894) 갑오개혁 때 혁파되었다.

▶ 013 **답** ③

정답 풀이

1970년대 우리나라의 경제 정책은 60년대와 마찬가지로 꾸준히 수출주도형 경제 성장을 지향했다.

한계, 외국인 교수들에 의해 교육되는 특수학교였기 때문에 민족사회에 뿌리내리지는 못하였다. 이 점에서 최초의 사학 근대학교인 배재학교(培材學校)와 여러 모로 대조가 된다.

③ 원산학사는 1883년(고종 20) 민간에 의해 함경남도 원산에 설립되었던 중등학교이다. 종래 한국 최초의 근대 학교로 알려진 배재학당보다 2년 앞서 설립된 것이 밝혀져, 한국 최초의 근대 학교이자 민립학교로 일컬어진다.

④ 배재학당은 1885년(고종 12) 서울에 설립되었던 중등과정의 사립학교이다. 미국의 북감리회(北監理會) 선교부 선교사 아펜젤러(Appenzeller,H.G.)가 세운 우리나라 최초로 외국인이 설립한 근대적 사학(私學)이다. 배재학당은 기독교 정신과 개화사상에 근거하여 근대 교육을 시작하였다. 즉, 유교적 구습에 사로잡힌 한국인을 무지에서 해방하여 근대 문명의 지식을 주고 과학을 이해하도록 하여 사회와 국가에 봉사할 수 있는 일군을 기르는 데 그 목적을 두었다.

참고문헌 한국민족문화대백과, 한국학중앙연구원
한국고전용어사전, 세종대왕기념사업회, 2001.

• 한국문화 / 현대한국사회 / 한국근현대사

013 1960년대~1970년대 한국 경제개발 정책에 관한 설명으로 옳지 <u>않은</u> 것은? (9회 5번)

① 농촌 새마을운동을 전개하여 생활환경을 개선시켰다.

② 1960년대 후반부터는 화학, 철강 및 기계 공업에 투자하여 공업 고도화를 추구하였다.

③ 1970년대에는 경제적 자립을 위해 수입대체산업을 집중적으로 육성하였다.

④ 경제개발 5개년 계획의 성취도를 점검하기 위해 월간경제동향보고회의 등을 개최하였다.

보충설명 제1·2차 경제개발 5개년 계획(1962~71) 시기에는 경공업을 육성하고, 수출 주도형 성장 전략으로 가발, 섬유 산업 등 저임금 노동 집약적 산업을 중심적으로 발달시켰다. 사회 간접 자본 확충에 대한 노력으로 경부고속도로 건설, 포항제철 건설을 시작하였으며, 베트남 특수 등에 힘입어 빠른 경제 성장과 수출 증대를 가져왔다. 제3·4차 경제개발 5개년 계획(1972~1981) 시기에는 재벌 중심으로 수출 주도형 중화학 공업을 육성하였고, 석유파동으로 인한 경제 위기를 건설업의 중동 진출 등으로 극복하였다. 그 결과 중화학 공업의 생산이 경공업 생산보다 많아지면서 산업 구조의 고도화가 이루어졌다. 또한 이 시기에 낙후된 농촌의 개발을 위해 새마을 운동을 전개하기도 하였다(1970).

참고문헌 『한국어문화교육을 위한 한국문화의 이해』, 임경순, 2009, 한국외국어대학교출판부.

• 한국문화 / 현대한국사회 / 한국근현대사

014 한반도의 통일을 위하여 대한민국 정부가 전개한 활동에 관한 설명으로 옳지 <u>않은</u> 것은? (9회 6번)

① 1972년 '7 · 4남북공동성명'에서 자주, 평화, 민족대단결과 한반도 비핵화 원칙을 선언하였다.

② 1985년 9월 남북 이산가족과 예술단이 서울과 평양을 교차 방문하였다.

③ 1991년 12월 '남북 사이의 화해와 불가침 및 교류 협력에 관한 합의서'를 발표하였다.

④ 2000년 평양에서 열린 남북 정상 회담의 결과로 6 · 15 공동선언이 발표되었다.

참고문헌 『남북대화백서』, 국토통일원, 1985.

• 한국문화 / 현대한국사회 / 한국근현대사

015 3.1 운동 이후 1920년대 일본의 조선통치 정책 변화에 관한 설명으로 옳지 <u>않은</u> 것은? (10회 12번)

① 무단통치로 조선을 지배할 수 없다고 판단하여 문화통치를 시행했다.

② 언론 및 출판의 자유를 일부 허용하여 신문, 잡지의 발행을 허가하였다.

③ 헌병경찰제가 보통경찰제로 전환되었다.

④ 산미증식계획으로 다양한 작물이 재배되어 조선이 식량사정이 호전되었다.

평가 요소 한국문화/현대한국사회/한국근현대사

참고문헌 한국사특강편찬위원회, 『한국사특강』, 서울대학교출판부, 2009.

• 한국문화 / 현대한국사회 / 한국근현대사

016 대한제국의 황제인 고종이 제천의례를 봉행하기 위해 만든 제단은? (10회 18번)

① 환구단　　② 참성단　　③ 천제단　　④ 사직단

평가 요소 한국문화/현대한국사회/한국근현대사

참고문헌 한국민족문화대백과, 한국학중앙연구원.
문화재청

▶ 014　**답** ①

정답 풀이

한반도 비핵화 선언은 1991년 12월 31일 〈한반도 비핵화에 대한 공동선언〉을 통하여 이루어졌다. 1972년 7 · 4남북공동성명은 우선 남북간의 정치적 대화 통로를 마련하고, 이를 계기로 한반도의 평화정착정책 추진을 위하여 발표한 남북 간의 첫 합의 문건이다.

▶ 015　**답** ④

정답 풀이

'산미증식계획'(産米增殖計劃)은 1920년대 일제의 경제정책이다. 일본 국내의 쌀 부족 문제를 해결하기 위해 시작된 것인데, 이로 인하여 쌀 생산량은 늘었으나 거의 대부분 일본 지주인의 수중으로 들어가고 당시 조선의 소작농의 상황은 더 악화되었다.

▶ 016　**답** ①

정답 풀이

환구단은 천자(天子)가 하늘에 제를 드리는 둥근 단으로 된 제천단(祭天壇)인데, 예로부터 '천원지방(天圓地方)'이라 하여 하늘에 제를 지내는 단은 둥글게, 땅에 제사 지내는 단은 모나게 쌓았다. 제천행사로 고대시대 및 삼국시대부터 전승된 것으로 여겨지는데, 고려 성종 2년(983) 정월에 처음 시행되어 설치와 폐지를 되풀이하다가 조선초에 제천의례가 억제되자 폐지되었다. 그러다 세조 10년(1464)에 시행된 제사를 마지막으로 환구단에서의 제사는 중단되었는데, 환구단이 다시 설치된 것은 고종 34년(1897), 조선이 대한제국으로 국호를 바꾸고 고종이 황제로 즉위하면서부터이다.

해설

▶ 017 답 ①

7·4 남북공동성명은 1972년 7월 4일, 6·15 남북공동성명은 2000년 6월 15일, 한민족 공동체 통일방안은 1989년 9월 11일, 한반도 비핵화에 관한 공동선언은 1991년 12월 31일에 이루어졌다.

▶ 018 답 ④

오랫동안 유교의 집단주의, 가족주의의 영향을 받아서인지는 모르겠으나, 한국인들은 서구 사람들에 비해 붐비는 공간에서 신체가 접촉되는 것에 비교적 관대한 편이다.

· 한국문화 / 현대한국사회 / 한국근현대사

017 다음 선언들을 연도별로 바르게 나열한 것은? (10회 19번)

> ㄱ. 7·4 남북공동성명   ㄴ. 6·15 남북공동성명
> ㄷ. 한민족 공동체 통일방안   ㄹ. 한반도 비핵화에 관한 공동선언

① ㄱ - ㄷ - ㄹ - ㄴ   ② ㄱ - ㄹ - ㄷ - ㄴ
③ ㄷ - ㄱ - ㄴ - ㄹ   ④ ㄷ - ㄹ - ㄱ - ㄴ

평가 요소 한국문화/현대한국사회/한국근현대사

참고문헌 한국사특강편찬위원회, 『한국사특강』, 서울대학교출판부, 2009.
한국근현대사사전, 한국사사전편찬회, 2005.

· 한국문화 / 한국의 현대문화 / 한국인의 성향

018 다음 중 현대 한국인의 특징으로 볼 수 있는 것은? (2회 96번)

① 의사소통 시 맥락 의존도가 낮다
② 타인의 사생활을 존중하는 편이다.
③ 옛것을 숭상하여 변화의 속도가 느리다
④ 공공장소에서 몸이 부딪히는 것에 관대하다.

평가 요소 한국문화/한국의 현대문화/한국인의 성향

오답 풀이 ① 한국인은 의사소통 시 자신이 하고 싶은 말을 함축적으로 하는 경향이 있기 때문에 주변 상황에 대한 이해가 필요하다. 즉 맥락 의존도가 높은 편이다. 맥락 의존도가 낮은 문화권에서는 메시지의 의미가 맥락보다는 그 메시지 자체에 있는 것이 일반적이다. 그러나 맥락 의존도가 높은 문화권에서는 한 메시지의 의미가 그 메시지의 언어 표현 속에 있는 것이 아니라 그 맥락 속에 숨어 있는 것이 보통이다. 따라서 고맥락 문화권의 한국인은 일상적인 대화에서 간접적이고 모호한 표현에 익숙하다.
② 서구인들에 비해 한국인들은 처음 만나는 사람에게 나이, 결혼이나 이성 교제의 여부, 직업 등을 묻는 사적인 질문을 많이 하는 편이다.
③ 한국 사회의 변화 속도는 상당히 빠른 편이다.

개념 확장 많은 연구자들이 분석한 한국인의 일반적인 경향을 간추려보면 다음과 같다. 집단주의, 가족중심주의, 위계주의, 연고주의, 현세적 물질주의, 명분 중시, 비합리적 인정의 추구, 형식과 체면 중시, 의존성향, 권력지향성, 권위에의 복종, 감정주의(감상적 민족주의, 근거없는 낙관주의 등), 속도 지상주의 등이 있다.

참고문헌 최윤희, 『문화 간 커뮤니케이션』, 커뮤니케이션북스, 2012.
조긍호, 『한국인 이해의 개념틀』, 나남출판, 2003.
정수복, 『한국인의 문화적 문법』(개정판), 생각의 나무, 2012.

· 한국문화 / 한국의 현대문화 / 한국인의 일상생활

019 한국 사회의 가족 변화에 관한 설명으로 옳지 <u>않은</u> 것은? (4회 101번)

① 3세대 직계가족이 감소하고 있다.

② 여성의 경제 활동 증가로 맞벌이 가족이 일반화되고 있다.

③ 국제결혼으로 다문화 가정이 늘고 있다.

④ 노인복지의 확대로 고령자 재혼 가족이 줄고 있다.

평가 요소 한국문화/한국의 현대문화/한국인의 일상생활

▶ 019 **답** ④

정답 풀이

노인복지가 확대되고 있는 것은 사실이나, 그로 인하여 고령자 재혼 가족이 줄고 있는 것은 아니다. 오히려 이혼율은 계속 높아지고 있으며, 고령자들의 재혼율도 그만큼 꾸준히 늘고 있다.

---

020 친족 관계에 관한 설명으로 옳은 것은? (4회 103번)

① 백부의 손자는 나에게 생질이 된다.

② 형의 아들은 나와 오촌간이다.

③ 아내의 여동생은 민법상 친족에 속한다.

④ 조부의 조부는 나에게 증조부이다.

평가 요소 한국문화/한국의 현대문화/한국인의 일상생활

개념 확장
· 백부(伯父): 아버지의 형, 즉 큰아버지
· 숙부(叔父): 아버지의 동생, 즉 작은아버지
· 당숙(堂叔): 아버지의 4촌 형제
· 백형(伯兄)과 중형(仲兄): 자기의 맏형은 백형, 자기의 둘째형을 중형이라고 함.
· 매형(妹兄)과 매제(妹弟): 누이의 남편은 매형 혹은 매부라고 부르며, 손아래 누이의 남편은 매제라고 한다.
· 자부(子婦): 아들의 아내, 즉 며느리
· 장인(丈人)과 장모(丈母): 장인은 아내의 아버지, 빙부(聘父)라고도 하며, 아내의 어머니는 장모 혹은 빙모(聘母)라고 한다.
· 처남(妻男): 아내의 형제는 처남이라고 하고, 그 형제의 아내는 처남댁이라고 한다.
· 처형(妻兄)과 처제(妻弟): 아내의 언니는 처형, 아내의 여동생은 처제라고 한다.
· 시숙: 남편의 형을 직접 부를 때는 아주버님이라고 하고, 간접적으로 부를 때에는 시숙 혹은 시아주버님이라고 부른다.
· 서방님: 남편의 아우를 직접 부를 때는 서방님이라고 하고, 간접적으로 부를 때는 시동생이라고 한다.
· 동서: 아내의 여형제의 남편들, 또는 여자의 경우 남편의 남동생의 아내를 동서라고 부른다.

참고문헌 법률용어사전, 이병태, 법문북스, 2010.
한남제, 『현대가족의 이해』, 일지사, 1999.

▶ 020 **답** ③

정답 풀이

민법상의 친족은 일정 범위의 혈연과 혼인관계에 있는 자들 상호간의 신분상 법률관계를 친족관계라 하고, 그 사람들을 서로 친족이라고 한다(민법 제762조). 1990년 1월 13일 법률 제4199호 개정민법에서는 친족의 범위를 크게 조정하여 (1) 부계(父系)·모계(母系) 차별 없이 8촌이내의 혈족, (2) 4촌 이내의 인척(姻戚), (3) 배우자(사실혼 관계의 배우자는 포함되지 않음)로 하여 개정 전보다 모계혈족 및 처족인척범위(妻族姻戚範圍)가 확대되었으며 반면에 부족인척의 범위는 반으로 축소되었다(제777조).

오답 풀이

① 백부의 손자는 나에게 생질이 아니라 종질이 된다. 생질은 나의 누이나 언니의 자녀를 말한다.

② 형의 아들은 조카, 즉 질이 되며, 삼촌지간이다.

④ 조부의 조부는 증조부가 아니라 고조부이다.

021 답 ④

남도 갯길은 전라남도 영광에서 시작해 광양까지 이어지는 2,500km, 6,000리 구간을 일컫는 말이다. 이 길에 포함되는 지역은 영광, 함평, 무안, 목포, 진도, 해남, 완도, 강진, 장흥, 보성, 고흥, 순천, 여수, 광양 총 14개 시군으로 우리나라 전체 갯벌의 44%를 차지할 정도로 광활한 곳이다.

022 답 ③

1994년 11월 29일이 서울 정도(定都) 600년이 되는 날이다.

023 답 ③

박수근은 한국 근대미술의 대표적인 작가로 가난 속에서도 착하게 살아간 서민들의 삶을 화폭에 담아 '민족의 화가', '서민의 화가'로 불린다. 그는 회백색을 주로 사용하여 거칠고 투박한 화강암 질감으로 표현한 화면에 단조롭고 한국적인 주제를 서민적인 특유의 감각으로 다룬 것으로 유명하다. 대표작으로 〈절구질하는 여인〉(1952), 〈빨래터〉(1954), 〈농악〉(1962), 〈아기 업은 소녀〉(1963), 〈고목과 여인〉(1964) 등이 있다.

・ 한국문화/한국의 현대문화/한국인의 일상생활

021 관광 상품으로 개발된 길에 관한 설명으로 옳은 것은? (9회 7번)

① DMZ의 평화와 생태를 주제로 하는 길은 '바우길'이다.
② 지리산의 자연과 역사가 담긴 길은 '생태길'이다.
③ 백두대간과 동해를 잇는 길은 '동해 둘렛길'이다.
④ 전남 해안선을 따라 걷는 길은 '남도 갯길'이다.

참고문헌 한국일보 2014년 2월 24일자 기사

022 서울에 관한 설명으로 옳지 <u>않은</u> 것은? (8회 99번)

① 경성을 서울로 개칭한 것은 1945년이다.
② 지하철이 처음 개통된 해는 1974년이다.
③ 1992년은 서울 정도(定都) 600년이 된 해이다.
④ 2013년 현재 25개의 자치구가 있다.

평가 요소 한국의 현대문화/ 한국인의 일상생활
참고문헌 두산백과

・ 한국문화/한국의 현대문화/한국의 예술가

023 한국의 예술가들에 대한 설명으로 맞지 <u>않는</u> 것은? (3회 105번)

① 최승희 - 장기 순회 공연을 통해 동양적인 무용 예술을 세계에 알렸다.
② 황병기 - 현대 가야금 곡을 발표하여 전통 음악의 현대화에 공헌을 했다.
③ 박수근 - 창의적이며 민족적인 화풍의 유화와 은박지 그림을 주로 그렸다.
④ 조수미 - '신이 내린 목소리'라는 찬사를 들으며 세계적인 성악 활동을 하고 있다.

평가 요소 한국문화/한국의 현대문화/한국의 예술가

해설

① 최승희는 1911년 출생, 1969년 사망했다. 우리나라 최초로 서구식 현대적 기법의 춤을 창작하고 공연한 인물이다. 일본 현대무용가 이시이 바쿠(石井漠)의 무용 발표회를 관람한 것을 계기로 무용계에 입문하게 되었다. 이시이의 제자가 되어 일본에서 사사한 뒤 무용단의 일원이 되어 각지에서 공연을 펼쳤던 것이다. 이 시기 전통무용을 익혀 자신의 창작무용에 응용했다. 칼춤과 부채춤, 승무 등을 현대화하는 데 성공해 일약 조선 무용계의 대표적 인물로 떠올랐으나, 월북하여 지내던 중 숙청당한 것으로 알려져 있다.

② 황병기는 국악인(國樂人)으로, 서울에서 출생하여, 1959년 서울대 법대를 졸업, 1952~59년 국악원에서 가야금을 연구하였다. 1961년 한국 최초로 서양 오케스트라와 가야금을 협주, 1965년 하와이 《20세기 음악 예술제》에서 연주하였으며 미국 주요 도시에서 가야금 독주회를 가졌다.

④ 조수미는 한국의 소프라노 성악가이다. 이탈리아 오페라 《리골레토》의 질다 역으로 데뷔하였고, 이후 각국 극장에서 공연하였다. 1993년에는 《그림자 없는 여인》이 오페라 부문 최고 음반으로 선정되었다.

참고문헌 『시사상식사전』, pmg 지식엔진연구소, 2013.
『한국무용사전』, 메디컬코리아 편집부, 메디컬코리아, 2011.
『인명사전』, 인명사전편찬위원회, 민중서관, 2002.
두산백과사전 www.doopedia.co.kr

024 한국 현대 미술가와 그 작품의 연결이 옳지 <u>않은</u> 것은? (8회 101번)

① 김환기 – 〈나무와 달〉
② 이중섭 – 〈흰소〉
③ 천경자 – 〈미인도〉
④ 이응로 – 〈빨래터〉

평가 요소 한국의 현대문화/한국의 예술가
참고문헌 두산백과

▶ 024   답 ④

'이응로'는 동양화의 전통적 필묵이 갖는 현대적 감각을 발견, 전통성과 현대성을 함께 아우른 독창적인 창작 세계를 구축했으며, 장르와 소재를 넘나드는 끊임없는 실험으로 한국미술사에 새로운 지평을 열었다. 말년의 '군상' 시리즈는 그의 평생에 걸친 예술관과 시대의식이 함축된 조형적 결과물이다. 주요 작품으로는 《청죽》(1931), 《홍성 월산하》(1944), 《돌잔치》(1945), 《피난》(1950), 《대숲》(1951), 《우후(雨後)》(1953), 《난무》(1956), 《문자추상》(1964), 《무제》(1968), 《구성》(1973), 《군상》(1986) 등이 있다. '《빨래터》'는 1950년대에 박수근이 그린 작품이다.

• 한국문화 / 한국문학개론 / 고전문학사

001 다음 중 아래의 설명과 관련된 기술로서 적절한 것은? (1회 105번)

> 국문학은 국어로 된 언어예술이라는 기본 정의에 따라서 구비문학과 국
> 문문학은 물론 한문문학까지도 국문학이라는 논거를 마련했다.

① 한문은 한국인이 사용한 문어의 극단적인 표현 양상이다.
② 일제 말기 국내 작가들이 일본어로 쓴 문학도 국문학으로 볼 수 있다.
③ 해외 동포가 국어가 아닌 거주국의 말로 쓴 작품도 국문학에 포함된다.
④ 역대 문인들이 중국에 가서 지은 시문은 그곳에서 죽은 경우 국문학이
  아니다.

평가 요소 한국문화/ 한국문학개론/ 고전문학사

개념 확장 현재 통용되는 국문학의 개념은 구비문학, 한문학, 향찰문학, 국문문학
(정음문학)으로 나뉜다. 국문학의 정의는 작가·작품의 언어·독자층
을 기준으로 살필 수 있는데, 작가가 한국인이라도 위 분류에서 벗어나
는 언어로 쓴 작품은 국문학에 포함시키지 않으며, 그 작품의 주된
독자가 한국인이 아니면 그것 또한 국문학으로 포함시키지 않는다.

참고문헌 조동일·서종문 『국문학사』(개정판), 한국방송통신대학교 출판부,
2003.

---

002 고려시대 문학에 관한 설명으로 옳은 것은? (7회 110번)

① 판소리계 소설의 등장
② 패관 문학과 가전체 문학의 등장
③ 여성의 예술성이 가미된 수필 문학의 발달
④ 평민 작가의 대두로 인한 시조 문학의 융성

평가 요소 한국문화/한국문학개론/고전문학사

해설

▶ **001** **답** ①

정답 풀이

한문은 중국에서 전래된 문자이지만,
우리 문자가 없던 시절 선조들은 한
문으로 우리의 신화와 역사 등을 기
록할 수 있었다.

오답 풀이

② 일제 시기 일본어로 쓴 국내 작가
  들의 작품은 국문학으로 간주하
  지 않는다.
③ 우리말과 글로 된 문학을 국문학
  이라고 규정하므로, 다른 나라의
  언어로 창작한 작품은 국문학에
  포함시키지 않는다.
④ 선조들이 한문으로 쓴 시문 및 산
  문들은 한문학으로 규정되며, 한
  문학은 우리 문학의 역사적 특성
  상 국문학에 포함된다.

해설

개념 확장 판소리는 원래 열두 마당이었는데, 그 중에서 오늘날까지 전하는 것은 〈춘향가〉·〈심청가〉·〈흥부가〉·〈수궁가〉·〈적벽가〉이다. 〈가루지기타령〉이라고도 하는 〈변강쇠가〉는 신재효가 정리해 둔 것이 있어 사설을 알 수 있고, 〈배비장전〉·〈옹고집전〉·〈장끼전〉·〈숙영낭자전〉 등은 소설본만 남아 있다. 이외에 같은 작품으로 알려진 〈왈자타령〉 또는 〈무숙이타령〉이 있으며, 〈강릉매화타령〉, 〈가짜신선타령〉이 소설을 통해 전해진다.

참고문헌 권영민, 『한국현대문학대사전』, 서울대학교 출판부, 2004.
조동일·서종문 『국문학사』(개정판), 한국방송통신대학 출판부, 2003.
한국민족문화대백과, http://encykorea.aks.ac.kr
최인학, 『한국민속학 새로 읽기』, 민속원, 2008.

• 한국문화 / 한국문학개론 / 근현대문학사

003 다음의 밑줄 친 부분에 대한 설명의 예로 적절한 것은? (2회 107번)

> 한국의 근대 문학은 중세에서 ⊙근대로의 이행기까지 큰 세력을 가졌던 교술 문학을 현저하게 몰락시켜, ⓒ교술시는 버리고 오로지 ©서정시라 하고, 교술 산문은 문학의 범위 밖으로 밀려나거나 세력이 크게 약화되었고, @소설이 산문을 지배하게 된 시대의 문학이다.

① ⊙ – 17~18세기 조선 영정조 시대
② ⓒ – 고려가요 '가시리' 나 황진이의 시조
③ © – 김억이나 주요한의 근대시
④ @ – 이곡의 '차마설' 이나 '용비어천가'

평가 요소 한국문화/ 한국문학개론/ 근현대문학사

오답 풀이 ① 우리 역사의 근대기를 언제로 보느냐에 대한 의견은 다양하다. 그러나 정치·사회적 근대기가 아닌 문학의 근대기를 따질 때에는 대체로 19세기말 개화기로 본다. 민족국가에 대한 의식과 우리말·우리글에 대한 자각이 밑바탕에 깔려 있어 신체시(新體詩)·창가(唱歌)·신소설의 경우에서 보는 바와 같이 근대문학이라고 일컬어진 모든 작품은 모두가 한글 위주로 표기되었다. 이러한 근대문학은 계몽적인 성격을 띠었으며, 3·1운동 이후 일제가 문화정치라는 미명 아래 허용한 약간의 언론지를 토대로 전개되었다. 대표적인 개화기 시가로 창가, 가사, 시조를 꼽는다.
② 고려가요나 시조는 교술시가 아니며, 서정 장르이다. 한국 문학의 전승 방법을 시대와 형태에 따라 구분하는 것과 표현 양식에 따라 구분하는 것이 있는데, 표현 양식에 따라 구분하는 것이 서정·서사·극·교술의 네 갈래이다. 여기서 교술문학은 작품 외적 세계의 개입에 의한 자아의 세계화이다. 교술문학에 해당하는

▶ **002** **답** ②

정답 풀이

패관문학은 패관들이 모아 기록한 가설항담에 창의성과 윤색이 가미된 일종의 산문적인 문학양식을 말한다. 고려 후기에 나타난 시화(詩話)는 설화의 판도를 바꾸어 놓았는데, 시화는 시를 짓는 데 따르는 흥미로운 이야기를 겪고 들은 대로 적어 전해 준다는 점에서 넓은 의미의 설화에 포함된다. 또한 인물전설로서 상당한 묘미를 지니고 있다. 이인로의 〈파한집〉, 최자의 〈보한집〉에 나타나는 여러 보은담이나, 〈고려사〉 열전에 나타나는 다양한 효우(孝友)·열녀(烈女)·방기(方技) 조항 등은 민간에서 회자되는 혹은 민간에 모범이나 경계가 될 만한 이야기들을 편찬한 대표적인 것들이다. 또한 가전체(假傳體) 문학은 사물을 의인화한 문학 양식으로, 설정된 사물과 사람의 연관에 근거를 두고 사람의 일생을 통해 사물의 속성을 생동하게 드러낸다. 대체로 잘못된 세상을 비판하고 풍자하면서 사람이 사는 바른 길을 찾자는 생각이 드러난 교술문학이라 할 수 있다. 임춘의 〈국순전〉, 〈공방전〉, 이규보의 〈국선생전〉, 〈청강사자현부전〉 등이 있으며 조선 말기까지 꾸준히 창작되어 왔다.

오답 풀이

① 판소리계 소설은 조선 후기에 등장한 판소리의 사설을 바탕으로 새롭게 서사화된 고전소설을 말한다.
③ 여성 작가들의 교술문학으로서 규방가사, 애정가사, 잡록 등의 수필류는 조선 후기 국문(언문)을 중심으로 많이 창작되었다.
④ 평민들이 시조 문학의 향유층으로 본격적으로 자리잡게 된 것은 조선 후기부터이지만, 사실 조선 전기부터 기녀들이 시조 작가로 참여하여 애정시조라는 것이 생겼다. 시조는 애초부터 음악이면서 문학이기도 하여 인기를 끌었고, 노래는 기생이나 가객과 같은 사람들이 전문적으로 불렀던

것으로 보인다. 18세기부터는 중인보다 한 등급 낮은 서리(胥吏) 정도의 사람들이 서울에서 시조가 인기를 얻는 데 착안하여 시조를 가곡의 곡조에 얹어서 부르는 방식을 마련하고 나다니며 공연하는 것을 업으로 삼았는데 이들이 전문 가객이다. 특히 사설시조는 장사꾼이 중심이 되어 이루어지는 시정에서의 생활을 핍진하게 그리면서 사실주의문학을 향해 성큼 다가섰다.

 003 답 ③

정답 풀이

김억은 프랑스 상징주의 시를 많이 번역하여 한국에 소개하였다. 이러한 초기상징주의 소개에 영향을 받아 주요한·황석우 등이 우리 신시(新詩)를 참된 뜻에서 근대시로 전환시키는 원동력이 되었다. 주요한의 대표작으로는 〈불놀이〉가 있다.

 004 답 ②

정답 풀이

1910년대 말부터 1920년대 초기까지는 시와 소설에서 다양한 문예 사조가 성행하였는데, 1920년대 초 문단에서 김억(金億) 등이 프랑스 상징주의 시를 번역, 수용하면서 상징주의 경향에 대한 인식이 자리하게 되었다. 대표적인 번역시로 『오뇌의 무도』가 있다. 또한 1920년대 시에서는 낭만주의가 성행하였다. 『백조』 동인들을 중심으로 밀실·동굴·죽음 등을 주로 사용하여 현실도피적인 성향을 노골화하였다. 3·1 운동 실패에 따른 좌절과 정신적 정체는 당시 시인들로 하여금 현실보다는 과거, 삶보다는 죽음에 더 관심을 기울이게 만들었고, 감정의 절제없는 토로로 나타난 미적 거리 조정의 실패는 결국 당시의 낭만시가 감정의 극화에 실패하고 있다는 사실을 반영한다. 1920년대 소설에서는 염상섭(〈표본실의 청개구리〉, 〈만세전〉, 〈삼대〉)과 현진건(〈빈처〉, 〈운수 좋은 날〉, 〈술 권하는 사회〉) 등의 사실주의 소설과 김동인의 자연주의 소설(〈감자〉)을 볼 수 있다.

것은 교술민요, 경기체가, 악장, 가사, 창가, 가전체, 몽유록, 수필, 서간, 일기, 기행, 비평 등이다. 여기서 교술시는 경기체가, 악장, 가사, 창가를 말한다. 고려가요나 시조는 교술시가 아니다.
④ 이곡의 〈차마설〉은 말을 빌려타고 가는 사람의 이야기를 통해 소유의 의미를 통찰하는 수필이며, 〈용비어천가〉는 조선 세종 때 선조인 목조(穆祖)에서 태종(太宗)에 이르는 여섯 대의 행적을 노래한 서사시, 또는 서사적 교술시이다.

참고문헌 이응백·김원경·김선풍 교수 감수, 『국어국문학자료사전』, 한국사전연구사, 1998.
구인환, 『Basic 고교생을 위한 문학 용어사전』, 신원문화사, 2006.
한국민족문화대백과, http://encykorea.aks.ac.kr

004 한국문학의 문예 사조에 대한 설명 중 바른 것은? (3회 109번)

① 한국에서는 근대문학의 형성이 서구보다 늦었으나 문예 사조의 전개는 서구와 동일하다.
② 1910년대 말부터 1920년대 초까지는 상징주의, 낭만주의, 사실주의, 자연주의가 성행하였다.
③ 사실주의는 감정의 무분별한 표출을 억제하고 문명 비평과 개인의 소외를 주제로 다루었다.
④ 1930년대에는 1920년대의 퇴폐적이고 감상적인 상징주의를 극복하기 위해 실존주의가 등장하였다.

평가 요소 한국문화/ 한국문학개론/ 근현대문학사

오답 풀이 ① 한국의 근대문학은 서구의 근대문학보다 늦게 형성되었으며, 문예사조의 흐름도 서구의 그것과 다르게 전개되었다.
③ 사실주의는 사실(事實)을 있는 그대로 충실히 묘사하는 것을 말한다. 한국의 사실주의는 주관성을 배제하고 묘사의 과잉을 보여주는 염상섭의 후기(1925년 이후) 소설, 노동자·지식인·가장·소녀·유랑민들의 비애를 실감있게 그린 현진건의 소설, 인도주의에 의거하여 인생의 어두운 실상을 사실적으로 제시한 전영택의 소설 등에서부터 시작되었다. 감정의 무분별한 표출을 억제하고 문명비평과 개인의 소외를 다룬 것은 1930년대 모더니즘이다. 모더니즘 이론들을 가장 많이 받아들여 소개한 이는 김기림과 최재서이며, 정지용의 시작품들이 대표적이다. 대체로 주지주의적인 성격이 강조되었다.
④ 1930년대에는 1920년대의 퇴폐적이고 감상적인 상징주의를 극복하기 위해 〈시문학파〉 시인 중심의 모더니즘이 등장하였다. 〈시문학파〉는 김영랑, 정지용, 박용철 등이 중심이 되고 신석정, 이하윤 등이 참가하였다. 그들은 시형식 및 언어의 세련, 그리고 심미적 탐구를 지향하였으며 지나친 정치성·목적의식 일변도의 당시 프로시와 직접적으로 대립하였다.

참고문헌 김윤식 · 김우종 외, 『한국현대문학사』(개정증보판), 현대문학, 2005.
　　　　　이응백 · 김원경 · 김선풍 교수 감수, 『국어국문학자료사전』, 한국사전연구사, 1998.
　　　　　박철희 · 김시태 편, 『한국현대문학사』, 시문학사, 2005.

・**한국문화/한국문학개론/근현대문학사**

005　**1930년대 한국 시의 특징과 거리과 먼 것은? (10회 14번)**

① 카프(KAPF)가 결성되어 사회주의 경향의 작품이 등장하였다.
② 모더니즘의 영향을 받아 도시적 감각을 지닌 시가 발표되었다.
③ 〈시인부락〉 동인인 서정주, 오장환 등은 생명의식을 표현하였다.
④ 〈시문학〉 동인인 박용철, 김영랑 등이 순수시를 발표하였다.

평가 요소　한국문화/한국문학개론/근현대문학사
참고문헌　국어국문학자료사전, 한국사전연구사, 1998.

・**한국문화/한국현대문화비평/한국의 대중소비문화**

006　**다음 중 지역과 축제의 연결이 옳은 것은? (1회 101번)**

① 강릉 – 단오제
② 밀양 – 인형 축제
③ 부천 – 마임 축제
④ 춘천 – 판타스틱 영화제

평가 요소　한국문화/한국현대문화비평/한국의 대중소비문화

▶ **005**　**답** ①

정답 풀이

카프는 조선프롤레타리아 예술가 동맹(Korea Artista Proleta Federatio)의 약자로 1925년 8월에 결성되었다. 문학의 내용이 사회계급 투쟁 및 해방과 연관되어 있어, 일제가 1930년 초에 1, 2차 검거를 통해 해산시켰다.

▶ **006**　**답** ①

정답 풀이

강릉단오제는 음력 4월 15일에 행해지는 향토신제(鄕土神祭)로서, 중요무형문화재 13호로 지정되었고, 2005년 11월 25일 '유네스코 인류구전 및 무형유산걸작'에 등재되었다.

오답 풀이

② 인형축제의 정식 이름은 '세계인형음악극축제'로 경북 칠곡에서 7월에 열리는 축제이다. 밀양에서는 매년 5월 밀양 아리랑 축제가 열린다.
③ 마임축제는 강원도 춘천에서 5월에 열리는 축제이다.
④ 판타스틱 영화제는 7월에 부천에서 열리며, 정식 명칭은 부천국제판타스틱 영화제이다.

*문화체육관광부 www.mcst.go.kr의 〈문화마당〉에서 다양한 지역 축제를 찾아볼 수 있다.

007 답 ④

정답 풀이

드라마 〈대장금〉에 비해 뮤지컬 대장금 초연은 그만큼의 흥행을 거두지는 못했고, 해외 순회 공연은 아직 이루어지지 않았다.

오답 풀이

'난타'와 '점프' 모두 장기적으로 해외 순회 공연을 하고 있으며, 창작 뮤지컬 '명성황후'는 아시아 최초의 브로드웨이, 웨스트엔드 진출작으로 역시 해외에서 장기적으로 공연하였다.

008 답 ④

정답 풀이

영화 밀양은 이창동 제작·각본·연출작으로, 이청준의 『벌레이야기』를 원작으로 하고 있다. 여주인공 전도연이 칸 국제영화제에서 여우주연상을 받아 화제가 되었다.

오답 풀이

① 영화 〈지구를 지켜라〉는 신예 장준환 감독의 영화로, 2003년 4월 개봉 당시 흥행에선 참패했으나 평단에서는 큰 호평을 받았으며, 대종상을 비롯하여 국내 거의 모든 영화상에서 신인감독상을 휩쓸었다. 또한 해외 영화제에서도 성공하여 모스크바영화제 감독상, 브뤼셀 판타스틱국제영화제 대상 등을 수상했다.
② 영화 〈빈 집〉은 김기덕의 2004년 작품으로, 베니스 국제 영화제에서 감독상인 은곰상을 받았다.
③ 영화 〈올드보이〉는 박찬욱 감독의 2003년 작으로, 칸 국제영화제에서 심사위원대상을 받았다.

009 답 ①

---

007 다음 중 외국에서 장기적으로 공연된 작품이 <u>아닌</u> 것은? (2회 105번)

① 난타
② 점프
③ 명성황후
④ 뮤지컬 대장금

평가 요소 한국문화/한국현대문화비평/한국의 대중소비문화

008 한국 영화 중 국제영화제 수상작과 그 영화제를 <u>잘못</u> 연결한 것은? (4회 99번)

① 지구를 지켜라 – 모스크바 영화제
② 빈 집 – 베니스 영화제
③ 올드 보이 – 칸 영화제
④ 밀양 – 베를린 영화제

평가 요소 한국문화/한국현대문화비평/한국의 대중소비문화

참고문헌 이세기, 『죽기 전에 꼭 봐야 할 한국영화 1001』, 마로니에북스, 2011.

009 최근 한국 문화예술계와 관련된 사회문화 현상으로 볼 수 <u>없는</u> 것은? (7회 100번)

① 한국영화의 지속적인 발전으로 스크린쿼터제가 폐지되었다.
② 스마트폰을 활용한 새로운 문화예술 창작 실험이 증가하고 있다.
③ 문학작품이나 웹툰에 기반한 원소스 멀티유즈(OSMU)가 활성화되고 있다.
④ 주5일제의 전면 시행에 따라 문화예술 여가활동이 더욱 증가되었다.

평가 요소 한국문화/한국현대문화비평/한국의 대중소비문화

참고문헌 『시사상식사전』, pmg 지식엔진연구소, 2013.

정답 풀이 ① 스크린쿼터제는 폐지되지는 않고, 한·미 FTA의 영향으로 스크린쿼터 비율을 현행 146일(1년의 40%)에서 73일(1년의 20%)로 축소하는 내용을 담은 영화진흥법 시행령 개정안을 마련하였고, 2006년 3월 국무회의에서 의결됐다. 이에 따라 스크린쿼터 축소가 2006년 7월 1일부터 시행됐다.

해 설

• 한국문화/ 한국현대문화비평/ 한국의 대중소비문화

010 1986년 아시안 게임의 마라톤을 배경으로 한 백남준의 비디오 퍼포먼스 제목은? (9회 12번)

① 다다익선
② 바이 바이 키플링
③ 굿모닝 미스터 오웰
④ 달은 가장 오래된 TV다.

참고문헌 네이버캐스트

• 한국문화/한국현대문화비평/시사 용어

011 팬덤(Fandom) 문화의 설명으로 옳은 것은? (4회 95번)

① 프로 스포츠 팀들의 체계적 팬 관리
② 대중문화를 경멸하고 고급문화만을 고집하는 팬들의 폐쇄성
③ 적극적이고 능동적인 팬들의 조직 문화
④ 대중예술 팬들의 과거 지향적 취향

평가 요소 한국문화/한국현대문화비평/시사 용어

참고문헌 『시사상식사전』, pmg 지식엔진연구소, 2013.

012 다음은 무엇에 관한 설명인가? (6회 104번)

> 서로의 성격이 다른 장르간의 대융합에 의해 새로운 문화현상이 일어나는 것을 말하며, 주로 음악장르에서 클래식과 대중음악의 경계를 넘나드는 시도를 의미한다.

① 크로스오버(crossover)
② 미디어스트리밍(media streaming)
③ 월드와이드웹(worldwide web)
④ 소셜네트워크(social network)

▶ 010 **답** ②

정답 풀이

〈바이 바이 키플링〉(1986년)은 인도 출신의 영국 시인 키플링이 '동과 서는 만날 수 없다' 는 말을 한 것에 대한 반론 격으로 만든 백남준의 작품이다. 〈굿모닝 미스터 오웰〉의 후속 격이라 할 수 있으며, 미국과 일본, 한국을 위성으로 연결했던 작업이다.

오답 풀이

① 다다익선은 백남준의 1986년 작품이다.
③ 굿모닝 미스터 오웰은 백남준의 1984년 작품으로, 뉴욕과 파리, 베를린, 서울을 연결한 최초의 위성중계 작품이다.
④ 달은 가장 오래된 TV다는 백남준의 1975년 작품으로, 초승달부터 보름달까지 달의 주기를 12대의 텔레비전으로 형상화하였다.

▶ 011 **답** ③

정답 풀이

특정한 인물이나 분야를 열정적으로 좋아하는 사람들 또는 그러한 문화현상. 광신자를 뜻하는 퍼내틱(fanatic)의 '팬(fan)' 과 영지(領地) 또는 나라를 뜻하는 접미사 '덤(-dom)' 의 합성어이다. 사전적 의미는 '(스포츠영화 등의) 팬 전체' 이며, 통상 연예계나 스포츠계의 팬 집단을 일컫는다. 흔한 말로 '오빠(누나) 부대' 로 불리기도 하고 좀 더 세련된 표현으로는 '워너비(wanna be)' 혹은 '그루피(groupie)' 가 있다. 팬덤이 문화적 영향력을 행사하면서 팬덤 문화라는 말이 탄생하였다. 국내에 본격적인 팬덤 문화가 형성되기 시작된 것은 1980년대 조용필의 오빠 부대였으며, 1990년대 문화대통령으로 불렸던 서태지와 그의 열성팬을 지칭하면서부터 본격적으로 사용되었다. 팬클럽들이 '음악소비자 운동' 에 자각하고 행동으로 나선 것은 서태지 팬클럽의 음반 사전심의제 폐지운동을 시발점으로 볼 수 있다. 노래 〈시대유감〉이 사전심의로 가사가 완전 삭제되는 것에 강력히 반발하여 결국 그 제도의 폐지를 이끌었다.

▶ 012 답 ①

정답 풀이

여러 장르가 교차한다는 의미로 특히 재즈와 록, 팝 등 여러 가지 스타일의 음악을 혼합한 음악 연주 형식을 말한다. 크로스오버 음악의 시작은 1969년 재즈 음악가인 트럼펫 연주자 마일스 데이비스가 재즈와 록을 결합하여 시도한 '재즈록' 또는 '록재즈'라고 일컬어지는 퓨전재즈다. 국내의 경우 1990년대 국악을 이용한 크로스오버 음악이 시도되기도 했다. 서태지의 〈하여가〉는 국악과 랩을 조화시킨 크로스오버 음악으로 많은 호평을 받았다.

평가 요소	한국문화/한국현대문화비평/시사 용어

오답 풀이
② 미디어스트리밍(media streaming)은 인터넷에서 음성이나 영상, 애니메이션 등을 실시간으로 재생하는 기법을 말한다. 1995년 리얼네트워크사가 개발한 리얼오디오에서 처음으로 선보였다. 인터넷에서 영상이나 음향·애니메이션 등의 파일을 하드디스크 드라이브에 다운로드받아 재생하던 것을 다운로드 없이 실시간으로 재생해 주는 기법이다. 전송되는 데이터가 마치 물이 흐르는 것처럼 처리된다고 해서 '스트리밍(streaming)'이라는 명칭이 붙여졌다.
③ 월드와이드웹(worldwide web)은 세계 규모의 거미집 또는 거미집 모양의 망이라는 뜻으로, 하이퍼텍스트 기능에 의해 인터넷상에 분산되어 존재하는 온갖 종류의 정보를 통일된 방법으로 찾아볼 수 있게 하는 광역 정보 서비스 및 소프트웨어이다. WWW 또는 웹(web)이라고 부른다.
④ 소셜네트워크(social network)는 웹상에서 이용자들이 인적 네트워크를 형성할 수 있게 해주는 것으로, 트위터·싸이월드·페이스북 등이 대표적이다.

참고문헌 대중문화사전, 김기란, 최기호 저, 현실문화, 2009.
두산백과사전, www.doopedia.co.kr

▶ 013 답 ②

정답 풀이

최인훈의 〈광장〉(1960)은 1960년대 벽두 4·19 혁명으로 탈바꿈한 사회가 변화의 몸살을 앓던 시기에 1948년 이후 감히 엄두도 낼 수 없었던 소재를 정면에서 다룬 점이 주목된다. 분단과 전쟁과 후진국이라는 비참한 역사 앞에 선 한 지식인의 오뇌가 깊이 담겨 있는 작품이다.

오답 풀이

① 최서해가 만주 간도에서의 경험을 바탕으로 쓴 작품은 〈탈출기〉(1925), 〈박돌의 죽음〉(1925), 〈기아와 살육〉(1925), 〈홍염〉(1927)이다. 〈북간도〉는 안수길이 지은 서사시적 성격의 장편 소설로, 1959년부터 1967년까지 5부작으로 발표되었다. 이외에 간도 문단을 대표하는 또 다른 작가로 강경애가 있다. 강경애는 일제의 폭력적 지배 실상과 조선인의 참혹한 현실을 핍진하게 증언한다. 특히 무장 투쟁을 그린 〈소금〉(1934)과 간도 공산당 사건으로 사형당한 항일 혁명 운동가 가족을 다룬 〈어둠〉(1937)이 있다.

• 한국문화 / 한국문학의 이해 / 작가와 작품론

013 해방 이후 한국 현대소설 작가들과 대표적인 작품에 대한 설명으로 옳은 것은? (2회 109번)

① 최서해는 만주에서의 우리 민족의 생활을 그린 서사시 '북간도'의 작가이다.
② 최인훈은 인간의 소외의식을 보편적인 조건으로 확대한 '광장'을 발표하였다.
③ 손창섭은 전쟁의 상처를 극복하려는 의지와 화해를 보여 준 '수난이대'를 창작하였다.
④ 황순원은 낭만주의적인 현실 인식을 도시적 이미지로 표현한 '소나기'의 작가이다.

평가 요소	한국문화/한국문학의 이해/작가와 작품론

개념 확장 최인훈의 〈광장〉은 남북분단에 의한 이데올로기의 대립과 선택의 강요라는 상황, 즉 '밀실만 충만하고 광장은 죽어버린' 남한에 구토를 느끼고 또한 '끝없이 복창만 강요하는' 잿빛 지옥 북한 어느 곳에서도 안식처를 발견하지 못한 이명준이란 지식인의 삶의 궤적을 그린다. 그리고 자살을 선택한 그의 도피는 곧 바로 민족의 비극 그 자체라고 볼 수 있다. 이러한 문제의식은 당시 4·19 열풍 후 젊은 층에 대두한 새로운 문제의식을 표면화시킨 것이다.

참고문헌 김윤식·김우종 외, 『한국현대문학사』(개정증보판), 현대문학, 2005.
김윤식 외, 『우리문학 100년』, 현암사, 2001.
권영민, 『한국현대문학대사전』, 서울대학교 출판부, 2004.

③ 손창섭은 〈비 오는 날〉(1953), 〈혈서〉(1955) 등의 작가로, 그의 작품들은 대부분 황폐한 전후 현실을 반영하며, 삶의 무의미함에 대한 인식과 인간 모멸 사상을 엿볼 수 있다. 〈수난이대〉는 하근찬의 1957년 작품으로 6·25 전쟁에서 한쪽 다리를 잃은 아들과 일제 징용에서 한쪽 팔을 잃은 아버지에 대한 이야기이다.

④ 황순원은 〈목넘이 마을의 개〉(1948), 〈소나기〉(1953), 〈학〉(1956) 등의 작가로, 간결하고 세련된 문체, 소설 미학의 전범을 보여주는 다양한 기법적 장치들, 소박하면서도 치열한 휴머니즘의 정신, 한국인의 전통적인 삶에 대한 애정 등을 고루 갖추었다고 평가받고 있다. 〈소나기〉는 시골 소년과 소녀의 순수했던 짧은 사랑 이야기를 그린 성장 소설이라 할 수 있다.

▶ 014　**답** ④

정답 풀이

〈찬기파랑가〉는 신라 경덕왕 때 충담사(忠談師)가 화랑 기파랑(耆婆郞)을 추모하여 지은 10구체의 향가이다. 〈제망매가〉가 또한 신라 경덕왕 때 월명사(月明師)가 지은 10구체의 향가로, 먼저 죽은 누이의 죽음을 슬퍼하며 극락에서 다시 만나기를 기원하는 내용의 노래이다.

014　다음 중 추모의 정을 노래한 향가 작품끼리 연결한 것은? (3회 109번)

① 원왕생가(願往生歌) – 원가(怨歌)
② 풍요(風謠) – 모죽지랑가(慕竹旨郞歌)
③ 천수대비가(千手大悲歌) – 도솔가(兜率歌)
④ 찬기파랑가(讚耆婆郞歌) – 제망매가(祭亡妹歌)

평가 요소　한국문화/한국문학의 이해/작가와 작품론

오답 풀이　① 〈원왕생가〉는 정확한 작자를 모르지만, 대체로 광덕이라고 본다. 불도에 정진하던 광덕(廣德)과 엄장(嚴莊), 그리고 광덕의 처의 이야기가 배경설화로 전해지며 극락왕생을 기원하는 것이 주 내용이다. 〈원가〉는 신충(信忠)이 지은 것으로 효성왕이 아직 왕이 되기 전에 신충과 함께 궁정 잣나무 아래에서 바둑을 두면서, 후일 신충을 잊지 않겠다고 잣나무를 두고 맹세하였으나, 그가 왕이 된 다음 신충을 잊자, 신충이 노래를 지어 잣나무에 걸어서 잣나무를 마르게 했다 그것이 〈원가〉이며, 효성왕은 이를 뒤늦게 알고 신충을 등용했다고 한다.

② 〈풍요〉는 양지(良志)라는 신통한 승려가 아주 커다란 불상을 만들 때 온 성안 남녀가 다투어 흙을 운반하면서 불렀다고 한다. '풍요'라는 말은 민요를 뜻하고, 특정 노래 명칭은 아니다. 이 노래는 일을 하면서 부르는 노동요이면서, 불교적인 신앙심을 나타낸 노래이기도 하다. 〈모죽지랑가〉는 득오(得烏)가 죽지랑이라는 화랑을 찬양하고 사모한 노래이다. 죽지랑은 진덕왕 때 김유신과 함께 국사를 논의하던 술종공(述宗公)의 아들이며, 신분은 진골이었다. 득오는 죽지랑이 젊어서 현역 화랑일 때 그 밑에서 낭도 노릇을 했는데, 자신을 따뜻하게 대해준 죽지랑의 덕을 찬양한 것이다.

③ 〈천수대비가〉는 〈도천수관음가〉라고도 한다. 분황사에 모신 관음은 즈믄 손, 즈믄 눈으로 가여운 사람들을 구원해 주는 영험이 있다고 믿었던 것으로 보인다. 경덕왕 시절 한기리(漢崎里)라는 동네에 살고 있는 희명(希明)이라는 여인은 갑자기 다섯 살 먹은 딸의 눈이 멀어 걱정이었다 한다. 그래서 아이를 안고 분황사 천수관음화상 앞으로 가서 아이로 하여금 노래를 지어 빌게 하니 눈을 뜨게 되었다는 사연이 있다. 〈도솔가〉는 월명사(月明師)가 지은 것으로, 경덕왕 19년(760년) 사월 초하룻날, 해가 한꺼번에 둘이 나타나 열흘 동안이나 없어지지 않으므로 일관이 청하는 바에 따라서 경덕왕이 인연이 있는 승려를 맞이해 변괴를 퇴치하고자 할 때 지나가던 월명사를 만나게 되었다. 월명사가 〈도솔가〉를 지어 부르자 변괴가 없어졌다는 배경 설화가 전해진다.

개념 확장　이외에 향가로는 백제의 서동이 신라 진평왕의 딸 선화공주와 결혼하기 위하여 지은 〈서동요〉, 신라 성덕왕 때 순정공이라는 사람이 부인 수로(水路)와 함께 강릉 태수로 부임하는 도중에 생기게 된 노래인 〈헌화가〉와 〈해가〉, 신라 진평왕 때 융천사(融天師)가 갑자기 나타난 혜성을 없애기 위해 지은 〈혜성가〉, 경덕왕 때 나라의 천재지변을 염려하여 충담사(忠談師)로 하여금 짓게 한 〈안민가〉, 원성왕 때 영재(永才)라는 스님이 도적을 만나 지었다는 〈우적가〉, 그리고 처용이 자신의 아내를 역신에게 빼앗기고 나서 부른 〈처용가〉 등이 있다.

참고문헌　조동일·서종문, 『국문학사』(개정판), 한국방송통신대학교 출판부, 2003.

▶ 015 답 ②

이기영은 프로문학에서 가장 뛰어난 작가로 평가받는 작가로, 해방 공간에서 북을 택해 북한 문학 전개를 이끈 인물이며, 우리 문학사에는 신경향파 소설의 개척자, 프로 소설이 일군 최고 수준 작품으로 평가받는 〈고향〉(1933~1944)의 작가로 기록된다. 그는 〈고향〉외에도 〈가난한 사람들〉, 〈농부 정도룡〉, 〈농부의 집〉, 〈아사〉 등의 작품을 썼는데, 모두 농민 생활의 구체적 묘사를 보이고 있다.

015 일제 강점기 농민들의 삶과 농촌의 실상을 살펴보는 데 가장 알맞은 작품은? (4회 111번)

① 이광수의 〈개척자〉
② 이기영의 〈고향〉
③ 이태준의 〈달밤〉
④ 한설야의 〈황혼〉

평가 요소 한국문화/한국문학의 이해/작가와 작품론

오답 풀이 ① 이광수의 〈개척자〉는 1917년 11월 10일부터 《매일신보》에 연재를 시작해 1918년 76회분으로 완료된 이광수의 두 번째 장편소설이다. 계몽성을 띤 일종의 민족주의적 이데올로기 소설로서 봉건사상과 자유연애관이 대립하던 근대화시기를 배경으로, 봉건적 인습의 타파와 신사상(新思想)의 고취를 주제로 다루었다.
③ 이태준의 〈달밤〉은 1933년 10월 『중앙』에 발표된 이태준의 단편소설이다. 성북동으로 이사온 후 처음 만난 황수건이라는 못난이의 아둔한 세상살이를 곁에서 지켜보는 내용으로, 작가 이태준의 서정성과 인정미를 잘 드러내는 작품이다. 이 작품에는 카프적인 사상의 대중화를 위한 장치도 없고 모더니즘적 도시 분위기도 없다. 현실에서 한 발 물러서므로 현실감각이 전혀 개입되지 않은 순수 서정성이 이 소설의 특징인 것이다.
④ 한설야의 〈황혼〉은 1936년 2월 5일부터 10월 28일까지 《조선일보》에 발표된 장편소설이다. 이 소설은 주인공 '여순'의 노동자화 과정을 작품의 중심에 놓고 있다. 이 노동자화가 역사의 발전에 합치되는 과정이면서 여순의 자연스러운 변모과정임을 묘사하기 위해 작가는 신흥자본가와 토착자본가, 건강한 노동자와 타락한 노동자, 개량적 운동세력과 혁명적 운동세력, 경재, 형철 등 여러 유형의 인물들을 주변에 배치해놓고 있다.

참고문헌 권영민, 『한국현대문학대사전』, 서울대학교 출판부, 2004.
두산백과사전 www.doopedia.co.kr

▶ 016 답 ①

정극인의 〈상춘곡〉(賞春曲)은 조선시대 가사로, 산림에 묻혀 청풍이나 명월을 벗삼으니 남자로 더 이상 바랄 것이 없노라고 하여 산림처사로서의 생활을 표현하였다.

016 가사 작품에 관한 설명으로 옳지 않은 것은? (6회 110번)

① 정극인의 '상춘곡'은 아내를 잃고 외로워하는 작가의 안타까운 마음을 잘 표현한 작품이다.
② 송순의 '면앙정가'는 벼슬에서 물러난 작가가 고향인 담양으로 돌아와 사계절의 아름다움을 느끼며 안빈낙도를 노래한 작품이다.
③ 정철의 '관동별곡'은 강원도 관찰사가 되어 금강산 일대를 돌아보며 자연의 아름다움과 우국충정을 노래한 작품이다.
④ 박인로의 '누항사'는 임진왜란 이후 어려운 현실생활에 놓인 자신의 처지를 구체적인 경험을 통해 생생하게 묘사한 작품이다.

평가 요소 한국문화/한국문학의 이해/작가와 작품론

참고문헌 조동일 · 서종문, 『국문학사』(개정판), 한국방송통신대학교 출판부, 2003.

해설

• 한국문화/한국문학의 이해/작가와 작품론

017 다음 시조에 관한 설명으로 옳지 않은 것은? (10회 16번)

> 동짓달 기나긴 밤을 한 허리를 베어내어
> 춘풍 이불 아래 서리서리 넣었다가
> 어론 님 오신 날 밤이어든 굽이굽이 펴리라

① 시간을 사물화하여 표현하였다.
② 의태어를 활용하여 생동감을 준다.
③ 조선시대 사대부 집안 여인의 보편적 정서가 잘 드러난다.
④ 작중 화자는 사랑하는 님과 오래 함께 하기를 바란다.

평가 요소 한국문화/한국문학의 이해/작가와 작품론

참고문헌 『시사상식사전』, pmg 지식엔진연구소, 2013.

▶ 017 **답** ③

정답 풀이

제시된 시는 조선 중기의 이름난 기생이었던 황진이(黃眞伊)가 지은 시조이다. 시간을 잘라내어 보관하였다가 님이 오신 날 오래도록 함께 하고플 때 꺼내놓아 쓰겠다는 발상이 독특하다.

• 한국문화/한국문학의 이해/작가와 작품론

018 한용운 시 〈님의 침묵〉에 관한 설명으로 옳은 것은?

① 현실에 대한 환멸과 낭만주의적 태도가 나타난다.
② 부정적 현실을 긍정하는 역설적 인식이 드러난다.
③ 잡지에 발표된 후에 동일한 이름의 시집에 수록되었다.
④ 일제강점기를 살아가는 서민의 일상과 애환을 표현하고 있다.

▶ 018 **답** ②

정답 풀이

〈님의 침묵〉 9연에 '아아, 님은 갔지마는 나는 님을 보내지 아니하였습니다'라는 표현은 앞의 7연, 8연에서 나타나는 재회, 희망에 대한 메시지와 함께 부정적 현실을 긍정하는 역설적 인식을 살펴볼 수 있다.

• 한국문화/한국문학의 이해/장르론

019 시조에 대한 설명으로 옳은 것은? (2회 108번)

① 고려 중기에 발생하여 고려 후기에 융성하였다.
② 한시를 한글로 번역하는 과정에서 시작된 장르였다.
③ 조선 전기에는 엇시조, 사설시조의 형태로 발전하였다.
④ 현대에는 현대인의 정서를 양장시조 등의 형식으로 표현하고 있다.

평가 요소 한국문화/한국문학의 이해/장르론

▶ 019 **답** ④

정답 풀이

양장시조는 본래 시조의 형식이었던 초장·중장·종장의 형식에서 중장을 제외하고 초장·종장의 형식으로 쓰는 시조를 말한다. 이은상이 《노산시조집(鷺山時調集)》에 '양장시조 시작편(兩章時調試作篇)'이라 분류하여 7편을 수록한 데서 명칭과 작품이 함께 비롯되었으나, 현재는 독립된 시형 장르라고는 볼 수 없고, 몇몇 시조 작가들에 의해 조금씩 창작된 바 있다.

오답 풀이

① 시조(時調)는 고려 후기에 신흥사대부가 경기체가(景幾體歌), 가사(歌辭)와 함께 새로운 문학양식으로 발전시킨 장르이다. 무신란과 몽고란을 겪은 후, 권문세족이 상층문화를 재건하는 대신, 전에 볼 수 없었던 놀이와 노래를 속악가사와 속악정재로 편입시킨 것에 대한 불만을 가진 신흥사대부가 상층문화를 가다듬고 지배체제를 정비할 수 있는 이념을 마련하고자 내놓은 것이 경기체가, 시조, 가사인 것이다.

② 시조 장르의 탄생에 대해서는 의견이 분분하다. 한시를 한글로 번역하는 과정에서 생겼다는 설도 있고, 향가의 영향을 받아 변형하여 생겼다는 설, 고려가요의 변형이라는 설, 민요의 형식을 따른 상층 문학이라는 설 등이 있다.

③ 엇시조, 사설시조는 조선 후기부터 나타났다.

▶ 020　　답 ①

정답 풀이

난생 모티브는 사람이 알에서 태어나는 화소를 말한다. 신라의 박혁거세와 가야의 수로왕, 고구려의 주몽(동명왕)은 모두 알에서 태어난 건국 시조이다.

오답 풀이

② 창세 모티브는 우주 · 세상 만물의 창조와 관련된 화소를 말한다. 주로 무속신화에 창세 모티브가 많이 나타난다.

③ 천손 모티브는 주인공이 하늘에서 내려온 신인(神人)이거나, 아니면 그러한 신인의 자손이 등장하는 이야기를 말한다. 고구려의 동명왕 신화가 대표적이다.

④ 부왕 살해 모티브는 아버지를 죽이고 왕이 되는 화소를 말한다. 그리스 신화의 오이디푸스 왕 이야기가 대표적이다.

참고문헌　『국어국문학자료사전』, 이응백 · 김원경 · 김선풍 교수 감수, 한국사전연구사, 1998.
　조동일 · 서종문, 『국문학사』(개정판), 한국방송통신대학교 출판부, 2003.
　배규범 · 주옥파, 『외국인을 위한 한국고전문학사』, 도서출판 하우, 2010.

020　우리나라 설화의 주인공들인 박혁거세, 수로왕, 동명왕의 공통점은? (3회 102번)

① 난생 모티브

② 창세 모티브

③ 천손 모티브

④ 부왕 살해 모티브

평가 요소　한국문화/한국문학의 이해/작가와 작품론

개념 확장　박혁거세 신화는 다음과 같다. 신라가 국가를 이루기 전, 6촌의 부장들이 다스리던 시기에 왕이 없어 고민하던 부족들이 모여 의논하고 있었다. 그들이 높은 곳에 올라 남쪽을 바라보는데 어떤 곳에 번갯빛처럼 이상한 기운이 땅에 드리워져 있고, 한 백마가 무릎을 꿇고 절하는 모습을 하고 있었다. 그곳을 찾아가보니 자줏빛 알 하나가 있었는데, 말은 사람을 보더니 길게 울고는 하늘로 올라가 버렸다. 그 알을 깨뜨리자 사내아이가 나왔는데 모습이 단정하고 아름다웠다. 아이를 동천(東泉)에서 목욕을 시켰는데, 몸에서 광채가 나고 새와 짐승이 따라 춤을 추었으며, 천지가 진동하더니 해와 달이 맑고 밝아졌다. 그래서 이름을 혁거세왕이라고 하였다.

김수로왕 신화는 오가야(吾伽倻)[『가락기』(駕洛記)]의 찬(贊)에 나타난다. '자줏빛 끈 하나가 내려와 둥근 알 여섯 개를 내려주었는데, 이 중 다섯 개는 각 읍에 보냈고 한 개는 이 성에 있었다. 그래서 하나는 수로왕(首露王)이 되었고 나머지 다섯 개는 각각 다섯 가야의 군주가 되었다'라고 하였다.

고구려의 주몽인 동명왕 신화는 다음과 같다. 북부여왕 해부루의 아들 금와가 왕위를 계승하였는데, 금와가 태백산 남쪽 우발수에서 어떤 여자를 만나 여기로 온 이유를 물었더니, 그녀는 자신이 하백(河伯)의 딸 유화(柳花)로, 한 남자가 자신을 천제의 아들 해모수(解慕漱)라고 하고는 자신을 희롱한 후 돌아오지 않았고, 이를 안 부모님이 꾸짖으시어 자기를 이쪽으로 귀양보냈다고 말한다. 금와는 그 여자를 거두어 데리고 갔는데, 여자가 움직이는 곳마다 햇빛이 비추었고, 곧이어 여자는 알 하나를 낳았다. 왕은 그 알을 버려 개와 돼지, 여러 짐승들에게도 던져 주었지만 아무도 먹지 않고 오히려 보듬었다. 왕이 다시 알을 여인에게 주니 한 아이가 껍질을 깨고 나왔는데, 골격과 외모가 영특하고 기이하였다. 그가 활을 잘 쏘아 주몽이라 지었으니, 이가 곧 고구려의 시조 동명왕이다.

참고문헌　일연 지음, 신태영 옮김, 『원문과 함께 읽는 삼국유사』, 한국인문고전연구소, 2012.

021 다음 민요들 중 그 기능이 같은 것으로 묶인 것은? (7회 106번)

① 노젓는소리 – 모심는소리 – 목도소리
② 성주풀이 – 고사반노래 – 베틀소리
③ 회다지소리 – 대문놀이 – 남생아놀아라
④ 걸궁노래 – 안택굿무가 – 논매는소리

▶ 021 **답** ①

평가 요소 한국문화/한국문학의 이해/장르론

오답 풀이
② '성주풀이'는 가택신(家宅神)인 성주신(城主神)과 그 부인인 터주신의 내력을 이야기하는 무가(巫歌) 또는 무속신화이다. 새로 집을 지었거나 이사한 경우 집의 신인 성주신을 모시는 굿을 하거나 독경(讀經)을 할 때 부르거나 읽는 것이 성주풀이다. '고사반소리'는 보통 정월이나 추석 명절에 마을 단위로 구성된 걸립패가 집집을 돌면서 복을 부르고 액을 막아 주는 뜻으로 부르는 고사 소리의 하나이다. 일반적으로 걸립패 가운데 상쇠가 지신밟기를 할 때 꽹과리를 치면서 부르는데, 고삿상을 차려 놓고 부른다고 하여 고사반(告祀盤) 또는 고사반 소리라고 부르기도 한다. '베틀소리'는 부녀자들이 베를 짜면서 부르는 노동요이다. 지역별로 '베짜는 소리'라고 하기도 한다.

③ '회다지소리'는 관을 땅에 묻고 땅을 단단하게 다지면서 부르는 소리인데, 특별히 횡성의 회다지는 소리도 소리려니와 춤추는 듯 아름다운 몸짓이 인상적이다. 흙을 붓고 잘근잘근 다지고, 또 흙을 붓고 다지는 행위를 세 번 내지는 다섯 또는 일곱 번을 한다. 보통 이 회다지소리는 죽은 사람이 좋은 곳에 가기를, 그리고 산 사람들이 잘 살기를 기원하는 축복의 가사를 담고 있다. '대문놀이'는 두 사람이 양 손을 잡아올려 문을 만들고 그 문 밑으로 다른 사람들이 빠져나가는 아이들 놀이를 말한다. '문뚫기·문열기'라고도 하고, 전국적으로 주로 달밝은 밤에 행하여지며, 전라도 지방에서는 한가윗날 <강강술래>와 함께 놀이되기도 한다. '남생아놀아라'에서 남생이는 거북이나 자라와 비슷하게 생긴 우리나라에만 있는 민물 거북이를 말하는데 남생이놀이는 이러한 남생이의 몸짓을 흉내 내며 노는 놀이이다. 남생이놀이는 강강술래놀이 가운데 동물을 흉내 내는 유일한 놀이로서 특히 남생이를 남성의 성적(性的) 상징으로 본다면 남생이놀이는 성행위를 모방한 주술모의적인 모의희(模擬戲)로 해석할 수 있다. 추석날 강강술래에 참여한 놀이꾼들이 자진 강강술래를 하다가 지칠 때가 되면 선소리꾼이 중중모리 가락의 '남생아 놀아라'를 부르게 된다. 그러면 다른 사람들도 이를 받아 '남생아 놀아라'를 부르면서 발길을 늦추게 되고, 이어서 놀이꾼 중에서 춤을 잘 추고 남을 웃기는 동작을 잘하는 사람이 원 속으로 뛰어들어 "절래절래 잘 논다."를 부르면서 갖가지 개인 춤을 춘다.

④ '걸궁노래'에서 걸궁은 어떤 집단이 특별히 경비를 쓸 일이 있을 때 풍물을 치고 집집마다 다니며 축원을 해주고 돈과 곡식을 얻는 일을 뜻한다. 즉 걸립이라고도 하는데, 농악대가 방문한 각 가정에서 농악대가 앞세우는 신격(神格)에 바치는 공물(供物)이나 농악대의 의례적·예능적 활동에 대한 대가로 내어놓는 물질을 거두어들이는 일로, 걸궁노래는 이때 불리는 노래를 말한다. 안택굿무가는 관북지방에서 행해지는 망묵이굿에서 불리는 서사무가이다. 안택굿은 가장 높은 가택신인 성주신을 위한 굿거리이다. '논매는소리'는 모심기가 끝나고 논매기를 하면서 부르는 소리이다. 모심기가 끝나고 20여 일이 지나면 논에 잡풀이 돋기 시작하여 논매기를 하게 된다. 논매기는 보통 세 번을 하는데 아

시논매기, 두벌논매기, 세벌논매기가 된다. 선후창의 형식을 취하여 선창자가 소리를 메기면 다른 사람들이 후렴을 받아서 부른다. 소리의 마디가 끝나고 나면 "얼씨구" "잘한다" "좋다" 같은 추임새가 들어가기도 하고, 마지막에는 "이 후후후후" 하면서 길게 뺀다. 논매기소리에는 풍농을 기원하거나 애정, 성본능 그리고 해학과 풍자가 담긴 내용이 가장 많다.

개념 확장 '노젓는 소리'는 노를 저으면서 부르는 소리로 동해안의 중부·북부 지방에서는 지어소리라고도 한다. 받는 소리의 단조로움에 비하여 메기는 소리의 다양함이 대조적이다. 대다수의 노젓는 소리는 음악 반주가 없이 불리므로 말의 억양에 따라 전혀 다른 감흥을 느끼게 되며, 바람과 파도가 일정한 리듬으로 밀려오는 것이 아니고 수시로 변하기 때문에 리듬이 급격히 바뀔 수도 있다. '모심는 소리'는 봄에 논에서 모를 심을 때 함께 부르는 노동요이다. 오늘날은 기계모를 심지만, 일제강점기부터 1960년대까지는 줄모를 심었다. 줄모를 심을 때는 줄을 넘기기 전에 자기가 맡은 일정한 분량을 마쳐야 하기 때문에 '모심는소리'는 신호와 같은 역할을 하여 일을 더욱 질서 있게 하고 능률을 올리는 데 기여하였다. 그러나 줄모를 심지 않았던 시절에도 모심는 소리는 불리어왔다. 이앙을 하지 않고 볍씨를 직파하던 시절에는 모심는 소리라는 용어 자체가 적합하지 않지만, 벼농사를 짓기 위해 논밭에다 볍씨를 뿌릴 때의 소리가 이를 대체한다고 볼 수 있다. '목도 소리'는 산에서 큰 통나무를 옮길 때, 또는 축대를 쌓거나 집을 지을 때 큰 돌을 옮기면서 부르는 일종의 운반 노동요이다. 목도는 제방을 쌓을 때나 산소의 상석을 놓을 때 이용되는 큰 돌을 운반할 때 메는 굵은 막대기를 말하며, 큰 목도를 멜 때는 8명이, 보통의 것은 4명이 작업한다. 일반적으로 2목도, 4목도, 6목도 등으로 짝수의 형태로 목도를 메게 된다. 그리고 이때 부르는 노래가 목도 소리이다.

참고문헌 이응백·김원경·김선풍 교수 감수, 『국어국문학자료사전』, 한국사전연구사, 1998.
디지털 김천문화대전 http://gimcheon.grandculture.net
디지털 용인문화대전 http://yongin.grandculture.net
디지털 하동문화대전 http://hadong.grandculture.net
문화콘텐츠닷컴 www.culturecontent.com
한국민속백과대사전 http://folkency.nfm.go.kr

▶ 022 **답** ③

정답 풀이

〈숙영낭자전〉은 조선 후기 창작연대, 작자 미상의 애정소설이다. 선군과 숙영낭자의 사랑을 질투해 오던 매월의 계략으로 이들은 잠시 어려움에 빠지지만, 곧 다시 만나 행복하게 산다는 내용이다.

오답 풀이

① 〈유충렬전〉은 적강(謫降)소설로, 나라를 구하는 충신 유충렬의 이야기를 그렸다.
② 〈홍계월전〉은 홍계월의 모험담을 그린 여성영웅소설이다.
④ 〈박씨부인전〉은 청일전쟁으로 위험에 처한 조선을 구하는 박씨부인의 활약을 담은 소설이다.

• 한국문화/ 한국문학의 이해/ 장르론

022 남녀 간의 사랑을 다룬 염정소설(艶情小說)은? (9회 3번)

① 유충렬전 ② 홍계월전 ③ 숙영낭자전 ④ 박씨부인전

참고문헌 『국어국문학자료사전』, 이응백, 김원경, 김선풍, 1998, 한국사전연구사.

한국어 교육능력 검정시험

해설강의제공(기출문제 10회분)

초판발행 ｜ 2015년 5월 12일
6쇄 발행 ｜ 2021년 9월 6일

지은이 ｜ TOPIK KOREA한국어평가연구소
발행인 ｜ 오세형
발행처 ｜ (주)도서출판 참
등록일자 ｜ 2014년 10월 12일
등록번호 ｜ 제319-2014-52호
주소 ｜ 서울시 동작구 사당로 188
전화 ｜ 도서 내용 문의 (02) 6294-5742
        도서 주문 문의 (02) 6294-5743
팩스 ｜ (02) 6294-5747

ISBN 979-11-955259-3-5 13710